ARQUEOLOGIAS DO FUTURO

O desejo chamado Utopia e
outras ficções científicas

Fredric Jameson

ARQUEOLOGIAS DO FUTURO

O desejo chamado Utopia e
outras ficções científicas

Tradução: Carlos Pissardo

COLEÇÃO ENSAIOS

autêntica

COORDENADOR DA COLEÇÃO ENSAIOS
Ricardo Musse

CAPA
Diogo Droschi

EDITORAS RESPONSÁVEIS
Rejane Dias
Cecília Martins

DIAGRAMAÇÃO
Guilherme Fagundes

REVISÃO
Bruna Emanuele Fernandes

Dados Internacionais de Catalogação na Publicação (CIP)
Câmara Brasileira do Livro, SP, Brasil

Jameson, Fredric
Arqueologias do futuro : O desejo chamado Utopia e outras ficções científicas /
Fredric Jameson ; tradução Carlos Pissardo. -- 1. ed. -- Belo Horizonte : Autêntica,
2021. -- (Ensaios / Coordenação Ricardo Musse)

Título original: *Archaeologies of the Future: The Desire Called Utopia and
Other Science Fictions*
ISBN 978-65-5928-054-4

1. Ciências políticas 2. Ciências sociais 3. Ontologia 4. Sociologia 5. Utopia
I. Musse, Ricardo. II. Título III. Série.

21-64227   CDD-321.07

Índices para catálogo sistemático:
1. Utopias : Ciência política 321.07
Aline Graziele Benitez - Bibliotecária - CRB-1/3129

 GRUPO **AUTÊNTICA**

Belo Horizonte
Rua Carlos Turner, 420
Silveira . 31140-520
Belo Horizonte . MG
Tel.: (55 31) 3465 4500

São Paulo
Av. Paulista, 2.073 . Conjunto Nacional
Horsa I . Sala 309 . Cerqueira César
01311-940 . São Paulo . SP
Tel.: (55 11) 3034 4468

www.grupoautentica.com.br
SAC: atendimentoleitor@grupoautentica.com.br

Para meus camaradas do partido da Utopia:
Peter, Kim, Darko e Susan.

Se alva geada envolve tua tenda
Darás as graças quando a noite se for.[1]

---

[1] Ezra Pound, Canto LXXXIV, *Os cantos*, tradução de José Lino Grünewald. Rio de Janeiro: Nova Fronteira, 1986. [N.T.]

Sumário

PARTE UM
O desejo chamado Utopia

Introdução
Utopia hoje

A utopia sempre foi uma questão política, um destino incomum para uma forma literária – e, do mesmo modo que o valor literário da forma está sempre sujeito à dúvida, seu estatuto político também é estruturalmente ambíguo. As oscilações de seu contexto histórico em nada ajudam a solucionar essa variabilidade, que tampouco é uma questão de gosto ou julgamento individual.

Durante a Guerra Fria (e, na Europa Oriental, imediatamente após seu fim), a Utopia se tornou sinônimo de Stalinismo e designava um programa que negligenciaria a fragilidade humana e o pecado original, revelando uma vontade de uniformidade e pureza ideal de um sistema perfeito que teria sempre de ser imposto, pela força, a sujeitos imperfeitos e relutantes. (Indo além, Boris Groys identificou essa dominação da forma política sobre a matéria com os imperativos do modernismo estético.[1])

Essas análises contrarrevolucionárias – já não mais de tanto interesse para a direita desde o colapso dos países socialistas – foram depois adotadas pela esquerda antiautoritária, cuja micropolítica abraçou a Diferença como um lema e acabou reconhecendo suas posições antiEstado nas tradicionais críticas anarquistas ao marxismo, que seria Utópico precisamente nesse sentido centralizador e autoritário.

Paradoxalmente, as tradições marxistas mais antigas, tirando lições acríticas das análises históricas de Marx e Engels sobre o

---

[1] Boris Groys, *The Total Art of Stalinism* (Princeton, 1992 [1988]).

socialismo Utópico em *O manifesto comunista*,[2] e também seguindo o uso bolchevique,[3] denunciavam seus concorrentes Utópicos como desprovidos de qualquer concepção de ação ou estratégia política e caracterizavam o Utopianismo como um idealismo profunda e estruturalmente avesso à política. A relação entre a Utopia e o político, bem como questões sobre o valor prático-político do pensamento Utópico e a identificação entre socialismo e Utopia permanecem como temas em larga medida não resolvidos hoje, quando a Utopia parece ter recuperado sua vitalidade enquanto um lema político e uma perspectiva politicamente estimulante.

De fato, toda uma nova geração da esquerda pós-globalização – que abarca resquícios da antiga e da Nova Esquerda, ao lado da ala radical da social-democracia, de minorias culturais do Primeiro Mundo, de camponeses e sem-terra proletarizados ou de massas estruturalmente não empregáveis do Terceiro Mundo – tem buscado, com uma frequência cada vez maior, adotar esse lema, em uma situação na qual o descrédito de partidos tanto comunistas quanto socialistas e o ceticismo diante de concepções tradicionais de revolução abriram um clarão no campo discursivo. Pode-se eventualmente esperar que a consolidação do mercado mundial emergente – pois é isso que está em jogo na assim chamada globalização – permita que se desenvolvam novas formas de ação política. Enquanto isso, e para adaptar uma famosa máxima da Sra. Thatcher, não há alternativa à Utopia, e o capitalismo tardio parece não ter inimigos naturais – não tendo os fundamentalismos religiosos que resistem aos imperialismos americano e ocidental, de modo algum, endossado posições anticapitalistas.

---

2 Ver Karl Marx e Friedrich Engels, *O manifesto comunista*, Seção III, "Literatura Socialista e Comunista"; ver ainda Friedrich Engels, "Do Socialismo Utópico ao Socialismo Científico" – ainda que ambos, Lênin e Marx, tenham escrito Utopias: o último em *A guerra civil na França* (1871), o primeiro em *O Estado e a revolução* (1917).

3 A assim chamada "teoria dos limites" ou "teoria dos objetivos próximos" ("*teoriya blizhnego pritsela*"); ver Darko Suvin, *Metamorphoses of Science Fiction* (New Haven, 1979), p. 264-265.

Ainda assim, não é apenas a invencível universalidade do capitalismo que está em questão, com seu incansável desmonte de todos os ganhos sociais obtidos desde a origem dos movimentos socialista e comunista, revogando todas as medidas de bem-estar social, a rede de proteção, o direito à sindicalização, as leis de regulação industriais e ecológicas, propondo privatizar a previdência e, de fato, desmantelando tudo o que permanece no caminho do livre mercado em qualquer lugar do mundo. O que é devastador não é a presença de um inimigo, mas, antes, a crença universal não apenas de que essa tendência é irreversível, mas de que as alternativas históricas ao capitalismo teriam se provado inviáveis e impossíveis e de que nenhum outro sistema socioeconômico seria concebível, para não dizer disponível na prática. Os Utópicos não apenas se prestam a conceber esses sistemas alternativos: a forma Utópica é, ela própria, uma reflexão representacional sobre a diferença radical, sobre a alteridade radical e sobre a natureza sistêmica da totalidade social, até o ponto em que não se pode imaginar qualquer mudança fundamental em nossa existência social que não tenha, antes, espalhado visões Utópicas como centelhas de um cometa.

A dinâmica fundamental de qualquer política Utópica (ou de qualquer Utopianismo político) sempre residirá, portanto, na dialética entre Identidade e Diferença,[4] na medida em que essa política vise a imaginar e, às vezes, mesmo a efetivar um sistema radicalmente diferente. Podemos, aqui, seguir os viajantes do tempo e espaço de Olaf Stapledon, que aos poucos se tornam cientes de que sua receptividade às culturas exóticas e alienígenas é governada por princípios antropomórficos:

> No começo, quando nosso poder imaginativo estava estritamente limitado pela experiência de nossos próprios mundos, podíamos fazer contato apenas com mundos afins ao nosso. Além disso, nesse estágio inicial do nosso trabalho, invariavelmente nos

---

[4] Ver G. W. F. Hegel, *Encyclopedia Logic*, Livro Dois, "Essence" (Oxford, 1975 [1817]).

deparávamos com esses mundos quando eles estavam passando pela mesma crise espiritual que subjaz a condição do *Homo sapiens* hoje. Parecia que, para que entrássemos em qualquer mundo, deveria haver uma semelhança ou identidade profunda entre nós e nossos anfitriões.[5]

Stapledon não é, estritamente falando, um Utópico, como veremos mais à frente; mas nenhum escritor Utópico foi tão incisivo ao confrontar a grande máxima empirista de que não há nada na mente que não tenha estado primeiro nos sentidos. Se verdadeiro, esse princípio significa o fim não apenas da Utopia como forma, mas da Ficção Científica em geral, ao afirmar, como o faz, que mesmo nossas fantasias mais desvairadas são todas elas colagens de experiências, constructos feitos de pedaços e peças do aqui e agora: "Quando Homero formulou a ideia de *Quimera*, ele apenas juntou em um mesmo animal partes que pertenciam a animais diferentes; a cabeça de um leão, o corpo de um bode e o rabo de uma serpente".[6] No nível social, isso significa que nossas imaginações são reféns do nosso modo de produção – e, talvez, de quaisquer resquícios de modos de produção passados que foram preservados. Isso sugere que, na melhor das hipóteses, a Utopia pode servir ao propósito negativo de nos tornar mais cientes de nosso aprisionamento mental e ideológico – algo que eu mesmo, em certa ocasião, já afirmei[7] –, e que, portanto, as melhores utopias seriam aquelas que fracassam da forma mais completa.

---

[5] Olaf Stapledon, *The Last and First Men/Star Maker* (Nova York, 1968 [1930, 1937]), p. 299. O romancista inglês Olaf Stapledon (1866-1950) – cujas duas obras mais importantes, há pouco citadas, serão discutidas no Capítulo 9 mais adiante – provém daquela que pode ser chamada de tradição de arte europeia dos "romances científicos" ou da ficção especulativa de H. G. Wells, e não das *pulps* comerciais das quais surgiu a Ficção Científica (FC) americana.

[6] Alexander Gerard, *Essay on Genius*, citado em M. H. Abrams, *The Mirror and the Lamp* (Oxford, 1953 [1774]), p. 161.

[7] Ver Parte Dois, Ensaio 4.

Trata-se de uma proposição que tem o mérito de deslocar a discussão sobre a Utopia do conteúdo para a representação. Esses textos são tão frequentemente tomados como sendo expressão de opinião política ou ideologia que algo deve ser dito para que se restabeleça o equilíbrio de um modo decididamente formalista (leitores de Hegel e Hjelmslev saberão que a forma é, de todo modo, sempre a forma de um conteúdo específico). Não são apenas as matérias-primas social e histórica do constructo Utópico que têm interesse nessa perspectiva, mas também as relações representacionais estabelecidas entre elas – como a clausura, a narrativa e a exclusão ou a inversão. Aqui, como em outros lugares na análise de narrativa, o que é mais revelador não é o que se diz, mas o que não pode ser dito, o que não se registra no aparato narrativo.

É importante complementar esse formalismo Utópico com aquilo que hesito em chamar de uma psicologia da produção Utópica: um estudo dos mecanismos da fantasia Utópica que se afastaria da biografia individual para se focar na satisfação de anseios históricos e coletivos. Uma tal abordagem da produção da fantasia Utópica irá necessariamente iluminar suas condições de possibilidade históricas – pois, certamente, é do nosso maior interesse hoje entender por que as Utopias floresceram em um período e minguaram em outro. Esta é claramente uma questão que precisa ser ampliada para incluir também a Ficção Científica, caso sigamos – como faço – Darko Suvin[8] ao compreender que a Utopia é um subgênero socioeconômico dessa forma literária mais ampla. O princípio de Suvin do "estranhamento cognitivo" – uma estética que, construída a partir da noção do formalismo russo do "tornar estranho" tanto quanto do *Verfremdungseffekt* brechtiano, caracteriza a FC a partir de uma função essencialmente epistemológica (excluindo, assim, as fugas mais oníricas da fantasia como gênero) – postula, portanto, a existência de um subconjunto particular, dentro dessa categoria genérica, especificamente voltado à imaginação de formas sociais e econômicas alternativas.

---

[8] Suvin, *Metamorphoses of Science Fiction*, p. 61.

No que segue, no entanto, nossa discussão se tornará mais complexa pela existência, ao lado do gênero ou texto Utópico enquanto tal, de um impulso Utópico que se verte sobre muitas outras coisas, tanto na vida cotidiana quanto em seus textos (ver Capítulo 1, a seguir). Esta distinção também tornará mais complexa a discussão bastante seletiva sobre a FC que se faz aqui, uma vez que, ao lado de textos de FC que empregam abertamente temas Utópicos (como *A curva do sonho*, de Le Guin), também faremos referência, como no Capítulo 9, a obras que revelam o trabalho do impulso Utópico. De todo modo, "O desejo chamado Utopia", diferentemente dos ensaios reunidos na Parte Dois, tratará principalmente daqueles aspectos da FC relevantes para a dialética Utópica entre Identidade e Diferença.[9]

Todas essas questões formais e representacionais nos levam de volta à questão política com a qual começamos. Agora, porém, a última foi precisada enquanto um dilema formal sobre como obras que postulam o fim da história podem oferecer um impulso histórico utilizável; como obras que visam a solucionar todas as diferenças políticas podem continuar sendo, em algum sentido, políticas; como textos concebidos para superar as necessidades do corpo podem

---

[9] O repúdio da alta cultura convencional à FC – sua estigmatização como estereotipada (que reflete o pecado original da forma ao ter nascido dos *pulps*), queixas sobre sua falta de personagens complexos e psicologicamente "interessantes" (uma posição que não parece estar em dia com a crise pós-contemporânea do "sujeito centrado"), um anseio por estilos literários originais que ignora a variedade estilística da FC moderna (como a desfamiliarização do inglês americano falado, proposta por Philip K. Dick) – provavelmente não é uma questão de gosto pessoal e tampouco deve ser abordado com argumentos puramente estéticos, como a tentativa de assimilar ao cânone determinadas obras de FC. Devemos identificar aqui um tipo de repulsa ao gênero, na qual essa forma e esse discurso narrativo são, como um todo, objeto de resistência psíquica e alvo de um tipo de "princípio de realidade" literário. Para esses leitores, em outras palavras, estão aqui ausentes as racionalizações de estilo bourdieusiano que salvam as formas da alta literatura da associação culposa à improdutividade e à pura diversão e as dota de justificação socialmente reconhecida. É bem verdade que essa é uma resposta que também os leitores de fantasia poderiam dar aos leitores de FC (ver, adiante, o Capítulo 5).

permanecer materialistas; e como visões da "época de tranquilidade" (Morris) podem nos estimular e nos compelir à ação.

Há boas razões para pensar que todas essas questões são sem solução: o que não é necessariamente uma coisa ruim, contanto que continuemos tentando decidir. De fato, no caso dos textos Utópicos, o teste político mais confiável não está em qualquer julgamento da obra individual em questão, mas, antes, em sua capacidade de gerar novas obras, visões Utópicas que incluam aquelas do passado e as modifiquem ou corrijam.

No entanto, trata-se, na realidade, de uma indecibilidade não política, mas da estrutura profunda, e isso explica por que vários comentadores de Utopias (como Marx e Engels, eles mesmos, com toda sua admiração por Fourier[10]) apresentaram avaliações contraditórias sobre esse assunto. Outro visionário Utópico, Herbert Marcuse, certamente o Utópico mais influente dos anos 1960, oferece uma explicação para essa ambivalência em um comentário de juventude, cujo tema oficial era o da cultura e não a própria Utopia.[11] O problema, no entanto, é o mesmo: a cultura poderia

---

[10] Marx e Engels, Selected Correspondence (Moscou, 1975) – por exemplo, a de 9 de outubro de 1866 (para Kugelmann), em que se ataca Proudhon como um Utópico pequeno-burguês, "enquanto nas Utopias de um Fourier, um Owen e etc. há a antecipação e expressão imaginativa de um novo mundo" (p. 172). Ver, ainda, Engels: "O socialismo teórico alemão jamais esquecerá que ele se encontra sobre os ombros de Saint-Simon, Fourier e Owen, três homens que, apesar de sua fantasia e utopianismo, devem ser reconhecidos entre os espíritos mais significativos de todos os tempos, pois antecipam com genialidade inúmeras questões cuja precisão demonstramos hoje cientificamente" (citado em Frank e Fritzie Manuel, *Utopian Thought in the Western World* [Cambridge, MA, 1979], p. 702). Benjamin também era um grande admirador de Fourier: "Ele esperava a libertação total do advento do jogo universalizado no sentido de Fourier, pelo qual tinha uma admiração sem limites. Não conheço homem que, hoje em dia, tenha vivido tão intimamente na Paris saint-simoniana e fourierista". Pierre Klossowski, "Lettre sur Walter Benjamin", *Tableaux vivants* (Paris: Gallimard, 2001), p. 87. E Barthes era outro desses leitores apaixonados (ver Capítulo 1, nota 5).

[11] Ver "On the Affirmative Character of Culture", *Negations* (Boston, 1968).

ser política – o que significa dizer crítica e até mesmo subversiva – ou ela é necessariamente reapropriada e cooptada pelo sistema social do qual faz parte? Marcuse defende que está na própria separação da arte e da cultura em relação ao social – uma separação que inaugura a cultura como um domínio de direito próprio e a define enquanto tal – a origem da incorrigível ambiguidade da arte. Pois é essa mesma distância da cultura em relação ao seu contexto social que lhe permite funcionar como uma crítica e uma denúncia deste, o que também condena suas intervenções à inefetividade e relega a arte e a cultura a um espaço frívolo e trivializado, no qual essas interseções são, de antemão, neutralizadas. Essa dialética vale, de modo ainda mais persuasivo, também para as ambivalências do texto Utópico: pois quanto mais uma dada Utopia afirma sua radical diferença em relação ao que atualmente existe, na mesma exata medida ela se torna não apenas irrealizável, mas, o que é pior, inimaginável.[12]

Isso não nos leva de volta exatamente ao nosso ponto de partida, no qual estereótipos ideológicos rivais buscavam apresentar esse ou aquele julgamento político absoluto sobre a Utopia. Isto pois, mesmo se já não podemos aderir sem ambiguidades a essa forma não confiável, podemos agora pelo menos recorrer àquele lema político engenhoso que Sartre inventou para encontrar seu caminho entre

---

[12] De um outro ponto de vista, essa discussão sobre a realidade ambígua da cultura (o que quer dizer, no nosso contexto, da própria Utopia) é uma discussão ontológica. O pressuposto é de que a Utopia, que trata do futuro ou do não ser, existe apenas no presente, onde ela leva a vida relativamente débil do desejo e da fantasia. Mas isso significa não considerar o caráter anfíbio do ser e de sua temporalidade, a respeito do qual a Utopia é filosoficamente análoga ao vestígio, só que na outra ponta do tempo. A aporia do vestígio é a de pertencer ao presente e ao passado a um só tempo e, portanto, a de constituir uma mistura de ser e não ser bastante diferente da categoria tradicional de Devir e, por isso, levemente escandalosa para a Razão analítica. A Utopia, que combina o ser-ainda-não do futuro com uma existência textual no presente, é merecedora dos mesmos paradoxos arqueológicos que estamos atribuindo ao vestígio. Para uma discussão filosófica deste, ver Paul Ricoeur, *Time and Narrative*, Volume III (Chicago, 1988), p. 119-120.

um comunismo problemático e um ainda menos aceitável anticomunismo. Talvez algo semelhante possa ser proposto aos companheiros de viagem da própria Utopia: de fato, para aqueles excessivamente receosos quanto aos motivos de seus críticos, embora não menos conscientes das ambiguidades estruturais da Utopia, para aqueles atentos à função política bastante real da ideia e do programa da Utopia no nosso tempo, o lema do anti-antiUtopianismo pode muito bem oferecer a melhor estratégia de trabalho.

I.
Variedades do Utópico

Tem sido muitas vezes observado que precisamos fazer uma distinção entre a forma Utópica e o anseio Utópico; entre o texto ou gênero escrito e algo como um impulso Utópico detectável na vida cotidiana e em suas práticas por uma hermenêutica especializada ou um método interpretativo. Por que não acrescentar a essa lista a prática política, na medida em que movimentos sociais tentaram realizar uma visão Utópica, comunidades foram fundadas e revoluções conduzidas em seu nome, e uma vez que, como vimos há pouco, o próprio termo está de novo presente em lutas discursivas atuais? De todo modo, a futilidade das definições pode ser mensurada pelo modo como elas excluem áreas completas do seu inventário preliminar.[1]

---

[1] Ver, no entanto, para uma posição abalizada, Lyman Tower Sargent, "The Three Faces of Utopianism", *Minnesota Review*, v. 7.3 (1967), p. 222-230 e "The Three Faces of Utopianism Revisited", *Utopian Studies* 5.1 (1994), p. 1-37. Uma vez que os estudos Utópicos são um campo disciplinar relativamente recente, bibliografias de intervenções teóricas nele são ainda relativamente raras; ver, no entanto, aquelas em Tom Moylan, *Demand the Impossible* (Nova York, 1986) e em Barbara Goodwin and Keith Taylor, *The Politics of Utopia* (Londres, 1982). A revista *Utopian Studies* pode ser consultada para desenvolvimentos recentes nessa área. Contribuições teóricas para o estudo da Ficção Científica são outra questão: ver o esplêndido panorama de Veronica Hollinger em "Contemporary Trends in Science Fiction Criticism, 1980-1999" (*Science Fiction Studies*, N. 78 [julho de 1999], p. 232-262), e, para uma perspectiva mais francófona, ver a bibliografia em Richard Saint-Gelais, *L'Empire du Pseudo* (Quebec, 1999). Para ambos, é claro, temos a sorte de

Neste caso, no entanto, o inventário tem um ponto de partida conveniente e indispensável: trata-se, é claro, do texto inaugural de Thomas More (1517), quase que exatamente contemporâneo à maioria das inovações que parecem ter definido a modernidade – a conquista do Novo Mundo, Maquiavel e a política moderna, Ariosto e a literatura moderna, Lutero e a consciência moderna, a impressão e a esfera pública moderna. Dois gêneros relacionados tiveram nascimentos miraculosos parecidos: o romance histórico, com *Waverly*, em 1814, e a Ficção Científica (independentemente se se data seu nascimento com a publicação de *Frankenstein*, de Mary Shelley, naqueles mesmos anos [1818], ou com a de *A máquina do tempo*, de Wells, em 1895.

Esses pontos de partida genéricos estão sempre, de algum modo, incluídos e *aufgehoben* [suprassumidos] em desenvolvimentos posteriores e não menos no conhecido deslocamento das Utopias do espaço para o tempo, de relatos de viajantes exóticos às experiências de visitantes do futuro. Mas o que singulariza esse gênero é sua intertextualidade explícita: poucas outras formas literárias se afirmaram tão diretamente como argumento e contra-argumento. Poucas outras exigiram tão abertamente referências cruzadas e debates dentro de cada nova variante: quem pode ler Morris sem Bellamy? Ou, ainda, Bellamy sem Morris? Desse modo, o texto individual carrega consigo toda uma tradição, reconstruída e modificada com cada nova adição, e que corre o risco de se tornar uma mera cifra dentro de um imenso hiperorganismo, como o enxame de seres sencientes e inteligentes de Stapledon.

Mas a obra da vida de Ernst Bloch está aí para nos lembrar que a Utopia é muito maior que a soma de seus textos individuais. Bloch postula um impulso Utópico governando tudo que seja orientado para o futuro, na vida e na cultura, e que envolveria tudo – de jogos a patentes de remédios, dos mitos ao entretenimento de massa, da

---

poder contar com a formidável *Encyclopedia of Science Fiction*, de John Clute e Peter Nicholls (Nova York, 1995), e, para Utopias, com o *Dictionary of Literary Utopias*, de Vita Fortunati e Raymond Trousson (Paris, 2000).

iconografia à tecnologia, da arquitetura ao eros, do turismo às piadas e ao inconsciente. Wayne Hudson habilmente resume a *magnum opus* de Bloch da seguinte forma:

> Em *O princípio esperança*, Bloch oferece uma compilação sem precedentes de imagens de anseios humanos e devaneios de uma vida melhor. O livro começa com pequenos devaneios (parte I), seguidos por uma exposição da teoria de Bloch da consciência antecipatória (parte II). Na parte III, Bloch aplica sua hermenêutica utópica às figuras de anseio encontradas no espelho da vida ordinária: à aura utópica que cerca um novo vestido, às propagandas, às belas máscaras, às revistas ilustradas, às vestimentas da Ku Klux Klan, ao excesso festivo do mercado anual e do circo, aos contos de fadas e à colportagem, à mitologia e à literatura de viagem, aos móveis antigos, às ruínas e aos museus e à imaginação utópica presente na dança, na pantomima, no cinema e no teatro. Na parte IV, Bloch se volta para o problema da construção de um mundo adequado à esperança e aos vários "esboços de uma vida melhor". Ele oferece umas 400 páginas de análise de utopias médicas, sociais, técnicas, arquitetônicas e geográficas, seguidas por uma análise de panoramas de anseios na pintura, na ópera e na poesia; de perspectivas utópicas nas filosofias de Platão, Leibniz, Espinosa e Kant e do utopianismo implícito em movimentos de defesa da paz e do ócio. Por fim, na parte V, Bloch se volta para figuras de anseio de momentos realizados, que revelam que a "identidade" é a pressuposição fundamental da consciência antecipatória. Novamente, o movimento é de tirar o fôlego quando Bloch cobre experiências felizes e perigosas da vida ordinária; o problema da antinomia entre o indivíduo e a comunidade; as obras do jovem Goethe, *Don Giovanni, Fausto, Don Quixote*, as peças de Shakespeare; a moralidade e a intensidade na música; figuras de esperança diante da morte e a autoinserção crescente do homem no conteúdo do mistério religioso.[2]

---

[2] Wayne Hudson, *The Marxist Philosophy of Ernst Bloch* (Nova York, 1982), p. 107. Devemos também mencionar as críticas de Ruth Levitas à noção de um "impulso" Utópico em seu *Concept of Utopia* (Syracuse, 1990), p. 181-183. Este livro, central para a constituição dos estudos Utópicos enquanto um

Voltaremos a Bloch logo mais; mas já deve estar claro que sua obra levanta um problema hermenêutico. O princípio interpretativo de Bloch encontra sua máxima eficácia quando revela a operação do impulso Utópico em lugares insuspeitos, nos quais ele está oculto ou reprimido. Mas o que acontece, neste caso, com os programas Utópicos deliberados e plenamente autoconscientes? Eles também devem ser tomados como expressões inconscientes de algo ainda mais profundo e primordial? E o que acontece com o processo interpretativo e com a filosofia do futuro do próprio Bloch, que, presumivelmente, já não necessita dessa decodificação ou reinterpretação? Raramente, porém, o exegeta Utópico concebe Utopias, e nenhum programa Utópico carrega o nome de Bloch.[3] Opera, aqui, o mesmo paradoxo hermenêutico que Freud enfrenta quando, buscando os precursores de sua análise dos sonhos, finalmente identifica uma obscura tribo aborígene para quem todos os sonhos teriam significado sexual – exceto os sonhos abertamente sexuais, que significariam algo diverso.

Faríamos, portanto, melhor se traçássemos duas linhas de descendência distintas a partir do texto inaugural de More: uma que visa à realização do programa Utópico e outra a um impulso Utópico obscuro, embora onipresente, que encontra seu caminho para

---

campo de direito próprio, defende um pluralismo estrutural no qual, de acordo com as construções sociais do desejo em períodos históricos específicos, os três componentes da forma, do conteúdo e da função são combinados de modos distintos e historicamente singulares: "As principais funções identificadas são a compensação, a crítica e a mudança. A compensação é uma característica da Utopia 'ruim' ou abstrata para Bloch, de todas as utopias para Marx e Engels e da ideologia para Mannheim. A crítica é o principal elemento na definição de Goodwin. A mudança é crucial para Mannheim, Bauman e Bloch. A Utopia também pode funcionar como a expressão da educação do desejo, como para Bloch, Morton e Thompson, ou como produtora de estranhamento, como para Moylan e Suvin. Se definimos utopia em termos de [apenas] uma dessas funções, não conseguimos nem descrever nem explicar a variação" (p. 180).

[3] Tom Moylan, de modo pertinente, me recorda que Bloch já teve uma Utopia concreta: chamava-se União Soviética.

a superfície em uma variedade de expressões e prática encobertas. A primeira dessas linhas será sistêmica e incluirá a prática política revolucionária, quando esta visa a fundar uma sociedade totalmente nova, bem como exercícios escritos no gênero literário. Também serão sistêmicas aquelas secessões, Utópicas e autoconscientes, da ordem social que são as assim chamadas comunidades intencionais, além das tentativas de projetar novas totalidades espaciais na estética da própria cidade.

A outra linha de descendência é mais obscura e variada, como convém a um investimento proteano em um conjunto de assuntos suspeitosos e equívocos: reformas liberais e sonhos comerciais mirabolantes, os embustes enganosos, porém tentadores, do aqui e agora, quando a Utopia serve como uma mera isca para a ideologia – a esperança sendo, no fim das contas, também o princípio dos contos do vigário mais cruéis e da arte do charlatanismo. Ainda assim, talvez algumas de suas formas mais óbvias possam ser identificadas: a teoria política e social, por exemplo, mesmo quando – e especialmente quando – ela visa ao realismo e à fuga de tudo o que é Utópico; também reformas social-democratas e "liberais" graduais, quando elas são meramente alegóricas de uma transformação geral da totalidade social. E, já que identificamos a própria cidade como uma forma fundamental da imagem Utópica (junto à forma do vilarejo, que reflete o cosmos),[4] talvez devêssemos dar lugar ao edifício individual como um espaço de investimento Utópico, aquela parte monumental que não pode ser o todo, mas que ainda assim tenta expressá-lo. Esses exemplos sugerem que valeria a pena pensar o impulso Utópico e sua hermenêutica em termos de alegoria; neste caso, gostaríamos de reorganizar a obra de Bloch em três níveis distintos de conteúdo Utópico: o corpo, o tempo e a coletividade.

---

[4] Ver Claude Lévi-Strauss, "Do Dual Organizations Exist?". *Structural Anthropology* I (Chicago, 1983 [1958]); e também Pierre Bourdieu, *Outline of a Theory of Practice* (Cambridge, 1977 [1972]).

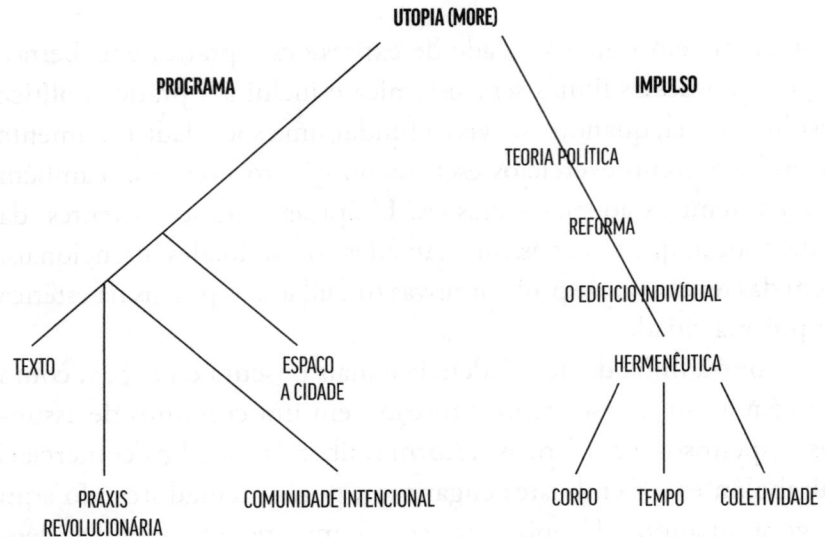

UTOPIA (MORE)

PROGRAMA

IMPULSO

TEORIA POLÍTICA

REFORMA

O EDÍFICIO INDIVÍDUAL

TEXTO

ESPAÇO
A CIDADE

HERMENÊUTICA

PRÁXIS
REVOLUCIONÁRIA

COMUNIDADE INTENCIONAL

CORPO   TEMPO   COLETIVIDADE

Mas a distinção entre essas duas linhas ameaça reavivar o velho e bastante questionado projeto filosófico de distinguir o autêntico do inautêntico, mesmo quando se visa, na verdade, a revelar a autenticidade mais profunda do próprio inautêntico. Isso não tenderia a reavivar aquele antigo idealismo platônico do desejo verdadeiro e falso, do prazer verdadeiro e falso, da satisfação ou felicidade genuína e a ilusória? E isso em uma época em que, antes de tudo, estamos mais inclinados a crer na ilusão do que na verdade.[5] Como tendo a simpatizar com esta última posição, mais pós-moderna, e gostaria de evitar uma retórica que oponha a autoconsciência ou a consciência reflexiva à sua contraparte irrefletida, prefiro apresentar a distinção em termos mais espaciais. Nesse caso, o programa propriamente Utópico ou sua realização envolverá um compromisso com a clausura – e, logo, com a totalidade: não foi Roland Barthes quem observou, quanto ao Utopianismo de Sade, que "aqui como

---

[5] Ver Gilles Deleuze, *Cinéma* II (Paris, 1985 [1952]), Capítulo VI, sobre *"le faux"*; e também Jean-Paul Sartre, *Saint Genêt* (Nova York, 1983), sobre *"le toc"*, p. 358 e seguintes.

em outros lugares é a clausura que permite a existência do sistema, ou seja, da imaginação"?[6]

Mas se trata de uma premissa que traz consigo profundas consequências. Em More, é certo, a clausura é obtida por aquela grande trincheira que o fundador faz que seja cavada entre a ilha e o continente, e que por si só permite à ilha se tornar Utopia: uma secessão radical mais tarde sublinhada pela impetuosidade maquiavélica da política externa Utópica – suborno, assassinatos, mercenários e outras formas de *Realpolitik* –, que rechaça todas as noções cristãs de fraternidade universal e direito natural e decreta a diferença fundacional entre eles e nós, inimigo e amigo, de maneira peremptória, digna de Carl Schmitt, e característica, de uma forma ou de outra, de todas as tentativas subsequentes das Utopias de sobreviver dentro de um mundo ainda não convertido ao Estado mundial de Bellamy. Como testemunho disto, o triste destino de *A ilha*, de Huxley, ou as precauções que são exigidas por situações tão diferentes como as comunidades Walden, de Skinner, ou a Marte, de Kim Stanley Robinson.[7]

---

[6] Roland Barthes, *Sade, Fourier, Loyola* (Paris, 1971), p. 23.

[7] E poderíamos acrescentar a tragédia histórica de Winstanley e a Colina de São Jorge (juntamente com o destino da comuna Utópica de Goetz de *O Diabo e o bom deus*, de Sartre: é verdade que esta última é imposta, em vez de intencional – o que, pode-se supor, era o outro ponto que o filósofo da liberdade e da práxis queria frisar). Como é sabido, o último trabalho de Huxley, *A ilha* (1962), representa sua tentativa de retificar o satírico *Admirável Mundo Novo*, de 1932, com a construção de uma contribuição "séria" (embora narrativa) ao gênero Utópico. B. F. Skinner (1904-1990), um dos mais idiossincráticos teóricos americanos do behaviorismo e o inventor da chamada caixa de Skinner, escreveu uma Utopia maior em *Walden Two* (1948), na qual (na minha opinião) o "condicionamento negativo" tem um papel pequeno; ver sua breve discussão no Capítulo 4, adiante. Kim Stanley Robinson (1952-) é o autor não de um, mas de dois ciclos Utópicos: a chamada trilogia de *Orange County* (1984-1990) e a trilogia *Marte* (1992-1996), com uma terceira, centrada no desastre ecológico e em suas possibilidades Utópicas, a ser publicada. Sobre a trilogia Marte, ver Parte Dois, Ensaio 12, adiante.

A totalidade é, pois, justamente essa combinação de clausura e sistema, em nome da autonomia e da autossuficiência, e que, em última instância, é a fonte daquela alteridade ou diferença radical, inclusive alienígena, já mencionada acima e à qual voltaremos de forma mais detida. Mas é justamente essa categoria de totalidade que preside as formas de realização Utópica: a cidade Utópica, a revolução Utópica, a comuna ou vilarejo Utópico e, é claro, o próprio texto Utópico, em toda a sua diferença radical e inaceitável diante dos gêneros literários mais legítimos e esteticamente gratificantes.

É igualmente claro, pois, que esse encanto da forma e da categoria de totalidade está ausente, praticamente por definição, das múltiplas formas investidas pelo impulso Utópico de Bloch. Aqui, temos de lidar, antes, com um processo alegórico no qual várias figuras Utópicas penetram a vida cotidiana das coisas e das pessoas e oferecem um suplemento, frequentemente inconsciente, de prazer, não relacionado ao seu valor funcional ou a satisfações oficiais. O procedimento hermenêutico é, portanto, um método em duas etapas, em que, em um primeiro momento, fragmentos da experiência revelam a presença de figuras simbólicas – a beleza, a plenitude, a energia, a perfeição – que apenas posteriormente são identificadas como as formas pelas quais um desejo essencialmente Utópico pode ser transmitido. Note-se que, para tanto, Bloch apela frequentemente a categorias estéticas clássicas (que são, elas próprias, também teológicas em última instância) e que, nessa medida, sua hermenêutica também pode ser compreendida como certa forma última da estética idealista alemã, que se esgota no fim do século XX e com o modernismo. Bloch tinha gostos bem mais ricos e variados que Lukács e tentou acomodar a cultura popular e a antiga, textos tanto modernistas quanto realistas e neoclássicos, em sua estética Utópica; mas esta é perfeitamente capaz de assimilar gostos pós-modernos, não europeus e massificados, e essa é a razão de eu ter proposto reorganizar seu imenso compêndio de um modo novo e tripartite (corpo, tempo e coletividade), o que corresponde mais proximamente aos níveis da alegoria contemporânea.

O materialismo já está onipresente em uma atenção ao corpo que busca corrigir qualquer idealismo ou espiritualismo que persista nesse sistema. A corporeidade Utópica é, no entanto, também um espectro, que incide até nos produtos mais subordinados e envergonhados da vida cotidiana, tais como aspirinas, laxantes e desodorantes, transplantes de órgãos e cirurgias plásticas, todos eles portando promessas abafadas de um corpo transfigurado. A leitura de Bloch desses suplementos Utópicos – as doses de excesso utópico cuidadosamente mensuradas em todas as nossas mercadorias e costuradas como um fio vermelho por nossas práticas de consumo, sejam sóbrias e utilitárias ou frenéticas e viciantes – se aproxima agora dos mitos blakeanos de Northrop Frye dos corpos eternos projetados no céu. Entretanto, as conotações de imortalidade que acompanham essas imagens parecem urgentemente nos mover adiante, em direção ao nível temporal, tornando-se verdadeiramente Utópicas apenas naquelas comunidades de sujeitos sobrenaturalmente longevos,[8] como em *Volta a Matusalém*, de Shaw, ou de imortais, como no filme *Zardoz* (1974), de Boorman, e que oferecem munição considerável para os antiUtópicos com a correspondente deterioração da visão Utópica: o tédio suicida dos anciãos longevos de Shaw e o *ennui* assexuado dos habitantes da Vortex de *Zardoz*. A política liberal, por sua vez, incorpora parcelas desse impulso particular em plataformas políticas que oferecem pesquisa médica de ponta e cobertura médica universal, embora o apelo à eterna juventude encontre um lugar mais apropriado na agenda secreta da direita e dos ricos e privilegiados, em fantasias sobre o tráfico de órgãos e possibilidades tecnológicas de terapia rejuvenescedora. A transcendência corporal, assim, também encontra ricas possibilidades no domínio do espaço, desde as ruas cotidianas e as salas das moradias e locais de trabalho até o lócus maior da cidade – como na antiguidade, quando ela refletia o próprio cosmos físico.

Mas a vida temporal do corpo já reposiciona o impulso Utópico naquela que é a preocupação central de Bloch como filósofo, a saber, a cegueira de toda filosofia tradicional em relação ao futuro e às suas dimensões singulares, e a denúncia de filosofias e ideologias, como a

---

[8] Ver Parte Dois, Ensaio 7, "A longevidade como luta de classes".

31

anamnese platônica, teimosamente presas ao passado, à infância e às origens.[9] Trata-se de um polêmico compromisso que ele compartilha com filósofos existencialistas, e talvez mais ainda com Sartre, para quem o futuro é práxis e projeto, do que com Heidegger, para quem o futuro é a promessa de mortalidade e morte autêntica; e isso o separa de forma decisiva de Marcuse, cujo sistema Utópico recorre significativamente não apenas a Platão, mas, na mesma medida, a Proust (e Freud) para defender um ponto fundamental sobre a memória de felicidade e os vestígios de gratificação Utópica que sobrevivem em um presente caído e oferecem a ele uma "reserva permanente" de energia pessoal e política.[10]

Mas vale a pena ressaltar que, em algum ponto, as discussões sobre a temporalidade sempre se bifurcam em dois caminhos: o da experiência existencial (em que questões de memória parecem predominar) e o do tempo histórico, com suas urgentes interrogações sobre o futuro. Defenderei que é justamente na Utopia que essas duas dimensões são reunidas sem emendas e o tempo existencial é tomado por um tempo histórico que é paradoxalmente também o fim dos tempos, o fim da história. Entretanto, não é preciso pensar nessa fusão dos tempos individual e coletivo em termos de algum eclipse da subjetividade, embora a perda da individualidade (burguesa) seja certamente um dos grandes temas antiUtópicos. Mas a despersonificação ética tem sido um ideal em muitas religiões e em grande parte da filosofia, enquanto a transcendência da vida individual encontrou representações bastante diferentes na Ficção Científica, na qual ela frequentemente funciona como um reajustamento da biologia individual aos ritmos temporais incomparavelmente mais longos da própria história. Logo, a longevidade estendida dos colonizadores da Marte de Kim Stanley Robinson permite a eles coincidir de modo mais tangível com as evoluções históricas de longo prazo, enquanto o

---

[9] Ver o ataque de Ernst Bloch à anamnese em *The Principle of Hope* (Cambridge, MA, 1986 [1959]), p. 18.

[10] Herbert Marcuse, *Eros and Civilization* (Nova York, 1962), p. 18 e Capítulo 11.

dispositivo da reencarnação, em sua história alternativa *Years of Rice and Salt*, permite a possibilidade de repetidas reentradas no fluxo da história e do desenvolvimento.[11] E, embora um terceiro modo pelo qual os tempos individual e coletivo passem a ser identificados um com o outro seja a própria experiência da vida cotidiana, de acordo com Roland Barthes, o signo quintessencial da representação utópica, *"la marque de l'Utopie, c'est le quotidien"*.[12] Onde o tempo biográfico e a dinâmica da história divergem, essa vida do dia a dia, de sucessivos instantes, permite ao existencial se dobrar no espaço da coletividade, pelo menos como Utopia, em que a morte é medida em gerações e não em indivíduos biológicos.

O viajante de Stapledon, entretanto, vive o tempo em uma relatividade einsteiniana indeterminável, mas também se une com um conjunto de outros indivíduos e suas temporalidades em uma experiência coletiva para a qual não temos categorias linguística ou figurativa prontas. Segue uma consideração que vale a pena ser citada e que marca o modo como um investimento temporal do impulso Utópico se move em direção àquela forma última que é a figura da coletividade enquanto tal:

> Não se deve supor que essa estranha comunidade mental apague as personalidades dos exploradores individuais. O discurso humano não tem termos apropriados para descrever nossa relação peculiar. Seria tão falso dizer que perdemos nossa individualidade, ou que fomos dissolvidos em uma individualidade comunal, quanto dizer que sempre fomos indivíduos distintos. Embora o pronome "eu" seja agora aplicado a todos nós coletivamente, o pronome "nós"

---

[11] *Years of Rice and Salt* (2002) fornece a crônica de um mundo do qual a Europa e o cristianismo foram eliminados pela Peste Negra no século XIV, um mundo no qual uma alta civilização "americana nativa" floresce no hemisfério ocidental e a China e o Islã se tornaram os sujeitos maiores de uma história que termina com equivalentes da "nossa" Primeira Guerra Mundial, "nossa" revolucionária década de 1960 e (esperançosamente) com um tipo de futuro diferente do nosso.

[12] Barthes, *Sade, Fourier, Loyola*, p. 23.

também nos é aplicado. Num aspecto, a saber, a unidade da consciência, éramos de fato um único indivíduo de experiência; mas, ao mesmo tempo, éramos de uma maneira muito importante e agradável distintos uns dos outros. Embora houvesse apenas um único "eu", comunal, havia também, por assim dizer, um "nós" diverso e variado, uma companhia visível de personalidades muito diversas, cada uma expressando criativamente sua contribuição singular para todo o empreendimento da exploração cósmica, enquanto todos estávamos unidos em um tecido de sutis relações pessoais.[13]

Neste ponto, a expressão do impulso Utópico chega o mais próximo possível da superfície da realidade sem ainda se tornar um projeto Utópico consciente nem se converter naquela outra linha de desenvolvimento que chamamos de programa Utópico e realização Utópica. Os estágios prévios do investimento Utópico ainda estavam presos nos limites da experiência individual, o que não significa dizer que a categoria de coletividade seja ilimitada – já mencionamos sua necessidade estrutural de clausura, à qual retornaremos mais tarde.

Por ora, no entanto, basta observar que, na falta de qualquer política Utópica consciente, a coletividade se depara com uma variedade de expressões negativas cujos perigos são muito diferentes daqueles do egoísmo e do privilégio individuais. O narcisismo caracteriza ambos, sem dúvida; mas é o narcisismo coletivo que é mais prontamente identificado nas várias práticas xenófobas e de grupos racistas, todas elas com sua impulsão Utópica, como sabidamente tentei explicar em outro lugar.[14] A hermenêutica de Bloch não é concebida para eximir esses impulsos Utópicos deformados, mas, antes, faz uma aposta política de que suas energias podem ser apropriadas pelo processo de desmascaramento e liberadas pela

---

[13] Olaf Stapledon, *The Last and First Men/Star Maker* (Nova York, 1968), p. 343.

[14] Ver a Conclusão do meu trabalho *The Political Unconscious* (Ithaca, 1981) e também minha resenha "On 'Cultural Studies'", in *Social Text*, n. 34 (1993), p. 17-52.

consciência de maneira análoga à cura freudiana – ou à reestruturação lacaniana do desejo. Essa esperança pode ser perigosa e desorientada; mas a deixamos para trás ao voltarmos ao processo de construção Utópica consciente.

Os níveis de alegoria Utópica, dos investimentos do impulso Utópico, podem, portanto, ser representados assim:

O COLETIVO (anagógico)

TEMPORALIDADE (moral)

O CORPO (alegórico)

INVESTIMENTO UTÓPICO (o texto)

2.
O enclave Utópico

Ver vestígios do impulso Utópico por todo lado, como via Bloch, significa naturalizá-lo e, de algum modo, pressupor que ele está enraizado na natureza humana.[1] Tentativas de realizar a Utopia, no entanto, têm sido historicamente mais intermitentes, e precisamos limitá-las ainda mais ao insistir agora em tudo o que há de peculiar e excêntrico na produção das fantasias que dá origem a elas. Devaneios, em que cidades inteiras são esboçadas na mente, nos quais constituições são formuladas com entusiasmo e sistemas legais são incessantemente rascunhados e emendados, em que as distribuições de assentos em festivais e banquetes são detalhadamente pensadas, em que o descarte de lixo é organizado tão cuidadosamente quanto a hierarquia administrativa e em que problemas familiares e de cuidado às crianças são resolvidos com novas propostas engenhosas – tais fantasias parecem suficientemente distintas de devaneios eróticos e merecem, por si mesmas, uma atenção especial.[2]

Os Utópicos, sejam políticos, textuais ou hermenêuticos, sempre foram maníacos e estrambóticos – uma deformação prontamente explicável pelas sociedades caídas nas quais eles têm de exercer sua vocação. De fato, gostaria que entendêssemos o Utopianismo não

---

[1] Como condiz a um defensor do direito natural: ver Bloch, *Natural Law and Human Dignity* (Cambridge, MA, 1961).

[2] Espero que esteja claro que explicações psicológicas, em particular aquelas em termos de "sublimação", são incompatíveis com o tipo de produções aqui descritas.

como certo destrancamento do político, em um retorno à sua centralidade de direito, como nas cidades-Estado gregas; mas, antes, como um processo em si totalmente distinto. Em uma primeira abordagem, gostaria mesmo que aquelas relações com o político que o Utopianismo parece pressupor conservem um caráter constrangedor e suspeito. Precisamos nos acostumar a pensar, nas nossas sociedades onde o político foi exitosamente separado do privado, o político como um tipo de vício. Por qual outra razão aqueles pensadores políticos prototípicos *par excellence*, Maquiavel e Carl Schmitt, estariam sempre envoltos em certa névoa de escândalo? Mas o que eles ousam anunciar publicamente, em um heroísmo indissociável do cinismo, nossos Utópicos concebem de modo mais furtivo, em formas que evocam mais perversão que paranoia e com aquele senso passional de missão ou vocação do qual certo gozo nunca está ausente.

Não buscamos agora, no entanto, uma abordagem psicológica, mas uma abordagem mais histórica, que teorize as condições de possibilidade dessas fantasias peculiares. Embora as Utopias pareçam ser subprodutos da modernidade ocidental, elas não apareceram em todos os seus estágios. Precisamos ter uma ideia das situações e circunstâncias específicas em que sua composição é possível; situações que encorajam essa vocação ou talento peculiar ao mesmo tempo que oferecem materiais adequados para seu exercício.

O chamamento Utópico, de fato, parece ter algum parentesco com aquele do inventor nos tempos modernos e mobiliza certa combinação necessária entre a identificação de um problema a ser resolvido e a engenhosidade inventiva com que soluções são propostas e testadas. Existe aqui certa afinidade com os jogos infantis, mas também com o dom do *outsider* para ver realidades familiares de um modo fresco e inabitual, bem como com as simplificações radicais daqueles que gostam de produzir modelos. Mas deve-se ter em conta também o deleite na construção, algo maravilhosamente expressado pelos "espíritos" de Margaret Cavendish:

"Pois todo ser humano pode criar um mundo imaterial totalmente habitado por criaturas imateriais, cuja população seja de súditos imateriais, assim como nós somos, e tudo isso pode se dar dentro de sua própria mente; ou melhor, não só isso, mas é possível criar um mundo com qualquer estilo e governo que se desejar e dar às criaturas daquele mundo tais movimentos, aspectos, formas, cores, percepções etc. como lhe aprouver; e construir turbilhões, luzes, pressões e reações etc. que ele considerar as melhores; ou, ainda, pode-se fazer um mundo repleto de veias, músculos e nervos, e tudo isso para moverem-se num choque ou derrame. É também possível alterar tal mundo quantas vezes se quiser, ou modificá-lo de um mundo natural para um mundo artificial; pode-se fazer um mundo de ideias, um mundo de átomos, um mundo de luzes ou tudo quanto a imaginação puder. E já que está em seu poder" (concluem os espíritos) "criar tal mundo, que necessidade você tem de arriscar a vida, a reputação e a tranquilidade, para conquistar um mundo material grosseiro?".[1]

Mas tal criação precisa ser motivada; precisa responder a dilemas específicos e se oferecer para resolver problemas sociais fundamentais, para os quais o Utópico acredita ter a solução. A vocação Utópica pode ser identificada por essa certeza e pela busca persistente e obsessiva por uma solução simples e definitiva para todos os nossos males. E esta deve ser uma solução tão óbvia e autoexplicativa que qualquer pessoa razoável a compreenderia, como o inventor que tem certeza que sua ratoeira melhorada se imporá como convicção universal.

Contudo, é a situação social que precisa admitir essa solução ou, pelo menos, sua possibilidade – este é um dos aspectos das pré-condições

---

[1] Margaret Cavendish, *The Description of a New World Called the Blazing World* (Nova York, 1992 [1666]), p. 185-186. (Margaret Cavendish, *O mundo Rresplandecente*, tradução de Milene Cristina da Silva Baldo, Ed. Plutão Livros, 2019, [s.p.] [N.T.]). Cavendish (1623-1673) é verdadeiramente a descendente de Bacon nessa Utopia que, embora fantástica, está baseada em um jogo construtivo com elementos "científicos" retirados de todas as teorias a ela contemporâneas, inclusive as de Descartes e Hobbes, a quem ela dizia ter conhecido pessoalmente. O construtivismo é coroado em sua ambição "de ser não apenas Imperatriz, mas Autora de todo um mundo" (p. 224).

objetivas de uma Utopia. A visão que se abre para a história a partir de uma situação social particular deve encorajar essas supersimplificações; as desgraças e injustiças assim visíveis devem parecer moldar e organizar a si mesmas em torno de um mal ou de um erro específico. Pois o remédio Utópico deve ser, em primeiro lugar, fundamentalmente negativo e se colocar como um toque de clarim para remover e extirpar essa raiz específica de todo o mal, do qual nascem todos os outros.

Eis a razão pela qual é um erro abordar as Utopias com expectativas positivas, como se elas oferecessem visões de mundos felizes, espaços de satisfação e cooperação, representações que corresponderiam, em termos de gênero, ao idílico ou ao pastoral, não à utopia.[2] De fato, a tentativa de estabelecer critérios positivos para a sociedade desejável é característica da teoria política liberal, de Locke a Rawls, e não das intervenções diagnósticas dos Utópicos, que, como as dos grandes revolucionários, sempre visam a aliviar e eliminar as fontes de exploração e sofrimento, em vez de formular receitas para o consolo burguês. A confusão surge das propriedades formais desses textos, que também parecem oferecer receitas; estas são, no entanto, mapas e planos que devem ser lidos negativamente, como algo que deve ser alcançado após demolições e remoções e na ausência de todos aqueles males menores que os liberais creem ser inerentes à natureza humana.

Com essa ressalva fundamental em mente, podemos então fazer um inventário das formulações utópicas mais influentes, começando com a solução canônica de More de abolição do dinheiro e da propriedade. Esse primeiro passo básico não desaparece em Utopias posteriores, mas é frequentemente aprimorado por preocupações adicionais, que incitam novos motivos e novas ornamentações. É assim que Campanella enfatiza que a ordem deve ser efetivada por uma generalização do espaço do monastério. Para Winstanley, trata-se

---

[2] Esse argumento é desenvolvido, mais à frente, no Capítulo 11. Mas vale se perguntar se as análises proteanas do impulso pastoral no clássico de Empson, Versions, não o aproxima consideravelmente do impulso Utópico (William Empson, *Some Versions of Pastoral* [Londres, 1935]).

antes da abolição do trabalho assalariado no novo espaço dos comuns que anuncia o começo do fim da miséria social, enquanto todas as ideias de Rousseau sobre a liberdade giram em torno da amarga experiência da dependência. Fourier e o desejo; Saint-Simon e a administração; Bellamy e o exército industrial; Morris e aquele trabalho não alienado ao qual ele chamava de arte – todos foram capazes de oferecer programas Utópicos que poderiam ser compreendidos com um único lema e que pareciam relativamente fáceis de serem postos em prática.

Com Chernyshevsky, é o casamento e "a questão da mulher" que se torna central, enquanto no período contemporâneo não é apenas a subjetividade que dificulta a produção Utópica. *Ecotopia* responde às objeções capitalistas comuns, oferecendo uma Utopia que é ecológica e também empresarial, enquanto o taoísmo de Le Guin é um remédio igualmente ecológico para uma modernidade fundamentalmente agressiva e destrutiva. Em Skinner, a pedagogia (ou seja lá como ele a denomine) vem antes de tudo, enquanto em *Woman on the Edge of Time,* de Marge Piercy, a tríade contemporânea, hoje familiar, de raça, classe e gênero [*gender*] substitui a antiga tríade de More de cobiça, orgulho e hierarquia – ver Capítulo 3, adiante – e oferece um alvo sucinto e inter-relacionado.[3]

---

[3] Às vezes, esquecemos que *What's To Be Done?*, de Chernyshevsky (1863), que emprestou seu nome ao igualmente famoso panfleto de Lênin, foi tão mundialmente influente quanto *Daqui a cem anos*, de Bellamy (1888). *Ecotopia* (1975), de Ernest Callenbach (1929-), é a mais importante Utopia que apareceu nos anos 1960 na América do Norte: ela retrata um Estado que inclui os atuais estados de Oregon, Washington e o norte da Califórnia e que, tendo se separado dos Estados Unidos, está isolado por décadas por um bloqueio econômico e informacional. Quanto a Ursula Le Guin (1929-), suas obras serão discutidas várias vezes no decorrer deste trabalho, particularmente nos Capítulos 5, 6 e 10 e na Parte Dois, Ensaio 3. Ela é uma das mais importantes escritoras estadunidenses contemporâneas (e não apenas de FC e fantasia): seu romance *A mão esquerda da escuridão* (1969) foi uma contribuição fundamental ao feminismo e aos estudos de gênero [*gender*], do mesmo modo que sua empolgante intervenção política, *Os despossuídos* (1974), o foi para os debates políticos dos anos 1970.

Mas, apesar do que se tem dito sobre as excentricidades do analista Utópico, esses temas e diagnósticos sociais não são nem aleatórios nem voluntariosamente inventados a partir da obsessão ou do capricho pessoal. Ou melhor, é precisamente a obsessão do Utópico que serve como um aparato de registro de uma realidade social dada, cuja identificação, com sorte, encontra posteriormente reconhecimento coletivo. Nada, porém, garante que uma dada preocupação Utópica irá atingir a meta, que ela irá detectar quaisquer elementos sociais realmente existentes e menos ainda que ela irá enquadrá-los em um modelo que explicará sua situação para as outras pessoas. Há, portanto, ao lado de capítulos aparentemente biográficos e aleatórios, uma história da matéria-prima Utópica a ser feita.[4] Uma história que está ligada à representação, na medida em que não são apenas as contradições reais da modernidade capitalista que evoluem em momentos convulsivos (como os estágios de crescimento do monstro epônimo do filme de Ridley Scott, *Alien* [1979]), mas também a visibilidade dessas contradições de um estágio histórico a outro ou, em outras palavras, a capacidade de cada uma de ser nomeada, tematizada e representada, não apenas por meios epistemológicos, em termos de análises sociais ou econômicas, mas também por formas dramáticas ou estéticas que, junto com as plataformas e os lemas políticos, tão proximamente a elas relacionados, podem tomar a imaginação e falar para grupos sociais mais amplos. E, como com o próprio alienígena, é concebível que cada momento da representação pareça radicalmente diferente de seus predecessores; assim, os dilemas da industrialização já não mais parecem ter muito em comum com a miséria causada pelos cercamentos – salvo enquanto fonte de imenso sofrimento coletivo.

Contudo, para que a representabilidade seja alcançada, o momento social ou histórico deve, de algum modo, se oferecer como

---

4   Este livro não é, porém, essa história: retomaremos o jogo das matérias-primas especialmente no Capítulo 3, sobre a *Utopia*, de More. Já a ênfase em outras partes será mais formalista, investigando os constrangimentos representacionais que deformam um texto que eles mesmos tornam possível.

uma situação, permitir-se ser lido em termos de causas e efeitos, ou problemas e soluções, questões e respostas. Ele deve ter atingido um nível de complexidade que pareça colocar em primeiro plano algum mal fundamental, de modo que, com isso, o teórico social se sinta tentado a produzir uma visão geral organizada em torno de um tema específico. A totalidade social é sempre irrepresentável, mesmo para grupos de pessoas numericamente mais limitados; mas ela pode, às vezes, ser mapeada e permitir que um modelo em pequena escala seja construído, no qual as tendências fundamentais e as linhas de força possam ser mais facilmente lidas. Em outros momentos, esse processo representacional é impossível, e as pessoas encaram a história e a totalidade social como um caos desconcertante, cujas forças são indiscerníveis.

Para o bem ou para o mal, esse segundo tipo de precondição Utópica – a material – parece distinguir-se da primeira – a vocacional –, da mesma forma que o objeto se distingue do sujeito ou a realidade social se distingue da percepção individual. Mas a oposição tradicional é meramente conveniente e estamos mais interessados na interação misteriosa entre ambas em textos Utópicos nos quais elas se tornam inextricáveis. Separá-las envolve inevitavelmente um processo figural, mesmo em disciplinas objetivas, como a sociologia. Logo, se em um primeiro momento caracterizei a relação do Utópico com sua situação social como uma relação comum a matéria-prima, devemos agora nos perguntar sobre quais tipos de blocos de construção o momento histórico oferece. Leis, trabalho, casamento, organização industrial e institucional, comércio e troca, mesmo matérias-primas subjetivas como formações caracterológicas, hábitos práticos, talentos, atitudes de gênero [*gender*]: tudo isso joga, em um momento ou outro da história das utopias, água no moinho Utópico e se torna a substância a partir da qual a construção Utópica pode ser modelada.

Também já evocamos a existência de um tipo de oficina Utópica, como a do inventor: uma garagem na qual todos os tipos de maquinaria podem ser consertados e reconstruídos. Sigamos agora, por um momento, essa figuração espacial, que foi elaborada do modo mais complexo pela chamada teoria dos sistemas de Niklas Luhmann, com sua dinâmica fundamentada em seu conceito de "diferenciação". Logo, uma metafísica de inspiração luhmanniana postularia algo como uma substância indiferenciada, que começa internamente a se diferenciar em muitos "sistemas" semiautônomos relacionados, embora distintos.[5] Podemos pensar esses sistemas da forma que quisermos: a espirituosa identificação de Kant das faculdades da universidade com a antiga tradição das faculdades mentais oferece um bom ponto de partida aleatório, pois faz uma comparação entre a diferenciação crescente dos vários corpos de disciplinas acadêmicas especializadas com a separação de "partes" da psique, como a cognição e a vontade, umas das outras. Que essas sejam diferenciações contínuas e crescentemente complexas é uma questão de história empírica: as disciplinas tradicionais começam a se desmembrar uma das outras, como a sociologia ou a psicologia (ou, em nossa época, a biologia molecular), enquanto a literatura moderna testemunha a emergência de todo tipo de novas funções psíquicas que não eram registradas nos gêneros literários tradicionais. Mas, agora, a justaposição desses dois campos em evolução (as disciplinas acadêmicas, a psique) nos recorda da multiplicidade de outros campos contidos na totalidade (ou "sistema") social: as classes sociais, por exemplo, que então se diferenciam em um conjunto de estratos, especializações profissionais e assim por diante, ou as atividades produtivas, que se multiplicam conforme a própria indústria se sofistica em processos tecnológicos e científicos cada vez mais variados, enquanto os produtos assim produzidos (e a demanda por eles) são multiplicados quase infinitamente. Enquanto isso, o sistema político separa os juristas, que se tornam uma profissão separada orientada por um campo de conhecimento distinto de validade própria, de seus administradores e burocratas, servidores eletivos, funcionários dos estados, dos municípios e federais, ao lado das multiplicações do Estado de bem-estar, o surgimento dos assistentes sociais e dos vários ramos da saúde pública

---

[5]   Ver, por exemplo, Niklas Luhmann, *The Differentiation of Society* (Nova York, 1982).

tanto quanto da pesquisa científica, e assim por diante. Luhmann define a modernidade por meio do surgimento desse processo; a pós-modernidade poderia, então, ser vista como uma saturação dialética em que os subsistemas, até então semiautônomos, desses vários níveis sociais ameaçam se tornar autônomos *tout court* e gerar uma figura ideológica muito diferente em complexidade – não mais aquela figura progressiva do estágio anterior da modernidade, mas a da multiplicidade dispersa e da fissão infinita.

O que essa interessante figura da diferenciação social teria a oferecer para uma teoria da produção Utópica? Creio que podemos começar pela proposição de que o espaço Utópico é um enclave imaginário dentro do espaço social real – em outras palavras, pela proposição de que a possibilidade mesma de espaço Utópico é resultado da diferenciação espacial e social. Trata-se, porém, de um subproduto aberrante, e sua possibilidade depende da formação momentânea de um tipo de redemoinho ou represamento auto-contido dentro do processo de diferenciação geral e de seu ímpeto aparentemente irreversível.

Esse bolsão de estase no interior das forças de mudança social, em fermentação e aceleradas, pode ser pensado como um tipo de enclave dentro do qual a fantasia Utópica pode operar.[6] Esta é uma figura que então nos permite combinar duas características até agora contraditórias da relação entre a Utopia e a realidade social: por um lado, sua existência ou emergência certamente registra a agitação dos vários "períodos transicionais" nos quais a maioria das Utopias foi formulada (o próprio termo "transicional" veicula esse sentido de ímpeto); enquanto, por outro lado, ela sugere a distância que separa as Utopias da política prática – distância fundamentada na existência de uma zona da totalidade social que parece eterna e imodificável,

---

[6]   Em outro lugar, joguei com as figuras de Lacan ("extimidade") e de Derrida ("encriptamento"). Ver meu ensaio "The Politics of Utopia", *New Left Review*, N. 25 (jan.-fev. 2004), p. 43; o ensaio é certo rascunho inicial das posições mais bem desenvolvidas neste livro, que constitui o último volume de *The Poetics of Social Forms*.

mesmo dentro dessa fermentação social que atribuímos à própria época. A corte, por exemplo, oferece uma figura de um espaço fechado para além do social, um espaço do qual o poder emana à distância, mas que não pode, ele mesmo, ser pensado como modificável, a não ser naqueles raros momentos em que a política revolucionária balança todo o edifício social. Para as primeiras Utopias, portanto, a figura da corte como um enclave a-histórico dentro de um agitado movimento de secularização e desenvolvimento nacional e comercial oferece um tipo de espaço mental no qual todo o sistema pode ser imaginado enquanto radicalmente diferente. Mas, certamente, esse espaço de enclave não é senão uma pausa no ímpeto totalizante de diferenciação que o aniquilará algumas décadas mais tarde – ou, pelo menos, o reorganiza e o submerge na sociedade secular e no espaço social. Os Utópicos, no entanto, refletem essa cegueira ainda não revolucionária quanto a possíveis modificações no sistema de poder, e essa cegueira é a força deles, na medida em que ela permite que sua imaginação pule o próprio momento da revolução e postule uma sociedade "pós-revolucionária" radicalmente diferente.

Para mencionar outro desses enclaves, o *hobby* do século XVIII de esboçar novas constituições – que pode ser observado no contexto instrutivo da produção de fantasia mais geral (e diferenciada) de Jean-Jacques Rousseau – ilustra de outro modo o sentido da diferenciação entre o poder administrativo e burocrático e a vida social em geral, e as possibilidades que esse enclave diferenciado abre para a reconstrução Utópica, até que no século XIX ele de repente se estende para a própria sociedade e já não está mais disponível para a especulação utópica, tendo se tornado difuso e na verdade praticamente coextensivo à nova sociedade industrial. A visão Utópica da reorganização burocrática de Saint-Simon talvez tenha sido a última até chegarmos às atividades constitucionais da Marte de Kim Stanley Robinson, que refletem o surgimento de novas burocracias transnacionais – com certa ONU galáctica e sistemas corporativos multiplanetários.

Esses enclaves são como um corpo estrangeiro dentro do social; neles, o processo de diferenciação foi momentaneamente detido, de modo que permanecem como se estivessem momentaneamente para além do alcance do social e testemunhassem a impotência política deste, ao mesmo tempo em que oferecem um espaço no qual novas imagens de anseios do social podem ser elaboradas e experimentadas.

É assim que, apesar do alvoroço comercial da Londres de More, a forma-dinheiro ainda é relativamente isolada e esporádica no mundo agrícola que a circunda – o cercamento será o passo essencial que abrirá esse velho mundo ao trabalho assalariado. Podemos, assim, afirmar que a forma-dinheiro levava um tipo de existência de enclave no momento histórico de More, uma figura cognata àquela famosa proposta por Marx, sobre o papel internacional do dinheiro em um período anterior: "Povos propriamente comerciantes existem apenas nos intermúndios do mundo antigo, como os deuses de Epicuro, ou nos poros da sociedade polonesa, como os judeus".[7] Aqui também, nesse momento ainda em grande medida medieval da "primeira modernidade", o dinheiro e o comércio permanecem episódicos, encarnados na ostentação decorativa do ouro, por um lado, ou na excitação das grandes feiras, por outro; mas esse estatuto de enclave do dinheiro é precisamente o que permite a More fantasiar sua eliminação da vida social em sua nova visão Utópica. Trata-se de uma ausência que se tornará impensável quando o uso do dinheiro for generalizado a todos os setores das economias "modernas", quando então a especulação Utópica tomará a forma de várias substituições: papel timbrado, certificados de trabalho, um retorno à prata e assim por diante – nenhum dos quais oferece possibilidades Utópicas muito convincentes. Entretanto, o paradoxo que a fantasia de More nos permite vislumbrar é o modo pelo qual esse enclave monetário, esse estranho corpo estrangeiro como momentaneamente se apresentam o dinheiro e o ouro, pode, a um só tempo, ser fantasiado como a raiz mesma de toda maldade, fonte de todos os males sociais, e como algo que pode ser eliminado completamente na nova formação social

---

[7] Karl Marx, *Capital*, Volume I (Londres, 1976 [1867]), p. 172. (Karl Marx, *O Capital*, Volume I, tradução de Rubens Enderle, São Paulo: Boitempo, 2013, p. 127 [N.T.]).

Utópica. O enclave irradia um poder sinistro, mas ao mesmo tempo é um poder que pode ser eclipsado sem deixar rastro, precisamente porque está confinado a um espaço limitado.

Em Campanella, quase contemporâneo de More, o estatuto de enclave desempenha um papel algo diferente: é porque o monastério é um enclave dentro de uma sociedade mais genericamente diferenciada e complicada que ele pode ser generalizado para fora e servir de modelo Utópico para uma simplificação e uma disciplina social. A ironia do sucesso dessa Utopia da contrarreforma entre os protestantes deve ser explicada pela observação de Weber: a eliminação protestante dos monastérios tornou o mundo todo um imenso monastério no qual, como colocou Sebastian Franck, "cada cristão devia ser um monge ao longo de toda sua vida".[8]

Uma inversão similar acontece em Bacon, para o qual a emergência do enclave da ciência secular e de suas episódicas redes transacionais, prenunciando a fundação da Royal Society, determina a fantasia de todo um mundo organizado segundo os novos princípios da pesquisa científica.

Ambos esses modelos, que empregam ideologias de novas e velhas formas do intelectual, têm um poder de atração sobre os intelectuais em suas variadas versões modernas, uma vez que o intelectual é, essencialmente, o habitante de tais espaços enclávicos. Isso é algo que os marcianos de Kim Stanley Robinson chegam a compreender, à medida que seu ambiente social gradualmente cresce e se diferencia:

> Quando chegamos pela primeira vez, e ainda por vinte anos, Marte era como a Antártica, mas ainda mais pura. Estávamos fora do mundo; nós nem possuíamos coisas – algumas roupas, um atril e só! [...] Esse estado de coisas lembra o modo pré-histórico de viver e, portanto, nos parecia correto, porque nossos cérebros o reconheciam de três milhões de anos o praticando. Essencialmente,

---

8 Max Weber, *The Protestant Ethic and the Spirit of Capitalism* (Nova York, 1958 [1902]), p. 121. (Max Weber, *A ética protestante e o "espírito" do capitalismo*, tradução de José Marcos Mariani de Macedo. São Paulo: Cia. das Letras, 2007, p. 110 [N.T.]).

nossos cérebros cresceram até sua configuração atual em resposta às realidades daquela vida. Então, por consequência, as pessoas se tornam *fortemente apegadas* àquele tipo de vida, quando têm a chance de vivê-lo. Ele permite que você concentre sua atenção no trabalho real, o que significa tudo o que se faz para manter-se vivo ou para fazer coisas ou satisfazer sua curiosidade ou brincar. Isso é utopia, John, especialmente para os primitivos e cientistas, ou seja, para todo mundo. Assim, uma estação de pesquisa científica é, na verdade, um pequeno modelo de utopia pré-histórica, extraído da economia monetária transnacional por primatas inteligentes que querem viver bem.[9]

A ausência de dinheiro – princípio fundamental de More – é pré-condição para essa Utopia de enclave, mas não mais seu foco temático, enquanto a defesa instintiva – poderíamos dizer até mesmo sociobiológica – da Utopia como uma vida pré-monetária lembra o comentário de Freud sobre a ausência de dinheiro no inconsciente,

---

[9] Kim Stanley Robinson, *Red Mars* (Nova York, 1993), p. 309-310, citado no belo livro de Damien Broderick, *Reading by Starlight* (Londres, 1995, p. 107-108), que se relaciona de muitos modos com minhas preocupações aqui e que iluminou minha decisão de limitar meu envolvimento com a FC a suas funções Utópicas. De fato, o trabalho de Broderick reproduz, com muita energia e inteligência, o objetivo comum da estética tradicional, a saber, o de identificar a especificidade do estético enquanto tal. Em outras palavras, para a literatura padrão, diferenciar a ficção de outros discursos; ou, no caso da FC, diferenciar suas sentenças narrativas e seus conteúdos não apenas do realismo, mas também da literatura fantástica ou "*maravillosa*", tanto quanto da fantasia, do horror e de outras formas paraliterárias. Em minha opinião, não se trata, a longo prazo, de uma linha de investigação muito interessante ou produtiva, embora ela possa certamente produzir muitas ideias úteis e surpreendentes durante o processo. De fato, a esterilidade dessa abordagem documenta os limites estruturais da filosofia estética e confirma sua obsolescência. (Estou inclinado a abrir uma exceção para o estudo da especificidade da linguagem poética.) Mas, até onde posso julgar, todas as abordagens gerais da FC enquanto um modo se encontram fatalmente desviadas para essa direção, da qual apenas a conjuntura histórica ou o impulso Utópico parecem ser capazes de resgatá-las. Ver, porém, para uma abordagem marxista de toda a tradição da FC, Carl Freedman, *Critical Theory and Science Fiction* (Hanover, NH, 2000).

ou mesmo a consideração de Habermas do dinheiro como o "ruído" em um sistema essencialmente comunicativo.[10]

Essa nota antropológica também nos recorda do desenvolvimento seguinte da forma Utópica, que é possibilitado pela exploração geográfica e pelas narrativas de viagem dela resultantes, que se combinam com o materialismo filosófico para produzir uma experiência nova e geográfica do enclave, na qual novas informações sobre sociedades tribais e sua dignidade quase Utópica são conjugadas com o determinismo climatológico de Montesquieu. A narrativa da viagem exótica, ao lado das fantasias quase Utópicas de Rousseau sobre espaços fechados como a Polônia ou Córsega,[11] se desenvolve em várias ideologias pós-Utópicas influentes – mais diretamente, no primitivismo reavivado por Lévi-Strauss e no estudo renovado do comunismo primitivo ou da sociedade tribal,[12] bem como, mais indiretamente, nas clausuras nacionalistas, por um lado, que propõem, em grande medida, uma secessão geográfica enquanto unicidade racial e, por outro, na ecologia, que reemerge da clausura do próprio planeta.

Com a era burguesa e Fourier, porém, algo novo começa a aparecer: o domínio da subjetividade, que Rousseau ainda mantinha separado de suas fantasias políticas sobre a virtude plutarquiana – uma construção verdadeiramente nova do sujeito ou da psique que a posterior disciplina da psicologia tentará colonizar e sobre a qual a psicanálise freudiana irá estabelecer sua cabeça de praia. É característico dessa produção do novo individualismo e de suas

---

[10] Ver o conceito de dinheiro de Habermas como "normativamente livre" dentro do sistema: *The Theory of Communicative Action* (Boston, MA, 1984 [1981]), Volume II, pp. 171-172, 264-265 e 343-346. Para a ideia de Freud de que o inconsciente não possui qualquer conceito de dinheiro, ver Norman O. Brown, *Life Against Death* (Middletown, CT, 1970).

[11] Jean-Jacques Rousseau, *Œuvres*, Volume III (Paris, 1964): "Project de constitution pour la Corse" (1765), e "Considérations sur le gouvernement de la Pologne" (1770-1771).

[12] São disso característicos Marshall Sahlins, *Stone Age Economics* (Chicago, 1972), e Colin Turnbull, *The Forest People* (Nova York, 1961).

subjetividades que estas sejam agora pensadas como incomensuráveis em relação às questões áridas e aparentemente mais objetivas de construção social e da arte de governo Utópica. O espetacular conjunto de permutações Utópicas de Fourier é a última tentativa de soluções corajosas para essa incompatibilidade que alvorece, na medida em que objetividade e subjetividade são reconciliadas em um conjunto de tarefas objetivas que correspondem à nova multiplicidade de paixões subjetivas e são organizadas por valores feministas e anticapitalistas.

Depois da grande síntese de Fourier (que tem sido comparada às complexidades da dialética hegeliana),[13] esse novo enclave psíquico que é a subjetividade burguesa ou moderna será tratado essencialmente naquele codicilo à parte chamado revolução cultural. Chernyshevsky é o grande precursor dessa revolução paralela e levanta, de uma só vez, todas as questões feministas e de gênero [*gender*] que dominarão as utopias contemporâneas, enquanto deriva sua revolução econômica cooperativa da indústria caseira especificamente identificada pelo trabalho de mulheres, a saber, as oficinas têxteis de Vera Petrovna.

Na maior parte das vezes, no entanto, a emergência de uma nova ordem industrial irá reconfirmar aquela diferenciação moderna fundamental entre o subjetivo e o objetivo, e o paradigmático sucesso de Bellamy se deve à forma Utópica pela qual ele acolhe e "resolve" o problema da indústria e da tecnologia,[14] enquanto a contraposição

---

[13] "Fourier [...] usa o método dialético do mesmo modo magistral que seu contemporâneo Hegel" (Friedrich Engels, *Anti-Dühring* [Moscou, 1977 (1878)], p. 315); ver, ainda, meu ensaio sobre Fourier: Ensaio 1, da Parte Dois.

[14] Edward Bellamy, *Looking Backward* (Nova York, 1986 [1888]), p. 69: "A organização nacional do trabalho sob uma única direção foi a solução total para a questão encarada justamente, na sua época e em seu sistema, como o insolúvel problema do trabalho. Quando a nação se tornou o único patrão, todos os cidadãos, em virtude de sua cidadania, tornaram-se empregados, a serem distribuídos de acordo com as necessidades da indústria. – Então os senhores simplesmente aplicaram o princípio do serviço militar obrigatório, como era entendido em minha época, à questão do trabalho – disse eu". (Edward

de Morris, seguindo a distância os luddistas,[15] se mantém reativa em sua tentativa de resgatar o trabalho não alienado da monotonia do trabalho fabril – um trabalho que, no entanto, reflete e expressa, em um registro diferente, a nova autonomia da arte, também gerada pelas diferenciações do moderno.

Outro enclave potencialmente Utópico surge nesse momento, entre o espaço e o urbanismo; nele, a Utopia da cidade jardim aparece[16] e, na próxima geração, aquela da Bauhaus e de um tipo bem diferente de arquitetura moderna revolucionária. Diferentemente de Morris, esses esforços mostram a influência renovada do conceito de secessão Utópica: as várias cooperativas anarquistas, por exemplo, e as comunas rurais que a elas se seguiram muito mais tarde, nos anos 1960, são todas baseadas em uma ideia de clausura utópica que a Utopia já suburbana de Skinner talvez não expresse de modo suficientemente programático. A industrialização aumenta muito a riqueza das nações – o assim chamado Intelecto Geral de Marx se espalhando por toda a ordem social –,[17] mas não é sentida, no período moderno, como tendo colonizado completamente o espaço social a ponto de fechar todas as brechas e tornar uma saída de tipo enclávica impossível. De fato, é precisamente o fechamento dessas brechas – e o advento da perspectiva de um Mercado Mundial concreto – que

Bellamy, *Daqui a cem anos: revendo o futuro*, tradução de Myrian Campelo, Rio de Janeiro: Ed. Record, 1960, p. 54 [N.T.]).

[15] Ver o esclarecedor *Rebels Against the Future*, de Kirkpatrick Sale (Reading, MA, 1995); e, para uma crítica mais geral da noção de "espontaneidade" camponesa e das revoltas supostamente espontâneas e não organizadas, ver Ranajit Guha, *Elementary Aspects of Peasant Insurgency in Colonial India* (Oxford, 1983).

[16] Ebenezer Howard, *Garden Cities of Tomorrow* (Cambridge, 1965 [1902]).

[17] A noção de Marx de "*General Intellect*" (nomeado em inglês no seu texto) pode ser encontrada nos *Grundrisse* (Londres, 1973 [1857-1861]), p. 706; foi um conceito estimulante do período da Autonomia da Itália (ver o ensaio de Maurizio Lazzerato em Michael Hardt e Paolo Virno (Eds.), *Radical Thought in Italy* [Minnesota, 1996]) e é central para noção atual, calorosamente debatida, de "trabalho imaterial" na era cibernética.

é agora chamado de pós-modernidade – ou globalização –, o que prenuncia um fim para esse tipo de fantasia Utópica.

Ao mesmo tempo, um tipo de desdiferenciação já começa a reaparecer na era moderna, registrada na fusão, a partir de Bellamy, entre Utopia e socialismo. Já indicamos que o gesto utópico inicial de More – a abolição do dinheiro e da propriedade – atravessa a tradição Utópica como um fio vermelho, ora agressivamente afirmado na superfície, ora tacitamente pressuposto em formas e disfarces mais singelos. (De fato, um olhar atento ao texto de More obviamente está em nossos planos e será levado a cabo no próximo capítulo.)

Mas a confluência entre socialismo e a forma Utópica obviamente apresenta alguns problemas para a autonomia da última, parecendo relegar esta ao estatuto secundário de ilustração ou propaganda. As utopias comunistas formam um subconjunto especial desse grupo, uma vez que refletem o fechamento e a secessão internacional desse enclave chamado "socialismo de um só país"; elas são, ademais, pós-revolucionárias: parecem expressar um imperialismo Utópico que busca conquistar mundos distantes, tanto geográfica quanto cientificamente – como em Bogdanov ou Efremov –, ou regredir, como nas pastorais do realismo socialista, ao que temos chamado de meras expressões do impulso Utópico.[18]. Existem ainda Utopias que expressam a profunda desilusão com a estagnação ou desnaturalização da Utopia original de Lênin – aquela obra ambígua, *We*,

---

[18] *Red Star* (1908), do notável Alexander Bogdanov (1873-1928), é claramente pré-revolucionário no sentido técnico; enquanto *A nebulosa de Andrômeda* (1958), de I. A. Efremov (1907-1972), o primeiro sinal de um retorno à FC Utópica soviética depois da morte de Stálin, abre caminho para a contribuição maior à tradição feita pelos irmãos Strugátski (Arkady, 1925-1991, e Boris, 1933-), sobre quem discutiremos adiante, no Capítulo 6. Deve-se notar, no entanto, que uma duradoura tradição russa de FC, de tipo Verne, continuou a ser publicada durante o período soviético sob a rubrica de literatura infantil. Para o estranho caso de *Chevengur* (1928-1929), de Platonov, ver meu *Seeds of Time* (Nova York, 1994), p. 73-128; e, para a cena contemporânea russa, ler acima de tudo Viktor Pelevin, *Homo Zapiens* (Nova York, 1999), e ver o Capítulo 6, nota 8, adiante.

de fato demonstrou ser, a um só tempo, tanto uma Utopia quando uma distopia.[19]

Mas a história da aventura comunista não coincide com a história do socialismo; e é difícil ver como os problemas da sociedade industrial em processo de modernização poderiam ser resolvidos sem as soluções Utópicas oferecidas pelo socialismo. O terceiro estágio do capitalismo, no entanto, que se estabeleceu pela tecnologia radicalmente diferente da cibernética e dos computadores, parece agora ter tornado os dilemas da indústria pesada e da produção fabril moderna obsoletos, o que permite um retorno às utopias não socialistas, como as do anarquismo de Nozick ou aquelas implícitas no romantismo do capital financeiro encontrado no *cyberpunk*. O espaço cibernético é, de fato, um enclave de um novo tipo, uma subjetividade que é objetiva e que – como a teoria dos sistemas de Luhmann, mas também como o estruturalismo e o pós-estruturalismo que o precedem – suprime, uma vez mais, o "sujeito centrado" e se prolifera de modos novos, pós-individualistas. Esses modos, no entanto, não podem ser senão coletivos – embora também em formas novas e irreconhecíveis – e tentaremos, em um capítulo adiante, reidentificar a função política vital que a Utopia ainda pode desempenhar hoje.

---

[19] A ambiguidade estrutural de *We*, de Zamyatin, foi enfatizada por dois dos trabalhos fundamentais de teoria literária Utópica– bem como por Gary Saul Morson; ver Capítulo 11. Em *Metamorphoses of Science Fiction* (New Haven, 1979), Darko Suvin argumenta contra a classificação de *We* como antiUtópica, vendo essa obra, antes, como uma interseção entre duas tendências dentro da tradição Utópica: "A derrota no romance *We* não é a derrota do próprio romance, mas um choque exasperado no leitor que o impele ao pensamento e à ação. Trata-se de um documento de uma colisão aguda entre a utopia 'fria' e 'quente': um julgamento sobre Campanella ou Bacon feito por Rabelais ou Shelley" (p. 259). *Imaginary Communities* (Califórnia, 2002), de Phillip E. Wegner, mapeia essa posição de forma elaborada por meio de uma apresentação do "jogo dos mundos possíveis" dentro do texto polifônico de Zamyatin.

3.
Morus: a janela para o gênero

I

Poderíamos inventar um modo de ler *Utopia* (1516), de More, que recuperasse algo do choque e do frescor que seu neolatim elegante teve para seus primeiros leitores europeus? Não são seus componentes, no entanto, nem mesmo seus modos individuais, mas, antes, a combinação insólita de conotações até então não relacionadas que forma esse *hápax legómenon*[1] do gênero, além de um tipo de sintaxe que poderia ordinariamente ser tomada por "humanista", mas que se encontra estranhamente transformada como parte de uma mensagem complexa que é, ela mesma, um tipo semântico único.

Já desde o começo, no entanto, temos de tomar uma decisão que nos colocará diante de duas interpretações distintas, uma vez que o Livro Dois, a parte propriamente Utópica do texto, foi, como se sabe, escrito primeiro. Devemos, pois, incorporar esse conhecimento filológico e tratar o Livro Um como um tipo de segundo pensamento ou como uma recontextualização cautelosa e politicamente prudente – embora também ousada – da descrição da própria ilha, que se distanciaria cautelosamente dos entusiasmos de Hitlodeu e limitaria suas apostas? Ou devemos permitir que a ordem atual continue a ditar um dinamismo processual no qual a visão Utópica emerge

---

[1] Termo ou expressão registrada uma única vez em uma língua. [N.T.]

dialeticamente das próprias contradições da Parte Um tanto quanto do presente histórico? Esta segunda leitura alternativa, bem como a decisão interpretativa que ela exige – para que se tome seriamente a visão de More – são reduzidas e caricaturadas pela posição revisionista e antiUtópica – que parece sempre reemergir em períodos de estagnação política –, segundo a qual a "Utopia" seria, na verdade, apenas um *jeu d'esprit* e que os nomes idiotas (Hitlodeu = Nonsenso etc.)[2] deveriam ser tomados satiricamente. O melhor método é sempre o de transformar o problema em solução e fazer dessa alternância objetiva e incompatível um fenômeno interpretativo de um (meta)nível mais elevado.[3] Aqui, leitura e interpretação se deparam com o binarismo ético fundamental em toda sua força, e somos imediatamente demandados a tomar uma posição sobre essa questão ideológica *par excellence*, que é também a questão política fundamental – a saber, se as Utopias são positivas ou negativas, boas ou más.

Não se deve, porém, perguntar isso no início, mas no fim; e os sinais interpretativos iniciais, aqueles que fazem girar a roda hermenêutica em algum nível externo de leitura e deciframento, serão próprios ao gênero. O gênero supostamente domina a interpretação dos detalhes narrativos ou representacionais dentro de sua moldura, e, no texto de More, ele oferece uma alternativa relativamente forte e global entre duas possibilidades. Mas elas não são, penso eu, aquelas propostas acima, entre a Utopia tomada seriamente, como um projeto social e político, e o pensamento Utópico ridicularizado como um sonho impossível. Tampouco essa oposição corresponde à grande proposição dialética de Robert C. Elliott, segundo a qual a Utopia, como um gênero, seria o

---

[2] Ver a tradução de Paul Turner de *Utopia* de Thomas More (Londres, 1965 [1516]), p. 8. Essa visão de *Utopia* como um *jeu d'esprit* – More foi um grande piadista, conta-nos Erasmo – é expressa classicamente por C. S. Lewis em *English Literature in the Sixteenth Century* (Oxford, 1954), p. 167-171.

[3] Isso é, creio eu, o que Adorno queria dizer por "segunda reflexão" em *Aesthetic Theory* (Minnesota, 1997), traduzido por R. Hullot-Kentor, p. 26-27; ou, até certo ponto, o que chamo de metacomentário, no ensaio desse mesmo nome em meu *The Ideologies of Theory* (Minnesota, 1988 [1970]).

oposto e o inverso estrutural da sátira.[4] Pois o que Elliott entendia por sátira não era a rejeição antipolítica de programas Utópicos irrealistas e extravagantes, como a abolição do dinheiro e da propriedade privada, mas, antes, o ataque apaixonado e profético às condições atuais e à maldade e à estupidez dos seres humanos no mundo caído do aqui e agora. Posto desse modo, podemos ver que a alternativa genérica de Elliott corresponde, antes, basicamente, à oposição entre os dois livros de *Utopia*,[5] e disso segue que a interpretação genérica do texto como um todo dependerá, em grande medida, de qual parte tomemos como sendo prioritária e oferecendo a chave hermenêutica fundamental. Logo, se afirmarmos a primazia do Livro Um, quereremos colocar em primeiro plano a sátira e sua estrutura genérica; se afirmarmos a primazia do Livro Dois, e na medida em que a Utopia como um gênero ainda não existia, será a narrativa de viagem que estabelecerá o programa genérico.

II

Independentemente do que mais ela faça, a narrativa de viagem marca a Utopia como um outro irredimível e, assim, formalmente ou quase que por definição, impossível de realização. Ela reforça, assim, a secessão constitutiva da Utopia, uma retirada ou "dissociação" do mundo empírico e histórico que, de More à *Ecotopia*, de Ernest Callenbach, problematiza seu valor como um modelo global – se não universal – e desconfortavelmente reorienta o olhar do leitor para justamente a questão de sua realização política prática, que a forma prometia evitar em um primeiro momento. (Essas contradições são claramente modificadas quando a Utopia é estabelecida em um futuro temporal, em vez de a uma distância geográfica; mas, no fim das contas, hoje o espaço está, uma vez mais, na agenda pós-moderna.)

---

[4] Robert C. Elliott, *The Shape of Utopia* (Chicago, 1970), Capítulo 1.

[5] O estudo definitivo sobre a relação entre os Livros Um e Dois – tendo sido o último, de acordo com todas as evidências, composto *antes* do primeiro – é *More's Utopia: The Biography of an Idea* de J. H. Hexter (Princeton, 1952).

Mas a política Utópica tem lugar nessa lacuna entre a recém-criada ilha de Utopus e seus vizinhos não Utópicos: e essa lacuna é o ponto no qual o Utopianismo de More começa a parecer indistinguível da prática de Maquiavel – cuja codificação, como notado anteriormente, é praticamente contemporânea ao texto de More.

Como com a construção imaginária da Quimera, mesmo um não lugar deve ser montado a partir de representações já existentes. De fato, o ato da combinação e as matérias-primas assim combinadas constituem a mensagem ideológica. Não podemos tentar ler o Livro Dois como uma narrativa de viagem genérica sem nos esforçarmos para ver o lugar e sentir aquele exotismo que ele oferece de modo singular. Penso nas figuras de Dante e Giotto: uma estatuária realista, mas sem quaisquer dos detalhes técnicos e das verissimilitudes, complexas e perspectivistas, da Renascença – formas encobertas, cujas vestes e dobras marcam uma relação conceitual com o mundo clássico, enquanto seus tons monásticos mantêm conotações medievais e católicas. Mas os Utópicos tomarão conhecimento de ambas essas semelhanças familiares a partir de seu visitante Hitlodeu, que traz consigo tanto os clássicos gregos quanto o evangelho cristão. Eles confirmam a semelhança familiar ao reconhecer o cristianismo como seu *ethos* e pela revelação de que, na verdade, eles são descendentes de náufragos gregos de muitas gerações atrás. Mas se essa ilha não tem nada do exotismo empírico do México de Cortez, ou daquela China e daquele Japão para onde Colombo tentou mais de uma vez navegar, ela está, não obstante, situada no Pacífico, entre o Ceilão e a América, e merece pelo menos alguma proximidade com o Novo Mundo. De fato, como enfatizou com algum detalhe Arthur Morgan, a associação sugere uma identificação distante com o Império Inca, cujo sistema social "comunista" não deixou de fascinar o ocidente até a nossa própria época – como na reclassificação de Godelier desse império sob a categoria do modo de produção asiático de Marx.[6]

---

[6] Arthur Morgan, *Nowhere Was Somewhere* (Chapel Hill, NC, 1946). Ver nota 19, adiante.

Tampouco devemos omitir aqui uma última associação cultural, pois, apesar de suas ferozes denúncias posteriores contra Lutero, transpira pelo texto do amigo de Erasmo de Rotterdam algo do espírito daquilo que apenas mais tarde será chamado de protestantismo, uma leve simpatia de companheiro de viagem pela Reforma, facilmente castigável por perigos políticos bem reais e – pelo menos no caso de More –, aberta a outras incursões do inconsciente, particularmente de natureza sexual. (Ele parece ter interrompido todas as relações sexuais em uma idade relativamente precoce e ter vestido um cilício pelo resto de sua vida.) Mas esse cheiro de protestantismo, embora registrado em alguns detalhes práticos (os padres se casam, por exemplo), deve antes ser compreendido no sentido cultural, como um retorno àquele espírito do cristianismo primitivo que é também uma descoberta e um novo entusiasmo intelectual – muito parecido com o humanismo com o qual ele está, em primeiro lugar, intimamente relacionado.

A Grécia, o medieval, os incas, o protestantismo: estes são os quatro elementos cruciais do texto Utópico de More, as quatro matérias-primas de sua representação. *Utopia* é uma síntese desses quatro códigos ou linguagens representacionais, desses quatro ideologemas, mas apenas sob a condição de que se compreenda que eles não se somam sem deixar restos; antes, as dissonâncias entre suas distintas identidades e origens são mantidas, revelando o esforço constante de um processo que busca combiná-los sem apagar os vestígios daquilo que pretende unificar. Pois esses quatro pontos de referência incluem a superestrutura e a base, ou seja, as paixões e os movimentos intelectuais contemporâneos e mesmo modernos, bem como instituições sociais que mal sobrevivem do passado. Sua combinação é todo um programa político e, por conseguinte, identifica implicitamente aqueles espaços sociais ainda existentes nos quais os novos valores ideológicos podem se encarnar.

Assim, a Grécia certamente significa humanismo e o entusiasmo conceitual despertado pelo redescobrimento das possibilidades linguísticas das línguas clássicas; ela representa uma perspectiva única, na qual linguagem e pensamento são novamente, por um longo momento, inseparáveis, na qual a riqueza filosófica dos textos antigos é compreendida em sua unidade com a riqueza estilística e sintática das línguas culturais da antiguidade. Norbert Elias observou que esse reavivamento extraordinário seria comparável a nada menos do que o redescobrimento do marxismo e dos grandes textos da tradição dialética nos anos 1960[7]: um entusiasmo que identifica um momento do passado esquecido ou reprimido como novo e subversivo e descobre a gramática dialética de um Hegel ou de um Adorno, de um Marx ou de um Lukács, como uma língua estrangeira com recursos indisponíveis na nossa própria. O estilo do grego clássico coincide, assim, com a descoberta de um universo conceitual alternativo – mesmo a bastante moderna noção de uma revolução da linguagem está ligeiramente presente em More, na temática das línguas antigas e novas faladas pela população Utópica[8] –, e esse lampejo de unidade fugaz entre pensamento e sintaxe irá rapidamente gerar a primeira imagem nova do papel do intelectual desde a visão agostiniana do sacerdócio e a emergência das várias ordens. De fato, esses novos intelectuais humanistas irão, conta-nos Max Weber, apresentar sua própria reivindicação de poder político e cultivar ambições breves, porém intensas, de se tornarem uma nova classe dominante, comparável à dos mandarins chineses, igualmente orientados pelos textos e preparados para assumir as funções de uma burocracia heroica.[9] Ironicamente, o próprio More desempenhou prematuramente esse papel, e seu fim trágico oferece pelo menos uma imagem do colapso geral do projeto político dos intelectuais humanistas – substituídos pela mais familiar e

---

[7] Ver Norbert Elias, "Thomas Morus' Staatskritik", em *Utopieforschung*, editado por Wilhelm Vosskamp (Frankfurt, 1985), Volume III, p. 114.

[8] Ver, sobre as duas línguas de *Utopia*, Emile Pons, "Les langues imaginaires dans le voyageutopique", *Revue de littérature comparée*, XIII (1931).

[9] Ver *From Max Weber: Essays in Sociology*, editado por H. Gerth e C. Wright Mills (Oxford, 1946), "Politics as a Vocation", p. 93. O fracasso humanista é narrado de modo algo diferente por Lucien Goldmann em *The Hidden God* (*Le Dieu caché*) (Paris, 1959).

bem-sucedida grande burguesia. Paradoxalmente, embora *Utopia* possa, nesse sentido, ser lida como um tipo de manifesto desses intelectuais humanistas, não há qualquer um deles na sociedade que ela representa, pois sua realização pressupõe o fim de todos esses projetos políticos (Utópicos).

Este, portanto, é o ponto no qual uma ideologia humanista dá lugar a uma ideologia protestante e no qual a descrição das características políticas e econômicas do sistema Utópico – se é que elas podem ser chamadas assim – dá lugar a uma abordagem de sua relação com a religião – pluralista e deísta, mas excluindo o ateísmo – e de seus padres e ordens seculares. Por conseguinte, o protestantismo acrescenta uma terceira língua – o hebraico – ao arsenal duplo do humanismo, e ela é crucial para que se compreenda o modo como ambos esses reavivamentos – o dos clássicos e o do cristianismo primitivo – são percebidos como causas de vanguarda. Juntos, eles constituem o *Novum* do dia, isto é, uma revolução conceitual e ideológica cuja inovação constitutivamente inclui a paixão e o entusiasmo – "*les grands âges sont révolus*", como coloca Gargântua.

Esses são os impulsos superestruturais de *Utopia*. Suas duas outras dimensões correspondem a uma imaginação de instituições e, em particular, de instituições capazes de incorporar o espírito dos dois movimentos intelectuais – *A República* de Platão, o comunismo cristão antigo – e de abrigá-lo em um espaço de possibilidade. Ademais, o segundo conjunto de opções tem a vantagem de oferecer um império mundial já existente e plenamente realizado, por um lado, e, por outro, uma estrutura de enclave, que pode persistir localmente dentro de um espaço social de tipo totalmente diferente.

Tendo a ver no modelo inca um modo de incorporar a economia à visão de More, mas também uma estratégia para eliminar o problema político da persistência do governante e do centro de poder dentro de uma república supostamente igualitária, pode-se lembrar que algumas das leituras mais potentes encontradas no clássico *Utopiques*, de Louis Marin, giravam em torno justamente do deslizamento cartográfico entre mercados e centros administrativos.[10]

Quanto ao que chamei de elemento medieval, no entanto, devemos entendê-lo como aquela instituição social exclusivamente europeia, a saber, o monastério. As experiências de More quando jovem em um monastério documentam sua admiração por essa instituição, sobre a qual Weber afirmou que, na Alta Idade Média, suas várias formas constituíam enclaves dentro dos quais a racionalidade se desenvolvia, em isolamento da sociedade agrícola circundante – pensemos, por exemplo, na racionalização do tempo para fins tanto de ordenação do trabalho quanto de oração, mas também na racionalização do espaço, no modo como os edifícios eram construídos e as plantações dispostas.[11] Pode-se muito bem supor que foi o fechamento dos monastérios por Henrique VIII e a pilhagem de seus tesouros coletivos que geraram a recusa definitiva de More, muito mais do que questões abstratas de crença ou de autoridade papal. De todo modo, o parentesco da estrutura Utópica com o monastério tem sido frequentemente notado, e os grandes experimentos Utópicos dos jesuítas no Paraguai do século XVIII vêm como uma confirmação tardia desse espírito comum – isso quando não eram inspirados pelo exemplo de um predecessor textual. Nesse sentido, pode-se dizer que a instituição sobrevivente do monastério desempenhou, na imaginação da Utopia de More, algo do papel que a instituição das terras comuns tradicionais – o *mir* na Rússia, o *ejido* no México – desempenhou no pensamento socialista do século XIX (e não menos no do próprio Marx, como na sua famosa carta a Vera Zasulich).[12] Tampouco é de menor significância que ambas

---

[10] Louis Marin, *Utopiques* (Paris, 1973), Capítulo 6.

[11] Ver Max Weber, *The Protestant Ethic and the Spirit of Capitalism* (Nova York, 1958 [1904-1905]), p. 118.

[12] 8 de março de 1881: "Logo, a análise apresentada em *O Capital* não oferece qualquer argumento a favor ou contra a viabilidade da comunidade em vilarejo, mas a pesquisa especial que conduzi sobre o tema, e para qual obtive material de fontes primárias, me convenceu de que essa comunidade é o fulcro

essas realidades sociais – o Império Inca e o complexo monástico – estejam em processo de dissolução generalizada na época de More: o primeiro, pela conquista espanhola, o último, pelas reformas de Henrique VIII. Podemos ver, no impacto da globalização na nossa própria época, que processos históricos em que instituições e culturas mais antigas são destruídas a olhos vistos tendem a despertar tipos muito especiais de paixões e indignações políticas, o que não me parece exagerado atribuir ao próprio More – particularmente, à luz de sua denúncia do cercamento no Livro Um.

Seria importante também registrar um momento interpretativo extraordinário no ensaio pioneiro de Christopher Kendrick sobre *Utopia*, no qual aquelas que são essencialmente as mesmas quatro dimensões, ou pontos cardinais, do texto – ele não as tematiza enquanto tais – são interpretadas como reatualizações de quatro tipos distintos daquilo que Marx chamava de modos de produção pré-capitalistas. A longa passagem é tão importante que vale a pena citá-la por inteiro:

> Quais são os elementos últimos da sociedade Utópica? Ela representa uma combinação imaginária de modos de produção, incluindo os aspectos principais de pelo menos quatro modos distintos. Primeiro, sua disposição econômica é parcialmente modelada por aquela do comunismo tribal: considere, por exemplo, a prática utópica de enviar uma comitiva ao país para administrar a agricultura por dois anos, com a "comunalização" do trabalho agrícola e urbano que ela enseja; e considere a relativa arbitrariedade do domicílio ou da família que existe em Utopia e a consequente predominância de uma estrutura de grupo quase tribal. O encontro com o comunismo tribal no Novo Mundo sem dúvida suscitou o comunismo

---

do reavivamento social da Rússia, mas, para que ela assim funcione, deve-se primeiro eliminar as influências destrutivas que a assaltam por todos os lados e, assim, assegurar as condições normais para seu desenvolvimento espontâneo". Marx e Engels, *Selected Correspondence* (Moscou, 1975), p. 320. Houve uma revitalização política do tema do cercamento e dos comuns desde a globalização; ver Midnight Notes Collective, "The New Enclosures", em *Midnight Oil* (Brooklyn, 1992); e Naomi Klein, "Reclaiming the Commons", *New Left Review*, n. 9 (maio-jun. 2001).

Utópico, embora a ilha de More – que é um espelho da Inglaterra – dificilmente tome a figura do tribalismo do Novo Mundo de um modo sério; o subtexto mais importante que teria sido ativado pela experiência do Novo Mundo é aquele da sociedade comunal germânica (e isso é especialmente óbvio não tanto na economia, mas na esfera política, isto é, na semelhança do sistema utópico de representação política com o imemorial sistema municipal inglês). Ainda assim, o comunismo utópico dificilmente pode ser considerado como uma versão modernizada do sistema tribal; ele também deve ser inferido da representação do comunismo "realizado", um modo que, pode-se supor, existia no tempo de More, uma vez que suas relações sociais são inerentes ao modo de produção feudal. A natureza realizada do comunismo utópico se revela em características tais como a insistência nos direitos sociais inerentes ao trabalho, a rejeição militante de qualquer forma de posse privada, a presunção da existência de uma abundância de bens como uma premissa do sistema e assim por diante. Terceiro, *Utopia* "regressa" ao modo de produção clássico por sua ênfase nos ofícios urbanos, pela doce razão da filosofia hedonista utópica e, talvez mais óbvio, pela sua escravidão. Quarto, a descrição é construída principalmente a partir do feudalismo, em sua representação do domicílio como a instituição social central e da religião como a força de coesão social naturalmente dominante.[13]

Kendrick identifica, assim, um tipo de subestrutura dentro do texto Utópico em que todos os modos de produção pré-capitalistas vivem de forma residual. Já quanto ao capitalismo, Louis Marin conhecidamente detectou sua emergência, ainda ausente, porém iminente, nos poros do mapa Utópico, mais notavelmente no espaço faltante do mercado.[14] O argumento é o de que o feudalismo tardio constitui um período de transição caótico no qual vestígios de todos

---

[13] Christopher Kendrick, "More's *Utopia* and Uneven Development", em *Boundary Two*, XIII, 2/3 (inverno/primavera de 1985), p. 245. (Esse texto não está incluído em seu importante livro recente *Utopia, Carnival and Commonwealth in Renaissance England* [Toronto, 2004]).

[14] Ver nota 9, anteriormente.

esses modos sobrevivem e, portanto, no qual o que é positivo – ou "Utópico" no sentido comum da palavra – em cada um deles pode ser separado pelo Imaginário político e combinado, a fim de produzir uma síntese de características sociais desejáveis. Nos cadernos preparatórios para *O Capital*, de 1857,[15] de fato Marx identificava o que pareciam ser cinco modos pré-capitalistas distintos: o comunismo primitivo ou a sociedade tribal; o modo asiático (mais tarde vulgarizado por Wittfogel como "despotismo oriental"); o modo antigo, que significava a *pólis* e a escravidão na qual ela estava baseada; o modo germânico (pequenos fazendeiros que se encontram periodicamente em uma assembleia ou *Ding*); e o feudalismo. Na verdade, parece que Marx teorizou o modo asiático como um desenvolvimento orgânico do comunismo primitivo, com base na continuidade da produção agrícola.[16] De todo modo, qualquer teoria futura sobre a reaparição periódica do texto Utópico – e não apenas desse texto inaugural de Thomas More – precisa levar em conta a afirmação de Marin/Kendrick de que essas visões aparentemente substantivas nascem da visão "caleidoscópica" de uma classe "sem um projeto ou nação",[17] ou seja, sem uma análise articulada da situação (Marin) e sem os delineamentos de uma estratégia política – o que pode muito bem caracterizar nossa situação pós-Guerra Fria e pós-neoliberal. De todo modo, o que há de produtivo no texto Utópico pode, nessa

---

[15] Marx, *Grundrisse* (Londres, 1973). A seção desse caderno que o próprio Marx intitulou "Formas que precedem a produção capitalista" pode ser encontrada nas p. 471-514.

[16] Engels publicou sua versão dos modos de produção pré-capitalistas em 1884, após a morte de Marx, sob o título *A origem da família*, da propriedade privada e do Estado, omitindo de sua enumeração, de modo significativo, o modo asiático. Obviamente, a existência de uma teoria propriamente marxista deste não pôde ser conhecida até a primeira publicação dos *Grundrisse*, em 1939; desde então, houve um amplo, para não dizer interminável, debate sobre o tema.

[17] Kendrick, p. 245-246; ver, ainda, adiante. E sobre a relação entre Utopia e a construção da nação, ver Phillip Wegner, *Imaginary Communities* (Califórnia, 2002).

visão, ser mais bem compreendido se tomarmos esse texto como um aparato registrador que detecta os sinais positivos, por mais débeis que sejam, do passado e do futuro e que os bricola e os combina, produzindo assim o que parece ser uma imagem representacional. Gostaria apenas de acrescentar que esses elementos e impulsos precisam ser traduzidos em representações culturais ou ideológicas para que sejam efetivamente mediados na situação presente.

Assim, gostaria de interrogar novamente minha própria imagem das quatro mediações ideológicas de More, por sua relevância para as Utopias posteriores e para o pensamento Utópico em geral. Será que bastaria identificar dois grupos de componentes, subjetivos e objetivos, dentre os quais o primeiro inclui o exemplo da especulação e entusiasmo conceituais e linguísticos, bem como uma visão da purificação subjetiva e da ação sobre si, enquanto o segundo inclui as instituições globais e locais, uma estrutura econômica e uma máquina autossuficiente para a organização e a vivência do cotidiano?

Mapeemos, pois, esses quatro polos de acordo com o quadrado semiótico de Greimas.[18] Primeiro, abordaremos os impulsos gêmeos do humanismo e do protestantismo como polos relacionados, embora contraditórios – de um lado, o redescobrimento dos gregos e, de outro, a aquisição do hebraico. Ambas essas posições e paixões estão baseadas em textos e determinam as possibilidades históricas dos intelectuais nessa primeira Renascença. Sua reconciliação ou resolução Utópica é, decerto, aquela do próprio humanismo – afinal:

---

[18] Isso abarca a tese principal de *Utopiques* de Marin, a saber, a de que – seguindo a terminologia do retângulo semiótico de Greimas – o texto Utópico não é uma síntese de opostos ou o que Greimas chama de um termo complexo; antes, é uma síntese de suas negações ou, em outras palavras, um termo neutro. (Apresentarei uma leitura dessa neutralização no Capítulo 11.) De todo modo, o texto Utópico não deve ser visto como uma visão ou uma representação plena, mas, antes, como uma operação semiótica, um processo de interação entre contradições e contrários que gera a ilusão de um modelo de sociedade. Discuti o livro de Marin em um ensaio anterior "Of Islands and Trenches", em *The Ideologies of Theory* (Minnesota, 1988), Volume II, p. 75-101.

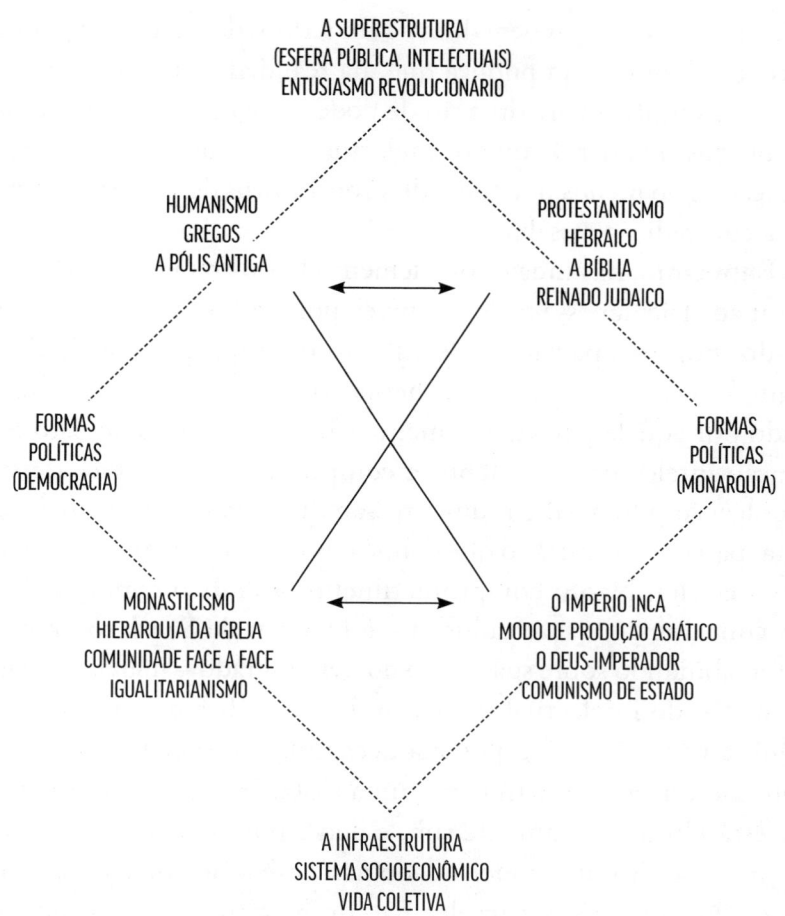

A SUPERESTRUTURA
(ESFERA PÚBLICA, INTELECTUAIS)
ENTUSIASMO REVOLUCIONÁRIO

HUMANISMO
GREGOS
A PÓLIS ANTIGA

PROTESTANTISMO
HEBRAICO
A BÍBLIA
REINADO JUDAICO

FORMAS
POLÍTICAS
(DEMOCRACIA)

FORMAS
POLÍTICAS
(MONARQUIA)

MONASTICISMO
HIERARQUIA DA IGREJA
COMUNIDADE FACE A FACE
IGUALITARIANISMO

O IMPÉRIO INCA
MODO DE PRODUÇÃO ASIÁTICO
O DEUS-IMPERADOR
COMUNISMO DE ESTADO

A INFRAESTRUTURA
SISTEMA SOCIOECONÔMICO
VIDA COLETIVA

Amigo de More, Erasmo dominava ambas as linguagens, ambas as culturas e os textos, e sua mediação parecia oferecer alguma possibilidade Utópica válida em si, até que a história e os faccionalismos ferozes e as guerras religiosas da época demonstraram a fragilidade dessa conquista – e determinaram uma particular prudência na conduta do erudito. Mas creio que a abordagem weberiana nos dá uma versão mais interessante dessas contradições e das sínteses em que elas não puderam ser resolvidas ou *aufgehoben*. Pois toda essa dimensão do nosso quadrado semiótico é aquela das superestruturas, da missão e vocação do intelectual secular então emergente; mas ela poderia ser, ainda, mais bem descrita em termos de uma esfera pública nascente. É essa esfera pública que, na realidade e na história, não consegue surgir: aquela situação de poder e de autoridade governamental dos mandarins que o intelectual humanista não consegue alcançar – não menos por conta do próprio vírus do protestantismo, que a contradição ressalta.[19]

Entretanto, há ainda outro elemento Utópico que não devemos omitir ao articular esse primeiro nível, pois ambos os elementos são guiados por uma paixão intelectual – a de reapropriar-se do texto original, seja em grego ou em hebraico –, um elemento caracterizado por aquela palavra altamente suspeita: *entusiasmo*. Isto é, a vocação intelectual mais febril e comprometida, no ápice de sua empolgação potencial em uma missão que, mais do que qualquer outra, parece concentrar o que define o intelectual, a saber, a relação com a escrita. Não o comprometimento socrático com as ideias, mas com o texto e sua tradução – a imagem de São Jerônimo de Dürer labutando sobre sua versão do livro sagrado – marca o espaço e a função do intelectual moderno. Isso significa que a Utopia se definiria (e se limitaria), por sua determinação social, enquanto a expressão dos intelectuais como uma casta? Não necessariamente; mas esta Utopia certamente sim, e não é por acaso que a carreira da More – única, na modernidade nascente – percorre uma gama de possibilidades do ser intelectual, do humanista ao conselheiro de príncipes, até o dissidente e mártir.

Essa escolha de termos – e já observei em outro lugar que é a posição inicial dos termos que constitui o ato interpretativo – atribui, pois, ao par remanescente a condição de ser um mero cancelamento dos dois primeiros termos (contraditórios). Coloco o Império Inca como a negação, pelo exotismo, de tudo o que o mundo clássico representa para a tradição ocidental: a descoberta do Novo Mundo é, de fato, uma anulação bastante fundamental da tradição clássica, inscrevendo um tipo muito diferente de império e um tipo muito

---

[19] Ver nota 8, anteriormente.

diferente de formação política no lugar de tudo o que fora codificado na Grécia e em Roma. De fato, que eles tenham sido incluídos, por Maurice Godelier,[20] na antiga categoria de Marx de modo de produção asiático sugere que, reposicionados no contexto das referências clássicas ocidentais, os incas só poderiam ser fantasiados em termos de Ásia, o grande outro tanto da Grécia – o Império Persa – quanto de Roma – os cartagineses (como em *Salammbô*, de Flaubert).

Quanto aos monastérios e ao protestantismo, é bastante claro como o último anula o primeiro – trata-se de uma liquidação física que ressalta a separação em relação à Igreja tanto do próprio Lutero quanto de Henrique VIII. Gostaria de entender o processo de um modo mais geral, não como a oposição entre dois princípios religiosos, mas, antes, como uma entre um tipo de direcionamento interior individualista e as formas comunais assumidas pelas ordens. Pois é este último elemento, essencialmente social, que irá vincular o par de formas inferiores: ambas são representações socioeconômicas, e sua justaposição segundo esse eixo semiótico particular enfatiza a singularidade de ambas enquanto modos de organização social e formas de produção e distribuição econômica, em vez de formas de poder. Logo, nesse contexto semiótico (o do nível inferior do quadrado), o Império Inca se apresenta como um tipo de comunismo organizado pelo Estado (em vez de como uma estrutura de poder imperial dominado por um deus-rei), enquanto não é a organização hierárquica da ordem e da própria Igreja que é evidenciada no outro termo, mas a natureza igualitária da comunidade monástica. Esse nível expressa, pois, o que no capítulo anterior chamei de um sistema socioeconômico, em vez da temática de uma forma de governo.

Assim, é esta – ou o político em sua forma mais especializada – que é inscrita nos dois eixos laterais do quadrado, as negações duplas de cada um dos dois termos positivos. Pois, aqui, a combinação dos

---

[20] Maurice Godelier, *Horizon, trajets marxistes en anthropologie* (Paris, 1973), p. 83-92 e 343-355. Godelier está entre os antropólogos mais eminentes a defender o valor do conceito de "modo asiático" de Marx, que ele resgatou do orientalismo ao aplicá-lo ao Império Inca.

termos *protestante* e *Império Inca* leva o primeiro deles ao domínio do conteúdo da escritura hebraica e, mais especificamente, à história dos reis judeus, enquanto a visão que temos dos incas se rotaciona até que sua dimensão propriamente política, aquela forma singular de poder imperial minimizada no eixo inferior ou neutro, seja iluminada preeminentemente.

Por sua vez, uma reorganização sêmica comparável ocorre no outro lado do quadrado, como C. S. Peirce coloca em outro contexto:

> Uma concepção é moldada de acordo com certo preceito; [depois,] tendo obtido isso, avançamos para notar características dela que, embora necessariamente envolvidas no preceito, não precisavam ser levadas em conta para construir a concepção. Percebemos que essas características tomam formatos radicalmente diferentes; e descobrimos que precisamos particularizar esses formatos, ou escolher entre eles, antes que possamos obter uma compreensão mais perfeita da concepção original.[21]

Agora, um humanismo considerado primariamente como uma paixão intelectual e um projeto de esfera pública é reorientado em torno de seu conteúdo político, a saber, a estrutura da *pólis* antiga – incluindo ou não sua evolução à organização política singular do Império Romano. E, do mesmo modo, a ordem monástica começa agora a exibir sua natureza essencialmente espacial, como uma pequena comunidade política face a face, um tipo de versão medieval da *pólis*.

Observamos, assim, a emergência da faixa média que corta o quadrado e, por consequência, separa a superestrutura – o humanismo em suas duas formas linguísticas, o grego e o hebraico – de algo como uma infraestrutura nas formas gêmeas do comunismo socioeconômico. Essa faixa média é o lugar do político, no sentido anteriormente dado, e sua posição aqui dramatiza seu isolamento em relação à vida cotidiana, em que se amalgamam superestrutura e infraestrutura. Por razões históricas singulares, em outras palavras, a dimensão política

---

[21] C. S. Peirce, *Collected Papers* (Harvard, 1931), Volume I, p. 262.

de *Utopia* de More foi separada da sociedade, em grande medida segundo o modelo da própria corte real, e foi, assim, aberta, como um
tipo de enclave, para o jogo e a reconstrução da imaginação Utópica,
que de fato combina pequenos grupos políticos com monarquias de
dimensões completamente diferentes, em um federalismo que exem-
plifica as formas de governo mistas de Políbio, de um modo bastante
diferente das receitas comuns da tradição.[22] Os elementos heterogêneos
do peculiar texto de More, combinados, a fim de produzir a imagem
Utópica prototípica que herdamos dele, revelam, ao mesmo tempo, a
constelação peculiar e infrequente de elementos históricos que tornam
possível, em última instância, a emergência desse texto.

III

Mas voltemos agora à *Utopia*, não como uma narrativa de viagem,
mas como uma sátira; o que significa dizer que devemos agora reorganizar o texto em torno do Livro Um. Pois, seja lá como o texto emita
seus vários sinais de alteridade e diferença, várias vezes já se enfatizou
o óbvio, a saber, que as 54 cidades de *Utopia* replicam os 54 bairros de
Londres, de modo que a ilha imaginária de More seria simplesmente
uma inversão literal do reino realmente existente de Henrique VIII.
A visão supostamente Utópica seria, portanto, pouco mais que um
comentário, ponto a ponto, de assuntos ingleses e da situação inglesa, e
sua estrutura se desfaria em tantas opiniões e pensamentos pontuais para
a melhoria das leis, dos costumes e das condições de vida – momento
no qual o Livro Dois começaria a parecer o Livro Um, posterior, em
forma e efeito. Este é certamente o caso, e há poucos textos "satíricos"
tão brutais (e científico-ficcionais) quanto esse texto famoso:

---

[22] Políbio, *Rise of the Roman Empire* (Penguin, 1979), p. 303-318. Esse esquema tradicional de classificação foi revisado e aplicado à globalização
atual, com originalidade extraordinária e de modo bastante sugestivo, por
Michael Hardt e Antonio Negri, em *Empire* (Cambridge, 2000), p. 162-164
ep. 314-316. Ver, ainda, Antonio Negri, *Insurgencies* (Minnesota, 1999),
p. 67-69 e 107-110.

Vossas ovelhas [...] que costumavam ser tão mansas e que eram alimentadas com tão pouco, puseram-se hoje, como se conta, a ser tão famintas e ferozes que devoram os próprios homens, campos e casas, e devastam e despovoam as cidades.[23]

Trata-se de uma sinistra inversão do comentário de La Bruyère em relação aos camponeses,[24] e de uma operação atinada e figurativa na qual as paixões pecaminosas dos seres humanos começam a infectar animais plácidos, enquanto os primeiros se tornam, eles mesmos, implicitamente bestializados.

Mas o interesse dos dois livros, bem como sua radical distinção de modo residem primariamente no problema da transformação de um em outro, o que, de acordo com nosso esquema atual – a leitura alternativa segundo a qual deduzimos o Livro Dois a partir do Livro Um –, coloca a questão de como a representação fantástica e Utópica foi, de algum modo, derivada ou gerada do debate incisivo e "realista" sobre as condições presentes. Aqui, uma vez mais, penso que Kendrick está no caminho certo quando afirma que a Inglaterra "fornece [à *Utopia*] a matéria-prima na qual [o texto] se fia":

> O conteúdo do inconsciente político é, em larga medida, composto por um grupo de representações sociais recebidas [...]. O inconsciente político pode ser imaginado [...] como operando como um caleidoscópio: compulsivamente decompondo, embaralhando e reunindo sua coleção de "imagens sociais" do passado da

---

[23] Thomas More, *Works* (New Haven, 1963-1997), Volume IV, p. 65-67. (Thomas More, *Utopia*, tradução de Márcio Meirelles Gouvêa Júnior, Belo Horizonte: Ed. Autêntica, 2017, p. 45 [N.T.]).

[24] Auerbach cita a famosa passagem de *Caractères* em *Mimesis* (Princeton 1953 [1946]), p. 366: "Veem-se, dispersos pelo campo, certos animais ferozes, machos e fêmeas, pretos, lívidos e totalmente queimados pelo sol, presos à terra, que escavam e remexem com uma obstinação invencível; têm como que uma voz articulada, e quando se erguem sobre os seus pés, apresentam uma face humana, e com efeito são homens [*et en effet ils sont des hommes*]". (Erich Auerbach, *Mimesis: a representação da realidade na literatura ocidental*, vários tradutores, São Paulo: Perspectiva, 1971, p. 321 [N.T.]).

ideologia, em resposta aos dilemas, conflitos e traumas recorrentes, pertencentes à vida cotidiana e impostos por todos os modos [de produção] até hoje existentes.[25]

Vale a pena se reter nesse ponto para enfatizar o processo de produção do texto Utópico: tal processo tem um nível conceitual – como Lévi-Strauss nos ensinou há tempos para o caso das histórias ou mitos tribais –, em que ele não apenas pensa por imagens, mas também resolve contradições. *Utopia* tem, assim, um nível especificamente estético, em relação ao qual a maioria dos críticos literários tem sido de pouca valia, ávida por corresponder ao tédio estereotípico da forma. E se, porém, houvesse ainda um nível no qual o texto não apenas demonstrasse ser o que Plekhanov chamou de "equivalente social", o correlato da ideologia e do ponto de vista de uma classe, mas também um tipo de equivalente gestual? Aqui, o texto Utópico e seus mecanismos corresponderiam a algo como uma atividade na vida cotidiana e constituiriam uma apresentação da última no nível puramente simbólico, oferecendo um tipo de prazer suplementar derivado de sua imitação. Gostaria de, pelo menos provisoriamente, distinguir esse prazer daquele obtido no nível representacional, onde sugiro que ele deva ser teorizado em termos de miniaturização. Essas satisfações da atividade Utópica são decerto estreitamente relacionadas com esse processo estético ou representacional; mas ganhamos em discernimento quando classificamos as operações envolvidas, que são excessivamente gerais para serem subsumidas sob o antigo balaio estético do jogo – o trabalho de Marin tem por alvo um tipo muito específico de jogo espacial, geométrico e cartográfico, que é, diagnóstica e teoricamente, distinto da antiga categoria antropológica.

Já observei anteriormente que precisamos compreender a operação Utópica em termos de mecanismos, invenções e *hobbies* caseiros, trazendo-a de volta àquela dimensão do passatempo e da *bricolage* ativa, da qual Lévi-Strauss, cuja fonte era Dickens, imediatamente a distancia. (Sr. Weller é um artista *naïf,* que constrói um jardim como

---

[25] Kendrick, "More's *Utopia* and Uneven Development", p. 243-244.

os inspirados projetistas das Watts Towers ou do Chandighar Rock Garden.[26]) Pois é precisamente essa dimensão da atividade de tipo *hobby*, que qualquer um pode fazer em seu tempo livre, em casa, em sua garagem ou oficina, que organiza a leitura do texto Utópico – uma ratoeira melhorada que você também pode emular, pensando em novas modificações em leis e costumes existentes e chegando a modelos engenhosos próprios. (More era o candidato mais improvável para inaugurar essa nova forma bastante peculiar, na qual mergulharam de cabeça gerações de malucos.) A Utopia é, assim, por definição, uma atividade amadora na qual opiniões pessoais tomam o lugar de engenhocas mecânicas, e o espírito se satisfaz com as puras operações de unificação de novos modelos dessa ou daquela sociedade perfeita.[27] Talvez a imprensa escrita e o crescimento da alfabetização no período Tudor inicial tenham encorajado essas atividades entre os contemporâneos de More – como a época industrial, mais tarde, fará com os Estados Unidos do fim do século XIX, um dos momentos mais férteis para a propagação de Utopias de todos os tipos.

Não gostaria, no entanto, que isto servisse como esboço para uma definição imediata da Utopia enquanto gênero, pois suspeito que ela seja, antes, uma combinação *ad hoc* de vários gêneros em certo momento, enquanto a noção de "sátira" de Elliott parece ser mais bem compreendida como a designação de um modo.[28] De fato, da mesma forma como a narrativa de viagem orientou nossa discussão do Livro Dois, sem nunca coincidir absolutamente com o gênero em questão, aqui também, no comentário e na motivação em termos políticos do Livro Um, se apresentam (positiva ou negativamente) vários gêneros tradicionais que podem nos ajudar a especificar mais nitidamente o problema do gênero utópico, embora não o "definam". Parece-me oportuno justapor o processo de produção Utópica a duas outras operações discursivas que têm recebido certa atenção

---

26 Claude Lévi-Strauss, *La Pensée sauvage* (Paris, 1962), p. 26.

27 Ver, no entanto, sobre a opinião Utópica, o Capítulo 4.

28 Ver nota 3 e, ainda, Robert C. Elliott, *The Power of Satire* (Princeton, 1960).

analítica na época contemporânea ou pós-semiótica. São elas, por um lado, a escrita de constituições – uma atividade que atingirá seu paroxismo no século XVIII, mas que não foi extinta ainda hoje, no período de descolonização e dos Estados pós-comunistas – e, por outro, o manifesto político, em cujos termos Althusser tentou reler *O Príncipe* de Maquiavel. Ao lado desses modos discursivos, dois outros poderiam ser aduzidos, a saber, por um lado, o Espelho de Príncipes – de todos esses gêneros, o mais próximo da época de More e o mais relevante para a recusa passional de Hitlodeu em assumir a vocação de cortesão e conselheiro do rei, algo que o More da vida real estava a ponto de fazer; e, de outro, o da grande profecia, um discurso que igualmente combina os dois modos de Elliott, o de denúncia satírica do presente caído e o da evocação de uma sociedade transfigurada, e cuja estranha inadequação com *Utopia* sugere uma diferenciação útil entre o profético e o Utópico.

O gênero da constituição escrita pode ser inicialmente mais bem abordado por meio de uma distinção em relação àquela outra forma discursiva que é a lei individual, supostamente construída como uma interdição de atos antissociais específicos (quando não como um modo de aclarar trocas e acordos).[29] Nesse caso, parece que a constituição seria concebida a fim de evitar certos tipos de eventos e catástrofes políticas e históricas – mais notavelmente, revoluções, mas também tipos mais limitados de tomada e desequilíbrios de poder. As constituições são estruturadas, portanto, não para definir e julgar atos individuais, mas para evitar tipos específicos de eventos históricos. A questão que então surge, para o texto Utópico, é a de se esse tipo de gerenciamento da história pode, de algum modo, ser comparado com a forma de um texto sobre o qual frequentemente se tem afirmado que seu desígnio é o de precludir a história como um todo. Não caberia à Utopia, nesse sentido, definir a história, implícita ou explicitamente, por meio de

---

[29] Sobre constituições, ver Kenneth Burke, *A Grammar of Motives* (Berkeley, 1969), Parte Três, Capítulo 1, p. 323-401; e sobre leis ou "casus", André Jolles, *Einfache Formen* (Tübingen, 1982).

uma repartição ou redução na qual a má história (a história política) é canalizada para essa categoria e neutralizada (o que Marx chama de "pré-história", por exemplo), enquanto o que resta – algo, talvez, como a vida cotidiana Utópica – emergiria como verdadeiramente utópico? O texto de More certamente nos fornece algo como uma constituição da sociedade Utópica, incluindo certas leis e costumes, mas trata-se de uma constituição imaginária e um experimento de pensamento que objetiva evitar não eventos históricos enquanto tais, mas a propriedade privada.

Entretanto, é bastante claro que aquele gesto fundacional de Utopus não visa a ser um chamado à ação política prática ou à repetição do exemplo; e que, seja lá qual for seu indubitável impacto, o texto de More é fundamentalmente diferente do de Maquiavel em seus efeitos e consequências – ele nem sequer tinha sido traduzido para o inglês até 1551. Decerto, devemos pelo menos tentar separar a singularidade histórica e estrutural da posição discursiva de Maquiavel daquela implícita em outros manifestos; assim, não está claro se Althusser tinha em mente apenas e exclusivamente Maquiavel quando ele define um manifesto como um foco simultâneo na natureza ou no conhecimento do político em geral, por um lado, e, por outro, em um problema político específico e concreto, de modo que esse foco inclua a identificação do agente e a questão da prática política enquanto tal.[30] Seja como for, isso reorienta o problema do texto Utópico para uma nova direção, afastando a velha objeção antiUtópica de que, nas Utopias convencionais, a questão prática da implementação nunca seria levantada – ou, quando muito, seria entregue a alguma esperança liberal piedosa de argumentar e persuadir, visando a uma transição pacífica de tipo senso-comum –, e ressaltando, pelo contrário, a questão prévia da relação da Utopia com o político. Trata-se de uma questão que, uma vez mais, recoloca na ordem do dia a questão da natureza do político. Logo, caso

---

[30] Louis Althusser, *Écrits philosophiques et politiques*, Volume II (Paris, 1995), p. 59.

se siga a fórmula de Carl Schmitt de que o político seria, antes de tudo, a decisão sobre amigo e inimigo,[31] fica bastante claro que essa é uma questão central e constitutiva tanto para Maquiavel quanto para Marx e Engels; é, porém, menos certo como ela poderia ser levantada quanto à visão da Utopia de More ou mesmo quanto a suas posições no Livro Um.

Portanto, aqui, de todo modo, a política e o político são enquadrados pela corte absolutista, um contexto que separa os meios dos fins de modo muito mais decisivo do que nos dois manifestos clássicos – nos quais os meios (a nação ou o proletariado) estão unidos aos fins. Utopus deve, de alguma forma, abolir si mesmo e sua monarquia, a fim de permitir que Utopia venha à existência; nem a voz profética nem o profeta individual estão mais em evidência no novo esquema coletivo. As duas referências genéricas finais entram, então, de algum modo, em curto-circuito devido à lacuna que implicam entre o líder individual e o estado de coisas coletivo.

Assim, em certo sentido, a forma Utópica (como gênero ou não) nasce para complementar esses vários gêneros imperfeitos e para realizar ou bloquear cada um deles de maneiras inesperadas. É paradoxal que uma forma tão absolutamente dependente de circunstâncias históricas – florescendo ela apenas sob condições específicas e em certas ocasiões históricas raras – aparente ser supremamente a-histórica; que uma forma que inevitavelmente desperta paixões políticas pareça evitar ou abolir por completo o político; e que um texto tão singularmente dependente dos caprichos e das opiniões de sonhadores individuais do social se encontre indefeso diante da agência individual e da ação inaugural. Mas talvez a questão do gênero traga algumas lições adicionais para nós; em todo caso, ainda não relacionamos totalmente os problemas de representação com aqueles da análise ideológica para entender por que a Utopia deve necessariamente ter surgido das discussões mais puramente políticas do Livro Um.

---

[31] Carl Schmitt, *The Concept of the Political* (Rutgers, 1976 [1933]).

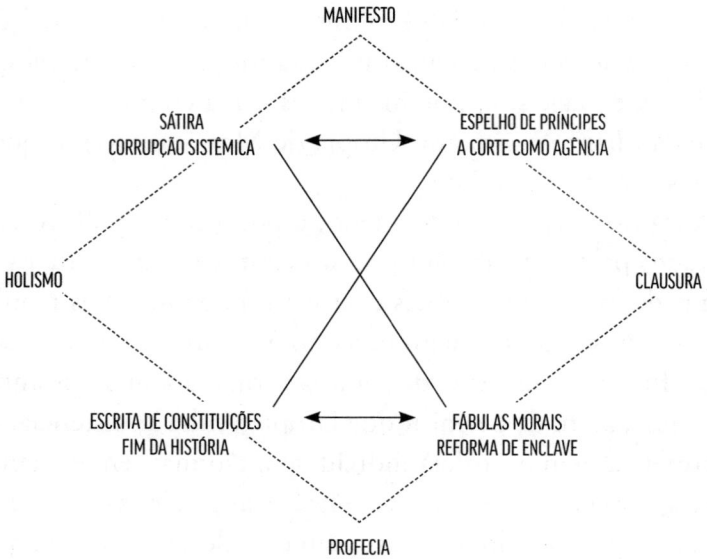

MANIFESTO

SÁTIRA
CORRUPÇÃO SISTÊMICA

ESPELHO DE PRÍNCIPES
A CORTE COMO AGÊNCIA

HOLISMO

CLAUSURA

ESCRITA DE CONSTITUIÇÕES
FIM DA HISTÓRIA

FÁBULAS MORAIS
REFORMA DE ENCLAVE

PROFECIA

Para a primeira dessas linhas de pesquisa, será formalmente crucial interrogar as narrativas interpoladas, aquelas que envolvem um gênero diferente – a saber, as fábulas morais sobre Estados não existentes, os polilerites, os acóreos e os macários, pois esses episódios interpolados deveriam nos dizer duas coisas antitéticas – a saber, por que More precisava recorrer a lugares não existentes ou imaginados – e por que nenhum deles poderia ter cumprido a função que o quarto e último lugar, um Estado muito diferente, não existente do Livro Dois – a saber, a própria Utopia – foi chamado a atender. Por que, em outras palavras, a imagem ou figura completa da Utopia surge necessariamente de figuras prévias, porém locais e análogas? As últimas são, decerto, imaginadas como enclaves dentro de nosso mundo existente, enquanto, apesar de seu posicionamento e das explicações suplementares, a Utopia de algum modo parece substituir nosso mundo como um todo.

Nossos três Estados (ou exemplos) enclávicos, cujos nomes absurdos parecem remeter às reformas que seriam implementadas,[32] demonstram,

---

[32] Ver nota 1.

em ordem inversa: como limitar as finanças do rei (os macários, traduzidos por Turner como moradores de *Happiland*); como desencorajar conquistas estrangeiras (os acóreos ou *Nolandia*); e, mais extensivamente, como transformar o severo sistema penal inglês para o benefício da cidadania (os polilerites ou *Tallstoria*).Os dois primeiros implicam regras e limites de senso comum aos monarcas: são, assim, específicos à situação, em sua referência, e não são irrealizáveis. Mas quando chegamos ao exemplo mais longo, os polilerites, as punições mais moderadas e o trabalho forçado dos condenados tampouco são irrealizáveis, embora eles obviamente se colidem com o preconceito disseminado e com a doxa popular, como mostra a acalorada discussão que ensejam.

Contudo, como demonstrou Marin,[33] essa extrapolação mais longa é internamente contraditória de dois modos distintos, e é isso que constitui o interesse formal do episódio. O primeiro problema tem a ver com a própria existência do roubo: se esse país é tão feliz e pacífico, por que ele gera a pobreza e a miséria que levam as pessoas a roubar? Se, por outro lado, há muito pouco roubo em comparação com sociedades com as quais estamos familiarizados, de que modo seu sistema penal poderia ser um exemplo para nós? Como, para resumir, pode-se demonstrar que é o sistema penal o responsável pela redução do crime, e não o contrário? Nós que já lemos o Livro Dois sabemos a resposta para essas questões: a continuidade da propriedade privada e, portanto, a existência de bens e dinheiro para roubar.

Isso sugere que a extrapolação de More, por sua própria contradição interna, ainda esteja vinculada ao mundo empírico real e que ela só poderia resolver essa contradição representacional gerando e produzindo uma contradição mais pura – a própria Utopia –, cujos vínculos com a realidade histórica tivessem sido absolutamente desfeitos. (Ou, caso se prefira ler o texto de acordo com a ordem cronológica de sua composição, More escavou aqui, no posterior Livro Um, a pré-condição representacional para o modelo anterior do Livro Dois.)

---

[33] Marin, *Utopiques*, Capítulo 7 (e ver também Wegner, *Imaginary Communities*, p. 40-45).

Podemos dizer tudo isso de um modo algo diferente, apontando para um princípio de totalidade em operação nessas representações baseado na sobredeterminação do real histórico. Não se pode – esta é a lição a se tirar dessas extrapolações – mudar características individuais da realidade presente. Uma reforma que singulariza esse ou aquele vício, esse ou aquele defeito ou erro no sistema, visando a modificar apenas essa característica, descobre rapidamente que qualquer característica dada guarda uma variedade de laços inesperados, porém constitutivos, com todas as outras características do sistema. Na área da representação, o sintoma dessa descoberta pode ser encontrado no que chamamos de contradição representacional. Logo, para representar adequadamente essas mudanças, a modificação da realidade precisa ser absoluta e totalizante; e essa impulsão do texto Utópico coincide com um conceito, em vez de reformista, revolucionário e sistêmico de mudança.

Em *Utopia*, no entanto, a marca dessa totalização absoluta é a secessão geopolítica do próprio espaço Utópico em relação ao mundo da realidade empírica ou histórica: a grande trincheira que o rei Utopus faz que seja cavada, a fim de "se desvincular" do mundo e de transformar seu promontório em uma ilha – decerto, uma extraordinária antecipação dos grandes projetos de trabalho coletivo dos tempos modernos ou socialistas (e talvez também dos bem conhecidos projetos de sociedade hidráulica que os antecederam),[34] incluindo a organização do exército e a sugestão de trabalho forçado ou escravo. Isso nos leva à segunda contradição ou, pelo menos, ao segundo sintoma representacional revelado pela extrapolação dos polilerites. Pois nesse exemplo não há trincheira: os polilerites estão separados do Império Persa por uma cadeia de montanhas e pagam tributos ao monarca persa em troca de proteção – uma dependência bastante diferente do sistema de política externa maquiavélico dos próprios Utópicos, e que coloca um tipo diferente de fardo ao que resta de uma

---

[34] O texto clássico (antimarxista) sobre o assunto é de Karl Wittfogel, *Oriental Despotism* (New Haven, 1957).

economia monetária. Essa dependência geopolítica parece constituir uma alegoria autorreferente da estrutura da própria representação, que ainda depende de referências externas e conteúdos empíricos. Se quiser, ela é ainda proto-histórica e não suficientemente estética, no sentido de sua autonomia diante da realidade contextual – algo que será alcançado apenas com o Livro Dois e a representação da própria Utopia, podendo lançar nova luz tanto sobre a estética do texto Utópico quanto sobre o caráter Utópico da estética (como desenvolveu Marcuse em seu grande ensaio sobre o "caráter afirmativo da cultura").[35] A Utopia é, pois, nesse sentido, uma representação que se tornou uma clausura, autônoma e autorreferencial, na medida do possível (o que é impossível, é claro); certo limite exterior, puramente formal e sem conteúdo ou, antes, cujo conteúdo foi sublimado por si mesmo, se tornando autorreferencial.

Essa, no entanto, é uma abordagem até agora meramente formal do texto, que parece postergar interminavelmente o essencial, a saber, uma discussão quanto ao anseio que estaria no coração da invenção de More. Sem dúvida, será ainda mais frustrante descobrir, como faremos no próximo capítulo, que satisfações de anseios são elas mesmas internamente contraditórias e, portanto, não devem ser tomadas por seu valor de face. Elas são, ademais, necessariamente revestidas de ideologia e tão inseparáveis da última e de determinantes históricos quanto o corpo o é da alma – uma questão que será enfrentada aqui apenas mais à frente, no Capítulo 10.

Nada disso significa que não se pode falar algo de significativo sobre a satisfação de anseios que motiva a *Utopia* e confere a ela seu frescor trans-histórico. Mas isso ocorre por meio de uma estrutura singular, que pode ser identificada como um deslizamento em torno de três temas ideológicos, que ela amplifica e neutraliza a um só tempo. O primeiro desses temas é claramente o do próprio dinheiro e dos males do ouro, um lugar-comum que incorpora uma tradição de profecia e invectiva, cujas origens se perdem no tempo, com a

---

[35] Ver a breve discussão sobre esse ensaio na Introdução.

própria origem do dinheiro. Marx efetivamente deitou por terra os pressupostos dessas acusações ao dinheiro em seus ataques a Proudhon e nos *Grundrisse*.[36] Que, em More, elas nos levem a uma forma de "comunismo", ou seja, à abolição da propriedade privada, é menos significativo do que o movimento triangular pelo qual o tema do dinheiro é ideologicamente neutralizado.

Isto pois o vício conceitual da crítica do dinheiro e do ouro é o de que ela não é nem política nem econômica, mas ética em suas fontes e consequências últimas. Mas, em More, o lugar do ético é ocupado por um tema ou ideologema diferente, a saber, o orgulho, como um fenômeno psicológico e de fato "teológico". Isso desloca os males do dinheiro e os pecados a ele associados (notavelmente, a ganância) para um conjunto algo diferente de fenômenos sociais – a vanglória, a ostentação, a posição social, a hierarquia e assim por diante –, e as últimas nos levam ao terceiro termo do triângulo ideológico de More – a ênfase na igualdade e no igualitarismo. Mas esta não é simplesmente uma correção ou uma anulação dos efeitos do orgulho; é um movimento de uma dimensão a outra, do domínio do *self* e da alma para o da existência social, ambos sendo, por sua vez, distintos do domínio no qual o dinheiro e o ouro predominam. Como mostrou Luhmann, esses vários domínios do psíquico, do social e do econômico ainda não estão plenamente diferenciados nas sociedades tradicionais – ou mesmo em sociedades como a de More, que está emergindo da sociedade tradicional e feudal. O movimento de rotação de um para outro é, em parte, reflexo dessa falta de diferenciação: nenhum domínio singular pode definir seus elementos apenas por seus próprios termos, mas deve tomá-los emprestados de outros domínios, ao mesmo tempo em que se diferencia deles. Isso resulta em uma bem-vinda multiplicidade de consequências e efeitos para as representações de More, que podem ser interpretadas à luz de suas implicações sociais, mas também em suas consequências

---

[36] Ver Karl Marx, *The Poverty of Philosophy* (Nova York, 1963 [1847]), especialmente p. 69-79; e também os *Grundrisse*, Capítulo II (o capítulo sobre o dinheiro).

para o sujeito individual e, não menos, para as políticas práticas que elas parecem ensejar, particularmente em relação ao princípio da abolição da propriedade privada. A ambiguidade desse quadro tripartite é tal que podemos fazer vista grossa às origens éticas desse princípio e tomá-lo por todo um programa político e um modo de realização da Utopia. A rotação desses três ideologemas é, ela mesma, a fonte da aparente autonomia da Utopia no nível representacional e resgata o texto do estatuto de um mero folheto sobre qualquer um dos temas – um panfleto contra o dinheiro, por exemplo, ou um tratado teológico sobre o orgulho, ou um libelo revolucionário denunciando a hierarquia social.

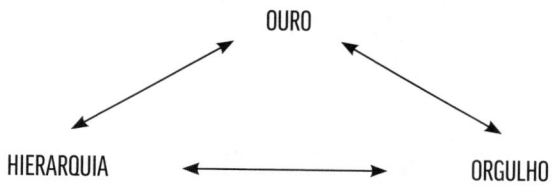

Essa operação rotacional impede a tematização ou a reificação de um fator singular em um sistema ideológico ou em uma visão da natureza humana – um problema que será aqui discutido nos Capítulos 10 e 11. Isso, creio, é o que Louis Marin denomina de "neutralização", em seu trabalho fundamental sobre as Utopias e, no momento apropriado, irá exigir e receber uma explicação sobre como a neutralização pode ser compreendida como produção, em vez de como um simples cancelamento ou anulação. Em termos mais imediatos, no entanto, ela exige sua subsunção na própria estrutura da satisfação de anseios.

4.
Ciência Utópica *versus* ideologia Utópica

Poucos textos, porém, parecem revelar a estrutura da satisfação de anseios Utópicos de modo tão transparente como o de More, que no Livro Um oferece uma imagem assustadora da sociedade inglesa e de suas contradições, à qual o Livro Dois responde com uma série de soluções engenhosas, porém plausíveis. A oposição é, no entanto, mais complicada do que essa descrição sugere, uma vez que ela parece estar à sombra de outra tensão: uma entre a avaliação coletiva e a proposta individual, entre um inventário relativamente objetivo de injustiças, vícios e sofrimentos e um jogo perspicaz e inventivo com o latim, que dificilmente poderia ser atribuído a alguém que não a figura pública cada vez mais conhecida que é seu autor. Ainda assim, essa figura individual também representa uma realidade coletiva, a saber, o humanismo como um movimento social e intelectual, de modo que não se sustenta qualquer tentativa de subsumir essa tensão particular à distinção familiar entre o objetivo e o subjetivo.

Seria a oposição entre a análise social do Livro Um e as soluções estéticas do livro Dois mais produtiva? Talvez; mas é preciso, primeiro, enfatizar o que está em jogo nessas questões terminológicas e conceituais. Por um lado, nos deparamos com uma condenação verdadeiramente feroz da sociedade contemporânea, violenta e opressiva, repleta de corrupção e injustiça, além de hierárquica em sua reprodução do privilégio de classe e da desigualdade. Mas essa "indignação selvagem" – que não se deve atribuir apenas a More, mas também a Rousseau e a Fourier, a Owen e a Chernyshevsky –

é, evidentemente, trivializada pela nossa insistência nas excentricidades dos inventores Utópicos e no deleite deles com o mundo da lua em que se deixam viver. Como reconciliar essas perspectivas aparentemente incompatíveis ou, se isso não for possível, como se decidir entre elas? Devemos simplesmente examinar cuidadosamente a lista e estabelecer que More era claramente um personagem sério, enquanto Fourier pode certamente ser visto como um charlatão e maluco ou, na melhor das hipóteses, um sonhador inútil, conhecido especialmente pelos seus famosos "oceanos de limonada"?

Já foi dito o suficiente, no entanto, para sugerir que não é apenas a paixão política que está presente aqui, e que os Utópicos não eram guiados exclusivamente pela indignação diante da injustiça social ou pela compaixão pelos pobres e oprimidos. Eles também eram intelectuais, com um gosto adicional por sistemas (como defende Barthes[1]), por mapas (ver Marin[2]) e por esquemas de todos os tipos (ver Frank e Fritzie Manuel[3]); sabichões querendo incansavelmente explicar para qualquer um que quisesse ouvir as soluções para todos os problemas; engenhoqueiros, gastando resmas de papéis escrevendo e reescrevendo seus projetos e seus panfletos, desenhando infinitos gráficos e planos e reconstruções urbanas. Em resumo, obsessivos e maníacos, mesmo onde eles pareciam não ser mais do que figuras públicas com um *hobby* literário (como More) ou homens urbanos

---

[1] Barthes, *Sade, Fourier, Loyola* (Paris, 1971).

[2] Louis Marin, *Utopiques* (Paris, 1973).

[3] Frank e Fritzie Manuel, *Utopian Thought in the Western World* (Cambridge, MA, 1979); ver particularmente sua abordagem sobre a proliferação de "seitas" religioso-revolucionárias durante a Revolução Inglesa: "Edwards era apenas o mais notável dos especialistas que, ao catalogar uma ampla variedade de abomináveis heresias teológicas e sociais, conseguiu passar a impressão de que elas eram todas da mesma laia. A *Heresiography*, de Ephraim Pagitt (1645), mais restrita em seu campo de investigação, tratou de cerca de vinte tipos apenas de anabatistas: muncerianos, apostólicos, separatistas, cátaros, silentes, entusiastas etc." (p. 334-335). Pode-se lembrar da abordagem paradigmática das seitas políticas durante a revolução de 1848 presente em *Éducation sentimentale*, de Flaubert.

com uma curiosidade imensa (como o jovem Saint-Simon) ou mesmo escritores de Ficção Científica com uma atividade paralela. Enquanto, para muitos deles, ser um Utópico se aproximava do *status* do profissional de tempo integral, segundo o modelo do revolucionário profissional, outros, como Rousseau, recusando por princípio qualquer *status* profissional, tocavam suas atividades Utópicas como ainda outra forma de devaneio ocioso.

Creio ser impossível reconciliar nossas duas caracterizações antitéticas iniciais, na mesma medida em que é impossível escolher entre uma e outra sem distorções: More era um conhecido brincalhão (como testemunha Erasmo), e a paixão social e o comprometimento de Fourier não podem ser postos em dúvida por ninguém que estude suas obras.[4] Temo que o único modo de lidar com essa contradição seja pensando ambas as perspectivas juntas e simultaneamente.

Elas correspondem, na verdade, à tensão que Adorno identificou, em sua teoria estética, como sendo uma muito fundamental:[5] a tensão entre expressão e construção. Mesmo a produção artística mais árida – uma colagem de sons de Cage, por exemplo, ou a dissonância de várias formas geométricas em Malevich – guarda um eco de expressividade, ou melhor, necessariamente adquire um, para aqueles humanos que veem e ouvem (algo que ainda somos), enquanto o menor grito expressionista é já necessariamente uma construção. O que ocorre é que os próprios estetas de vanguarda enfatizam, em seus programas e manifestos, uma dessas características em vez de outra. Mas a própria sátira,[6] pouco importando o quão autêntica ela pretenda ser enquanto uma reação passional e espontânea à intolerável injustiça, deve ainda encontrar suas figuras retóricas ("ovelha

---

[4] Ou que leia a admirável biografia de Jonathan Beecher, *Charles Fourier: The Visionary and his World* (Califórnia, 1986).

[5] T. W. Adorno, *Philosophie der neuen Musik* (Frankfurt, 1958 [1948]), p. 41 e seguintes; e Aesthetic Theory (Minneapolis, 1997 [1970]), p. 44-45, 56-58 e 244-245.

[6] Tão premonitoriamente ligada à Utopia por Robert C. Elliott em seu díptico *The Power of Satire* (Princeton, 1960) e *The Shape of Utopia* (Chicago, 1970).

devorando homens") e documentar suas reações com representações que mexem com o leitor. Mas isso significa apenas que os Utópicos, além de intelectuais, são também artistas e retóricos?

Podemos talvez repensar essas oposições lembrando da distinção feita por Coleridge entre Imaginação e *Fancy* – derivada, no limite, penso eu, da oposição fundacional de Kant entre Sublime e Belo.[7] Isso nos leva ao ponto em que o estético já não é mais um *hobby* secundário, mas, antes, ronda atrás da criação para identificar as fontes da própria realidade. Em certo nível metafísico, a Imaginação é um conceito teórico, que designa a força criativa primeva de Deus, aquilo que um contexto estético reduz ao poder modelador tão apreciado na arquitetura de enredos literários monumentais (as chamadas imaginações primária e secundária). A *Fancy*, nesse nível, representa a acusação de Coleridge contra a alegoria do século XVIII e contra a decoração retórica local da arte daquele período, com a qual os românticos buscaram tão decisivamente romper. Paralelos com a arquitetura são ainda mais reveladores: muito recentemente,

---

[7] Como se sabe, Coleridge apenas menciona essa sua contribuição teórica mais famosa em um momento central de sua obra: os capítulos XII e XIII de *Biographia Literaria*. Valeria a pena, portanto, citar essa exposição relativamente curta em sua totalidade: "Considero, pois, a imaginação como sendo ou primária ou secundária. A Imaginação primária entendo ser o poder vivo e o agente primeiro de toda percepção humana, uma repetição na mente finita do eterno ato de criação no infinito EU SOU. Considero a Imaginação secundária como um eco da primeira, coexistindo com a vontade consciente, mas ainda idêntica à primeira quanto ao *tipo* de sua agência e se diferenciando apenas em *grau* e no *modo* de sua operação. Ela dissolve, dispersa, dissipa para recriar; ou, onde esse processo se torna impossível, ela ainda se empenha em idealizar e unificar. Ela é essencialmente *vital*, mesmo que todos os objetos (*enquanto* objetos) sejam essencialmente fixos e mortos. A *Fancy*, pelo contrário, não tem contrapartes com que jogar, a não ser coisas fixas e definidas. A *Fancy* não é, na verdade, senão um modo de memória emancipado da ordem do tempo e do espaço; embora esteja misturada com – e seja modificada por – aquele fenômeno empírico da vontade, que expressamos pela palavra Escolha. Mas, tal como com a memória ordinária, a *Fancy* precisa receber da lei da associação todos os seus materiais já prontos". *Biographia Literaria* (Londres, 1949 [1817]), p. 145-146.

o conceito de "galpão decorado", de Robert Venturi,[8] reavivou algo das antigas tensões entre a vocação da arquitetura de esculpir e dar forma ao vazio e aquela ornamentação secundária da construção que Adolf Loos denunciou como criminosa e degenerada.[9]

A origem dessas oposições em uma distinção entre dois estilos de época – o moderno *versus* o pós-moderno ou o romântico *versus* o século XVIII – sugere que podemos aqui estar, de fato, diante de dois tipos bem diferentes de anseios – ou de desejos, para usar uma palavra pós-contemporânea. Mas talvez valha a pena um desvio pela discussão do próprio Freud sobre a relação entre a satisfação de anseios e a arte, a fim de observar a teorização de uma relação entre esses dois impulsos dentro de uma única obra. Freud, de fato, não traça a linha onde se poderia esperar que essa distinção fosse feita, a saber, entre o consciente e o inconsciente ou entre os devaneios e os sonhos noturnos autênticos. Ele a enquadra dentro do próprio devaneio em seu principal pronunciamento sobre estética, o ensaio "O escritor e a fantasia",[10] um texto às vezes tomado como tão vulgarmente ortodoxo dentro do cânone psicanalítico quanto o é Zhdanov dentro do marxismo.

Mas a mesma oposição pode ser identificada dentro do sonho noturno, onde ela serve para distinguir entre o anseio que o sonho realiza e o trabalho posterior, puramente formal, da assim chamada elaboração ou revisão secundária – ou "sobredeterminação", um termo tomado emprestado pelos althusserianos para a questão totalmente diferente da causalidade histórica.[11] *A interpretação dos sonhos* parece, assim, confirmar as prioridades do idealismo alemão (ou de

---

[8]   O termo opõe a "decoração" ou a fachada do edifício ao vazio do galpão atrás dele; ver Robert Venturi, Denise Scott-Brown e Steven Izenour, *Learning from Las Vegas* (Cambridge, MA, 1972).

[9]   Ver o impressionante *Ornament and Crime* (Riverside, CA, 1998 [1908]), de Adolf Loos.

[10]   Sigmund Freud, *The Standard Edition of the Complete Psychological Works of Sigmund Freud*, (Londres, 1954), Volume IX, p. 143-153.

[11]   *Ibidem*, Volume V, p. 488.

Coleridge): o anseio, ou a Imaginação (ou mesmo o Sublime), é o termo nobre, enquanto *Fancy* ou a elaboração secundária é uma ideia *a posteriori* meramente decorativa. (Talvez a relevância da distinção possa ser dramatizada por uma charada: a quais termos da oposição de Coleridge correspondem os dois livros de More?)

Mas o ensaio sobre devaneios, isto é, sobre a produção literária, complica esse esquema simples, que tendemos a assimilar à oposição entre o objetivo – o mundo em si, o espaço das grandes catedrais – e a subjetividade do mero ornamento ou do papel de parede, da associação fantasiosa individual. Pois aqui a satisfação de anseios que molda a obra literária é firmemente reposicionada na subjetividade e na história privada do próprio escritor ou artista. (De fato, a fonte mesma desses anseios na memória arcaica da gratificação respalda e documenta, de maneira poderosa, a Utopia marcusiana da anamnese: "Mas quem conhece a vida psíquica das pessoas sabe que nada é mais difícil do que renunciar a um prazer que um dia foi conhecido".[12])

É essa formação privada e, na verdade, infantil do anseio central a ser "satisfeito" que marca o devaneio com suas três características fundamentalmente não generalizáveis: primeiro, ele se volta para a convicção providencial – aquele "sentimento heroico, na verdade, ao qual um dos nossos melhores poetas presenteou com uma expressão deliciosa: 'Nada pode te acontecer'".[13] E esse sentimento de segurança ontológica, e mesmo de onipotência, é a outra face da organização narrativa do devaneio em torno do *self*: "[...] nesta traiçoeira característica de ficar ileso sem esforço sua majestade o Eu, o herói de todos os sonhos diurnos como em todos os romances".[14]

Por fim, o sujeito narrativo autocentrado postula inevitavelmente a antiga ética binária, cuja denúncia feita por Nietzsche é a mais conhecida: "A mesma coisa acontece quando os outros personagens dos

---

[12] *Ibidem*, Volume IX, p. 145. (Sigmund Freud, "O poeta e o fantasiar", em *Arte, literatura e os artistas*. Tradução de Ernani Chaves. Belo Horizonte: Autêntica, 2015, p. 55 [N.T.].)

[13] *Ibidem*, p. 150.

[14] *Ibidem*.

romances são rigidamente separados entre bons e maus, renunciando, na realidade, à mistura observada no caráter humano; os 'bons' são os que socorrem, mas os 'maus' são os inimigos e concorrentes do Eu que se tornou herói".[15] Mas essa organização incorrigivelmente egocêntrica da satisfação de anseios dos devaneios reestrutura agora, dramaticamente, a oposição que temos apresentado até aqui: a primazia arquitetônica da Imaginação, da formação do enredo – a estrutura do "fantasma" – foi aqui abruptamente desqualificada e degradada a um *hobby* puramente privado cuja relevância objetiva se tornou subitamente um mistério. De fato, é bem no fim, quando ele chega ao "segredo mais íntimo" do artista – sua "*ars poetica*" e o instinto para a representação, o que o torna artista antes de mais nada –, é aqui que Freud aparece com uma ideia curiosa:

> Os senhores se recordam quando dizíamos que quem tem sonhos diurnos esconde suas fantasias cuidadosamente diante dos outros, porque sente que aí há motivos para se envergonhar. Eu acrescentaria que, mesmo que ele pudesse nos comunicar essas fantasias, não poderia nos proporcionar, por meio de tal desocultamento, nenhum prazer. Se experimentássemos essas fantasias, ou nos livraríamos delas ou permaneceríamos distantes delas. [...] na técnica da superação desta repulsão, que certamente tem a ver com as limitações existentes entre todo o eu individual e os outros, consiste, verdadeiramente, a *ars poetica*.[16]

---

[15] *Ibidem*.

[16] *Ibidem*, p. 152-153. Uma vez que essa discussão, mais puramente formalista, parece deixar pouco espaço para qualquer identificação da leitura Utópica (ou artística) com o anseio ou desejo original, talvez valha a pena agregar um comentário feito por Freud em outro lugar, sobre a projeção bem-sucedida que um artista faz de sua própria satisfação de anseio: "Mas o consegue somente porque as outras pessoas partilham a sua insatisfação com a renúncia real exigida, e porque tal insatisfação, que resulta da substituição do princípio do prazer pelo da realidade, é ela mesma parte da realidade". "Formulations on the Two Principles of Mental Functioning", *Standard Edition*, Volume XII, p. 224. (Sigmund Freud, "Formulações sobre os dois princípios do funcionamento psíquico", em *Observações psicanalíticas sobre um caso de paranoia relatado em autobiografia ("O caso Schreber"), Artigos sobre técnica e outros textos*

Trata-se de um momento extraordinário, e qualquer um que compare a fascinação que frequentemente sentimos por nossos próprios sonhos com o tédio que subitamente nos atinge quando escutamos o relato do sonho de outros saberá o que Freud quer dizer – o que, vindo de um psicanalista, não é uma revelação profissional sem interesse.

E, ainda assim, a obra de arte permanece, para Freud, uma satisfação de anseios, por mais que o escritor "suavize o caráter de seus devaneios egoístas alterando-os e disfarçando-os". Precisamos, portanto, distinguir entre duas formas que a satisfação de anseios apresenta: um tipo "egoísta" e repulsivo, puramente pessoal ou individual, e uma versão disfarçada que foi de algum modo universalizada e tornada interessante, muitas vezes até cativante e insistente, para outras pessoas. A fronteira entre esses dois tipos de expressão simbólica do anseio é traçada pela resistência inconsciente: e se ela é, por um lado, mantida por aquele sentimento de repulsa indicado por Freud, do nosso lado, ela é patrulhada pela vergonha. Pode-se, de fato, pensar naquela maravilhosa cena de *La Règle du jeu*, de Jean Renoir (1939), que Lacan destaca justamente no presente contexto:[17] a nascente vergonha de Dalio à medida que exibe seu desejo mais íntimo, a maior aquisição de sua coleção de autômatos, uma imensa orquestra mecânica que, em plena animação, faz seu dono corar e se mexer embaraçosamente, imitando-a.

Freud nos deixa, assim, com uma perspectiva para a qual as dimensões de satisfação de anseios próprias ao devaneio são reestruturadas e reorganizadas em torno de dois pares distintos de oposição – pois, agora, ao lado da tensão entre o objetivo e o subjetivo, nos vemos obrigados, em um contexto claramente estético, a acomodar uma oposição entre o particular e o universal, que é também intimamente relacionada àquela entre o escritor e seu público ou, em outras

---

(1911-1913), com tradução de Paulo César de Souza, São Paulo: Companhia das Letras, 2010, p. 87 [N.T.].)

[17] Jacques Lacan, Seminário 1958-1959, *Le Désir et son interprétation*, de 10 de dezembro de 1958.

palavras, entre o individual e o coletivo. A espetacular "solução" de Freud irá consistir em realistar a fantasia e o decorativo do lado do universal e do coletivo:

> o poeta suaviza o caráter do sonho diurno [devaneio] egoísta por meio de alterações e ocultamentos, e nos espicaça por meio de um ganho de prazer puramente formal, ou seja, estético, o qual ele nos oferece na exposição de suas fantasias. Pode-se chamar este ganho de prazer, que nos é oferecido para possibilitar, com ele, o nascimento de um prazer maior a partir de fontes psíquicas ricas e profundas, de um *prêmio por sedução* ou de um *prazer preliminar*.[18]

Aqui, portanto, a faculdade que produz a decoração estética ou artística se tornou uma função subitamente mais pública e mais coletiva do que o "poder modelador supremo" da Imaginação ou da satisfação de anseios primária, que decai ao nível de uma atividade algo vergonhosa e privada que precisa ser dissimulada a qualquer custo.

Com essa inversão, parecemos mais distantes do que nunca de alguma clarificação estrutural sobre o que especulamos ser certo mecanismo coletivo de satisfação de anseios no coração da fantasia Utópica e da produção textual Utópica. Nesse ponto, talvez, a complicação freudiana ou psicanalítica da nossa problemática inicial precise ela mesma ser complicada ainda mais por uma dimensão epistemológica que restitua algo da dignidade do conhecimento social à construção lúdica e arbitrária aparentemente inerente a toda concepção de fantasia.

Trata-se de algo pelo menos tão antigo quanto Platão, que propôs uma diferenciação, de forma muito central e insistente, entre a mera opinião e o conhecimento filosófico, ou, em outras palavras, entre a *doxa* e a *episteme*[19] – a primeira sendo a província pessoal

---

[18] Freud, *Standard Edition*, Volume IX, p. 153. (Sigmund Freud, "O poeta e o fantasiar", em *Arte, literatura e os artistas*. Tradução de Ernani Chaves. Belo Horizonte: Autêntica, 2015, p. 64 [N.T.].)

[19] Platão, *Complete Works (Indianapolis, 1997)*; ver em particular, *Meno*, p. 97; *Letter VII*, p. 1659-1660; e *Theaetetus*, p. 189-190.

e altamente não confiável da mera opinião ou crença, enquanto a segunda seria o domínio das Ideias e de algum "conhecimento" impessoal que compele à convicção imediata, do tipo, por exemplo, das certezas matemáticas descobertas por Pitágoras. De forma característica, recorre-se aqui ao raciocínio de Platão para pensar naquele objeto preponderantemente ambíguo a esse respeito, a saber, a opinião que acaba por coincidir com o conhecimento verdadeiro, sem com isso se tornar mais confiável nem perder seu estatuto epistemológico duvidoso.

Entretanto, ainda permanece obscuro e paradoxal pensar como algumas fantasias Utópicas poderiam ser classificadas de acordo com os padrões platônicos do conhecimento verdadeiro e da mera opinião ou crença pessoal. Talvez o exemplo de uma interpretação histórica que devemos ao discípulo moderno de Platão, o historiador da ciência Alexandre Koyré, seja mais sugestivo a esse respeito, pois uma das mais notáveis reinterpretações de Koyré sobre o surgimento da ciência moderna envolve a proposição de que o princípio fundamental de Galileu – a matematização da natureza – estivesse baseado não no conhecimento científico, mas, antes, tivesse sido motivado por algo que podemos chamar de uma opinião filosófica ou uma ideologia platônica, a concepção pitagórica do número.[20]

De fato, o termo *ideologia* sugere aqui uma volta adicional do parafuso, e a agora tradicional oposição marxista entre ideologia e ciência vem enriquecer e completar a oposição platônica da qual ela própria deriva. Não é preciso reavivar a muitas vezes mal utilizada distinção entre ideologia burguesa e ciência marxista (em *A ideologia alemã*, Marx e Engels observam que "conhecemos apenas uma única ciência, a ciência da história"[21]) para compreendermos a utilidade

---

[20] Alexandre Koyré, *Études Galiléennes* (Paris, 1939). Vale acrescentar que essa reinterpretação canônica de Koyré (que dá a entender que as teorias de Galileu eram "experimentos de pensamento" antiexperimentais) esteve no centro de um importante debate nos "estudos da ciência" contemporâneos; ver Dušan I. Bjelic, *Galileo's Pendulum* (Albany, Nova York, 2003), p. 10-11 e p. 164, nota 34.

[21] Marx e Engels, *The German Ideology* (Moscou, 1964 [1845-1846]), p. 34.

de uma diferenciação entre *Ideologie* e *Wissenschaft* – a última uma palavra muito menos atravessada por conotações positivistas do que sua tradução francesa ou inglesa. Trata-se de uma utilidade renovada que deriva do fato de que a opinião privada, ou a mera crença pessoal, em sua nova encarnação enquanto ideologia, recuperou uma dimensão coletiva, sendo, de agora em diante, associada a uma classe ou um grupo específico. Não há ideologias pessoais, exceto por uma transferência metafórica, na qual a função de associações e imagens simbólicas puramente privadas, na economia psíquica de um dado indivíduo, é comparada à dinâmica da economia social em geral.

Por sua vez, essa nova versão da doutrina platônica volta à sombra do freudianismo pela reescrita althusseriana da distinção entre ciência e ideologia em termos, agora, lacanianos.[22] Althusser busca, de fato, afastar a concepção ortodoxa errônea segundo a qual emergimos, de uma vez por todas, dos erros da ideologia para a verdade científica do marxismo. Para ele, pelo contrário, o marxismo pode ser, a um só tempo, tanto ciência quanto ideologia; as várias e diferentes ideologias marxistas devem, então, ser radicalmente desassociadas da ciência ou verdade marxista encontrada no próprio texto de Marx, que conhecidamente consiste em uma escrita "sem sujeito",[23] o que explica por que Marx achou que era necessário, a certa altura, declarar que ele mesmo "não era marxista". A famosa definição althusseriana da ideologia como "a relação Imaginária do sujeito com suas condições de existência Reais"[24] visa a remover da ideologia o estigma de mero

---

[22] Louis Althusser, *Lenin and Philosophy* (Nova York, 1971).

[23] *Ibidem*, p. 171.

[24] *Ibidem*, p. 162. Althusser parece aqui ter omitido o terceiro termo da tríade lacaniana, a saber, a Ordem Simbólica, oposta tanto ao Imaginário (ou o estágio do espelho) quanto ao próprio Real, que Lacan conhecidamente definiu como "o que resiste absolutamente à simbolização". Não obstante, creio que há em Althusser duas tentativas distintas de ajustar as contas com o Real: a ideológica, na qual a função Imaginária inclui o *self*; e a da "ciência", da qual o *self* está excluído, e que tenta mapear o Real em termos "simbólicos" ou, em outras palavras, em termos puramente sintáticos (como uma fórmula matemática).

erro, designando funções e um estatuto totalmente diferentes a essas duas instâncias sociais e psíquicas.

Com esse movimento, nossa proposta de integrar a dinâmica da satisfação dos anseios à análise epistemológica platônico-marxista da doxa e da ideologia está completa. Mas resta notar quais seriam suas consequências para os textos aqui em questão. Ciência Utópica *versus* ideologia Utópica? Se o quadro conceitual traçado até aqui tem alguma relevância, devemos ser capazes de ao menos registrar a opinião ou a doxa Utópica por meio de nossas próprias reações como leitores, pelos movimentos pouco perceptíveis de irritação ou incômodo que desperta esse ou aquele detalhe do esquema Utópico, pelas perdas momentâneas de credibilidade e confiança, pela exasperação pontual que pode facilmente, na forma de desprezo ou divertimento, se voltar contra o escritor. Paradoxalmente, essas não são as reações que temos às principais propostas e, por assim dizer, ao andaime do plano Utópico – e isso apesar dos argumentos antiUtópicos de comentadores que gostariam que tomássemos os nomes paródicos de More literalmente como um sinal de sua rejeição satírica de toda a empreitada.

Às vezes, são antes os detalhes, a implementação, a decoração ou o embelezamento do esquema que nos captam. Assim, por exemplo, a descrição de More dos templos Utópicos pode nos surpreender, dado o caráter aparentemente gratuito da escolha de recursos e da explicação dada:

> Todos eles são sombrios, e assim foram construídos não por impe-rícia, mas por determinação dos sacerdotes, que julgam que a luz excessiva dispersa as meditações, enquanto a luminosidade esbatida e dúbia concentra os ânimos e favorece à devoção.[25]

O leitor tende imediatamente a transladar essa opinião para o próprio More, particularmente uma vez que, nesse contexto, o ponto

---

[25] Thomas More, *Works* (New Haven, 1963-1997), v. IV, p. 142. (Thomas More, *Utopia*, tradução de Márcio Meirelles Gouvêa Júnior, Belo Horizonte: Autêntica, 2017, p. 195 [N.T.].)

frisado tem a ver com o pluralismo das práticas e com a liberdade de crença – embora não, deve-se dizer, de não crença. Alguns comentadores interpretaram esse detalhe como uma preferência de gosto por igrejas romanescas em vez de góticas, aduzindo, assim, mais um sinal e sintoma da natureza medieval da imaginação de More; se esse for o caso, nossa reação seria apenas reafirmada.

Esse defeito menor reúne, pois, os momentos mais famosos em que não os costumes Utópicos, mas os próprios preconceitos de More parecem se exprimir no texto: os noivados, por exemplo, em que os futuros esposos são chamados a se exibirem nus um ao outro (*caveat emptor!*); ou, em um nível algo diferente, a prática Utópica de usar ouro exclusivamente para fazer penicos. Os templos sombrios parecem expressar uma preferência; as precauções maritais revelam ironicamente uma experiência ou um desapontamento pessoal; os penicos, no entanto, e seja lá qual for suas origens clássicas, exalam algo da euforia de uma descoberta, de uma ideia brilhante, o lampejo de uma inteligência ágil pela qual, assim nos contam, More era conhecido.

Seria importante, portanto, compreender as várias formas que pode tomar isso que começamos a chamar de opinião Utópica: apenas a variedade dessas interjeições, aparentemente inapropriadas e ilícitas do ponto de vista do gênero, pode nos levar àquilo que elas têm em comum e nos direcionar à sua fonte. Logo, embora a noção de programação humana (e seu método pedagógico) seja algo como uma invenção pessoal de B. F. Skinner e sua propriedade privada intelectual, esse abrangente princípio estrutural particular não é visto, nessa Utopia moderna negligenciada e subestimada chamada *Walden Two*, como uma mera opinião gratuita. De fato, alguém poderia argumentar que a programação é a essência mesma da pedagogia e da formação infantil e que o tema da reprogramação (ou desprogramação) seria uma característica negligenciada por Utopias que reprimem os problemas de sua transição ou surgimento, do mesmo modo que ela é uma característica essencial de qualquer revolução cultural, que precisa substituir os hábitos do passado e da antiga ordem por novos. Os paradoxos reflexivos da reprogramação – os educadores precisam ser eles mesmos educados e reeducados – são comuns tanto às Utopias quanto às revoluções.

Mas a visita guiada pela Utopia que Skinner, como todos os seus antecessores e sucessores, é obrigado a nos oferecer inclui muitas características e detalhes cotidianos que nada têm a ver com a programação. Assim, ele chama nossa atenção, durante uma visita à cafeteria, para o seguinte:

> Apesar da evidente impaciência de Castle com os detalhes de uma tecnologia doméstica, Frazier falou longamente sobre as bandejas. Uma de suas inúmeras vantagens era a da transparência, que evitaria duas operações na cozinha porque a limpeza da bandeja podia ser vista dos dois lados de uma só vez [...]. "A principal vantagem da bandeja", continuou [Frazier], "é a enorme economia de trabalho. Você verá o que quero dizer quando visitarmos a pia de louça. Restaurantes comerciais dariam tudo para seguir nosso exemplo, mas isso requer um nível de engenharia cultural que está fora do alcance deles".[26]

Este é um tema que deve ter chamado a atenção de Skinner, percebe-se, em filas de almoço e no tempo livre, quando prestava atenção no pessoal de apoio da cozinha, gerando o que, de acordo com Barthes, poderíamos chamar de "*punctum* narcísico". Skinner, de fato, devia ter muito orgulho da inventividade, da capacidade

---

[26] B. F. Skinner, *Walden Two* (Nova York, 1948), p. 48-49. Para evitar a acusação de arbitrariedade, vou também apresentar o exemplo do pai fundador da FC. Devo a Dan Smith (em um livro futuro sobre a cultura material na literatura) esse estranho caso das cadeiras de H. G. Wells, que, algo gratuitamente, mobiliavam o apartamento do protagonista do primeiro romance de FC moderno, *A máquina do tempo* (1895): "Nossas cadeiras", conta-nos o narrador, "sendo suas patentes, nos abraçavam e acariciavam, em vez de se submeterem a serem sentadas". Smith lê esse detalhe, plausivelmente, como um juízo sobre William Morris e sua Utopia nostálgica: Morris não apenas patenteou sua própria poltrona, mas supostamente também está presente, de forma fictícia, no pequeno grupo de amigos a quem o Viajante do Tempo relata suas aventuras. Aqui, o exercício de *Fancy* de Wells é, portanto, parte de toda uma produção secundária da modernidade como uma Utopia material, apesar do destino infeliz da humanidade nesse primeiro texto romântico científico e apesar de seus sentimentos ambivalentes em relação à Utopia.

intelectual e da liberdade em relação a restrições tradicionais que o permitiram cozinhar essa solução particular, que ele pensou ser boa o suficiente para inseri-la no próprio texto Utópico, menos como um exemplo de programação (a "engenharia cultural" em questão) e mais como um exemplo de seu prazer com sua própria engenhosidade. Foi o próprio Thomas More quem observou que, "Afinal, é um instinto natural ser seduzido por suas próprias produções. É por isso que filhotes de corvo trazem tanta alegria para seus pais e as mães macacas acham seus bebês especialmente bonitos".[27]

Tampouco se pode dizer que Skinner tenha ignorado as previsíveis reações de seu público, que, aqui, seguindo o exemplo da repulsão dos leitores de Freud com as satisfações de anseios pessoais abertas e óbvias, pode sentir certa irritação com essa intrusão autoindulgente do orgulho de Skinner-Frazier em assuntos mais sérios. De fato, ele inscreve isso no texto, atribuindo essa reação a outro personagem – Castle –, contra quem ele é então nomeado para debater o assunto mais a fundo e para afirmar a pertinência Utópica desses detalhes.

Tampouco são necessariamente falaciosos seus argumentos: "Por meio de certos princípios comportamentais que não entendo completamente", conta o narrador, "parecia que a ingestão de comida tinha alguma coisa a ver com o desenvolvimento de preferências ou tolerâncias estéticas".[28] Mas, acima e para além do meramente estético, é certo que a questão da cozinha e da sala de jantar é uma característica central do texto Utópico, de More a Bellamy e até os dias de hoje. Isso vale para questões de gênero [*gender*], para a "questão da mulher" e a da igualdade dos sexos na Utopia; a cozinha comunal com refeitório é alegórica dessa igualdade Utópica, ao mesmo tempo que instrumental para sua realização – uma questão de ciência Utópica, em vez de uma questão de ideologia Utópica, pode-se pensar, embora a bandeja de Skinner mostre quão fácil é

---

[27] Trapaceei ao usar a tradução de Paul Turner, p. 42 (ver nota 1 do Capítulo 3, anteriormente); compare com *Works*, IV, p. 57.

[28] Skinner, *Walden Two*, p. 46.

escorregar da primeira à segunda, da qual ela, sem dúvida, permanece um exemplo incontornável, embora, em algum outro nível, possa constituir símbolo ou sintoma vão e lamentável do próprio gênero [*gender*].

Entretanto, talvez seja impossível escrever o texto Utópico, em primeiro lugar, sem a infusão desses impulsos ideológicos ou de satisfação de anseios. Assim, uma Utopia contemporânea de muito maior qualidade e relevância que a de Skinner – a *Ecotopia,* de Ernest Callenbach (de 1968, exatamente vinte anos depois da de Skinner) – também incorpora episódios e detalhes que surpreendem e alienam o leitor mais do que ampliam uma imaginação verdadeiramente política e Utópica.

Talvez não seja necessário insistir na escapada sexual do narrador no hospital, que é pouco provável que se prove um "procedimento operacional padrão", mas é interessante que essas ideias brilhantes e engenhosas de satisfação de anseios se revelem, na sua maioria, de origem sexual. Esse também é o caso, mas em um nível antropológico e filosófico mais elevado, daquela invenção de Callenbach que sempre pareceu colocar enormes problemas mesmo para os leitores mais simpáticos a ele, a saber, a instituição totalmente masculina dos Jogos de Guerra, na qual os homens periodicamente regressam às armas mais primitivas – tacos, arcos e flechas – e se aliviam agredindo uns aos outros fisicamente em dois grupos opostos, às vezes com vítimas reais. A premissa de uma agressividade essencial e inata dos machos das espécies é aqui pressuposta e, depois, engenhosamente desenvolvida. O combate ritual não tem conteúdo, não tem propósito político, diferentemente da política externa Utópica de More – que, em todo caso, reúne mercenários. É bastante claro que o que se pretende aqui é tratar da questão – também central em Ursula Le Guin, como, por exemplo, em *Always Coming Home* (1985) – da relação entre a sociedade Utópica e os instintos ou impulsos agressivos (se estes podem ser pressupostos como existentes, para começo de conversa), e pode-se esperar que esse tema particular repercuta em outros temas antiUtópicos, como o tédio da paz Utópica ou a questão do policiamento da violência física antissocial. Mas a solução, na verdade, acaba produzindo o problema que deveria resolver e considera certo impulso humano agressivo eterno como um dado. As mulheres governam politicamente essa sociedade, mas não está claro para mim por que elas não se sentiriam excluídas de uma instituição que, de todo modo, substitui os esportes coletivos bem conhecidos de ambas as tradições comunistas e fascistas.

Contudo, se os esportes de contato e a agressividade reproduzem o lado masculino do dualismo estereotipado de gênero [*gender*], o comentário de Skinner sobre as "preferências estéticas" vale para o polo feminino e nos recorda de que, para o macho americano, de fato, a estética – a "ciência do belo" – é, como a própria cozinha, convencionalmente atribuída ao domínio da mulher. Mesmo o episódio da Sra. Colson,[29] ostensivamente pensado para mostrar quão insignificante é o *status* de Frazier dentro de sua própria Utopia (ela nem mesmo sabe quem ele é), na realidade garante a persistência da "dona de casa" tradicional nessa receita altamente reflexiva de transformação social radical. Bellamy e Morris são ainda mais suspeitos quanto a isso, e os pintinhos e bebês macacos de More também revelam involuntariamente uma preocupação inconsciente com a "reprodução social" e uma atribuição de gênero [*gender*] na *Fancy* Utópica.

Mais tarde, terei a oportunidade de sugerir que o que é reprimido talvez não seja tanto o problema da desigualdade de gênero [*gender*], mas a questão da instituição da família, ela mesma; entretanto, neste ponto, esses temas estão inextricavelmente identificados uns com os outros, e não parece inoportuno interpretar pelo menos algumas dessas *Fancies* Utópicas gratuitas como marcadores e sintomas de uma repressão mais fundamental e dos limites da imaginação Utópica diante de tabus que impedem qualquer redefinição total da ordem social. Deve-se considerar esses tabus como o efeito nefasto e a influência, a contraforça, de algum impulso antiUtópico que, como a antimatéria ou a energia negativa, teria origem na própria

---

[29] *Ibidem*, p. 218-221.

ativação da imaginação Utópica? Reluto em reconhecer o preconceito antiUtópico como uma força positiva, algo que ressuscitaria o maniqueísmo e o conceito de mal como uma realidade em si. De fato, em um capítulo adiante, quero defender que o medo da Utopia toma formas privativas, que têm seus próprios sentidos e determinações ideológicas. Que, no entanto, haja algo como um princípio de realidade em ação dentro da satisfação de anseios é algo que irei mostrar no Capítulo 6.

Ainda assim, devemos reconhecer que o florescimento de *Fancies* Utópicas nessa paisagem, como porções de gases subterrâneos escapando dos múltiplos poros e punções espalhados de um lado a outro da charneca Utópica, deve ser analisado como tantas outras emanações desse elemento algo diferente que é o próprio impulso Utópico, do qual temos afirmado, desde o começo, que deve ser diferenciado da arquitetura primeva da Imaginação Utópica ou da "ciência" Utópica.[30] Nesses pequenos cantos e nichos, de fato, podemos observar o trabalho de uma energia – chame-a de perspicácia, invenção, decoração ou ornamento – não menor do que aquele poder imponente de formação do enredo que Aristóteles colocou no centro daquilo que, ao fim e ao cabo, estava limitado ao teatro como uma forma e um meio. Aqui também encontramos satisfações Utópicas que merecem tanta admiração estética quanto os "detalhes" do vestido de Madame Swann, que Marcel descobre com espanto durante seus passeios com ela por Bois de Boulogne:

> E eu compreendia que era por si mesma que ela obedecia àqueles cânones conforme os quais se vestia, como a uma sabedoria superior da qual fosse a grã-sacerdotisa; pois se lhe ocorria, devido ao calor, entreabrir ou até mesmo tirar a sua jaqueta, dando-a a mim para que a carregasse, e que ela achara poder conservar abotoada, eu descobria na blusinha mil detalhes de execução que poderiam muito bem ter ficado despercebidos como as partes de orquestra a que os compositores deram o maior cuidado, embora jamais

---

[30] Devo a Jonathan Flatley essa observação.

devam chegar aos ouvidos do público; ou nas mangas da jaqueta dobrada no meu braço eu via, observava longamente, por prazer ou amabilidade, um pormenor refinado, uma faixa de delicioso matiz, uma cetineta cor de malva normalmente oculta aos olhos de todos, mas tão delicadamente trabalhadas que as partes externas, como essas esculturas góticas de uma catedral, dissimuladas no reverso de uma balaustrada, a oitenta pés de altura, tão perfeitas como os baixos-relevos do grande pórtico, mas que ninguém nunca vira antes, que, ao acaso de uma viagem, um artista, para dominar toda a cidade, tivesse permissão para ir passear em pleno céu, entre as duas torres.[31]

Tão grotesca quanto as gárgulas é, sem dúvida, a versão Utópica desses detalhes: e o gênero [gender], como o inconsciente freudiano, se expressa por meio deles como um tipo de máscara distorcida que é o disfarce e a proteção da Utopia. O constrangimento privado que esconde o desespero público, a vergonha que, uma vez mais, marca o lugar do desejo do outro – apenas em Fourier nos deparamos com uma alegre trama de uma miríade de erotismos públicos, tão descarada quanto um grupo de cupidos cujos aglomerados desenham o formato geral do próprio Falanstério.

Sem dúvida, como com qualquer dualismo – belo e sublime, enredo e personagem, centro e margem, sujeito e outro, studium e punctum, sobredeterminação e satisfação de anseios, estratégia e tática, metáfora e metonímia, sol e lua, bem e mal –, o par inter-relacionado Imaginação e Fancy é incorrigivelmente suscetível à reinterpretação em termos de gênero [gender] (do mesmo modo como o último pode ser reinterpretado em termos de poder – ou, de fato, em termos de qualquer um dos outros dualismos que competem para ser uma ilusória "determinação em última instância").

---

[31] Marcel Proust, *Remembrance of Things Past*, tradução de C. K. Scott-Montcrieff (Londres, 1982 [1913]), Volume I, p. 686-687 (Referência francesa, Pléiade v. I, p. 626-627 [Paris, 1987]). (Marcel Proust, *Em busca do tempo perdido*, v. 1, tradução de Fernando Py, Rio de Janeiros: Nova Fronteira, 2016, p. 512-513 [N.T.].)

O mais significativo é que o termo subordinado parece sempre estar mais claramente definido que o termo dominante – foi sempre mais fácil propor uma leitura da *Fancy* de Coleridge do que dizer o que ele entendia por Imaginação –, mas também que, como com todos os dualismos, os termos trocam de lugar sem cessar, em uma alternância em que o teor se torna veículo e em que o que contava como Imaginação e forma abrangente de repente se torna um jogo de perspicácia e artifício engenhoso, enquanto o princípio decorativo anterior assume inesperadamente uma função arquitetônica. Já observamos o modo como a bandeja de Skinner marca o lugar do gênero [*gender*] e da transformação Utópica da cozinha e do refeitório, do trabalho das mulheres e mesmo da estética – todas características que se tornarão princípios centrais de organização nas Utopias feministas que sucedem *Walden Two* na próxima geração. (Por sua vez, com um pouco de engenhosidade, a própria transparência da bandeja pode vir a figurar um acesso à totalidade social, o mapeamento cognitivo da produção, aquele desvelamento das relações sociais e estruturais que foi uma das vítimas fundamentais do trabalho taylorista e da autoridade centralizada do capitalismo fordista.) Os jogos de guerra de Callenbach também podem facilmente figurar como rituais coletivos pelos quais a sociedade se reafirma e substitui a imediaticidade do conflito individual pelo conflito mediado e institucionalizado.

No entanto, pode estar em jogo aqui uma transformação mais fundamental do que a mera reorganização cíclica dos tropos: um deslocamento estrutural na solução Utópica de problemas determinado pela emergência do capitalismo industrial, que apaga toda lembrança, salvo a do tipo nostálgico, daquela existência pastoral ou aldeã mais simples, da qual as Utopias anteriores extraíam sua descrição da vida diária Utópica e na qual a *Fancy* encontrava seu material fundamental e seu campo de operação. A tarefa da *Fancy*, agora, se tornará lentamente uma tarefa extraordinariamente complexa, enquanto a operação da Imaginação será dramaticamente simplificada, uma vez que um sistema ou modo de produção único suplantou todos os outros, deixando a Utopia com o programa relativamente inequívoco de aboli-lo. Em More, ou mesmo em Platão, isso poderia ser alcançado simplesmente banindo o dinheiro, uma solução que hoje traz mais problemas que soluções.

Mas quando o processo comercial e industrial é reconhecido como um sistema em si – um reconhecimento crescente, cuja maturação vai de Adam Smith a Marx –, nesse momento, a estrutura geral do capitalismo tomou o lugar das grandes construções que a Imaginação poderia reivindicar, enquanto sua grande alternativa – o socialismo – também emigrou do mundo da fantasia Utópica para o da política prática. Assim, em ambos os casos, os enquadramentos capitalista e socialista são pressupostos pela Imaginação Utópica; e o centro de gravidade da construção Utópica passa à *Fancy*, que começa a elaborar, sem descanso, esquemas pelos quais o capitalismo é melhorado ou neutralizado, ou o socialismo é, em pensamento, construído. Nesse momento, o tema dominante do dinheiro se prolifera em uma multiplicidade de esquemas de dinheiro de brincadeira e propostas malucas de moeda, que se tornam os mecanismos determinantes dessa ou daquela nova fantasia Utópica – as formas políticas de organização coletiva assumindo praticamente as mesmas funções nas Utopias socialistas. Mas fica bastante claro que, nesse ponto, o próprio espírito da invenção Utópica foi modificado, tendo suas dificuldades aumentadas do ponto de vista da *Fancy*, enquanto as funções da Imaginação lentamente se atrofiam por falta de uso; é esse processo que chamamos de declínio do impulso Utópico, o enfraquecimento do desejo Utópico que esgota nossas opções políticas e tende a deixar todos nós na posição desamparada de cúmplices passivos e inquietos impotentes.

Onde a Imaginação Utópica de fato floresce, ela o faz no antigo espaço da *Fancy* Utópica, a saber, na tentativa de imaginar uma vida cotidiana totalmente diferente desta, sem competição ou Assistência, sem trabalho alienado ou inveja e ciúmes dos outros e de seus privilégios. É uma tentativa que depois escorrega facilmente para a metafísica, como a calma do retorno heideggeriano ao Ser. A *Fancy*, entretanto, quebrando a cabeça por novos esquemas sistêmicos, como o querubim que rabisca algo em *Melancolia*, de Dürer –

as duas figuras centrais da Melancolia e de seu pequeno companheiro podem, de fato, representar figuras alegóricas da Imaginação e da *Fancy* –, produz invenções engenhosas, embora social-democratas, como a Taxa Tobin, ou propostas sistêmicas extraordinárias, como a sociedade lotérica de Barbara Goodwin,[32] embora, de algum modo, não consiga se elevar à altura das visões empolgantes dos textos Utópicos mais antigos. Entretanto, a oposição entre ambas, bem como sua cooperação formal em tensão e complementariedade, permanece uma realidade política mesmo nos dias de hoje, e irei sugerir em um capítulo adiante que elas correspondem ao antagonismo entre as ideologias rivais de esquerda do marxismo e do anarquismo – a Imaginação totalizante do primeiro entendida como a defesa da organização, do Estado e do partido, enquanto o comprometimento dos anarquistas com as liberdades do cotidiano e com uma vida além da centralização, do poder e da dependência necessariamente se vale das melhores tradições da *Fancy* Utópica, incluindo os extraordinários "detalhes" libidinais de Fourier.

Essa estrutura variável de satisfação de anseios, no entanto, tende a nos desviar do conteúdo do anseio propriamente utópico, bem como da natureza do processo pelo qual os anseios são satisfeitos. Ao mesmo tempo, a ênfase na Utopia como um tipo de fantasia ou produção de satisfação de anseios leva a uma confusão terminológica inesperada, agravada pelo próprio termo *Fancy*. Trata-se da assimilação do gênero Utópico ao que hoje comercialmente se chama de "fantasia", ao lado de sua homóloga, em termos de gênero e de mercado, a Ficção Científica. Devemos, agora, deixar esse mal-entendido de lado para retornar aos problemas diversos, embora não menos significativos, postos pela satisfação de um anseio.

---

[32] Barbara Goodwin, *Justice by Lottery* (Chicago, 2001).

5.
O grande cisma

Se, de fato, a Utopia é um "subconjunto socioeconômico da Ficção Científica",[1] um novo e inesperado conflito terminológico a opõe ao que hoje, em termos de gênero, se identifica como "fantasia", que possui uma linhagem histórica muito mais antiga do que a própria Ficção Científica – tendo esta como data inaugural convencionalizada o ano de 1895, com *A máquina do tempo*, de Wells, quando não 1818, com *Frankenstein*, de Mary Shelley. Legitimamente ou não, as pretensões científicas da FC deram ao gênero Utópico uma gravidade epistemológica que qualquer parentesco com o gênero fantasia acabaria por minar e desmantelar: associações com Platão ou Marx são credenciais mais dignas para o texto Utópico do que viagens fantásticas à lua em Luciano ou Cyrano. Parece, portanto, que precisamos fazer uma pausa para um breve desvio por esse novo debate sobre gêneros, tratando primeiro das diferenças estruturais que devem ser estabelecidas entre a FC e a fantasia, antes de tocar no tema da relevância da última para o Utopianismo e a construção Utópica.

Em anos recentes, é certo, a competição entre a FC e a fantasia – que evoluiu em larga medida em favor da última, especialmente entre leitores mais jovens de inumeráveis séries multivolumes – pareceu assumir o tom daquela oposição amargurada entre a alta cultura e a cultura de massa, crucial para a autodefinição do alto modernismo,

---

[1]   Ver Introdução, nota 8.

mas muito menos significativa em seu avatar pós-moderno. Não apenas as vendas de livros de fantasia superam em muito as da diminuta FC "séria", como também a última tem agora um séquito especializado que dificilmente pode ser comparado ao público cultivado por Tolkien (postumamente) ou Harry Potter (bastante atual). O crescente número de filmes baseados na obra de Philip K. Dick não encorajou de modo especial uma reavaliação dessa figura maior da literatura americana – particularmente porque mesmo a maior dessas adaptações, *Blade Runner*, de Ridley Scott, oferece uma melancolia futurista elegante, em grande dissonância com sua fonte literária, *Androides sonham com ovelhas elétricas?* [1966]. Contudo, mesmo um público de massa não parece justificar comparações entre os atuais *best-sellers* de fantasia e a mania Utópica inspirada por *Daqui a cem anos*, de Bellamy. Quanto a Morris – ao lado de Le Guin, um dos poucos que praticaram tanto a Utopia quanto a fantasia –, seu êxito enquanto Utopia não é realçado pelo seu comprometimento com a fantasia ou com o romance medieval, que daria a *Notícias de lugar nenhum* um reenquadramento idílico ou pastoral.

A fantasia, enquanto um gênero, tem afinidades mais fortes com o conteúdo medieval do que com formas renascentistas; e esse, de fato, será um dos temas a ser explorado no que segue, particularmente à luz das correntes medievais que continuam a dar forma à *Utopia* de More. Mas também gostaria de tratar de duas outras características estruturais da fantasia, que contrastam acentuadamente com a FC e que também podem servir de *differentiae specificae* para esse gênero: a organização da fantasia em torno do binarismo ético do bem e do mal e o papel fundamental que ela atribui à magia.

Retornaremos à magia em um instante. Quanto à ética, no entanto, não parece particularmente necessário, depois de Nietzsche, defender seu caráter regressivo; mas talvez a tese de Nietzsche seja apenas reforçada pela necessidade perpétua de assim fazê-lo.[2] Ele

---

2   Terry Eagleton contesta essa posição (ver *After Theory* [Nova York, 2003], p. 142-143); mas, em vez de entrar em um debate sobre a "natureza humana", preferiria apontar para os resultados desastrosos da política ética, como os

mesmo tentou atingir o coração do cristianismo ao demonstrar a agressividade inerente ao seu imperativo da caridade; não é apenas que ao fazer o bem aos outros se assegure sua gratidão e assim meu poder sobre eles, mas, na visão de longa história de Nietzsche, o amor ao próximo desarma os fortes e inaugura a nova religião dos fracos. Mais recentemente, Sartre analisou a função do binarismo ético como um modo de assegurar a centralidade do *self* e de suas ideologias e de, literalmente, marginalizar o outro, que se torna o lócus do mal. Foucault elaborou essa visão em uma pesquisa sobre as operações de policiamento inerentes à oposição entre o bem e o mal e sobre a institucionalização da norma sobre o anormal e a exceção. Mas talvez os comentários de Freud citados no capítulo anterior sejam suficientes para sublinhar o espírito essencialmente infantil de uma oposição entre heróis e vilões, que reafirma a perspectiva narcisista do *self* sobre outras pessoas e outras realidades.

O material medieval, bem como a nostalgia cristã, ou mesmo anglicana – particularmente acentuada em Tolkien e em seus companheiros de viagem tanto quanto na série Harry Potter – precisa ser radicalmente diferenciado do historicismo em operação na tradição da FC. Este tem um enquadramento formal determinado por conceitos relativos ao modo de produção, não à religião: não se pode dizer que uma obra tão notável quanto *Pavane* (1968), de Keith Roberts, na qual o triunfo da Armada espanhola garante uma dominação essencialmente católica-medieval sobre a Inglaterra até os tempos cronologicamente modernos, expresse qualquer nostalgia por essa história alternativa. O mesmo vale para sua cognata *É difícil ser um deus* (1964), dos irmãos Strugátski – e, de fato, a maioria dessas "histórias alternativas", do vapor punk de livros como *A máquina diferencial* (1990), de Gibson e Sterling, até a trilogia *Helliconia* (1982), de Aldiss, *Crucible of Time* (1983), de Brunner, ou *Years of*

---

da Segunda Internacional – ou mesmo os da Nova Esquerda americana dos anos 1960. Ver, ainda, sobre a ética, as posições de Fourier (Parte Dois, Ensaio 1, adiante).

Rice and Salt (2002), de Kim Stanley Robinson, ainda deve lealdade a valores do esclarecimento).[3]

Não obstante, o que eu caracterizaria como uma estética do modo de produção compartilha com o historicismo da fantasia um sentido quase visceral para as deficiências químicas do próprio presente, para as quais ambos oferecem compensações imaginárias, embora de tipos muito diferentes. Os diversos historicismos da FC – impérios romanos galácticos, fantasmagorias orientalistas, mundos samurais, fundações corporativo-medievais – estão em um mesmo nível que as imagens desse ou daquele futuro fantástico; e, sejam quais forem seus detalhes mais fantásticos, como os vermes produtores de especiarias de *Duna* (1965), de Frank Herbert, eles reforçam componentes de uma situação essencialmente histórica, em vez de servirem como veículos para fantasias de poder. A notável reconstrução ecológica de Herbert, de fato, oferece um contraste textual bastante revelador em relação aos mundos de fantasia do tipo "espada e feitiçaria". Mesmo a figura lendária do salvador-redentor, comum a grande parte da FC

---

[3] A obra dos irmãos Strugátski, os maiores escritores da tradição soviética de FC recente, será aqui examinada no Capítulo 6. *É difícil ser um deus* ensina uma lição histórica sobre a não intervenção de uma perspectiva marxista, em que a tentativa altruísta de intervir na evolução dos modos de produção e de humanizar um sistema feudal de grande brutalidade catapulta este, para além do capitalismo, direto ao fascismo. William Gibson (1948-) e Bruce Sterling (1954-) são geralmente reconhecidos como os fundadores do assim chamado *cyberpunk*; ver Parte Dois, Ensaio 11, adiante. Brian Aldiss (1925-) é uma das figuras mais consideradas da tradição de FC britânica (seu primeiro romance, *Starship* [1958], será discutido na Parte Dois, Ensaio 2, adiante); a trilogia *Helliconia* põe em cena uma história imensamente ambiciosa sobre outro planeta e a evolução de sua civilização ao longo de um Grande Ano que dura mais de dois mil anos. Ele é também o autor de uma importante história da FC (*The Billion Year Spree*, Nova York, 1973; reescrito em 1986 como *The Trillion Year Spree*). O romancista britânico John Brunner (1934-1995) deixou um corpo extenso e variado de obras de FC, incluindo uma tetralogia de romances distópicos enormes e influentes: *Stand on Zanzibar* (1968), *The Jagged Edge* (1969), *The Sheep Look Up* (1972) e *The Shockwave Rider* (1975). Sobre o romance de Robinson, ver Capítulo 1, nota 11, anteriormente.

dos anos 1960, como *Stranger in a Strange Land* (1961),[4] de Heinlein, se apresenta como um sintoma dessa era histórica e é expressão de um sentimento de mudança quase Utópica iminente, em vez de uma figura vinda do estoque estereotipado de personagens de fantasia, onde, como com a separação indo-europeia de funções estudada por Georges Dumézil, o herói-guerreiro tende a ser radicalmente desassociado do sacerdote-mago – algo que examinaremos logo mais. A FC pós-moderna, por sua vez, e, em particular, a *cyberpunk* de Bruce Sterling, apresenta um apetite aparentemente insaciável por visões historicistas de outros modos de produção, um fenômeno sem dúvida relacionado àquele gênero pós-moderno que em outro lugar chamei de cinema de nostalgia.[5] Entretanto, essa FC busca avidamente por elementos empreendedores do passado e do futuro e, sendo ela neoconservadora ou não, não é, decerto, tecnicamente reacionária como a fantasia.

Esta de fato exala uma atmosfera mais pura e mais convencionalmente medieval e sonha essa visão não histórica de acordo com certas linhas nitidamente estabelecidas da religião à vida da vila, das superstições e lendas às grandes lutas entre a nobreza e o campesinato. Seria mais apropriado identificar esses estratos como castas em vez de classes (no sentido industrial-capitalista moderno), na medida em que eles se caracterizam por um sentido de diferença física e mental análogo (mas não idêntico) aos racialismos modernos. De fato, uma das características sinalizadoras que diferencia a casta das modernas noções de raça e classe reside na cultura distinta atribuída a cada uma dessas populações estruturais do feudalismo.

---

[4] Quando perguntado sobre quem foi o maior poeta francês, André Gide celebremente respondeu: "Victor Hugo, infelizmente"; uma resposta à questão sobre o maior escritor americano de FC teria por resposta, de um modo bastante parecido, Robert A. Heinlein (1907-1988). Ver, no entanto, o excelente *Robert A. Heinlein: America as Science Fiction* (Nova York, 1980), de H. Bruce Franklin; ver, ainda, sobre Heinlein, a Parte Dois, Ensaios 2 e 7, adiante.

[5] Ver, por exemplo, meu *Postmodernism, or, the Cultural Logic of Late Capitalism* (Londres/Durham, NC, 1991), p. 287 e 369.

Que a casta hegemônica devesse gerar sua própria estética é dificilmente surpreendente, embora a soberba orientada para a morte da aristocracia medieval, com seu culto samurai à honra e à masculinidade, é obviamente muito diferente do espírito da posterior cultura burguesa dominante. Mas é na cultura do campesinato que encontramos as características mais originais da vida medieval, particularmente quando comparada à exaustão e às vidas alienadas dos trabalhadores fabris modernos, a quem o socialismo (e, mais tarde, a cultura de massas) deve, primeiro, levar a cultura a partir de fora. A cultura camponesa, no entanto, constitui uma negação e um repúdio fundamentais de seus senhores aristocratas, com sua dissimulação e "covardia" brechtianas, seu mutismo e apego aos ritmos taoístas da natureza, sua homenagem secreta à figura primordial do vigarista.[6] A oposição estética entre essas duas castas de fato atravessa a própria religião, onde a riqueza da igreja e de seus príncipes e os rituais suntuosos, seu deus torturado e sua obsessão com o pecado e com o julgamento encontram-se em nítido contraste com a sobrevivência dos antigos cultos da natureza entre os camponeses, ao lado da feliz pobreza da ordem franciscana e da folia plebeia dos festivais e das grandes peregrinações. Cada uma dessas culturas projeta, pois, suas próprias formas e gêneros singulares, e a *chanson de geste* expressa o *ethos* dos barões feudais de modo tão dramático quanto os contos de fadas expressam as esperanças e crenças dos camponeses. A cultura material medieval oferece, assim, uma mistura dessas vozes e práticas estéticas: a onipresença da oposição binária entre o bem e o mal e o sentimento de alteridade radical, já determinantes nas primeiras cruzadas e no ódio contra o islã, coexistindo com o cristianismo plebeu das vilas e com seu igualitarismo.

Na fantasia moderna, no entanto, esses estilos culturais incompatíveis são combinados de um modo inesperado: assim, em Tolkien, recorre-se a uma nostalgia do vilarejo, a fim de autorizar uma visão sinistra, mais propriamente aristocrática, da batalha épica entre o Bem

---

[6]   Ver meu *Brecht and Method* (Londres, 1998), p. 136-140.

e o Mal, bastante inconsistente com a estética do conto de fadas camponês. As ideologias religiosas antagônicas da Idade Média são aqui, por sua vez, harmoniosamente combinadas em um espiritualismo contemporâneo antiesclarecimento que reverbera por todo o espectro dos insatisfeitos com a modernidade, dos fundamentalistas americanos que simplesmente não estão nem aí até os reacionários anglicanos com seu ar de superioridade. Vale a pena também mencionar a natureza a-histórica dessas preocupações éticas, na medida em que parece ser a falta de qualquer sentido de história o que mais nitidamente diferencia a fantasia da Ficção Científica – o que também deve ser levado em conta em qualquer comparação sistemática com a forma Utópica. Ainda assim, um deslocamento da política à ética e uma perspectiva essencialmente não histórica da vida social não são decerto suficientes para distinguir a lógica interna da fantasia moderna, como um gênero ou um modo, de outras formas literárias contemporâneas – incluindo ainda as da alta literatura ou da alta cultura. Tampouco o peculiar enquadramento religioso seria em si formalmente distintivo, a não ser que ampliemos nossa concepção de ideologia religiosa a fim de incluir o que a religião oficial sempre denunciou e rejeitou: a prática da magia, cujo sentido figural precisamos agora abordar.

Quanto à própria religião medieval, entretanto, é importante compreender as fontes conceituais singulares de sua teologia, que residem não tanto em certa devoção particular, mas, antes, em sua estrutura enquanto uma forma notavelmente sofisticada daquilo que Lévi-Strauss chamou de *pensée sauvage* – em suas formas primitivas, um tipo de conhecimento puramente perceptivo desenvolvido na ausência de conceitos e conceitualidades abstratos ou propriamente filosóficos. A teologia medieval, como o pensamento tribal, é figural em vez de conceitual; mas, diferentemente do mito, é um sistema de pensamento extraordinariamente elaborado e articulado, desenvolvido após a emergência da filosofia clássica e com plena consciência das sutilezas conceituais e linguísticas da última, bem como da riqueza de suas problemáticas. A teologia constitui, pois, um repositório de figuração e de especulação figural, cuja dinâmica foi recuperada apenas na era moderna, com a psicanálise e a *Ideologiekritik*. Mas é importante não confundir essa notável experiência linguística com a religião enquanto tal, e seria melhor se concentrar em seus mecanismos fundamentais, em vez de em conteúdos supostamente subjetivos, como a fé ou a crença.

Esses mecanismos podem ser resumidos pela palavra *alegoria*, que, por mais enigmática que seja, apresenta sempre o desafio central de qualquer tentativa de ir ao coração do medieval. Mas a alegoria já está implícita na própria concepção de *pensée sauvage*, que, mesmo no pensamento dos indígenas de Lévi-Strauss, já postulava a prestidigitação intelectual de elementos individuais para ascender à sua ideia genérica ou universal, tornando-se classes de si mesmos. A alegoria coloca em primeiro plano esse estranho processo, por meio de uma autorreferencialidade ou autodesignação singular, na qual uma linguagem de um texto necessariamente exterioriza seu conteúdo e usa a si mesma para articular o inexpressível. Deixemos que o acompanhamento musical de Adrian Leverkühn a *Paradiso* ilustre esse complexo processo de um modo sucinto e visual:

> Um deles cativou-me sobremaneira e foi também aprovado por Kretzschmar. Refiro-me àquele no qual o poeta, à luz da estrela Vênus, observa como as luzes menores – os espíritos dos beatos – percorrem suas órbitas, algumas mais depressa, outras mais devagar, conforme a índole de sua contemplação de Deus, e compara esse fenômeno com as faíscas perceptíveis na chama e as *vozes* que se distinguem no canto "quando uma se entrelaça com outra". A reprodução das faíscas no fogo e das vozes entretecidas deixava-me estupefato e encantado.[7]

> *E come in fiamma favilla si vede,*
> *e come in voce voce si discerne,*
> *quand' una è ferma e altra va e riede,*

---

[7] Thomas Mann, *Dr. Faustus* (Nova York, 1948 [1947]), p. 162. (Thomas Mann, *Doutor Fausto: a vida do compositor alemão Adrian Leverkühn narrada por um amigo*, tradução de Herbert Caro, Rio de Janeiro: Nova Fronteira, 2011, p. 148 [N.T.].)

vid' io in essa luce alter lucerne
muoversi in giro più e men correnti,
al modo, credo, di lor viste interne.

Di fredda nube non disceser venti,
o visibili o no, tanto festini,
che non paressero impediti e lenti

a chi avesse quei lumi divini
veduti a noi venir, lasciando il giro
pria cominciato in li alti Serafini;

e dentro a quei che più innanzi appariro
sonava "Osanna" sì, che unque poi
di rïudir non fui sanza disiro.

Paradiso, VIII

E, qual faísca no fogo, ou também
n'alguma voz, outra voz que se alterna,
quando uma resta, e outra vai e vem,

tal nessa luz vi mais de uma luzerna
rodear, em variado movimento,
conforme, creio, a sua visão interna.

Do mais alto das nuvens frias, um vento
veloz e intenso não desceu jamais
que não se afigurasse fraco e lento

a quem presenciou esses divinais
lumes chegar a nós, sustando a dança
iniciada nos giros celestiais.

Deles sentia a bem-aventurança,
cantando "Hosana", tanto que não vou
deixar de sempre ouvi-la na lembrança.[8]

---

[8] Dante Alighieri, *Paradiso* (Princeton, 1975: Singleton translation), Canto VIII, versos 16-30, p. 82-85. (Dante Alighieri, *A divina comédia: Paraíso*, tradução de Ítalo Eugenio Mauro, São Paulo: Editora 34, 1999, p. 58 [N.T.].)

Já aqui, projeta-se um tipo de corpo Utópico, conforme os sentidos trocam de lugar, as luzes fazem as vezes de sons e vice-versa – este é precisamente o elemento da alegoria, onde o *pensée sauvage*, despojado de abstrações, deve usar cada percepção singular para expressar a outra e depois se apropriar da outra para retornar a si mesmo, a fim de afirmar sua existência como representação. É assim que a música de Adrian não precisa acrescentar uma terceira dimensão ao esquema alegórico de Dante, mas apenas se inserir na infinita troca do teor ao veículo.

E, embora eu tenha minimizado o conteúdo teológico dessa forma, pode-se certamente defender que é a não representabilidade suprema da divindade que dá ao texto místico sua vocação fundamental e motiva a alegoria como uma estrutura extrema de linguagem.

É precisamente essa dimensão alegórica que falta à fantasia moderna, cujo Imaginário medieval parece primariamente organizado em torno da onipresença da magia, utilizada por grandes magos na busca por poder, em sua reencenação daquela luta cósmica entre o Bem e o Mal que, como vimos, expressa as ideologias aristocráticas da estética medieval. A magia é, de fato, o componente mais problemático do gênero "espada e feitiçaria", uma vez que a luta armada é facilmente entendida como uma regressão à era pré-tecnológica e uma tentativa de recriar a imediaticidade do conflito cara a cara entre indivíduos.

A magia reaviva todos os problemas não resolvidos relativos ao gênero e inerentes à distinção entre a fantasia e a FC – em particular, o de determinar por que algumas das tecnologias fantásticas de FC, como o teletransporte ou a viagem no tempo, os computadores super-humanos, a telepatia ou as formas de vida alienígena deveriam ser consideradas diferentemente de magos ou dragões. A influente concepção de Darko Suvin da FC como um "estranhamento cognitivo",[9] que enfatiza o comprometimento do texto de FC com a razão

---

[9] Darko Suvin, *Metamorphoses of Science Fiction* (New Haven, 1979), Capítulo 1. Não deveríamos evocar a autoridade de Suvin aqui sem mencionar seus

científica, parece dar continuidade à longa tradição de ênfase crítica na verossimilhança, que começa com Aristóteles – quem explicou, como se sabe, que a história apenas descreve o que ocorreu, enquanto a "poesia" (em sentido lato) descreveria os acontecimentos prováveis ou críveis.[10] O papel da cognição na FC seria, assim, inicialmente, o de empregar as certezas e especulações de uma época racional e científica secular; o uso inovador que Suvin faz desse conceito pressupõe que o conhecimento – o Intelecto Geral de Marx[11] – incluiria hoje o social e que, portanto, a recepção da FC em última instância incluiria o Utópico.

Talvez seja em fenômenos-limite que a distinção encontre seu teste crucial: Júlio Verne parece olhar para trás e resumir toda aquela tradição de maquinaria fantástica que passa por Cyrano remontando a Luciano. Na fantasia, por sua vez, o dragão pode ser visto como o equivalente da nave espacial ou do teletransporte na FC. Mas, como um ser vivo, o dragão é também capaz de encarnar a pura alteridade, de modo que suas capacidades simbólicas excedem em muito as da maquinaria inanimada. De fato, em Delany e Anne McCaffrey, o êxtase de dragões voando traz intensidades que estão no limite do humano; em Le Guin, a sabedoria e o conhecimento sobrenatural do dragão e sua relação simbiótica com os humanos o transformam igualmente em meio para transcender as possibilidades humanas ordinárias.[12] Na Ficção Científica, no entanto, a

---

juízos negativos sobre a fantasia: ver "Considering the Sense of 'Fantasy' or 'Fantastic Fiction'", *Extrapolation* 44.3 (2000), p. 209-247.

[10] Aristóteles, *Poetics*, 1451.

[11] Ver Capítulo 2, nota 19, anteriormente.

[12] Samuel R. Delany (1942-), um dos maiores autores de uma fantasia muito sofisticada (além de romances de FC), com sua série *Neveryon*, e um considerável teórico da FC de um ponto de vista linguístico ou "estruturalista", é uma figura central daquilo que chamo de novo estágio "estético" ou perceptivo da FC (ver Capítulo 7, adiante). Anne McCaffrey (1926-) é mais conhecida pela muito exitosa série de dragões de *Pern*, que geralmente é considerada uma fantasia, em vez de FC. E sobre dragões, de uma forma mais geral, ver Susan Willis, "Le Guin's Dragons: Gender and Utopian Transformation"

relação com a nave espacial enquanto inteligência artificial, como conhecidamente em *2001*, ou com outros tipos de biotecnologia, como a casa inteligente,[13] é um desenvolvimento relativamente lateral que se torna central ao gênero apenas com a temática dos robôs (Asimov), dos androides (Philip K. Dick) e, mais tarde, dos ciborgues (Donna Haraway). Mas essas são máquinas que já se tornaram Outras e foram promovidas a algo como uma espécie nova e distinta, alternativa, da humana.

Não obstante, a fantasia permanece, em termos de gênero, ligada à natureza e ao organismo; e nesse apagamento das fronteiras nas ideias atuais do pós-humano, o cabo de guerra entre o organismo e a máquina tende crescentemente para a preponderância da última, na engenharia genética e na promoção da biologia, em vez da física, à ciência prototípica. A reincorporação do material orgânico ao imaginário do ciborgue ou dos computadores inteligentes, no entanto, tende a transformar o orgânico em máquina muito mais do que tornar orgânica a maquinaria. Logo, a tecnologia pós-moderna ou cibernética se torna ainda mais "não natural" do que o antigo tipo de indústria pesada. Esse é o contexto histórico no qual a fantasia e sua dinâmica ética e poderes mágicos podem hoje ser vistos como uma compensação em relação ao viés tecnológico que insiste em uma Ficção Científica que, embora já não mais mecânica no espírito de sua "Idade de Ouro", não obstante continua marcada pela onipresença do ambiente construído e, de fato, pela virtual abolição de uma natureza tão estranhamente associada, na fantasia moderna, à religião.

A natureza parece, pois, funcionar aqui primariamente como o signo de uma regressão imaginária ao passado e às antigas formas

---

(aula no Summer Institute of Theory, University of Southern Maine, agosto de 2002).

[13] Ver China Miéville, "The Conspiracy of Architecture" em *Historical Materialism*, N. 2, verão de 1998; e ver também a interessante edição especial da mesma revista sobre "fantasia radical" (Volume X, número 4 [2004]), na qual uma primeira versão do presente capítulo foi publicada.

pré-racionais de pensamento. Entretanto, provavelmente não queremos ser pegos naquela "dialética do esclarecimento" que Hegel já denunciou como um círculo vicioso em *A fenomenologia do espírito*[14], onde a racionalidade esclarecida e o irracionalismo religioso se confrontam como modos de pensamento mutuamente exclusivos, um dos quais seria historicamente chamado a desaparecer. A denúncia da religião (ou da fantasia medieval) como pura mistificação e obscurantismo a ser eliminada, tem por consequência dialética os limites do radicalismo esclarecido e suas afinidades superficiais com o racionalismo e o liberalismo. Hegel, cuja simpatia pela Revolução Francesa era já profunda e considerável, também foi capaz de propor uma "solução" pós-esclarecimento, historicamente original, para o problema da religião e do assim chamado irracionalismo. O erro da Revolução, argumenta ele, foi o de ter insistido na eliminação de sua antítese cultural; e o resultado dessa insistência foi o Terror. A dialética de Hegel, por sua vez, sugere (trata-se de todo um programa político) que precisamos atravessar a religião até sair do outro lado, absorvendo todas as suas características positivas – ela é, afinal, nesse período, cultura e desejo, o conteúdo mesmo da superestrutura pré-moderna –, a fim de combiná-las com um impulso esclarecido já não mais ameaçado pela redução à razão instrumental e às formas mais estreitas de positivismo burguês. Também podemos olhar para a tradicional (e irreconciliável) antítese entre FC e fantasia da perspectiva dessa lição de Hegel.

Mas é com Feuerbach que encontramos uma solução ainda mais prática para nossos problemas em relação a esses gêneros, pois ele nos ensinou de muitos modos a colocar a posição hegeliana em movimento, a fazer dela um programa prático tanto para a análise quanto para a política. Feuerbach, de fato, completa a visão esclarecida da religião enquanto superstição (e baluarte ideológico da tirania) ao perguntar acercada questão complementar sobre a fonte

---

[14] G. W. F. Hegel, *The Phenomenology of Spirit* (Oxford, 1977 [1807]), Capítulo VI, subseção B-II, "Esclarecimento".

de sua atração e poder. Isto pois a sabedoria convencional (conheci-damente replicada por Marx), que toma a religião por um "refúgio em um mundo sem coração", ainda a pressupõe como puro engano e manipulação.

Feuerbach, por sua vez, teve a engenhosa ideia de compreender a religião como uma projeção: ela é, defende ele, uma visão distor-cida dos poderes produtivos humanos, que foram exteriorizados e reificados em uma força de direito próprio.[15] O poder divino, do qual as várias teologias são abstrações e elaborações, seria, na verda-de, a criatividade humana não alienada que foi então realienada em uma imagem ou forma figural. Nela, o trabalho e a produtividade, incluindo a inteligência humana e a imaginação, o "intelecto geral" da humanidade, foram hipostasiados e posteriormente apropriados e explorados como qualquer outro produto humano. Não podemos ler adequadamente a grande nota de rodapé de Marx – as *Teses sobre Feuerbach* – sem que avaliemos a natureza dessa análise revolucio-nária, que traz implicações imensas para todas as análises culturais e superestruturais, e não apenas para as da religião.

Em nosso presente contexto, de fato, isso traz consequências imediatas para nossa recepção desse motivo fundamental da fantasia que é a magia. Se a FC é a exploração de todas as limitações postas pela própria história – a rede de contrafinalidades e a antidialética que a própria produção humana produziu –, então a fantasia é o outro lado da moeda: uma celebração do poder da criatividade humana e de sua liberdade, que se torna idealista apenas em razão da omissão justamente dessas limitações materiais e históricas.

---

[15] "Na sístole religiosa expulsa o homem a sua própria essência para fora de si; na diástole religiosa acolhe ele novamente em seu coração a essência expulsa" (Ludwig Feuerbach, *The Essence of Christianity* [Amherst, NY, 1989 (1841)], p. 31). (Ludwig Feuerbach, *A essência do cristianismo*, tradução de José da Silva Brandão, Petrópolis: Vozes, 2007, p. 59 [N.T.].) Essa doutrina, filo-soficamente original, da projeção pode ser vista também como precursora da hermenêutica de Bloch: "A divindade é uma ideia cuja verdade e realidade é tão somente a felicidade" (*The Essence of Religion* [Amherst, NY, 2004 (1851)].

A magia pode, então, ser compreendida não como um dispositivo de enredo fácil (o que, sem dúvida, ela se tornou na maioria das produções medíocres de fantasia), mas, antes, como uma figura da ampliação dos poderes humanos e de sua passagem ao limite, a efetivação de tudo o que há de latente e virtual no organismo humano atrofiado do presente. Deixemos que a extraordinária evocação de Le Guin sobre um talento mágico especializado fale por esse motivo como um todo:

> O primeiro sinal do dom de Otter, quando ele tinha dois ou três anos de idade, foi sua habilidade de ir direto a qualquer coisa perdida – um prego que havia caído, uma ferramenta extraviada – tão logo ele entendesse como a coisa se chamava. E, quando garoto, um dos seus prazeres favoritos era o de ir sozinho ao campo e caminhar livremente pelos caminhos ou montes, sentindo pela planta de seus pés descalços e através de seu corpo os veios de água subterrâneos, os filões de minério, as camadas e dobras de rochas e terras. Era como se ele andasse em um grande edifício, vendo suas passagens e salas, as descidas às grutas arejadas, o vislumbre da prata ramificada nas paredes; e, conforme ele avançava, era como se seu corpo se tornasse o corpo da terra e como se ele conhecesse suas artérias e órgãos e músculos como os seus próprios. Esse poder era um prazer para ele quando garoto. Ele nunca buscou qualquer uso para isso. Era o seu segredo.[16]

Nesta passagem, a própria natureza da magia se torna todo um programa de representação literária; e é por essa razão que a fantasia mais consequente nunca emprega, sem mais, a magia para outros fins narrativos, mas propõe uma reflexão sobre a magia enquanto tal – sobre suas capacidades e propriedades existenciais, em um tipo de mapeamento figural da subjetividade ativa e produtiva em seu estado não alienado. Do mesmo modo, a abordagem desse poder e de sua representação geralmente não toma a forma de sua plenitude ou realização madura (os velhos magos que impõem respeito e medo),

---

[16] Ursula Le Guin, *Tales from Earthsea* (Nova York, 2001), p. 13-14.

mas, antes, aquela do *Bildungsroman*, na qual – como o herói de *The Wizard of Earthsea* – o novato gradualmente testemunha e passa a orientar o despertar desse talento peculiar.

Mas podemos agora, lembrando Le Guin, ir ainda mais longe, pois seus romances de fantasia nos colocam na trilha de ambos os nossos problemas ainda pendentes: a questão da história e o papel do binarismo ético do bem e do mal. A série *Terramar* começa, na verdade, com o despertar do mal (na primeira consulta errônea de Ged às fórmulas mágicas e, depois, evoluindo até ter de se confrontar com seu lado sombrio ou mau, no final do primeiro volume) e termina com a tentativa de resolver o que se tornou uma crise histórica mundial, com o gradual desaparecimento dos poderes mágicos em toda a Terramar. Le Guin, portanto, começa pela ética e termina na história; e uma história materialista. Pois, em sua forma puramente temática, a visão de uma imensa degradação histórica e do fim do Velho Mundo, da velha sociedade e de seus velhos modos, é por todo lado visível na fantasia (e no próprio mito). Tolkien nos fornece a expressão prototípica dessa nostalgia reacionária pelo cristianismo e pelo mundo medieval e Le Guin começa, como muitos outros, como sua discípula. Mas seu paradigma do vilarejo, uma celebração nostálgica das sociedades de um antigo modo de produção nativo americano, altera sua rota, da Igreja da Inglaterra para a política do imperialismo.

Por sua vez, mesmo seu emprego do paradigma da luta entre o Bem e o Mal se torna socializado e historicizado por meio do feminismo. O patriarcal, em *Always Coming Home* (1985), é identificado ao imperialista – ver o grande romance de guerra *Floresta é o nome do mundo* (1972), injustamente negligenciado desde o fim da Guerra do Vietnã. Pelo mesmo processo, a evolução representacional da pentalogia de *The Wizard of Earthsea*, da "sombra" maligna do primeiro volume até o aparecimento verdadeiramente arrepiante de Jasper em *Tehanu* (1990) – um personagem em que o *ressentimento* e a misoginia, a superioridade classista e a vontade desumana de vingança são compostos de modo memorável – oferece uma imagem viva da submissão à magia do outro como uma força paralisante e verdadeiramente nos reposiciona no mundo social concreto da alienação e da luta de classes, da subalternidade e da opressão. Le Guin, desse modo, demonstra exitosamente que a fantasia pode ter também um poder crítico e até mesmo desmistificador.

Entretanto, devemos também ter em conta o modo como a história e a mudança histórica se inscrevem mesmo nas formas mais a-históricas. Pode-se esperar que a pós-modernidade, que nomeia um conjunto de modificações no mundo da vida, também deixe sua marca naquela realidade meramente imaginária que é a forma e a função da magia nos textos de fantasia. Talvez seja esse ritmo mais profundo da história o que a obra de Le Guin, registrando ostensivamente a secularização e o literal *Entzauberung* de um mundo antigo pela modernidade, na verdade detecte e expresse.

Mas os deslocamentos mais imediatos devem ser identificados no deslocamento paradigmático da própria ciência moderna, da física às ciências da vida: um deslocamento que traz problemas para a representação e a narrativa da FC convencional. De fato, hoje parece provável que as complexidades da biologia e da genética, e mesmo do biopoder, ofereçam um conteúdo e uma matéria-prima bem mais recalcitrantes para a formação de enredos do que a cosmologia einsteiniana e a indecibilidade das subpartículas atômicas. O influente *Blood Music* (1983), de Greg Bear, pode servir como um útil marcador cronológico para essa divisão de águas, e, provavelmente, não sou o único a achar que as últimas FC "duras", baseadas em processos informacionais (mesmo de autores tão respeitáveis como Greg Egan), sejam relativamente ilegíveis.

A ascendência aparentemente irreversível da fantasia tem, nesse caso, muito a ver com as vantagens literárias oferecidas por seu novo conteúdo ecológico e pela exploração agora muito mais extensa das possibilidades inerentes ao corpo humano – enquanto o assim chamado *cyberpunk*, apesar de sua energia e qualidade, pode ser historicamente interpretado como uma tentativa malfadada de contra-ataque da FC, um esforço final para reconquistar um público alienado pelas dificuldades da ciência contemporânea e crescentemente hostil, em termos ideológicos, ao radicalismo da FC mais social (agora generacionalmente distante da cultura jovem) e frustrado com a produção diminuta de leituras fáceis, novas, porém estereotipadas, na área de FC.

Contudo, não seria de todo correto apresentar a oposição entre FC e fantasia como uma repetição e uma variante do antagonismo moderno mais familiar entre alta e baixa cultura (ou cultura de massa); ou, pelo menos, trata-se de uma posição que se pode assumir apenas após registrar a atenuação pós-moderna dessas linhas divisórias, o *rapprochement* entre alta e baixa cultura das últimas décadas e o embaçamento das características distintivas, em termos de gêneros, que caracterizam a pós-modernidade, aqui e por todo lado. Não apenas alguns dos melhores trabalhos e escritores recentes são de difícil classificação, mas as disputas sobre o que não pode ser admitido no cânone da FC se tornaram crescentemente improdutivas, muito embora o gênero dependa, ele mesmo, delas e seja constituído por um reconhecimento como gênero (ou por sua contraparte, a indecibilidade genérica). A obra de Gene Wolfe (1931-), que se desenvolve fertilmente nos espaços entre a fantasia e a FC, pode talvez servir como uma ilustração central desses debates; quanto a mim, reconheço suas qualidades, mas sinto uma relutância profunda em abandonar aquelas distinções genéricas. Talvez os juízos qualitativos que são tão fáceis de serem feitos na FC não estejam disponíveis em um mundo discursivo tão amorfo como a fantasia.

Isso não significa que diferentes textos de fantasia contemporâneos não possam emitir sinais e vibrações que sejam comparáveis àqueles da melhor FC, embora diferentes dela, em termos de gênero, tanto quanto da fantasia mais tradicional. A maré cheia concebida para submergir a costa leste no notável *Stations of the Tide* (1991), de Michael Swanwick, é um evento tão "histórico" quanto o declínio da magia em Le Guin; mas sua originalidade histórica mais profunda reside, para começar, na transposição de toda essa "costa leste" simulada para um planeta estrangeiro. Como em Le Guin, o romance de Swanwick constitui uma reflexão sobre a magia, sobre seus poderes e sua natureza; mas ele abre para si um lugar único, em um jogo narrativo com os dois sentidos da palavra magia – sendo que, no discurso da fantasia como gênero, ela existe em apenas um sentido. Esse sentido "literário", decerto, designa os poderes que os magos "reais" têm – "real" designando as convenções do gênero. Entretanto, no mundo real (usando o outro sentido de realidade), um mago real, o mágico, é aquele que exerce uma profissão e executa atos especializados em festas de aniversário infantis, circos e programas de televisão. O mago Gregorian de Swanwick – cujas vilanias são tão sinistras e assustadoras quanto as de Jasper de Le Guin – modula-se sem grande esforço entre os dois papéis, como na seguinte performance:

> "O pássaro de chuva é um típico metamorfo. Quando a mudança vital ocorre à Maré, quando o oceano sobe até submergir metade do continente, ele se adapta, transformando-se em uma configuração mais apropriada." De repente, ele mergulha ambas as mãos fundo no pote de água. O pássaro lutou bravamente e desapareceu [...]. Quando a água clareou, um peixe multicolor nadava nela bastante agitado [...].[17]

Porém, essa demonstração da ontologia peculiar desse planeta, com suas formas de vida dimórficas, revela-se como tendo sido puro ilusionismo, da variedade mais banal do tipo coelho na cartola, como os próximos capítulos revelarão. Os poderes mágicos de Gregorian se tornam, assim, tão ambíguos e não menos problemáticos que aqueles do mágico de *O rosto* (1958), de Bergman. Mas o que em Bergman é uma hesitação metafísica sobre o próprio sobrenatural – algo como um manual ilustrado da pedestre teoria do fantástico de Todorov –, aqui se torna um jogo de ilusionismo narrativo e uma brincadeira pós-moderna com enquadramentos genéricos que fazem aparecer e desaparecer uns aos outros.[18] Esse movimento produz uma

---

[17] Michael Swanwick (1950-), *The Stations of the Tide* (Nova York, 1991, p. 17).

[18] Ver adiante Parte Dois, Ensaio 2, para uma conceitualização anterior dessas "descontinuidades genéricas", que evoluíram aqui para um jogo de simulacros.

intricada alternância entre a suspensão da incredulidade, familiar a Coleridge, e a suspenção, menos familiar, de credulidade, por meio da qual a realidade prosaica do enganador e ilusionista aparece e desaparece a partir das convenções da fantasia e, de algum modo, também as encobre, em um virtuosismo em si bem diferente do modo como Dick motiva e garante suas visões por meio de drogas e ou de esquizofrênicos.

Tal inventividade verdadeiramente pós-moderna será depois confirmada por outra característica da obra de Swanwick, que parece ter suas afinidades com a FC de Van Vogt tanto quanto com a de Dick, mas que também é, histórica e genericamente, muito diferente das aberturas para outros mundos que estes frequentemente apresentam:

> O Burocrata foi o último a deixar o lugar. Ele saiu para a sala de espelhos: as paredes e o revestimento suspenso ecoando um branco puro, descendo por uma linha infinita de espelhos com molduras douradas cada vez menores, até se curvar em um ponto evanescente onde o carpete estampado com figuras geométricas e o teto texturizado se tornavam um só. Milhares de pessoas passavam pela sala a todo instante, é claro, aparecendo e desaparecendo continuamente dos espelhos, mas o Conselho de Tráfego Arquitetônico não via necessidade de que eles se fizessem visíveis. O burocrata discordava. Os humanos não deveriam passar despercebidos, achava; pelo menos o ar deveria reluzir com a passagem deles.
>
> Leve, ele correu pela sala, checando as imagens oferecidas pelos espelhos: uma sala, como uma gaiola de ferro negro para pássaros, que rangia e soltava faíscas elétricas. Uma clareira na floresta, onde máquinas selvagens se debruçavam sobre a carcaça de um veado, rasgando suas entranhas. Uma planície vazia pontilhada por estátuas quebradas enfaixadas com tecido branco, que sufocava e suavizava seus traços – era esta que ele queria. O diretor de tráfego a colocou na sua frente. Ele cruzou o espelho para dentro da antecâmara de Transferência Tecnológica. Dali era apenas um passo até seu escritório.[19]

---

[19] Swanwick, *Stations of the Tide*, p. 126.

As "motivações do dispositivo"[20] de Dick, com suas drogas e episódios esquizofrênicos, ainda nos alertavam para as analogias experimentais com o "mundo real"; mas, aqui, as analogias – passar por uma galeria agitada (ou deserta) – parecem bastante secundárias. A porta de Van Vogt, por sua vez, funcionava como portal aos mistérios do ser de mundos inteiramente outros,[21] algo como o turismo antes da Segunda Guerra Mundial. Essa alteridade é a diferença histórica que separa Van Vogt de Swanwick, cuja narrativa apenas oferece uma amostra de várias paisagens, com um detalhe novo: o de que é também uma amostra de várias temporalidades. A antiga é suspensa quando se entra em outra dimensão do espaço, e se pode viver conversas inteiras no tempo antes de retomar sua antiga cronologia, na qual ela foi deixada quando se passou por aquele portal particular.

Isso já colocaria a narrativa de Swanwick um nível acima da mimésis de uma experiência puramente fílmica que é, hoje, o análogo ou o equivalente experimental de grande parte da escrita contemporânea – e não apenas de fantasia. Podemos, decerto, ter hesitações éticas sobre a base fenomenológica de representações extraídas não das nossas experiências corporais mais autênticas, mas apenas de sua expansão cinematográfica, por meio da imagem, até áreas nas quais nunca estivemos fisicamente, mesmo quando essa expansão dependa da memória de experiências vividas equivalentes. Mas algo, sem dúvida, muda quando a mimésis da experiência fílmica se torna reflexiva e tematizada – ela mesma sendo o tema mais profundo do texto.

De todo modo, aqui o texto inesperadamente se designa por meio da representação, não meramente do cinema, mas dos "efeitos especiais" do cinema e, de fato, de efeitos inconcebíveis para o cinema do tempo de Van Vogt. Não se trata aqui, portanto,

---

[20] Um termo e conceito do formalismo russo; ver *Theory of Prose* (1925), de Viktor Shklovsky.

[21] Ver Parte Dois, Ensaio 6.

nem de reflexividade modernista nem da metafísica visionária e da espiritualidade vulgarmente associadas à fantasia, mas, antes, de algo completamente diferente: a mimésis da tecnologia e de uma tecnologia de um momento histórico muito específico. (Sabemos, na verdade, que o desenvolvimento atual da tecnologia de efeitos especiais pode ser datado da criação, por George Lucas, de um laboratório *Guerra nas Estrelas* em 1977.) A narrativa singular de Swanwick é, portanto, pós-moderna, não apenas no modo como ela representa a realidade da imagem, mas também por trazer consigo, para começo de conversa, a própria tecnologia cibernética que é o marcador, se não a causa, da pós-modernidade. Ela, portanto, é mais realista, enquanto um documento social, do que muito do que se apresenta como sendo um realismo social pós-moderno e, diferentemente do *cyberpunk* na FC, documenta uma reivindicação da fantasia contemporânea por suas próprias possibilidades miméticas singulares.

De todo modo, o encanto do mundo da magia pretende ser mais duradouro, na medida em que permanece no romantismo medieval, do qual o ciclo arturiano é a expressão fundamental. E, como todos os gêneros de modos de produção diferentes do nosso – o mito, a tragédia, o épico, a lírica chinesa –, ela também oferece aquele singular *"Luft aus anderen Planeten"*, aquele ar de outros planetas (que Stefan George evocou e que Schoenberg colocou em música) que sinaliza certa libertação momentânea em relação à força de gravidade do nosso. Também nossos gêneros – o modernismo a seu modo, a FC de outro – lutam desesperadamente para escapar de nosso campo de forças e da força de gravidade do nosso momento histórico. Mas o romantismo – desde Chrétien até seus ecos mais modernos em *Parsifal* (1882), de Wagner, ou em *Lancelot* (1974), de Robert Bresson – mantém a fascinação pela transformação mágica das relações humanas – conflito, violência, desejo, soberania, união, amor e vocação –, tudo reconfigurado singularmente sob a categoria narrativa central da aventura. A evocação da magia pela fantasia moderna não pode captar novamente essa fascinação, mas está condenada, por sua forma, a retraçar a história da decadência e da queda da magia, seu desaparecimento do mundo desencantado da prosa, o "*entzauberte Welt*" do capitalismo e dos tempos modernos. É apenas nesse momento, quando o mundo da magia se torna pouco mais que nostalgia, que o anseio Utópico pode reaparecer em toda a sua vulnerabilidade e fragilidade. Em ambos, Morris e Le Guin, reaparece claramente aquela ponte misteriosa que leva da desintegração histórica da fantasia até a reinvenção do *Novum*, do mundo caído no qual os poderes mágicos da fantasia se tornaram irrepresentáveis até um novo espaço no qual a Utopia, ela mesma, pode ser fantasiada.

6.
Como satisfazer um anseio

Nem a diferenciação genérica (a diferença constitutiva entre Ficção Científica e fantasia) nem a descrição estrutural (a Imaginação e a *Fancy*, o anseio e sua elaboração secundária) parecem ter nos levado para mais perto da natureza e fonte do anseio Utópico – cuja evocação vazia, como a imagem de uma sociedade perfeita ou mesmo como a receita para uma sociedade melhor, deve ser descartada de antemão sem maiores comentários. Tampouco a identificação da ideologia Utópica parece ter nos ajudado muito na determinação da ciência Utópica. Existiria, de fato, algum método formalista para descrever a função suprema da Imaginação coleridgiana na textualidade Utópica que não acabe passando direto pelo conteúdo e não caia nos vários esquemas Utópicos anteriormente mencionados, organizados em torno da abolição do dinheiro, do desejo, do trabalho não alienado, da libertação das mulheres etc.? Não apenas todos esses temas resultavam de uma negação da ordem existente, em vez de visarem à construção de uma nova: eles não parecem manter nenhuma relação privilegiada com a estrutura do texto Utópico e poderiam ter sido formulados, com a mesma facilidade, para um panfleto político ou um tratado de teoria política. Em outras palavras, eles não são ainda satisfações de anseios; logo, é preciso voltar ao problema da satisfação de anseios propriamente Utópica, a fim de identificar um processo distinto da ideologia Utópica ou das gratificações do *punctum* narcisista.

Aqui, de fato, a virada reflexiva de nossa análise sobre a magia, feita no capítulo anterior, pode servir como um precedente, pois ela não parece irrelevante para inquirir como as próprias Utopias, ou suas análogas FCs, apresentam o anseio enquanto tal e o que valeria para elas, particularmente, como a satisfação desses anseios. Duas obras de grande qualidade vêm à mente como representações do processo de formação e satisfação do anseio Utópico: *A curva do sonho* (1971), de Ursula Le Guin, e, do outro lado da Cortina de Ferro, a praticamente contemporânea *Piquenique na estrada* (1972), dos irmãos Strugátski.[1]

Os Strugátski nos apresentam uma Utopia como que ao contrário ou do outro lado do espelho. Trata-se simplesmente da Zona, um espaço enigmático e perigoso de alteridade que aparece em seus romances sob vários disfarces – ver, por exemplo, a Floresta, em *Floresta sem fim* (1968). A Zona é uma área mágica, incompreensível, um espaço radicalmente outro – um espaço para além da lei, uma Chernobil ontológica – que contém objetos inusitados: objetos enigmáticos como os "ocos" ("dois discos de cobre, paralelos, do tamanho de um pires com uns 5 milímetros de espessura, com uma distância entre eles de uns 400 milímetros";[2] objetos letais como o pólen ardente, "um tremor, uma vibração como uma névoa de ar quente ao meio-dia acima de um telhado de ferro"[3] e as teias de aranha prateadas que envenenam Kirill na seção de abertura; ao lado de objetos de valor e uso inestimáveis – a recompensa maior e os verdadeiros tesouros da Zona, como baterias permanentemente carregadas, que são de especial interesse para o complexo industrial-militar.

Estes são os objetos de nossas Utopias vistos, porém, através do espelho distorcido de olhos alienígenas: qual a utilidade de uma bandeja de almoço transparente – na verdade, o que é uma bandeja

---

[1] Ursula Le Guin, *The Lathe of Heaven* (Nova York, 1971); Arkady e Boris Strugátski, *Roadside Picnic* (Nova York, 1977); as páginas de referência a ambas as edições serão daqui em diante apresentadas no texto.

[2] Arkádi Strugátski e Bóris Strugátski, *Piquenique na estrada*, tradução de Tatiana Larkina, São Paulo: Editora Aleph, 2017, p. 16. [N.T.]

[3] *Ibidem*, p. 30. [N.T.]

de cafeteria, para começo de conversa? O que é um penico, para não dizer um penico de ouro, ou um veículo elétrico de baixa potência para se locomover na floresta? O que são as máquinas das novas fábricas de Bellamy? Nenhum alienígena poderia descobrir isso; e temos problemas similares com sua Zona, que podemos conceitualizar apenas como um espaço malévolo no qual, de tempos em tempos, descobrimos objetos com os quais se pode fazer fortuna. Assim, continuamos a empunhar nossas categorias binárias terrenas de bem e mal (bem para nós, mal para nós), embora agora totalmente dissociadas uma da outra e coexistindo como duas dimensões distintas e incomensuráveis, ignorando assim os alertas de alguém como Stanislaw Lem, para quem o radicalmente alienígena não pode ser compreendido por meio de categorias humanas.[4]

Alienígenas não são nem benevolentes nem malevolentes, apesar da dialética presente em livros como *O fim da infância* (1950), de Arthur C. Clarke, ou *A Case of Conscience* (1959), de James Blish. Manchas e ruídos à margem do campo de visão alienígena, somos invisíveis a eles ou, quando muito, indiferentes, uma situação que não exclui acidentes sinistros. *Piquenique na estrada*, de fato, conta a história de um desses acidentes extraterrestres.

Mas a densidade extraordinária do pequeno romance dos irmãos Strugátski deve ser explicada pela variedade de humanos e grupos humanos, que mobilizam seus limitados processos de pensamento e seus interesses variados em direção a esse espaço surgido como que por um milagre cósmico: entre eles, cientistas tentando entender, a mídia tentando fazer sensacionalismo, homens de negócios estimando possíveis retornos e militares sopesando as chances de novas "armas de destruição em massa"; a máfia, por fim, organizando o contrabando e contrabandeando, fazendo tráfico miúdo com itens proibidos na fronteira canadense, conhecida das antigas operações de contrabando clássicas da Proibição. Porém, a Zona também fez surgir uma nova profissão e uma nova forma de proeza e intrepidez

---

[4] Ver Capítulo 8.

humana: a do *stalker*, que arrisca sua vida, saúde e liberdade em incursões ilegais a ela.[5]

Um desses marginais e subversivos é o protagonista, cuja recompensa por seus esforços foi uma filha geneticamente deformada ou mutante. Devemos entender que sua motivação não é financeira, mas a busca desesperada, nesse local de milagres, por uma cura extraordinária para o problema dela; e, na falta de uma cura específica, a busca por um objeto lendário que agora lança nosso texto, em termos de gênero, diretamente para o conto de fadas – cujas fronteiras os Strugátski, de todo modo, transgridem várias vezes em outras obras.[6]

Contudo, é justamente a natureza dessas fronteiras genéricas que a satisfação de anseios reflexiva busca explorar, às vezes por meio de misturas ilícitas que dramatizam sua incompatibilidade. Também é assim com as primeiras obras de Le Guin, nas quais um meio rural de magos e dragões inspirado por Tolkien estranhamente coexiste com naves espaciais e exploradores de FC vindos de outros planetas. A própria Le Guin caracterizou esses trabalhos como erros de juventude; mas o erro de categoria genérica traz muito nitidamente à superfície as forças de cada um e pode servir como uma reflexão sobre os dois sistemas distintos. Assim, o poder criativo da magia (que analisamos no capítulo anterior) e o puríssimo êxtase do voo do dragão contrastam nitidamente com a resistência da matéria no modo FC e sua exploração sistemática da alteridade e da cultura alienígena. Mas há um fio alegórico que liga os dois modos na ONU galáctica de Le Guin (a Ekumen), cuja coexistência pacífica é garantida por um dispositivo comunicacional simultâneo e mais rápido que a luz –

---

[5] Vale a pena notar que o filme de Andrei Tarkovsky, *Stalker* (1979), se relaciona apenas remotamente com o original dos Strugátski. Segundo se conta, o estoque de película com que se filmou uma primeira versão relativamente fiel acabou por se revelar defeituoso, e limitações financeiras infelizmente determinaram as soluções alegóricas mais baratas do produto final.

[6] Em particular, obras como o romance de 1965, traduzido por *Monday Begins on Saturday* (Nova York, 1977).

o ansível –, uma descoberta de Shevek que apenas retroativamente é narrada, mais tarde, em *Os despossuídos* (1974).

Em Le Guin, portanto, nos confrontamos com algo como uma alternância binária entre o princípio de realidade da FC e o princípio de prazer da fantasia. Talvez, nesse sentido, a Utopia seja uma síntese operativa desses dois princípios incomensuráveis: a criatividade suprema ou o impulso modelador da fantasia reunindo as matérias-primas mais recalcitrantes de todas: o Estado e a ordem social. É assim que, conforme a FC se aproxima da condição de Utopia (como nos dois romances aqui considerados), uma peculiar topologia de conto de fadas começa a emergir à superfície como uma rede venosa.

De todo modo, o supremo objeto perdido do desejo da Zona dos irmãos Strugátski não é qualquer equipamento tecnológico brilhante, que funcionaria a partir de processos físicos incompreensíveis, mas, antes, um objeto mágico singular: "Uma estrutura mítica na Zona, que tem um formato esférico, aspecto dourado e que funciona realizando desejos humanos".[7] É por essa Esfera Dourada que o *stalker* protagonista de *Piquenique na estrada* procura – e o leitor tem a sensação de que o sucesso da busca depende, de algum modo, da qualidade do próprio anseio. Ele poderia ser meramente pessoal e egoísta? Ou seja, em nossa sociedade, o anseio por muito dinheiro (ao qual saúde e juventude são, por definição, acrescentadas)? Mas o dinheiro e mesmo milagres científicos já estavam, de algum modo, pressupostos em outros objetos mais utilitários. Se esse anseio é depois abstraído em um mais geral – a felicidade, digamos, ou o gozo –, ele, de algum modo, corresponde à presença ausente e à competição ontológica implícita com a realização do gozo do outro, em torno da qual todo o romance incompreensivelmente gira.

Pois não seria o próprio "piquenique" hipotético apenas uma forma de gozo alienígena e transfigurado, o carnaval de seres totalmente inimagináveis para nós, exceto por sua superioridade inconcebível?

---

[7] Arkádi Strugátski e Bóris Strugátski, *Piquenique na estrada*, tradução de Tatiana Larkina, São Paulo: Editora Aleph, 2017, p. 98. [N.T.]

A hipótese científica que melhor explica a Zona e a Visita de onde ela parece vir é aquela que dá título ao romance:

> Um piquenique. Imagine uma estrada no interior, uma clareira na mata, perto da estrada. O carro sai da estrada e vai até a clareira. Abrem-se as portas, e sai uma turma de jovens. Começam a tirar do porta-malas cestas com mantimentos, armam as tendas, acendem a fogueira. [...] De manhã, eles vão embora. Animais, pássaros e insetos da floresta, que assistiram horrorizados àquele evento noturno, saem de seus esconderijos. E o que eles encontram? Manchas do óleo que pingou do radiador, uma lata com um pouco de gasolina, velas e filtros usados [...]. E, claro, há cinzas de fogueira, restos de comida, embalagens de chocolate [...]. Um piquenique na beira de alguma estrada cósmica.[8]

Porém esses restos, que testemunham a absoluta indiferença dos alienígenas à existência humana – pois nós somos aquelas "testemunhas animais" –, são também os vestígios e as marcas do prazer sobre-humano, que indivíduos humanos dificilmente podem imaginar.

Deste modo, o anseio de Redrick não é por si mesmo, mas pela cura de sua filha mutante; mas, no processo de se aproximar desse objetivo – e o romance se interrompe com a descoberta da própria Esfera Dourada –, outro sacrifício lhe é demandado: a substituição, por assim dizer, do pagamento de sua dívida (um dano genético em troca de valorosas descobertas na Zona) pelo pagamento com outra vida. Para esse fim, Redrick toma emprestada a vida de um inocente, o filho de um concorrente paralítico com quem ele concordou em dividir os lucros dessa expedição particular. Arthur é obrigado a preceder o *stalker*, um pouco como se poderia usar uma vítima desavisada para mapear um campo minado, e com quase as mesmas consequências. Mas o jovem também tem um anseio, um especialmente livre de autointeresse e até mais altruísta do que o anseio paternal de Redrick. De fato, seu anseio inscreve o próprio impulso Utópico, uma filantropia universal, a mais pura aspiração

---

[8] *Ibidem*, p. 111-112. [N.T.]

pelo bem da humanidade: "Felicidade para todos!... De graça!... O quanto quiser!... Venham todos para cá! Dá para todos!... Ninguém será injustiçado!... À vontade! Felicidade! De graça!".[9] A morte do garoto, que abre caminho para a satisfação dos anseios do próprio Redrick, é, portanto, um tipo de assassinato (bem como uma vingança contra o pai e ainda uma substituição do sacrifício de um vínculo paternal por outro), mas é também um curto-circuito, no texto de FC, do impulso Utópico, que esse modo de narrativa aparentemente não pode tolerar. A moldura da FC eletrocuta o sonhador Utópico de modo tão certo quanto as teias de aranha da Zona fatalmente envenenam os humanos que entram em contato com elas. O resultado amargo – seja qual for o destino da criança deformada – é a inevitável confirmação do princípio de realidade da FC.

Ao mesmo tempo, a questão da qualidade do anseio – seu relativo interesse ou desinteresse –, longe de introduzir questões morais ou éticas na discussão, nos faz retornar abruptamente às ideias de Freud sobre o universal e o particular. Freud identificava a particularidade do anseio como uma fantasia egoísta insaciável que nos causa repulsa não porque ela é egoísta, mas porque não é minha – uma formulação que revela um desagradável enxame de desejos irreconciliáveis e competidores por trás da ordem social e de sua aparência cultural. Quanto à universalidade, ela é menos uma possibilidade social do que o próprio disfarce que torna a aparência cultural possível: algo como um elaborado sistema não figurativo de ornamentação e decoração que simula impessoalidade e oferece uma abstração na qual todos podem aquiescer – uma sociedade mais perfeita, "em que ninguém mais passe fome", "felicidade para todos, o quanto quiser". Nesse caso, a ordem Utópica não deveria ser interpretada como uma estrutura de organização social prática maquiavélica oculta por trás da falsa universalidade dos vários regimes Utópicos? Chegamos realmente ao segredo mais íntimo da forma Utópica quando ela assim se dissolve no fantasma privado, por um lado, e no prático-político, por outro?

---

[9] *Ibidem*, p. 157. [N.T.]

Essas questões nos preparam para a exploração bem mais elaborada da satisfação de anseios em *A curva do sonho*. Único romance contemporâneo, por assim dizer, de Le Guin, ele também apresenta a apoteose de sua cidade de adoção, Portland, Oregon, e ilustra brilhantemente a relação formal que a FC mantém com o romance histórico. Pois se os grandes romances históricos reproduzem momentos-chave do passado em seus cenários, dotando-os por fim de um rico conjunto de tradições inventadas e de toda uma ressonância ontológica (como testemunha o que as crônicas de Faulkner fizeram com o Mississippi), o romance de FC, pelo contrário e em particular, enriquece a paisagem urbana com toda uma variedade de futuros imaginários, do remanso provinciano de Portland da Era da Peste até a cintilante mega-Portland, capital das Nações Unidas. A perspectiva histórica futura é, portanto, um tipo de bônus suplementar ou lateral da dimensão Utópica de um romance, cheia de estranhamentos extraordinários, como quando o herói de Le Guin, George Orr, cujos "sonhos efetivos" produzem essas transformações cataclísmicas, embora imediatas, acha difícil entender como um túnel submarino funciona:

> O Willamette era um elemento útil do ambiente, como um animal de carga enorme, dócil, dominado com arreios, correntes, varas, selas, freios de boca, chinchas, peias. [...] Acima das cabeças dos passageiros do trem da CTM no túnel Broadway havia toneladas de rochas e cascalhos, toneladas de água corrente, um monte de embarcadouros e quilhas de navios transatlânticos, as enormes estruturas de concreto das pontes e acessos elevados das rodovias, um comboio de vagões a vapor carregados com galinhas em gaiolas de bateria, um avião a jato a dez mil metros de altura, as estrelas a mais de 4,3 anos-luz.[10]

Há, aqui, traços da corrida de cavalo, que é o símbolo de poder em um dos primeiros sonhos de George; mas esse controle e essa hiperconstrução da Natureza também serve para desvelar e

---

[10] Ursula Le Guin, *A curva do sonho*, tradução de Heci Regina Candiani, São Paulo: Editora Morro Branco, 2019, p. 29. [N.T.].

desfamiliarizar o natural e, em particular, a água não controlada e instrumentalizada:

> [Heather] foi até a porta e ficou em pé, metade dentro e metade fora, por algum tempo, ouvindo o riacho gritar e entoar seu louvor eterno! Louvor eterno! Era inacreditável que aquele tremendo barulho se mantivesse por centenas de anos, desde antes de ela nascer, e continuasse até que as montanhas se movessem.[11]

Contudo, ela está errada quanto a isso, pois o próprio destino da água flui e reflui com os sonhos de George, e valeria a pena retraçar o destino da água através de nossa tradição Utópica, da baía em meia-lua na *Utopia* original[12] até a questão dos encanamentos e esgoto nos textos mais modernos. No entanto, essa passagem de *A curva do sonho*, em que a corrente de água representa a própria natureza, nos dá pelo menos um padrão pelo qual podemos julgar o texto Utópico, o que ele permite e o que ele reprime.

Esse romance "realista" de Portland é, porém, também um conto de fadas; na verdade, uma encarnação e elaboração aterradora de um dos contos de fadas arquetípicos da satisfação de anseios: o do pescador a quem o peixe imortal promete três desejos, com o resultado que conhecemos ("Desejo algumas salsichas", "Desejo que essas salsichas fossem enfiadas no seu nariz!", seguidos inevitavelmente do terceiro e último desejo).[13] A premissa é a da totalidade: a de que o mundo é um sistema imenso e autossuficiente – mude qualquer coisa nele, não importando quão pequena, e o resto será necessariamente modificado de modos inesperados. É uma visão que opera diacronicamente tanto quanto, aqui, sincronicamente: lembremos da borboleta infeliz, em *A Sound of Thunder* (1952), de Bradbury,

---

[11] *Ibidem*, p. 77-78. [N.T.]

[12] Marin é particularmente feliz quanto a esse detalhe geográfico peculiar; ver Louis Marin, *Utopiques* (Paris, 1973), p. 153-155.

[13] Günter Grass usou esse conto de fadas como uma moldura para uma extraordinária história da raça humana em *Der Butt* (*O pregado*), 1977.

que, esmagada durante uma viagem no tempo ao passado paleolítico, muda o presente a ponto de torná-lo irreconhecível quando seu desafortunado viajante retorna.[14]

Assim, os "sonhos efetivos" de George são sempre realizados como as lendárias traições dos oráculos: "quando Creso cruzar o rio Hális, um poderoso império irá cair!" – a saber, o seu próprio. Há uma lateralidade da atenção: o que o inconsciente de George coloca no centro como o objeto explícito de sua atenção se revela como um mero detalhe de uma imagem ordenada de um modo bastante diferente. Seu cuidador vê nisso um "excesso de literalidade do processo primário do pensamento",[15] o que também pode ser verdade – nesse caso, refletindo o modo como os significantes literais podem ser invertidos, permanecendo serenamente iguais a si mesmos por todo o processo durante o qual seus significados e consequências fundamentais variam enormemente. Sob outra perspectiva, é certo, testemunhamos aqui os efeitos posteriores inesperados daquela alternância entre a *Fancy* e a Imaginação, discutida em um capítulo anterior: o que deveria ter encarnado o trabalho da Imaginação é, de repente, deslocado e trivializado pela centralidade catastrófica de um elemento da mera *Fancy*, um detalhe até então insignificante do contexto que a Imaginação dava por pressuposto. Aqui, um exemplo: o mundo não será mais superpovoado. Mas esse desenvolvimento positivo deve, agora, ser racionalizado em retrospecto pela morte de seis bilhões de pessoas na Era da Peste – um evento até agora não existente, que rapidamente encontra seu lugar na nossa memória cronológica do passado recente, como os móveis de Proust correndo para alcançar seus lugares corretos no espaço do quarto antes que ele esteja completamente acordado. Não seria esse episódio, ele mesmo,

---

[14] Ray Bradbury (1920-), o autor de *The Martian Chronicles* e *Farenheit 451*, é outro escritor em cujas obras as fronteiras entre a fantasia e a FC são frequentemente borradas.

[15] Ursula Le Guin, *A curva do sonho*, tradução de Heci Regina Candiani, São Paulo: Editora Morro Branco, 2019, p. 45. [N.T.].

um tipo de fábula antiUtópica (o inevitável sofrimento implicado em todos os experimentos Utópicos)?

Entretanto, isso depende de como lemos o Utopianismo do diretor de sonhos de George, o especialista em sono William Haber. Ele certamente tem grandes planos, mas sente-se que essa fábula é bastante severa com ele, considerando todos os aspectos, e que sua indubitável "vontade de poder" – Nietzsche afinal mostrou que ela estava em operação nas coisas mais ínfimas tanto quanto nas maiores – é, às vezes, denunciada por Le Guin especialmente em decorrência de sua visão taoísta:

> A característica da sede por poder é, precisamente, o crescimento. O êxito é sua anulação. Para existir, a sede por poder deve aumentar a cada realização, tornando essa realização apenas um passo em direção a outro. Quanto mais vasto o poder conquistado, maior o apetite por mais. Como não havia limite visível para o poder que Haber exercia através dos sonhos de Orr, não havia fim para sua determinação de melhorar o mundo.[16]

O "castigo merecido" de Haber, no fim, é uma lição de moral algo previsível; enquanto a personalidade de Orr é oposta à dele em todos os sentidos:

> A possibilidade infinita, a integridade ilimitada e incondicional do ser que não está comprometido, não reage, não foi entalhado: o ser que, não sendo nada além de si mesmo, é tudo.[17]

Assim, Heather vê a aparente passividade de George como um tipo de força notável e incomum; e mesmo desconhecidos e transeuntes parecem tirar conforto dela:

> Uma alegria tão grande preencheu Orr que, entre as 42 pessoas que estavam se enfiando no vagão enquanto ele pensava nessas coisas, as sete ou oito imprensadas ao seu redor sentiram um leve,

---

[16] *Ibidem*, p. 91. [N.T.]

[17] *Ibidem*, p. 68-69. [N.T.]

mas nítido calor de benevolência ou alívio. A mulher que não conseguira tirar a alça dele sentiu uma interrupção abençoada da dor aguda em seu calo [...].[18]

É possível aderir ao taoísmo de Le Guin, como expresso nessas passagens, sem com isso se sentir de todo confortável com o modo como ela usa Haber para defender seu ponto. Por exemplo, o diagnóstico típico de psicologia popular: "[...] o médico [...] não estava muito seguro de que outras pessoas existiam, e queria provar que existiam ajudando-as".[19] Pois deve-se frisar – e frisa-se com frequência – que Haber quer melhorar as coisas e ajudar pessoas; "para um mundo melhor!" não é, para ele, um brinde fútil, sejam quais forem os motivos inconscientes nietzschianos que se agitam por baixo da superfície. Seu *ethos* deve ser contrastado com o de Heather:

> Uma pessoa que acredita, como ela, que as coisas se encaixam, que há um todo do qual se é uma parte, e que, ao ser parte, se está inteiro; essa pessoa não tem o desejo de, em um momento qualquer, brincar de Deus.[20]

Seu *ethos* é um *ethos* do ser, não da práxis:

> As coisas não precisam ter um propósito, como se o universo fosse uma máquina na qual cada parte tem uma função útil. Qual a função de uma galáxia? [...] O que importa é que somos um componente. Como um fio no tecido ou uma folha de relva no campo. A relva existe e nós existimos. O que fazemos é como o vento soprando a relva.[21]

Porém, como ocorreu com Orr, Le Guin teve muito trabalho para motivar o personagem de Haber: ele é alguém que gosta de

---

18 *Ibidem*, p. 30. [N.T.]

19 *Ibidem*, p. 23. [N.T.]

20 *Ibidem*, p. 77. [N.T.]

21 *Ibidem*, p. 59. [N.T.]

fazer o bem e mudar as coisas: "[...] muitas vezes sonho com atos heroicos. Sou o herói. Estou salvando uma garota ou um colega astronauta ou uma cidade sitiada, ou o planeta inteiro que está amaldiçoado. Sonhos messiânicos, sonhos de bom samaritano. Haber salva o mundo!".[22] A contradição no coração do ensinamento é aquela que está presente em qualquer ética: tornar-se aquilo que já se é. O problema é que o próprio Haber, com sua personalidade benfeitora e complementada por sua vontade de poder interior, é já, também, parte do tecido do ser. A vontade de poder não é algo externo ao ser, que poderíamos afastar para que exista algum estado mais pacífico. É o Ser em si, como testemunha o modo como Heidegger é capaz de transformar a versão de Nietzsche do impulso (como tradicionalmente o entendemos e como Le Guin o entende) na *energeia* aristotélica, na força mesmo da vida e na própria atividade. Quando se trata da totalidade do ser, de fato, como se pode presumir que há escolha, que se pode aceitar os impulsos de Orr e repudiar os de Haber?

O mesmo argumento poderia ser usado para o próprio Orr, que, seja qual for sua relação com o ser, também é forçado à ação – muito especialmente contra Haber e contra os esquemas milenaristas deste, que ele deve, de algum modo, conter e neutralizar. Pois a ação e a mudança das coisas são elas mesmas uma parte necessária do ser e implicam tanto o sonhador quanto aquele que o dirige. De fato, a confusão mais interessante está na questão da agência Utópica: o Utópico seria Orr, cujos sonhos mudam tudo sem que ele o queira, ou Haber, que simplesmente quer que eles mudem tudo? Nesse caso, Haber representaria a *Fancy*, em contraste a Orr, que encarnaria o poder da Imaginação. E qual é a natureza do estranho poder Utópico – a excepcionalidade do *iahklu'* – que cabe a Orr por um momento suportar? Aparentemente, não devemos julgar esse poder como mau ou catastrófico (embora seus resultados pareçam quase que exclusivamente merecer essa descrição); e algo da beleza

---

[22] *Ibidem*, p. 26. [N.T.]

do romance reside no mistério desse ritmo estranho no coração do próprio ser, envolto naquela mesma névoa que cerca os alienígenas, cuja irrealidade improvável é sua própria representação.

Não parece particularmente promissor se opor às premissas e ao significado de um romance; e, de fato, eu o faço apenas para trazer à tona seus problemas e contradições representacionais, que emergem com nitidez quando tomamos *A curva do sonho* como uma obra antiUtópica. Se, pelo contrário, reduzimos um pouco a aposta e não fazemos de Haber um revolucionário Utópico que deseja mudar tudo e transformar a própria totalidade do ser, e o entendemos, antes, como um adepto do *New Deal*, um liberal ou social-democrata, ávido por reformas em vez de por revolução e que tenciona mudar agora isso, depois aquilo, conforme ele se depara com os vários males da sociedade, um por um, em seu caminho – então, de uma obra antiUtópica, o romance se desloca para uma tradição de inspiração bem diferente, e *iahklu'* se torna o próprio código para a revolução como o sonho de um processo total. Mas essa escolha interpretativa não deveria permitir que se enfraqueça a ambiguidade fundamental aqui: Le Guin é uma escritora Utópica com sentimentos mistos e oferece a indecibilidade constitutiva de uma representação que afirma e traz para o primeiro plano a Utopia ao mesmo tempo que a coloca em xeque. Isso é pouco surpreendente, uma vez que o taoísmo que é usado como um instrumento crítico e negativo contra a Utopia haberiana é, ele próprio, Utópico em sua serenidade.

A própria autora qualificou *A curva do sonho* como seu tributo a Philip K. Dick; é certamente o mais próximo que ela chega de um pastiche dos grandes fluxos de metamorfoses esquizofrênicas que são, para muitos, os momentos mais singulares da obra dele (Lem também empregou diversos pastiches dessas sequências, mais notavelmente em *The Futurological Congress*, 1970). Porém, sua possibilidade de fazê-lo está, aqui, intimamente ligada à própria natureza de sua premissa filosófica, a saber, a de que a realidade é uma rede sem costuras na qual nenhum fio pode ser puxado sem uma alteração simultânea do todo. Trata-se, na verdade, da nossa velha amiga, a totalidade sincrônica, e passar de uma dessas totalidades a outra é navegar por uma zona delirante e inexplorada, cujo ser treme com ondas e pulsações incompreensíveis:

> Ele não conseguia continuar falando. Sua boca ficou seca. Ele sentia aquilo: a mudança, a chegada, a alteração. A mulher também sentia. Parecia amedrontada. Segurava seu pesado colar de latão perto da garganta como se fosse um talismã; com consternação, choque, terror, ela contemplava a vista pela janela [...]. Ela estava ali, no meio de tudo, como ele [Haber]. E, como ele, tinha se virado para olhar pela janela, para as torres sumindo, desaparecendo como em um sonho; sem deixar uma ruína para trás, quilômetros de subúrbios se dissolvendo como fumaça ao vento; a cidade de Portland, que tivera uma população de um milhão de pessoas antes da Era da Peste, mas não tinha mais de 100 mil pessoas nesses dias de Recuperação [...].[23]

Talvez, de fato, a própria ênfase de Le Guin na mudança deva ser contrastada com o modo insidioso, em Dick, como a realidade é modificada sem nossa atenção imediata: o pesadelo se alvoroçando no canto do nosso campo de visão, em um mundo, de resto, normal. Comparem-se, nesse sentido, duas das cenas culminantes dessas obras. Por um lado, as angústias desesperadas de encontros ocorridos ou marcados em um mundo em pleno fluxo temporal e geográfico:

> Orr tinha marcado, na semana anterior, de encontrar Heather Lelache no Dave's para o almoço de quinta-feira, mas assim que saiu do escritório, soube que não daria certo [...]. Ele não conseguiu encontrar o Dave's, é claro. Não conseguiu encontrar a Rua Ankeny. Lembrava-se tão nitidamente de tantas outras existências que, até chegar lá, se recusava a aceitar as certezas de sua memória atual, na qual não existia nenhuma Rua Ankeny. No local onde ela deveria estar, em meio a gramados e rododendros, o edifício da Coordenação de Desenvolvimento e Pesquisa disparava em direção às nuvens. [...] Ele não conseguia lembrar exatamente o nome da firma de Heather; será que era Forman, Esserbeck e Rutti, ou era

---

[23] *Ibidem*, p. 46. [N.T.]

Forman, Esserbeck, Goodhue e Rutti? Encontrou uma cabine telefônica e pesquisou o número da empresa. Nada do tipo estava na lista, mas havia um P. Esserbeck, advogado. Telefonou para lá e perguntou, mas não, nenhuma srta. Lelache trabalhava lá.[24]

Por outro lado, o épico voo de Joe Chip a Des Moines, Iowa, através de um mundo em rápida deterioração em direção ao passado:

> Será que eu consigo chegar a Des Moines num automóvel La-Salle de 1939, perguntou-se [...]. Espera um pouco, pensou. O transporte aéreo existia em 1939. Se puder chegar ao aeroporto de Nova York – possivelmente com este carro – eu poderia fretar um voo. Alugar um avião trimotor Ford com piloto [...]. Uma hora depois, chegou ao campo de aviação, estacionou e examinou os hangares, a biruta, os velhos bimotores com suas enormes hélices de madeira [...]. Dez minutos depois, o bimotor Curtiss-Wright tinha sido abastecido, a hélice, girada manualmente e, com Joe Chip e Jespersen a bordo, começou a traçar um trajeto irregular e desajeitado pela pista de decolagem, saltando para o ar e caindo de volta no chão [...].Às três da tarde do dia seguinte, eles chegaram ao campo de aviação de Des Moines.[25]

Mas a regressão temporal de Joe Chip é resultado não de uma satisfação de anseios aberrante, mas, antes, da malignidade do próprio ser, que será mais tarde, em *Ubik,* personificada por um dos incomparáveis vilões de Dick.

O que tem um registro mais próximo nas duas obras são o resultado e as devastações da decadência e da desintegração. Dick é conhecidamente o poeta épico da entropia e da transformação do

---

24 *Ibidem*, p. 88-89. [N.T.]

25 Philip K. Dick, *Ubik* (Nova York, 1969), p. 138-144. (Philip K. Dick, tradução de Ludimila Hashimoto, São Paulo: Editora Aleph, 2009, p. 126-133 [N.T.].) Seria interessante comparar essas duas cenas de transformação ocidentais, próprias de pesadelos, com suas contrapartes russas pós-modernas no extraordinário *Homo Zapiens* (1999), de Viktor Pelevin, no qual se vai muito mais fundo nas fontes da mercantilização e da sociedade do espetáculo.

mundo em um *kipple*, as camadas de poeira, o apodrecimento de tudo o que é sólido, uma destruição da própria forma que é pior do que a morte:

> O carpete do escritório sob seus pés apodreceu, tornou-se pastoso, e então germinou, cresceu, vivo, em fibras verdes; ele viu que estava se tornando mato. E depois as paredes e o teto foram sendo escavados e colapsaram em uma fina poeira; as partículas despencavam silenciosamente como cinzas.[26]

(E se momentaneamente ocultamos a última sentença do parágrafo, é para acrescentar parenteticamente o que é menos frequentemente notado, isto é, que, como os sapatos de fibra de Platonov, que germinam e ganham vida como plantas,[27] essa entropia pode ter também um outro lado, o da própria ressurreição: "E o céu azul e sereno apareceu, impassível, no alto".)

Mas, em Le Guin, a desagregação é motivada:

> Os edifícios do centro de Portland, a capital do mundo, cubos altos, novos e bonitos de pedra e vidro intercalados com doses moderadas de verde, as fortalezas do governo – Pesquisa e Desenvolvimento, Comunicações, Indústria, Planejamento Econômico, Controle Ambiental – estavam derretendo. Eles iam ficando encharcados e instáveis, como a gelatina deixada ao sol. Os cantos já tinham escorrido pelos lados, formando grandes manchas de creme.[28]

Esse pesadelo particular expressa o vazio do ser de Haber (ele é o último "sonhador efetivo") mais do que qualquer malevolência

---

[26] *Ubik*, p. 102. (Trata-se, na verdade, de uma passagem de *The Three Stigmata of Palmer Eldritch*, também de Dick, em: Philip K. Dick, tradução de Ludimila Hashimoto, São Paulo: Editora Aleph, 2009, p. 92-93 [N.T.].)

[27] Ver o capítulo sobre *Chevengur*, de Platonov, em meu *Seeds of Time* (Nova York, 1994).

[28] Ursula Le Guin, *A curva do sonho*, tradução de Heci Regina Candiani. São Paulo: Editora Morro Branco, 2019, p. 117. [N.T.].

do tipo que guia as figuras sobrenaturais de Dick (como Palmer Eldritch ou Jory). Certamente, há agressividade em Le Guin, mas ela é identificada com os militaristas e misóginos (como os Condors), que, longe de privarem o mundo de sua realidade ontológica, simplesmente o arruínam e destroem.

Há, por fim, a questão do pequeno negócio e da fascinação nostálgica de Dick por ele. Mas essa é também a questão do final de *A curva do sonho*. Como efetivamente concluir essa interminável série de anseios? Ou – o que é o mesmo – como George Orr poderia se livrar de seus poderes ameaçadores e misteriosos? Le Guin consegue fazer isso por meio de uma série de descontinuidades genéricas que deslocam o registro do romance, primeiro para a FC mais convencional, de alienígenas e guerras galácticas, e, depois, para o nível da fantasia, em que alienígenas benevolentes, flutuando como tartarugas gigantes, removem o *iakhlu'* e se instalam pacificamente, como qualquer outra onda de imigrantes americanos, em uma Portland agora estabilizada. A visita de Orr à loja de antiguidades alienígena, construída sob a velha rodovia, oferece um *deus ex machina* que deve tudo à obsessão da vida de Dick por pequenas lojas de discos e pelo tráfico relacionado de memorabilia americana, na qual se captura e se expressa a nostalgia de Dick pela década de 1950 estadunidense. Nesse ponto, pois, os alienígenas (que parecem compartilhar uma única consciência) devem provavelmente mais aos autômatos solícitos e simpáticos de Dick, como Lincoln e Stanton, de *We Can Build You* (1962), do que às aparições mais assustadoras de suas obras posteriores.

Porém, seu avatar anterior – a tomada alienígena da lua como uma resposta ao sonho efetivo de Orr de "paz na terra" – não é apenas uma repetição da paradigmática *Guerra dos mundos* de Wells; ele também dramatiza um ponto fundamental da teoria de Sartre das coletividades, a saber, o de que um grupo seria unido apenas pelo de fora, por uma ameaça ou um inimigo comum. Assim é que o anseio efetivo de George por paz na terra tem como seu resultado lógico, porém inesperado, a unificação da raça humana por um ataque externo. E essa consequência inesperada tem sua própria consequência

inesperada: a de abrir a narrativa de Le Guin à possibilidade de um
além, em que sua premissa inexplicada (a "efetividade" do sonhar
de Orr) pode, ela mesma, encontrar um fundamento, quando não
uma explicação: um além do realismo histórico do texto de Portland.

Ainda é possível que o texto de satisfação de anseios projete seus
anseios na forma de certa realização inocentemente satisfeita e satisfatória? Afinal, satisfações de anseios não são jamais, por definição,
satisfações reais de desejo; presumivelmente, devem estar sempre
marcadas, no coração de suas visões fantasiosas mais queridas, pelo
vazio da falta ou do fracasso (um ponto que Ernst Bloch nunca cansou de frisar). Mesmo o processo de satisfação de anseios inclui um
tipo de princípio de realidade próprio, a fim de não tornar as coisas
excessivamente fáceis para si, acumulando as objeções e os problemas
da realidade que aparecem no seu caminho, de modo que superá-los
seria ainda mais triunfante e "realista". Sempre achei a carta de amor
fantasiada de Proust paradigmática não apenas do devaneio, mas do
princípio de realidade que ele precisa incluir para poder funcionar
e que acaba por revelar todo o processo:

> Todas as noites eu me comprazia em imaginar essa carta, julgava
> lê-la, recitava para mim mesmo cada frase dela. De repente, parava
> assombrado. Compreendia que, se devesse receber uma carta de
> Gilberte, em todo caso não poderia ser aquela, pois que fora eu
> mesmo que acabara de redigi-la. E desde então esforçava-me por
> desviar o pensamento das palavras que apreciaria tivesse ela me
> escrito, de medo de, pronunciando-as, excluir justamente aquelas
> – as mais caras, mais desejadas – do terreno das realizações possí-
> veis. Mesmo se, por uma incrível coincidência, fosse exatamente a
> carta que eu inventara a que, por seu turno, me escrevesse Gilberte,
> reconhecendo nela a minha palavra eu não teria a impressão de
> receber alguma coisa que não viesse de mim, alguma coisa real,
> nova, uma felicidade exterior a meu espírito, independente da
> minha vontade, verdadeiramente doada pelo amor.[29]

---

[29] Marcel Proust, *À la recherche du temps perdu* (Paris, 1987 [1913]), Volume I
(*Du côté de chez Swann*), p. 402. (Marcel Proust, *Em busca do tempo perdido*,

Uma satisfação de anseios coletiva – o texto Utópico – teria, portanto, de carregar também as marcas desse princípio de realidade interior, sem o qual ele não consegue representar sua conquista exitosa. Podemos falar aqui, como Freud teria falado dos sonhos, de um compromisso entre o anseio e aquilo que o contradiz? Isso certamente trivializaria o processo e reduziria o conteúdo político e a importância da fantasia Utópica a uma satisfação facilmente ludibriada. Precisamos de uma palavra mais nobre que *frustração* para evocar a dimensão do desejo Utópico que permanece insatisfeita e que não poderia ser realizada sem cair no mundo e se tornar outro ato degradado de consumo. A alegoria de Bloch da Helena egípcia pode ser sugestiva nessa busca conceitual (a Helena real teria vivido, durante a Guerra de Troia, no Egito, enquanto um simulacro morava em Troia); de todo modo, o que se busca é um conceito que não transfira a teoria do sujeito cindido para a coletividade (ver adiante) nem encoraje um misticismo político do infinito ou do inalcançável. O desejo chamado Utopia deve ser concreto e contínuo, sem ser derrotista ou incapacitante; talvez seja melhor, portanto, seguir um paradigma estético e afirmar que não apenas a produção da contradição irresolvível é o processo fundamental, mas que precisamos imaginar uma forma de gratificação que seja inerente a essa confrontação com o pessimismo e o impossível. Quando menos, no entanto, o outro caminho – pelo qual, como em Le Guin, o texto Utópico reflexivamente mapeia a impossibilidade dessa conquista e, como o anseio, se boicota – pode também ser considerado como um modo pelo qual o anseio Utópico é autenticamente registrado e estabelecido.

---

v. 1, tradução de Fernando Py, Rio de Janeiros: Nova Fronteira, 2016, p. 336 [N.T.].)

7.

A barreira do tempo

Digamos que o estado presente do mundo é a causa daquele estado total que o segue. Aqui, de novo, está [...] a autocontradição. Pois como pode um estado a tornar-se um estado b diferente? Ou isso acontece sem razão, e isso parece absurdo; ou então a razão, sendo adicional, imediatamente constitui um novo a, e assim por diante, indefinidamente. Temos as diferenças de causa e efeito, com suas relações temporais, e não sabemos como seria possível mantê-las juntas. Logo, somos levados à visão de que a causalidade não é senão parcial e que não temos senão mudanças de meros elementos dentro de um todo complexo.

F. H. Bradley[1]

Nossa abordagem perversamente formalista da Utopia como um gênero distanciou nossa pesquisa do problema do conteúdo; e isso nos levou a substituir a pesquisa, aparentemente mais urgente, sobre a natureza do desejo Utópico e a substância de sua esperança pela pergunta referente a quais dificuldades devem ser superadas ao se imaginar ou representar a Utopia. De fato, descobrimos que a resposta ao primeiro tipo de pergunta, sobre o conteúdo do anseio Utópico, deve ser genérica ou intertextual. O conteúdo da forma Utópica irá emergir dessa outra forma ou gênero que é o conto de fadas: se não uma forma mais pura de desejo coletivo, pelo menos uma forma mais plebeia, emergindo do mundo da

---

[1] *Appearance and Reality* (Oxford, 1930), p. 194.

vida do campesinato, do crescimento e da natureza, do cultivo e das estações, da terra e das gerações; uma figuração que sobrevive na era industrial ou pós-industrial apenas no resquício burlesco do "nascimento, cópula e morte". Não causa espanto que a forma Utópica carregue consigo essa memória da terra e do vilarejo, esse resquício meio esquecido da experiência da solidariedade e da coletividade camponesas.

Essa hipótese, no entanto, sugere que nosso próximo problema formal seja essencialmente um problema temporal e que teremos de confrontar o modo como a secessão entre a imaginação Utópica e o Ser empírico cotidiano toma a forma de uma emergência temporal e de uma transição histórica, bem como o modo como a ruptura que garante a diferença radical da nova sociedade Utópica simultaneamente a torna impossível de ser imaginada.

Esse dilema é inicialmente mais bem confrontado na aporia de seu próprio fundador. Utopus, decerto, é uma dessas figuras lendárias, agora perdidas na névoa do tempo, que parece ter-se programado para dar um fim à sua existência, substituindo-o a instituição mais democrática do príncipe eleito (a palavra em latim de More, *princeps*, é deliberadamente ambígua nesse contexto).[2] Tal forma actancial de transição, na pessoa do próprio mediador evanescente, é, em larga medida, substituída pela não menos misteriosa temporalidade do evento revolucionário – pacífico em Bellamy, violento em Morris; enquanto a grande fundadora e revolucionária Utópica de Le Guin, Odo, perde sua ambiguidade ao, como Moisés ou mesmo como o próprio Marx, morrer antes do reassentamento na terra prometida, e, assim, não pode ser suspeita de qualquer cumplicidade pessoal com sua organização e institucionalização posterior. Entre as Utopias modernas, apenas a de Skinner é franca o suficiente para colocar a questão pessoal na figura deliberadamente não atrativa de Frazier, um Deus ou criador que é totalmente desprovido de poder em seu novo

---

[2] Sobre esse termo, ver a nota em More, *Works* (New Haven, 1963-1997), Volume IV, p. 399.

mundo e vive nele incógnito, tratado como um maluco inofensivo pelos novos cidadãos Utópicos.[3]

Quanto à antinomia em operação aqui, encontramos sua formulação mais forte em Rousseau, que, conhecedor de Plutarco, recorre necessariamente aos retratos feitos por este de Licurgo e Sólon para sua representação do dilema posto por esses fundadores míticos. Ele apresenta, assim, um mistério de personificação que sobreviveu até os estereótipos ideológicos atuais do totalitarismo, nos quais um medo da ascensão do Ditador acompanha qualquer imagem de um novo começo ou de uma ruptura absoluta. De fato, muito da força da antiUtopia como um gênero deriva desse medo essencialmente narrativo, no qual o nome do Grande Irmão ou do Benfeitor de Zamyatin só pode ser figurado como ausência ou ficção actancial, com resultados reais e sinistros.

Sem surpresa, Rousseau, com sua repulsa ideológica por qualquer tipo de dependência, oferece a expressão filosófica mais clara e impactante dessa antinomia: o fundador mítico deve ser desprovido de todas as fragilidades humanas, a fim de ser capaz de permanecer fora de uma sociedade corrupta e reformá-la; mas ele tampouco deve obter qualquer prestígio político ou pessoal dessa façanha, o que permitiria, de outro modo, abusos da figura paterna (Stálin) ou de líderes caracteristicamente fascistas. O dilema joga água no moinho de Rousseau e resulta em uma daquelas formulações paradoxais que atravessam seus textos teóricos: "Encontramos, portanto, combinados no trabalho do legislador, duas coisas que parecem incompatíveis: um empreendimento muito acima dos poderes humanos e, para executá-lo, uma autoridade que é nada".[4] O Legislador deve, assim, ser, a um só tempo, um Deus e um não cidadão sem qualquer poder sobre as leis promulgadas; consequentemente, Licurgo se suicida.

---

[3]   Ver o episódio de Sra. Colson, em B. F. Skinner, *Walden Two* (Nova York, 1948), p. 218-221.

[4]   Jean-Jacques Rousseau, *Œuvres*, III (Paris, 1964), p. 383.

Porém, de modo igualmente característico, Rousseau reformula esse dilema em termos de tempo e daqueles paradoxos temporais que temos aqui assimilado às antinomias estruturais da própria narrativa: de fato, ele o recoloca na forma em que a revolução cultural moderna irá reformular essa antinomia aparentemente insolúvel.

> Para que um povo nascente desenvolva um gosto pelas máximas sãs da política e siga as regras fundamentais da razão de Estado, seria necessário que o efeito se tornasse a causa, que o espírito social que deve resultar da instituição tenha presidido a própria instituição, e que os homens já sejam, antes das leis, o que as leis supostamente farão deles.[5]

Mas, em tempos recentes, esse enigma será atribuído ao próprio paradoxo do tempo e do que, na história, é chamado de "transição" e, na narratologia, simplesmente de evento. As antinomias de causa e efeito são, hoje, exasperadas pela emergência da noção de sistema.

De fato, a elegante formulação de Bradley nos alerta para o fracasso, de antemão, de qualquer exercício verdadeiramente profundo de pensamento sistêmico em história; e isso tanto em relação a uma concepção do sincrônico (ou da totalidade ou do modo de produção ou da episteme foucaultiana) relativamente contemporânea (estrutural) quanto em relação simplesmente (como em Bradley) a uma progressão de algum estado *a* para um estado *b*, ou ainda em relação a um sentido mais geral do presente como uma imensa e inter-relacionada rede na qual nem mesmo uma borboleta morta pode cair sem colocar em risco o todo. A teoria da história certamente se moveu nessa direção: é como se o cada vez maior acúmulo de fatos sobre um dado período (incluindo o nosso) determinasse um deslocamento gravitacional do pensamento diacrônico (da assim chamada história linear) para o modelamento sincrônico ou sistêmico. É um deslocamento que pode ser medido (seguindo a sugestão de Bradley) pela crescente frequência de ataques à causalidade (Hume

---

[5] *Ibidem*, p. 383.

sendo posto a serviço do pós-contemporâneo) e mesmo pela emergência hegemônica de várias doxas anticausais.[6] Mas penso que o ataque à "causalidade" enquanto tal erra o alvo; Kant (ao lado de muitos outros) nos ensinou que, nesse sentido, causa e causalidade são categorias mentais, sobre as quais não faz sentido afirmar que sejam verdadeiras ou falsas. Seria mais plausível e útil pensar a causalidade como uma categoria essencialmente narrativa; nesse caso, sua má fama atual é mais facilmente explicável em termos daquela multiplicidade de "fatores" ou de eventos e perspectivas históricas à qual já aludimos. Em outras palavras, à medida que cresce o número de coisas que a pesquisa histórica está disposta a aceitar como determinantes – relações de gênero [*gender*], sistemas de escrita, armamentos –, cada uma se torna uma candidata a uma nova versão daquela "determinação (ou causa) em última instância", que, por sua vez, dita uma nova narrativa histórica, um novo modo de contar a história da mudança histórica em questão.

Isto pois se a explicação é a interpretação que nos permite compreender a necessidade,[7] então podemos entender melhor como a prática da causalidade histórica evoluiu lentamente de uma perspectiva diacrônica para uma perspectiva sincrônica. A causalidade diacrônica, o fio único de causas, a teoria da mudança do tipo bola de bilhar tende a isolar uma linha causal que poderia ter sido diferente, uma efetividade singular (até mesmo uma determinação em última instância) que poderia muito facilmente ser substituída por uma hipótese alternativa. Mas se, em vez da corrente diacrônica, começamos a colocar a causalidade como uma imensa relação sincrônica,

---

[6]   Ver a abrangente discussão desses debates historiográfico-filosóficos em Paul Ricoeur, *Time and Narrative*, v. I (Chicago, 1984), Parte Dois; e, sobre a relação entre a emergência de novas disciplinas e o "tornar-se sincrônico" da história, ver Fernand Braudel, *On History* (Chicago, 1980).

[7]   Hegel, *Encyclopedia Logic* (Oxford, 1975 [1817]), p. 174: "O fim da filosofia é [...] reconhecer a necessidade [*Notwendigkeit*] das coisas". (G. W. F. Hegel, *Enciclopédia das ciências filosóficas em compêndio*, v. 1, tradução de Paulo Meneses, com a colaboração de José Machado, São Paulo: Edições Loyola, 1995, p. 236 [N.T.].)

como uma rede de sobredeterminação, uma substância espinosana feita de inúmeras células ou veias coexistentes, fica então mais difícil objetar alguma alternativa causal: todas as causas já estão lá, naquilo que Hegel chamou de "fundamento":

> Existência [...] é, portanto, a multidão de existentes enquanto refletidos-sobre-si, que ao mesmo tempo aparecem-em-Outro, são *relativos* e formam um *mundo* de dependência mútua e de uma infinita conexão de fundamentos e de [seres] fundados. Os fundamentos são, eles mesmos, existências; e os existentes, segundo muitos lados, são tanto fundamentos quanto [seres] fundados.[8]

Uma proliferação de narrativas surge desse modo, o que levanta o terrível espectro do relativismo pós-moderno e que não diminui ao se atribuir a cada um seu subcampo específico para, depois, tentar reconstruir toda uma disciplina nova e mais "complexa" ou "diferenciada" (de fato, os atuais lemas luhmannianos da complexidade e diferenciação ou o conceito althusseriano de sobredeterminação são, em vez de soluções, pouco mais que sintomas desse dilema). De uma série limitada de simples opções narrativas convencionais e reconfortantes (as assim chamadas metanarrativas), a história se torna uma torrente desconcertante de puro tornar-se, um rio no qual, como Crátilo colocou muito tempo atrás, não se pode entrar nem mesmo uma única vez.

Acaba sendo reconfortante abandonar esses dilemas diacrônicos de uma vez e se dirigir a uma perspectiva e a um modo de ver as coisas em que eles nem mesmo surjam. Esse é o domínio do sincrônico, e podemos nos perguntar o que substitui a narrativa aqui e quais formas representacionais estão disponíveis para articular essa nova visão sistêmica dos múltiplos fatores ou fatos coexistentes, isto é, que modo de *Darstellung* poderia possivelmente acomodar

---

8   *Ibidem*, p. 179. (G. W. F. Hegel, *Enciclopédia das ciências filosóficas em compêndio*, v. 1, tradução de Paulo Meneses, com a colaboração de José Machado, São Paulo: Edições Loyola, 1995, p. 242 [N.T.].)

esse material historiográfico. Fazer isso de modo adequado envolveria uma revisão completa desde o assim chamado romance "modernista" sem enredo ou poético – *Ulysses* sendo a referência mais imediata – a experimentos na historiografia do *Mediterrâneo,* de Braudel, até as *Passagens,* de Benjamin, com mais do que uma simples olhadela na concepção de causalidade estrutural de Althusser. Por ora, seria apropriado acrescentar o alerta dos teóricos do sincrônico de que este tampouco é uma questão temporal e de que a história sincrônica desse tipo não tem nada a ver com um presente, eterno ou não, e não deve ser entendida em termos do tempo vivido ou existencial.

Se enfatizamos essa (bastante apropriada) advertência é para apontar o óbvio: poucas pessoas a respeitam, e um deslizamento da *Darstellung* [apresentação] sincrônica para os paradoxos da temporalidade humana é tão frequente a ponto de ser declarado inevitável. Logo, a perspectiva sistêmica ou sincrônica dos eventos não apenas leva a dilemas representacionais (que podem sempre ser produtivos e interessantes), mas também gera questões ideológicas mais rasteiras e cotidianas a respeito da própria mudança. Quanto mais bem-sucedida é a construção historiográfica – a convicção de que tudo forma um todo, de que as relações entre existências e fatos são muito mais fortes do que suas possíveis relações com o que já não é e com o que ainda não é, de que a efetividade é uma rede sem costuras e o passado (ou a tradição) é um mero constructo intelectual no presente –, quanto mais isso é intelectualmente consistente, mais inevitável se torna nossa entrada em um reino parmenidiano no qual certo sistema eterno reina no nosso entorno como um meio-dia para além do tempo, apenas vagamente perfumado pelo odor de plantas escaldantes e informado pelo eco de cigarras e pela distante e incompreensível memória da morte. Proust e Bergson, Platão e Parmênides: é o idealismo que gera essa ilusão ideológica ou, pelo contrário, são os próprios argumentos historiográficos a fonte dessa miragem idealista? Ou ambos nascem de alguma modificação na ordem social? Oferecer uma resposta a essas questões significa propor uma opção narrativa específica (de fato, implicitamente, já sugerimos uma, ao evocar o acúmulo de informação no mundo contemporâneo) que vai de encontro à própria hipótese sincrônica.

Ocorre, então, que o historiador sincrônico trabalha contra si mesmo; o vencedor perde, como gostava de colocar Sartre: quanto mais hermético o sistema sincrônico estabelecido em nosso entorno, mais certamente a própria história se evapora no processo, e junto com ela qualquer possibilidade de agência política ou práxis coletiva antissistema. As mudanças locais que são possíveis de serem feitas obedecem agora à lei da borboleta esmagada de Bradbury e estão carregadas de consequências não esperadas. De fato, podem ser encontrados aqui os argumentos mais seguros contra a Utopia – a acusação de que ela seria um mero sistema fechado para além do alcance de nossa sincronia concreta, como um tipo de universo alternativo ao nosso com o qual é impossível se comunicar –, com a doutrina de que todas essas consequências não esperadas tendem à violência e de que a intervenção Utópica pontual, ao destruir uma ordem costumeira e convencional de certo tipo, leva à tirania (ou ao totalitarismo, como se costumava chamá-la). Retornarei a essas questões mais tarde; levanto-as agora, no entanto, a fim de compreender a relação inextricável entre a questão da sincronia e a da construção de representações Utópicas.

Torna-se lógico, portanto, questionar a representação da temporalidade na FC, e, em particular, da sincronia e da periodicidade sistematizante, como um primeiro passo no sentido do problema da representação da Utopia enquanto tal. Descobrimos, então, que não se trata tanto de questões sobre o conteúdo de um dado sistema – que formariam o que poderia ser chamado de um tipo de FC antropológica[9] –, mas, antes, de uma perplexidade puramente formal sobre as possibilidades de figuração de uma ruptura histórica radical, à qual talvez seja prematuro denominar de transição. Parece melhor, por enquanto, recorrer à expressão tradicional russa, o "tempo de

---

[9] Listo alguns desses romances no Capítulo 5 como exemplos da visão da história do Esclarecimento (ver anteriormente).

dificuldades", no qual os centros de civilização são destruídos, as cidades são abandonadas e o campo é devastado por saqueadores armados, o costume e a lei são varridos do mapa: um caos social, do qual, apenas lentamente, uma nova ordem social emerge de áreas novas e imprevisíveis, até agora marginais. Esse tipo de cesura histórica é um conceito bem diferente daquele da Idade Média ocidental (no fim das contas, um período em si, com sua própria estabilidade cultural e social), e tende a encorajar uma visão cíclica da história.

De fato, todas essas características encontraram uma representação clássica em um dos textos centrais dos "anos de ouro" da FC, o romance *O cair da noite*, de 1941, de Isaac Asimov (1920-1992). Eis aqui o planeta Lagash, cuja população cai na barbárie e na loucura a cada 2.500 anos, incendiando suas cidades e afundando em uma nova Idade da Pedra, da qual ela laboriosamente reinventa a civilização e a ciência, a tecnologia e o esclarecimento, apenas a tempo de encarar a próxima catástrofe cíclica. O estopim é um raro eclipse total, cujo efeito cataclísmico pode ser compreendido apenas quando entendemos que esse planeta é governado por seis sóis, um ou vários dos quais estão sempre presentes, mesmo que ofuscados durante a "noite" cotidiana do período anterior.

Decerto, não precisamos examinar a premissa científica muito detidamente, uma vez que sua característica crucial é, antes, a mimésis de uma premissa científica – e que, de acordo com Aristóteles, deve ser plausível antes de necessariamente verdadeira. Ainda assim, sempre se pensou que a ciência – pelo menos do tipo *Popular Mechanics* e de cadernos dominicais – seria característica da Idade de Ouro da FC, pelo menos nos Estados Unidos, onde as revistas *pulp* constituem um tipo diferente de começo para o gênero em relação tanto aos seus protótipos clássicos, Luciano e Cyrano, quanto aos seus progenitores de romance de arte europeu, como Wells, Čapek e Stapledon.

De fato, o veterano escritor a quem devemos *O cair da noite* e cuja carreira, notável e produtiva, se estendeu pelo primeiro meio século da FC, certa vez dividiu a história do gênero naquele meio século da seguinte forma: primeiro, aventura, depois, um momento científico seguido por um sociológico.[10] Iremos interpretar o momento científico de um modo relativamente formal, embora seu conteúdo não deva ser subestimado. Há, por exemplo, o bastante conhecido episódio do conto de Cleve Cartmill, de 1944, sobre a bomba atômica, que rendeu a seu editor, John Campbell, uma investigação pelo FBI. Depois, também, há a indubitável influência de projetos de FC imaginários na pesquisa científica real sobre o espaço – uma influência paralela àquela das ilustrações de FC do começo do século XX sobre arquitetos modernistas da época.[11]

No entanto, parece-me que, para a análise literária, vale mais tomar esse conteúdo científico como um dispositivo formal: aqui, em outras palavras, um efeito científico específico ou um paradoxo matemático – ou, se preferir, a mimésis plausível dessas coisas – serve como uma moldura ou, melhor ainda, como uma hipótese pseudocausal que deve corresponder a um tipo completamente diferente de história. Essas duas dimensões devem, de algum modo, se encaixar de forma a produzir um objeto narrativo reversível, um tipo de *Gestalt* narrativa que pode ser vista de duas perspectivas distintas, a científica e a não científica, cada uma delas alternativamente servindo como o "exemplo" da outra tomada como tema – ou, para usar uma linguagem técnica mais antiga, como o veículo do teor da outra. Nesse caso, o conteúdo não científico tem um caráter relativamente mais social; isso é consistente com o que é conhecido sobre a vida de Asimov, quem, dizem, participou nos anos 1930 de grupos que faziam um estudo sistemático de Marx e do marxismo e cujo conceito de "psico-história", em jogo aqui e na série *Foundation*, foi sugerido pelo conceito de "modo de produção".

Mas também precisamos especificar a natureza do terceiro momento da história da FC de Asimov, pois o termo "social", que

---

[10] Isaac Asimov, *Soviet Science Fiction*, (Nova York, 1962), "Introduction", p. 10-12.

[11] Um ponto que Reyner Banham nunca cansou de frisar e que se estabeleceu com Archigram. Ver, ainda, Rem Koolhaas sobre Hugh Ferriss (e sobre muito mais) em *Delirious New York* (Nova York, 1978).

tenho usado para me referir ao conteúdo de *O cair da noite*, não é exatamente o mesmo que aquilo que Asimov chama de sociológico, que, presumo, designa a sátira social. Uma tradição longa e respeitável data esse novo período a partir da publicação de *Os mercadores do espaço*, de Pohl e Kornbluth, em 1953. Esse romance, tão característico das preocupações do público estadunidense daquele período (os títulos de alguns de seus *best-sellers* – *O mercador de ilusões*; *Organization Man* – são, disso, sintomáticos), tratava da mercantilização, no espaço sideral, de produtos nos quais o público estava sistematicamente viciado. (O que nos remete ao *Can-D* e *Chew-Z* de P. K. Dick[12] ou, ainda, à Coca-Cola ou ao tabaco!) Decerto, *O cair da noite* é um típico produto *pulp*, com diálogos clichês e uma dose de sátira social estereotipada, com seu repórter investigativo de desenho animado estilo Gotham, seus acadêmicos pouco flexíveis, seu "público geral" e seus fanáticos religiosos. A noção de um sistema histórico, como a "alta civilização", destruído pela catástrofe irá encontrar seu pleno desenvolvimento apenas na FC posterior.

Em *O cair da noite*, o paradoxo científico é, sem dúvida, constituído pela concepção de um eclipse de todos os seis sóis, causado pela sombra de um planeta gêmeo oculto, cuja existência era até então apenas uma hipótese. Por sua vez, a ignorância astronômica em que esses devastadores efeitos são previstos é ela mesma explicada engenhosamente: um dos astrólogos de Lagash apresenta uma hipótese sobre o movimento de um planeta dentro de um sistema solar organizado em torno de um único sol, o que facilitaria a pesquisa teórica: "Os astrônomos de um planeta assim resolveriam o problema da gravidade antes mesmo de inventarem o telescópio;"[13] e é claro que, com a regularidade da mudança do dia e da noite, esses

---

12 Em Philip K. Dick, *The Three Stigmata of Palmer Eldrich* (Nova York, 1965).

13 Isaac Asimov, "Nightfall", in *Famous Science-Fiction Stories*, editado por R. J. Healy eJ. F. McComas (Nova York, 1957), p. 404. (Isaac Asimov, *O cair da noite*, tradução de Ronaldo Sergio de Biasi, Rio de Janeiro: Record, 1992, p. 212 [N.T.].)

cientistas aprenderiam algo mais, de que os habitantes de Lagash nem suspeitavam.

Creio que valeria a pena tirar uma lição imediata do nosso tema imediato do sistema sincrônico *versus* a narrativa diacrônica e reescrever a narrativa periodizante da história da FC de Asimov em termos de possíveis dominantes que formam diferentes constelações funcionais em um dado período. Assim, aqui em Asimov, e sob a "dominante" científica, a dominante sociológica, o domínio da sátira social assume um lugar subordinado do qual emergirá triunfantemente no próximo período.

Quarenta anos após do prefácio de 1962 de Asimov, estamos em condições de apresentar vários estágios adicionais no desenvolvimento da FC, particularmente na medida em que o estágio "sociológico", no qual ele obviamente inclui sua obra tardia, chega a parecer hoje, em retrospecto, paroquial e uma forma limitada de crítica à cultura estadunidense, confinada pelos medos e estratégias da Guerra Fria. Mas a época de Dick e Le Guin tampouco parece adequadamente caracterizada como um movimento da sociologia à psicologia ou pela emergência daqueles personagens complicados e interessantes, cuja suposta ausência da FC tem sido frequentemente lamentada por leitores modernistas da alta literatura canônica. A psicologia não é apenas desqualificada por seu tom humanista (truques e paradoxos psicológicos pertencem provavelmente ao segundo estágio, ou da "ciência e tecnologia", de Asimov): ela também é substituída pela psicanálise e relegada ao estatuto de uma pseudociência, quando não ao de ciência aplicada e de técnicas de testes e *marketing*. "Subjetividade" é uma categoria mais ampla e menos dogmática para situar o que encontramos em operação nas alucinações de Dick e nos paradoxos cognitivos de Lem ou nos mundos antropológicos de Le Guin: isso acrescentaria um quarto momento aos três de Asimov.

Eu tendo, porém, a também levar em conta a retórica e a propaganda em favor de uma "Nova Onda" na Ficção Científica – particularmente na Grã-Bretanha, com Moorcock e seus colegas, mas também com Samuel Delany nos Estados Unidos – como a aurora global de uma era alucinogênica, e a inferir, de todos esses variados sintomas, o surgimento de algo como um quinto estágio da FC, um estágio estético. O termo não deve expressar um retorno ao esteticismo ou à arte pela arte, de um modo tradicional ou regressivo, mas, antes, marcar a nova centralidade de dilemas da percepção e da representação – dilemas estes que trazem ao primeiro plano o estatuto da linguagem, mas também a problematização do Real, que, em Dick, descentra sujeitos antiquados formalmente estáveis, mas também gera as marginalidades do mundo social de Delany, as instabilidades catastróficas de todo um sistema global na estética do desastre de Ballard e os relativismos aos quais as visitas e culturas alienígenas condenam nossos próprios valores paroquiais. (Poderíamos querer ainda apresentar um sexto estágio, aquele do *cyberpunk*, com as novas abstrações do computador e da globalização e do capital financeiro da era Reagan-Thatcher em diante.) Podemos, portanto, mapear os vários estágios da FC (sem esquecer que eles se sobrepõem e que cada novo estágio retém as aquisições formais dos anteriores e também que as datas são meramente simbólicas):

1. A aventura ou "ópera espacial", que provém mais imediatamente da obra de Júlio Verne, mas que talvez poderia ser determinada na tradição americana por *Uma princesa de Marte* (1917), de Edgar Rice Burroughs.

2. A ciência (ou pelo menos a mimésis da ciência), que pode ser datada classicamente pelas primeiras *pulps* de FC no periódico *Amazing Stories,* de Gernbach, começando em 1926.

3. A sociologia ou, melhor ainda, a sátira social ou a "crítica cultural", que se convencionou atribuir à inovação de *Os mercadores do espaço* (1953), de Pohl e Kornbluth.

4. A subjetividade ou os anos 1960: os dez grandes romances de Philip K. Dick são, por exemplo, todos escritos em um período concentrado entre 1961 e 1968.

5. A estética, ou "ficção especulativa", convencionalmente associada à revista *New Worlds*, de Michael Moorcock, que circulou de 1964 a 1977, mas que, nos Estados Unidos, está associada à obra de Samuel Delany (1942-).

6. O *cyberpunk*, que estreou com sucesso com *Neuromancer* (1984), de William Gibson: uma ruptura epocal geral, que coincide não apenas com a revolução neoconservadora e com a globalização, mas também com a emergência da fantasia comercial como um gênero concorrente – e, no fim, vitorioso – no campo da cultura de massa.

Porém, a quarta categoria, a da subjetividade e da representação, também precisa ser ampliada para dar lugar a uma segunda onda de feminismo, de 1969 em diante, que não apenas produz toda uma nova geração de mulheres escritoras no campo da FC, mas, de modo ainda mais significativo, determina toda uma renovação e reinvenção do texto Utópico. Em retrospecto, portanto, esse novo determinante ou essa nova linha causal pode nos encorajar a reescrever o sistema sincrônico desse quarto estágio, ou estágio representacional, como um imperativo para pensar todas essas características conjuntamente de um modo novo, que abra um espaço central para a questão de gênero [*gender*] – bem como para as consequências antropológicas das várias revoluções do Terceiro Mundo durante o mesmo período.

A vida criativa de Asimov se estendeu por todos esses períodos, e não deveríamos, portanto, nos surpreender ao descobrir, em suas produções mais jovens, elementos subordinados destinados a se tornarem dominantes em um sistema posterior. Assim, o clímax de *O cair da noite* tem a força literal da palavra *estética* – que, em grego, designa a percepção – e proporciona, como consequência não esperada da premissa científica de Asimov, uma visualidade ofuscante, que quase cega:

> Havia milhares delas, brilhando com incrível nitidez, uma ao lado da outra, uma infinita parede de estrelas, formando um ofuscante escudo de espantosa luz que enchia todo o céu. Milhares de poderosos sóis tremeluziam no céu, em um esplendor que era mais assustadoramente frio em sua serena indiferença do que o vento cortante que castigava aquele mundo gélido e escuro.[14]

---

[14] *Ibidem*, p. 410. (Isaac Asimov, *O cair da noite*, tradução de Ronaldo Sergio de Biasi, Rio de Janeiro: Record, 1992, p. 227 [N.T.].)

Ocorre então que o significado da palavra "estrelas", de outro modo incompreensível, é revelado a cada dois milênios aos habitantes de Lagash; e o prazer estético desse enigma aparentemente científico é dado no espetáculo que contemplamos avidamente, embora enlouqueça os sujeitos do planeta: o gozo do excesso imaginário (e da multiplicidade).

A visualidade galáctica é uma das estéticas humanas mais antigas, recuando no tempo até bem antes de sua formalização no zodíaco e nas constelações. Em uma bela passagem de *Teoria estética*,[15] Adorno apresenta os fogos de artifício como o exato protótipo da temporalidade da arte – sua existência fugaz como a pura aparição, um deslumbre que se desvanece do ser. As estrelas no céu noturno são essas aparições suspensas no tempo, uma multiplicidade estirada imóvel no espaço, cuja outra face é aquele firmamento – o pergaminho que, diz-nos o Apocalipse, será enrolado nos últimos dias. As primeiras formas de percepção e articulação se impõem como as luzes dos planetas que nos fitam, a lenta separação de cada uma dessas luzes do ciclo de ascensão e queda das massas por trás delas. O que define essa percepção, no entanto, é um giro de visão no qual são as estrelas que nos olham e nos mantêm em seu campo de visão cegante. Trata-se do medo, tão sinistramente representado por Asimov, de que, como indivíduos e como espécies viventes, sejamos apanhados e imobilizados nesse olhar desapiedado dos céus, bem no espírito de Sartre e Lacan.[16] Trata-se de um terror primevo bem diferente do efeito da lua, cuja presença é uma promessa Utópica, como em *Os despossuídos*, de Le Guin, em que a orbe de Urrás representa a riqueza humana e natural indescritível para os colonos de Anarres, para onde, pelo contrário, o emissário solitário olha com saudade e nostalgia.

Mas não podemos deixar *O cair da noite* para trás sem voltar ao problema com o qual começamos e sem nos interrogar sobre o

---

[15] T. W. Adorno, *Aesthetic Theory* (1997), p. 81.

[16] J.-P. Sartre, *Being and Nothingness* (Nova York, 1966 [1943]), "The Look"; Jacques Lacan, *Le Séminaire*, v. XI (Paris, 1973 [1967]), p. 70-72.

fio que liga os dois mundos incomunicáveis do antes e do depois desse infeliz planeta. O fio é a religião: os cultistas conservaram um conhecimento da catástrofe que os cientistas mais avançados estão apenas agora, na sua véspera, descobrindo. Testemunhamos, assim, uma peculiar aliança entre dois inimigos, a religião e o esclarecimento, contra as massas populares que são suspeitas a ambos. Contudo, essa combinação reflete uma dialética, pois as duas forças constituem a oposição fundamental do próprio paradigma do esclarecimento: a religião e a superstição *versus* o progresso científico. Este oferecerá então a narrativa *Bildungsroman* do que chamo de FC antropológica, que traça a ascensão da "civilização" ao longo das era históricas, enquanto o outro polo da religião irá migrar, como vimos, para a fantasia e oferecer ao paradigma do esclarecimento uma imagem especular: a história como a perda da magia e o declínio do "velho mundo" do vilarejo e da ordem do sagrado.

Na FC, no entanto, a religião é um tipo de espaço mediador; é a caixa preta na qual a infraestrutura e a superestrutura misteriosamente se misturam e celebram uma identidade enigmática, unidas com o modo de produção e com a cultura – cujos conceitos ela antecipa de modo ambíguo. A religião foi, talvez, o mais antigo conceito organizador da antropologia como uma disciplina: a determinação em última instância do caráter nacional ou racial, a fonte última da própria diferença cultural, o marcador da individualidade dos vários povos na história (um papel que ela ainda desempenha em Hegel, e cujo reavivamento hoje pode ser observado em ideólogos como Samuel Huntington). Ela pode, portanto, oferecer as soluções mais fáceis para a FC, como um tipo de pensamento já pronto sobre o outro; e, ao mesmo tempo, ela põe em cena dilemas conceituais e problemas formais muito interessantes. Logo a veremos reduzida a um motivo mais facilmente manejável e identificável.

Porém, primeiro precisamos encontrar traduções das figuras históricas e cíclicas de Asimov em outros modos de FC: com ele, temos essencialmente a narrativa de um sistema fechado seguido por outro, que não se sobrepõe a ele, e cuja continuidade problemática com seu predecessor é, de muitos modos, a peça central do conto, seu efeito ou paradoxo formal básico. Pois essa história irá parecer bem diferente quando traduzida para o domínio da subjetividade e da psicologia humanista, no qual a narrativa deve encontrar sua figuração em termos de indivíduos, e não em cronologias históricas longas e lendárias.

Assim, nada parece tão distante da especulação galáctica e histórica do tipo Idade de Ouro do que o mundo de alucinações e visões induzidas por drogas de Philip K. Dick ou a claustrofobia de suas paisagens pós-históricas, os além-mundos sombrios e artificiais para onde os terráqueos pós-catástrofe foram forçados a emigrar, e cujo empobrecimento sensório e experiencial torna o recurso à ilusão farmacológica bastante compreensível. No episódio que gostaria de usar aqui como um tipo de epígrafe anedótica,[17] o recém-migrado a Marte tenta usar o "ambiente" (como esse espaço alucinógeno tipo Barbie é chamado comercialmente) como uma oportunidade para uma aventura amorosa adúltera com a esposa de um vizinho, mas está excessivamente distraído pela paisagem imaginária pré-catástrofe – um cenário de praia idílico – para passar ao ato. Novamente, portanto, nos deparamos com dois mundos fechados sem contato um com outro: a vida real ingrata de Marte e a vida de sonho, integral e atemporal, de Pat Insolente e Walt. Aqui, o problema de uma conexão entre os dois – o que, em Asimov, figura em termos de religião e tradição – se torna a questão incontornável da memória: ela pode ser evitada? Pode ser falseada? Como fazer com que ela funcione novamente? Nesse caso, a ponte sobre o abismo tomará a forma de um lembrete, um rabisco de batom feito pelo protagonista para si mesmo no espelho do banheiro, instando-o a se apressar. O resultado derrisório é que, nesse momento, todos os outros vizinhos, homens e mulheres, já aderiram à fantasia coletiva e estão sedentos para apressá-lo: uma paródia da coletividade Utópica, se já houve alguma. O nojo sexual não é a única desilusão que o desenrolar das coisas reserva para os protagonistas de Dick, que podem também conhecer o estado inverso de um pesadelo

---

[17] Philip K. Dick, *The Three Stigmata of Palmer Eldritch* (Nova York, 1965).

solipsista durante suas alucinações drogadas e esquizofrênicas, estas agora constituindo um sistema ou estado sincrônico do qual não é possível nem imaginável escapar.

Traduzidos para um idioma mais digno e humanista, no entanto, os dilemas da memória apresentam uma narrativa de FC mais reconhecível – como em um dos primeiros livros de Le Guin, *City of Illusions* (1967), no qual o protagonista sofre de uma amnésia induzida, pensada para impedir que ele leve a cabo sua missão de salvar o mundo. Falk, de fato, se encontra por um momento encalhado, sem identidade ou passado, em um mundo tribal aterrorizado por conquistadores alienígenas distantes, conhecidos como os Shing. Algo lhe diz que ele deve viajar para sua capital transcontinental (provavelmente, a antiga Denver), a fim de recuperar sua memória e se lembrar de sua missão. A viagem paradigmática através de uma América do Norte que regrediu a condições pré-industriais e ao que são essencialmente formas sociais nativo-americanas (sempre o ideal Utópico de Le Guin) repete a forma narrativa fundamental da autora sem muita distinção ou interesse. Isso certamente parece explicar a justificada insatisfação da autora com essa obra em particular, o que ela erroneamente atribui à mistura entre fantasia e FC, de elementos inspirados em Tolkien com tecnologias pós-atômicas. No entanto, encontramos essa mesma combinação "inadmissível" em um de seus mais significativos e bem-sucedidos trabalhos, *Always Coming Home* (1985), com sua mistura entre a organização tribal e a infraestrutura cibernética. O defeito formal mais plausível pode estar na tentativa de combinar o enredo geográfico com o tipo de desenlace psicológico que estamos discutindo aqui.

O romance encontra seu desfecho, de todo modo, na introspecção e em uma descoberta propriamente psicológica: Falk é, ele mesmo, um descendente daqueles colonos originais que fugiram da Terra no momento da invasão Shing. Uma vez que seu povo perdeu contato com sua antiga terra natal e, mais particularmente, uma vez que eles ainda não adquiriram a tecnologia maravilhosa do ansível – aquele instrumento de intercomunicação galáctica simultânea inventado por Shevek em *Os despossuídos* e, de um modo ou de outro, o centro simbólico e ideológico do cosmos de Le Guin, aqui presente por sua ausência –, precisam enviar um agente de volta para reconhecimento, e esse agente não é outro senão o próprio Falk. Seria fastidioso tentar explicar por que os Shing se sentiram obrigados a varrer sua memória prévia em vez de simplesmente destruí-la (de fato, eles precisam dele para encontrar e destruir seus antigos inimigos, que estão agora em algum lugar no espaço sideral); mas a premissa da restauração da memória e da identidade prévias é a total obliteração da memória presente. É, portanto, entre essas duas alternativas igualmente intoleráveis que Falk se encontra posicionado: a perda de sua identidade presente ou o eclipse permanente da sua antiga identidade. Essa figuração, muito mais potente que a cronologia cíclica de Asimov, nos permite vislumbrar novamente aquela angústia fundamental da Utopia, à qual retornaremos em maiores detalhes mais tarde – a saber, o medo de perder esse mundo familiar em que todos os nossos vícios e virtudes estão enraizados (incluindo ainda o anseio pela própria Utopia) em troca de um mundo no qual todas essas coisas e experiências – tanto positivas quanto negativas – serão obliteradas. "Meu projeto", como Sartre coloca, "é um encontro comigo mesmo do outro lado do tempo, e minha liberdade é o medo de não me encontrar lá e de nem mesmo querer mais me encontrar lá".[18] O que é tão frequentemente identificado como o tédio Utópico corresponde a essa retirada de investimento pulsional daquilo que já não é mais visto como "meu" projeto ou "minha" vida cotidiana. Esse é, no entanto, o sentido em que a despersonalização se torna uma característica fundamental ou constituinte da Utopia.[19]

---

[18] Sartre, *Being and Nothingness*, p. 73.

[19] Ver meu *A Singular Modernity* (Londres, 2003) para uma discussão da despersonalização como uma "tendência fundamental" na filosofia moderna em geral: poderia acrescentar que (conhecidamente desde Keats e da "capacidade negativa") ela é também bastante central na estética modernista e, em particular, na poesia moderna; assim, os "Graus da poesia lírica" (cinco) de Fernando Pessoa são todos formas intensificadas de despersonalização (ver *Atlantic Poets* de Irene Ramalho Santos [Dartmouth, 2003], p. 14, 77-78).

Mas, no presente momento, é a solução narrativa para esse dilema, e não o próprio dilema, que nos interessa:

> Para escapar do pânico total que nele emergia, procurou em volta por qualquer objeto para fixar sua atenção, voltando à antiga disciplina do transe, à técnica de se fixar em uma coisa concreta para dela construir o mundo uma vez mais [...]. O livro: ele o segurou em suas mãos [...]. Colunas de belas formas sem sentido, linhas de escrituras semicompreensíveis, modificações de letras que ele aprendera muito tempo atrás no Primeiro Analecto, desviantes, desconcertantes. Ele as olhava fixamente e não podia lê-las e uma palavra que ele não sabia o significado se destacou entre elas, a primeira palavra:
>
> O caminho...[20]

O "caminho" é, decerto, o Tao, a realidade central da metafísica de Le Guin, que tanto preside toda a sua obra como benevolentemente oferece a George Orr uma ponte transcendental através das convulsões da diacronia. Mas Le Guin não se preocupou em inventar um aparato psicológico tão pesado para explicar como Orr conseguiu manter uma memória evanescente do passado junto com o presente agora desejado – e, frequentemente, catastroficamente diverso. Entretanto, percebe-se que o Tao aqui, em *Planet of Exile*, é pouco mais do que um conteúdo contingente, um pretexto para dotar de sentido os mecanismos da memória (ou, como os formalistas russos colocariam, para "motivá-la"): não teria feito o mesmo qualquer texto impresso ou devemos reconhecer um poder singular na palavra única, na sílaba única, no personagem único? Creio não ser supérfluo nem gratuito relembrar aqui o grande poema de Brecht sobre a escrita do *Tao Te Ching* – e parabenizar o aduaneiro, que teve o mérito de perguntar ao Mestre o que ele queria dizer e de pedir uma versão escrita, antes que o sábio, montado em seu boi, junto a seu pequeno ajudante desaparecessem para sempre, em direção à floresta e à lenda, depois da curva:

---

[20] Ursula K. Le Guin, *Planet of Exile* (Nova York, 1966), p. 138.

Sprach der Knabe: "Dass das weiche Wasser in Bewegung
Mit der Zeit den mächtigen Stein besiegt.
Du verstehst, das Härte unterliegt".

Disse o garoto: "Ele ensinou como a água mole,
Pelo atrito ao longo dos anos, vence a pedra dura.
Em outras palavras, a dureza acaba perdendo".[21]

Este é o ensinamento democrático do Lao-tse de Brecht, que ainda mantém e abarca o sentido mais místico dos ritmos do tempo.

O que a referência a Brecht deixa claro, no entanto, é que em todos esses casos estamos lidando com a escrita e com a escrito. Se os psicólogos continuam a falar de "traços de memória", a expressão, na insistente falta de qualquer referente genuinamente físico, permanece figurativa, comparando a memória de um evento passado a um "traço", isto é, a um tipo de escrita. Mas o culto religioso milenarista de Asimov, como todas as tradições religiosas, também inclui em si, como seu instrumento de transmissão fundamental, uma escritura sagrada de certo tipo; mesmo os rabiscos de batom no espelho de Dick permanecem uma forma de *écriture*, nos recordando vagamente daquelas mensagens desesperadas deixadas por matadores em série na cena do crime.

Não precisamos adentrar nos meandros das primeiras obras de Derrida para concordar que os aparentemente muito diferentes conceitos de escrita e de tempo são, na verdade, profundamente cúmplices e relacionados, sendo a própria ideia de linguagem o resultado de uma incapacidade de pensar coerentemente o tempo, ou o contrário – não temos de decidir sobre isso. Mas que ambos estejam secretamente habitados por uma ilusão humanista (ou metafísica) é simbolicamente revelado pela própria concepção do ansível e pela ideologia de certa comunicação simultânea no presente que

---

[21] Bertolt Brecht, "Legend of the Origin of the Book Tao-te-ching on Lao tse's Road to Exile", *Poems 1913-1956* (Nova York, 1976), p. 314-316; "Legende von der Entstehung des Buches Taoteking auf dem Weg des Laotse in die Emigration", *Werke* (Frankfurt, 1988), XII, 33.

ele promete e encarna; enquanto o valor singular do texto Utópico também reside em sua função como um traço de memória, mas como uma mensagem do futuro, algo prefigurada, de forma distorcida, por todas as grandes escrituras, que se oferecem como mensagens de alteridade, mas transmitidas pelo passado.

Essas mensagens escritas incompreensíveis têm suas analogias arqueológicas, particularmente nos cacos de cerâmica e nos fragmentos culturais do museu, que se tornam um tipo de enorme mensagem, escrita na língua desconhecida dos objetos. E como é inevitável, o museu faz sua aparição paradigmática no texto fundacional da Ficção Científica moderna:

> Encontrei o Palácio de Porcelana Verde, aonde chegamos por volta do meio-dia, abandonado e parcialmente em ruínas [...]. Cruzei a entrada principal – cujas portas estavam abertas e despedaçadas – e ali encontramos, em vez do salão que seria de se esperar, uma longa galeria iluminada por numerosas janelas laterais. À primeira vista, aquilo me lembrou um museu. O piso ladrilhado estava coberto por uma espessa camada de poeira, e via-se em volta uma grande variedade de objetos sepultados sob o mesmo lençol de pó acinzentado. [...] Caminhando para um dos lados, encontrei o que pareciam ser prateleiras inclinadas e, limpando a poeira, me deparei com vitrines transparentes, análogas às dos museus de hoje [...].[22]

Entretanto, o museu de Wells registra nosso próprio futuro terráqueo como um passado que é a lamentável história da involução humana: uma arqueologia profética cujo paradoxo temporal consiste na inversão do paradoxo que nos interessa aqui e garante o seu choque – como o encontro na praia no final de *Planeta dos macacos* (1968) – ao demonstrar que diferença é identidade e que esses artefatos alienígenas são, na verdade, relíquias de nosso próprio futuro,

---

[22] H. G. Wells, *The Time Machine*, in *The Time Machine/War of the Worlds* (Greenwich, CT, 1968 [1895, 1898]), p. 75-76. (H. G. Wells, A máquina do tempo, tradução de Bráulio Tavares, Rio de Janeiro: Suma, 2018, p. 91 e 92 [N.T.].)

transformando a ruptura em uma continuidade sinistra. De fato, o Viajante do Tempo não aprende nada com eles, a não ser uma visão sombria da entropia *fin de siècle*, e acaba saqueando esse museu em busca de possíveis armas, como o fazem os náufragos em *The Mote in God's Eye* (1974), que, como os visitantes da Lagash de Asimov, podem ler uma história lamentável de catástrofe e ressurreição cíclicas nas armas que eles ali encontram.[23]

A Zona dos Strugátski é um tipo diferente de museu, cujos objetos nada nos dizem em relação a seus visitantes alienígenas ou a sua história, mas emitem poderosos sinais de absoluta alteridade. E, do mesmo modo, o estranho objeto com o qual Ian Macauley é confrontado em sua chegada ao Sigma Draconis III:

> Há uma coisa aqui com formato de pera, com um gancho em seu lado mais estreito, de cerca de um metro e meio [...] e, depois, um conjunto de cinco barras corroídas, como a moldura de um balanço de criança [...] e depois um tipo de prato, um disco côncavo e raso com quatro protuberâncias grandes e quatro pequenas, separadas de modo equidistante ao longo de sua circunferência [...].[24]

Esse arqueólogo em particular é também um linguista, como é apropriado ao trabalho filológico que busca reconstruir a vida alienígena como um todo (e, em particular, busca o segredo de seu declínio e extinção). O vestígio escritural de Asimov dá lugar, em Brunner, a toda uma coleção de objetos enigmáticos, que o linguista-arqueólogo deve ler como um detetive que decifra pistas; e, de fato, nesse ponto, o romance de FC de reconstrução alienígena se aproxima assintomaticamente da história de detetive.

Infelizmente para esses detetives galácticos, nenhuma Pedra de Roseta pode ser imaginada para uma língua como essa:

---

[23] Faremos referência a outro interessante museu Motie no capítulo 9: um museu histórico no qual pinturas comemorativas do passado falam e exposições de variadas épocas históricas são povoadas por criaturas vivas.

[24] John Brunner, *Total Eclipse* (Nova York, 1974), p. 50.

No caso das línguas terrestres, por mais que sejam mortas, sempre existe a chance de encontrar alguma língua viva, ou outra língua morta já decifrada, que tenha alguma ligação com aquela, por mais remota que seja. Na ausência disso, existe pelo menos o fato de que toda língua terrestre foi escrita por seres humanos dotados de modos humanos de pensar. Isso serve de ponto de partida, mesmo que fraco. No caso dos para-símbolos [escrita alienígena], nada disso existe, portanto eles constituem um problema claramente sem solução.[25]

Isso é, de fato, o que leva Stanislaw Lem à conclusão de que a vida alienígena é radicalmente incognoscível, como veremos no próximo capítulo. Ainda assim, esses linguistas de FC do futuro, que naturalmente já resolveram os mistérios de Mohenjo-Daro e dos Etruscos, estão bem ansiosos para enfrentar o enigma da língua e da vida alienígena, colocando seus criadores em uma situação ainda mais desconfortável de ter de inventá-las a partir do nada.

O romancista de FC também enfrenta o problema, mas em um grau metafisicamente mais elevado, da construção de uma "dupla inscrição" que define a vocação do escritor de suspense – isto é, ter de inventar uma primeira narrativa que deve ser hipoteticamente reconstruída como "fato" apenas no segundo tempo narrativo, o do próprio detetive. Trata-se de uma distinção que recua até a diferenciação entre mito e enredo em Aristóteles – a lenda original, reorganizada no palco em episódios dramáticos pelo dramaturgo; e, depois, reinventada pelos formalistas russos (fábula e "*suzhet*") e, depois deles, por Genette. "Quem se importa com quem matou Roger Ackroyd?" – Edmund Wilson sabidamente se perguntou; e talvez seja menos a solução e mais o próprio processo dedutivo o verdadeiro foco de nosso interesse e fascinação. Mesmo o Grande Detetive, com todas as suas excentricidades, é carismático apenas na medida de suas Grandes Deduções. A consequência é, infelizmente, semelhante à abordagem dos fenomenólogos

---

[25] Isaac Asimov, *The Gods Themselves* (Nova York, 1972), p. 35-36. (Isaac Asimov, *Os próprios deuses*, tradução de Silvia Mourão, São Paulo: Editora Aleph, 2010, p. 34 [N.T.].)

em relação ao ato (sacar uma bola de tênis, por exemplo): ele deve falhar para que fiquemos dele conscientes. Assim, a Grande Dedução deve sempre ser levemente distorcida ou falha para que a captemos e para que nos afastemos de uma solução que inevitavelmente seria vítima do julgamento wilsoniano. Logo, a grandiosidade do ato de intelecção de George C. Scott em *A lista de Adrian Messenger* (John Huston, 1963) consistia no toque propriamente linguístico com o qual esse detetive amador interpretou os desvarios delirantes da vítima, como relatado por uma testemunha francesa: "A última escova [*brush*]: sem mais escovas! Acabaram todas!". Scott conjectura que, na realidade, o moribundo pronunciou um sinônimo da palavra inglesa "*brush*", a saber, a palavra "*broom*", um homônimo do nome da família Brougham, cujos herdeiros estão sendo sucessivamente eliminados. A falha reside na suposição de que o inconsciente do francês conheceria o inglês bem o suficiente para poder ter cometido esse erro; por outro lado, parece possível que apenas um falante estrangeiro poderia ter feito isso, e essa leve hesitação entre a plausibilidade e a improbabilidade dá à Grande Dedução seu valor empolgante e paradigmático.

Visto desse modo, fica claro que o autor de FC está em uma posição de criação divina muito além de qualquer coisa que Agatha Christie ou mesmo Aristóteles poderiam ter imaginado: em vez de inventar um crime de certo tipo, o escritor de FC é obrigado a inventar todo um universo, toda uma ontologia, todo um outro mundo – muito precisamente, esse sistema de diferença radical ao qual associamos a imaginação da Utopia.

Agora, é bem verdade que a Grande Dedução de Ian Macauley se beneficia de algumas descobertas anteriores e, em particular, do conhecimento prévio dos próprios draconianos:

> Sabemos, por cima, como eles se pareciam – corpos como duas carapaças de caranguejo se unindo uma acima da outra, quatro pequenos membros de caminhar, dois membros de apresamento, todos com garras tubulares nas extremidades, pelas quais corriam as vias nervosas, e compostos de uma versão modificada de sua pele, como as unhas humanas. Sabemos, ou achamos que sabemos, que eles são

providos de um sentido que não temos, embora muitos peixes, sim: a habilidade de perceber campos eletromagnéticos. Suspeitamos que muitos dos cristais que encontramos ainda impregnados por esses campos, do mesmo modo que uma fita cassete, eram suas inscrições.[26]

A natureza eletromagnética da linguagem dos alienígenas, ou pelo menos de sua sensibilidade, além de seu conhecimento do clima bem instável de Sigma Draconis III permitem a Ian conjecturar que seus habitantes demonstrariam um aguçado interesse pela passagem de temporais elétricos, e que ele leve a cabo sua Grande Dedução, já mencionada, da função do objeto misterioso (trata-se de um barômetro). Essa conquista coloca, então, o problema, ainda maior para nós, relativo à natureza dos cristais, que, se conjectura, seria uma forma de escrita e, ademais, a razão da extinção da própria civilização alienígena.

Esse é o grande enigma que dá a relevância dessa bela e melancólica fábula de John Brunner, *Total Eclipse* (1974), alegórica em ambos os níveis de sua "dupla inscrição". A história reconstruída da extinção coloca a questão: "Seria provável que o mesmo [destino, isto é, a extinção] aconteça conosco?";[27] enquanto a história de sua reconstrução traz a pergunta alegórica bem diferente sobre como podemos entender a diferença radical, seja ela a diferença dessa civilização alienígena ou a da própria Utopia. A primeira questão é, pois, duplicada dentro da própria obra, pois a Terra da qual os exploradores-arqueólogos vieram foi devastada pela guerra atômica e pela fome (e sem os benefícios do ansível), comprometendo, assim, a própria sobrevivência da colônia humana em Sigma Draconis III.

A maioria das Grandes Deduções da FC ignora os dilemas linguísticos – que envolvem algo talvez ainda mais gigantesco do que a invenção de outro mundo: a invenção de outra língua, não humana –, seja omitindo as complexidades das categorias linguísticas, seja fazendo com que os alienígenas aprendam inglês (como em *The Mote in God's Eye*). A solução de Ian Macauley envolve um método diferente

---

[26] John Brunner, *Total Eclipse*, p. 3.

[27] *Ibidem*, p. 12.

e não linguístico, um método que de fato nos leva de volta aos debates fundamentais do século XIX sobre a historiografia e as formas propriamente históricas de entendimento. De particular relevância é a distinção de Dilthey entre *Erklären* e *Verstehen*, ou Explicar e Entender, respectivamente: dois modos de pensar que distinguem os procedimentos das ciências duras ou naturais daqueles das *Geisteswissenschaften* (termo imperfeitamente traduzido por "ciências humanas"). Trata-se de uma repetição tardia do grande princípio *verum factum* de Vico, segundo o qual podemos entender verdadeiramente apenas o que nós mesmos fizemos ou, em outras palavras, a história, mas não o que Deus fez, isto é, a natureza. A distinção de Dilthey suplementa esta ao estipular que podemos formular leis da natureza ou, em outras palavras, *explicar* a dinâmica e as operações dela, mas que não podemos *entender* essas operações do mesmo modo como entendemos outros seres humanos, seus atos e motivações, e mesmo os processos históricos que surgem deles.

Contudo, há, aqui, ainda outra premissa subjacente, referente ao modo pelo qual somos capazes de "entender" outras pessoas. A "empatia" (*Einfühlung*) é uma especificação do fim do século XIX da noção muito mais antiga de simpatia, pela qual a possibilidade de "nos colocarmos no lugar de outra pessoa" é nomeada e supostamente conceitualizada. Fazemos isso, pensava Dilthey, ao lermos códigos culturais, mas, acima de tudo, pela expressividade, que oferece algo como uma moldura em que nossas simpatias pelo outro podem fluir e se cristalizar. A fascinação com as variedades de expressões faciais e gestualidades humanas não começou com a grande compilação de Darwin nem acabou com a teoria da emoção de James-Lange (que postula o primado da "expressão fisiológica" sobre sua experiência vivida). As modernas teorias da comunicação são, sem dúvida, ainda refinamentos dessa concepção essencialmente humanista das relações interpessoais, que necessariamente cai por terra com a absoluta alteridade e o problema do radicalmente alienígena.

Mas os grandes detetives frequentemente fetichizaram a empatia (ou a "intuição"), mais dramaticamente nos romances *Maigret*, de Georges Simenon, nos quais o inspetor sempre imaginativamente se coloca no lugar do criminoso – do mesmo modo como esse romancista, incrivelmente produtivo, se coloca no lugar de seus personagens.[28] É, portanto, de todo condizente que o detetive-linguista arqueológico de Brunner se utilize do mesmo método e produza um modelo do corpo draconiano grande o suficiente para caber o próprio investigador e que lhe permita a liberdade, mas também as limitações dos movimentos típicos dessa espécie. Várias próteses são desenvolvidas, a fim de adaptar a cinética humana à draconiana: uma para a manipulação dos quatro membros que servem para correr, outra para transmitir aproximações de sinais eletromagnéticos, enquanto essa identificação imaginária é reforçada por doses pesadas de hipnotismo. O plano de Ian é gastar um mês vivendo a vida de um draconiano nas várias cidades e construções que já foram escavadas no planeta, ao fim do qual ele promete a si mesmo um salto de iluminação e entendimento (que o romance de fato oferece). Alguns atalhos podem soar ao leitor como trapaça: é, por exemplo, difícil de imaginar como ele teria feito essa Grande Dedução sem a existência de uma variedade de animais (não sencientes) de parentesco distante com os alienígenas ou, ainda mais especificamente, sem o conhecimento prévio (talvez adquirido dessas espécies aparentadas) de que todos os indivíduos draconianos passam por um ciclo sexual, no qual "a infância era um estágio neutro; dela se seguia um estágio masculino; e depois deste um estágio feminino comparativamente curto, antes da infertilidade da velhice".[29]

Após o rigor da construção de Brunner, pode parecer frívolo voltar a Asimov, desta vez a uma obra tardia que convenientemente nos leva de volta ao problema representacional que aqui é central para nós: o das possibilidades de comunicação entre dois mundos, ou sistemas, diferentes ou absolutamente separados. *Os próprios deuses* (1972), decerto, não tem muita energia imaginativa para lidar com o problema da comunicação; e essa provavelmente é a razão pela qual esse interessante romance não constitui um aporte durável ao

---

[28] Ver meu *The Prison-House of Language* (Princeton, 1972), p. 204-205.

[29] John Brunner, *Total Eclipse*, p. 40.

cânone. De fato, sua premissa permanece, em larga medida, dentro da forma que atribuímos à Idade de Ouro: a combinação entre um enigma científico (como seria possível haver algo como o Plutônio 186?) com esse ou aquele conteúdo narrativo viável de tipo diferente.

A obra é, na verdade, um tríptico que se utiliza de descontinuidades genéricas interessantes (porém não realizadas): um drama de política acadêmica, seguido por uma fábula *symboliste* pálida sobre alienígenas, e, depois, por uma conclusão pesadamente orquestrada, com detalhes físicos da vida humana na lua, os efeitos da baixa gravidade no corpo, e assim por diante. De um modo esquemático, podemos dizer que a segunda e terceira parte oferecem duas alteridades (ou negações) distintas à representação humana realista da primeira, pois a Parte II é um Universo paralelo não humano, enquanto a Parte III oferece um tipo de síntese entre a alteridade e a familiaridade, ainda humana, mas (talvez) pós-humana em termos físicos e mesmo mentais.

Tudo isso, porém, está pressuposto no contato inicial entre os dois mundos simultâneos alternativos, e pode-se apreciar a inventividade de Asimov observando como, de um isótopo químico impossível, ele extrapola para a ideia de um vazamento mal perceptível entre os dois universos herméticos. Com esse evento extraordinário e sem paralelo, a dinâmica narrativa se apresenta, e um primeiro mecanismo é construído para facilitar a troca:

> O ciclo plutônio-tungstênio pode girar interminavelmente para a frente e para trás entre o universo e o para-universo, gerando energia primeiro em um e depois no outro, do que se tem como resultado líquido uma transferência de vinte elétrons do nosso universo para o deles, a cada núcleo reciclado. Os dois lados podem obter energia do que, de fato, é uma Bomba de Elétrons Entre Universos.[30]

Não apenas a comunicação segue aqui o modelo da troca mercantil (os estruturalistas tiveram, pelo menos, a decência de interpor,

---

[30] *The Gods Themselves*, p. 27. (Isaac Asimov, *Os próprios deuses*, tradução de Silvia Mourão, São Paulo: Editora Aleph, 2010, p. 25 [N.T.].)

entre seu conceito de troca de signos e as formas contemporâneas mais cruas do mercado capitalista, a tese antropológica do dom de Mauss), mas ela parece corroborar as alegações mais delirantemente otimistas da retórica do livre mercado, segundo a qual todos lucram e ninguém perde nada: "Uma estrada", como coloca um dos personagens, "que desça em ambos os sentidos".[31] De fato, as leis de cada Universo são suficientemente diferentes para que a perda tecnicamente necessária em cada um corresponda a um ganho (omito as "explicações científicas"). Trata-se de uma imediaticidade comunicacional ao extremo – uma coexistência de sistemas radicalmente distintos que, seja qual for sua ciência, parece bater de frente com a física do imperialismo ou mesmo com a mecânica mais simples da classe social.

Não é preciso dizer que se trata também de uma ilusão; e cada mundo está ameaçado em sua existência por uma transmissão contínua que esquenta um Universo e esfria o outro em proporções perigosas. Esse é também o momento em que a comunicação real entre os universos começa, e as dissidentes de cada lado tentam publicizar os perigos envolvidos no que, para as estruturas de poder e a maioria da população, seria simplesmente uma fonte miraculosa de energia gratuita (seus efeitos sociais nos dois universos nunca são realmente explorados). Aqui, a potencialidade desse texto para certa figuração propriamente Utópica é substituída por um conjunto de paralelos políticos mais convencionais, quando, previsivelmente, um final feliz e o prospecto do pluralismo liberal reaparecem. Acontece que há ainda mais Universos alternativos, e a troca com eles pode alterar os perigosos efeitos de longo prazo do contato meramente dual (ou unilateral); a crítica do liberalismo econômico é, assim, anulada por uma ampliação da rede ao que poderíamos anacronicamente chamar de dimensões globais. Mas é menos a ideologia pessoal de Asimov que está em questão aqui e mais o modo como esse resultado novamente corrobora a visão de que a experiência política e social tanto permite quanto limita a pesquisa e a invenção científicas,

---

[31] *Ibidem*, p. 47. (Isaac Asimov, *Os próprios deuses*, tradução de Silvia Mourão, São Paulo: Editora Aleph, 2010, p. 45 [N.T.].)

e não o contrário, como a maioria das histórias intelectuais pressupõe. Uma nova forma precisa primeiro emergir no domínio concreto das relações sociais antes que possa ser transferida para os domínios mais especializados da vida intelectual e produtiva: esse é, na verdade, o sentido mais profundo da observação de Marx de que a história humana apenas confronta seus sujeitos com os problemas que eles já podem resolver.

Nesse espírito, o que os anos 1960 parecem ter permitido a Asimov pensar e expressar de um modo novo foi o feminismo, o que se pode detectar não apenas nas embaraçosamente jocosas e constrangedoras recém-descobertas "liberdades sexuais" do texto, mas, acima de tudo, no fato de as dissidentes, em ambos os universos, serem mulheres. O gênero [gender], de fato, inesperadamente se torna o tema central desse romance, por meio do para-Universo, que acaba por incluir habitantes com três gêneros diferentes, além de um tipo de ser misterioso não sexual ou pós-sexual: os assim chamados Durões, por oposição aos Suaves tripartites. Reminiscências dos Draconianos andrógenos de Brunner! Voltaremos a essa virada inesperada em um capítulo adiante. Por ora, basta enfatizar nossas descobertas neste, como a de que questões temporais – a diacronia da sincronia, o tema da transição à Utopia, os dilemas representacionais ao se pensar o tempo histórico – parecem fatalmente levar, em quase todos os casos, a um problema bem diferente: a vida alienígena, de seres sencientes radicalmente diferentes, pode mesmo ser imaginada? Swift só podia imaginar uma existência Utópica povoando-a com formas não humanas, que ele, não obstante, representava sob o disfarce de animais terrestres. Retirando-se da sociedade humana, seu narrador prefere passar a melhor parte do seu tempo no celeiro:

> Meus cavalos me entendem razoavelmente bem; converso com eles pelo menos quatro horas por dia. Eles estranham o freio ou a sela; têm grande amizade por mim e um pelo outro.[32]

De modo bastante parecido, precisamos agora também passar algum tempo com os alienígenas, antes de encararmos a Utopia.

---

[32] Jonathan Swift, *A Selection of His Works* (Nova York, 1965), p. 280.

8.
A tese da incognoscibilidade

Contudo, antes de fazer isso, precisamos colocar em seu devido lugar uma posição implacavelmente negativa e cética (que, como veremos, não carece de um imperativo ético concomitante): a do grande romancista polonês Stanislaw Lem (1921-). Aqui, o problema da diacronia e de suas possíveis continuidades migra uma vez mais para a questão dos sistemas sincrônicos (como observamos no capítulo anterior). Lem constitui, porém, um estágio intermediário entre o sistema e o alienígena, na medida em que seus seres enigmáticos são ambos a um só tempo, e o problema da representação é resolvido por uma posição relativamente mais modernista, segundo a qual ela é impossível. Precisamos apresentar uma notável antecipação da doutrina de Lem: trata-se do intricado e insolúvel enigma que Arthur C. Clarke nos apresenta em seu *Encontro com Rama* (1972), um dos textos permanentemente fascinantes do cânone, cujo brilho diminuiu devido a uma série de sequências postiças.[1] Rama, um objeto misterioso que entra no sistema solar, se revela uma construção artificial que parece estar esperando pela forma de vida para a qual supostamente foi preparado. Seus exploradores humanos são,

---

[1] Arthur C. Clarke (1917-) é uma das figuras maiores da FC britânica, unindo um comprometimento sério com a tecnologia espacial e a ciência especulativa com um misticismo idiossincrático, uma combinação epitomizada pelo episódio final "Star Child", do filme *2001* (1968), em que ele colabora com Stanley Kubrick.

portanto, capazes de estabelecer a presença de um mistério a ser resolvido, sem serem capazes de resolvê-lo antes que o artefato seja de novo lançado para fora do nosso sistema solar pela gravidade do sol, em um percurso que foi evidentemente traçado com bastante antecedência. A história de mistério alienígena de Clarke é, de algum modo, bem mais gratificante do que qualquer uma daquelas histórias com soluções (incluindo suas sequências), e sugere que a criação de Deus é mais bem imitada pela invenção de questões do que pela invenção de respostas.

Se Clarke era um agnóstico em sua representação da alteridade alienígena, Stanislaw Lem é decididamente um ateu. Três obras documentam essa posição, que, pode-se dizer, é uma extensão de sua filosofia científica esclarecida mais geral, como delineada em seus tratados não ficcionais sobre computação e naqueles contos mais bem-humorados que formam algo como um compêndio de tipo Lewis Carrol ou deleuziano de paradoxos científicos, tanto quanto em seu ceticismo a respeito das possibilidades do próprio gênero científico-ficcional. Perversamente, essa Ficção Científica é pensada para demonstrar, de um modo algo kantiano, seus próprios limites absolutos. Aqui, seu *A voz do mestre* (1968) representa o amargo paradigma da impossibilidade de entender o Outro (a menos que se queira evocar o fiasco do sinistro romance tardio com o mesmo nome, de 1986): um sinal do espaço sideral que nunca pode ser decifrado, mas que se apresenta como um pretexto para as mais engenhosas conjecturas humanas (como faz a ciência dos solaristas no romance relacionado que examinaremos logo mais) e oferece uma tela de projeção para revelar os impulsos e energias mais tóxicos dessa raça humana vinculada a um planeta, que somos nós. O narrador desse romance é, sem dúvida, o personagem mais plenamente realizado ou "realista" de Lem, com uma psicologia mais interessante que qualquer outra na ficção pós-dostoievskiana – e também uma das mais repugnantes –, um "gênio" ebulindo ressentimento e com uma autorrepugnância que se expande a ponto de incluir a raça da qual ele é membro. Aqui, o ceticismo de Lem rompe com a forma tradicional de contar histórias, na medida em que a narrativa de sucessivas falhas não leva a lugar algum: sua ladainha de frustrações é insatisfatória até mesmo em termos formais, enquanto anulação paródica da "grande narrativa" da descoberta científica e da solução definitiva de problemas. *A voz do mestre* é a obra mais fascinante e malquista de Lem, cuja lição vazia precisamos suplementar com dois outros romances mais recompensadores (e famosos).

Como bem se sabe, *Solaris* (1961) reinscreve o ceticismo em uma fábula mais viável, na qual um ser alienígena sozinho e singular – os observadores humanos o assimilam a um oceano que cobre a totalidade de um remoto planeta que leva o nome do título – resiste à investigação científica com toda a tenacidade serena de uma divindade (como, de fato, certas escolas de pensamento o interpelam). Mensuramentos precisos documentam o desvio leve, mal perceptível, dos movimentos do planeta em relação a todas as leis naturais conhecidas e reforçam o consenso geral de que seu "oceano" é, na verdade, um ser senciente. Uma seção *bravura* sobre os solaristas antecipa a paixão de Lem pela escrita de resenhas sobre livros não existentes e imaginários, ao projetar uma biblioteca de todas as possíveis abordagens de estudo desse desconhecido.

As teorias recapitulam o desenvolvimento e a estagnação de cada nova linha de pesquisa científica, uma de cada vez; e, de fato, na imensa variedade lógica das teorias e escolas e nas extraordinárias engenhosidade e energia mental investidas nelas, Lem nos oferece uma virtual representação da própria ciência, da ciência "dura" e não apenas do conhecimento, com uma sociologia em miniatura dos cientistas, uma história de seu financiamento e uma descrição do papel da experimentação e da publicação científica. Essa história de uma ciência imaginária – que vale tanto quanto qualquer romance realista sobre o tema – estende o drama e as implicações desse "primeiro contato" particular para muito além de uma contribuição engenhosa àquele subgênero particular de FC: produz-se uma parábola metafísica da relação epistemológica da raça humana com seu não-eu em geral, na qual esse não-eu não é meramente a natureza, mas outro ser vivo.

Entretanto, o ser em questão é descrito, e são dadas pistas e dicas sobre ele – algumas das quais o leitor pode desenvolver independentemente. Logo, somos levados a entender que a peculiaridade desse ser imenso e solitário é resultado da posição mediana de seu planeta entre duas estrelas, em uma situação em que a vida supostamente não seria capaz de se desenvolver; essa situação determina uma trajetória instável que o ser senciente aparentemente nasceu para corrigir (daí os dados iniciais que não correspondem às leis da física que regem a matéria inerte). Esse dado inicial estabelece uma diferença radical na situação enfrentada por essa forma de vida, uma situação que não tem equivalente para os seres humanos e que eles são incapazes de imaginar. Mas a própria inteligência (ou consciência) humana não se desenvolveu, entretanto, como uma resposta análoga a um dilema estrutural insolúvel do mesmo tipo, um estado permanente de tensão e perigo para o qual nenhuma solução instintiva foi encontrada?

O oceano, por sua vez, convenientemente oferece seu próprio material para estudo e pesquisa científica. Aparentemente indiferente à presença dessas formas de vida humana menores (ele é ainda maior que toda a superfície da Terra), e como que sonhando ou refletindo sobre seus pensamentos, ele emite periodicamente imensos fenômenos espaciais, às vezes de aparência mais estável e de duração indeterminada: montanhas, ilhas, arquitetura fantástica, formas expressivas de todos os tipos, que foram classificadas em três grupos gerais – os longuinos, os mimoides e as simetríades –, eles mesmos, por mais de um século, objeto de estudo intensivo e sistemático e de fascinação científica. Essa seria, por assim dizer, a produção estética de Solaris e seu único resultado é o de confirmar a doutrina de Kant de que a arte é uma produção sem conceito.[2] Os acidentes fatais que acompanham

---

[2] Stanislaw Lem, *Solaris* (Nova York, 1970 [1961]), p. 121-122: "O homem pode abranger tão poucas coisas de uma só vez; vemos apenas aquilo que acontece à nossa frente, aqui e agora. Ter o esclarecimento simultâneo sobre uma multidão de processos, independentemente se estejam interligados ou não, ou se são complementares, excede suas possibilidades. Experimentamos isso mesmo perante fenômenos relativamente simples. O destino de um homem pode significar muitas coisas, o destino de centenas é difícil de abarcar, mas as sinas de milhares, de milhões, não significam realmente nada. A simetríade

a pesquisa científica dessas formações aparecem apenas em um caso específico (quando um piloto cai diretamente no próprio oceano), a fim de revelar que o oceano sabe dessas explorações e sondagens sistemáticas por outra forma de vida (o filho do piloto aparece mais tarde em um simulacro gigante).

Pode-se pressupor que a falta de atenção específica aos humanos chega ao fim pouco antes da chegada do protagonista ao planeta: exasperados pelo seu silêncio, os exploradores sujeitam a superfície do oceano a um intenso bombardeio de raios-x (a dose não chega a ser letal, mas pode, não obstante, ser comparada àquela opção tipicamente humana de destruir completamente o planeta e sua forma de vida). Esse é o ponto no qual os "visitantes" aparecem – figuras humanas sem memória, estranhas, embora familiares, que parecem ter emergido de alguma culpa inominável do passado de vários cientistas (um dos quais, a certa altura, comete suicídio). A vida subjetiva desses visitantes, se é que se pode chamá-la assim, parece estar limitada à determinação de manter seu anfitrião presente e visível o tempo todo; servem, assim, como um correlato objetivo da exasperação intolerável frequentemente sentida pela

---

são milhões, não, bilhões elevados a uma potência que é a própria inconciliabilidade; e o que importa é que no fundo de alguma de suas galerias – que têm dez vezes o tamanho do espaço de Kronecker – sejamos como formigas agarradas às dobras das abóbadas respirantes e que vejamos a saída das superfícies gigantescas opalizando-se de cinza à luz de nossos foguetes sinalizadores. Sua interpenetração, sua maciez e perfeição infalível de resolução, que, contudo, dura apenas um momento – porque aqui tudo flui –, enfim, o conteúdo dessa arquitetônica é o movimento concentrado e proposital. Observamos uma migalha do processo, a vibração de uma única corda numa orquestra sinfônica de supergigantes, e isso é pouco, porque sabemos – mas apenas sabemos, não compreendemos – que, ao mesmo tempo, acima e abaixo de nós, nos abismos íngremes, além dos limites da visão e da imaginação, ocorrem milhares de milhões de transformações simultâneas interligadas como as notas de um contraponto matemático. Alguém a chamou, então, de sinfonia geométrica, mas, nesse caso, somos seus ouvintes surdos". (Stanislaw Lem, *Solaris*, tradução de Eneida Favre, São Paulo: Editora Aleph, 2017, p. 121-122 [N.T.].) Ver, ainda, nota 8, adiante.

possessividade avassaladora de um amante.[3] A própria visita recebida por Kelvin, de uma amante por cuja morte ele foi responsável, se torna um drama de dependência neurótica que resulta em uma das mais notáveis cenas do romance, quando a "visitante", uma frágil e bela garota, sente certa angústia inominável diante da aparente falta dele (ele, inadvertidamente, fechou a porta do banheiro atrás de si):

> Eu podia ouvir o fraco murmurinho da água correndo e o tinido de frascos batendo; subitamente o ruído parou. As lâmpadas compridas do teto estavam acesas no corredor, uma mancha indefinida da luz refletida permanecia na superfície da porta perto da qual eu esperava com as mandíbulas cerradas. Eu segurava a maçaneta, embora não tivesse esperança de ser capaz de mantê-la assim. Um abalo violento por pouco não a arrancou da minha mão, mas a porta não se abria, apenas balançava e começou a ranger terrivelmente. Estupefato, larguei a maçaneta e me afastei; uma coisa inacreditável estava acontecendo com a porta; sua chapa lisa de plástico se encurvou como se estivesse sendo forçada de fora para dentro do quarto. O esmalte começou a se soltar em pequenos fragmentos, desnudando o aço dos umbrais que estavam cada vez mais tensos. Então, de repente, compreendi: em vez de empurrar a porta, que se abria para o corredor, ela tentava abri-la puxando-a para si. O reflexo da luz se desviou na placa branca como num espelho côncavo; ouvia-se uma forte crepitação, e a placa estalou por estar uniformemente encurvada até seu limite. Ao mesmo tempo, a maçaneta arrancada do lugar voou para o chão. Pela abertura imediatamente apareceram suas mãos ensanguentadas que continuavam a puxar a porta, deixando um rastro vermelho no verniz – a placa da porta se partiu em duas, e suas partes pendiam oblíquas das dobradiças; e a criatura branco-alaranjada,

---

[3] Uma situação infeliz paradigmaticamente dramatizada no clássico de história de fantasmas de Robert Hichens, "How Love Came to Professor Guildea", in *Great Tales of Terror and the Supernatural*, editado por P.C. Wagner e Herbert Wise (Nova York, 1994). Proust também insiste no modo como o amante é frequentemente insuportável para o amado, que (como é de costume em Proust) responde com crueldade.

com seu rosto lívido azulado e mortiço, atirou-se em meu peito, sufocando-se com um choro soluçante.[4]

O problema dos visitantes é tanto uma indicação de que o oceano senciente "pensa" quanto certo desvio do problema "mais puro" da Ficção Científica, na medida em que ele introduz questões sobre o significado pessoal ou privado das aparições, cuja origem parece residir simplesmente na intensidade com que elas foram registradas na memória (consciente ou inconscientemente) e não em qualquer outra suposta característica da relação (embora a culpa seja, é claro, a mais óbvia amplificadora do traço em questão). Fica, no entanto, desde então provado, para a satisfação de todos, que o oceano é não apenas senciente, mas também a causa e a origem das alucinações materiais, que podem ser vistas como um tipo de experimento invertido ao qual ele submeteu os pesquisadores humanos, de cuja presença ele acaba de se dar conta.

O oceano estaria punindo ou torturando seus hóspedes? A sugestão mostra que mesmo agora, confrontados com essa nova e avassaladora informação sobre Solaris, os humanos permanecem prisioneiros de um sistema filosófico antropomórfico. Eles parecem incapazes de julgar Solaris de acordo com qualquer outra coordenada que não aquela de Carl Schmitt – amigo ou inimigo – e a do próprio Kant – prazer ou dor. A limitação conceitual confirma, pois, a mensagem última de Lem aqui, a saber, a de que, ao imaginarmos nós mesmos tentando o contato com o radicalmente Outro, estamos, na realidade, meramente olhando para um espelho e buscando "encontrar nossa própria imagem idealizada".[5] Eis por que a operação não é meramente contraproducente, mas até mesmo suicida, pois, a fim de se livrar do antropomorfismo, devemos de algum modo eliminarmos a nós mesmos: "Onde não há seres humanos, lá também

---

[4] *Solaris*, p. 93-94. (Stanislaw Lem, *Solaris*, tradução de Eneida Favre, São Paulo: Editora Aleph, 2017, p. 96 [N.T.].)

[5] *Ibidem*, p. 72. (Stanislaw Lem, *Solaris*, tradução de Eneida Favre, São Paulo: Editora Aleph, 2017, p. 77 [N.T.].)

não há motivos acessíveis para o homem. Para continuar o plano de pesquisa é necessário aniquilar ou os próprios pensamentos ou sua realização material".[6] A conclusão última, pois, e a lição fundamental de Lem em todas essas parábolas, é a de que

> "[...] não é e nunca será possível qualquer 'contato' do homem com uma civilização que não seja antropoide ou humanoide [...]". No encalço de vestígios do corpo humano nas fórmulas da teoria da relatividade, no teorema dos campos de força, na paraestática e nas hipóteses de um polo cósmico único, de tudo aquilo que é nelas causa e efeito da existência de nossos sentidos, da construção de nosso organismo e dos limites e fragilidades de nossa fisiologia animal humana, Grattenstrom chegou à conclusão final.[7]

Solaris é, assim, a prova negativa da nossa tese sobre a escrita: pois aqui não há escrita, não há mensagem, e o oceano apenas ativou vestígios dentro do nosso próprio cérebro e os projetou de volta para nós; tampouco suas "expressões" privadas – os mimoides, os longuinos – são uma estética que tem qualquer coisa a ver com a arte como nós a conhecemos, muito embora possamos encontrar um estranho prazer nessas formações peculiares. (Tarkovsky, de fato, as explora para um propósito mais proustiano, acomodando no mimoide uma representação da casa da infância de Kelvin e uma representação de seus pais, que ele jamais verá de novo nesta vida, devido às disparidades temporais da viagem espacial.[8])

---

6 *Ibidem*, p. 134. (Stanislaw Lem, *Solaris*, tradução de Eneida Favre, São Paulo: Editora Aleph, 2017, p. 135 [N.T.].)

7 *Ibidem*, p. 170. (Stanislaw Lem, *Solaris*, tradução de Eneida Favre, São Paulo: Editora Aleph, 2017, p. 172 [N.T.].)

8 Em minha opinião, um momento ainda mais crucial a diferenciar o filme de Tarkovsky do original de Lem deve ser encontrado na cena em que o oceano, por meio de sua criatura substituta Harey, inspeciona uma reprodução de *Queda de Ícaro*, de Bruegel, e começa a compreender a natureza alienígena da estética humana.

Mas, estranhamente, o balanço não é de todo negativo. A figuração religiosa de *Solaris* acaba sendo tanto uma alegoria do processo científico – a descoberta final de sua natureza servindo à narrativa da revelação do Absoluto – quanto uma projeção da nossa perplexidade diante de um ser unicelular monádico, fechado e consciente (de fato, alguns dos pesadelos de Kelvin parecem revelar sua tentativa de encontrar seu caminho, por empatia, através da "pele" desse ser impossível).[9] E, ainda assim, permanece a possibilidade de que, como nós, Solaris seja ele mesmo um ser imperfeito, um deus imperfeito ou doente,[10] como aquela divindade insana de Schelling que criou o mundo a fim de curar-se:[11] nesse caso, entendemos Solaris melhor do que pensamos.

Mas há a outra possibilidade: o "experimento" não é uma tortura, mas antes uma tentativa desajeitada e insegura de nos desejar o bem, de nos agradar, até mesmo de nos trazer felicidade.[12] Esse é o possível sentido, indefinidamente suspenso e não resolvido, do "aperto de mãos" entre as espécies que conclui o romance:

> Fui descendo ainda mais e estendi a mão para a onda seguinte. Ela [...] hesitou, retraiu-se e passou sobre a minha mão, no entanto, sem tocá-la, de modo que entre a superfície da luva e a parte inferior de sua concavidade, que imediatamente mudou de consistência, passando de líquida para quase carnosa, formou-se uma fina camada de ar.13

Ainda assim, até aqui apenas ilustramos uma face, ou dimensão, da doutrina de Lem, e, para a outra face, precisamos voltar

---

9   *Solaris*, p. 90, 178.

10 *Ibidem*, p. 197.

11 Slavoj Žižek, *The Indivisible Remainder* (Londres, 1996), p. 35-46.

12 *Solaris*, p. 193.

13 *Ibidem*, p. 202-203 (Stanislaw Lem, *Solaris*, tradução de Eneida Favre, São Paulo: Editora Aleph, 2017, p. 208 [N.T.].); ver, ainda, o sonho de Kelvin, p. 179.

(de modo bem mais breve) a outro dos romances de seu melhor período, *The Invincible* (1964), assim denominado a partir da espaçonave (em busca de uma nave perdida no espaço) cuja aterrissagem em um planeta desconhecido suscita os eventos que nos interessam e, em particular, o "contato" com uma forma de ser radicalmente alienígena.

Aqui, encontramos a descrição de um ser não orgânico e não senciente, que, no entanto, se sobrepõe a todos os tipos familiares já presentes em Lem. A espaçonave epônima, na verdade, navega através de uma constelação na qual já existiu uma forma alienígena de vida, a dos lyrians, que se supõe foi extinta devido à explosão de seu sol. Nada resta dessa civilização alienígena, salvo a convicção de que ela deve ter sido radicalmente diferente da nossa (e, portanto, de acordo com o princípio estabelecido em *Solaris* e mantido ao longo da obra de Lem, incognoscível para nós). De fato, há indícios hipotéticos dessa incognoscibilidade que consistem na presunção de que a sociedade lyrian tentou escapar de seu sistema e colonizar outro planeta distante – Regis III, onde o *Invencível* está aterrissando. Tendo fracassado a tentativa e perecido os lyrians, restaram apenas suas máquinas, que, embora em uma reconstrução hipotética, parecem tão diferentes das nossas a ponto de "provar" que os alienígenas em Lyre eram radicalmente diferentes de nós, em todos os sentidos. Entretanto, parece até mesmo possível que a Regis III tenha tido ainda outra forma de vida orgânica ou alienígena (sáurios? inteligentes?), que também foi exterminada. Mas deixemos essas questões de lado por um momento.

Nenhum romance de Lem é tão cheio de máquinas como esse. Certamente, encontramos ao longo de sua obra um interesse em tecnologia científica, com especial ênfase nos paradoxos inerentes ao funcionamento de computadores; mas, se muito, esses paradoxos são excessivamente intelectuais e mal servem para dramatizar o peso do próprio tema. Aqui, no entanto, uma enorme maquinaria preenche o espaço diegético e ela não tem a ver apenas com a monumentalidade fálica da "nave de vinte andares perfilada contra o céu pálido de modo tão majestoso em sua imobilidade que realmente parecia invencível".[14] Antes, é o romance inteiro que está cheio, até o limite, de robôs gigantes, uma reserva inesgotável de veículos pesados, com suas várias proteções de segurança, projetados a partir de posições estacionárias circundantes cuidadosamente calculadas, pequenas embarcações de exploração espacial, incluindo um conjunto de satélites exploratórios espiões lançados a certos intervalos, e, finalmente, as mais ameaçadoras de todas, a superarma de oito toneladas chamada Ciclopes, com uma arma antimatéria muito poderosa, um cérebro eletrônico, uma "mão" telescópica e a capacidade de levitar vários metros acima da superfície etc. Pode-se dizer que, na era da miniaturização e dos computadores portáteis, todas essas máquinas parecem incrivelmente pesadas e ultrapassadas, algo que não tira do romance sua potência (já que ainda habitamos um mundo onde há também grandes máquinas). Mas gostaria de observar, em resposta, que a imaginação de Lem sabe disso de antemão e antecipa o tema da miniaturização por meio de sua contraforça.

A última – "a nuvem de moscas" ou nuvem negra – constitui muito precisamente esse estágio final de miniaturização. Temos de lidar, aqui, com um enxame de cristais "inteligentes", capazes de se despertarem e se combinarem em momentos de perigo, bem como de se organizarem em uma massa estratégica e taticamente superior (eles, por fim, derrotam os próprios Ciclopes, como veremos) e, depois, imergir de volta em uma multiplicidade inerte, deixando cristais individuais dispersos por todo o terreno. Essa é, pois, uma nova forma do alienígena: o inorgânico inteligente. Em que esse novo tipo de alienígena contribui para a tese da incognoscibilidade apresentada em *Solaris*?

Estamos todos familiarizados com o paradigma do ataque contra nós por parte de nossa maquinaria em algum estágio evolutivo tardio; esquecemos que, em uma tradição robótica mais antiga, aquela das "três leis da robótica" de Asimov em *Eu, robô* (1950), mecanismos especiais eram projetados e introduzidos, a fim de

---

[14] Stanislaw Lem, *The Invincible* (Nova York, 1973 [1964]), p. 234.

garantir a inofensividade dos novos seres e, em particular, seu comprometimento com a vida humana, mesmo que à custa de sua sobrevivência.[15] Em Dick, no entanto, aparece uma bifurcação, em que as figuras do ajudante benévolo, como "Lincoln" e "Stanton", em *We Can Build You* (1962/1969), são ofuscadas pelas figuras mais sinistras de *Androides sonham com ovelhas elétricas?* (1968), cujos avatares fílmicos, ainda mais assustadores, são familiares desde a versão do romance apresentada por Ridley Scott em *Blade Runner* (1982). A transição parece ter ocorrido no momento em que o robô puramente mecânico foi transformado no androide pelo menos parcialmente orgânico.[16]

De todo modo, dos anos 1960 em diante, a possibilidade da cibernética é combinada com os requisitos do material orgânico, e a máquina parece cada vez menos propensa a se contentar com o papel benevolente do clássico "Robbie, o robô" (*Planeta proibido*, 1956). O clássico de James Cameron, *O exterminador do futuro* (1984) não é senão a melhor dessas histórias posteriores, na qual nossa maquinaria começa a funcionar por si, a inteligência computacional agora se voltando contra a inteligência humana que a construíra e, com sua autonomia, contra os seres humanos que são, agora, seus inimigos. A história de HAL, em *2001* (1968), de Kubrick, deixa bastante clara essa motivação: os humanos ainda têm o poder de desligar a maquinaria, e

---

[15] Cito as três leis robóticas de Asimov:

1. Um robô não deve lesar um ser humano ou, por inação, permitir que um ser humano venha a ser lesado.
2. Um robô deve obedecer às ordens a ele dadas por seres humanos, exceto quando essas ordens conflitem com a Primeira Lei.
3. Um robô deve proteger sua existência, desde que essa proteção não entre em conflito com a Primeira e a Segunda leis.

[16] O texto clássico sobre os ciborgues é: Donna Haraway, "Manifesto ciborgue: Ciência, tecnologia e feminismo-socialista no final do século XX", *Antropologia do ciborgue: As vertigens do pós-humano*. Tradução de Tomaz Tadeu. Belo Horizonte: Autêntica, 2009. Para uma discussão adicional sobre o androide em Dick (e, em particular, sobre o que chamo de "cogito androide"), ver "História e salvação em Philip K. Dick", na Parte Dois, Ensaio 10, adiante.

o novo "instinto" de autopreservação desta requer que ela destrua essa ameaça e, supostamente, siga adiante até erradicar tudo o que poderia se voltar contra ela, ou seja, a própria vida orgânica.

Porém, em *O exterminador do futuro*, e mesmo no caso de HAL, está em operação um processo que exclui boa parte do interesse científico e filosófico da narrativa e a converte em uma luta convencional entre exércitos ou forças combinadas de certo tipo: trata-se da inevitável tendência ao antropomorfismo, que já encontramos censurada em *Solaris*, mas que nos filmes mencionados se torna inescapável por causa das formas humanas assumidas por esses robôs ou androides (em *2001*, o nome e o olho observador do computador são suficientes para restituir a aparência de outro sujeito).

Em *The Invincible*, no entanto, temos de lidar com um enxame de cristais que de modo algum podem ser reduzidos à subjetividade de um personagem humano. E a ausência de uma forma humana é reiterada pela multiplicidade desses elementos: uma segunda característica não humana que organismos biológicos individuais não podem entender ou compreender pela projeção, embora as analogias com colônias de abelhas e de insetos estejam aí para reforçar isso e para dotar o múltiplo de uma dimensão distópica ideologicamente calculada para, politicamente, causar arrepios e condenar sistemas sociais supostamente desprovidos de individualidade. É interessante notar que, como com Solaris e, portanto, na dialética do Uno e do Múltiplo, segmentos retirados da massa central simplesmente se desintegram ou se tornam estilhaços de matéria inerte.

Conforme a história do enxame é gradualmente reconstruída – outro mistério arqueológico, porém mais urgente e perigoso –, surge a hipótese de que esses mecanismos teriam se originado do colapso da nave lyrian, ocorrido muitos séculos antes, cuja tecnologia continuou a funcionar e até a evoluir, de um modo vagamente análogo à evolução biológica na Terra. Presume-se que Regis III já teria tido uma atmosfera e mesmo uma vegetação e formas inferiores de vida animal, estando todas estas (salvo o que resta intocado sob a superfície do mar) agora erradicadas pelos cristais, em um tipo de estratégia não instintiva de autodefesa e autopreservação.

Esse é, pois, o mundo hostil em que aterrissou inadvertidamente a desaparecida nave irmã de Invencível, com consequências sinistras para toda a tripulação; e está em perfeito compasso com a estrutura dos cristais o fato de que a aterrissagem da nova nave tenha desencadeado uma longa guerra entre animados e inanimados. Trata-se, porém, de uma "guerra" baseada em um mal-entendido fundamental e na projeção antropomórfica da hostilidade e do antagonismo – traços, emoções e projetos humanos – sobre seres que, não estando vivos, não são nem conscientes no sentido enigmático e alienígena em que o oceano senciente de *Solaris* é julgado consciente, mesmo que de um modo incompreensível para nós.

Há, no entanto, alguns problemas representacionais fundamentais aqui e devemos, de novo, recorrer a Vico para abordá-los. Os "cristais", seja qual for sua complexa evolução (e a própria natureza da "evolução" inorgânica), são, de algum modo, desde muitíssimo tempo o resultado da produção e do trabalho. Eles são descendentes distantes de máquinas cujas primeiras gerações foram produzidas por seres sencientes, se bem que para propósitos especificamente extraterrestres. Como a história de Vico, portanto, podemos compreendê-los, isto é, podemos hipoteticamente reconstruir sua história e formar várias teorias plausíveis sobre sua formação e função. Vimos que, no caso de Solaris, isso era impossível, e a proliferação de teorias – de científicas a religiosas – corre solta no vazio, uma vez que o oceano não é uma criação humana e não pode, por definição, ser compreendido. Aqui, de modo ambíguo, a impossibilidade do antropomorfismo é deslocada de volta ao ser alienígena dos próprios inventores lyrians originais.

A questão moral aqui em jogo foi, não obstante, invertida. Na realidade, é a peculiar experiência dos humanos da Estação Solaris que constitui uma luta, se não uma guerra aberta, uma vez que ela envolve episódios de contato nos quais há dois lados e em que cada parte supostamente está buscando confirmar uma vantagem, quando não uma dominação (tomando o próprio problema do entendimento como um exemplo do poder/conhecimento foucaultiano). Mas essa luta não existe no caso dos cristais, uma vez que não há aqui nem dois lados nem dois adversários. Logo, independentemente de quão perigoso e letal seja o enxame alienígena, em contraste com o relativamente benigno oceano de Solaris, a solução que consiste em erradicar o primeiro recorrendo a um poder de fogo superior é, em alguns pontos, comparável ao problema ético sobre se seria correto destruir o último vírus de varíola sobrevivente no mundo. Não pertencemos a este lugar, repetem e repetem os personagens humanos; não temos nada a tratar aqui, e a ideia de destruir essa constelação peculiar de forças inorgânicas é tão sensata quanto a condenação de Voltaire do terremoto de Lisboa. De fato, nosso projeto de destruir esse "inimigo" é tão razoável quanto a flagelação do mar por Xerxes; esse projeto é ainda mais condenável eticamente do que o genocídio planejado de Solaris, na medida em que reforça o antropomorfismo e nos faz mergulhar cada vez mais fundo nele, que é a forma mais perigosa de ignorância e erro. Um problema ético similar é levantado pelos oponentes da terraformação em *Red Mars*: o de onde os "ecologistas vermelhos" baseiam sua política radical em uma defesa da natureza dialeticamente oposta ao espírito do movimento ecológico na Terra, uma vez que a "natureza" de Marte deve ser preservada pela resistência à implantação da vida orgânica, da atmosfera e assim por diante.

Em *The Invincible*, a tese da incognoscibilidade é substituída por uma tese diferente, porém relacionada: o imperativo do antropocentrismo ou o de manter o que Lem chama de "atitude geocêntrica", que é tanto uma inversão paradoxal quanto o corolário lógico da primeira tese. Esta era um princípio de *méconnaissance*, algo como o ego de Lacan (vinculado, é claro, ao estágio do espelho e ao narcisismo), no qual o *self* intervém entre nós e qualquer conhecimento mais "científico" do Real, do mesmo modo como as categorias do entendimento humano – derivadas das funções singulares do corpo humano e, logo, de sua relação com seu ecossistema singular – fatalmente inclinam toda especulação sobre o Outro na direção do humano.

Mas não foi precisamente isso que foi denunciado como antropomorfismo?

[A atitude geocêntrica] consiste não somente em procurar apenas por seres comparáveis a nós e em entender apenas esses seres, mas também em ditar nosso não envolvimento com coisas que não concernem a nós de modo algum, uma vez que são não humanas. Conquistar o deserto? Claro, por que não? Mas não atacar o que existe e que, há milhões de anos, criou seu próprio equilíbrio, que é dependente de nada e de ninguém além si mesmo, salvo pelos efeitos da radiação e dos corpos físicos. E esse equilíbrio persistente é ativo e uma forma de agência, nem pior nem melhor que a dos compostos albuminosos que são chamados animais ou homens.[17]

Se hoje tomamos até mesmo a intenção de entender como um poder intrusivo e agressivo, podemos abandonar o Outro – mesmo esse outro construído e não natural – para "ser em seu ser", como diria Heidegger: abandoná-lo a certo isolamento completo, hermético e sem fissuras, como o próprio futuro ou até mesmo esse sistema radicalmente diferente que chamamos de Utopia. Mas o limite da ética reside no fato de que mesmo essa solução está vedada para nós, uma vez que agora sabemos da possibilidade e, logo, não podemos voltar atrás com esse conhecimento (que nos condena ao impossível e a uma contradição insolúvel) e recuperar um estágio inocente de ignorância.

Vale a pena concluir essa história de fracassos com um sucesso limitado: a dedução de que são ondas cerebrais e vibrações análogas que desencadeiam a hostilidade letal do enxame de cristais. O protagonista (Rohan) veste então um aparato de baixa voltagem em sua cabeça, a fim de despistar essas emanações, de outro modo, fatais: a cena em que um enxame de "moscas" paira de modo incerto sobre ele (a hipótese ainda não tinha sido testada) tem certo parentesco distante com a confrontação de Ripley com o mostro alienígena que será seu companheiro (em *Alien 3*). O que é quase mais sério, no entanto, é que o enxame pode também detectar a presença de operações de computador dentro da maquinaria: isso não apenas incapacita os Ciclopes e os transforma em robôs vagantes e semiautistas

---

[17] Stanislaw Lem, *The Invincible*, p. 183.

de enorme poder letal (que pode muito bem ser direcionado contra o próprio *Invencível*), como também ameaça toda a tecnologia altamente poderosa na qual a tripulação humana confia sua proteção. Logo, a vitória solitária de Rohan sobre o enxame de modo algum prenuncia uma vitória para o Invencível, que não tem alternativa senão partir de novo para o espaço sideral, deixando o Regis III para trás, para sempre.

Ambas essas fábulas, tanto *Solaris* quanto *The Invincible*, cada uma a seu modo, significam a incomunicabilidade entre o absolutamente alienígena e o Outro; daí a barreira hermética entre os sistemas aos quais eles pertencem, tanto no espaço quanto no tempo, em simultaneidade ou em sucessão cronológica. No Capítulo 7, observamos que o problema cronológico dava lugar ao linguístico, como o modo fundamental por meio do qual imaginamos a comunicação com outro sistema. Pode-se argumentar que, nesses dois casos extremos (nos quais paradoxalmente uma relação histórica impossível é dramatizada sob o signo do Primeiro Contato e de seus dilemas), os vestígios de memória de Solaris se tornam um tipo de linguagem, como se o oceano usasse os humanos e seus desejos e experiências como significantes de uma nova língua, permitindo que ele se comunique com eles, mesmo que penosa e imperfeitamente – enquanto os próprios cristais inorgânicos, em *The Invincible*, representam a encarnação mais óbvia da escrita e das próprias letras, particularmente se lembrarmos que a origem do cuneiforme está naqueles pequenos cubos projetados para inventariar a colheita e o estoque no celeiro. Mas cada uma dessas versões é irônica: o oceano caindo no erro filosófico fundamental da crença na imediaticidade da comunicação face a face e a escrita se tornando a mais incompreensível das marcas e dos traços ininteligíveis – e, para muito além disso, talvez encarnando, do modo mais horripilante, a noção de Lévi-Strauss de um vínculo entre a escrita e o poder.[18] Ainda mais

---

[18] A referência é: Claude Lévi-Strauss, *Tristes tropiques* (Nova York, 1974), o capítulo chamado "The Writing Lesson".

alarmante, porém, é o fato de que os cristais não deixam vestígios físicos em suas vítimas, a quem eles destroem obliterando suas funções mentais ou seus sistemas de energia: os vestígios que a Invencível encontra na desastrosa localização da primeira nave que foi explorar Regis III (o que, na verdade, ela foi investigar) são marcas de dentes humanos em barras de sabão – cena de filme de terror! Mas, em ambos os casos, é ao corpo humano que cabe registrar a interação alienígena com suas emoções e espasmos físicos, a linguagem e a expressão parecendo apenas pertencer ao lado humano da oposição. E se o corpo alienígena não fosse senão uma expressão distorcida das possibilidades Utópicas? E se sua alteridade fosse incognoscível porque significa uma alteridade radical latente na história e na práxis humana, em vez de um não eu de natureza física?

9.
O corpo alienígena

A língua nórdica reconhece quatro graus de estranheza. A primeira é o estrangeiro ou utlänning, *o estranho que reconhecemos como humano de nosso planeta, mas pertencente a outro país ou cidade. O segundo é o* framling *– Demóstenes meramente omitiu o trema do nórdico* främling. *Este é o estranho que reconhecemos como humano, mas de outro planeta. O terceiro é o* raman, *o estranho que reconhecemos como humano, mas de outra espécie. O quarto é o verdadeiro alienígena, o* varelse, *que inclui todos os animais, pois com eles não é possível conversar. Eles vivem, mas não podemos adivinhar que propósitos ou causas os fazem agir. Eles podem ser inteligentes, ter autoconsciência, mas não podemos saber.*[1]

Pode-se dizer que a virada da questão da natureza e da compreensibilidade de outros mundos em direção à representação (e à representabilidade) da vida alienígena marca uma passagem pelas descobertas de Montesquieu. O fundador de certa tradição da ciência política, de fato, marcou a mediação entre um sistema político abstrato e as qualidades palpáveis e físicas, sensórias, da região e da paisagem. É assim, por exemplo, que, em uma base rudimentar, a invenção de outro mundo deveria envolver a produção de novas qualidades, por exemplo, novas cores:

---

[1]   Orson Scott Card, *Speaker for the Dead* (Nova York, 1986), p. 38. (Orson Scott Card, *Orador dos mortos*, tradução de Norberto de Paula Lima, São Paulo: Editora Aleph, 1990, p. 36 [N.T.].)

O que havia de peculiar nela [uma bola grande de plumas flutuando no ar] era sua cor. Era uma cor inteiramente nova – não um novo tom ou uma combinação, mas uma nova cor primária, tão vívida quanto o azul, o vermelho ou o amarelo, mas bem diferente deles. Quando ele perguntou, ela lhe disse que era conhecida como "ulfire". Depois, ele encontrou uma segunda cor nova. Esta ela chamou de "jale". As impressões sensórias causadas em Maskull por essas duas cores primárias adicionais podem apenas vagamente ser sugeridas por analogia. Do mesmo modo que o azul é delicado e misterioso, o amarelo é limpo e nada sútil e o vermelho, sanguíneo e passional, ele achou o ulfire selvagem e doloroso e o jale onírico, diabólico e voluptuoso.[2]

Seria grosseiro sugerir que Lindsay está trapaceando aqui e que essas novas cores são, na verdade, simplesmente novas palavras, que são então arrastadas por uma série de adjetivos sensórios. Na verdade, estamos aqui também em uma daquelas bifurcações no percurso do gênero, em que a fantasia começa a se separar da FC e seguir seu próprio caminho. Mas, decerto, trata-se de um projeto muito empolgante e que oferece à representação seu maior desafio Utópico: imaginar um novo paraíso e uma nova terra! Em última instância, podemos afirmar que existiria uma relação alegórica entre os dois: ser capaz de imaginar uma nova cor é alegórico da possibilidade de imaginar todo um novo mundo social. Na fantasia, como vimos, essa possibilidade será empregada na forma de novos poderes, de modo que o próprio poder do escritor de transmitir o novo é uma forma de magia ou, talvez, deveríamos dizer que a magia no conteúdo significa esse poder na forma.

Do ponto de vista da FC, no entanto, os novos fenômenos sensoriais não serão reificados no nível da inovação: antes, eles nos remetem a outras questões representacionais, etimologicamente estéticas, que, de algum modo, são anteriores às questões puramente sensoriais. Pois uma nova qualidade já começa a demandar um novo tipo de percepção, e essa nova percepção, por sua vez, demanda um

---

2   David Lindsay, *Voyage to Arcturus* (Nova York, 1963 [1920]), p. 53.

novo órgão de percepção e, portanto, em última instância, um novo tipo de corpo. O "erro" em Lindsay (que diferencia a fantasia da FC) reside em atribuir uma nova percepção de uma nova cor a um corpo (o de Maskull) que permanece o mesmo que o nosso. Para a FC, as questões representacionalmente produtivas se colocam nesse ponto: não se nós, como leitores, somos capazes de imaginar a nova cor, mas se podemos imaginar o novo órgão sensorial e o novo corpo correspondentes a ela. Mas essas dúvidas representacionais sempre se deparam, de um modo ou de outro, com o problema da Quimera, caro ao empirismo inglês: o de se seria realmente possível imaginar algo que não seja *prius in sensu*, que já não seja, em outras palavras, derivado do conhecimento sensorial (e de um conhecimento sensorial que é o do nosso próprio corpo humano e mundo ordinários). Há duas respostas recorrentes a essa questão: em uma, a "Quimera", a coisa supostamente nova, será um objeto engenhosamente remendado, no qual características secundárias do nosso mundo se tornam primárias nesse novo; ou, então, o novo objeto será apenas pseudossensorial e, na verdade, constituído a partir de muitos semas intelectuais abstratos que passariam, de algum modo, por sensoriais. (E, é claro, em última instância, há sempre o Hegel da certeza sensível, tanto quanto o *dictum* de Derrida: "Não há percepção sensível".[3])

Um exemplo da primeira estratégia seria certamente aquele do sentido elétrico ou eletromagnético, que encontramos por toda parte como uma nova possibilidade na FC: sem dúvida, há inovações tecnológicas, como os raios-x e similares (bem como efeitos especiais), que nos permitem imaginar minimamente o que seria viver em um mundo como esse; mas é interessante observar como esse "novo sentido" frequentemente se converte na representação de um novo tipo de linguagem e de um novo tipo de comunicação, o que certamente mistura os elementos dados de antemão, os dados humanos já existentes, de um modo bem diferente. Em última instância, todos

---

[3] Ver Jacques Derrida, "Structure, Sign and Play", bem como a discussão em *The Structuralist Controversy*, editado por Richard Macksey e Eugenio Donato (Baltimore, 1972), p. 272.

fracassam em resolver o problema fundamental, que se transforma em outro: o problema do próprio corpo alienígena, o fato externo dos novos órgãos sensoriais e de como podemos imaginá-los.

Para ambas as soluções, podemos retomar Stanislaw Lem e um extrato lúdico de seu outro grande romance alienígena, *Eden* (1959). Aqui, o romancista estabeleceu para si mesmo a rigorosa tarefa de imaginar novas formas de vida vegetal, bem como novas formas de produção industrial:

> Estava quente. Suas sombras ficavam mais curtas conforme andavam. Suas botas afundavam na areia e os únicos sons eram os de seus passos e suas respirações. À medida que se aproximaram de uma das formas esguias que, à meia-luz, pareciam árvores, eles diminuíram o passo. Do solo amarelado subia um tronco perpendicular, tão cinza quanto o couro de um elefante e com um brilho metálico desbotado. O tronco, tão grosso em sua base quanto o braço de um homem, se transformava, no topo, em uma estrutura achatada em forma de copa, a cerca de sete pés acima do solo. Era impossível ver se o cálice era ou não aberto no topo. Estava completamente imóvel. Os homens pararam a cerca de vinte pés desse extraordinário rebento; o engenheiro continuou em sua direção e estava levantando sua mão para tocar o "tronco" quanto o doutor gritou: "Pare!".
>
> O engenheiro recuou, pensativo. O doutor o puxou pelo braço e então pegou uma pequena pedra e a atirou alto no ar. A pedra descreveu um arco acentuado e caiu bem no topo achatado do cálice. Todos se sobressaltaram, tão repentina e inesperada foi a reação. O cálice começou a se ondular e se fechou; houve um breve som sibilante, como o de gás vazando, e toda a coluna acinzentada, agora tremendo febrilmente, afundou na terra como se tivesse sido sugada. O buraco que foi criado foi preenchido instantaneamente por uma substância oleosa, marrom e espumante. Partículas de areia começaram então a pairar na superfície, a cobertura de areia se tornou mais grossa e, em poucos segundos, já não havia mais vestígio do buraco: o solo estava macio e intacto.[4]

---

[4] Stanislaw Lem, *Eden* (Nova York, 1989), p. 27-28.

Essas formas claramente alienígenas não nos levam, nessa obra, aos enigmas epistemológicos com que nos deparamos em *Solaris* e *The Invincible*, mas a imaginar o corpo alienígena. Podemos conjecturar que as possibilidades dessa imaginação seriam provavelmente limitadas pela variedade de flora e fauna existente na Terra e que o número de possibilidades da primeira é mais ou menos determinada pela última (e por suas variadas combinações). Basta dizer que Lem joga aqui de modo honesto e corajoso e abertamente forma sua imagem do Outro se baseando no próprio corpo: uma enorme carcaça da qual emerge parcialmente, como da bolsa do canguru, um pequeno corpo humanoide. À primeira vista, trata-se de um cadáver:

> Como de uma ostra gigante, alongada, um tronco pequeno com dois braços emergiu de entre as dobras espessas, carnosas, que se fechavam em torno dele como asas; pendentes, seus dedos cheios de nós tocavam o chão. A coisa, não maior do que a cabeça de uma criança, oscilava para frente e para trás, cada vez mais devagar, suspensa por ligamentos amarelados, até que finalmente se aquietou. O doutor foi o primeiro a ter coragem de se aproximar dela. Ele pegou a ponta de um braço flácido, com muitas juntas, e o pequeno torso cheio de veias se virou, revelando uma face lisa, sem olhos, com narinas afastadas e algo pontiagudo, como uma língua com duas pontas, no lugar onde estaria a boca de um homem.[5]

Nem todos os "duplos", como a tripulação começou a chamá-los, são sem olhos; de fato, um dos problemas dos exploradores é que eles se deparavam com valas comuns desses seres, bem como com estranhos museus, nos quais uma variedade de configurações esqueléticas era exibida. Com o tempo, eles puderam encontrar um cientista alienígena, que explicou as causas históricas de muito do que eles tinham visto e praticou e exemplificou a comunicação por eletricidade (e por "escrita" elétrica), que é a dos corpos em questão. Certamente, Lem não esgotou as possibilidades do eletromagnético;

---

5 *Ibidem*, p. 58.

podemos comparar sua formulação com o espaço draconiano de Brunner, organizado, não visualmente, mas pela experiência sensorial de vários campos espaciais:

> Seus olhos ainda estavam fechados, mas ele podia discernir a mudança do interior para o exterior muito claramente. Sobre a cabeça, um vasto nada; sob os pés, outra superfície dormente, mas de caráter diferente daquela em que ele acordou [...], à direita, à esquerda e à frente, outras paredes, também com vãos por onde corriam ruas/vielas [...], tudo emitindo a ele um tipo de eco de radar [...], exceto que não se tratava de uma sensação de pulso-emitido-eco-recebido, mas uma sensação de aí-está, perfeitamente contínua [...] Pessoas. Em vez de um claro sinal daquela parede distante, um zumbido múltiplo (por assim dizer) se movendo e se entrelaçando [...] bem..., sim: deve ter sido um pouco como isso. (Uma cintilação em sua mente, baseada no formigamento de sua pele, estabelecendo um padrão que sugeria compreensibilidade.)[6]

No limite exterior desse modelo sensorial particular, chegamos à telepatia, agora postulada como um sentido adicional, e encontramos o novo modo veiculado negativamente, seja no impacto destrutivo que pensamentos e sentimentos humanos têm nos Pe-Ellians – no notável *Eye of the Queen* (1983), de Phillip Mann –, seja no pouco invejável telepata humano no horripilante *Dying Inside* (1972), de Silverberg. Mas essas versões negativas se valem menos da representação enquanto tal do que de tabus, do medo de violação, por exemplo, ou da aversão à possessividade excessiva.

Retornando a Lem por uma última vez, podemos observar como ele engenhosamente apaga seus rastros, acrescentando a esse primeiro enigma um segundo, a saber, o das valas comuns, o mau funcionamento das fábricas, o terror coletivo das multidões noturnas na cidade dos duplos etc. Aqui, é como se ele, uma vez mais, voltasse nosso antropomorfismo contra nós, como uma questão ou um enigma, em vez de como uma mera projeção: é como se, assim sugere

---

[6] Brunner, *Total Eclipse*, p. 118-119.

o romance, qualquer exploração antropológica convencional de outra sociedade sempre apresentasse esta em termos funcionalistas, como uma estrutura ou uma máquina cujos princípios dinâmicos devem ser descobertos. Mas suponha que a máquina esteja funcionando mal; suponha que a estrutura esteja deteriorada, talvez em razão da subpopulação ou da conquista ou derrota militar. Nesse ponto, o sistema não pode ser observado diretamente; ele precisará ser reconstruído a partir de indícios rudimentares que podem ser enganosos. A sociedade em questão pode, em outras palavras, estar na situação de uma mutação biológica, de um organismo malformado, de uma formação teratológica de certo tipo que mal pode oferecer qualquer indício do organismo sadio que ela substitui. A disciplina da antropologia é, em outras palavras, necessariamente normativa e reestabelece o modelo de uma norma mesmo lá onde ela é impensável: apenas Colin Turnbull, em *The Mountain People*, e o próprio Lévi-Strauss, em *Tristes tropiques*, refletiram sobre a frustração envolvida em se deparar com uma sociedade não apenas em declínio, mas em completo colapso.[7]

A antropologia (e a própria FC) tem, no entanto, um contexto convencional para domesticar esse fenômeno, aquele projetado pela Segunda Lei da Termodinâmica e, de fato, por *A máquina do tempo*, de Wells (se não por Spengler): a metanarrativa da entropia e da involução. Isso devolve, então, um sentido para os sintomas doentios e restitui uma ordem e um tipo de normatividade evolucionária, ou involucionária, para os objetos aberrantes em estudo.

Mas Lem claramente deseja ir além disso ou, antes, substituir o modelo normativo pela contingência enquanto tal. Como em *É difícil ser um deus* (1964), dos irmãos Strugátski, essa contingência é o fascismo – aqui figurado como uma série de experimentos genéticos incompreensíveis que eventualmente produzem seus efeitos na população de Éden e resultam em certa ditadura planetária misteriosa. É como se antropólogos alienígenas, em sua primeira visita

---

[7] Colin Turnbull, *The Mountain People* (Nova York, 1972) e Lévi-Strauss, *Triste tropiques*.

à terra, pousassem em Auschwitz e tentassem construir um modelo racional de sociedade humana com base no que eles encontraram lá. O modelo eugênico e genético é assim forçado a servir de explicação para o sistema fabril em toda a sua produtividade aberrante e, por fim, para as estranhas formações vegetais nas quais está baseada, em última instância, a vida e a produção de Éden. Existe aqui, portanto, uma tensão não resolvida entre a produção de imagens vívidas e sensoriais, de diferenças radicais (diferenças que, à luz da história humana moderna, talvez não sejam na verdade tão radicais) e as explicações e os princípios estruturais filosóficos abstratos que essas imagens supostamente ilustram e dos quais elas são exemplos e casos. Se enfatizamos o segundo lado da tensão, nos inclinamos de volta para a noção de que a diferença genuína, a alteridade ou a estranheza genuína, é impossível e inatingível, e de que mesmo lá onde ela parece ser representada com sucesso, encontramos, na realidade, apenas o mero jogo estrutural de temas e tópicos puramente humanos. Mas isso necessariamente nos leva diretamente para a obra de um dos mais notáveis criadores de FC.

Não se pode estudar a representação de formas de vida alienígena sem reservar um lugar especial para Olaf Stapledon (1886-1950), que é, de muitos modos, o Fourier da FC e o Dante Alighieri das Utopias. De fato, não é a menor de suas semelhanças com Fourier a literal ingenuidade de sua imaginação e a mão pesada de seu estilo, que parece ser incapaz de distinguir entre opinião e "conhecimento Utópico", entre a expressão, inconsciente de si, de meros pensamentos pessoais sobre isso ou aquilo e a cristalização da ideia ou o salto da imaginação. A exasperação (e constrangimento ocasional) é o preço que se paga pelo contato com essa mente estranha, aparentemente inglesa-provinciana em seus limites, e ainda assim tão ímpar e sem paralelo quanto as coisas que ele sonhava em seus mundos alternativos – ou, de fato, no futuro longínquo ao nosso.

Não há dúvida de que *Star Maker* (1937) seja tão idiossincrática que nem pareça ter gênero, nem mesmo o de FC ou literatura Utópica, e que seja uma obra algo única e inclassificável, para alguns leitores repulsiva ou mesmo desinteressante, enquanto para outros ela seria tão fascinante quanto formas naturais que não têm relação com nossas tradições visuais ou artísticas. De fato, essa falta de lugar desse texto peculiar entre nossos gêneros e nossa arte sugere certa linha de abordagem para aquilo que podemos chamar de questão R. C. Elliott sobre a arte na Utopia.[8] Mas quando se pensa que toda essa obra é um tipo de jogo não figurativo entre as várias oposições profundamente centrais para a Utopia, como veremos à frente, e quando se lembra da abrangência cosmológica dessa imensa história épica imaginária, bem como de sua solenidade quase religiosa (embora radicalmente ateísta), podemos recordar de poucos livros que foram tão centrais para nossa terra e para as nossas tradições. De fato, podemos afirmar que, em uma Utopia realizada, uma que se tornou inimaginavelmente real e distinta de nós em seja lá que futuro distante ou espaço galáctico, a questão da arte já terá sido respondida, e *Star Maker* teria se tornado a *Divina comédia* desse mundo realizado, retornando a nós como um texto ou escritura sagrada misteriosamente catapultada do futuro para nosso próprio presente caído, como se fosse de fato um escrito enigmático destinado a garantir uma continuidade através da barreira do tempo e da transformação histórica. É uma situação que inverte a interpretação de Ernst Bloch, segundo a qual a ausência da obra de arte no centro de um romance artístico seria um buraco no presente que marca o lugar de um futuro Utópico por vir. Com *Star Maker,* temos a obra, e apenas seu contexto social Utópico está faltando. Uma imensa visão galáctica espinosana, por sua vez, completa a filosofia, dotando o marxismo de sua metafísica apropriada e realizando a filosofia abolindo-a.

Porém, como já foi observado quando tratamos da fantasia – isto é, do devaneio no sentido freudiano –, é importante distinguir o quociente de ideologia envolvido e separar a expressão de uma opinião da operação de mecanismos estruturais mais profundos. Não há mistério quanto à ideologia de Stapledon: ela é decididamente

---

[8] Elliott propôs julgar a qualidade de uma dada Utopia com base na arte que seu criador atribuía a essa sociedade imaginária. Ver, de Elliott, *Shape of Utopia* (Chicago, 1970).

esquerdista, e sua admiração pela União Soviética (foi seu companheiro de viagem por toda a vida) o torna representativo de toda uma ideologia esquerdista dos anos 1930. Sua profunda desconfiança da americanização se revela, no entanto, relativamente mais profética que seu stalinismo, embora *Admirável mundo novo* e textos parecidos na Europa possam sugerir que, aqui também, suas posições eram relativamente compartilhadas e que precisamos separar esse medo particular de americanização (modernização na mídia e consumismo) do medo mais político do poder americano após a Segunda Guerra Mundial. De toda forma, Stapledon, de modo único entre os escritores de FC, tinha uma autêntica noção da inevitabilidade da desigualdade de classe e da onipresença da luta de classes.

Leslie Fiedler oferece um catálogo sombrio dos equívocos das previsões políticas de Stapledon – especialmente em *Last and First Men* (1931) –, a fim de demonstrar a esterilidade de sua ingenuidade e de suas opiniões stalinistas.[9] Mas creio que esses erros são mais bem tratados em termos narrativos, como um tipo de imitação do discurso histórico: "Foi depois de um período excepcionalmente longo de eclipse que o espírito da terceira espécie humana atingiu seu maior esplendor"; "por um milhão de anos terrestres, esses seres sem pelos e de braços longos espalharam suas cabanas de vime e seus utensílios de ossos por todos os grandes continentes do norte, e por outros milhões de anos eles mantiveram a posse do local sem fazer qualquer progresso cultural adicional, pois a evolução, tanto biológica quanto cultural, era de fato lenta em Netuno".[10] É uma linguagem que os leitores de Stapledon devem aprender a gostar se não quiserem encontrar as portas de sua obra fechadas para eles; mas isso não significa necessariamente que temos de admirar suas

---

[9] Leslie Fiedler, *Olaf Stapledon* (Oxford, 1983), p. 31-36; 67-72. Ver, ainda, a edição especial sobre Stapledon em *Science Fiction Studies*, n. 28, v. IX, Part 3, nov. 1982.

[10] Olaf Stapledon, *Last and First Men/Star Maker* (Nova York, 1968), p. 151, 209.

qualidades estilísticas. O que sim precisamos fazer é especificar sua função e o conteúdo relativo a essa função.

O que justifica a esterilidade de suas previsões é que, aqui, o modo narrativo-histórico opera no vazio e, assim, dá a si mesmo o conteúdo de mera opinião. De fato, qualquer análise do estilo de Stapledon teria de registrar duas formas diferentes: por um lado, há certamente uma vontade de transmitir a impressão de enormes temporalidades, da passagem de ritmos geológicos e eras temporais. Pode-se pensar que isso seja algo que apenas o efeito cumulativo das páginas de um livro muito longo – de Proust ou Mann – pode acabar transmitindo (na verdade, em Proust, é a ausência do passar do tempo que o presente perpétuo do narrador registra); mas esse é precisamente o problema que Stapledon, que não quer gastar volumosas páginas para um efeito que ele na verdade pretende pressupor, gostaria de superar. O modelo é, sem dúvida, a imensa gama de temporalidades de *A máquina do tempo*, de Wells, mas nesta o efeito claramente depende da própria máquina e da montagem de várias épocas: é a diferença (e a identidade) radical dos Morlocks ou dos Eloi com nosso presente humano que faz o trabalho de sugerir um imenso lapso temporal. Contudo, Stapledon quer mostrar as tendências em operação nessa passagem do tempo; ele se vê, portanto, reduzido à reiteração mais infantil de grandes números ("por quase cem milhões de anos terrestres, essa sociedade aérea perdurou com pouca mudança"),[11] quantidades que, praticamente por definição, o leitor não pode sentir ou estimar, e que, em todo caso, acabam fatigando a mente.

Ao lado dessa temporalidade vazia – que, na verdade, deixa a estrutura básica da sentença inalterada, de modo que tentamos combiná-la com o conteúdo de narrativas ordinárias – há, de tempos em tempos, alguns *fait diversà la* Verne: "Por um desses raros golpes do acaso, que são tão frequentemente favoráveis quanto hostis à humanidade, um navio de exploração do Ártico recentemente se

---

[11] *Ibidem*, p. 199.

enfiou em um bloco de gelo após ficar à deriva pelo mar Polar"[12] etc. Mas essas anedotas se tornam cada vez menos frequentes conforme progressivamente tomamos distância de qualquer humanidade reconhecível (por "centenas de milhões de anos"). Elas são substituídas pelo que podemos chamar de anedotas mais sociais: "Foi quando lutavam contra aquela vasta melancolia social [...] que os da Quinta Humanidade tiveram de enfrentar a crise natural mais inesperada"[13] – nesse caso, a iminente explosão do sol.

Entretanto, ambas essas formas narrativas podem ser distinguidas pelos ritmos de progresso e declínio profundamente incutidos na imaginação de Stapledon e que são reforçados pela música de uma *Stimmung* quase Heideggeriana, a da "vasta melancolia social" aludida na citação anterior, que se alterna com uma alegria existencial e a atividade produtiva. Mas é a melancolia que, de longe, dá o tom emocional de base mais impressionante dessas obras e algo para o qual é difícil imaginar qualquer "correlato objetivo" aceitável. (Vale lembrar que a invenção de Eliot desse conceito[14]também tem a ver com a melancolia e a aversão à existência – nesse caso, a de Hamlet –, e que ele descrevia sua própria inspiração para *A terra inútil* nos mesmos termos.) Porém, a "motivação do dispositivo" fantástica de Stapledon é distinta tanto da versão subjetiva de Eliot (os sentimentos edipianos de Hamlet) quanto do *pathos* ideológico do assim chamado declínio do ocidente (em Spengler).

Star Maker conserva a dinâmica narrativa da entropia, mas para um efeito muito diferente, pois visa a explorar as consequências de um novo tipo de enquadramento, a saber, as peculiaridades de novas formas de vida, e não o destino final da nossa própria. Duas propriedades formais maiores da narrativa são mantidas: a narrativa dos devaneios sempre combina os requisitos tanto do sucesso quanto do fracasso e irá, em outras palavras, unir as duas características

---

[12] *Ibidem*, p. 90; e compare com o episódio "Divine Boy", p. 80 e seguintes.

[13] *Ibidem*, p. 185.

[14] T. S. Eliot, "Hamlet and His Problems", in *Selected Essays* (Nova York, 1950).

antitéticas da ideologia burguesa, progresso e entropia, como ela emergiu no século XIX e foi expressa preeminentemente por Wells – quem também viu ambos os polos, mas os encarnou em obras distintas, em vez de combiná-los em apenas uma. Assim, Stapledon insiste na modernização ou no paradigma *Whig* – o progresso de todas as coisas – e, acima de tudo, na industrialização, seguido pelo paradigma correspondente da entropia do final do século XIX, em que a involução e a decadência resultam do próprio êxito social ("na visão de Bvalltu, o homem ascendeu aproximadamente ao mesmo nível várias vezes, apenas para desabar em razão de alguma consequência oculta da sua própria conquista").[15] Essa é a limitação narrativa externa comum às várias histórias galácticas alienígenas, que individualmente se apoiam em diferentes posições categoriais que examinaremos em um instante.

Mas o que precisa ser enfatizado agora é a relação entre a narrativa temporal fantasiante e o, por assim dizer, enquadramento estrutural (físico) que, a um só tempo, a permite e a limita. Por sua vez, precisamos distinguir as oposições categoriais, as temáticas dos enquadramentos em questão – isto é, as antíteses de acordo com as quais interrogamos e avaliamos essas visões –, por um lado, e, por outro, o material sêmico – os corpos e as formas de vida – a partir do qual sua variedade é construída. Quanto às primeiras, como se verá, isolarei as categorias do uno e o múltiplo, da industrialização (isto é, o artificial e protético *versus* o natural) e a do antagonismo de classe *versus* igualdade social – a oposição convencional da FC entre campo e cidade parece desempenhar um papel bem insignificante aqui, exceto quando combinada com uma das categorias anteriores, como a industrialização ou o conflito de classes. Contudo, deixemos estas de lado, por ora.

A variedade de formas de vida depende de um esquema combinatório bem diferente, e provavelmente valha a pena enfatizar o prazer estético fourieresco inerente à produção dessa variedade. Pois é o próprio Stapledon que diz, sobre a Segunda Humanidade, que

---

[15] Stapledon, *Star Maker*, p. 290.

[...] em torno do antigo núcleo de prazer no contato físico e mental com o sexo oposto, apareceu agora um tipo de apreciação inatamente sublimada, e não menos contundente, das formas físicas e mentais singulares de todos os tipos de coisas vivas. É difícil, para naturezas menos abertas, imaginar essa expansão do interesse sexual inato; pois, para elas, não é evidente que a forte admiração que primeiramente se direciona apenas ao sexo oposto seja a atitude apropriada a todas as belezas da carne e do espírito, de animais e pássaros e plantas.[16]

Devemos, agora, desenvolver essa atitude em nós mesmos enquanto leitores de Stapledon – nunca esquecendo que o argumento pode ser maliciosamente invertido, reduzindo toda a variedade de sua FC e fantasia Utópica a fantasias sexuais mal dissimuladas desde o começo.

Examinaremos, agora, essa variedade naquela inigualável seção de *Star Maker* que vai do descobrimento da Outra Terra até o salto para além das formas de vida, primeiro para a vida secreta dos seres inorgânicos e, por fim, para a vida das próprias estrelas. Encontramos aqui quatro formas básicas (com bastante variação secundária e elaboração), entre as quais figuras humanoides ainda reconhecíveis da Outra Terra, cujo destino vagamente se aproxima das previsões corriqueiras de Stapledon de condenação de nossa civilização contemporânea, dão lugar a seres tão distintos dos antropomórficos quanto se pode imaginar. Precisamos buscar, primeiramente, o princípio desse imaginar: a premissa estrutural de que, onde as maiores diferenças são geradas, elas o são necessariamente segundo eixos de oposição e tendem a ser negações ou inversões de um tipo ou outro, em vez de fenômenos radicalmente novos e não relacionados. A diferença, em outras palavras, postula necessariamente, para seu reconhecimento, o que Greimas chamaria de uma *isotopia* – ou Hegel chamaria de uma identidade interna entre a identidade e a diferença. A pressuposição convencional é não apenas a de que, nesse sentido, o novo seria impossível, mas também a de que a Utopia seria igualmente

---

[16] Stapledon, *Last and First Men*, p. 101.

inimaginável – suas imagens refletindo sempre um tipo de projeção antropomórfica, que podemos agora limitar ao reconhecê-las como as projeções de nossa sociedade e de suas obsessões paroquiais. É igualmente claro que Stapledon deseja refutar essas pressuposições por meio da própria variedade de sua invenção, da qual podemos agora isolar as quatro principais variedades de diferença biológica e civilizacional: os nautiloides (uma espécie de "barcos vivos"); a raça simbiótica, em que ictioides (criaturas inteligentes parecidas com peixes) vivem em estreita combinação biológica com aracnoides (seres crustáceos ou parecidos com aranhas); o enxame inteligente de seres aviários; e, por fim, os homens-planta, liberados de suas raízes para se moverem e trabalharem à noite, passando o dia enraizados em um êxtase meditativo de absorção solar.

Já se observará que essas várias formas de vida esgotam entre si três dos quatro elementos tradicionais: água, ar e terra. Como a fantasia há tempos conjecturou a existência de seres de fogo – salamandras, os habitantes do sol –, a ausência do quarto elemento é um mistério interessante. Não posso justificar minha intuição de que Stapledon o associa à industrialização, sempre um dos perigosos pontos críticos de suas sociedades imaginadas; mas talvez seu lugar seja ocupado pelas próprias estrelas como seres hostis.

Outras categorias, porém, oferecem modos mais interessantes para compreender o princípio de diferenciação de Stapledon do que esses elementos, por assim dizer, físicos primários e pré-socráticos. Trabalhamos até aqui com a oposição temática óbvia entre o Uno e o Múltiplo, entre a individualidade e a coletividade – um motivo ideológico crucial sobre o qual Stapledon insiste reiteradas vezes de modo dialético, afirmando o princípio de que seria necessário insistir nos valores do individualismo quando uma sociedade tivesse ido excessivamente longe na direção do coletivo e do conformismo; e, da mesma maneira, seria necessário insistir nos valores do coletivo quando uma sociedade, como a nossa, foi excessivamente longe no caminho do individualismo.[17]

---

[17] Stapledon, *Star Maker*, p. 330-331.

Mas, no nível mais profundo da estrutura, essa oposição ideológica é atravessada por um motivo completamente diferente, que, embora possa também ser expresso em termos de números, deve, antes, ser compreendido como proveniente de um domínio completamente diferente. Esse é o motivo do dualismo, que pode ser discernido em primeiro lugar no modo como a consciência narrativa da viagem às estrelas é, desde sua origem, contraposta à casa e à unidade familiar – e a seus peculiares problemas domésticos e suas ansiedades. Trata-se de uma dualidade incomensurável com a noção de individualismo, empregada na tensão prévia do Uno e do Múltiplo. Decerto, a unidade do casal é, em certo sentido, produto do individualismo; e o ser coletivo de grupos como o enxame aviário inventará outras relações (até de tipo sexual) que substituam completamente a monogamia. Porém, a dualidade do casamento representa um tipo diferente de oposição ao coletivo em comparação ao individualismo: lidamos, aqui, com os duplos negativos do contraditório e do contrário (tanto na lógica tradicional quanto no quadrado de Greimas), que podem ser associados à diferenciação de Platão, em *O sofista*, entre o "isso não é" e o "isso não é o mesmo que", entre a negação absoluta e a diferenciação, ou a distinção de Hegel entre oposição e diferença simples.[18]

De todo modo, é essa transversalidade do duplo com a oposição Uno/Múltiplo que parece, no fim, garantir a riqueza das formas alienígenas de Stapledon. Nelas, temos a presença de pelo menos dois tipos de dualismos: um por contraste à simplicidade física do uno individual de existência nautiloide – a criatura parecida com um barco –, e outro por contraste à igualmente emblemática multiplicidade da horda aviária – onde devemos incluir o enxame de cristais de *The Invincible*, de Lem. A primeira e mais impressionante é, decerto, a forma simbiótica, na qual duas espécies – uma parecida com um peixe e a outra mais com um crustáceo-inseto e, portanto, de estrutura mais anfíbia – primeiro cultivam uma simpatia geral e, depois, desenvolvem um ritual (não

---

[18] Platão, *Complete Works: The Sophist*; e G. F. W. Hegel, *Encyclopedia Logic*. Ver, ainda, Capítulo 12, adiante, para uma maior discussão sobre o casamento e a família na Utopia.

sexual, não reprodutivo) de acasalamento entre seus membros individuais: "[...] a parceria ordinária era, a um só tempo, mais íntima que o casamento humano e muito mais enriquecedora para o indivíduo do que qualquer amizade entre membros de distintas raças humanas".[19] No limite, é essa parceria que permite ao par simbiótico se liberar das limitações puramente materiais de seu planeta, por meio da telepatia: assim, os imensamente inteligentes seres parecidos com peixe continuam a nadar em suas águas, enquanto os aracnoides desenvolvem a viagem espacial e colonizam regiões próximas da galáxia. O industrialismo, por sua vez, também mostra sua face ignóbil, por meio de novas drogas que permitem aos aracnoides viver independentemente de seus parceiros, com quem eles posteriormente desenvolvem um antagonismo de classe, com consequências desastrosas.

Em certo nível, esse dualismo expressa claramente o problema mente/corpo e é, sem dúvida, o modo como Stapledon tenta reestruturar uma limitação estrutural que não pode ser realmente eliminada. Precisamos ainda considerar a possibilidade de que o dualismo mente/corpo aqui também expresse o (ou seja expresso pelo) dualismo de gênero [*gender*]: ativo/passivo é certamente uma característica operativa da descrição simbiótica. Em outro sentido, a raça simbiótica é um tipo de síntese ideal, uma vez que ela envolve todos os três elementos dominantes: nos ictioides, o da água, e nos aracnoides, uma combinação de *terra firme* e ar. Mas não podem ser vistos como uma resolução da distinção Uno/Múltiplo.

Os simbióticos são, no entanto, apenas a forma exterior tomada pelo dualismo nessa produção da variedade. Precisamos também notar que o dualismo é internalizado naquilo que parece a forma de vida mais individualista ou, melhor ainda, mais pré-individualista – a saber, a das pessoas-planta, que ciclicamente dividem seu tempo entre uma existência noturna ativa e uma existência diurna contemplativa e enraizada: ictioide e aracnídeo, a um só tempo, e no mesmo tronco de árvore individual.

---

[19] Stapledon, *Star Maker*, p. 322.

Podemos, portanto, organizar esses semas de forma diagramática (ver a figura a seguir). O objetivo dessa discussão não é o de exaurir a riqueza muito peculiar e idiossincrática da obra de Stapledon, mas, antes, o de mostrar como a variedade de suas formas de vida alienígena é determinada pelas oposições sêmicas que buscam (estrutural e narrativamente, isto é, inconscientemente) resolver contradições sociais. Suas ideologias são, a seu modo, também tentativas de resolver (ou pelo menos expressar) essas contradições; mas, nesse caso singular, é bastante fácil separar a opinião da estrutura e refrasear as descobertas de um modo mais cognitivo.

Logo, há um tipo de filosofia da história em operação aqui, uma que é, em última instância, baseada na mortalidade e na iminente extinção da raça humana (ou até mesmo do próprio universo) em dez bilhões de anos. Isso deve ser contemplado com um tipo de êxtase trágico, e Fiedler é especialmente feliz quanto à ambivalência desse sentimento metafísico *par excellence*, essa resignação extática diante da derrota e da morte – que significa uma apreensão do Criador de Estrelas como um ser para além da simpatia, que lança uma visão glacial sobre os eventos fenomênicos.

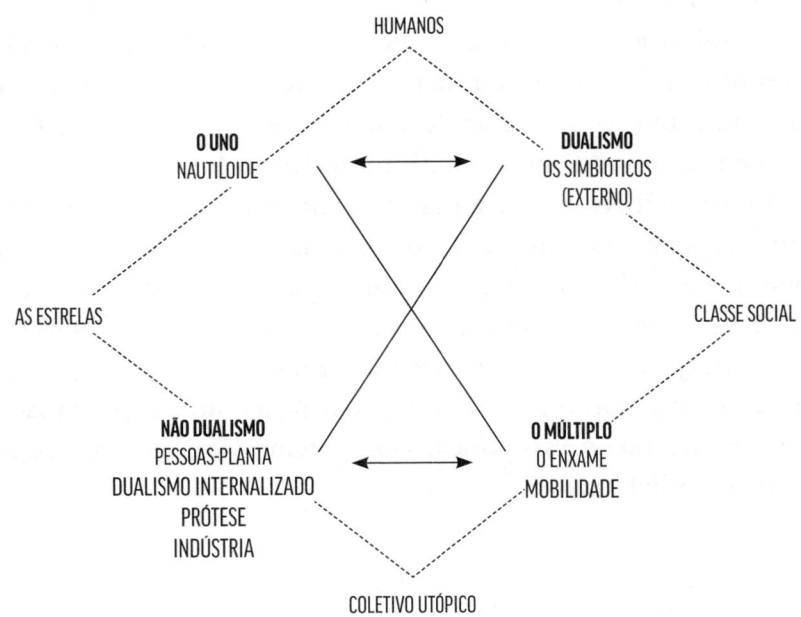

Há um tom espinosano nesses momentos, um tom que, de algum modo, sempre complementa, ou completa, qualquer filosofia verdadeiramente dialética; como no hino de louvor de Bvalltu:

> Oh, Criador de Estrelas, mesmo que me destrua, devo louvá-lo. Mesmo que torture o que me é mais querido. Mesmo que atormente e rejeite todos os seus amáveis mundos, pequenas invenções de sua imaginação, ainda assim devo louvá-lo. Pois, se assim o fizer, deve estar correto. Em mim, estaria errado, mas em você isso *deve* estar correto [...]. E se, ao fim e ao cabo, não houver Criador de Estrelas [...], mesmo assim, devo louvá-lo. Mas se não há Criador de Estrelas, o que estou louvando? Não sei. Chamarei isso apenas de gosto e sabor amargo da existência.[20]

Os ritmos cíclicos de ascensão e queda sociais que determinam esses mistérios transcendem as ideologias da entropia, mesmo quando dão uma expressão dramática de sua verdade, inscrevendo os prós e os contras, o fracasso inerente a todo sucesso histórico e o retorno de novas possibilidades Utópicas. A multiplicidade de seus mundos permite a Stapledon ter todos os desfechos concebíveis simultaneamente.

Mas há ainda outra força histórica em operação aqui, que é menos a expressão de uma metafísica da história do que do modo de crítica social e cultural: trata-se da denúncia da industrialização e de suas consequências nocivas e "desumanas", que é reiterada nos destinos trágicos das múltiplas sociedades de Stapledon. Em particular, a industrialização é compreendida como uma tentação, para a maioria, de romper com a natureza e de destruir tudo o que há de positivo em suas realizações em nome de alguma vantagem de curto prazo. A triste história da Outra Terra – uma distopia huxleyana em que as pessoas são imobilizadas por suas satisfações midiáticas e gastam suas vidas no que é chamado de cama-êxtase, absorvendo artificialmente prazeres midiáticos (que são, aqui, os do paladar e do olfato,

---

[20] *Ibidem*, p. 291.

das sensações terráqueas) – talvez não seja tão convincente como as drogas que permitem à cultura simbiótica se separar novamente em duas raças, ou às pessoas-árvore se livrar de sua estase solar. Em ambos os casos, é o industrialismo que destrói um equilíbrio exitoso, que arruína uma disposição Utópica invejável. Há aqui, na indignação passional de Stapledon em relação ao desperdício de possibilidades, um retorno ideológico àquele espírito de tragédia, transcendida na visão do Criador de Estrelas, e uma regressão àqueles motivos anti-industriais românticos que precederam o marxismo e sua denúncia da exploração de classe (da qual Stapledon também compartilha).

Em sua maior parte, as representações das contradições sociais da vida alienígena na FC convencional ficam aquém de um desses diagnósticos: o da condenação do desperdício e do abuso industriais, *à la* Ruskin, ou da consciência de classe marxista. Mais frequente-mente, essas abordagens da crise fatal de sociedades alienígenas se voltam para as características enumeradas por Stapledon, em sua vasta compilação de fatalidades sociais (mas, nele, secundárias em relação às contradições de classe e da modernidade industrial) e, em particular, para a religião e o destino biológico.

É de fato irônico, mas talvez significativo, que a melhor de todas as representações alienígenas – para Heinlein, o melhor romance de FC já escrito – tenha sido composta em um espírito decididamente de Guerra Fria e pensada para pregar uma vigilância e uma hostilidade constantes em relação às espécies alienígenas recém-descobertas, como uma mal dissimulada lição de política externa pouco liberal, apesar de sua previsão de um Império militar americano-soviético convergente no futuro galáctico. O emblemático ano de 1974 viu não apenas a publicação de *Total Eclipse,* de Brunner, e de *Os despossuídos,* de Le Guin (*Piquenique na estrada* e *Encontro com Rama* os antecederam em apenas dois anos), mas também de *The Mote in God's Eye,* de Niven e Pournelle – que pode ser tomado como um tipo de utopia militar (o deleite com as castas, corporações e aristocracias, com o vínculo masculino, com as ideologias sem fins lucrativos da guerra e da tecnologia, que a FC de ciência dura tende a reproduzir em um nível mais baixo de intensidade política. Essas Utopias de direita são bem diferentes das celebrações neoconservadoras da livre empresa do *cyberpunk* atual; tampouco reproduzem os temas fascistas das raças inferiores, do ressentimento, da proeza física e assim por diante – algo mais frequentemente encontrado na fantasia e do qual o conhecido "romance" de Adolf Hitler, *Lord of the Swastika,* é o exemplo mais famoso.[21] De fato, é tentador atribuir aos anos em torno de 1974 (dos quais datam a crise do petróleo, o fim da Guerra do Vietnã) o fechamento de um período Utópico, que havia começado naquele outro ano emblemático de 1968, apenas para ser substituído por uma segunda Guerra Fria.

De todo modo, os moties não são, decerto, uma raça inferior, e o programa político dos autores exige que eles joguem o jogo honestamente e dota seus alienígenas de uma inteligência e de uma produtividade superiores e de uma história de progresso e modernização muito mais antiga que a humana, mas, ainda assim, plenamente compatível com esta. Essa ambiciosa representação da vida e da sociedade alienígenas afasta, assim, a malignidade dos vilões de histórias em quadrinhos, bem como o mal teológico de revelações de inspiração mais religiosa, como aquelas de *O fim da infância* (1953), de Clarke, ou *Um caso de consciência* (1959), de Blish – ou o mais recente *Sparrow* (1996), de Mary Doria Russell. Algumas características góticas atávicas podem, decerto, ser vislumbradas em situações militares, a maioria a fim de gerar um debate sério sobre as intenções alienígenas e sobre a política externa a ser seguida no novo espaço sideral pós-Primeiro Contato.

Contudo, o debate permanece necessariamente preso à premissa de certa diferença fundamental entre as espécies, e os alienígenas inteligentes de *Mote Prime* estão organizados no que provavelmente pensaríamos serem castas, com base em variações de tipos de corpos bem diferentes daqueles dos seres humanos terráqueos:

---

[21] Ver Norman Spinrad, *The Iron Dream* (Nova York, 1972), onde se lê a vida e as obras de um fracassado pintor austríaco que emigra para o Novo Mundo antes da Primeira Guerra Mundial e se torna um bem-sucedido romancista *pulp*.

Tinha dois braços direitos delgados que acabavam em mãos delicadas, quatro dedos e dois polegares opositores em cada. Do lado esquerdo, havia um único braço massivo, praticamente um porrete de carne, facilmente maior do que os dois braços direitos juntos. Sua mão tinha três dedos grossos fechados como uma prensa [...]. Não tinha pescoço. Os músculos massivos do ombro esquerdo subiam suavemente até o topo da cabeça do alienígena. O lado esquerdo do crânio se misturava com o ombro esquerdo e era muito maior que o direito. Não havia orelha esquerda nem espaço para uma. Uma orelha de duende grande e membranosa decorava o lado direito [...].[22]

De outro modo, seguindo o princípio da seletividade empírica, tendemos a visualizar esses seres como um tipo de combinação entre aqueles "*tribbles*" de um famoso episódio de *Jornada nas estrelas* com certo tipo de felinos terráqueos. A arte dos moties – intransigentemente realista e representacional – joga uma luz mais histórica sobre essas fisionomias:

Aqui um Marrom-e-branco havia subido em um carro e estava aparentemente arengando um enxame de Marrons e Marrom-e-brancos, enquanto atrás dele o céu queimava em vermelho do pôr-do-sol [...]. Um quase motie, alto e magro, de cabeça pequena, pernas longas [...] estava correndo para fora de uma floresta na direção do espectador. Sua respiração deixou um rastro de fumaça branca atrás de si. "O Mensageiro", o motie de Hardy o chamou.[23]

A combinação do legendário com o caricatural me impressiona ao projetar qualidades típicas de quadrinhos, figuras amadoras cujo

---

[22] Larry Niven e Jerry Pournelle, *The Mote in God's Eye* (Nova York, 1974), p. 78. Larry Niven (1938-), autor de uma inventiva série galáctica sobre o "Espaço Conhecido", talvez seja mais conhecido por sua visão do singular sistema chamado *Ringworld* (1970), que inspirou vários autores. Sua colaboração com Jerry Pournelle (1933-), um autor de uma FC mais militarizada e beligerante, produziu uma obra distinta, bem diferente de seus estilos individuais.

[23] *Ibidem*, p. 260.

desenho é, ele mesmo, parte do tema e do sentido. Em Thurber, em particular, os braços são sempre arredondados e sem ossos, como os braços de um gatinho; essa impressão peculiar é corroborada pela importância de uma diferença estrutural entre os ossos e, em particular, pela complexidade da espinha dorsal humana (na qual os moties são muito interessados) e de seus apêndices inflexíveis e semelhantes a um porrete. A insistência nesse empirismo eclético não visa a desabonar a imaginação dos autores: como poderia ser esse o caso quando esse princípio, para começo de conversa, praticamente anula os poderes demiúrgicos de toda imaginação? De fato, observamos o mesmo jogo de estereótipos nos personagens humanos, em que (mais uma vez, um toque de *Jornadas nas estrelas*) o engenheiro é um escocês, e o comerciante, um levantino poliglota (pelo menos ele ainda não é um "terrorista"). Em uma literatura estereotipada, a arte reside não na invenção, mas na combinação, e esse é um tema particularmente interessante quando temos de lidar, como na literatura de alienígenas e Primeiro Contato, com o que claramente tenho louvado como um esforço extremo de imaginação Utópica. O que, então, é a imaginação Utópica? (Mas não podemos deixar a arte motie sem antes acrescentar a dimensão de FC dessas obras alienígenas, não importando o quanto elas desapontem seus visitantes humanos, do mesmo modo que a FC desaponta seus leitores modernistas; pois há um giro e um ingrediente secreto de FC aqui – elas também são apreendidas telepaticamente: delas ouvem-se dramas, o que nos lembra, na arte ocidental, antes de tudo, aqueles frisos no *Purgatório*; ao contemplá-los, os peregrinos divinos de fato *ouvem* música.[24])

Precisamos ainda acrescentar, de passagem, à nossa enumeração prévia, outro museu no planeta Mote, um no qual os habitantes

---

[24] Dante Alighieri, *Purgatório* (Singleton; Princeton, 1973), Canto X, p. 102-105, linhas 55-96; acrescentaria aqui a pintura solitária em *Floresta sem fim* (1966-1968), dos irmãos Strugátski, "Um grande quadro sobre a exploração do desbravador Selivan: Selivan, com os braços levantados, transformando-se em uma árvore de salto, diante do olhar chocado de seus camaradas" (Nova York, 1980, p. 105).

biológicos de vários momentos da história Mote (uma história de fato muito longa, como o leitor se lembrará) são preservados – vivos, e não apenas por um hológrafo – em seus ambientes climáticos originais, incluindo uma cidade em chamas com parentes animais dos motie, semelhantes a ratos, além de vários animais de fazenda. Esse é um tipo bem diferente de instituição, concebida como uma combinação entre zoológico e museu histórico ou, em outras palavras, entre biologia e história – de modo muito mais próximo do que faz a espécie humana –, e que desenvolve uma atenção ao corpo alienígena de tipo sociológico e não meramente evolucionista. O risco é de que as prioridades causais possam ser invertidas nesse arranjo: onde a evolução humana serve como um tipo de limite à possibilidade histórica e social, a anatomia alienígena pode ser vista como um destino histórico e uma condenação histórica.

De todo modo, *The Mote in God's Eye* é um dos poucos romances de FC que "inclui" a produção e o modo de produção enquanto tais (como Pound diria), de modo a expandir a consciência Utópica de seus leitores humanos. O sistema de casta já é, certamente, familiar à história humana, embora em Mote Prime – diferentemente do que ocorre em Stapledon ou na história humana na terra – ele não se mova em direção a um sistema dicotômico de classe como seu clímax e realização. O que é relativamente mais singular aqui, no entanto, é o desenvolvimento – aparentemente um feito da engenharia genética – de uma casta de intelectuais: os assim chamados mediadores, que surgem para lidar com tudo, das línguas e traduções à resolução de disputas laborais e outros tipos de conflitos. Trata-se de um conceito que permite uma representação plausível da língua alienígena e também uma versão plausível das distâncias e vicissitudes envolvidas no contato diplomático e antropológico, e mesmo no turismo: os mediadores formam um tipo de *Intourist* para visitantes humanos, que tanto monitoram seus contatos quanto oferecem explicações semioficiais de práticas e instituições não familiares. Mas apenas certos tipos de especialização acadêmica nos preparam para a relação mediadora singular chamada de "*fyunch-(click)*", que é a designação individual do mediador para o acompanhamento de um humano:

Sou seu *Fyunch* (*click*). Isso significa muito mais do que apenas *guiar* [...]. Fui designado para você. Você é um projeto, uma obra-prima. Devo aprender sobre você tudo o que for possível. Devo tornar-me um especialista em você [...] e você se tornará um campo de estudos para mim.[25]

A essa categoria sociobiológica é evidentemente atribuído um grau de intimidade que supera de longe as intimidades terráqueas concebíveis, produzindo mal-entendidos cômicos como, em meio à crise militar entre humanos e os motie, a patética reclamação falsa de que "Um homem não mente para seu *Fyunch* (*click*)!". Esses mediadores não apenas resolvem embates domésticos, como também avançam bastante no sentido de superar aquele dilema fundamental da representação de FC que chamamos de tese da incognoscibilidade de Lem.

Outra casta, a do trabalhador ou faz-tudo, o assim chamado marrom, expressa as peculiaridades da anatomia motie e, em particular, seus braços triplos, ao mesmo tempo que ilumina certos mistérios profundos da produção motie. A especificidade aqui é não apenas a extraordinária capacidade dessas inteligências focadas de melhorar qualquer projeto (humano) concebível, mas, acima de tudo, o mundo de objetos gerados por essas "melhorias", que são contínuas e universais. Mas isso significa uma relação com os objetos muito diferente da nossa: esta pressupõe certa permanência temporal, não apenas de nossas ferramentas e equipamentos, mas de nossos espaços, de nosso habitat e de nossa arquitetura:

> Cremos agora que qualquer estrutura é, para eles, apenas temporária. Eles devem ter tido poltronas de alto-G para decolagem, mas elas se perderam. Eles chegaram sem combustível para voltar para casa. Eles, quase certamente, reprojetaram seu sistema de proteção para queda livre nas três horas após sua chegada [...]. É algo muito distante da psicologia humana [...]. Talvez um motie nunca tente

---

[25] Niven e Pournelle, *The Mote in God's Eye*, p. 216.

projetar algo permanente. Não haverá esfinges, pirâmides, Monumento a Washington, Túmulo de Lênin.[26]

O "hotel" no qual os visitantes humanos estão hospedados em Mote Prime foi construído especialmente para esse propósito e irá desaparecer de um dia para o outro quando esse propósito for cumprido – o que justifica a evocação perfunctória da paisagem urbana alienígena aqui, o único aspecto do gênero negligenciado nesse notável romance.

Mas a singular caracterização da produção motie é significativa, não por testemunhar o talento do autor ou suas engenhosidade e imaginação, mas, antes, pelo modo como projeta uma solução para a oposição humana fundamental, a saber, aquela entre a produção artesanal de um tipo ou estilo individual e a produção industrial em massa de objetos e artigos em série. Nesse novo mundo, onde ao imenso braço de agarrar correspondem dois braços pequenos e instrumentais, segundo o modelo de um torno, gera-se abstratamente uma forma onde o feito sob medida é, de certo modo, industrial e produzido com a rapidez e a precisão da linha de produção. Os marrons, assim, não apenas dramatizam a extraordinária habilidade de consertar e mesmo de inventar novos dispositivos tecnológicos, mas também projetam toda uma nova ideia de indústria (que é, de fato, em retrospecto, uma antecipação das possibilidades mais novas da assim chamada produção CNC – Comando Numérico Computadorizado).[27]

Uma combinação igualmente singular de características – que não está claro que seja regressiva nem Utópica – pode ser observada no nível social, no qual a definição desse modo de produção particular – o *feudalismo industrial*[28] – também sintetiza dois modos e arranjos

---

[26] *Ibidem*, p. 213.

[27] Devo a Michael Speaks a explicação sobre esse processo, por ocasião de uma visita ao estúdio de Gregg Lynn em Venice, Califórnia.

[28] *The Mote in God's Eye*, p. 356. Mas talvez ainda estejamos em uma situação de feudalismo industrial hoje, caso se considere a teoria de Max Horkheimer

socioeconômicos antitéticos, em que um sistema clânico descentralizado, com senhores competindo entre si, é combinado com fábricas (elas mesmas em processo de transformação e reestruturação) e que atinge um grau extraordinariamente alto de conhecimento científico e tecnológico (provavelmente maior que o da Terra). Fica claro, então, que a lacuna ou a contradição que não pode ser resolvida pela mente terráquea – a ausência de qualquer governo centralizado ou coordenado para uma população desse tamanho e uma vida social dessa complexidade – é superada justamente pela existência da casta de mediadores que já descrevemos – ou, melhor, a última foi inventada para resolver esse problema.

Falta agora analisar a mosca na sopa e identificar a forma que essas combinações do romance tomam quando projetadas no nível individual ou existencial. A Utopia, dissemos, seria um texto no qual as relações entre o indivíduo e o coletivo substituem as relações duais entre dois ou poucos indivíduos que constituem a vida existencial ou social do *self*. Esse nível mais puramente existencial ou pessoal é aqui constituído pelo gênero [*gender*] e pelas relações de gênero [*gender*], em que, uma vez mais, o corpo, a biologia e a anatomia podem ser vistos determinando mais diretamente estruturas sociais de grande escala.

Por definição, essas relações de gênero [*gender*] caminham juntas com a estrutura de casamentos, famílias, direito sucessório e assim por diante: descobrindo as primeiras, os exploradores podem oferecer algo de fundamental e característico sobre a sociedade alienígena, o que alguns poucos casos dispersos desviantes não são capazes de fazer. Logo, a subversão da norma – se há alguma e, após os anos 1960, a FC tende convencionalmente a incluir uma repetição esporádica dessas revoltas estéticas e existenciais – virá por meio da desfamiliarização dessas normas e costumes humanos que o arranjo de gênero [*gender*] alienígena pode provocar. Os casamentos triplos

---

dos "*rackets*" como uma descrição da corrupção organizada como um sistema clânico: ver *Gesammelte Schriften*, v. 12, p. 287-291.

de Asimov podem ser tomados como um exemplo desse efeito peculiar: em *Os próprios deuses,* pode-se ver como uma imagem bastante convencional de sociedade alienígena e de suas normas é escandalosa quando traduzida em termos humanos e terráqueos. É precisamente essa estrutura *Gestalt* invertida que faz o jogo dos críticos realistas e psicanalíticos de FC, que, insensíveis à figuração alienígena, para não dizer Utópica, retraduzem essas fantasias em neuroses humanas normais, quando não em psicoses (lembremos das fantasias cósmicas propriamente científico-ficcionais do Presidente Schreber, cujo valor literário Freud e Lacan, ambos, negavam por completo). Existe a tendência de achar que as críticas feministas dos novos mundos alienígenas seriam mais relevantes, particularmente uma vez que a liberdade de projetar mundos alienígenas diferentes, estruturados por princípios ou valores feministas, é ali mantida – as Utopias de Charlotte Perkins Gilman, Joanna Russ ou Marge Piercy são tão-somente as mais dramáticas dessas realizações.

De todo modo, o sexo (ou gênero [*gender*]) feminino é certamente colocado em certa desvantagem na figuração da biologia motie, na qual o indivíduo começa como macho e depois muda de sexo no período de desenvolvimento:

> Cada variante da minha espécie deve ser engravidada após ter sido fêmea por um tempo. Criança, macho, fêmea, gravidez, macho, fêmea, gravidez, de novo e de novo. Se não engravida em tempo, ela morre. Mesmo nós. E nós Mediadores *não podemos* engravidar. Somos mulas, híbridos estéreis.[29]

Há também a sugestão de que, no passado, alguns dos grandes barões feudais puderam se tornar machos estéreis, o que os coloca em uma posição de poder diferente e mais vantajosa, da qual um Império único centralizado poderia eventualmente se desenvolver; aqui, se apresenta uma possibilidade dialética sutil de que uma manipulação de técnicas biológicas ou anatômicas mais novas poderiam,

---

[29] Niven e Pournelle, *The Mote in God's Eye*, p. 340.

em última instância, permitir uma transformação política ou mesmo socioeconômica do modo de produção. Mas a realidade da história motie é a de uma constante pressão de superpopulação, que leva a crises periódicas e ao colapso cíclico da civilização e de suas restrições: guerras horrendas, tempos de dificuldades, regressão a condições neolíticas e a longa ascensão de volta à ciência e à tecnologia esclarecida e à sua capacidade destrutiva. Esse destino histórico tanto reflete um destino humano (o fato da superpopulação) quanto se diferencia dele pela ausência de quaisquer possíveis controles médicos ou políticos. Podemos achar que os autores trapacearam um pouco aqui e que a androginia – compare-se com *A mão esquerda da escuridão* – não precisa necessariamente levar ao prospecto xenófobo do "perigo motie" e de ondas de hordas motie que passariam dos limites e arrasariam o império humano da galáxia. Contudo, o nervo exposto da Utopia aqui abordado é a capacidade de gerações de sociedades humanas de se sucederem em um contexto Utópico pós-histórico (que uma nova geração pode não querer mais aceitar), do mesmo modo que a imagem horrenda da própria superpopulação sintomatiza o fim do sujeito individual e a imensa aparição global de uma multiplicidade de sujeitos na era pós-moderna.

Quanto ao gênero [*gender*], é curioso e sugestivo que, no mesmo ano em que apareceu *The Mote in God's Eye* (1974), outro trabalho de FC, já introduzido em um capítulo anterior e que replica a dinâmica sexual do esquema Niven/Pournelle com a intenção de fazer uma afirmação histórico-mundial similar, tenha sido publicado, embora não seja uma mensagem da Guerra Fria e ressoe antes o pessimismo de algo como uma catástrofe iminente para a raça humana como um todo. De fato, as obras dos fins dos anos 1960 de John Brunner, mais notadamente *Stand on Zanzibar* (1968), sabidamente lidaram com essas questões de uma perspectiva de FC que podemos chamar de "realista", distópica ou relativa ao futuro próximo. O que é surpreendente em seu *Total Eclipse* não é o retorno dessas questões, de uma forma mais poética, em um tipo de fábula, mas, antes, a descoberta de uma fatalidade histórica peculiar aos arranjos draconianos de gênero [*gender*] e casamento.

Já mencionamos a androginia que essa espécie compartilha com os moties; diferentemente dos últimos, no entanto, a androginia dos draconianos não é cíclica, mas, antes, condena o indivíduo a um estágio final, imobilizado ("séssil"), de vida:

> A cultura deles deve ter sido tão influenciada pelo sexo como sempre o foram todas as culturas humanas [...]. Ambos os sexos coexistiam no mesmo indivíduo. A infância era um estágio neutro; dela seguia um estágio macho; e, depois, havia um estágio feminino comparativamente mais curto antes da infertilidade da velhice.[30]

As novidades tecnológicas da cultura draconiana (seu centro de disseminação sendo a descoberta de um protótipo único para as várias invenções de alta tecnologia, como aviões) não estão relacionadas a esse ritmo de gêneros [*gender*] tanto quanto o estavam em Niven e Pournelle. Mas, por outro lado, o resultado existencial draconiano é vivido e sentido muito mais intensamente por Ian, de seu modo mimético-empático:

> Sei quem sou. De repente, estou bastante certo de quem sou. Sou neutro. Não me espanta que meus amigos não falem comigo agora. Vivi a parte ativa de minha vida. O que eu era capaz de fazer, com a mobilidade completa, eu fiz. Estou ficando mais lento e desajeitado em meus movimentos (sinto que me movo desajeitadamente, tenho dores profundas, tão profundas quanto meus ossos, penetrando-me como lâminas), embora [...].
> Como se já resignado a acabar sua vida de um modo séssil rígido, gastava longas horas à margem do rio seco e vazio, entre plantas não mais existentes que se agarravam às margens lamacentas, sentido, por vontade própria, a suave carícia da corrente; tateando, rastejando-se, lutando para aceitar a senilidade [...], mas ainda não. Entre agora e então, algum clímax, algum pagamento pelo sacrifício de atividade, alguma recompensa, algum – algo.[31]

---

[30] Brunner, *Total Eclipse*, p. 39-40.

[31] *Ibidem*, p. 121-122.

O enigma da extinção dos draconianos é, pois, rapidamente resolvido; esses draconianos idosos estéreis sobreviventes gastam seus últimos anos acumulando um tipo de "seguro" genético: os cristais hieroglíficos são o registro desses "favores sexuais" legalmente vinculantes, que constituem a riqueza dos diferentes clãs, mas que acabam condenando a própria raça à endogamia e à degeneração genética. Os arqueólogos apresentam uma visão apocalíptica de uma espécie de Pompéia draconiana, um fim de partida em que esqueletos draconianos deformados e malformados se amontoam em torno de um tumba coroada com estátuas dos governantes do passado, formas draconianas no vigor da saúde e do poder – uma última noite, wellsiana, de sua história.

Isso tudo sugere um infeliz desfecho para o gênero Utópico e para a FC, cujas linhas de exploração e invenção foram agora reorientadas e desviadas para questões de gênero [gender] e sexualidade, e não mais para a dinâmica de classe e do modo de produção. Onde as últimas categorias foram mantidas, elas são expressas como um retrocesso a modos de produção mais antigos, em que a filiação e a hereditariedade seriam os mecanismos determinantes fundamentais. Talvez a dinâmica de classe e de luta de classes – como exemplificado em Stapledon, por exemplo – não admita tanta variação e diferenciação interessante e exótica como permite o fenômeno do gênero [gender]. (Quanto à raça, sua temática é relativamente neutralizada pela suposição da vida alienígena – o que pode, decerto, representar uma alegoria da raça, como em Octavia Butler –, embora possa também retornar, dentro de um mundo alienígena, como a representação da coexistência e da rivalidade interespécies, como em *Helliconia Spring* [1982], de Aldiss.) Deveríamos, então, seguir o prognóstico algo pessimista de Louis Marin, segundo o qual a invenção da Utopia tem lugar dentro de um espaço ainda vazio, a ser preenchido por uma "ciência da sociedade" (o marxismo) que tornaria esse gênero a partir de então desnecessário? Em último caso, a virada da imaginação Utópica para questões de gênero [gender] é o sinal de um declínio da imaginação Utópica no período pós-Guerra Fria, no qual o modelo socialista parece ter sido desacreditado pelo stalinismo, enquanto os excessos e disfuncionalidades do novo sistema capitalista global ainda não começaram a aparecer plenamente.

Creio que a representação da existência alienígena, isto é, a imaginação da alteridade radical, possa ser vista como tendo passado por vários estágios distintos em seu caminho até o período contemporâneo – no qual o alienígena e o outro foram novamente revertidos à magia e aos dragões.[32] A rica e variada abordagem das espécies alienígenas e de suas disposições corporais e sociais, algo como a Idade de Ouro da subtradição de FC centrada nos alienígenas, é própria aos textos que consideramos aqui, que florescem essencialmente nos anos 1960 e 1970.

A sucessão das duas obras-primas fílmicas de Ridley Scott, *Alien* (1979) e *Blade Runner* (1982), pode ser tomada simbolicamente como marcador dessa transição. *Alien* extrai certas consequências inesperadas da incognoscibilidade de Lem: uma das características formais singulares a esse filme é a de que nunca vemos o alienígena por completo em qualquer estágio de seu crescimento e desenvolvimento e, assim, de certo modo, nunca podemos realmente conhecê-lo. Entretanto, embora ele seja supostamente mais inteligente que os seres humanos, sua malignidade vogtiana[33] é tal que ele nunca pode ser objeto de "empatia", de dentro ou por imitação ou mimetismo, como é o caso, segundo já vimos, para a maior parte das representações do *Verstehen* da alteridade; na verdade, ele é também representado como desprovido de linguagem. Contudo esse filme, que, se poderia esperar, ofereceria uma fábula renovada sobre a Guerra Fria, se revela um bem-vindo e oportuno ataque às corporações e às multinacionais e contém uma imagem viva da estrutura de classes humana.

Blade Runner sinaliza, assim, a passagem do alienígena clássico ou exótico à representação do alienígena que enquanto outro é o mesmo, a saber, o androide, cuja diferenciação do robô anterior

---

[32] Ver a discussão sobre dragões no Capítulo 5.

[33] Ver Ensaio 6, "O espaço da FC: a narrativa em Van Vogt", na Parte Dois.

lhe assegura uma forma necessariamente humanoide. Esse pode ser considerado o momento de um tipo de autoconsciência hegeliana ou de reflexividade no gênero, no qual nossas atenção e preocupação, enquanto leitores, se voltam para dentro e refletimos sobre o "cogito androide",[34] isto é, sobre a lacuna ou a falha própria ao *self*.

Mas o momento do androide é também o momento da emergência ou intervenção de uma nova guinada ou dobra narrativa: a do interesse amoroso entre o humano e o alienígena. É isso que se perpetuará no terceiro momento que apresento como hipótese aqui, quando, em meados dos anos 1980 (*O olho da rainha*, de Mann) ou nos anos 1990 (*White Queen* [1991], de Gwyneth Jones), o enredo de FC dá uma guinada para a perversão, e a relação sexual com o alienígena se torna uma imagem de tudo que há de não normativo ou desviante ou tabu na sociedade humana. Talvez seja esse o lugar de mencionar aquele que para mim é o melhor romance de Samuel Delany, *Stars in My Pockets Like Grains of Sand* (1984), um compêndio singular de distintas formas de alteridade:

> Um de seus principais personagens é, para começar, a vítima de uma mutilação cerebral radical e o único sobrevivente de um holocausto planetário. O outro, um humano macho homossexual atraído por amantes com unhas selvagemente comidas ou com fortes garras (dependendo da espécie), compartilha uma vida sexual e familiar estendida com lagartos inteligentes de seis patas [...]. A afronta mais audaciosa e desafiadora aos esquemas aos quais fomos socialmente construídos para aceitar como preeminentemente naturais é a convenção de gênero [*gender*] em Web. Em sua língua universal, embora sempre localmente variável, a aracnia, todos os seres conscientes são "mulheres", seja qual for seu gênero [*gender*] ou espécie, assumindo o pronome "ela", exceto quando a entidade referida por um indivíduo é objeto da excitação sexual "dela": nesse caso, o pronome "ele" é o apropriado.[35]

---

[34] Ver Ensaio 10, "História e salvação em Philip K. Dick", na Parte Dois.

[35] Broderick [*Reading by Starlight*, 1995], p. 142-143; recomendo fortemente os capítulos de Broderick sobre Delany.

Entretanto, paradoxalmente, agora que a maioria desses tabus se esgotaram, esse contato proibido com o outro radical lembra mais o incesto – o mais antigo e fundamental de todos os tabus – do que outras perversões e substituições variadas. Trata-se de um desenvolvimento significativo, cujo futuro não pode ser agora previsto. Em última instância, talvez, como na outra obra-prima da FC fílmica, *O homem que caiu na Terra* (1976), o alienígena, plenamente assimilado, sua Diferença transmutada em Identidade, simplesmente se tornará um capitalista como o resto de nós.

10.
A Utopia e suas antinomias

Entretanto, a discussão sobre a representatividade ou não da Utopia e, na verdade, sobre sua imaginabilidade e conceitualização não coloca um fim à especulação Utópica como um todo, nem nos faz voltar sabiamente ao aqui e agora e aos nossos próprios limites empíricos e históricos. Antes, esses debates são tragados para dentro do texto, tornando-se, assim, oportunidades para uma maior produtividade Utópica. E esse parece ser o caso para uma ampla variedade de negações que não são redutíveis a uma única forma lógica: assim, a "tese da incognoscibilidade", segundo a qual uma sociedade tão radicalmente diferente não pode nem ser imaginada, é uma proposição bem diferente da antiUtópica, segundo a qual tentativas de efetivar a Utopia necessariamente acabam em violência e totalitarismo. Por sua vez, a teoria de que a Utopia seria necessariamente uma construção negativa e crítica e que nunca poderia gerar qualquer representação ou visão positiva ou substantiva é uma recusa completa que tem bem pouco em comum com as disputas dentro da tradição Utópica, opondo visões rurais e urbanas, por exemplo, para não falar daquelas que buscam substituir o valor Utópico supremo da felicidade pelo da liberdade.

Quanto à questão prática dos estudos Utópicos, todas essas categorias precisam ser tratadas separadamente. Quanto à questão teórica, seria interessante separá-las em muitas variedades do negativo e da negação, que podem ser acomodadas em um quadrado ou retângulo semiótico de Greimas, mas que estão todas elas incluídas naquilo que chamamos de dialética. Ataques à última, em grande parte baseados no ensaio de Kant sobre as grandezas negativas, e apresentados de forma mais abrangente em *Diferença e repetição*, de Deleuze,[1] geralmente identificam a dialética com apenas uma dessas negações, que é acusada de fundir-se com uma ou mais das outras variedades formais. Mas a dialética é, na realidade, o estudo de todos esses tipos de negação junto, bem como de suas contradições, uns com os outros; logo, ela inclui tanto a contrariedade quanto a contradição (os dois eixos negativos do quadrado de Greimas), mas também a diferença lógica entre elas (uma diferença que é, a um só tempo, contrariedade e contradição, uma superação de ambas que é, ao mesmo tempo, sua síntese e sua diferenciação). Este não é o lugar para avançar ainda mais nesse argumento teórico, mas apenas o de observar que nossos próximos quatro capítulos desta Parte Um tentarão distinguir esses tipos de negação, na medida em que dizem respeito à Utopia: o capítulo presente e o seguinte lidando com caracterizações das Utopias por oposição umas às outras (a Utopia da cidade *versus* a Utopia do campo, por exemplo); o penúltimo abordando aquela negação aparentemente absoluta da Utopia que é a antiUtopia; e o capítulo final com uma discussão da Utopia como diferença radical ou absoluta em relação ao presente.

No que diz respeito às oposições dentro da Utopia, vale a pena lembrar que uma das características singulares da tradição Utópica consiste no modo como a própria forma parece interiorizar diferenças que geralmente permanecem implícitas na história literária – paradoxalmente permanecendo, assim, externas às próprias obras literárias. Escritores de alta literatura podem, portanto, escrever

---

[1] O ensaio de Kant de 1763 é intitulado "Ensaio para introduzir a noção de grandezas negativas em filosofia"; os argumentos de Lucio Coletti (que são essencialmente ataques ao conceito de negatividade de Hegel) podem ser encontrados em *From Rousseau to Lenin* (Nova York, 1972); o trabalho clássico de Deleuze é, claro, *Différence et répétition* (Paris, 1968); ver, ainda, Ernesto Laclau e Chantal Mouffe, *Hegemony and Socialist Strategy* (Londres, 1985), Capítulo 3.

uns contra os outros ou podem ser interpretados como escrevendo uns contra os outros por críticos literários e historiadores; mas a autonomia da forma literária (modernista) tende a colocar cada obra individual como um tipo de absoluto em si – que só pode ser reduzido a uma opinião ou a uma instância polêmica, a partir de certa posição bakhtiniana, por um deslocamento violento de perspectiva, do texto para uma construção histórica e, na verdade, para uma narrativa histórico-literária que o substitui. Para parafrasear Hegel, cada obra, cada estilo, busca a morte de todas as outras – uma proposição posteriormente demonstrada em *As vozes do silêncio* (1946), de Malraux, e filosoficamente afirmada mais recentemente por Adorno, em *Teoria estética* (1970).

Mas o que na literatura ou na arte permanece uma existência irreconhecível de muitos absolutos, como se fossem várias religiões, se torna, na tradição Utópica, um diálogo ou uma disputa bakhtiniana entre posições que reivindicam o estatuto de absolutas, mas que querem descer ao campo de batalha da representabilidade e do desejo, a fim de obter ganho de causa e converter seus leitores. E, tanto quanto a prática do gênero necessariamente inclui uma referência ao texto fundacional de More, a história e a sucessão de gerações Utópicas são, elas mesmas, interiorizadas nas últimas Utopias e incorporadas, de modos variados, à discussão Utópica (um pouco como os textos filosóficos são obrigados a tomar posição em relação a toda a história da filosofia que os precedeu e os tornou possíveis).[2]

Alguns desses argumentos Utópicos são debates públicos explícitos, como na eterna dupla Bellamy e Morris, sendo *Notícias de lugar nenhum* (1890), do último, uma resposta explícita a *Daqui a cem Anos* (1888), do primeiro.[3] Aqui, as diferenças essenciais são de

---

[2] Ver Richard Rorty, *Philosophy and the Mirror of Nature* (Princeton, 1979), no qual se demonstra que a própria noção de uma "história da filosofia" é uma construção (isto é, um "constructo" e não uma continuidade natural).

[3] O efeito sísmico da virtual reinvenção da Utopia por Bellamy não pode ser subestimado: ele eletrizou uma variedade de culturas, de modo comparável apenas ao impacto de Chernyshevsky na área mais local da Rússia (havia pelo

dois tipos: o Estado industrial de Bellamy (segundo o modelo do exército) é refutado pela "atrofia" anarquista do Estado em Morris, enquanto a abordagem do trabalho em *Daqui a cem anos* (algo como o "reino da necessidade" de Marx, por oposição ao "reino da liberdade" do não trabalho e do tempo livre)[4] é contestada pela noção

---

menos seis diferentes traduções para o chinês, por exemplo). Entretanto, as reações produtivas vão muito além da resposta socialista/anarquista de Morris; pode-se dizer que *Daqui a cem anos* também gerou a primeira distopia totalitária genuína – *Caesar's Column* (1890), de Ignatius Donnelly –, que precedeu *Iron Heel*, de Jack London, em dezessete anos. A efervescência que despertou nas Utopias feministas está documentada em Dolores Hayden, *The Grand Domestic Revolution* (Cambridge, MA, 1981). Pode-se, é certo, creditá-la à época em vez de aos visionários Utópicos que ela produziu, pois, por trás do progressismo burguês do período, cujo monumento foi o movimento pragmatista na filosofia, lá estavam as imensas forças do populismo. Ver Lawrence Goodwin, *Democratic Promise: The Populist Moment in America* (Nova York, 1976).

[4] Karl Marx, *Capital*, Volume III (Londres, 1981), p. 958-959: "Com efeito, o reino da liberdade só começa onde cessa o trabalho determinado pela necessidade e pela adequação a finalidades externas; pela própria natureza das coisas, portanto, é algo que transcende a esfera da produção material propriamente dita. Do mesmo modo como o selvagem precisa lutar com a natureza para satisfazer suas necessidades, para conservar e reproduzir sua vida, também tem de fazê-lo o civilizado – e tem de fazê-lo em todas as formas da sociedade e sob todos os modos possíveis de produção. Na medida de seu desenvolvimento, amplia-se esse reino da necessidade natural, porquanto se multiplicam as necessidades; ao mesmo tempo, aumentam as forças produtivas que as satisfazem. Aqui, a liberdade não pode ser mais do que fato de que o homem socializado, os produtores associados regulem racionalmente esse seu metabolismo com a natureza, submetendo-o a seu controle coletivo, em vez de serem dominados por ele como por um poder cego; que o façam com o mínimo emprego de forças possível e sob as condições mais dignas e em conformidade com sua natureza humana. Mas este continua a ser sempre um reino da necessidade. Além dele é que tem início o desenvolvimento das forças humanas, considerado como um fim em si mesmo, o verdadeiro reino da liberdade, que, no entanto, só pode florescer tendo como base aquele reino da necessidade. A redução da jornada de trabalho é a condição básica". (Karl Marx, *O capital: crítica da economia política. Livro III: O processo global de produção capitalista*, tradução de Rubens Enderle, São Paulo: Boitempo, 2017, p. 770 [N.T.].)

de Morris de um trabalho não alienado que se tornou uma forma de produção estética.

Enquanto isso, a "Utopia ambígua" de *Os despossuídos* (1974), de Ursula Le Guin, foi conhecidamente contestada pela "heterotopia ambígua" de *Trouble on Triton* (1976), de Samuel Delany, supostamente baseada no fato de que a visão marxista dos modos de produção de Le Guin não lidava suficientemente, apesar de suas alusões à posição revisada sobre a homossexualidade no mundo comunista, com as questões contraculturais que surgiram com os "novos movimentos sociais" dos anos 1960 e 1970. Porém, enquanto Morris respondia a uma Utopia com outra, o subtítulo de Delany parece propor uma recusa completa da própria forma, em favor de uma alternativa foucaultiana de espaços e enclaves Utópicos dentro da distopia reinante do sistema; logo, *Triton* inclui esse espaço em seu retrato do "setor não licenciado", no qual, como em Rabelais ou Sade, qualquer coisa e tudo é permitido (ver adiante),do mesmo modo que a guerra galáctica em que esse planeta Utópico está envolvido poderia representar um comentário sobre a violência implícita à clausura Utópica. Mas o romance, não obstante, foi lido geralmente como uma resposta Utópica a outra Utopia, em vez de como uma antiUtopia de tipo mais familiar à Guerra Fria (algo que o romance de Le Guin aborda com muito mais detalhes, em sua visão do conformismo repressivo da sociedade anarresti, do que qualquer coisa em Delany) ou próximo mesmo às denúncias antiUtópicas explícitas de Chernyshevsky e do Palácio de Cristal Utópico de Paxton em Dostoiévski (não normalmente considerado um escritor da tradição utópica; ver Capítulo 11).

Consideraremos adiante se esse desenvolvimento crescentemente reflexivo da forma Utópica seria um sinal de sua mutação ou transformação iminente. Sua história, de todo modo, foi certamente caracterizada por oposições substantivas como as mencionadas; e este é o momento para se fazer um breve inventário destas – um exercício que requer pelo menos um alerta filosófico preliminar. Seria tentador, e provavelmente até possível, dobrar essa lista de oposições umas sobre as outras, produzindo, assim, uma única antítese primordial da qual cada uma seria apenas uma encarnação ou especificação local. O resultado seria ontologizar soluções para situações históricas específicas na forma de algum dualismo metafísico atemporal, como aquele entre o materialismo e o idealismo. Basta, por exemplo, refletir sobre o estatuto do corpo nas várias Utopias textuais, de Thomas More até Le Guin e Delany, para se convencer da viabilidade desse projeto e também, espero, de como isso iria inescapavelmente psicologizar as várias opções Utópicas, como uma questão de temperamento ascético ou hedonista. Decerto, todas as opções Utópicas em questão devem envolver um comprometimento existencial e uma participação visceral, mesmo onde – e especialmente onde – uma visão particular é rejeitada com paixão ou repugnância. Ao mesmo tempo, tanto no nível existencial quanto social, haverá certamente uma relação temática entre as várias opções, que envolvem assuntos como trabalho e lazer, leis e comportamento, uniformidade e diferença individual, sexualidade e família – temas que qualquer proposta Utópica deve necessariamente abordar de um modo ou de outro. Porém, como sugerimos em um capítulo anterior, a grande ideia, o anseio Utópico – a abolição da propriedade, a complementariedade dos desejos, o trabalho não alienado, a igualdade dos sexos –, é sempre concebida como uma resolução, específica à situação, de um dilema histórico concreto. A viabilidade da fantasia Utópica seguramente encontra suas prova e contraprova no modo como ela promete resolver todos os outros problemas concomitantes. Mas cada uma dessas Utopias reembaralhará seus termos primários e secundários, suas dominantes e subordinadas, sua prática combinatória de Imaginação e *Fancy* de modos estruturalmente novos. É melhor se ater ao foco histórico específico, à temática central da nova proposta social, que faz sua trajetória singular pelos vínculos entre os problemas a serem resolvidos, em vez de reduzir os textos a essa ou aquela visão de mundo ou, pior ainda, assimilar todos eles à mentalidade detectada e diagnosticada por uma ideologia antiUtópica bem mais homogênea. Da forma Utópica e da estrutura de satisfação de anseios, mudamos o foco agora, portanto, para um exame do conteúdo Utópico.

Podemos começar nosso inventário de um modo relativamente aleatório, citando o excelente sumário de Goodwin e Taylor:

> Entre as categorias de análise supostamente disjuntivas que os comentadores consideraram profícuas, estão: ascético/abundante (indulgente), estético/funcional, científico/primitivista, sensual/espiritual e religioso/secular. Mais recentemente, a introdução do termo "sexista" em círculos acadêmicos deu origem à análise do papel das mulheres e da função das famílias nas utopias. Do ponto de vista do pensamento político hoje, as seguintes dicotomias são as mais importantes: igualitário/inigualitário (ou elitista), "aberto"/totalitário, libertário/coercitivo, democrático/não democrático e otimista (com relação à natureza humana)/pessimista [...].[5]

Em outro capítulo, eles tematizam os dilemas estratégicos das Utopias modernas nos seguintes termos: industrialismo *versus* anti-industrialismo; propriedade privada *versus* posse comum; religião *versus* secularização; revolução *versus* gradualismo; estatismo *versus* comunitarismo; organização democrática *versus* organização autoritária.[6] A disparidade entre essas listas, não de todo atribuível ao objetivo nobre de transcender a oposição entre abordagens humanistas e científico-sociais da Utopia, apresentaria provavelmente novos e interessantes problemas, mas também nos remeteria a acontecimentos atuais (e, como veremos mais tarde, para ideologias). Assim, a presença à primeira vista surpreendente da religião nessas oposições – após a tolerância de More à religião, ela não parece desempenhar um grande papel nas principais Utopias escritas, mesmo ao longo dos anos 1960 – pode ser justificada, hoje, em termos de algo como uma oposição entre fundamentalismo e tolerância política ocidental (ou, em outras palavras, entre Rawls e o Islã). A oposição aberto/totalitário é certamente um reflexo da Guerra Fria; enquanto a dupla oposição entre ascetismo e sensualidade, algo discutível nos anos

---

[5] Barbara Goodwin e Keith Taylor, *The Politics of Utopia* (Nova York, 1983), p. 59.

[6] *Ibidem*, p. 129-137.

1960, ganhou uma nova chance de vida com a AIDS e o neocon-fucionismo contemporâneo; mas isso também nos recorda que ela precisa ser reformulada em termos feministas (enfraquecidos desde os anos 1960 e 1970). Essas oposições certamente não desapareceram; mas o movimento histórico desde os anos 1960 até a moralização da era do livre mercado dramatiza os modos como elas são novamente tematizadas por modificações históricas em nosso próprio "contexto".

Gostaria de abordar a questão das antinomias Utópicas de um ponto de vista diferente, mais puramente filosófico, ao mesmo tempo que reconheço o significado dessas análises históricas e contextuais de expressões Utópicas individuais ou textuais. Seria uma pena, de fato, se esta análise nos levasse a crer que a perspectiva agora mais puramente histórica sobre esses debates tivesse tornado obsoleta toda uma gama de questões Utópicas, e talvez até mesmo a própria Utopia. Mas (como já foi dito) seria igualmente insatisfatório enquadrar esses debates de modo puramente filosófico ou metafísico. Porém, antes de abordar essa questão mais diretamente, vejamos uma série de oposições, que em parte se sobreporá às de Taylor e Goodwin.

I

Podemos começar com a questão do trabalho, uma ausência significativa de suas listas, mas um tema inevitável em nosso mundo atual, ameaçado tanto dentro do Estado-nação quanto em escala global pelo trabalho alienado, opressivo e massivo e pelo desemprego estrutural permanente. De imediato, podemos observar esse tema aparentemente simples se separar em dois tipos de questões: uma sobre a natureza do trabalho e o estatuto do lazer e outra sobre o pleno emprego. Ao fim e ao cabo, no entanto, essas questões irão se encontrar e se tornarão um único tema de novo.

Poucas fantasias utópicas são tão práticas e potencialmente revolucionárias em seus efeitos como a exigência de pleno emprego, pois se há algum programa que não poderia ser realizado sem a transformação do sistema a ponto de ele se tornar irreconhecível, e que conduziria imediatamente a uma sociedade estruturalmente distinta da presente – em todos os sentidos concebíveis, do psicológico ao sociológico, do cultural ao político –, seria a demanda por pleno emprego universal em todos os países, pleno emprego com um salário adequado. Como todos os apologistas econômicos do sistema incansavelmente nos ensinam hoje em dia, o capitalismo não pode florescer sob o pleno emprego: ele requer um exército de reserva de desempregados, a fim de funcionar. A esse primeiro empecilho se acrescentaria a universalidade da proposta, uma vez que o capitalismo também requer uma fronteira e a possibilidade de expansão perpétua, a fim de continuar existindo e de sustentar sua dinâmica interna. Mas, nesse ponto, o Utopianismo da demanda se torna circular, pois tão claro quanto o fato de que o estabelecimento do pleno emprego transformaria o sistema é o fato de que o sistema já teria de ter sido transformado, antes, para que o pleno emprego pudesse ser estabelecido. Não chamaria isso de um círculo vicioso exatamente; mas, certamente, ele revela o espaço de um salto Utópico entre nosso presente empírico e os arranjos Utópicos desse futuro imaginário.

Entretanto, sobre esse futuro, imaginário ou não, gostaria também de notar que ele retorna sobre nosso presente para desempenhar um papel diagnóstico e crítico-substantivo. Trazer ao primeiro plano o pleno emprego desse modo, como o requisito Utópico fundamental, nos permite, então, voltar às circunstâncias e situações concretas e ler seus pontos cegos e dimensões patológicas como sintomas e efeitos do desemprego. Crime, guerra, cultura de massa degradada, drogas, violência, tédio, o apetite por poder, por distração, pelo nirvana, sexismo, racismo – tudo isso pode ser diagnosticado como resultante de uma sociedade incapaz de acomodar a produtividade de todos os seus cidadãos. Nesse ponto, pois, a circularidade Utópica se torna tanto uma visão e um programa político quanto um instrumento crítico e diagnóstico.

Esse tema particular também representa um golpe mortal para um sistema que, em decorrência da afinidade eletiva entre a crescente automação e uma ideologia de mercado visando ao lucro em vez da produção, e rapidamente evoluindo para o estágio do capital financeiro, produziu um imperativo universal de *downsizing* e uma noção de eficiência baseada no requisito do menor número possível de empregados. O novo imperativo é então reforçado pelos bancos (e internacionalmente por sua projeção supranacional no FMI), que podem recusar investimentos e empréstimos a empresas que não "equilibraram seus orçamentos", isto é, não mostraram disposição para demitir o máximo possível de trabalhadores (de todas as classes, tanto colarinhos brancos quanto azuis). O mecanismo, portanto, efetivamente gera sua própria crise em uma inversão histórica da estratégia de Henry Ford de criar um número suficiente de consumidores de classe mais baixa para comprar seus produtos. Aqui, gera-se uma população que não pode mais comprar os produtos do sistema. O padrão de vida dos países avançados é, por sua vez, excessivamente alto para que suas indústrias possam competir com o trabalho barato de outros lugares do mundo, e esses resquícios de produção industrial se movem primeiro para o México e depois para a China, esperando até que os salários no ambiente adotado subam e nossos padrões de vida caiam, para que possamos começar o ciclo da produção aqui, de novo, a partir do piso.

A Utopia do pleno emprego atravessa esses dilemas sem os solucionar; na verdade, ela pressupõe que o sistema já foi transformado de tal modo a permitir uma vez mais o pleno emprego. Ao mesmo tempo, enquanto uma resolução, ela mobiliza angústias existenciais profundas, pois, apesar da probabilidade de que a maioria dos leitores desses livros ainda esteja empregada, todos estamos familiarizados com o medo do desemprego e com a miséria psíquica envolvida no desemprego crônico, a desmoralização, os efeitos mórbidos do tédio e do desperdício de energias vitais e da ausência de produtividade – e isso mesmo quando tendemos a compreender essas coisas de um modo burguês e introspectivo.

Agora, no entanto, precisamos ver como essa figura Utópica particular gera seu oposto, pois, na medida em que a ênfase é colocada na busca por uma solução para o desastre do desemprego permanente, outra solução, algo diferente, ainda resta: a do salário mínimo garantido, algo que foi ocasionalmente proposto por pessoas de esquerda, mas que parece constituir uma solução mais classicamente da direita, para não dizer fascista, ao estilo romano do páo e circo. Aqui, o excesso de riqueza do Estado e de seus patronos é incentivado, sensível e taticamente, a fim de produzir os consumidores exigidos para manter o sistema funcionando e absorver a produção. Trata-se de uma solução que também teve seus defensores Utópicos e parece lembrar todas as Utopias fundadas no trabalho voluntário, que se gabam da realização do lema comunista maior: "A cada um segundo suas necessidades". Essas Utopias não são geralmente obrigadas a forçar o trabalho como os draconianos: o ostracismo (como em *Os despossuídos*, de Le Guin), bem como uma crise ecológica desesperante, é suficiente. Ou a sociedade é fantasiada como já estando em um estado de produção – e de automação! – tão alto que a maquinaria produziria a abundância requerida com apenas o mínimo de trabalho humano, variando entre duas e seis horas por dia,[7] ou como devida, em certos casos, à redução dos luxos e do consumo e à "reeducação do desejo", uma reeducação da população em relação às necessidades básicas (Morris, Callenbach). Mas essa reeducação, bem como sua possibilidade, é acompanhada de uma pressuposição fundamental, que não passou despercebida e que será examinada adiante.

De resto, a Utopia da abundância e do lazer absoluto é antiga: o famoso *pays de Cockaygne* de fato reflete uma ideologia camponesa, a fantasia de acabar com a fome e labuta pesada.

> Seus quartos e salas
> Têm paredes de massa,
> Carne, peixe e ricos pratos,
> Os mais deliciosos que há.
> É de bolo de farinha o teto
> Da igreja, do claustro e da sala.
> As torres são de salsichas.
> Pratos de príncipes e reis.
> Ali todos podem se saciar.
> Sem pecar.

---

[7] Marcuse, *Eros and Civilization* (1955), e Rudolph Bahro, *The Alternative* (Londres, 1978 [1977]).

Tudo é comum a jovens e velhos,
Altivos e violentos, fracos e
[medrosos.
[...]
Vou-lhes contar mais:
Gansos assados no espeto
Voam para essa abadia. Deus
[sabe.
Gritando "gansos quentes, bem
[quentes!"
E levando consigo muito alho.
São os melhor preparados que
[se podem encontrar.
As cotovias, bem conhecidas,
Caem na boca das pessoas,
Impregnadas de molho.
Salpicadas de cravo e canela.
Não há proibição de bebidas,
Que são obtidas sem esforço.[8]

Em nossa época, em sociedades de alta produtividade, fantasias de vida enclávica também são encorajadas, como na contracultura americana dos anos 1960, em que um mínimo indispensável bastaria para a sobrevivência e para que se levasse um tipo diferente de vida Utópica dentro da afluência capitalista americana padrão. Essas Utopias são, decerto, implícita ou explicitamente, coletivas em sua natureza: as Utopias medievais tomam de barato o vilarejo e as coletividades mais antigas, enquanto as versões contemporâneas pressupõem um tipo de rede subterrânea secreta dentro do Estado oficial – muitas comunidades clandestinas de natureza Utópica oculta florescendo para além de seu alcance e invisíveis aos seus órgãos de vigilância. Aqui, "crime" é o que é definido pela lei e pela legalidade do Estado oficial, que podem ser ignoradas em nome da lealdade ao

---

[8] Citado por J. C. Davis, *Utopia and the Ideal Society* (Cambridge, 1981), p. 21. (Tradução de Hilário Franco Júnior, em seu *Cocanha: a história de um país imaginário*, São Paulo: Companhia das Letras, 1998, p. 169-170 [N.T.].)

clá que, por sua vez, em um tipo de inversão e paradoxo dialético, pode representar uma nova forma de trabalho coletivo.[9]

Mas o propósito dos grandes movimentos socialistas não seria, para começo de conversa, justamente o de se livrar do trabalho? Não haveria certa contradição – quando não, de fato, uma admissão aberta de fracasso – quando esses movimentos demandam emprego universal e trabalho assalariado generalizado em todo o planeta? De fato, não foi o genro de Marx quem escreveu um famoso panfleto intitulado *Le Droit à la paresse* (*O direito à preguiça*)?[10] E não foram os teóricos socialistas contemporâneos mais consequentes que contemplaram, com alguma profundidade, as ambivalências do "futuro sem trabalho", que seria, a um só tempo, tanto um pesadelo quanto uma *"promesse de bonheur"*?[11]

Decerto, a simples distinção entre trabalho alienado e não alienado[12] é suficiente para desfazer esse nó górdio e resolver o que parece ser uma contradição fundamental entre os proponentes do trabalho e os proponentes de um reino, senão da liberdade, pelo menos do tempo livre. Contudo, temo que a contradição seja mais profunda que essa, e que a distinção propiciada pelo conceito de alienação não seja suficiente para dissimular esses impulsos ideológicos beligerantes mais profundos.

---

[9] Poderia, aqui, também citar meu artigo não publicado sobre os aspectos Utópicos de filmes de roubo ou golpe.

[10] Paul Lafargue, *Le Droit à la paresse* (Paris, 1883); Lafargue critica a má utilização da retórica da "dignidade do trabalho" e de sua função "enobrecedora" etc. pelos capitalistas e seus ideólogos.

[11] A referência é a *The Jobless Future,* de Stanley Aronowitz e William DiFazio (Minnesota, 1994). A outra discussão contemporânea fundamental sobre o trabalho, alienado e não alienado, e sobre a Utopia pode ser encontrada em André Gorz, *Critique of Economic Reason* (Londres, 1989); mas ver também Bahro, nota 7, e Moishe Postone, *Time, Labor, and Social Domination* (Cambridge, 1996).

[12] Elaborado pela primeira vez nos manuscritos de 1844 de Marx. E, de fato, ver o próprio Marx sobre o "reino da liberdade", anteriormente neste capítulo, nota 4.

Há aqui, de fato, uma valorização da produção e das concepções modernas de produtividade, que é claramente incompatível com o reavivamento de Rousseau e com imagens como aquelas que Marshall Sahlins nos oferece da "primeira sociedade afluente":

> Quando Herskovits escreveu *Economic Anthropology* (1958), era uma prática antropológica comum tomar os bosquímanos ou os australianos nativos como "uma ilustração clássica de um povo cujos recursos econômicos são sumamente escassos", vivendo uma situação tão precária que "só o mais intenso empenho possibilita a sobrevivência". Hoje em dia, é bem possível inverter essa compreensão "clássica", sobretudo pelas provas obtidas nesses dois grupos. Pode-se alegar, de modo convincente, que os caçadores e coletores trabalham menos do que nós; e, em vez de ser uma labuta contínua, a busca de alimento é intermitente, o lazer é abundante e há uma quantidade maior de horas de sono diurno *per capita*, anualmente, do que em qualquer outra condição de existência social.[13]

Nos anos 1960, essa incompatibilidade foi expressa na caracterização cada vez mais generalizada do marxismo como uma ideologia produtivista que combinaria as versões mais intensas da ética de trabalho "protestante" de Max Weber (a admiração de Lênin e Gramsci pelo taylorismo e pelo fordismo é frequentemente lembrada) com uma dominação da natureza mais propriamente "prometeica".[14] Há, decerto, outros e muito diferentes marxismos (que também incluem as tendências Utópicas dentro do próprio marxismo soviético),[15]

---

[13] Marshall Sahlins, "The First Affluent Society", em *Stone Age Economics*, p. 14. (Marshall Sahlins, "A sociedade afluente original", em *Cultura na prática*, tradução de Vera Ribeiro, Rio de Janeiro: Editora UFRJ, 2004 [N.T.].) Esse ensaio se aproxima de Baudrillard e Pierre Clastres; ver, ainda, nota 14, Capítulo 2.

[14] Para uma expressão paradigmática, ver Jean Baudrillard, *The Mirror of Production* (Paris, 1973).

[15] A afirmação de Sheila Kirkpatrick de que havia algo como uma "vida cotidiana sob o stalinismo" despertou a indignação de veteranos da Guerra Fria. Mas, deixando de lado o monumental *Ein weites Feld*, de Günter Grass, seria melhor

porém, aqui, nosso interesse reside não na precisão de qualquer posição interpretativa, mas em suas motivações mais profundas e em sua estrutura de fantasia.

Pode-se, de fato, até identificar um impulso cristão e ascético, autopunitivo e carregado de culpa naquela exigência de trabalho especificada em muitas das primeiras Utopias; um impulso – a maldição do Éden perdido, a punição do "suor do teu rosto" – que parece validar fortemente a especificação religiosa de Weber de sua ética de trabalho moderna. Como já mencionado em um capítulo anterior, mesmo o epicurismo oficial da sociedade imaginária de More está, de certo modo, maculado pelo seu idealismo filosófico e por sua nostalgia do monasticismo e pelo famoso cilício (a data em que ele começou a usá-lo é, decerto, desconhecida). Mas pode-se, ainda, evocar explicações muito diferentes para esse "producionismo" – e mesmo, talvez, para as tradições religiosas que supostamente o motivam. De fato, qualquer análise de materiais da direita contemporânea revela com frequência as mais profundas angústias em relação ao que aconteceria com a ordem social se suas instituições de repressão e disciplina, de trabalho obrigatório fossem relaxadas, enquanto qualquer lacaniano alerta de pronto observará que a inveja do *gozo* dos outros, dos desleixados e dos membros supostamente "não produtivos" da sociedade é, de fato, uma força explosiva.[16]

Talvez agora possamos voltar à distinção entre trabalho alienado e não alienado de um novo modo, indo à sua genealogia. A inovação de 1844 de Marx foi a de ter oferecido uma abordagem quádrupla da natureza da própria alienação: o trabalhador é alienado de seus instrumentos, de seu produto, de sua atividade produtiva e de sua

---

passar a palavra para os próprios europeus orientais: ver Slavoj Žižek, "When the Party Commits Suicide" (*New Left Review*, n. 238, nov.-dez. 1999); e, para outras expressões do que veio a ser chamado de *Ostalgie*, ver Charity Scribner, "From the Collective to the Collection", *New Left Review*, n. 237, set.-out. 1999).

[16] Slavoj Žižek, "The 'Theft of Enjoyment'", em *Tarrying with the Negative* (Durham, NC, 2003), p. 201-205.

espécie ou, em outras palavras, de seus companheiros de trabalho. Contudo, essa abordagem concreta da alienação nos apresenta, na melhor das hipóteses, apenas uma imagem psicológica e reativa do que poderia ser o trabalho não alienado: um controle sobre o processo de produção, por exemplo; uma divisão do produto; uma solidariedade com os companheiros de trabalho; e, talvez, uma substituição inovadora da concepção estática de propriedade implícita na descrição negativa por uma nova, organizada em torno da experiência do processo e das categorias de coletividade.

Mas a motivação para essa nova abordagem da alienação – para a qual Marx recorreu significativamente a Hegel – deve ser encontrada em um momento anterior do idealismo alemão, a saber, na teorização do jogo (*Spiel*) de Schiller enquanto uma transcendência da divisão das faculdades de Kant.[17] De fato, Schiller tenta, política e socialmente, completar aquele movimento interpretativo pelo qual a *Crítica do juízo* de Kant foi compreendida como o elo entre as duas outras Críticas – a estética da última sendo vista como uma ponte entre sua crítica da epistemologia e sua ética. A tentativa testemunha, assim, a tentação de dar uma solução estética para os dilemas daquilo que apenas mais tarde será identificado como alienação; e o conceito de jogo de Schiller – uma ideia muito diferente de tudo que se pode encontrar tanto na estética de Kant quanto na de Hegel – se torna o predecessor da política estética de Ruskin e, depois, de Morris: uma política estética em que o trabalho não alienado pode finalmente encontrar na arte um análogo positivo, sob a condição de que se compreenda que, para ambos os teóricos, a estética encontra seu paradigma na arquitetura e na construção (e, no caso de Morris, no design), e não nas artes mais individualistas. Trata-se de uma valorização da produção que voltará nos anos 1960 com a visão Utópica de Herbert Marcuse, inspirada pelos "*happenings*" contemporâneos, de

---

[17] Friedrich Schiller, *Letters on the Aesthetic Education of Mankind* (Cambridge, 1967 [1795]); ver, ainda, o notável ensaio de Georg Lukács sobre o papel de Schiller na tradição marxista, em *Beiträge zur Geschichte der Aesthetik* (Berlim, 1954).

estetização da vida cotidiana. E talvez este seja também o momento de observar que as teorias estéticas parecem acompanhar as teorias Utópicas passo a passo e se colocam à disposição para soluções plausíveis de dilemas Utópicos, de resto, contraditórios.

Por ora, no entanto, é importante notar que as políticas estéticas de Ruskin e de Marcuse são respostas a um novo desenvolvimento histórico em relação às situações sociais tratadas pelos pensadores Utópicos anteriores, a saber, a emergência da tecnologia industrial. Em particular, a visão Utópica de Marcuse é explicitamente possibilitada por sua convicção de que o estado de produtividade atingido nos anos 1960 seria capaz de alimentar, se organizado e administrado adequadamente, toda a população do mundo e abolir a fome e a carência.[18] Esse otimismo tecnológico, que parece ter durado até o fim dos anos 1970, pelo menos nos Estados Unidos, foi então brutalmente negado pela revolução neoconservadora e seus efeitos correlatos – a dívida, a explosão populacional, o fracasso da modernização – no Terceiro e, depois, no Segundo Mundo.

A separação do tema da tecnologia e da invenção, por um lado, e o da "feiura" da fábrica e do trabalho industrial, por outro, pode às vezes oferecer o alívio de um *deus ex machina* a dilemas Utópicos mais modernos: disso são testemunhas aqueles misteriosos "veículos de força" que fazem o transporte de bens no "Lugar Nenhum" do, de resto, antitecnológico Morris.[19] Também o são os computadores que organizam as responsabilidades laborais em *Os despossuídos*, de Le Guin, e o *heyimas,* ou centro de comunicações, que, mais paradoxalmente, assume a responsabilidade por seus vilarejos pré-modernos e protoindígenas em *Always Coming Home*.[20]

Esses computadores são, no entanto, ainda relativamente primitivos; e parece justo sugerir que a nova onda de produção Utópica do

---

[18] Marcuse, *Eros and Civilization*, p. 84.

[19] William Morris, *News from Nowhere and Other Writings* (Londres, 1993), p. 186.

[20] Ursula Le Guin, *Always Coming Home* (Nova York, 1985), p. 48.

final dos anos 1960 fica aquém da era cibernética e não consegue explorar seus recursos novos e propriamente Utópicos. Estes encontram expressão, enquanto um impulso Utópico, em movimentos como o *cyberpunk* e em todos os tipos de fantasias Utópicas associadas à Internet,[21] mas o principal resultado até agora parece ter sido menos a produção de novas visões de organização social e de relações sociais e mais a transformação das velhas noções industriais de trabalho não alienado em algo anacrônico e insípido.[22]

O afeto negativo das imagens mais velhas persiste, no entanto, e foi deslocado do domínio da produção industrial para o da produção informacional, o que condiz com a era cibernética. Mas, neste momento, em vez de evocar o trabalho alienado, podemos falar, antes, de lazer alienado. Isto pois encontramos, aqui, aquela dimensão da produção industrial desde então conhecida como meios de comunicação, um termo que abrange todo um espectro de fenômenos comunicacionais, de automóveis e super-rodovias ao rádio e

---

[21] A revista *Wired* é, creio eu, a pátria dessas fantasias Utópicas sobre a Internet.

[22] Mas mesmo se a era do computador for um "admirável mundo novo" cujas valências Utópicas e distópicas precisem ser mensuradas, a propaganda Utópica da cibernética (ou mesmo da própria globalização) tem explorado o que é essencialmente sua dimensão cultural ou comunicacional. Livros como *O mundo é plano* (Nova York, 2005), de Thomas L. Friedman, no entanto, deixam claro (implícita ou explicitamente) que há toda uma estrutura de negócios cuja infraestrutura comunicacional demandaria uma representação muito diferente da oferecida na retórica usual da democracia informacional e comunicacional (que também foi o tema ideológico subjacente da filosofia contemporânea, do estruturalismo a Habermas). De fato, os Utópicos literários apenas acompanharam os homens de negócio nesse processo de imaginação e construção, buscando diversas formas de *Fancy* globalizada e ignorando a implantação de uma infraestrutura global em que, dessa perspectiva bem específica, o Walmart celebrado por Friedman se torna o protótipo de certa forma nova de socialismo, para o qual a censura de centralização se mostra, agora, historicamente inoportuna e irrelevante. Trata-se, em todo caso, de uma reorganização revolucionária da produção capitalista, e "waltonismo" ou "walmartificação" seriam nomes mais apropriados para esse novo estágio do que termos vazios como "pós-fordismo" ou "capitalismo flexível", que são meramente privativos ou reativos.

à televisão; é nessa área que as Utopias industriais e pós-industriais enfrentam seu maior desafio. Morris não tinha de se preocupar muito com a cultura de massa, que, ele esperava, seria gradualmente eliminada pelas novas relações sociais e pelo retorno do artesanato e da satisfação genuinamente estética com o trabalho.

De fato, foi primeiro na direita que as angústias políticas e sociais associadas às "massas" tomaram uma dimensão propriamente cultural, pois agora o tempo livre que More ofereceu aos seus Utópicos para atividades espirituais e intelectuais foi transformado na mercadoria do "lazer" e rapidamente colonizado pela indústria do entretenimento. As críticas de direita em relação a uma "cultura de massa degradada" (em Heidegger, T. S. Eliot, Ortega y Gasset) daí resultantes se caracterizam pela omissão de quaisquer discussões sobre o capitalismo e pela eventual transferência dessa forma particular de entropia para esse ou aquele sistema distópico, do qual, decerto, *Admirável mundo novo* (1932), de Huxley, é o poema épico.[23] Na esquerda, angústias similares são expressas na imagem que Stapledon, em *Star Maker* (1937), dá a seu "outro mundo", cujos habitantes se tornam tão viciados no êxtase tecnológico de seu sistema de degustação telefônica que acabam passando a vida toda na cama. A "indústria cultural" (1947), de Adorno e Horkheimer, teoriza a estrutura da mercantilização da cultura e oferece uma potente visão distópica da alienação do lazer sob o capitalismo, não suavizada por qualquer abordagem alternativa de uma cultura socialista (e menos ainda stalinista) e que passa sua tocha distópica a teorias críticas mais contemporâneas, como aquelas encontradas em *Sociedade do espetáculo* (1968), de Debord, e em Baudrillard, para as quais o estágio final da reificação da mercadoria é sabidamente encontrado na imagem e, em última instância, no simulacro.

---

[23] O termo distopia tem sido tradicionalmente utilizado (como o é aqui) para designar representações do futuro mais bem caracterizadas como "novos mapas do inferno" (Kingsley Amis, 1960), e essas previsões foram vagamente compreendidas como antiUtopias. A obra de Tom Moylan (Capítulo 12, nota 31) nos força a repensar esse estereótipo, como veremos logo mais.

A imagem, de fato, abole aquela antiga distinção entre mente e corpo, entre trabalho intelectual e manual, em que o humanismo filosófico da teoria do trabalho não alienado estava baseado. A cultura de massa mercantilizada é, de fato, a um só tempo, superestrutura e infraestrutura; seu consumo, de acordo com Adorno e Horkheimer, é tanto uma questão de produção como de consumo ("a técnica da indústria cultural levou apenas à padronização e à produção em série, sacrificando o que fazia a diferença entre a lógica da obra e a do sistema social").[24] O retorno Utópico à antiga distinção platônica entre a felicidade verdadeira e a falsa, como em Marcuse, é agora denunciado como humanismo por uma cultura de massa que se desenvolve em pós-modernidade plena e desmascarada como elitismo de intelectuais tentando passar por reis filósofos. No pesadelo da vida social como uma grande orgia televisionada (na trilogia *Helliconia* [1982-1985], de Brian Aldiss), por sua vez, a oposição entre puritanismo e hedonismo volta com toda a força, sugerindo que a Utopia do pleno emprego, e mesmo a do trabalho não alienado, seria motivada por um idealismo relutante em confiar a uma raça humana pecaminosa a dádiva envenenada do tempo livre.

II

Esses são os dilemas e as contradições de uma reflexão Utópica sobre a produção; mas os mesmos temas são encontrados, embora reordenados em uma trajetória bem diferente, em qualquer reflexão sobre o consumo Utópico, para não dizer naquela voltada à questão da distribuição. Pois as distopias da cultura de massa que há pouco mencionamos são apenas a face do consumo vislumbrada, por assim dizer, a partir do próprio domínio da produção. Quando nos voltamos para o consumo mais diretamente, a antítese com a qual somos confrontados é aquela entre abundância e pobreza. Porém, aqui,

---

[24] T. W. Adorno e Max Horkheimer, *Dialectic of Enlightenment* (Palo Alto, 2002), p. 95 e 104. (Theodor Adorno e Max Horkheimer, *Dialética do esclarecimento*, tradução de Guido Antonio de Almeida, Rio de Janeiro: Jorge Zahar, 1985, p. 114 [N.T.].)

pobreza perde a conotação repressiva e puritana à qual ela foi associada pelos vários debates sobre o trabalho e toma algo da luminosidade da visão mais alegre e franciscana, da luz do deserto ou da serenidade que acompanha o jejum. Mas é importante entender que nenhum desses polos – nem a abundância nem a pobreza franciscana – existe em nosso mundo. Ambos são Utópicos: a visão da abundância se desenvolve da fantasia marcuseana da alta produtividade, enquanto a escolha da pobreza se constitui a partir de uma simplificação estética radical de nossa vida cotidiana no presente, uma redução do desejo aos limites da necessidade que tem tão pouco a ver com a moderação enquanto uma virtude de classe miserável quanto com a miséria real e o sofrimento da fome e da indigência reais.

Isso é precisamente o que constitui o desequilíbrio ou a dissimetria oculta na maravilhosa justaposição desses dois estados do ser feita por Le Guin nos planetas gêmeos de Urrás e Anarres, em *Os despossuídos*, cujas ecologias expressam seu antagonismo ideológico. Decerto, a escritora tentou transcender os estereótipos locais da Guerra Fria, transformando seus comunistas em anarquistas, com traços taoístas – embora, bem antes de Stálin e de sua industrialização repressiva, Morris já havia distanciado seu comunismo do socialismo de Estado centralizado (tendo esta revolução particular fracassado, ele nos conta, e dado lugar àquela retratada em *Notícias de lugar nenhum*).[25] De fato, um socialismo de Estado convencional (também presente em *Os despossuídos,* no país vizinho de Thu) pode facilmente ser acomodado pela teoria da convergência, que via o capitalismo e a industrialização stalinista como duas faces do processo mais geral de modernização. Não se pode imaginar uma solução como essa para a descentralização de Anarres, que é incompatível com os vários sistemas de Urrás – estes, de modo bastante conveniente, já representando os Primeiro, Segundo e Terceiro Mundo.

Contudo, a convenção antissocialista (ou anarquista) estereotípica é reproduzida, como que por imparcialidade, na ênfase no

---

[25] Morris, *News*, p. 140 e seguintes.

conformismo de Anarres – um tipo de intolerância de cidade pequena que é convenientemente relacionada ao estereótipo correspondente da burocracia e de suas supostas inveja e repressão a inovações (o superior de Shevek tenta ganhar o crédito por suas descobertas científicas, enquanto o populacho denuncia sua viagem a Urrás como traição, em uma cena prototípica de turba). Mas o retrato contrastante de Urrás (aos dois planetas são destinados capítulos alternados, em uma forma *bravura* em que a pré-história de Shevek se desenvolve em paralelo à história de sua viagem decisiva) não oferece uma crítica complementar dos efeitos adversos, políticos e sociais, do capitalismo como um modo de produção e regulação: antes, enfatiza-se o fenômeno do consumo; logo, tanto reproduz quanto afasta criticamente a dissimetria clássica da retórica ocidental da Guerra Fria, em que objeções políticas (liberdade) são elencadas contra um sistema econômico anticapitalista. Em Le Guin, não há qualquer objeção contra o modo de produção coletivista anarresti. As estruturas políticas de dominação e exploração em Urrás são, por sua vez, suspensas (não sabemos nem como A-Io é governado) até a culminante greve e a repressão, em contraste com o linchamento em Anarres que abre o livro.

Ocorre, então, que a "retórica" narrativa dessa "Utopia ambígua" é, de ambos os lados do díptico, deslocada para o tema do consumo, algo calculado para afastar ou desfamiliarizar nossas percepções habituais e nos chocar, produzindo certa consciência revigorada de tudo o que há de nauseante em relação à nossa riqueza atual e ao nosso rico sistema de mercadorias. (As imagens subliminares da comida e da alimentação estão por todo lado aqui – Shevek emblematicamente vomita a certa altura – e a palavra "rico" obviamente carrega consigo conotações culinárias nauseantes.) A reificação da mercadoria e o consumismo se tornam, então, exemplos vivos daquilo que Odo denuncia como excesso e excremento; mas, nesse ponto, a censura de puritanismo de esquerda é de novo plausível, uma vez que o próprio conceito de reificação, em que as conotações religiosas do objeto fetichizado são repudiadas em nome da necessidade e da simples funcionalidade, parece ter uma motivação mais suspeita que a do simples materialismo, que poderia sempre ser reformulado em termos do *pays de Cockaygne* e do prazer físico.

Outro modo de compreender essa nova objeção é reformulando-a em termos estéticos ou, antes, como um repúdio da estética e da arte, incluindo aí até mesmo a celebração do belo de Morris e Ruskin. Pois não seria a arte o excesso *par excellence*, o supérfluo acima e além da pura subsistência física? Não seria uma decoração (também denunciada por Odo, junto com o ornamento, no espírito de Adolf Loos) que acrescenta algo à existência humana meramente animal? Shevek não é insensível a esse esplendor sensorial e estético, que ele encontra na paisagem,[26] mas, acima de tudo, nos magníficos tecidos que adornam as salas e que são também sugestivos de roupas, corpos e sexualidade (até mesmo o conforto lembra a sexualidade),[27] como o são, por fim, as próprias mercadorias: "O ar da loja estava perfumado e quente, como se todos os perfumes da primavera estivessem ali concentrados. Shevek aguardou, parado em meio aos mostruários daqueles lindos caprichos, alto, forte, sonhador como os potentes animais encurralados, os carneiros e touros entorpecidos pelo calor envolvente da primavera".[28]

Não é, porém, o minimalismo da arte anarresti (ver Capítulo 12) que se opõe à estética do consumo de Urrás – uma oposição que assimilaria novamente essa oposição à nossa própria história da arte, bem como à superação mais familiar de uma estética do belo por uma estética modernista do sublime. A pobreza em Anarres não deve ser identificada à sobriedade das paredes brancas e da simplificação com que Le Corbusier e Loos censuraram o gosto burguês decadente do século XIX: uma estética do banho gelado e da higiene rigorosa, um tipo de reeducação do desejo para a idade da máquina, em que um novo tipo de investimento libidinal atlético triunfaria, em última instância, sobre seus empanturrados predecessores.

---

[26] Ursula Le Guin, *The Dispossessed* (Nova York, 1974), p. 82.

[27] *Ibidem*, p. 18.

[28] *Ibidem*, p. 211. (Ursula Le Guin, *Os despossuídos*, tradução de Danilo Lima de Aguiar, Rio de Janeiro: Nova Fronteira, 1978, p. 119 [N.T.].)

Aqui, devemos antes falar de algo como um deslocamento do consumo estético para uma transformação da vida cotidiana. Ironicamente, no entanto, a prescrição de Ruskin para essa transformação, em que a feiura do mundo fabril seria substituída pela natureza e por um retorno ao artesanato medieval, é como que invertida: o novo sistema exige uma dissociação libidinal do consumo de objetos ou obras individuais e uma projeção desses impulsos em relações sociais e coletivas genéricas. Em Anarres, pois, as relações sociais, tanto privadas quanto públicas, são investidas com todas as energias liberadas pela abolição da propriedade.

É uma transformação agora sobrecarregada e sobreposta por outra oposição, uma das mais fundamentais em todo pensamento Utópico: a oposição entre a cidade e o campo, uma antinomia Utópica que é, agora, expressa no domínio do espaço e que tende também a desviar nossa atenção do consumo para a produção e a distribuição. Pois, agora, Abbenay é caracterizado pela transparência, um ideologema bem diferente, associado aos debates sobre a reificação e que tende a afastar a suspeita de puritanismo. Aqui, o que é definidor da mercadoria não é tanto seu valor "fetichista", religioso ou espiritual, mas sua função como um disfarce do trabalho. A mercadoria fetichizada, de fato, interrompe a transparência do processo de produção e troca: ela insere uma falsa materialidade em algo que é originalmente (e continua a ser, por baixo da superfície) uma relação social, uma relação entre pessoas. Nessa relação supostamente original – e, sem dúvida, Utópica –, o trabalho humano que dá ao objeto seu valor é visível ao consumidor, como o é o valor do objeto pelo qual ele é trocado. No processo de consumo, lidamos aqui preeminentemente com tempo de trabalho e com uma reciprocidade de trabalhos, uma divisão do trabalho primordial em que não são os talentos dos respectivos trabalhadores que estão em questão, mas simplesmente sua complementariedade mútua. Com o desenvolvimento da desigualdade das relações humanas, no entanto, arrisca-se culpar o consumo por tudo, na medida em que vislumbramos o custo de labuta e tempo de trabalho gasto na produção do que se torna para nós um luxo; assim, a materialidade do próprio objeto é convocada para encobrir a relação humana e dar a ela a aparência de uma relação entre coisas. Essa é a análise que o desenvolvimento da teoria da reificação em tempos recentes (na França tanto quanto na Alemanha, com *Tel Quel* tanto quanto com Adorno) cristalizou em um impressionante lema, a saber, o de que a reificação pode ser definida como a eliminação dos vestígios da produção no objeto.

A descrição de Abbenay recorre a essa concepção de reificação em termos de transparência e opacidade:

> Em Abbenay não havia veneno: era uma cidade limpa, luminosa, de cores claras e vivas, de ar puro. Era tranquila. Podia ser vista por inteiro, estendendo-se com a clareza de sal espalhado. Nada era às escondidas. [...] A atividade em cada um desses lugares era fascinante e quase sempre às claras, visível para todo mundo [...]. Nenhuma porta era trancada, poucas estavam fechadas. Não havia disfarces nem advertências. Estava tudo ali: todo o trabalho, toda a vida da cidade para ser vista e tocada.[29]

A transparência se torna, aqui, um veículo para a totalidade coletiva, que é capaz de compreender como o trabalho especializado de cada grupo é necessário para o todo. A princípio, é essa transparência, essa compreensão da totalidade social que serve como o "incentivo moral" em Anarres e que substitui o motivo do lucro (o problema sendo a pressão por conformidade e a intolerância de grupo com a qual Shevek se depara nessa "ambiguidade" da Utopia). Também se notará que a hostilidade à reificação da mercadoria e ao consumismo se reproduz na hostilidade ao comércio: aqui, as "propagandas" se tornam excessos estéticos ruins, e quando se pergunta a Shevek se, em Urrás, "Há algo que você não é?", com certo deslumbramento quanto à variedade de negócios que ele pratica, ele responde de forma decidida: "Vendedor".[30]

---

[29] *Ibidem*, p. 98-99. (Ursula Le Guin, *Os despossuídos*, tradução de Danilo Lima de Aguiar, Rio de Janeiro: Nova Fronteira, 1978, p. 58-59 [N.T.].)

[30] *Ibidem*, p. 216.

Sem surpresa, pois, a contraimagem de Urrás tomará a forma da mercadoria e de seu excesso estético. Essa imagem, na verdade, resume a experiência de Shevek na capital, A-Io, que, diferentemente de Abbenay, acaba tendo as coisas ocultas e os "*mystères*" tradicionalmente associados à cidade: lugares escondidos (lembremos que estes são denunciados em uma passagem peculiar e memorável de Thomas More: "*nullae latebratae*"),[31] lugares de conspiração (e excesso sexual) e de refúgio contra o Estado e seu poder. Pois Shevek precisa, ele mesmo, se esconder em um desses lugares durante a insurreição revolucionária, acompanhado por um participante ferido que morre enquanto se escondem. É uma experiência que justifica a caracterização final de Urrás feita por Shevek à embaixadora de Terran:

> É uma caixa, Urrás é uma caixa, um embrulho, com todos os lindos invólucros do céu azul, dos prados, das florestas e das grandes cidades. E quando se abre a caixa, o que se vê lá dentro? Um porão sombrio e cheio de poeira, o cadáver de um homem.[32]

O que, no entanto, é paradoxal sobre tudo isso é o apelo ao imaginário natural para a caracterização das ilusões estéticas de Urrás,

---

[31] Ver More, *Works*, Volume IV, p. 146-147: "Já se vê que não há permissão para o ócio, nem pretexto para a preguiça. Não há tavernas que sirvam vinho ou cerveja, nem lupanares, nem ocasião para o vício, nem locais de encontros secretos; afinal, os utopienses têm necessidade de cumprir, à vista de todos, as costumeiras tarefas e de gozarem do honesto lazer". (Thomas More, *Utopia*, tradução de Márcio Meirelles Gouvêa Júnior, Belo Horizonte: Autêntica, 2017, p. 117 [N.T.].)

[32] Le Guin, *The Dispossessed*, p. 347. (Ursula Le Guin, *Os despossuídos*, tradução de Danilo Lima de Aguiar, Rio de Janeiro: Nova Fronteira, 1978, p. 193[N.T.].) Mas deve-se também acrescentar que Le Guin usa a mesma figura em seu ataque decididamente antiUtópico contra o socialismo intitulado "The Ones Who Walk Away From Omelas" (*The Wind's Twelve Corners*, Nova York, 1975); ver, ainda, a edição especial de *Utopian Studies* sobre esse texto: Volume 2, n. 1 e 2 (1991).

sendo Anarres um deserto estéril para o qual nenhuma dessas evocações à natureza é apropriada.

Normalmente, porém, esse não é o modo como Le Guin se
posiciona no espectro Utópico. De fato, já a identificamos emblematicamente com o protótipo de um comprometimento Utópico
com o campo e o vilarejo, com a agricultura e os pequenos grupos
face a face, por oposição às celebrações urbanas de alguém como
Delany: o engajamento pastoral de um Morris, por oposição ao
Bellamy industrial. Decerto essa oposição provavelmente só tenha
se tornado significativa após a industrialização nos séculos XIX
e XX. Não se poderia considerar, por exemplo, a abordagem de
Hitlodeu de Amauroto como uma expressão de qualquer ideologia
particularmente urbana (apesar da própria identificação de More
com Londres ou a localização de *Utopia* em Antuérpia), nem se
poderia caracterizar os falanstérios de Fourier como expressões
particulares de qualquer grande comprometimento com o lugar
e o solo.

Mas é bastante claro que *Triton*, de Delany, aceita o desafio e
celebra precisamente aqueles "*latebratae*" proibidos por More e vi-
vidos como um pesadelo pelo Shevek de Le Guin. Esse é, de fato, o
sentido do setor chamado de não licenciado dentro da Utopia oficial
do romance de Delany:

> Em sua fundação, cada cidade de Satélite Exterior separou um
> setor da cidade onde não valia qualquer lei, uma vez que, como o
> sociólogo de Marte que primeiro advogou isso já havia apontado,
> a maioria das cidades desenvolve, por necessidade, um bairro como
> esse de todo modo. Esses setores cumpriam uma complexa gama de
> funções na ecologia psicológica, política e econômica das cidades.
> Os problemas que alguns pensadores conservadores aferrados à
> Terra temiam surgir não surgiram: a interface entre a lei oficial e a
> falta de lei oficial produziu algumas leis não oficiais notavelmente
> estáveis nesse setor sem lei [...].[33]

---

[33] Delany, *Trouble on Triton* (Middletown, CT, 1996); o título foi modificado
do original *Triton* [1976], p. 8.

Tomada, porém, por um perpétuo estado de guerra e organizada em torno da vigilância informacional total, Triton é a face repressiva de Utopia, na qual, como uma retificação e um tipo de suplemento de liberdade, a zona não licenciada foi introduzida. Algo como a Utopia de Sade ("*Français, encore un effort*"), na qual tudo ocorre e, de fato, a lei requer que tudo seja permitido (sob pena de morte), exceto que, aqui, o "tudo" é cuidadosamente limitado, replicando e reproduzindo, assim, aquele fenômeno peculiar da fronteira e do limite que inaugura a clausura Utópica para começo de conversa, algo como a "linha de amizade"[34] de Carl Schmitt, e introduz todas as ambiguidades da secessão e do imperialismo que discutiremos a seguir.

A zona não licenciada é, pois, o comentário irônico da cidade sobre a liberdade que ostensivamente a define antes de tudo. "A liberdade da cidade" (*Luft der Städte*): a cidade "licenciada" é, na Idade Média, preeminentemente o lugar de refúgio e um santuário: o fim dos caminhos subterrâneos, o espaço que liberta o camponês ou servo da servidão ao seu senhor e de seu *status* servil; que o liberta, de fato, da "idiotice rural" de Marx, da intolerância da vida do vilarejo, onde a inveja e as magias maléficas e a bruxaria dos feiticeiros vizinhos reinam supremas.

Essa liberdade política e social é, então, no imaginário da cidade, redobrada por outra, que a reforça com o gozo: a liberdade do encontro sexual, celebrado mais abertamente por Baudelaire.

> Qual bizarro basbaque, afoito eu lhe bebia
> No olhar, céu lívido onde aflora a ventania,
> A doçura que envolve e o prazer que assassina.

("A uma passante")[35]

---

34 Ver a discussão de Carl Schmitt sobre a "linha de amizade" em *Nomos der Erde* (Berlim, 1950), p. 60-69: uma fronteira além da qual "tudo pode" entre Estados oficialmente em paz.

35 Charles Baudelaire, *As flores do mal*, tradução de Ivan Junqueira, Rio de Janeiro: Nova Fronteira, 2006, p. 319. [NT.]

Mas essa "liberdade" investida no termo urbano de nossa oposição é mais frequentemente encarnada no problemático terceiro termo, que, como a distribuição, deveria a princípio funcionar como uma ligação entre a cidade e o campo: trata-se do comércio. A associação da cidade com os negócios é duplamente paradoxal, dado o modo pelo qual, para a maioria das Utopias, o dinheiro é um corpo estranho e destoante que a nova organização Utópica está geralmente preocupada em regular e controlar, quando não em banir totalmente. A cidade, que, como uma imagem mítica, oscila para lá e para cá entre a Nova Jerusalém e Dis ou Pandemônio, a cidade do Satanás, está, assim, disponível para funções antiUtópicas e distópicas tanto quanto para as funções mais propriamente Utópicas.

De fato, quando chegamos ao capitalismo tardio ou pós-moderno – esse estágio do capital financeiro em que impulsos e alternativas Utópicas foram sufocados e suprimidos tanto quanto possível –, algumas dessas energias penetram naquilo que costumavam ser figuras distópicas, e o *cyberpunk* se deleita com as energias demoníacas da "expansão" e do excesso metropolitano de modo certamente celebratório e, muitas vezes, protoUtópico. Tudo depende, aqui, de como se concebe o oposto de uma liberdade potencialmente Utópica; e também, e fundamentalmente, em que grau a natureza e o natural podem ainda ser compreendidos e articulados como termos e forças positivas, e seu oposto como artificial, inatural, tóxico e venenoso, como na visão de Stapledon das tecnologias que destroem o desenvolvimento saudável "natural" de uma dada sociedade. A natureza para onde fogem o *blade runner* e sua amante androide, a Marte intacta e não humana em que os "Primeiros Cem" de Robinson aterrissam são bem mais proibitivas do que os campos lavrados pelos Primeiros e Últimos Americanos de Le Guin, enquanto a agricultura alienígena vislumbrada por Lem nos faz recordar de modo excessivamente insistente de suas origens artificias para que possa funcionar de um modo ideologicamente orgânico.

III

Nesse ponto, no entanto, as oposições semióticas foram cristaliza-
das de modo que podem ser abstraídas de seus contextos econômicos
originais – os da produção, consumo e distribuição – e transferidas
para uma gama de outras polêmicas Utópicas, especialmente aquelas
em que a própria política se faz presente de modo intermitente e
conjuntural. Tendo a afirmar que o político é sempre um erro de
categoria que surge em momentos de crise ou contradições mais
profundas e toma sua forma de aparência da natureza dessa crise.
Seria tentador, embora superficial, simplesmente observar que o
próprio espaço do político (e do poder) varia tão completamente com
o modo de produção do qual ele é uma função, que ele não pode
ser generalizado e resiste a toda conceitualização definidora. Colocando em outros termos, a fonte do político – o estado de exceção
de Schmitt,[36] o poder constituinte de Negri[37] – está sempre fora de
conceitualização e codificação, de modo que isso traz consigo um
tipo de lei de Gödel invertida, segundo a qual a fundação é sempre
aberta e indeterminável.

Desse modo, as formulações políticas que começamos a abordar
por meio da antinomia Utópica entre a cidade e o campo não são
nunca autônomas; e isso chama ainda mais a atenção no caso do
que seria a oposição mais recente ou pós-contemporânea a emergir dos debates Utópicos, a saber, aquela entre a complexidade e a
simplicidade. O novo termo positivo ou substantivo, que encontra
equivalentes em áreas relacionadas – como a popular caracterização
do capitalismo tardio como "flexível" (por oposição ao supostamente mais rígido fordismo: "qualquer cor que goste, desde que
seja preto") –, também pode ser identificado como a continuação
de antigos lemas e, em particular, da noção de descentralização,
outrora popular no programa da esquerda liberal. Essa versão mais

---

[36] Carl Schmitt, *Political Theology* (Chicago, 1996).

[37] Antonio Negri, *Insurgencies* (Minnesota, 1999), p. 324.

antiga tinha a vantagem de projetar um potente termo negativo, na forma de uma centralização má e tirânica, que anulava as diferenças e autonomias locais e padronizava impiedosamente seu campo de poder. A descentralização poderia, assim, ser um apelo à democracia local e ao pluralismo e certa afirmação inicial do que mais tarde seria valorizado como Diferença.

Pode-se pensar que, na área econômica, a agenda de descentralização ofereceria um espaço vantajoso para a crítica dos monopólios e das "gigantes" multinacionais; infelizmente, a alternativa – supostamente, o pequeno negócio, o empreendedorismo e a invenção – já não impressiona ninguém como uma alternativa viável, sendo, antes, uma espécie em vias de extinção. Nessa situação, o capitalismo flexível pode arrogar as virtudes da multiplicidade e da diferença para si, no modo como a computadorização permite a produção em nichos e a variação sistemática de produtos, enquanto o assim chamado *marketing* pós-moderno supre as corporações globalizadas da retórica e do imaginário da adaptabilidade multicultural e da contextualização de seus produtos ao redor do mundo.

Sob essas condições pós-modernas, e nas lutas discursivas que são a elas apropriadas, é difícil para o antigo termo positivo conquistar de volta muita credibilidade: quantas pessoas hoje estão dispostas a levantar a bandeira da centralização, por exemplo, para não dizer das padronizações rígidas do fordismo? Quanto ao equivalente socialista, a valorização do Plano, agora onerado pelo epíteto de planificação "central", a empolgação que ele gerou nos anos 1920 e 1930, no começo do experimento soviético, foi completamente esquecida, e aquela exaltação do poder humano e do controle coletivo foi transmutada em mera volúpia distópica por poder, atualmente uma caricatura totalmente antiquada. Por sua vez, a versão alternativa de um retorno à simplicidade – diante do apelo esteticamente mais estimulante das várias formas de "complexidade" ofertadas – cheira a nostalgia: a vida simples, imagens regressivas da cultura do vilarejo, seja nas comunidades dos anos 1960 ou com os caçadores-coletores de sociedades tribais, parecendo cada vez menos plausíveis na era do desastre ecológico mundial e do aquecimento global. O conteúdo semiótico partilhado por ambas – a centralização e a anticomplexidade – é então energeticamente desmascarado como aquela entidade metafísica velha e má, a Natureza. Mesmo o argumento de Raymond Williams de que o socialismo não seria mais simples, mas bem mais complexo que o capitalismo,[38] uma intervenção perspicaz em um campo discursivo crescentemente dominado pelo thatcherismo e pelo reaganismo, é suspeito de abrigar simpatias regressivas pela natureza e pelo homem do campo, enquanto a concepção concomitante de uma natureza "humana" – já denunciada como "humanismo" pelos althusserianos dos anos 1960 – é prontamente descartada como essencialismo e fundacionismo e enquanto as próteses de Delany – os chifres opcionais e os braços e órgãos extras de seus primeiros romances, culminando nas mudanças de sexo de *Triton* – são exposições fundamentais dos novos estilos de vida pós-humanos,[39] pensados para substituir os estilos naturais mais antigos (o caso relacionado do famigerado sujeito centrado será discutido adiante).

Este é o ponto em que os debates Utópicos, atualmente enfraquecidos, alcançam todos os tipos de interessantes contradições e inversões dialéticas. A complexidade (a palavra favorita de Luhmann, adotada por Giddens e pelos teóricos da "Terceira Via") é, decerto, um lema que pode exitosamente se acomodar ao mercado e ao dinheiro, particularmente em suas formas atuais pós-monetárias: a mediação é garantida pela cibernética e pelo computador, sem os quais o novo capitalismo financeiro transnacional seria impossível. Mas o que ocorre, nesse contexto, com as polêmicas explicitamente travadas contra a planificação socialista (para não falar de sua versão muito mais imediata dirigida contra o planejamento do Estado de Bem-estar Social)? Aqui, os argumentos antiUtópicos remetem a Edmund Burke, cujos ataques ao *hybris* revolucionário e aos resultados catastróficos dos construtivismo e planejamento jacobinos

---

[38] Raymond Williams, *Politics and Letters* (Londres, 1979), p. 433.

[39] As várias concepções atuais do pós-humano nascem presumivelmente do "Manifesto for Cyborgs", de Donna Haraway (ver Capítulo 8, nota 16).

estavam, em larga medida, baseados em certa ideia de natureza: o lento crescimento das instituições e (no sentido mais literal) da própria "cultura". Essa estratégia é, depois, reproduzida no debate contemporâneo, em cujo âmbitos e argumenta, seguindo algumas das mais antigas defesas e apologias do capitalismo, que o mercado está fundado na natureza humana e que é precisamente o esforço de eliminá-lo que seria inatural e levaria à violência.

Contudo, o apelo à natureza humana já não é plausível dentro do espírito pós-moderno e construtivista do capitalismo tardio e de suas ideologias. Essa é, de fato, a ambiguidade do pós-modernismo como uma filosofia: que o seu progressivo endosso de uma multiplicidade e um perspectivismo antiessencialista também replique a exata retórica do mercado capitalista tardio. Quanto à planificação, socialista ou não, o que poderia ser mais complexamente pós-humano do que a tentativa de direcionar as multiplicidades contemporâneas da produção e do consumo, do mercado de trabalho, do investimento e da ecologia? Claramente, é o computador que é central para essa versão da economia imaginária: pode-se dizer que o capital financeiro desviou para seus propósitos improdutivos aquilo do que o planejamento soviético precisava tão desesperadamente. Mas, então, em uma última volta do parafuso, o computador também foi celebrado como *natural,* em virtude de sua derivação do ainda mais complexo cérebro humano.

Já se observou que nenhuma das Utopias agora clássicas dos anos 1960 foi capaz de lidar com as realidades do computador e da Internet, e que mesmo as propostas de Le Guin para um uso Utópico da cibernética, em *Os despossuídos* e *Always Coming Home,* são tímidas e modestas em comparação à retórica delirante contemporânea, sobre a qual é difícil decidir até que ponto se trata realmente de uma Utopia – a Internet como uma imensa coletividade – ou de um mero substituto ou um deslocamento do Utópico: encontramo-nos, assim, de volta àquela alternância entre o programa Utópico e o impulso Utópico com o qual começamos.

De um outro ponto de vista, político em vez de econômico, a questão sobre a Internet se resolve naquela antinomia filosófica familiar e antiga: ela faz as pessoas se relacionarem ou as separa e dispersa? É um signo de identidade ou de multiplicidade? Na política, essa centralização, hoje em larga medida repudiada em nome de uma descentralização agora associada à democracia, não foi sempre opressiva: o local, no feudalismo, era o lócus da repressão e da dominação, diante das quais um apelo ao centro e ao monarca era frequentemente o único recurso. Por sua vez, a noção de Rousseau de unanimidade da vontade geral é incompatível com a descentralização (e foi denunciada como jacobina e totalitária), apesar da própria preferência Utópica de Rousseau pelo vilarejo ou pela comuna no lugar da cidade grande corrupta.

Os Utópicos se dividem quanto à matéria: as cinquenta e quatro cidades de More são todas parecidas "na medida em que o terreno permite",[40] enquanto o sistema industrial de Bellamy ("nacionalismo") é resolutamente centralizado. É nesse sentido que a centralização pode ser flexionada em uma direção ou econômica ou política, pois ela pode designar uma unanimidade no sentido de Rousseau tanto quanto um lócus organizado de poder estatal ou de produção industrial; o autogoverno dos trabalhadores iugoslavos ("autogestão") era um antigo símbolo dessa combinação, às vezes ainda celebrado em conversa fiada ideológica. Mas, hoje, a disponibilidade do computador obscureceu as questões econômicas, permitindo que se acredite que a descentralização pode agora ser magicamente alcançada pela nova tecnologia e, assim, reduzindo e neutralizando a contradição que as soluções Utópicas foram outrora chamadas a resolver, pelo menos na imaginação.

Não é tão fácil, no entanto, fantasiar como já neutralizadas as contradições políticas, para as quais a antítese entre esse e aquele avatar do Estado e o processo democrático radical de base, geralmente invocado pela esquerda, permanecem um dilema: será mesmo, como argumentam os conservadores,[41] que quanto mais a democracia

---

[40] More, *Works*, Volume IV, p. 117.

[41] Famoso comentário de Samuel Huntington, elaborado em M. Crozier, S. Huntington and J. Watanuke, *The Crisis of Democracy* (Nova York, 1975).

genuína é alcançada nesse nível de base, mas ingovernável se torna um país? Certamente, a experiência estadunidense quanto a essas questões oferece uma história infinita de sectarismo, marcada por cismas e secessões, um processo de fissão levando a grupos ou grupelhos cada vez menores e mais impotentes. O modelo de democracia direta, no entanto, que Marx e Lênin admiravam na Comuna de Paris e que muitos estados estadunidenses, mais notavelmente a Califórnia, escreveram desde então em suas constituições – os bem-conhecidos processos de referendo e revogação – tende a estar baseado em uma ideia rousseauniana de unanimidade e vontade geral.(E, obviamente, os projetos estadunidenses mais Utópicos desse tipo foram pensados antes do surgimento da mídia e de seus atuais monopólios sobre a informação, embora a Internet tenha, ainda mais recentemente, parecido oferecer – pelo menos em fantasia – um contrapeso ao problema da mídia.)

Pois a hostilidade Utópica à "democracia" em suas formulações populistas atuais precisa ser propriamente contextualizada. Em More tanto quanto em Rousseau, ela é inspirada pelo medo do sectarismo, um conceito clássico subsumindo grupos que variam de partidos políticos até etnias e *lobbies* de vários tipos. É a fim de desencorajar a emergência de facções, por exemplo, que More proíbe as discussões políticas, uma lei que soa nefasta para ouvidos modernos: "Fora do Senado, ou das assembleias públicas, é considerado crime capital deliberar sobre assuntos comuns".[42] *Red Mars*, por outro lado, é ricamente constituída pela onipresença de facções e pelos problemas políticos que elas apresentam (que são, decerto, unificadas pela ameaça externa de uma tomada armada por parte da Terra). O estatuto da política na Utopia é, de todo modo, ligado a essa questão das facções, o partido constituindo o conceito impensável a meio caminho entre o indivíduo e a totalidade social.

---

[42] More, *Works*, Volume IV, p. 125. (Thomas More, *Utopia*, tradução de Márcio Meirelles Gouvêa Júnior, Belo Horizonte: Autêntica, 2017, p. 97 [N.T.].)

IV

Mas espero que alguns leitores queiram defender a posição de que o pós-modernismo na economia não seria, de modo algum, a mesma coisa que o pós-modernismo no pensamento ou na filosofia; e de que uma rejeição, por princípio, do antigo "sujeito centrado" (tanto na psicologia quanto na ética) não deveria ser invalidada pela reprodução de sua forma na globalização, nos negócios e nas finanças. Trata-se de uma situação histórica desconfortável, e de modo algum é sempre uma ofensa barata ou jogo sujo argumentar, como fazemos alguns de nós às vezes, que essa reprodução é excessivamente suspeita e testemunha o modo como o pensamento e a arte pós-modernos ou descentralizados reforçam as novas formas sociais e econômicas do capitalismo tardio, em vez de as solaparem. Os novos valores parecem frequentemente oferecer uma formação em uma nova lógica e, assim, fortalecer e perpetuar tendências da infraestrutura, lançando dúvidas sobre todos os programas mais antigos de crítica e de distanciamento crítico.

Entretanto, mesmo se despojarmos esses argumentos de sua referência ofensiva e pessoal e transformarmos a posição denuncista e a acusação de intenção ideológica em alguma descrição histórica mais neutra, permanece um medo que é agora o do *Zeitgeist*: certa mutação histórica por meio da qual tudo, da economia à filosofia, é carimbado com as mesmas formas e lógica, independentemente do compromisso político e ideológico. De fato, a presunção da existência de algo, como a pós-modernidade, sempre esteve baseada na evidência dessas modificações profundas em todos os níveis do sistema que chamamos de capitalismo tardio. A questão passa a ser, então, a da natureza e estrutura das transições históricas de um estágio ou período a outro.

Podemos, no entanto, ainda observar que a homologia de formas e estruturas entre os vários níveis socioeconômicos e culturais é, ela mesma, função da abstração crescente: é assim que formas de complexidade que se desenvolvem dentro de instituições econômicas concretas se separam lentamente de sua substância ou de seu conteúdo e, enquanto padrões flutuantes, migram para outras áreas e se tornam disponíveis para usos e aplicações bem diferentes – no design tanto quanto na organização alegórica das proposições científicas ou nos sistemas mais novos de conceitualidade. Poderíamos mesmo inverter a linha da argumentação e sugerir que o emprego dessas formas no domínio econômico é ele mesmo resultado de sua emergência concreta em tipos mais novos de vida social (para não falar de novas descobertas no domínio científico).

Mas isso deixa intacta a questão política de se a resistência é ainda possível sob um regime de replicação como esse. Trata-se de uma questão que segue sendo teórica: essas homologias podem gerar oposições ou negações? Bem como histórica: para começo de conversa, que tipo de sistema é esse em que tal padronização ou contaminação estrutural é possível? Porém, talvez seja nos termos das nossas oposições utópicas anteriores que o problema todo precise ser reapresentado, como o retorno daquela velha oposição entre diferença e identidade, na qual o Utopianismo tem oscilado ao longo da história – o comprometimento de More (e mesmo de Platão) com a identidade nos parecendo, hoje, distópico.

Creio, no entanto, que seria melhor considerar esse dilema particular como parte de um debate Utópico em um novo setor temático do qual ainda não tratamos, a saber, o da subjetividade. Pois mesmo a premissa de certa despersonalização Utópica fundamental assume uma posição quanto à subjetividade e o individualismo, uma posição que é de fato mais próxima do pensamento pós-moderno e de seu descentramento da consciência do que de noções mais burguesas e humanistas, muito embora as formas sociais externas de More pareçam refletir uma lógica da identidade estranha à Diferença pós-moderna.

Contudo, as categorias mais fundamentais para qualquer discussão sobre Utopia e subjetividade, para mim, parecem ser as de pedagogia e transição ou, em outras palavras, a questão da formação das subjetividades e a questão dos problemas colocados por sua morte e sucessão, pelas gerações e a relação dos sujeitos posteriores com as instituições Utópicas estabelecidas por seus antecessores. Colocar isso desse modo é perceber que, no socialismo, ambos esses polos estão subsumidos à noção de revolução cultural: a pedagogia coletiva de sujeitos a serem formados ou reformados para a vida e a atividade no novo modo de produção – um processo que, supõe-se, deve garantir a reprodução social do novo mundo social por várias gerações, quando não indefinidamente.

Essa é provavelmente a área em que a preocupação moderna com a liberdade, que substitui a antiga preocupação Utópica com a felicidade, pode ser compreendida de forma mais adequada. Embora convenientemente transferível para o campo político e vulnerável a todos os tipos de explorações ideológicas, a demanda por liberdade na tradição Utópica parece mais plausível quando lida como uma irritação e impaciência com a pedagogia – com o rei filósofo, com o Estado e seus aparatos ideológicos, com Skinner, com More, com as teorias da pedagogia em geral –, bem como uma resistência a gerações mais velhas. Diante disso, parece improvável que experiências modernas prévias de Estado teriam podido ser suficientemente diretas ou imediatas para terem tido alguma influência formativa em valores defendidos de forma tão existencial e passional como os que ressoam em palavras e conceitos como "liberdade" – a exceção seria, sem dúvida, aquela da vida sob ocupação militar (ou policial) estrangeira ou doméstica. Isso não significa abandonar o primado de um inconsciente político sobre o inconsciente freudiano: Sartre, certa vez, muito sensatamente, observou que ambos reconhecem a família como a estrutura primeira pela qual as classes e o social, bem como as estruturas de desejo, são aprendidos.[43] De todo modo, tanto a família como o mundo oficial do Estado e da sociedade estão subsumidos ao modo de produção. Como sempre, o determinismo e a causalidade são uma questão mais de determinação e de seus limites, isto é, da disponibilidade de certas estruturas e de seus conteúdos ou, por outro lado, da inexistência histórica dessas possibilidades.

Logo, numerosos modelos de um sistema complexo e descentrado parecem ter surgido em tempos recentes, dos quais versões

---

[43] Jean-Paul Sartre, *Search for a Method* (Nova York, 1963), p. 61; 100-101.

mais antigas, como a monadologia de Leibniz, não parecem ser senão fantasias ou antecipações grosseiras ou pré-tecnológicas. Claramente, a evolução dos sistemas cibernéticos ampliou o que pode ser imaginado, isto é, o que pode ser esquematizado; mas isso não quer dizer que seria a nova tecnologia, ela mesma, que, em última instância, teria permitido a emergência dessas esquematizações e sua aplicação a uma ampla gama de outras áreas. Em certo número de casos, essa aplicação existe, é certo, apenas na fantasia; logo, como tentei mostrar em outro lugar, muito da assim chamada filosofia cognitiva – a tentativa de "explicar" a consciência com base em hipóteses sobre a função descentrada do cérebro – funciona, na verdade, como uma alegoria política e oferece modelos pseudocientíficos do que são efetivamente sistemas políticos. Essas especulações científicas e filosóficas, seja qual outro valor elas tenham e quão testáveis ou falseáveis em laboratório elas sejam, são também constructos ideológicos pensados para fundamentar, na natureza biológica, um sistema político particular.[44]

Isso nos leva ao que talvez seja a disputa Utópica fundamental sobre a subjetividade – a saber, se a Utopia em questão propõe o tipo de transformação radical da subjetividade pressuposta pela maioria das revoluções, uma mutação na natureza humana e a emergência de seres totalmente novos; ou se o impulso à Utopia não estaria fundado na própria natureza humana, sendo sua persistência prontamente explicável por necessidades e desejos mais profundos, que o presente apenas reprimiu e distorceu. Como deixamos implícito em alguns dos capítulos anteriores, essa é uma tensão que não apenas é inescapável: sua resolução em qualquer das direções seria fatal para a existência da própria Utopia. Em outras palavras, se a diferença absoluta é obtida, encontramo-nos em um mundo de ficção científica como os de Stapledon, em que seres humanos já não poderiam mais se reconhecer (e que precisaria ser alegorizado, como tentamos fazer no Capítulo 9,

---

[44] Devo aqui me referir a uma análise não publicada de *Consciousness Explained*, de Daniel Dennett, que aparecerá no Volume II de *The Poetics of Social Forms*, sobre a alegoria.

a fim de devolver a essa figuração uma função antropomórfica e Utópica viável). Por outro lado, se a Utopia é atraída para muito próximo das realidades cotidianas atuais, e seu sujeito começa a se aproximar excessivamente de nossos vizinhos e de nossos concidadãos politicamente desorientados, então lentamente nos encontramos de volta a uma política reformista ou social-democrata corriqueira que pode até ser Utópica em outro sentido, mas que perdeu sua pretensão de qualquer transformação radical do próprio sistema.

Quanto à realização de uma impessoalidade radical na Utopia, a abolição da propriedade privada do *self* e a emergência de certa prática nova descentrada e coletiva de relações sociais e individuais, ela, no melhor dos casos, não corresponderia a uma abolição da subjetividade, mas apenas a uma nova forma desta, em que o individualismo burguês – outro nome para o velho "sujeito centrado" humanista, sob ataque pela teoria contemporânea – teria sido substituído pelas "posições subjetivas múltiplas" da pós-modernidade e do capitalismo tardio. Uma vez mais, a noção da replicação do sistema se torna a forma última de teoria da conspiração e o conceito de uma transformação Utópica se torna um recurso adicional no arsenal de truques e armadilhas do capitalismo tardio.

Mas já é hora de concluir este inventário interminável e observar que, embora cada uma dessas oposições pareça nos confrontar com uma escolha e uma decisão fundamental sobre a própria natureza da Utopia – embora, de fato, a própria interpretação ou construção de utopias permaneça letra morta se o texto em questão fracassa em nos desafiar desse modo quase visceral –, seria errado responder a esse desafio em seus próprios termos e, mais ainda, tentar sua resolução por meio desse ou daquele compromisso, dessa ou daquela combinação ou síntese. Como devemos lidar com esse novo problema é algo que será tratado no próximo capítulo.

11.
Síntese, ironia, neutralização e o momento de verdade

Por que cada uma das opções oferecidas pelos nossos pares de oposições não poderia ter seu momento de verdade? Essa é uma questão que nos leva imediatamente à grande questão do relativismo na filosofia, à contemplação perplexa de Absolutos incompatíveis, em guerra entre si, ou da multiplicidade de "eventos-verdade"[1] – uma perplexidade apenas aparentemente resolvida pelo historicismo, com suas muitas verdades, uma sucedendo a outra ao longo da sucessão histórica de modos de produção radicalmente diferentes. Quão mais perplexa não seria, pois, a inversão dessa mesma questão, quando se pergunta pelo conteúdo de verdade do que ainda não é e pela efetividade dos vários futuros Utópicos do passado?

Esse problema talvez seja mais bem apresentado por meio de uma noção abrangente de ideologia, na qual a inevitabilidade desta resulta de nossa inescapável posição situada:[2] somos situados em termos de classe, de raça e gênero [*gender*], de nacionalidade, de história – em resumo, em termos de todos os tipos de determinações, das quais nenhum indivíduo biológico pode escapar e que apenas poucos idealismos tardios ou a mais incorrigível filosofia racionalista e do Esclarecimento universalista pensaram transcender.

---

[1] Um conceito no centro da filosofia de Alain Badiou.

[2] Ver David Simpson, *Situatedness* (Durham, NC, 2003).

Mas o argumento pode também ser apresentado em um nível mais rasteiro, em termos de representação: se não há nada na mente que não tenha sido transmitido pelos sentidos, de acordo com o velho mote empirista, também estamos hoje, geralmente, propensos a pensar que não haveria nada em nossas possíveis representações que, de algum modo, já não estivesse em nossa experiência histórica. Esta necessariamente reveste todas as nossas imaginações, fornece conteúdo para a expressão e a figuração dos pensamentos mais abstratos, para as aspirações ou premonições mais desencorpadas. De fato, esse conteúdo já é, em si, ideológico no sentido delineado anteriormente, já é sempre situado e extraído do contextualmente concreto, mesmo onde (especialmente onde) tendemos a projetar uma visão absolutamente independente de nós mesmos e uma forma de alteridade tão estranha quanto possível em relação ao nosso contexto.

Aqui, de fato, a antiga dialética entre a identidade e a diferença retorna inevitavelmente com toda a força, e nada é tão ideológico e autolimitado quanto minha tentativa desesperada de escapar, em pensamento, da minha situação e de imaginar o que me é mais distante e mais estranho: a pobreza dessas imagens é a indicação clara da minha experiência limitada e da minha incapacidade de imaginar algo fora de mim mesmo. Lamentavelmente, aquele intelectual que o Utópico também precisa ser – para sempre acorrentado pelos determinantes de raça e classe, da língua e da infância, de gênero [gender] e do conhecimento específico à situação – tem também um comprometimento constitucional com o abstrato e com o universal, em outras palavras, com a anulação profissional inveterada, de antemão e por definição, de todos esses determinantes concretos de uma ideologia propriamente Utópica: mas se trata de uma anulação que é, antes, um recalque, em vez de uma resolução.[3] Como poderia ser diferente com a Utopia em geral e com a tentativa de imaginar

---

[3] Essa crítica aos intelectuais e ao seu idealismo profissional me parece ter sido a força motriz do trabalho de Pierre Bourdieu. O papel do anti-intelectualismo no antiUtopianismo não deve ser subestimado.

a diferença mais fundamental de todas e de nos projetar no *Novum* de um novo modo de produção?

É por isso que todas as nossas imagens de Utopia, todas as imagens possíveis de Utopia, sempre serão ideológicas e distorcidas por um ponto de vista que não pode ser corrigido nem justificado, como quando observamos que esse ou aquele Utópico não poderia ter ciência de desenvolvimentos sociais posteriores (como Aristóteles e os limites da escravidão),[4] ou que um dado problema era estranho à sua experiência. Todas essas retificações, como uma viagem às cegas com uma bússola ou um sextante, pressupõem que haja, em última instância, em algum lugar, uma visão correta da Utopia, a ser obtida permitindo a parcialidade do autor ou mesmo triangulando uma variedade de diferentes Utopias, a fim de determinar sua colocação comum. Mas não há tal coisa como essa Utopia correta; e todas as Utopias familiares que temos são irremediavelmente baseadas em classes. More é marcado não apenas por seu *status* de advogado e londrino, um humanista próximo à corte de Henrique VIII: ele é também marcado pelas ambiguidades daquele período transicional entre a dispensação medieval e a monarquia absoluta emergente. Sua possibilidade de imaginar ou fantasiar a Utopia é absolutamente determinada por essas evidentes limitações ou especificações.

Do mesmo modo, Campanella está marcado pela cultura da igreja; Fourier, por todos os tipos de fantasias pequeno-burguesas e pela visão de sociedade e natureza humana de caixeiro viajante, da qual ele dificilmente poderia se livrar; Bellamy é um típico americano de classe média, de cidade pequena, da época das invenções, um Thomas Edison ou um Ford da Utopia industrial por vir (do mesmo modo como Fourier desejava ser seu Newton, com toda a ingenuidade do autodidata); e assim por diante, em algum momento acrescentando raça e gênero [*gender*] ao perfil.

---

[4] Ver Marx sobre Aristóteles, em *Capital*, Volume I (Londres, 1976), p. 151-152.

Mas esse interminável historicismo – uma vez que estejamos cientes de sua dinâmica – revela sua esterilidade última ao nos privar de qualquer possibilidade de uma construção Utópica própria, agora que sabemos que ela inevitavelmente refletirá apenas nossa posição de classe. Seja qual for a persistência da forma Utópica, seu conteúdo parece irremediavelmente maculado, e chegamos a nos perguntar se seria possível qualquer Utopianismo que não fosse mera projeção de nossa própria situação. Isso significa que não poderia haver nem um mínimo de formulação de demandas Utópicas que conservasse, de algum modo, certa universalidade efetiva? Não poderíamos vislumbrar certa Utopia de grau zero, uma Utopia em que o conteúdo teria sido reduzido à sua validade mais inegável para todas as sociedades?

Foi sempre um mérito de Adorno complicar proficuamente problemas simples e ao mesmo tempo simplificar brutalmente problemas complicados, atravessando antinomias e usando produtivamente o idealismo e o materialismo um contra o outro, no movimento de um pensamento assim libertado de sua paralisia. Não surpreende, portanto, que devemos uma tal proposta de minimalismo Utópico a esse pensador, uma proposta capaz de aclarar nossas posições na situação presente.

> Quando se pergunta pelo objetivo da sociedade emancipada, obtêm-se respostas tais como a realização das possibilidades humanas ou a riqueza da vida. Tão ilegítima é essa questão inevitável, tão inevitável é o caráter repelente, impositivo, da resposta, que traz à lembrança o ideal social-democrata de personalidade, próprio daqueles naturalistas barbaças do século XIX, desejosos de gozar a vida. A única resposta delicada seria a mais grosseira: que ninguém mais passe fome. Tudo o mais estabelece, para uma situação a ser determinada segundo necessidades humanas, um comportamento humano formado a partir do modelo da produção como um fim em si mesma.[5]

---

[5] T. W. Adorno, *Minima Moralia* (Londres, 1974 [1951]), p. 15-156. (T. W. Adorno, *Minima Moralia*, tradução de Luiz Bicca, Rio de Janeiro: Ática, 1993, p. 137 [N.T.].)

O pronto consentimento de alguém a essa proposição só pode ser adequadamente compreendido se levamos em conta o alvo que ela pretende criticar. Não está muito claro quais Utópicos da Segunda Internacional Adorno tinha em mente aqui: esperamos que, entre eles, não esteja incluída a grande figura do próprio Morris! De todo modo, parece suficientemente óbvio que a diatribe é direcionada às fantasias Utópicas organizadas em torno do prazer ou da diversão. Adorno era, ele mesmo, um filósofo (e um esteta) cuja preocupação central era o sofrimento, a dor irreparável enquanto tal. Ele tinha, portanto, pouca tolerância com o hedonismo,[6] e a passagem sugere que, para ele, a tentativa de substituir o sofrimento pelo prazer deve ser denunciada como frívola e insultuosa às vítimas.

Poderíamos também concluir que ele via pouca utilidade na própria atividade da fantasia Utópica, cujo regozijo com os detalhes pode apenas constituir, do ponto de vista da fome em massa, um luxo repreensível. (Ele, assim, reproduz um dos paradoxos com que começamos, a saber, a aparente incompatibilidade, no Utópico clássico, entre a indignação social ou a fúria profética e o divertimento artesanal do *hobby* Utópico.) Podemos até perguntar se essa denúncia particular não implica um repúdio da narrativa, especialmente quando esta promete reorganizar o impulso Utópico como um campo e inaugurar a Utopia como um gênero. Do ponto de vista da narrativa, de fato, a fascinação de Adorno com o *tour de force* formal de *Fim de partida* de Beckett nos leva o mais próximo possível da não narrativa, enquanto ainda permanece no domínio da estética (para Adorno, uma exigência absoluta). A Utopia é, decerto, uma forma mista; contudo, suas porções chamadas de não narrativas – as morosas excursões pela nova paisagem Utópica, bem como todos os tipos de bandejas skinnerianas – ainda constituem formas de conteúdos e modos de figuração (diferentemente das anulações pelas

---

6 Como pertinentemente observa Rose Subotnik, ele nunca menciona Haydn (*Developing Variations* [Minneapolis, 1991] p. 50).

quais Beckett engenhosamente neutraliza o conteúdo de qualquer situação e evento possíveis e de qualquer ato possível). A própria estética pode certamente ser considerada um enclave Utópico no mundo de Adorno, mas é um espaço particularmente transitório e fugaz, uma linha de fuga que só pode durar um momento antes de ser reabsorvida naquele pesadelo do mundo real de sofrimento, contra o qual ela foi um protesto efêmero e do qual é uma brevíssima expressão dissonante.

Decerto, a aversão ao hedonismo não exclui, em Adorno, a valorização da felicidade, mas trata-se de uma felicidade justamente como esse momento efêmero e fugaz:

> *Rien faire comme une bête*, flutuar na água, olhando pacificamente para o céu, "ser, e mais nada, sem nenhuma outra determinação nem realização", eis o que poderia ocupar o lugar do processo, do fazer, do realizar, e assim cumprir verdadeiramente a promessa da lógica dialética, de desembocar em sua origem.[7]

Mas, aqui, também é contra a "fúria cega da ação" da sociedade que a possibilidade é evocada; e, como todos os filósofos inteligentes, Adorno evita uma teoria que daria um conteúdo para a felicidade ou que emprestaria a ela uma tematização (como se, como o Real de Lacan, a felicidade fosse algo "que resiste absolutamente à simbolização"). A felicidade não pode, em outras palavras, tornar-se um fim em si mesma em ser tragada de volta para o sistema weberiano de meios e fins do qual ela deveria ter sido um escape em primeiro lugar. A felicidade está, assim, em consonância com a recusa de conteúdo, uma intransigência que não deve ser maculada nem pela nostalgia por sistemas arcaicos, como o dom, nem pelas visões futuristas inventadas pelos socialistas barbaças. As exigências da necessidade devem permanecer absolutas e apodíticas: a culpa resultante irá, então, reincorporar aquela do Holocausto e intimidar Utópicos tanto

---

[7] *Minima Moralia*, p. 156. (T. W. Adorno, *Minima Moralia*, tradução de Luiz Bicca, Rio de Janeiro: Ática, 1993, p. 138 [N.T.].)

de esquerda quanto de direita: "apegados", como diria Adorno, "à negação determinada".[8]

As posições de Adorno sobre o Utopianismo, no entanto, vão ainda mais longe, pois implicam uma postura fundamental diante do pesadelo da história humana – aqui retratado como uma atividade incessante e desenfreada – do qual o capitalismo é apenas o estágio último e mais frenético. Aqui, a história natural se intersecciona com a história puramente humana e a anula, e essa história imemorial de intermináveis lutas e agressividade mútua, desgraça inevitável e triunfo imerecido, é vista como fundada no instinto de autopreservação aparentemente biológico e darwinista.[9]

O subtexto filosófico dessa surpreendente sugestão reside na proposição de que a "autopreservação" não é de modo algum um instinto, mas antes algo como uma ideologia ou, quando menos, um mecanismo ideológico. Todas as sociedades humanas, necessariamente organizadas em torno da escassez e do poder, tiveram de programar seus sujeitos de modo a inculcar neles certo esforço, aparentemente primordial, de preservação de si a todo custo, ou seja, às custas de outras pessoas. Esse "*self*", que é ciosamente acumulado e protegido contra incursões, é algo como uma forma de propriedade, a primeiríssima forma talvez, em torno da qual todas as nossas lutas pessoais e sociais estão organizadas. As especulações de Adorno renovam, assim, de modo inesperado, seus laços com tradições Utópicas mais antigas e tenazmente arraigadas: abolir a propriedade privada. Mas agora é a propriedade privada do *self* que deve ser abolida, com o resultado também inesperado de que a própria morte – a mais privada de todas as experiências, sobre a qual Heidegger afirma que é "*je mein eigener*", aquilo que apenas eu posso experienciar – perde seu ferrão, não mais nos desviando do mais precioso.

---

[8] T. W. Adorno, *Philosophie der neuen Musik* (Frankfurt, 1958 [1948]), p. 33.

[9] T. W. Adorno e Max Horkheimer, *Dialectic of Enlightenment* (Palo Alto, 2002 [1947]), p. 22-23.

Tal renúncia da forma máxima de propriedade privada não nos deixaria em um estado já não mais reconhecível como humano? Essa é uma consequência que Adorno estava disposto a contemplar, como seu único ideal ético, em parte irônico, testemunha: "Viver como bons animais".[10] A Utopia, então, a queda do "instinto" de autopreservação, emergiria como um estado no qual, como com os animais, uma vida no puro presente se tornaria concebível, uma vida despojada de todos aqueles medos quanto à sobrevivência e angústias quanto ao futuro, de toda aquela infinita luta e preocupação tática e estratégica – *Sorge!* – que forma a história e a pré-história humanas e em cuja falta certa "natureza humana" totalmente irreconhecível assumiria o lugar. Trata-se de um pensamento assustador, na medida em que postula a alteridade radical máxima e encoraja visões do futuro distante em que teremos perdido quase tudo que nos torna identificáveis como humanos: uma visão de uma população de seres sencientes pastando no eterno presente de um jardim sem agressividade ou necessidade. Nesse futuro, de fato, teremos nos tornado verdadeiramente alienígenas no sentido da ficção científica, uma perspectiva calculada, como vimos, para reavivar todos os medos mais clássicos da Utopia.

A demanda Utópica mínima de Adorno, portanto, longe de ser puramente formal e sem conteúdo ideológico, veicula temas e insinuações históricas muitíssimo complexas. Por um lado, a culpa irredimível da condição humana retorna de novo e de novo à primazia do sofrimento, lamentando-se, com Dostoiévski e Sartre, que a Utopia e a arte sejam sem valia quando comparadas à dor de uma única criança; enquanto, por outro, uma antiga aspiração pela serenidade dos animais ou dos simplórios, que vem de Wordsworth, Flaubert e Whitman até os tempos modernos, espantosamente reaparece nesse pensador hiperintelectual, em geral tão resistente à nostalgia. *Ange ou bête?* É provavelmente do lado da imaginação do pós-humano, e mesmo do angelical, que a alteridade Utópica provavelmente pode encontrar sua produtividade.

---

[10] T. W. Adorno, *Negative Dialectics* (Nova York, 1973 [1966]), p. 299.

Devemos, portanto, concluir que a busca por uma demanda Utópica mínima, um grau zero universalmente reconhecido de realização Utópica – mesmo uma aparentemente tão óbvia quanto "que ninguém mais passe fome" – não pode escapar do campo de força da ideologia e da situação de classe. A posição mais recuada e de garantia, quando somos confrontados com a multiplicidade de preocupações Utópicas que descobrimos estarem em violenta oposição umas com as outras, é evidentemente a pluralista, em que reconhecemos a autenticidade do impulso Utópico investido em cada opção, independentemente de quão distorcida ela seja, enquanto ao mesmo tempo buscamos identificar seu "momento de verdade" e isolar e se apropriar de sua energia Utópica específica.

Mas essa aparente capitulação ao senso comum e ao pluralismo liberal ou humanista pode exigir um método mais complicado do que as corriqueiras classificação e escolha não dialéticas. Tudo depende do modo como a verdade e seu "momento" são concebidos, e de como uma visão substantiva do último inevitavelmente gera algo como um sentimento de progresso – todo o movimento sendo coroado por uma reflexividade nascente, uma chegada à autoconsciência, do próprio processo Utópico. Esse método de avaliação cheira a uma caricatura ruim do hegelianismo e oferece o alvo corriqueiro para a crítica anti-historicista. O erro, no entanto, é imaginar que o não erro, a verdade, mesmo aquela verdade mínima que supostamente persiste no assim chamado "momento de verdade", seja um fenômeno positivo. Não usamos esse conceito adequadamente a não ser que compreendamos sua negatividade crítica como um instrumento conceitual pensado não para produzir alguma representação plena, mas, antes, para invalidar e desmistificar as pretensões de representação plena de seu oposto. O "momento de verdade" não é, portanto, substantivo, não é uma pérola conceitual que podemos extrair e guardar para que seja usada em algum sistema futuro. Antes, sua função não reside em si mesma, mas em sua capacidade de negar radicalmente sua alternativa.

Logo, o momento de verdade da visão pastoral de Le Guin, de sua defesa Utópica do campo e do vilarejo, não tem nada a ver com a atratividade dessas ilusões ideológicas, exceto na medida em que é essa mesma atratividade que dá a seu momento de verdade seu poder crítico e afia seu corte. Antes, a função radical de sua visão reside em sua desmistificação e negação da visão igualmente ideológica de Delany da cidade Utópica. E, como esperável, o contrário também é verdadeiro: é na fantasia urbana de Delany que encontramos os meios para desqualificar o campo idílico de Le Guin (que, é claro, também inclui a tecnologia de guerra que brutalmente o interrompe). A "zona não licenciada" censura tudo que há de complacente e ilusório, celebratório e enganador nas ideologias da natureza; enquanto a serenidade do vilarejo lança o silêncio de um julgamento igualmente decisivo sobre a agitação urbana febril.

Posso tornar as consequências desse método mais claras e específicas comparando-o a uma posição crítica com a qual ele aparentemente tem um parentesco. Refiro-me ao trabalho de 1981 de Gary Saul Morson, *The Boundaries of Genre*,[11] que combina uma análise de *Diário de um escritor* de Dostoiévski – um texto menipeio, se já houve algum, e, de modo ainda mais significativo, caso se lhe considere, como o fazia Morson, uma única obra organicamente unificada – com uma teoria das utopias e, em particular, do gênero Utópico. Sua posição é a de que Dostoiévski não foi um reacionário fundamentalista como sempre o pensamos – ou de que, talvez, já que ele era tão obviamente um reacionário, seria melhor usarmos o termo antiUtópico. Isso pode ser demonstrado pela existência – ao lado daqueles textos abertamente antiUtópicos como *Memórias do subsolo*, o episódio do "Grande inquisidor" em *Os irmãos Karamázov* e *Os demônios* – de peças mais positivamente Utópicas ("O sonho de um homem ridículo") ou, mais acuradamente, da coexistência lado a lado, dentro do próprio *Diário de um escritor*, de textos e características Utópicos e antiUtópicos. Mas isso apenas testemunharia certa ambivalência política fundamental por parte

---

[11] Gary Saul Morson, *The Boundaries of Genre* (Austin, Texas, 1981).

de Dostoiévski, a ser resolvida, talvez, pela cronologia ou pelo contexto político desigualmente variado.

O argumento de Morson, no entanto, é bem mais interessante que esse, uma vez que, como o título sugere, ele deseja aqui recorrer a toda uma dialética do gênero, não apenas para ancorar o gênero Utópico em uma concepção de paródia oriunda do formalismo russo, mas também para sugerir que o sistema paródico produz variações genéricas a partir de si mesmo. Assim, um gênero identificado como antiUtopia se revela como uma "paródia" (no sentido complexo e idiossincrático que Morson dá ao termo) do gênero Utópico original – fingindo tomá-lo seriamente *à la* Swift ou mesmo Orwell, apenas para melhor mostrar quão implausível, para não dizer indesejável, ele é no fim das contas. Em duas interpretações importantes e complexas, ele mostra que muitos dos exemplares tradicionais dessas duas categorias genéricas podem, na verdade, quando bem examinados, também ser incluídos na outra categoria. Assim, uma das antiUtopias clássicas, *We*, de Zamyatin, acaba por se revelar um exemplo do próprio gênero Utópico,[12] enquanto, em certa volta final do parafuso da dialética, o próprio texto fundacional do gênero Utópico, a obra epônima de Thomas More, revela conter, ao lado de seus ingredientes Utópicos, todas as características de uma antiUtopia e de uma paródia ou sátira de si mesma. Esse é um argumento que resolve vários problemas da história da recepção do pequeno livro de More; é também, pelo menos implicitamente, um alargamento do dialogismo de Bakhtin, que inclui o dissenso e o desacordo não apenas entre os debatedores oficiais (More e Hitlodeu), mas dentro da própria estrutura do texto.

Esse não é, entretanto, o ponto final do argumento de Morson, que avança até postular uma terceira forma, a metaparódia ou metaUtopia, que acaba por incluir ambas – a Utopia e sua adversária genérica –, e serve, assim, também para explicar tudo que de outro

---

[12] Ver Capítulo 2, nota 21.

modo permanece enigmático e incoerente ou contraditório em relação a *Diário de um escritor*. Trata-se de uma solução satisfatória ou deveríamos discutir a multiplicação desnecessária de entidade imaginárias – neste caso, de gêneros – em uma discussão que admite abertamente que, caso não reconheçamos conscientemente a existência dessa nova terceira forma, o texto em questão pode parecer um fracasso caótico?

Isso não significa desconsiderar a qualidade dialética de tudo isso nem ignorar o lugar dado às oposições e negações. Apenas quero introduzir outro conjunto de coordenadas, a saber, as do modernismo e do pós-modernismo, e observar que, como Morson o formula, seu argumento permanece ainda muito dentro de um quadro literário modernista que evoca "as questões complexas envolvidas na interpretação literária"[13] e está baseado em toda uma retórica de reflexividade literária: "Suas margens jogam com sua própria marginalidade", "os enquadramentos [...] tornam-se parte de uma obra literária que autoconscientemente inclui o que de outro modo não seria tomado como parte da obra propriamente dita".[14] *Dom Quixote* permanece uma referência central, conforme a metaUtopia se aproxima de um valor modernista, o da autoconsciência ou reflexividade. Se esse é o caso, então a teoria pode rapidamente ser identificada e remetida a um dos valores e conceitos literários supremos daquela era: a Ironia. Pois é na Ironia que somos capazes de comer nosso bolo e ainda ficar com ele e negar o que afirmamos enquanto afirmamos o que negamos. A Ironia é, de fato, a síntese de opostos prescrita no período modernista; e, como um valor modernista supremo (de Thomas Mann a Paul de Man),[15] é, ao mesmo tempo, distinta de e documentada por todas

---

[13] Morson, *Boundaries of Genre*, p. 174.

[14] *Ibidem*, p. 167.

[15] A afirmação de Paul de Man sobre a "ironia das ironias" de Schlegel (*Blindness and Insight*, Minneapolis, 1997, p. 221-222: "*Mit der Ironie ist durchaus nicht zu scherzen*" etc.) é um momento definidor. Ver, ainda, minha discussão sobre

as ironias individuais específicas do texto (Morson se refere a duas delas: a "ironia das origens" ou perspectivismo[16] e o uso da ironia de um modo puramente antiUtópico).[17]

É nesse ponto que finalmente estou em condições de esclarecer a teimosa negatividade que sempre intrigou os leitores de *Utopiques*, de Louis Marin, e também de me explicar aos Utópicos que acharam que algumas das formulações que propus em estudos anteriores[18] eram depressivamente autoderrotistas, quando não decididamente derrotistas (a Utopia como um fracasso necessário da imaginação). Mas esse esclarecimento só pode ser feito ao preço de uma hostilidade resoluta em relação à Ironia (em um espírito bastante pós-moderno) e no espírito de um repúdio, por princípio, do valor modernista da reflexividade. Apenas essa especificação negativa nos permitirá demarcar uma posição distinta da de Morson, embora relacionada a ela. Para fazê-lo, temos todo interesse em voltar a Marin e a seu uso do esquema semiótico de Greimas, que, como será lembrado, faz uma diferenciação entre a contradição de um dado termo e seu contrário lógico.

Na medida em que também pode ser postulada, logicamente, uma contradição do último, isso gera um diagrama com quatro posições básicas. Pareceria de fato irônico identificar o chamado termo complexo a uma forma de Ironia, quando para a maioria das pessoas "ironia" consiste em não tomar qualquer posicionamento fundamental, em não ser nem a favor nem contra, para usar nossa caracterização de sua contraparte, o termo neutro.

---

de Man em *A Singular Modernity*, p. 106-118; ver também *Postmodernism* (Durham, NC, 1991) p. 258-259.

[16] Morson, p. 77.

[17] *Ibidem*, p. 155.

[18] Ver adiante, em Parte Dois, Ensaio 4: "Progresso *versus* Utopia, ou Podemos imaginar o futuro?". Como esse ensaio foi muito citado, e apesar da mudança de posições que o leitor observará na presente obra (particularmente aqui e nos Capítulos 4 e 6), reproduzi o original sem modificações.

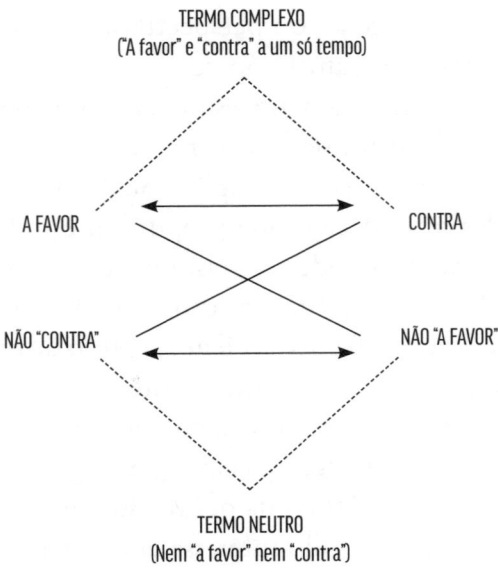

TERMO COMPLEXO
("A favor" e "contra" a um só tempo)

A FAVOR   CONTRA

NÃO "CONTRA"   NÃO "A FAVOR"

TERMO NEUTRO
(Nem "a favor" nem "contra")

Porém, o termo complexo na verdade busca as duas coisas e se define explorando tudo o que há de supostamente positivo em ambos os polos da oposição. Se essa combinação é Utópica, como muitos sugeriram, então é precisamente um mau Utopianismo, fundado nas ilusões da representação e do conteúdo afirmativo; e a ironia modernista compartilha dessas ilusões de um modo especificamente estético e estetizante, valorizando a arte como o espaço em que as incompatibilidades podem alcançar um tipo positivo de plenitude. Logo, a caricatura tradicional de Hegel e da filosofia dialética postula a unificação dos dois termos maiores como uma "síntese" (em Greimas, é o termo "complexo"). Não apenas esse é o tipo de resolução espúria que denunciamos em nosso inventário de oposições Utópicas anteriormente: é também o espaço do valor modernista da Ironia, que promete, quando não reconciliar as oposições fundamentais em questão (Arte e Vida, Privado e Público, Cidade e Campo, Mente e Corpo), pelo menos pensar e praticar ambos ao mesmo tempo. A Ironia é, portanto, também um modo de unificar opostos; e com ela se pode, a um só tempo, crer na importância da política e ficar com tudo o que se pode perder quando nos deixamos levar pela prática política. Thomas Mann é conhecidamente – e ele mesmo o admite[19] – um praticante dessas intermináveis ironias (de fato, ele se diverte com elas), as quais, tomadas de uma outra perspectiva, são também o próprio meio da reflexividade e da autoconsciência modernista, uma vez que elas nos permitem estar em dois lugares ao mesmo tempo – dentro do ato, ou do comprometimento, e fora dele, de uma forma desencarnada, no espaço bem diferente da atenção reflexiva em relação a ele e a nós mesmos.

De todo modo, creio que essa também seja a posição traçada pela noção de metagênero e metaUtopia de Morson, que, *par excellence*, nos permite sermos Utópicos e antiUtópicos a um só tempo e pairarmos por um último momento naquele espaço suspenso em que somos ambos e nenhum dos dois, em que os dados ainda não foram lançados (e nunca o serão). A Ironia é, como defendi em outro lugar, a expressão quintessencial do modernismo tardio e da ideologia do moderno tal como desenvolvida durante a Guerra Fria (cujos traços e impasses ela carrega como um estigma).

Para colocar de outro modo, mais metodológico, podemos dizer que a Ironia ainda acredita no conteúdo, e que sua quadratura do círculo não consegue escapar do impasse no qual a tentativa de sopesar as várias formas de conteúdo Utópico nos deixou. O problema com que agora nos defrontamos é sobre como retornar ao formalismo (o formalismo absoluto) de nossos capítulos anteriores e como inventar um tal formalismo, não por sínteses espúrias ou pela sobreposição irônica de nossos opostos, mas, antes, atravessando completamente aquele conteúdo contraditório e emergindo do outro lado. É justamente essa possibilidade que o quadrado semiótico parece prometer.

Pois agora nosso esquema nos permite, seguindo Marin, identificar outra posição possível: a saber, a da "síntese" de duas negações que Greimas chamou de termo "neutro". Não ambos ao mesmo tempo, mas nem um nem outro, sem qualquer terceira possibilidade à vista. Essa posição neutra não busca manter duas características substantivas,

---

[19] Ver Thomas Mann, *Betrachtungen eines Unpolitischen*, 1918 (e todo o resto).

duas positividades juntas na mente ao mesmo tempo, mas, antes, reter dois negativos ou características privativas, bem como a negação de cada um. Não se trata de um exercício menos exigente, e sua relação com o cinismo pós-moderno precisa ser explorada e justaposta àquele esteticismo modernista igualmente ideológico que emerge da Ironia e da reflexividade; mas essa posição pelo menos esclarecerá a abordagem das oposições Utópicas aqui proposta. Elas não devem nem ser combinadas em alguma síntese orgânica humanista nem apagadas e abandonadas totalmente, mas conservadas e depuradas, tornadas mais virulentas, suas incompatibilidade e incomensurabilidade sendo um escândalo para a mente, mas um escândalo que permanece vívido e vivo e que não pode deixar de ser pensado, seja para resolvê-lo, seja para eliminá-lo: o obstáculo bíblico que dá à Utopia seu sabor e frescura amargos, enquanto ainda é possível pensar Utopias.

Outro modo de chegar a tudo isso tem a ver com o que Paul de Man gostava de chamar de "tematização"; esta é, por assim dizer, uma prima conceitual da reificação e um modo de designar linguisticamente as tentações da positividade em um mundo dialético em que (para usar a famosa formulação de Saussure) "não há termos positivos, mas apenas diferenças".[20] A tematização, em outras palavras, significa atribuir uma figuração ou expressão simbólicas estáveis a um sistema em movimento; ela sugere um dogmatismo do significante em que os sentidos são fixos e estáveis e ao qual se atribui um conteúdo definitivo. Nesse ponto, a perspectiva linguística ou desconstrutivista se reaproxima da ideológica anteriormente esboçada. Quaisquer termos positivos ou substantivos em que a Utopia é tematizada irão, em outras palavras, refletir a ideologia de classe de seu idealizador (e de seu público).

O diagrama sugere, por exemplo, como a contradição entre a Utopia da cidade e a do campo pode ser mapeada de modo mais produtivo. Isso ainda parece nos deixar em um lugar muito pouco promissor, onde nenhuma visão substantiva ou positiva da Utopia pode ser aceita, no qual todas as especificações concretas da Utopia devem ser postas

---

[20] Ver meu *The Prison-House of Language*, p. 15.

em xeque, em um processo que lembra o que a dialética negativa de Adorno se ofereceu para fazer à filosofia e a suas proposições (e o que a desconstrução derridiana também faz de um modo tão profundo que, diferentemente de Adorno, chega a recusar qualquer conceito positivo ou substantivo de seu próprio método negativo e mesmo de qualquer método enquanto tal[21]). Em um capítulo adiante, veremos se algo de Utópico ainda pode ser obtido sob tais circunstâncias e restrições. Mas devemos, primeiro, enfrentar um tipo muito diferente de negação, uma que visa a cancelar a forma Utópica enquanto tal em sua totalidade.

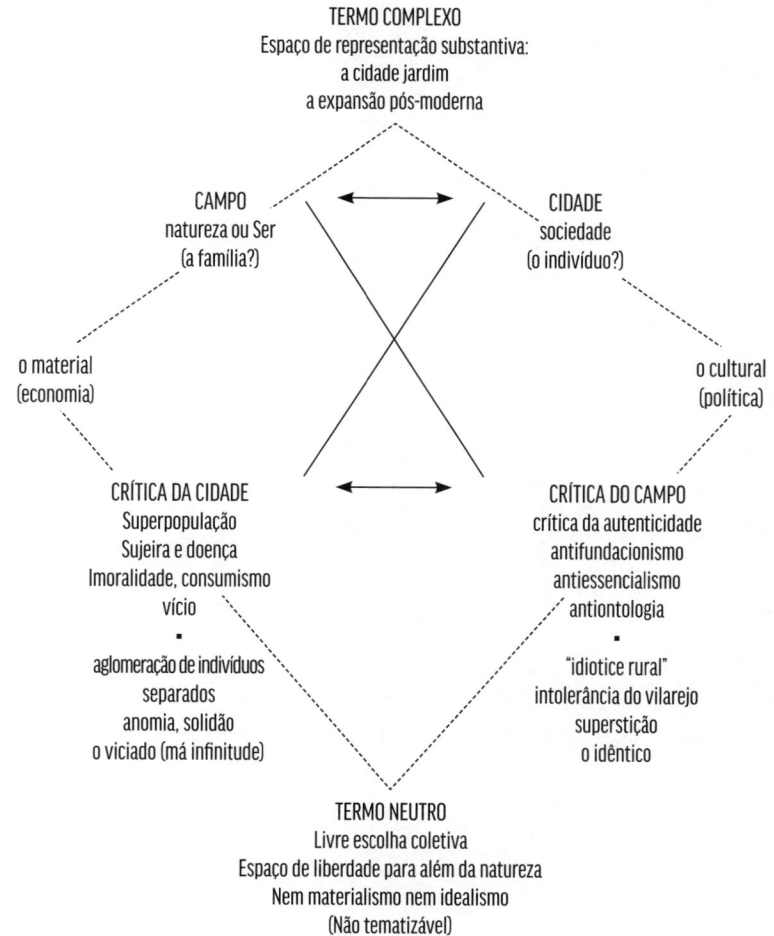

TERMO COMPLEXO
Espaço de representação substantiva:
a cidade jardim
a expansão pós-moderna

CAMPO
natureza ou Ser
(a família?)

CIDADE
sociedade
(o indivíduo?)

o material
(economia)

o cultural
(política)

CRÍTICA DA CIDADE
Superpopulação
Sujeira e doença
Imoralidade, consumismo
vício

aglomeração de indivíduos
separados
anomia, solidão
o viciado (má infinitude)

CRÍTICA DO CAMPO
crítica da autenticidade
antifundacionismo
antiessencialismo
antiontologia

"idiotice rural"
intolerância do vilarejo
superstição
o idêntico

TERMO NEUTRO
Livre escolha coletiva
Espaço de liberdade para além da natureza
Nem materialismo nem idealismo
(Não tematizável)

---

[21] Refiro-me à desconstrução "clássica", em vez da "positiva" atual.

12.
Viagem ao medo

I

Os leitores têm o direito de se perguntar o que encontrarão ao ler Utopias – o pensamento implícito sendo o de que é pouco provável que uma sociedade sem conflito produza histórias empolgantes. Alguns dos próprios Utópicos se preocuparam com isso: o narrador de Bellamy lê a "obra-prima" do maior escritor do futuro e observa o seguinte:

> E, no entanto, esperando que nenhum admirador do maior romancista do século XX fique magoado com o que vou dizer, na primeira leitura senti-me mais impressionado com o que fora deixado de fora do que com o que estava inserido no contexto do livro. Os escritores do meu tempo teriam considerado tapar o sol com a peneira uma tarefa fácil comparada com a construção de um romance do qual devessem ser excluídos todos os efeitos dos contrastes entre riqueza e pobreza, educação e ignorância, rudeza e finura, o elevado e o baixo, todos os motivos originados da ambição e do orgulho social, do desejo de ser mais rico ou do medo de ser mais pobre, junto com as sórdidas ansiedades de qualquer tipo que alguém pudesse ter por si mesmo ou por outros; um romance que deveria conter, na verdade, amor em abundância, mas não corroído por barreiras artificiais criadas por diferenças de situação ou posses, não obedecendo à outra lei senão a do coração.[1]

---

[1] Edward Bellamy, *Looking Backward* (Nova York, 1986 [1888]), p. 133-134. (Edward Bellamy, *Daqui a cem anos: revendo o futuro*, tradução de Myrian Campelo, Rio de Janeiro: Record, 1960, p. 114 [N.T.].)

Mas o romance imaginário evidentemente é exitoso ao transmitir "algo como uma impressão geral do aspecto social do século XX", algo aparentemente menos árduo de fazer, na falta dos males acima listados, dos quais apenas a batalha dos sexos parece ter sobrevivido (como testemunha seu título, *Pentesileia*). Skinner toma um rumo diferente: "Não iremos nunca produzir um mundo tão satisfatório", diz seu demiurgo Utópico, "em que não haja espaço para a arte"[2] – um comentário que parece enfatizar a associação convencional entre infelicidade e criação artística.

Porém, seu argumento é de tipo mais sociológico, enfatizando o apoio financeiro e o lazer que Walden oferece:

> Por que nossa civilização [os Estados Unidos do pós-Guerra] não deveria produzir arte tão abundantemente quanto produz ciência e tecnologia? Obviamente, porque faltam as condições adequadas. É aí que vem *Walden Two* [...]. O que você precisa é de cultura. Você precisa de uma oportunidade real para jovens artistas [...]. Uma grande cultura produtiva deve estimular muitos jovens e inexperientes [...]. Não esperem uma Idade de Ouro [...].[3]

E ele nos mostra uma coleção de pinturas promissoras, sobre as quais não está claro se são figurativas ou modernistas – ou, em outras palavras, se essa Utopia particular já começou a enfrentar a crise da representação. Mas é óbvio que as artes visuais, a arquitetura e a música, talvez até mesmo a poesia lírica essencialmente devotada aos temas "humanos eternos", irão oferecer possibilidades menos problemáticas do que o romance (ou mesmo a narrativa fílmica, da qual poucos Utópicos contemporâneos já se aproximaram).

De fato, parece que nos aproximamos, em muitas dessas Utopias, daquela condição conhecidamente profetizada por Hegel como "o fim da arte", pela qual ele se referia à superação da arte, como uma aproximação do Absoluto, pela filosofia. Ele aparentemente não

---

[2] Skinner, *Walden Two*, p. 126.

[3] *Ibidem*, p. 89.

anteviu, entretanto, o fim de toda produção artística, mas apenas dos tipos de obras que associaríamos hoje ao modernismo, a saber, aquelas com aspirações filosóficas.[4] A produção artística essencialmente decorativa persistiria na Utopia filosófica de Hegel – ele menciona explicitamente o gênero holandês de pintura –, e isso parece valer também para a Utopia de Skinner, na qual o gosto pessoal e a ideologia estética do escritor Utópico volta à cena com toda a força e, como a preferência de Thomas More pela arquitetura romanesca, determina os detalhes incidentais.

Apenas em Morris encontramos uma vigorosa revisão dessas atitudes, pois, no âmago do reavivamento gótico de Ruskin – o que chamamos de arte moderna terá ainda de esperar por algumas décadas –, a rejeição à arte de seus contemporâneos muda toda a figura.

> É verdade que no século XIX, quando havia tão pouca arte e tanta conversa sobre arte, surgiu a teoria de que a arte e a literatura imaginativa deveriam tratar da vida contemporânea; mas tal nunca foi feito, pois quando tentava tratar, o autor tomava todo o cuidado para [...] disfarçar, exagerar ou idealizar e, de uma forma ou de outra, torná-la estranha [*sic!*]; e assim, apesar de toda a verossimilhança, ele poderia estar falando do tempo dos faraós.[5]

A censura é dupla e sugere que a ideologia de classe interfere para impedir quaisquer representações adequadas das desgraças da sociedade contemporânea, enquanto, ao mesmo tempo, isso implica que haveria algo de mal concebido, para começo de conversa, com uma estética que desejasse prover uma mimésis da vida contemporânea. Esse ataque atinge o romance como forma (textos Utópicos à parte, a obra literária de Morris consiste em romances poéticos) e,

---

[4] Ver meu ensaio "'End of Art', or 'End of History'?", em *The Cultural Turn* (Londres, 1998); e, ainda, a discussão de Marcuse, anteriormente. Sou grato a Peter Bürger por essa ideia.

[5] Morris, *News from Nowhere*, p. 131. (William Morris, *Notícias de lugar nenhum*, tradução de Paulo Cezar Castanheira, São Paulo: Expressão Popular, 2019, p. 156 [N.T.].)

na verdade, desloca o centro de gravidade estética da literatura para a arquitetura (e o design), bem no espírito de seu mestre Ruskin. Contudo, no caso de Morris, seria paradoxal evocar o "fim da arte", uma vez que seu programa Utópico (e prático-político) fundamental é o da transformação do trabalho alienado em uma busca pelo belo:

> A perda da espora da competição em nada tinha influenciado a produção necessária da comunidade, mas ela poderia tornar os homens ociosos por lhes oferecer tempo demais para pensamentos e especulações vazios? [...] O remédio foi a produção do que antes se chamava arte, mas que hoje não tem nome entre nós, por se ter tornado uma parte necessária do trabalho produzido por todos os produtores.[6]

Pode-se dizer que a arte desaparece dessa Utopia apenas no sentido de que, como com Marcuse e os Utópicos dos anos 1960, ela é realizada e generalizada por toda a sociedade como estetização da vida cotidiana – em Morris, tornando-se muito especificamente o termo para trabalho não alienado.

Nessa passagem, no entanto, sentimos os sinais de um medo já implícito na concepção de arte de outros textos Utópicos que tratamos, um medo que se tornará uma tempestade nos antiUtópicos: pura e simplesmente, o medo do tédio. As hesitações de Bellamy quanto ao romance do futuro – que parece ter lugar apenas para as dores do amor (deve-se lembrar que uma paixão amorosa trágica é também o *fait divers* inserido no centro de *Notícias de lugar nenhum*) – sugerem, como as afirmações enérgicas de Skinner, que uma ordem social incapaz de produzir histórias interessantes e empolgantes não seria ela mesma necessariamente desinteressante ou entediante. (Quanto à contribuição de Callenbach acerca de tudo isso – que pode ser bem caracterizada como uma estética Vale do Silício de invenção e empreendedorismo –, Morris joga sobre ela um balde de água fria

---

[6] *Ibidem*, p. 159-160. (William Morris, *Notícias de lugar nenhum*, tradução de Paulo Cezar Castanheira, São Paulo: Expressão Popular, 2019, p. 195 [N.T.].)

ao observar secamente, que sua "época de tranquilidade" "não é uma época de invenções".[7])

A arte se torna, então, um sintoma crucial, se não da qualidade da vida cotidiana na Utopia, pelo menos do que as pessoas temem que ela possa se tornar; e a representação artística do Evento – que vai do mero prospecto de coisas interessantes acontecendo até a possibilidade de luta e conflito e, além deles, a própria história – converte-se no laboratório experimental em que a Utopia é, ela mesma, testada pelas satisfações que pode oferecer a sujeitos modernos. A obra de arte dentro da obra de arte, o *mise en abyme* de Gide (o buraco vazio da obra de arte dentro do romance-artista de Bloch), se torna a miniatura em que as faltas mais gritantes da Utopia são então reproduzidas com uma clareza minuciosa; e o que foi capaz de ocultá-las no nível externo da discussão política e social, da produção econômica, é agora suspenso por meio do puramente estético. De fato, em um mundo em que a produção se tornou ela própria puramente estética, em que o político definhou e em que a História chegou a um fim de tipo bem diferente do que aquele previsto, com sentimentos ambíguos, por Alexandre Kojève – nesse mundo, apenas o próprio fim da arte pode salvar o observador de uma revelação dissuasiva de tudo o que poderíamos perder.

Muitas características da vida cotidiana parecem estar faltando aqui, e o retorno ao vilarejo, apesar de sua sociabilidade, ao afastar todas aquelas características e dissonâncias picantes da modernidade que o modernismo nos ensinou a apreciar e a ler com deleite, revela o profundo e inextricável parentesco destas características com o próprio capitalismo – que agora, como em Bellamy, desvaneceu como um sonho. O que resta é entregue a um estranho tipo de indeterminação dialética: esse novo mundo materialista do corpo e da época de tranquilidade deveria ser entendido como um lugar sem sexo, como em *Zardoz* (1974), de Boorman, ou em *Volta a Matusalém* (1921), de Shaw? Ou não seria o contrário, como na visão horrível

---

[7] *Ibidem*, p. 192.

de Aldiss na trilogia de *Helliconia* (1982-1985), um lugar de absoluto excesso, uma perpétua orgia multiplicada pela mídia onipresente e figurando tudo de pós-humano que pode ser atribuído a um reino além da necessidade? O fim da arte designa, aqui, não tanto sua desesperada falta de conteúdo apropriado, mas o caráter supérfluo da obra ou do objeto de arte individual em um mundo que se tornou completamente estetizado. E uma Utopia como essa simplesmente não completaria aquele processo de redução ao presente e de abolição do passado e do futuro que foi diagnosticado, e visto em operação, em nossa pós-modernidade atual?[8] Mas a Utopia do excesso, tanto quanto a Utopia da privação, é pensada para despertar as angústias até do mais pós-moderno dos leitores Utópicos e para revelar os medos mais profundos suscitados e despertados por essa forma.

A luta e o conflito, por sua vez, se tornaram tão intimamente identificados com a competição e as angústias da sobrevivência sob o capitalismo (em todos os seus estágios) que sua ausência nos traz uma quietude excessivamente repentina e abrupta para que possamos analisar a perda. Os Jogos de Guerra de Callenbach são, sem dúvida, um modo de oferecer uma substituição periódica para a falta de conflitos que são estimulantes para personalidades ambiciosas e ativas (tendo o trabalho já se tornado prazeroso pela estetização da produção). Um mundo de relações puramente interpessoais, sem as chamadas responsabilidades de posição e de ter de ganhar a "vida", pode soar aos adultos capitalistas de hoje como regressivo. Já vimos a análise de Kim Stanley Robinson do enclave Utópico da coletividade científica; eis aqui uma útil evocação das características Utópicas do primeiro "socialismo realmente existente":

Mas, pelo menos para a *intelligentsia*, a vida na URSS de *fin de siècle* tinha suas vantagens. Ninguém tinha muito dinheiro, mas ninguém tinha de trabalhar muito, tampouco. O resultado era uma sociedade inteira que agia como se nunca tivesse deixado a faculdade: amizades intensas, emocionais e que consumiam tempo;

---

8   Ver meu ensaio "The End of Temporality", em *Critical Inquiry*, Volume XXIX, N. 4 (2003).

infinitas horas gastas bebendo chá ou vodka e discutindo o sentido da vida; a busca ávida por interesses espirituais ou criativos. Se russos de classe média às vezes parecem perversamente nostálgicos da União Soviética, uma das razões é que o colapso do comunismo os forçou horrível e abruptamente a crescer.[9]

O infantilismo é também um traço Utópico, tão atrativo quanto alarmante; e essa ambivalência pode ser rastreada nas visões de interpessoalidade, que variam da superpopulação e da expansão das cidades, despertando os medos comuns do não ocidente ou da "cultura da congestão" de Koolhaas, até visões muito cuidadosas de elites proustianas e de uma sociabilidade em estado virtualmente puro, não contaminada por preocupações materiais ou dificuldades físicas (o idílio da nostalgia colonial não deixa de estar relacionado a elas – lembrando-nos de que a Utopia original era, na verdade, um assentamento colonial). Essas são todas situações em que a Natureza e seu Deus foram transcendidos, deixando-nos sozinhos com nós mesmos e nossas preocupações puramente existenciais – situações em que reflexões angustiadas sobre o Evento e sua natureza e possibilidade retornam com toda a força.

Em nenhum lugar isso é mais evidente do que na relação Utópica com a própria História; e se muitos de nós compreendemos a Utopia como uma realização política da História, tendemos igualmente a fazer vista grossa ao "fim da história" próprio aos textos Utópicos – o que não é sem relação com a crise da produção estética dentro da Utopia. Àqueles que, por exemplo, equivocadamente entendem o programa gótico de Ruskin como certo tipo de reavivamento histórico, a total antipatia de Morris pela história surpreende:

> Quanto aos seus livros [Clara explica ao visitante], eles eram bons numa época em que pessoas inteligentes tinham poucas coisas que lhes dessem prazer e eram obrigadas a suplementar a infelicidade sórdida de suas próprias vidas com a imaginação das vidas de outras

---

[9] Chrystia Freeman, *Sale of the Century* (Nova York, 2000), p. 114.

pessoas. Mas afirmo categoricamente que, apesar de toda a sua inteligência e vigor e da sua capacidade de contar bem uma história, há neles alguma coisa odiosa. Alguns chegam mesmo a mostrar aqui e ali um pouco de sentimento por aqueles a quem os livros de história dão o nome de "pobres", da infelicidade de cujas vidas temos algumas indicações; mas logo desistem e, perto do fim da história, temos de nos contentar em ver herói e heroína felizes vivendo do sofrimento dos outros numa ilha de felicidade paradisíaca [...].[10]

E, falando da própria história como um campo de estudo, o Utópico que explica as coisas observa francamente: "Não, não, alguns não se interessam; de fato, acho que a maioria não aprende. Ouvi meu bisavô dizer que é principalmente nos períodos de agitação, de guerra e confusão que as pessoas se interessam pela história".[11] O Frazier de Skinner é ainda mais incisivo: "Não ensinamos história [...] Não deixamos nossos jovens ignorantes dela mais do que os deixamos ignorantes de mitologia ou de qualquer outra matéria. Eles podem ler o quanto de história eles quiserem. Mas não encaramos isso como essencial para sua educação".[12] Bellamy é mais discreto sobre a questão da escola, mas no fim das contas a grande lição de história é seu próprio viajante do tempo; os Utópicos já vivem em uma feliz ignorância do passado, como seu pregador nos conta: "Quase já esquecemos, exceto quando nos é especialmente lembrado por alguma ocasião como a presente, que as coisas entre os homens não foram sempre como são agora. É um esforço para nossa imaginação conceber a organização social de nossos antepassados imediatos".[13] A essa imagem do "fim da

---

[10] Morris, *News from Nowhere*, p. 175-176. (William Morris, *Notícias de lugar nenhum*, tradução de Paulo Cezar Castanheira, São Paulo: Expressão Popular, 2019, p. 217 [N.T.].)

[11] *Ibidem*, p. 67. (William Morris, *Notícias de lugar nenhum*, tradução de Paulo Cezar Castanheira, São Paulo: Expressão Popular, 2019, p. 60 [N.T.].)

[12] Skinner, *Walden Two*, p. 237-238.

[13] Bellamy, *Looking Backward*, p. 205. (Edward Bellamy, *Daqui a cem anos: revendo o futuro*, tradução de Myrian Campelo, Rio de Janeiro: Record, 1960, p. 179 [N.T.].)

história" como uma exigência pedagógica, resta apenas acrescentar a percepção dos Utópicos de Morris sobre o futuro – "Enquanto isso, amigo, saiba que somos felizes demais, tanto individual quanto coletivamente, para nos preocuparmos com o que virá no futuro"[14] – e nossa impressão da Utopia como um enclave fora do tempo histórico está completa. Mesmo a caixa de Hitlodeu de clássicos gregos apenas confirma o comprometimento dos Utópicos originais com seu aqui e agora. Tudo isso vai muito no espírito da "tentativa" de John Boone "de inspirar as pessoas [em Marte] a pensar um modo de esquecer a história"[15] (como veremos, uma relação muito diferente diante do passado e do nosso próprio presente histórico é afirmada pelos Utópicos Mattapoisett de Marge Piercy; mas eles são, no fim das contas, viajantes do tempo na outra direção).

Se a História, por sua vez, é uma questão de sucessão de gerações, ainda não identificamos a interseção entre o Utópico e o geracional (ver adiante); no entanto, já está suficientemente claro que a narrativa tampouco pode realmente lidar com gerações ou com o tempo geracional. Quanto ao Evento, ele é de fato registrado, mas como o começo mítico do tempo Utópico, o momento de fundação ou inauguração, o momento da transição revolucionária. Todo o tempo diacrônico está comprimido em um único instante apocalíptico, que a narrativa relata como a memória dos idosos. Os romances inventaram várias estratégias para sugerir a *durée* ou a passagem do tempo (em seus sistemas de tempos verbais, mas também por meio do tamanho de seus livros); mas, exceto para o ocasional olhar para trás, os personagens de romance não podem servir, de modo particularmente eficiente, como aparatos de registro das lentas mudanças no tempo histórico. Os marcianos de Kim Stanley Robinson são particularmente instrutivos a esse respeito, na medida em que ele é obrigado a inventar um tratamento de longevidade para

---

[14] Morris, *News from Nowhere*, p. 132. (William Morris, *Notícias de lugar nenhum*, tradução de Paulo Cezar Castanheira, São Paulo: Expressão Popular, 2019, p. 157 [N.T.].)

[15] Kim Stanley Robinson, *Red Mars*, p. 255-256.

eles, a fim de dotá-los de uma experiência histórica não disponível dentro dos nossos limites biológicos (e, como já mencionado aqui, o autor recorre à reencarnação com vistas a apresentar essa história mundial alternativa, ainda mais longa, que é a narrativa de *Days of Rice and Salt*).

Tudo isso sugere uma relação íntima, dentro do quadro Utópico, entre o anonimato das gerações e a despersonificação ou a própria morte; sugere, ademais, uma relação entre essa angústia fundamental e a aparente ausência de eventos ou ações na Utopia, podendo estes ser registrados historicamente (como em Robinson) apenas por personagens que, de um modo ou de outro, transcendem a expectativa de vida normal. Mas a ausência desses grandes eventos históricos pode ser considerada ela mesma, formalmente, um reflexo da ausência de eventos menores da vida cotidiana, bem como da ausência de ação que parece caracterizar as Utopias mais tradicionais, reduzidas a pouco mais que histórias de amor superficiais durante a viagem Utópica. Contudo, essas ausências, que podem ser justificadas pela especificidade da forma Utópica, também nos colocam na trilha daquela acusação de tédio que é, na verdade, um dos medos mais profundos a motivar o antiUtopianismo político: o de que o "fim da pré-história" de Marx nos levaria a um mundo em que não há muito mais do que "nascimento, cópula e morte".

Parece haver, então, uma contradição fundamental entre a placidez atemporal das Utopias realizadas e a magnitude das doenças e dos males sociais que confere à solução Utópica sua urgência e sua paixão. Pelo menos dois tipos de eventos históricos parecem ter sido excluídos de antemão do quadro Utópico: as convulsões das várias distopias, reservadas para nosso próprio mundo, e a transformação ou revolução sistêmica que levará à própria Utopia. É como se o fim da história Utópico tivesse anulado a própria categoria de eventos a que essas experiências coletivas pertencem, deixando apenas aquela vida cotidiana, à qual, segundo Barthes, a forma Utópica estaria reduzida desde o começo.[16]

---

[16] Barthes, *Sade, Fourier, Loyola* (Paris, 1971), p. 23.

Talvez tenha sido a relativa ausência dessas questões de vida e morte na América do pós-guerra que tenha conferido a *Walden Two* sua franqueza e ponderação sobre esses temas e objeções nada triviais, de modo que a questão crucial é colocada com acuidade por um dos mais astutos críticos de Frazier:

> O que lhe falta, comparado ao mundo em geral, é a oportunidade de fazer planos de longo prazo. O cientista a tem. Um experimento que responde a uma questão isolada é de pouco interesse. Mesmo o artista tem essa oportunidade. Se ele é um bom artista ou um bom compositor, não está preocupado com uma pintura particular no seu cavalete ou com a composição em seu piano. Ele quer achar que todas as suas pinturas ou composições estão dizendo algo – são todas parte de um movimento mais amplo. A mera alegria de correr uma corrida ou pintar uma pintura ou tecer um tapete não é suficiente. Seu homem deve trabalhar em uma teoria ou em um novo estilo ou em uma técnica aperfeiçoada.[17]

Trata-se de uma objeção extraordinária, que não apenas levanta questões, mas revela contradições e paradoxos. Callenbach trabalhará duro para insistir na presença permanente e no poder formador da invenção em sua Utopia – algo que a bandeja de almoço de Skinner sugere que também ocorrerá nos vários *Waldens* três, quatro e cinco seguintes. Mas, a essa altura, percebe-se que essas invenções Utópicas resvalam para o lado da vida cotidiana e cessam de portar toda a força e peso do ato existencial, da decisão crucial, da angústia da escolha heroica e da práxis histórica genuína.

É o próprio sentido do *Novum* que foi modificado aqui, embora nossa discussão possa sugerir que as Utopias em questão ainda emergiram de um campo de força modernista, em que precisamente a questão do Novo é primordial e em que sua aparente perda na Utopia é objeto de luto e carência. Seria assim com as Utopias clássicas? Afinal, o texto de More, de modo muito central, teorizava a grande transição do feudal para o capitalismo moderno; e o próprio espírito

---

[17] Skinner, *Walden Two*, p. 166-167.

de Rabelais, por exemplo – seus primeiros livros são mais ou menos contemporâneos à própria morte de More –, é de euforia diante da nova era: "*Les grands ages sont révolus*" – mesmo que esse grito seja formulado em termos da redescoberta do passado, em vez de uma redescoberta do futuro (como na versão brechtiana, as procissões em *A vida de Galileu*).

Entretanto, colocar as coisas desse jeito é também lembrar da expansão das grandes Utopias soviéticas para o espaço (*A nebulosa de Andrômeda* [1958], de Efremov) e sua substituição dos impulsos imperialistas do capitalismo pelo progresso científico, por um lado, e pela exploração das galáxias, por outro – o que pode, nesse contexto, também ser visto como uma projeção no cosmos da aposta da estética stalinista do realismo socialista, isto é, a esperança de que uma narrativa da produção coletiva fosse não apenas possível, mas também empolgante e esteticamente satisfatória. Entretanto, precisamos também registrar a própria resposta de Skinner a essa objeção, que tem a ver com o evento histórico crucial da expansão imperialista da própria Utopia: a disseminação sistemática dos experimentos de Walden pelo país e supostamente por todo o mundo.

Mas essas possibilidades ambiciosas fazem pouco mais do que nos levar de volta ao período anterior à Utopia, em que é a fundação da Utopia que constitui o Evento supremo, quando não o último. De fato, esse evento axial solitário, que parece a partir de então abolir todos os outros eventos, na placidez da vida cotidiana Utópica, é também a fonte de uma ambivalência e de um medo antiUtópico bem diferentes: o do próprio fundador da Utopia, desse ser enigmático sobre quem Rousseau disse que deveria ser, a um só tempo, mais e menos que humano. De fato, voltamos aqui ao tema com o qual começamos este capítulo, o da arte na Utopia, na medida em que o próprio fundador da Utopia se torna o artista supremo que torna todas as outras artes supérfluas, e cuja obra-prima é, muito precisamente, o próprio sistema Utópico. Foi, de fato, um notável ato de interpretação de Boris Groys identificar o stalinismo com o modernismo artístico e compreender o próprio Stálin como a encarnação suprema do artista modernista, o visionário, cuja relação com o Absoluto é peremptória e ditatorial: o Mestre, o *sujet supposé savoir*, o Grande Outro em pessoa (deve-se lembrar que a ambição de Malevich para o suprematismo não era senão a de tomar o próprio Partido e suplantá-lo).[18] O medo antiUtópico do poder do Estado e da ditadura é um medo muito fundamental, ao qual voltaremos logo mais. Neste momento, no entanto, talvez seja suficiente identificar certo filistinismo popular em operação no medo da Utopia, no ódio à arte moderna e a seus artistas visionários e, ademais, no ódio aos intelectuais em geral, com o qual (não erroneamente, pelo menos nos primeiros anos) o Partido é identificado. Para um populismo com consciência de classe e anti-intelectual, é claro que a Utopia como obra de arte é uma invenção de intelectuais pensada para usar as massas como sua matéria-prima – seus nobres ideais políticos e sociais simplesmente mascarando seu desprezo pelas pessoas comuns e por suas vidas cotidianas, que devem ser transfiguradas pelo projeto Utópico.

Entretanto, a acusação de tédio tão frequentemente dirigida às Utopias envolve tanto a forma quanto o conteúdo: a primeira, baseada no fato de que, por definição, nada senão visitas guiadas podem realmente acontecer nesses livros; o segundo, devido justamente à nossa relutância existencial em acatar imaginativamente uma vida como essa. Três tendências convergem nessa reação e dá a ela seu poder inquestionável. A primeira é a antiga convicção estética de que a felicidade não seria um conteúdo apropriado para nenhuma obra de arte interessante: a questão óbvia a ser posta aqui diz respeito, então, para começo de conversa, à tentativa de definir felicidade (ou de desconstruir seu estereótipo). Não iremos mais longe do que isso neste momento.[19]

A segunda linha de questionamento tem a ver justamente com esse mundo reduzido à vida cotidiana, esse mundo do vilarejo, no qual apenas o dia a dia existe, sem grandes projetos ou mesmo sem

---

[18] Boris Groys, ver Introdução, nota 1.

[19] Ver, entretanto, a discussão sobre Adorno no capítulo anterior.

qualquer relação muito substantiva com o futuro e com a ação, um mundo no qual podemos facilmente imaginar pessoas de temperamento mais vigoroso e ambicioso se irritando, entediadas. Os que correm riscos, empresários e homens de negócio, provavelmente não encontrarão as mesmas satisfações nesse mundo mais livre de risco, como tampouco o inventor ou o reformador social: *Ecotopia*, no entanto, já nos apresentou um exemplo de impulso Utópico investido no empreendedorismo comercial, de modo que não devemos nos surpreender ao encontrar, plenamente desenvolvido no *cyberpunk* dos anos 1980 e 1990, algo como a expressão Utópica do capitalismo financeiro ou tardio. Assim, parece que a forma Utópica não está absolutamente restringida pelos seus limites: ela é capaz de mutação e de reincorporação reflexiva, aparentemente ilimitada, de posições e impulsos antiUtópicos que pretendem negá-la.

II

Mas resta uma terceira abordagem do tédio Utópico, que tem a ver com a construção de sua subjetividade. Creio que o conceito de tédio seja inicialmente um conceito teológico e que ele conserve esse caráter não apenas de Agostinho a Pascal, mas até o existencialismo presente. A proveniência religiosa pode ser identificada em sua definição privativa e no modo como a desgraça temporal dos seres humanos é atribuída a seu estatuto de criatura de natureza secundária, por oposição à plenitude do criador, e também a seu caráter pecaminoso e corrupto, por oposição ao angelical, quando não ao próprio divino. Atribuir o tédio à Utopia é, assim, paradoxal, pois esse novo estado afastaria todas as noções de pecado, enquanto seu materialismo supostamente excluiria também conceitos criacionistas (embora, como vimos, certa noção temporal de um evento fundacional ainda seja mantida). De qualquer perspectiva religiosa, portanto, a própria ideia de Utopia é um sacrilégio (não importando quantos padres e religiosos seculares sejam nela incluídos); ela é, supostamente, expressão de uma *hybris* cuja forma histórica e política é, sem dúvida, a crença na perfectibilidade, implícita nos movimentos revolucionários do esclarecimento. A maioria das Utopias, porém, controla seus elementos antissociais por meio daquela despersonificação radical da qual já tratamos e que parece nos fazer voltar a valores mais piedosos, quando não budistas, de abnegação e renúncia psíquica: uma noção de abandono da propriedade privada do *self*, que é compreendida como algo positivo, e não como ascetismo e repressão.

Provavelmente, é justamente essa despersonificação que explica a corrente afetiva do antiUtopianismo que consideraremos agora. O dilema de Falk (ver Capítulo 7) é, de fato, a expressão mais aguda do medo existencial da Utopia, na medida em que levanta a possibilidade de uma perda do *self* tão completa que a consciência que sobrevive não pode parecer a nós senão uma outra, recém-nascida no pior sentido, em que perdemos mesmo aquela infelicidade privada, aquele tédio e miséria existenciais ("*je mein eigenes*", como diria Heidegger) que constituía, a princípio, nossa identidade. Aqui, verdadeiramente, a Utopia seria o lugar da diferença radical, e seríamos os alienígenas mais inimagináveis, enquanto a vida não alienada provaria ser a mais alienada de todas.

Porém, precisamos seguir esses paradoxos existenciais um pouco além; e valeria a pena considerar por um instante aquelas posições antiUtópicas que emergiram da psicanálise e que, tomando o marxismo como seu alvo, se baseavam em uma homologia entre o sujeito individual e a totalidade social. Logo, o princípio fundamental da psicanálise lacaniana – o de que o sujeito "centrado" é uma miragem, o de que a subjetividade está sempre partida e dividida, nunca unificável – ecoa no nível do social pela ênfase de Laclau e Mouffe no "antagonismo", que persiste em todas as formações sociais e torna qualquer ideia de unificação ou harmonia social, bem como os programas revolucionários que sustentam essas imagens tentadoras de "totalidade" social e de suas possíveis transformações, ilusória. O sujeito caído de Lacan chega até nós (via Sartre) das antigas tradições religiosas anteriormente mencionadas; já o desconforto com os programas políticos totalizantes é claramente uma reação mais moderna contra o comunismo e, quando não, contra o jacobinismo. A glosa de Žižek sobre essas duas posições (que não são homólogas, na minha opinião) entende a crítica como um ataque a toda aquela gama de fundamentalismos, começando pela denúncia marxista do capital, que se oferece para resolver todos os problemas sociais tratando de um único tema reificado (que não precisa ser essa ou aquela versão da temática marxista):

> Temos, por exemplo, o fundamentalismo feminista (não haverá libertação global sem a emancipação das mulheres, sem a abolição do sexismo); o fundamentalismo democrático (democracia como o valor fundamental da civilização ocidental; todas as outras lutas – econômica, feminista, de minorias e assim por diante – são simplesmente aplicações adicionais ao princípio democrático, igualitário, básico); o fundamentalismo ecológico (o impasse ecológico como o problema fundamental da humanidade) e – por que não? – também o fundamentalismo psicanalítico, como articulado em *Eros e civilização*, de Marcuse (a chave para a libertação reside na mudança da estrutura libidinal repressiva) [...].[20]

Aqui se deve observar apenas que o sujeito individual ("pós-marxista" ou não) é, na verdade, todas essas coisas ao mesmo tempo e é igualmente acionado por questões de classe, de gênero [*gender*] e raça ou igualdade, de ecologia e relativas aos instintos. A descoberta do assim chamado pós-marxismo é, pois, não a de que a sociedade atual seria um espaço em que vários grupos (os novos movimentos sociais) competem uns com os outros, levantando suas diferentes bandeiras temáticas; mas, antes, a de que somos multiplamente interpelados (para usar a fórmula althusseriana) pelas identidades que todos esses grupos pressupõem e que necessariamente respondemos a todas essas interpelações mesmo quando nos recusamos a reprimi-las – nossos preconceitos passionais são um reconhecimento disso, tanto quanto nossas invejas e identificações entusiasmadas.[21]

---

[20] Slavoj Žižek, *The Sublime Object of Ideology* (London, 1989), p. 6.

[21] Mas talvez seja mais apropriado oferecer algumas versões propriamente científico-ficcionais dessas bem-conhecidas "posições múltiplas do sujeito" pós-lacaniano:

Contudo, não posso deixar de notar que, por trás dessas críticas muito pertinentes e oportunas, também reside uma resistência mais metafísica e nietzschiana a promessas de futuro em que todos os problemas terão sido resolvidos e todas as carência superadas. Aqui, a Utopia é explicitamente identificada com a transcendência religiosa e denunciada em um espírito intransigentemente esclarecido, que acaba por incluir o próprio esclarecimento como seu alvo. Mas a "ideia do Outro", que é aqui posta em xeque, é, na verdade, pouco mais que aquele dilema com o qual nos deparamos primeiro na situação de Falk, pois o pressuposto é o de que os Utópicos desorientados e fundamentalistas estão fascinados por uma imagem de futuro cujo defeito estrutural reside na exclusão de sua própria existência. Não causa espanto que essas imagens harmoniosas da sociedade futura sejam tão tentadoras: sua atração reside não tanto na resolução triunfante de todos os problemas concretos, mas na construção de uma imagem ótica na qual a própria existência – as desgraças do *self* e da temporalidade existencial, a condenação à liberdade em que cada um de nós devemos viver e que, muito mais do que a morte, é o "*je mein eigenes*" heideggeriano – foi eliminada como que por um truque, um golpe de mestre de prestidigitação ideológica. Esse antiUtopianismo singular seria, portanto, uma lição de existencialismo e uma injunção para colocar o *self* de volta aos prognósticos políticos, quando menos para que se admita que a mudança política nunca resolve os

---

"Os contatos humanos foram parcelados, para usar um termo da ciência do cérebro ou da teoria dos sistemas; repartidos [...]. Pode-se, portanto:

1. seguir um projeto de vida paleolítica,
2. mudar o clima,
3. tentar reestruturar sua profissão e
4. ser feliz,

tudo isso de uma vez, embora não simultaneamente, mas passando de uma coisa a outra, entre populações diversas; comportando-se como se fosse uma pessoa diferente em cada situação. Isso podia ser feito porque não havia testemunhas. Ninguém viu o suficiente para testemunhar sua vida e colocá-la toda em uma só [...]." (K. S. Robinson, *Fifty Degrees Below*, Nova York, 2005, p. 68-69).

problemas pessoais. Pode ser; mas quando a lição existencialista é transferida para o nível político, ela simplesmente se torna mais uma ideologia política entre outras, essa versão particular de Nietzsche se revelando a visão igualmente aberrante de um eterno presente, em que nada nunca muda e a infelicidade está sempre conosco.[22] Não causa espanto que o desejo chamado Utopia se torne o inimigo político mais perigoso, o mais merecedor – apesar de sua aparente insubstancialidade – da crítica persistente e vigilante. Não obstante, tentaremos manter algo dessa ideia existencial quando discutirmos aquela clausura formal que parece ser essencial na própria construção das Utopias e que, por si só, pode explicar a ilusão de ótica denunciada por esses antiUtópicos.

Ainda assim, permanece paradoxal afirmar que essas insatisfações estão na própria raiz do medo despertado pela Utopia, uma vez que, para as pessoas programadas pela Guerra Fria, é antes uma visão de ditadura estilo *1984*, incrementada com os ingredientes filosóficos do Grande Inquisidor de Dostoiévski, que funde a Utopia ao stalinismo e tende a identificar os projetos Utópicos com uma vontade de poder e com o mal ou a corrupção que seriam inerentes à natureza humana – o que supostamente é tudo, menos entediante.[23]

Apenas *Walden Two*, escrito antes do começo da Guerra Fria e que apresenta certa simpatia pelo experimento soviético, tenta enfrentar essa censura com seu retrato de Frazier, o fundador megalomaníaco da comunidade que conscientemente melhora a criação de Deus,[24] fantasia sua própria crucificação[25] e ainda passa totalmente

---

[22] Ver, por exemplo, Jean-François Lyotard, *Économie libidinale* (Paris, 1974), p. 155: "Não, definitivamente, deve-se dizer com toda a clareza: não existem sociedades primitivas ou selvagens, somos todos selvagens, todos os selvagens são capitalistas-capitalizados".

[23] Goebbels teria bradado após a Noite dos Cristais: "Agora ninguém poderá dizer que nós nazistas não somos *interessantes*!".

[24] Skinner, *Walden Two*, p. 267.

[25] *Ibidem*, p. 295.

despercebido e sem influência entre os habitantes de sua própria Utopia. Na maioria dos outros textos, é a lacuna temporal entre o velho e o novo e a natureza radical da transição Utópica que afasta os grandes fundadores como Licurgo e Sólon – tão admirados por Rousseau[26] – de algo como um exercício ditatorial antiquado de poder. E, claramente, antes da existência de uma força policial profissional, e mesmo de exércitos profissionais, o próprio "Estado" não podia ser considerado uma força autônoma (ou "sujeito da história"); ele aparecia, porém, em encontros aparentemente não relacionados com cobradores de impostos, emissários de grandes proprietários (ou barões feudais), diversas tropas passageiras de mercenários – em suma, como violência pontual, mas provavelmente não como verdadeira restrição sistêmica, mesmo que intermitente. De todo modo, parece claro o suficiente que as Utopias anteriores ou mais tradicionais estão bem mais preocupadas com a felicidade do que com a liberdade – a não ser, é claro, que esta seja reposicionada no contexto das não liberdades específicas ao feudalismo, sem anacronicamente atribuir a elas as angústias da ditadura e da burocracia que assombram o mundo burguês. Mesmo a tradicional preocupação com a antiga categoria de tirania, que pressupõe a usurpação individual, em vez de qualquer falha estrutural, pesa menos do que abusos especificamente feudais, como testemunha todo o panorama social feito por More no Livro Um do texto fundacional. Ali, é claramente para a arrogância e a corrupção, para as misérias do cercamento e a desordem do banditismo e da falta de leis (sinais da iminente "transição ao capitalismo") que a Utopia oferece libertação e alívio.

De fato, vale lembrar que o próprio texto de More nasce do horror à repressão e, em particular, do sistema extraordinariamente desproporcional de punições e penalidades vigente na Inglaterra de seu tempo. O Livro Um recapitula uma litania de pequenas ofensas para as quais a pena capital era prescrita, e os roubos que justificam esse poderoso castigo nos levam a uma consideração do

---

[26] Ver a discussão no Capítulo 2.

crime em geral e de sua relação com a propriedade privada, de tal modo que as próprias instituições da Utopia (no Livro Dois) podem ser compreendidas como uma resposta criativa a essa repressão e uma rejeição sistêmica "da lei e da ordem". Mesmo a ideia de liberdade de Rousseau – cujas tonalidades se confundem agora na memória histórica com as da própria Revolução Francesa – tinha o sentido literal de independência, de se desobrigar em relação às hierarquias feudais, à patronagem e à servidão, e ao estatuto de retentor ou protegido.

É evidente que a emergência do empregado e das instituições industriais de grande escala alterou radicalmente esse sentido, quando não o tornou obsoleto como um ideal. Não há dúvida de que a maior parte das Utopias posteriores acatou as condições institucionais coletivas impostas pelo capitalismo industrial e, em consequência, participou da criação de novas ideologias para a parcela assalariada da população, em uma situação em que as ideologias hegemônicas dos proprietários projetavam novas formas de individualismo e de individualidade empresarial.

O coringa em tudo isso, deixando de lado o poder hegemônico do individualismo e a contaminação por ele dos pontos de vista da classe mais baixa pela mídia, deve ser identificado como o Estado e suas formas de poder historicamente originais, aos quais tanto a ideologia quanto a Utopia foram compelidas a reagir. Aqui, claramente, as angústias antiUtópicas sobre a liberdade e o poder do Estado se desenvolveram, dentro da própria produção Utópica, em complicadas discussões, de Bellamy e Morris em diante, sobre a presença do Estado em futuras sociedades Utópicas. No entanto, o gênero Utópico, com sua própria capacidade de apropriação, foi capaz trazer para si os medos antiUtópicos em relação ao Estado Utópico, na forma de revoluções contra a Utopia que tomam, elas mesmas, inevitavelmente características Utópicas, de *The Moon Is a Harsh Mistress* (Heinlein, 1966) até a trilogia *Marte*, de Kim Stanley Robinson. Mas deve-se notar que ambos esses textos paradigmáticos são essencialmente anticolonialistas (no espírito da Revolução Americana), do mesmo modo que deve ser especificado que as visões anteriores de revolta Utópica são de revoltas não contra o socialismo, mas contra o socialismo de Estado.[27]

Está claro, pois, que os medos e angústias antiUtópicas variam de acordo com as formas de poder estatal com as quais essa ou aquela sociedade histórica se defronta: em certos momentos (a Revolução Francesa, o *New Deal*), o Estado pode parecer encarnar forças progressivas e não é considerado mais um poder estranho, mas expressão das próprias forças populares. Em outros, sua subsunção aos interesses de uma classe ou oligarquia dominante é não apenas visível como deixa sua marca na experiência das pessoas e na vida cotidiana. A burocracia está sujeita à mesma flutuação de valor, e os momentos heroicos do serviço público impessoal – as grandes campanhas de alfabetização dos *instituteurs*, a expansão dos programas de bem-estar e dos trabalhadores sociais, para não falar de quadros revolucionários comprometidos – nos recordam que essa dimensão estigmatizada do Estado nem sempre tem de ser objeto de uma hostilidade generalizada.

No próximo capítulo, vamos examinar em maiores detalhes o que é certamente a tensão política central da esquerda na situação presente: a oposição entre o marxismo e um anarquismo ressurgente, em que o primeiro é atacado com todas as associações afetivas vinculadas ao poder e à centralização estatal. O repúdio anarquista do ideologema do estatismo, no entanto, serve como um interessante campo de teste para o novo *dictum* pós-moderno, segundo o qual a distinção entre esquerda e direita já não existiria no capitalismo tardio.

Isto posto, seria importante fazer uma distinção entre o anarquismo (e, às vezes, até mesmo o anticomunismo) dos novos movimentos antiglobalização e as ideologias e atitudes mais de classe média de um libertarismo que pode, às vezes, chegar ao neofascismo de grupos milicianos (eles mesmos, sem dúvida, formações Utópicas), mas que não cruza a linha do anticapitalismo. Sejam quais forem os problemas levantados pelo termo *socialismo*, é importante lembrar que tanto o marxismo quanto o anarquismo são movimentos revolucionários

---

[27] Morris, *News from Nowhere*, p. 135-136.

socialistas ou de esquerda – povos do Livro, por assim dizer – e que Bakunin tinha uma relação intelectual e filosófica com *O Capital* de Marx análoga à relação de Muhammad com os Antigo e Novo Testamentos. Pois a ideologia se torna visível, de fato, não necessariamente em atitudes políticas e sociais, mas nesse comprometimento visceral máximo contra o próprio capitalismo.

Isso significa, sem dúvida, pôr o carro na frente dos bois e pressupor respondida de antemão a questão genérica pós-moderna por excelência: a Utopia deve ser sempre socialista? Decerto, a assimilação gradual do socialismo pela Utopia (e vice-versa) foi um desenvolvimento histórico que não precisa parecer definitivo, diante de um novo estágio do capitalismo e de um novo tipo de produção cibernética: nesse caso, o reavivamento anarquista parece oferecer a promessa de uma dissociação entre os dois conceitos visionários, quando não uma nova libertação da própria forma. Mas, na pós-modernidade, apenas atingimos um novo estágio na expansão e reorganização do próprio capital e não, como os ideólogos especulavam nos anos 1950 e 1960, um modo de produção completamente novo (a versão mais difundida dessas especulações foi a da "sociedade pós-industrial", de Daniel Bell, que postulava uma nova classe dominante de cientistas e técnicos e que ecoava, à distância, as especulações de então sobre uma "nova classe" na Europa Oriental). Isso, paradoxalmente, marcou um retorno à Utopia platônica dos Guardiões, mas não foi confirmado pelo destino da própria ciência, cada vez mais pressionada, nos anos recentes, para se colocar a serviço do capitalismo e do lucro.

Os impulsos Utópicos da literatura recente, no entanto, afirmam entusiasticamente o gozo do fazer dinheiro e a externalização do capitalismo; eles expressam, assim, ou o estrato privilegiado da polarização de classe dos Estados Unidos de hoje ou, mais simbolicamente, a "cegueira do centro" e a indiferença do super-Estado ao estado do mundo recém-globalizado fora de suas fronteiras. Concluo, de todo modo, que ainda é difícil ver como as Utopias futuras poderiam ser imaginadas a partir de uma dissociação absoluta em relação ao socialismo e seu anticapitalismo em sentido amplo; dissociadas, isto é, dos valores de igualdade social e econômica e do direito universal à comida, habitação, saúde, educação e trabalho – em outras palavras, para colocar a proposição em termos representacionais em vez de ideológicos: nenhuma Utopia moderna é plausível caso não trate, ao lado de suas outras invenções, dos problemas econômicos causados pelo capitalismo industrial. Prova disso é que mesmo os fundamentalismos neoconservadores de hoje em dia continuam a prometer satisfação em todas essas áreas, nessa onda crescente de prosperidade e desenvolvimento, à qual eles pretendem acrescentar essa coisa fugidia chamada liberdade tanto quanto essa coisa imaginária chamada modernidade.

Mas é certo que a Guerra Fria complicou imensamente os problemas da representação Utópica, ao colocar em primeiro plano a ambiguidade ideológica do Estado moderno, de um modo que embaralhou a dialética da Identidade (ou uniformidade) e Diferença e que ainda sobrevive no período pós-Guerra Fria – ou, em outras palavras, na pós-modernidade. A existência da União Soviética, de fato, produziu um novo tipo de objeto ideológico, positivo e negativo a um só tempo: um movimento antissistêmico dirigido contra a intolerável opressão de classe, que pareceu se transformar, diante dos nossos olhos, em uma forma de poder estatal mais opressiva que as estruturas feudais tirânicas que ela pretendia combater. Ao lado dos problemas historiográficos levantados pelo stalinismo, devemos reconhecer as extraordinárias oportunidades para uma nova produção ideológica e para a invenção de todo tipo de investimentos fantasmáticos novos e complexos que essa situação historicamente singular fez emergir – desde analogias históricas extraídas do "despotismo oriental" e de formas antigas de tirania até proposições sobre a transformação da burocracia em uma "nova classe", além de inumeráveis constelações paranoicas e de teorias da conspiração em que, como com o antissemitismo, formas de organização capitalista, vagamente apreendidas, são projetadas em seus inimigos ou vítimas.

Minha narrativa alegórica favorita desse processo é a noção de Bakhtin do *carnivalesque*,[28] em que o próprio momento do carnaval –

---

[28] Mikhail Bakhtin, *Rabelais and His World* (Bloomington, 1984 [1965]), p. 274-277.

a revolução, incluindo a revolução cultural – constitui uma quebra entre um sistema social opressivo tradicional – o catolicismo romano, representando o antigo regime czarista – e seu substituto mais moderno, o poder estatal Barroco (em que figura o stalinismo). Nessa engenhosa narrativa, que não tem uma relevância histórica maior do que qualquer outra fantasia ideológica, podemos observar as vantagens de uma posição Utópica a partir da qual se pode denunciar tanto a sociedade burguesa (se desenvolvendo sob o Czar) quanto o comunismo, tanto a direita quanto a esquerda – mas isso a um alto custo, a saber, a efemeridade do momento do próprio carnaval, não obstante este possa ser concebido como cíclico. Mas aqui o impulso Utópico é posto sob grande pressão, na medida em que ele constitui um tipo de mediador evanescente, depois de cujo desaparecimento a ordem deve ser restaurada: mas uma ordem de um tipo diferente e mais efetivo, que pode ser capaz algum dia de se manter sem a válvula de escape do carnaval.

A negação de Bakhtin é, no entanto, dupla, e este é certamente o momento de nos lembrarmos de um programa que se empenha em distinguir vários tipos de negatividade, como nessa crítica da velha ordem que é também um alerta profético quanto às novas repressividades daquela que a substitui. Deveriam ambas, então, ser consideradas, à luz do momento de liberdade do carnaval, distopias?

Como foi sugerido de passagem no capítulo anterior, essa palavra está carregada de ambiguidades perigosas e enganosas, que não são menores em decorrência da recente cunhagem desse neologismo (cuja ampla circulação data, dizem-nos,[29] dos anos 1950 – em outras palavras, da Guerra Fria). Como nossa prática testemunha, não é fácil mudar os hábitos linguísticos de alguém quando se trata de uma palavra como essa, que obviamente respondeu a uma necessidade coletiva evidente. Ainda assim, parece haver uma verdadeira lacuna entre as duas negações em questão. A tetralogia distópica de John

---

[29] John Clute e Peter Nicholls, *Encylopedia of Science Fiction*, p. 360.

Brunner, por exemplo,[30] é a exemplificação clássica de um princípio indicado pelo título de uma famosa história de 1940 de Heinlein: "Se isso continuar...". Superpopulação, poluição, uma taxa desumana de mudança tecnológica – estas são então extrapoladas naquilo que são certamente, em Brunner, "novos mapas do inferno", mapas frequentemente (e não erroneamente) caracterizados como distópicos. Mas esse é o mesmo princípio em operação na visão assustadora de Orwell, em *1984*? A afirmação de que Orwell concebia o "totalitarismo insidioso" da política contemporânea – seja o do Trabalhismo Britânico, seja o da URSS – segundo o princípio do "se isso continuar..." é meramente biográfica. Decerto, a força desse texto (e de *A fazenda dos animais*) vem de uma convicção sobre a própria natureza humana, cuja corrupção e avidez por poder seriam inevitáveis e não poderiam ser remediadas por novas políticas ou programas sociais nem por uma consciência mais elevada dos perigos iminentes.

A proposta de Tom Moylan de uma concepção genérica da "distopia crítica" esclarece essa diferença.[31] A distopia crítica é uma prima negativa da Utopia, pois é à luz de certa concepção positiva das possibilidades sociais humanas que seus efeitos são gerados, e é de ideais Utópicos que deriva sua posição politicamente estimulante. Mas caso se reserve o termo distopia para obras desse tipo, as obras de Orwell devem, então, ser caracterizadas de um modo marcadamente diverso e por uma terminologia genérica distinta: proponho caracterizá-las com antiUtópicas, dado o modo como elas são orientadas pela denúncia e pelo alerta apaixonados contra programas Utópicos no domínio político. Essa paixão, que decerto é próxima tanto da denúncia de Burke da Revolução Francesa

---

[30] Ver Capítulo 5, nota 3, anteriormente.

[31] Ver Moylan, *Scraps of the Untainted Sky* (Westport, CT, 2001), além das discussões em Moylan e Raffaella Baccolini (editors), *Dark Horizons* (Nova York, 2003). Talvez a noção de "distopia crítica" corresponda à concepção de R. C. Elliott da sátira como um tipo de homólogo genérico da Utopia: ver Capítulo 3, nota 3, anteriormente, bem como R. C. Elliott, *The Power of Satire* (Princeton, 1960).

quanto dos anticomunismos e antissocialismos contemporâneos, é claramente bem distinta dos medos e paixões monitores que animam a distopia crítica, cujas afiliações são feministas e ecológicas tanto quanto politicamente de esquerda.

Nesse caso, um quarto termo ou categoria genérica parece desejável. Se, como alguém observou, é mais fácil imaginar o fim do mundo do que o fim do capitalismo, provavelmente precisamos de outro termo para caracterizar as visões cada vez mais populares de destruição total e extinção da vida na Terra, que parecem mais plausíveis que a visão Utópica da nova Jerusalém, mas também bem diferentes das várias catástrofes (incluindo as velhas angústias relacionadas à bomba atômica dos anos 1950) prefiguradas nas distopias críticas. O termo apocalíptico pode servir também para diferenciar esse gênero narrativo da antiUtopia, uma vez que não encontramos nele qualquer tentativa de dissuadir seu público das ilusões políticas que um Orwell buscava combater, mas cuja existência a narrativa apocalíptica já não mais reconhece. Contudo, esse novo termo curiosamente nos leva de volta ao nosso ponto de partida, na medida em que o Apocalipse original inclui tanto a catástrofe quanto a realização, o fim do mundo e a inauguração do reino de Cristo na terra, Utopia e extinção da raça humana de uma só vez. Mas se o Apocalipse não é nem dialético (no sentido de incluir seu "oposto" Utópico) nem uma mera projeção psicológica[32] a ser decifrada em termos históricos e ideológicos, então

---

[32] Em seu trabalho clássico sobre o tema, *The Sense of an Ending* (Oxford, 1966), Frank Kermode associa o apocalíptico a duas fontes distintas (embora, talvez, relacionadas): uma projeção dos medos existenciais da morte e uma consequência formal da exigência estrutural de que a narrativa tenha algum tipo de fim. Mas, como com a leitura de Freud dos sonhos das pessoas sobre a própria morte, o fim do mundo pode simplesmente encobrir uma satisfação de anseio muito diferente e mais propriamente Utópica – como quando (nos romances de John Wyndam, por exemplo) o protagonista e um pequeno bando de outros sobreviventes da catástrofe seguem para fundar uma coletividade menor e mais vivível após o fim da modernidade e do capitalismo. Ou, então, podemos seguir o comentário breve de Kermode – "mesmo no pensamento judaico não havia o verdadeiro apocalipse até o fracasso da profecia" (p. 5) – e interpretarmos certos tipos de apocalipse como expressão da melancolia e do

deve ser provavelmente compreendido como metafísico ou religioso, em cujo caso sua vocação Utópica secreta consistiria em reunir uma nova comunidade de leitores e crentes em torno de si.

III

Tem-se hoje, de fato, uma reação bem peculiar à distopia clássica da Guerra Fria, cuja emergência maniqueísta, nos filmes de terror à literatura e realizações filosóficas respeitáveis, a define como um fenômeno essencialmente de cultura de massa e ideológico. Deixando os ornamentos convencionais da vilania de lado, diversas características sintomáticas e paradoxais de *1984*, de Orwell, chamam a atenção insistentemente. A contradição central do enquadramento do romance reside, como argumentei em outro lugar, na inconsistência entre a tecnologia avançada dos sistemas de vigilância infalíveis, que tudo veem, e as repetidas garantias de que a ciência não pode funcionar sob o totalitarismo – uma garantia reforçada pela má aparência da Oceania. As angústias linguísticas de Orwell são ecumênicas, combinando uma crítica da dialética (a linguagem dupla, em que qualquer enunciado pode ter dois sentidos diametralmente opostos) com um sentimento de empobrecimento, que provavelmente resulta do avanço da filosofia da linguagem comum, do uso do inglês apenas em seu nível básico, e do *ethos* wittgensteiniano: trata-se de uma verdadeira teoria da convergência, em que o stalinismo e o comercialismo e o empirismo anglo-saxões são rejeitados, um após o outro!

Entretanto, a característica mais assombrosa de *1984* é a sensação elegíaca de perda do passado e de incerteza da memória. A reescrita da

---

trauma da experiência histórica da derrota. *Paraíso perdido* vem à mente, mas também romances históricos mais recentes, como *A guerra do fim do mundo* (Barcelona, 1981), de Vargas Llosa, e *Q* (Turin, 2000), de Luther Blissett. Tampouco parece fora de propósito interpretar o imenso gozo escatológico do maior dos escritores modernos apocalípticos, J. G. Ballard (1930 –), como expressão de sua experiência do fim do Império Britânico na Segunda Guerra Mundial (ver *O Império do Sol* [1984]).

história política na Oceania é assimilada aos sonhos pessoais de uma infância perdida: a mãe e a babá de Winston "estavam no interior de algum lugar subterrâneo – talvez o fundo de um poço ou de uma sepultura muito profunda –, mas era um lugar que, mesmo já estando tão abaixo do lugar onde ele estava, continuava a mover-se para baixo".[33] Esses fragmentos líricos de memórias infantis não confiáveis lembram antes de tudo a nostalgia assombrosa de *La Jetée* (1964), de Chris Marker, filmado em uma série de fotogramas e igualmente assimilando um trauma pessoal ao devastamento pós-atômico e à ditadura científica subterrânea que sucede o fim do mundo. Mas *La Jetée* é também um filme sobre a temporalidade, no qual o impulso inconsciente orwelliano é trazido ao primeiro plano e posto sob a luz de uma análise desapiedada e de uma desolação de sentimentos incomparavelmente dura.

O mistério de Orwell, na verdade, nos obriga a distinguir três níveis em sua obra: primeiro, o da articulação da história do stalinismo que ele observou e experienciou empiricamente, no nível dos eventos contingentes; depois, sua universalização a-histórica, em uma visão nefasta da natureza humana como uma insaciável sede de poder e seu exercício; e, finalmente, uma fixação verdadeiramente patológica e obsessiva sobre essa conjuntura, como uma solução para sua existência, sua conversão em uma paixão de vida. A elaboração implacável dessa paixão se tornou, decerto, o rosto do antiUtopianismo do nosso tempo e, enquanto uma representação, dificilmente pode ser descartada. Mas ela seria histórica ou universal? O antiUtopianismo sempre tomou essa forma? Na verdade, ele chegou a existir em momentos anteriores da história? Até que ponto a obsessão de Orwell não revelaria certa convicção quanto à inevitabilidade da Utopia (e daí a urgência de alertar, em vão, sobre sua iminência)? Podemos separar, em Orwell, o antiUtopianismo do anticomunismo? Ou, em outras palavras, sua obra seria um testemunho do modo inextricável

---

[33] George Orwell, *1984* (Nova York, 1961 [1949]), p. 28. (George Orwell, *1984*, tradução de Alexandre Hubner e Heloisa Jahn, São Paulo: Companhia das Letras, 2009, p. 51 [N.T.].)

em que esses dois fenômenos se tornaram associados (ou, pelo menos, historicamente associados, começando com Marx, e se tornando indistinguíveis na época de Stálin)? Se a triste paixão de Orwell se apresenta como uma expressão paradigmática da Guerra Fria, ela teria se tornado anacrônica na globalização? (Pensa-se no grito do vilão de *Barbarella*, conforme ele afunda no magma: "Terra, você perdeu seu último Grande Ditador!".) Por fim, se o pesadelo de Orwell é uma expressão específica do modernismo, o que pode sobreviver dele na época pós-moderna?

Nesse ponto, uma última dificuldade permanece: a do estatuto do medo, tão profundamente incorporado nas distopias e do qual Orwell parece ser a expressão mais autêntica e original. Essa não é uma questão pessoal ou psicanalítica, embora esteja claro o suficiente que essas questões biográficas são de grande interesse e que respostas hipotéticas a elas merecem escrutínio próprio.

Mas, de modo igualmente claro, o medo – próprio não apenas a todo um público da Guerra Fria, mas que também alcança leitores europeus do século XVIII, com seus pesadelos góticos de encarceramento e de monges e freiras maléficos – não é de modo algum uma questão privada, mas um fenômeno coletivo de grande interesse histórico. Nosso dilema metodológico e hermenêutico imediato é, pois, o de entender por que esse afeto primordial não mereceria o mesmo privilégio que damos ao impulso Utópico, sobre o qual insistimos ser primário e irredutível – via noções psicológicas populares como a de sublimação – à mera expressão dissimulada de outros impulsos, como os da sexualidade (ou mesmo de frustração pessoal). Por que o terror de Orwell não deveria igualmente ser isentado desses diagnósticos reducionistas?

Decerto, ele mobiliza todos os recursos da autopreservação, se esta pode ser considerada um instinto. (Em um grande momento Utópico, como já vimos em um capítulo anterior, Adorno sugere que a Utopia seria constituída pelo próprio desaparecimento desse "instinto", que ele via como o mecanismo de defesa específico gerado pela sociedade de classes ou, em outras palavras, por todas as ordens sociais prévias até, e incluindo, a nossa própria.) Nesse caso, deve-se acrescentar que as sociedades (ou, para ser mais preciso, os modos de produção) também conhecem um instinto coletivo de autopreservação, que é despertado em momentos de perigo mortal. Significativamente, ambos esses despertares distópicos mencionados aqui são respostas coletivas da burguesia: o primeiro, em sua luta contra o absolutismo feudal e a tirania arbitrária; o segundo, em sua reação à possibilidade de um Estado dos trabalhadores. Esse terror claramente anula aquele outro impulso coletivo que é o impulso Utópico, que, entretanto, tão irreprimível quanto a libido, continua a encontrar seus investimentos secretos naquilo que parece mais fundamentalmente censurá-lo e negá-lo; assim, os opressores projetados, sejam eles de natureza clerical ou partidário-burocrática, são fantasiados como coletividades que reproduzem vagamente uma estrutura Utópica – a diferença sendo que estou incluído na estrutura Utópica, mas excluído dos opressores. Mas, nesse ponto, a dinâmica se tornou a do comportamento de grupo, com sua inveja cultural e suas políticas identitárias e racismos correspondentes.

Quanto a *We*, de Zamyatin, ela é ambígua de um modo bem diferente, como já observamos.[34] Aqui, não é o pessoal e o político que são confundidos, mas a estética e a burocracia. Ambas são produções humanas no fim das contas, e o engenheiro Zamyatin é um verdadeiro construtivista cujo Estado Mundial é decididamente uma obra de arte da época de Malevich e El Lissitzky; que ele tenha tido sentimentos mistos em relação a isso não deve ser evocado contra ele. Afinal, apenas uma geração antes, Worringer associou a abstração ao impulso de morte, em uma posição extremamente influente.[35] O Benfeitor de Zamyatin não é o Grande Irmão, mas um peremptório *chef d'école*, como Breton ou mesmo o próprio Malevich (uma ditadura estética que Groys irá, mais tarde, identificar com Stálin). Os revolucionários de *We* são iconoclastas em vez de combatentes da liberdade,

---

[34] Ver Capítulo 2, nota 21.

[35] A referência é ao ensaio de Wilhelm Worringer "Abstraction and Empathy", escrito em 1907.

e a repressão sexual do Estado está mais próxima da condenação de Loos do ornamento e dos espaços higiênicos de Le Corbusier do que dos assentamentos puritanos ou dos monastérios católicos. De todo modo, *We* é uma verdadeira antiUtopia na qual o impulso Utópico ainda está em operação, com certa ambivalência – diferentemente da reação desalentada de Orwell ao trabalhismo britânico do pós-guerra, que é ela mesma um sintoma depressivo de desânimo revolucionário.[36]

Contudo, ambas essas obras deixam claro que seus medos supostamente antiUtópicos não devem ser tomados pelo seu valor de face. Este é o ponto em que gostaria de desassociar essas considerações psicológicas de uma fonte muito diferente de medo Utópico, que vou derivar das propriedades formais desse gênero e, em particular, daquela clausura sobre a qual temos insistido tanto: a clausura no espaço, a clausura no tempo, a clausura da comunidade Utópica e de sua posição para além da história ou, pelo menos, para além da "pré-história" de Marx como a conhecemos.

IV

Pois é essa clausura hermética do novo sistema que o torna estranho e existencialmente ameaçador e que reveste o radicalmente Novo de traços de um terror sublime, diante do qual nós necessariamente paramos e hesitamos, ou recuamos. Vale a pena, portanto, voltar a um exame mais formalista exatamente desses limites ou restrições narrativas que tendem a despertar reações políticas, e estéticas, negativas e capazes de estimular aquele antiUtopianismo que é o mais profundo inimigo dessa forma particular.

Um começo para essa prospecção formalista pode ser refletir sobre a natureza da própria narrativa, cujos limites coincidem com certas

---

[36] *Admirável mundo novo* (1932), que constitui a terceira obra da trilogia distópica canônica, é, em grande parte, uma crítica aristocrática da mídia e da cultura de massa, em vez de uma crítica a qualquer "totalitarismo" orwelliano (e, sobre este, ver sem dúvida Slavoj Žižek, *Did Somebody Say Totalitarian?* [Londres, 2001]).

antinomias conceituais fundamentais (provavelmente devido ao fato de que estas tenham também, secretamente, uma dinâmica narrativa). Logo, aquele "tema" humanista familiar e completamente ideológico e estereotípico da oposição entre o indivíduo e a sociedade pode ser abordado a partir de um ponto de vista filosófico, apontando-se o óbvio, a saber, que o "indivíduo" é também uma categoria social não necessariamente presente em todos os tipos de sociedades. Mas ele também pode ser reposicionado dentro do maquinário da narrativa, ou do contar histórias, e de suas capacidades.

A esse respeito, é fundamental notar que a narrativa tem apenas uma categoria actancial: o que geralmente identificamos como o "personagem" ou, falando mais tecnicamente, o "actante". Todas as formas de ação coletiva – sejam elas identificadas como nação ou povo ou um grupo étnico de algum tipo ou mesmo uma pequena equipe de pessoas conhecidas, para não falar de um par – devem ser, de algum modo, acomodadas na categoria singular do actante. Assim, as histórias imaginárias de Stapledon frequentemente movem sociedades inteiras como se elas fossem personagens; enquanto em More, são os Utópicos, como uma população idêntica, que substituem a nação, de um lado do espectro, e o indivíduo, do outro.

Seria instrutivo observar essa carência ou deficiência formal em operação também no pensamento conceitual. Basta pensar no constrangimento de Rousseau em *O contrato social*, no qual nenhuma entidade pode ser encontrada para além do indivíduo: todas as multiplicidades sociais são, assim, igualmente assimiladas a coletividades de unidades homogêneas e iguais, sejam quais forem suas dimensões e seu estatuto ontológico (que, em outras abordagens, podem variar do orgânico ao serial ou do nacional ao étnico). Rousseau encontra-se, assim, obrigado, de um modo muito parecido com o que ocorre à ficção científica ou à Utopia, a inventar uma nova entidade, distinta de todas essas, em que o social também exista em uma forma nova e até então não identificada, imaginável apenas como a unanimidade desses indivíduos (e distinta de sua totalidade aditiva): é essa nova categoria que ele chama de Vontade Geral. Mas a fortuna dessa ideia é tal que coloca em dúvida a viabilidade dessa inovação representacional. A tentativa de representar a Utopia irá enfrentar dificuldades e dilemas similares, que são, como sugeri anteriormente, problemas essencialmente narrativos, disfuncionalidades de natureza narrativa.

Podemos agora olhar para alguns desses: os efeitos locais produzidos por essa estrutura mais geral do maquinário narrativo. Primeiramente, em quase todos os aspectos, vem o requisito já mencionado do sistema, primeiramente epitomizado pela clausura espacial – uma característica estrutural permanente do gênero, apenas moderadamente dissimulada quando, com o capitalismo e a historicidade, esse não lugar imaginário migra dos mares do sul ou dos polos norte ou sul para o futuro, se tornando acessível apenas pela viagem no tempo, quando não para algum espaço sideral que fica, para todos os efeitos práticos, no futuro.

A clausura é inicialmente motivada pela secessão e a preservação da diferença radical (tanto quanto pelo medo de contaminação pelo de fora e pelo passado ou pela história). A grande trincheira de Utopus, que torna todas as Utopias ilhas, serve de paradigma para a secessão de Ecotopia dos Estados Unidos – ratificada pela "guerra dos helicópteros" e o posterior bloqueio estilo Cuba, iniciado de dentro tanto quanto de fora. Ela é refigurada pela fuga dos odonianos, em naves antiquadas, à lua estéril de Urrás, onde a secessão é dramatizada como um substituto da revolução violenta no planeta de origem, algo não evitado na trilogia *Marte*, apesar da lacuna ser aqui ainda mais formidável. As Utopias de Fourier e Skinner, situadas em seus respectivos espaços rurais e menos obviamente extraterritoriais, não estão submetidas a uma quarentena menor, de acordo com a vontade dos próprios Utópicos; mas elas também articulam aquela outra possibilidade narrativa inerente a essa realidade enclávica, que é a de uma influência externa ou imperialista e, por assim dizer, de uma contaminação Utópica da área circundante.

Assim, ambos, Fourier e Skinner, preveem a disseminação de seus modelos e a implantação de colônias Utópicas por todo lado; Bellamy e Morris, que requintam o problema inicial postulando a conversão de todo o mundo aos seus esquemas Utópicos, não obstante, também contam a história de sua disseminação gradual em termos de emulação e persuasão relativamente pacíficas. Esse também teria sido o triunfo dos comuns de Winstanley, que, tendo abolido o trabalho assalariado, podiam esperar atrair gradualmente à sua órbita todos os antigos trabalhadores de outros lugares, deixando as ricas propriedades dos barões feudais à mingua.[37] O resultado trágico na vida real, a saber, a extinção do enclave Utópico pelos proprietários de terra, testemunha a sabedoria da secessão Utópica.

A secessão pode ser vista hoje, no entanto, como tendo seu ímpeto interno, e a desagregação turbulenta de federações por todo o mundo (para não ir mais longe, desde a Guerra Civil Americana) sugere que esse direito peculiar à autodeterminação não é, de modo algum, um valor universalmente compartilhado. Mas se a perspectiva sobre a clausura é invertida, essa exigência formal toma uma dimensão ainda mais sinistra, algo também observável imediatamente no próprio More. Pois esse autor, não por acaso, era contemporâneo de Maquiavel e uma testemunha do surgimento da *Realpolitik*, da monarquia e do Estado-nação absolutos: como já observamos, as relações frias de seus Utópicos com seus vizinhos são tão cínicas e desapiedadas quanto qualquer coisa em *O Príncipe*.

Aqui, vale também lembrar (como nos recorda Balasopoulos[38]) que a Utopia é, em grande medida, o protótipo da colônia de assentamento e a precursora do imperialismo moderno (pelo menos em suas formas norte-americana, do *apartheid* ou sionista – "as pessoas sem terra" supostamente encontrando "a terra sem pessoas"). Que a Utopia se apresente como uma das expressões literárias privilegiadas do império espanhol (a quem Campanella também estava sujeito) é, pois, igualmente significativo: a harmonia predestinada entre uma forma sem conteúdo e um conteúdo sem forma. Minha opinião é

---

[37] Ver a esclarecedora discussão de J. C. Davis sobre Winstanley em *Utopia and the Ideal Society*, p. 183-188.

[38] Ver Antonis Balasopoulos, "Unworldly Worldliness: America and the Trajectory of Utopian Expansionism", *Utopian Studies*, v. 15, n. 2 (inverno de 2004).

a de que a violência colonial inerente à própria forma ou gênero é uma acusação mais séria que qualquer outra que tenha a ver com a disciplina e a conformidade autoritárias que deveriam prevalecer na sociedade dentro das fronteiras da Utopia. Tudo isso vai no sentido de justificar o comentário estruturalista de Barthes de que apenas a clausura permite que o sistema venha a existir[39] ou, em outras palavras, apenas ela permite a efetivação da diferença sistêmica genuína. A clausura opera, assim, em um nível conceitual ou categorial tanto quanto nas relações internacionais, e pode também determinar a emergência daqueles ideais abstratos de pureza e unanimidade, de identidade em todos os níveis, que inspiraram os inimigos da Utopia a associá-la ao racismo e a outras formas de compulsividade política.

Para os próprios Utópicos, entretanto, parece se impor uma justificativa bem diferente para essas formas opressivas de unanimidade. Tampouco devemos esquecer o contexto de guerras religiosas no século de More e a função divisiva da religião até os dias de hoje. De fato, à secessão ideológica em relação a essas realidades corresponde a tolerância obrigatória que reina na Utopia, que despreza o zelo excessivo e o proselitismo.

Aqui, voltamos à nossa discussão anterior sobre a liberdade, mas agora de uma perspectiva formalística ou narratológica, em que lenta porém seguramente pode-se esperar que a controversa questão da relação entre Utopia e política (que nos acompanhou desde o começo desta discussão) retorne com toda força. Pois trata-se agora de tentar ver, de dentro dos limites da forma, por que, entre os primeiros Utópicos, teria havido essa unanimidade quanto à necessidade de eliminar a discussão política e o possível desenvolvimento de qualquer forma de diferença local, e não apenas de tipo religioso. Como mostramos anteriormente, há uma perspectiva sistêmica para a qual é óbvio que tudo o que ameaça o sistema deve ser excluído; esta é, de fato, a premissa básica de todas as antiUtopias modernas, de Dostoiévski a Orwell, entre outros: a de que o sistema desenvolve

---

[39] Ver Capítulo 1, nota 6.

seu próprio instinto de autopreservação e aprende implacavelmente a eliminar qualquer ameaça à continuidade de sua existência, sem consideração pela vida individual.

Contudo, como já observamos, é justamente por suas tendências antissistêmicas que a formação de grupos e movimentos menores dentro da sociedade Utópica era vista e declarada como indesejável: *faccionalismo* era a palavra do período para essas formações, que incluíam ainda partidos políticos e tipos menores de associações. Como já observamos, esse princípio define uma das grandes linhas divisórias entre as assim chamadas Utopias tradicionais e as modernas, uma vez que correntes democráticas e anarquistas contemporâneas visam justamente a afirmar a viabilidade de múltiplas facções dentro do Estado (ou contra o Estado). As unanimidades opressivas dos Estados-Utopia mais antigos não parecem ter gerado qualquer reação narrativa original contra o que nos parece hoje um ambiente conformista insuportável e padronizado. Declarações de liberdade do século XVIII, como em *Caleb Williams* (1794), de Godwin, ainda identificam a arbitrariedade feudal como seu alvo, enquanto a falta de liberdade é identificada por Jean-Jacques como dependência e como uma servidão quase feudal às disposições da vontade de outrem. Nessa situação, o Estado, como a unanimidade da Utopia, pressagia minha libertação da hierarquia e da servidão a particulares, enquanto, nos tempos modernos industriais, em que o Estado se tornou um personagem ou indivíduo, a liberdade é redefinida como libertação da opressão do próprio poder estatal, uma libertação que pode tomar a forma de um *pathos* existencial, como com os dilemas do indivíduo rebelde ou anti-herói, mas que agora, depois do fim do individualismo, parece tomar a forma da identificação com pequenos grupos.

Entretanto, do nosso ponto de vista presente, um ponto de vista narratológico, parece que esses pequenos grupos caem justamente naquela terra de ninguém entre o *actante* individual e a totalidade social que só pode ser imaginada ou figurada como ainda outro *actante* individual ou, em outras palavras, como um hiperorganismo. Mas os pequenos grupos intermediários, os partidos, as facções, as comunidades beligerantes de fé não entram em nenhuma dessas categorias, que elas implicitamente corrigem e anulam de uma só vez. A análise filosófica do pequeno grupo face a face – buscada de modo mais elaborado por Sartre em *A crítica da razão dialética*[40] – tende, desesperadamente e em vão, a reconciliar a oposição categórica entre o indivíduo e o aglomerado por um processo de negação mútua ou dialética não muito diferente daquele que foi esboçado, para outras questões, no capítulo anterior: se o esforço de Sartre fosse uma ontologia, eu caracterizaria sua solução como a emergência, espasmódica e necessariamente efêmera, de um tipo diferente de ser coletivo. Mas talvez isso apenas signifique dotar de antemão de uma aura de legitimidade quase sagrada esse novo conceito, ainda ausente.

V

Há, no entanto, um pequeno grupo em particular cuja existência não pode ser banida da Utopia nem exitosamente proibida e expulsa pela operação suprema da unanimidade Utópica: a família. Ela permanece como um corpo estrangeiro dentro da nova sociedade, e essa persistência, garantida sem dúvida pela biologia, ameaça o diamante Utópico com uma fenda na forma que não pode ser corrigida ou fantasiada como inexistente, por mais que a engenhosidade Utópica o tente. É como se a própria forma Utópica, a maquinaria da representação, repetisse o famoso brado de André Gide: "*Familles, je vous hais!*" – um brado de impotência, em vez de uma declaração de guerra que poderia ser vencida.

Essa proposição paradoxal, que explica em parte a incompletude inveterada da forma Utópica e seu fracasso estrutural em obter a clausura, pode talvez ser esclarecida por diversos pontos de vista. O primeiro tem a ver com a identificação da família como a pedra fundamental daquele modo de produção do qual o capitalismo moderno

---

[40] J.-P. Sartre, *The Critique of Dialectical Reason*, Volume I (Londres, 2004 [1960]); ver, ainda, minha Introdução a este volume.

buscou escapar: de fato, o próprio período de More é justamente o da transição, em que os Estados-nações mais novos buscavam compulsivamente se libertarem do sistema clânico feudal e das unidades familiares estendidas dos grandes barões e proprietários de terra. A família nuclear, entretanto, não é a solução para essa luta, mas apenas um efeito colateral de um processo no qual a monarquia absoluta e a centralização foram bem-sucedidas em substituir a dispersão das propriedades feudais. De fato, mesmo as tentativas de celebrar a família nuclear na literatura burguesa e no realismo dos séculos XVIII e XIX apresentam certo *pathos*, enquanto queixas sobre seu enquadramento asfixiante crescem cada vez mais insistentemente no século XX, de Gide à família esquizogenética cara à antipsiquiatria. O motivo romântico obrigatório, que parece ser um componente inevitável do texto Utópico do século XIX em diante, pode ser visto como uma compensação para esse problema insolúvel e um deslocamento de seu estatuto, daquele de uma instituição social para o da sexualidade e das relações individuais. O feminismo moderno é apenas o último esforço Utópico de contornar a família burguesa na direção de sistemas de casamento grupal ou de gênero [*gender*] único; o movimento pós-humano acrescenta uma nova figura na forma do "sistema de parentesco opcional" de desajustados e monstros.[41]

Talvez uma outra perspectiva seja conveniente aqui. Há alguns anos, Bourdieu e sua equipe publicaram um volume coletivo maravilhoso sobre sociologia da fotografia amadora;[42] duas das suas descobertas podem ser aqui retomadas (sendo que apenas a segunda delas nos interessa diretamente). A primeira é a necessidade ideológica de justificar essa prática, para a qual a sociedade ainda não produziu qualquer papel ou estatuto codificado: os fotógrafos amadores o faziam tomando de empréstimo o discurso estético de uma arte mais nobre, a saber, a pintura, e reproduzindo a apologia à pintura em

---

41 Ver o notável ensaio de Phillip Wegner, "'We're Family': Kinship, Fidelity, and Revolution in *Buffy the Vampire Slayer*", em *Living Between Two Deaths: Periodizing US Culture, 1989-2001* (Durham, NC, a ser publicado).

42 Pierre Bourdieu *et al.*, *Un art moyen* (Paris, 1965).

todas as suas variantes. A experiência do pós-modernismo, ainda não registrada na pesquisa de Bourdieu e na qual a fotografia se tornou justamente uma arte maior de direito próprio (com autojustificativas teóricas completamente diferentes, derivadas da recém-emergente "sociedade do espetáculo"), nos coloca a certa distância dessa prática social outrora marginal e dos modos pelos quais ela buscava racionalizar sua existência.

Trata-se de uma marginalidade que se torna, então, inescapável com a segunda descoberta de Bourdieu, a saber, a de que, seja qual fosse a estética escolhida por esses fotógrafos amadores, eles eram todos unânimes ao excluir as fotografias de família de uma prática que, eles desejavam, fosse "artística". Bourdieu conclui que a fotografia amadora foi inventada como um modo dissimulado e aparentemente aceitável de escapar da família burguesa, de sair de casa, de criar um espaço do qual a família estava totalmente ausente. Podemos, aqui, retomar a sugestiva ideia de Jean Borie de que o romance do século XIX era, ele mesmo, uma "*art de célibataire*", e de que, mesmo quando tecnicamente casados, os grandes romancistas do século XIX eram todos, de espírito, solteiros burgueses que se colocavam em certo espaço social mais livre, do qual eles podiam olhar de volta e julgar uma sociedade justamente dominada pela família nuclear burguesa[43] (os julgamentos são, é claro, os próprios romances, que, após a realização de Jane Austen – outra solteira! –, são uniformemente negativos quanto ao tema).

Podemos ainda explorar essa incompatibilidade entre a forma Utópica e a família refletindo sobre o destino da família no discurso relacionado da teoria política. Ou a sociedade é assimilada à forma da família, como no patriarcado confuciano (ou talvez se possa reformular essa afirmação no sentido contrário e ver o Estado cooptando a aparência de estrutura familiar para seus próprios objetivos); ou então, após certa consideração inicial do *oikos*, os filósofos políticos

---

[43] Jean Borie, *Le Célibataire français* (Paris, 1976); e ver agora Eve Sedgewick, *Between Men* (Nova York, 1992).

seguem Aristóteles ao dissociar essa estrutura (que, é claro, inclui o governo de escravos e servos) do Estado enquanto tal. De fato, Aristóteles nos surpreende ao observar que "o Estado é, por natureza, claramente anterior à família e ao indivíduo, uma vez que o todo é necessariamente anterior às partes".[44] Por outro lado, todos esses teóricos reservaram um lugar de distinção, junto à monarquia e à democracia, à oligarquia, preeminentemente uma associação de grandes famílias e clãs.

Mas o que é meramente um problema para a filosofia política se torna uma missão para a Utopia como forma: mesmo onde a existência da família não é legalmente proibida, a administração e reformas severas tendem a reduzi-la ao biológico e ao fato não social do casal, seguindo o exemplo clássico Utópico de Esparta, onde homens e mulheres viviam separados e se encontravam apenas clandestinamente – os filhos resultantes encaminhados para uma creche comunitária. Nem as Utopias jesuítas no Paraguai, em que um sino era tocado à noite para chamar os casais às suas obrigações conjugais, oferecem uma versão convincente de uma nova transformação da família como um todo.[45]

A persistência da família burguesa em Bellamy é certamente uma das características desse influente livro que não caíram bem: creio que ela é mais condenável para os gostos modernos do que seu famigerado Exército Industrial. Mas, ao mesmo tempo, Bellamy inclui um antídoto que ele, no entanto, não desenvolve (talvez em razão de uma timidez vitoriana: a reticência de Skinner sobre o tema é também notável e explicável pelos valores sociais americanos). Esse antídoto é, provavelmente, mais do que a criação das crianças, a peça central de todo feminismo Utópico, a saber, a cozinha e o refeitório comunitários, que efetivamente abolem um dos dois aspectos

---

[44] Aristóteles, *Politics*, parágrafo 1253, linha 19.

[45] Ver, sobre outras Utopias latino-americanas: Fernando Gomez, *Good Places and Non-Places in Colonial Mexico* (Lenham, Maryland, 2001); Alicia M. Barabas, *Utopias indias* (Quito, 1989); e Michael Ennis, "Historicizing Nahua Utopias" (tese de doutorado, Duke University, 2005).

fundamentais da função da mulher de garantia da reprodução social – a creche comunitária abolindo o outro.[46]

Angústias sobre a família na Utopia – que parecem vir nas formas antitéticas do medo de que ela desapareça completamente ou, alternativamente, de que ainda esteja lá – têm sua lógica mais profunda nessa estrutura inevitável da clausura Utópica que tantas vezes reemergiu na nossa discussão e que provavelmente também oferece o sentido narrativo mais profundo das angústias sobre a própria liberdade. Assim, uma contradição formal estrutural profunda se projeta no conteúdo manifesto não apenas de uma temática sintomática, mas de combinações sobrepostas e sobrecarregadas de fantasias. Aqui, por exemplo, a angústia sobre a família se combina com as grandes questões políticas de gênero [*gender*], por um lado, e com os medos mais obscuros sobre a sexualidade, por outro, enquanto tangencialmente se vincula a imagens e fragmentos narrativos patriarcais, cuja forma final é o assustador Grande Outro das antiUtopias.

Essas constelações de temas libidinais altamente carregados, investidos ou contrainvestidos, são, pois, prontamente despertadas pela forma Utópica, que imediatamente põe em xeque toda nossa experiência, da existência pessoal aos hábitos institucionais e fantasias sociais em outros níveis. As temáticas Utópicas do corpo, de fato, provaram-se particularmente auspiciosas para as novas questões da contracultura dos anos 1960, quando as Utopias começaram a florescer novamente, até que foram prematuramente paralisadas pela emergência da nova categoria política do pequeno grupo (étnico ou orientado pela identidade), que, como sugerido aqui, não parece ter se adaptado ao aparato narrativo da Utopia clássica.

---

[46] Lyman Tower Sargent fez uma abrangente sondagem das formas tomadas pela família nas comunidades Utópicas (ou "intencionais"): ver "Utopia and the Family: A Note on the Family in Political Thought", em *Dissent and Affirmation: Essays in Honor of Mulford Q. Sibley*, editado por Arthur L. Kalleburg, J. Donald Moon e Daniel L. Sabia Jr (Bowling Green, OH: Bowling Green University Popular Press, 1983), p. 106-117; 256-259.

Enquanto isso, outra crise na forma é determinada pela aparente distância entre esses materiais libidinais e a natureza da organização atual ou infraestrutural, ela mesma significativamente modificada desde a emergência do terceiro estágio do capitalismo, ou capitalismo neoliberal, cujo conteúdo parece se bifurcar entre conspirações sem rosto (em vez dos grandes ditadores de antigamente), por um lado, e o espaço cibernético da inovação nos negócios e sua mercantilização do consumo, por outro. Não obstante, a análise narrativa parece ser o guia mais confiável para lidar com esses dilemas, demonstrando de passagem como todas essas polêmicas políticas e conceituais em torno da "totalização" eram, na verdade, discussões sobre a clausura narrativa.

13.
O futuro como perturbação

Recapitulemos nossas descobertas. Chegamos laboriosamente à conclusão de que todo conteúdo ostensivamente Utópico seria ideológico e de que a função própria de seus temas residia na negatividade crítica, isto é, em sua função de desmistificar seus homólogos opostos. O exame da antiUtopia e, depois, do medo da Utopia, levou-nos a identificar uma de suas fontes fundamentais na própria forma da Utopia, na necessidade formal de clausura Utópica. Ademais, fomos assolados pela perpétua inversão da diferença e da alteridade no mesmo e pela descoberta de que nossos saltos imaginativos mais empolgantes em direção a alternativas radicais não eram senão projeções de nosso próprio momento social e situação histórica ou subjetiva – o pós-humano parecendo, assim, mais distante e impossível do que nunca!

De fato, quando formulamos o tema em termos do destino da Utopia, de seu futuro, ou, ainda melhor, de sua relação com nosso futuro, todas as antigas ambiguidades de forma e conteúdo voltam à superfície e já não está claro se o futuro que temos em mente é o futuro de um gênero literário – tantas vezes declarado morto no curso da história, tantas vezes ressuscitado em momentos de necessidade e crise, como um Golem literário –, ou se estamos pensando na coisa em si, no programa político cujo excesso e comprometimento com o absoluto e com o absolutamente irrealizável e impossível teve tantas vezes, paradoxalmente, um impacto concreto no meramente prático e na práxis política. Neste ponto, pois, a pesquisa se divide em dois caminhos separados, sobre os quais se pode apenas esperar, como os caminhos de Swann e Guermantes de Proust, que eles se reúnam em algum momento e provem ser o mesmo desde sempre.

I

O primeiro desses caminhos é o da evolução da forma Utópica, sobre a qual Perry Anderson disse que *Woman on the Edge of Time* (1976) marcaria uma ruptura fundamental,[1] mas que, segundo outras abordagens, está ainda muito viva e produzindo novos tipos de textos que transformam sua tradição genérica (como novos textos sempre devem fazer, como que por definição). A outra questão tem a ver com o pensamento Utópico e as alternativas sociais radicais, sobre as quais Mrs. Thatcher conhecidamente afirmou que inexistem, mas que tantos movimentos políticos ao redor do mundo hoje estão vigorosamente tentando reinventar. As respostas a essas duas questões distintas não envolveriam necessariamente tipos muito diferentes de discurso? Por um lado, propostas formais que, de algum modo, ofereçam uma saída para os impasses do conteúdo Utópico que tratamos anteriormente em detalhes, e, do outro, explorações econômicas e esquemas políticos inéditos que, divididos *grosso modo* de acordo com o que chamamos de Imaginação Utópica e *Fancy* Utópica, não podem escapar do estatuto de conteúdo (por mais formalístico que um exercício de escrita de constituições sempre pareceu ser)? Ainda não fomos capazes de sugerir qualquer uso prático para a estrutura de neutralização esboçada no Capítulo 11, seja como possibilidade de uma nova produção literária Utópica ou como algum esquema político capaz de acomodar uma variedade de ideologias sem escorregar para as esperanças piedosas

---

[1] Perry Anderson, "The River of Time", em *New Left Review*, n. 26 (mar.-abr. 2004), p. 71. E, sobre utopias feministas, ver Peter Fitting, "'So We All Became Mothers': New Roles for Men in Recent Utopian Fiction", em *Science Fiction Studies*, 12 (1985), p. 156-183; e "The Turn from Utopia in Recent Feminist Fiction", em *Feminism, Utopia and Narrative*, editado por Libby Falk Jones e Sarah Webster Goodwin (Knoxville, TN, 1990), p. 141-158.

desse ou daquele pluralismo liberal ou de um multiculturalismo. O que se pode pelo menos afirmar neste estágio é que a solução terá de ser decididamente formalista, o que significa um formalismo absoluto, no qual o novo conteúdo emerge da forma e é uma projeção dela. De fato, na ausência de um conteúdo confiável, apenas a forma pode cumprir essa tarefa. A forma se torna conteúdo – nesse plano abrangente que é a Imaginação – enquanto o conjunto de opostos, já maculados, é rebaixado para o nível da decoração ou da *Fancy*.

O que talvez ainda não enfatizamos o suficiente é a relação dessa crise aparentemente política da Utopia (geralmente atribuída à queda dos partidos comunistas e sua substituição pelos novos movimentos sociais e correntes anarquistas) com uma crise mais geral de representação atribuída ao advento da pós-modernidade. Esta última não deve, é claro, ser confundida com a relação do modernismo com uma crise de representação, que o antigo movimento tentava superar por meio da invenção formal heroica e das grandiosas visões proféticas dos videntes modernistas. Na pós-modernidade, a representação não é concebida como um dilema, mas como uma impossibilidade, e o que pode ser denominado de um tipo de razão cínica no domínio da arte substitui essa representação por uma multiplicidade de imagens, nenhuma das quais corresponde à "verdade". Defendi em outro lugar que esse suposto relativismo oferece caminhos novos e produtivos para a história e a práxis; e não há razão para temer que as Utopias pós-modernas não sejam tão estimulantes, em seu contexto histórico, quanto as Utopias mais antigas o foram nos séculos anteriores. O problema mais imediato reside na diferenciação das Utopias mais novas de suas predecessoras modernistas. Já alertei para os perigos de aplicar uma concepção propriamente modernista de Ironia a essas novas formas Utópicas; e a esse alerta devo agora acrescentar aquele outro determinante modernista fundamental chamado "re-flexividade". Observamos a operação da reflexividade, por exemplo, no Capítulo 6, na qual a estrutura da própria satisfação Utópica de anseios lentamente oscilava quanto a seu objeto, a forma se tornando conteúdo e transformando o anseio Utópico em um anseio de anseio. Mas, se isso é o que nós, agora na pós-modernidade, entendemos por um formalismo absoluto, então não teremos feito até agora muito mais do que oferecer uma solução (modernista) já fatigada e convencional para um problema novo e historicamente original.

A disputa é, na verdade, também entre a vida cotidiana e o grande projeto coletivo, frequentemente (e de modo excessivamente rápido) assimilada à diferença entre o anarquismo e o marxismo. Certo anarquismo, ao enfatizar uma liberdade em relação ao poder estatal que não envolve tanto uma tomada e destruição do último, mas a exploração de zonas e enclaves para além de seu alcance, parece valorizar uma vida no presente e no dia a dia, uma concepção de temporalidade bem diferente das estratégias de luta anticapitalista de larga escala, como a perspectiva de *O Capital* pareceria impor. Essas diferenças culminam na agora problemática ideia de revolução: sua crise não é apenas prática – a saber, a da ausência de ação e, de fato, de qualquer concepção sobre o que pode significar "chegar ao poder" para movimentos que não são partidos e em uma situação em que o poder é uma interligação de redes cibernéticas. Trata-se de uma crise da própria noção de tempo, uma oposição entre o aqui e agora da revolta perpétua – da própria vida cotidiana como revolta e revolução permanente – e a antiga tradição da esquerda do Dia D, o mito de Sorel da greve geral, a aurora do Ano I, o Evento axial, a ruptura que inaugura uma nova era (de revolução cultural, de construção socialista etc.).

Porém, essa é uma oposição entre temporalidades que também parece caracterizar as Utopias: o gesto inaugural de Utopus por oposição àquela vida cotidiana Utópica para além do fim da história que está no centro da própria forma. Trata-se, de fato, de uma oposição narrativa: entre o tempo de eventos que poderiam ser enredados, organizados em uma história com suas várias versões, por um lado, e a visita guiada aparentemente não narrativa, em que as características da vida cotidiana e das instituições corriqueiras são carinhosamente enumeradas, por outro.[2] Em termos subjetivos, parece que

---

[2] Callenbach escreveu, na verdade, ambas versões; sua "prequela" *Ecotopia Emerging* (Nova York, 1981) conta a história da guerra de independência de Ecotopia contra os Estados Unidos.

a oposição envolve uma distinção entre a consciência – como uma presença impessoal no mundo, que está sempre conosco enquanto existimos – e o *self*, que é muitas vezes objeto da consciência, mas também da biografia e suas histórias, da fantasia e do trauma, das ambições "pessoais" da vida privada – em suma, objeto da narrativa enquanto tal. A consciência é, nesse sentido, o domínio do existencial; o *self* é o domínio da história, pessoal ou não. Mas aqui, de novo, a velha oposição entre *Fancy* e Imaginação reemerge: a Imaginação sendo o domínio da forma e da narrativa *par excellence*, enquanto a *Fancy* domina os detalhes, no quais ela reside e aos quais ela traz uma qualidade diferente de atenção, a um só tempo sensorial e obsessiva e sem pressa ou preocupação com o tempo. Na literatura, podemos dizer que essas duas dimensões são os distintos níveis do enredo e do estilo, que nunca podem realmente ser reunidos; mas é claro que se trata de uma oposição que atravessa todo o resto: valorizando a narrativa ao mesmo tempo em que põe em xeque sua primazia, e vindo à tona como uma crise do político ao mesmo tempo em que põe em dúvida fórmulas éticas mais antigas, bem como fórmulas éticas psicanalíticas mais novas.

Não se trata de resolver esse dilema ou sua antinomia fundamental, mas, antes, o de produzir novas versões dessas tensões, novas relações entre os dois termos, que perturbem as mais antigas (incluindo as inventadas no período moderno) e façam da própria antinomia a estrutura central e o batimento cardíaco da Utopia enquanto tal.

II

Qualquer nova solução formal precisará, pois, levar em conta tanto as peculiaridades históricas do capitalismo tardio – sua tecnologia cibernética e sua dinâmica globalizante – quanto a emergência de novas subjetividades, como as posições subjetivas múltiplas ou "parceladas", características da pós-modernidade e abordadas no capítulo anterior, segundo as quais somos negros em um contexto e intelectuais em outro, mulher em outro, falante de inglês em outro e um sujeito de classe média ou burguês em ainda um quinto contexto –

entendendo-se que os "contextos" também se sobrepõem, que a nossa situação histórica e nacional singular é definida justamente pela conjuntura de todos esses contextos ou enquadramentos coletivos, que são sobredeterminados, mas, de modo algum, indeterminados. A coletividade está, assim, tanto dentro quanto fora de nós, nos múltiplos mundos sociais que também habitamos ao mesmo tempo. Mas se as Utopias podem corresponder a esse tipo de multiplicidade, então elas seguramente serão Utopias delanyanas, uma polifonia bakhtiniana correndo solta, como com aquele DJ hiperativo, marido de Édipa Maas, de quem seus amigos dizem que quando atravessa uma porta, "a sala de repente está cheia de gente".[3] É impossível não pensar nas grandes reuniões políticas de Flaubert em *A educação sentimental*, em que hostes de alucinados políticos interminavelmente expressavam suas opiniões e esquemas em uma verdadeira Babel, capaz de gerar uma repugnância por Utopias, por intelectuais e pela multidão, tudo ao mesmo tempo: tão fácil é passar do psíquico para a *commonwealth*.

De fato, esse modelo político mais sóbrio de pluralismo das posições subjetivas da psique, que corresponde a uma retórica de descentralização, parece ter perdido seu peso político tanto para a esquerda quanto para a direita (a última evocando os direitos dos Estados, a primeira defendendo a autodeterminação local). Paradoxalmente, o que substituiu ambos os ideais não foi senão a própria globalização, que pode, sem esforço, por uma mera mudança de valência, passar de uma visão distópica de controle mundial à celebração do multiculturalismo mundial.

Nesse nível político ou macro, pois, a oposição ideológica entre o sujeito centrado e seu outro foi substituída pela diferenciação entre o global e o local: como se algum tipo de unidade local, da cidade ao Estado-nação, passando pela variedade de formas provinciais que se possa imaginar, pudesse resistir ao poder avassalador das forças do mercado global, para não dizer se desvincular das últimas

---

[3]   Thomas Pynchon, *The Crying of Lot 49* (Nova York, 1967), p. 104.

e reconquistar sua autonomia e autossuficiência. Esta foi sistematicamente desmantelada pela divisão mundial do trabalho, estabelecida à força pelo novo sistema mundial: indústrias locais autossuficientes são levadas à falência por imensas corporações internacionais, que depois passam a satisfazer as mesmas necessidades a preços mais altos.[4] É difícil imaginar uma situação em que as antigas formas de autossubsistência nacional poderiam ser reconstruídas, a não ser por uma revolução que tivesse capital autóctone disponível.

Quanto à autonomia do local em matéria de cultura, dois fenômenos tornam esse tipo de tradicionalismo improvável. Um é o turismo, do qual o local, em todas as suas formas atuais, é preeminentemente dependente, conforme suas indústrias nacionais gradualmente desaparecem. A arte turística é certamente um novo espaço de criação e produção,[5] mas dificilmente uma forma que permitiria a uma antiga cultura nacional ou local ser produzida e reproduzida. Outro fenômeno é, certamente, a disneyficação – sinônimo para pós-modernidade e seus simulacros –, pois a disneyficação, como em EPCOT,[6] é o processo pelo qual imagens culturais herdadas são agora artificialmente reproduzidas, como em todos aqueles amáveis centros de cidade reconstruídos como reproduções "autênticas" de seu passado: no Japão, dizem, os templos de madeira são totalmente reconstruídos, tábua por tábua, a cada cinquenta anos, conservando uma identidade espiritual através de todas as mudanças de material, do mesmo modo que nossos corpos se renovam e substituem todas as antigas células após ciclos de tempo determinados. Mas isso não é exatamente o mesmo que simulação, que, como o próprio nome sugere, é, antes, mais comparável à falsificação e à "reprodução"

---

[4] Ver o admirável documentário de Stefanie Black sobre a Jamaica: *Life and Debt* (2001).

[5] Ver o capítulo de Peter Wollen sobre a "arte turística" em *Raiding the Icebox* (Londres, 1993); e, ainda, Nestor Garcia-Cancilini, *Culturas Híbridas* (México, 1989).

[6] Ouvi Reyner Banham expressar seu respeito pela precisão histórica e estilística dos arquitetos da Disney.

sistemática de um período em *sets* extravagantes de filmes de época. A gentrificação e a disneyficação também devem ser vistas como componentes daquela especulação imobiliária que, ao lado do capital financeiro, define, de modo central, a pós-modernidade (ou o capitalismo tardio). De todo modo, nenhum desses processos é muito promissor quanto ao futuro do local – turismo e disneyficação sendo as duas faces do mesmo futuro que se vê primeiro no Terceiro e depois no Primeiro Mundo.

Podemos, assim, supor que a oposição entre o global e o local seja um dualismo ideológico que gera não apenas problemas falsos, mas soluções também falsas: pluralismo e multiculturalismo são os filhos gêmeos desse dualismo, quando ele tenta sintetizar seus traços positivos em um termo complexo ou em uma imagem de resolução. A multiplicidade se torna o tema central dessa solução imaginária, cujo dilema conceitual permanece o da clausura. Mas podemos supor que esse novo desenvolvimento tenha tido certo impacto na própria forma Utópica, explicando a aparente extinção de suas variedades clássicas e o surgimento de formas mais novas e mais reflexivas.

III

Os textos anteriores pareciam de fato oferecer receitas para a mudança, construindo planos para novas sociedades e, a fim de se validar, oferecendo visitas guiadas, descrições sistemáticas das novas instituições e explicações e argumentos quanto à sua superioridade. É nesse sentido que Anderson estava certo: as grandes Utopias feministas dos anos 1960 e 1970 foram, de algum modo, as últimas Utopias tradicionais. Paradoxalmente, as antiUtopias também prosperaram com essas visões substantivas (para não dizer essencialistas), essas tematizações narrativas que elas apenas invertiam, do positivo para o negativo. Um tipo de ruptura ocorre, então, com a emergência do thatcherismo e a crise do socialismo, a emergência de um capitalismo tardio mundial de seu tegumento modernista, do qual ele rebenta na forma de globalização e pós-modernidade. Seja qual for a razão, após esse momento de transição convulsiva, a produção Utópica tradicional parece ter cessado.

Contudo, a monumental trilogia *Marte* (1993-1996), de Kim Stanley Robinson, é apenas um dos exemplos de uma nova tendência formal, em que não é a representação da Utopia, mas, antes, os conflitos entre todas as possíveis Utopias, assim como as discussões sobre a natureza e a desejabilidade da Utopia, que passam ao centro das atenções. Aqui, a nova forma parece remontar a, e incorporar em si todas as oposições e antinomias que identificamos em um capítulo anterior; parece se reorganizar em torno da situação crescentemente palpável da multiplicidade ideológica e da diferença radical no campo do desejo. A Utopia começa agora a incluir todas aquelas disputas desagradáveis quanto aos diagnósticos alternativos das desgraças sociais e as soluções propostas para superá-las, e o centro de gravidade formal começa, então, a se deslocar justamente para a questão dessas diferenças, que são em Robinson incorporadas à figura maior dos "Primeiros Cem" colonos de Marte – aqueles a favor e contra a terraformação, por exemplo; aqueles a favor e contra investimentos de negócios; aqueles a favor e contra pequenas comunidades ou clãs fechados etc.[7] O Utópico se torna, pois, não o comprometimento com uma maquinaria ou com uma receita específica, mas, antes, o comprometimento de imaginar possíveis Utopias em sua maior variedade possível de formas. O Utópico não é mais a invenção e a defesa de um plano, mas a história de todas as discussões sobre como a Utopia deveria, para começar, ser construída. Já não é mais a exibição de um constructo Utópico realizado, mas a história de sua produção e o próprio processo de construção.

Essa é, de fato, a ponderada avaliação de Robert Nozick, após ele ter logicamente computado os diferentes traços de personalidade

---

[7] Ver a interpretação de Kim Stanley Robinson na Parte Dois, Ensaio 12, adiante. Pode-se, por sua vez, dizer que a decisão do "jati" de não esquecer suas encarnações prévias constitui o momento "reflexivo" da evolução histórica em *Years of Rice and Salt* (Nova York, 2002), p. 338-339.

de todas as pessoas, muito diferentes, às quais qualquer Utopia teria de recorrer:

> A conclusão a tirar é que não haverá um *único* tipo de comunidade nem um único modo de vida a viver na Utopia. A utopia consiste de utopias, de muitas e diferentes comunidades, nas quais as pessoas levam modos diferentes de vida sob instituições diferentes. Alguns tipos de comunidade serão mais atraentes do que outros. Elas se desenvolvem e desaparecem. Pessoas deixarão algumas por outras ou passarão a vida inteira em uma única. A utopia é uma estrutura para utopias, um lugar onde pessoas têm liberdade de se associarem voluntariamente para seguir e tentar realizar sua própria visão da boa vida na comunidade ideal, mas onde ninguém pode *impor* sua própria visão utopista aos demais. A sociedade utópica é a sociedade do utopismo [...] utopia é meta-utopia.[8]

Trata-se de uma visão plausível, que reproduz de modo preciso aquele sentimento do *Zeitgeist* acima discutido: o de que os pluralismos são a resposta às unidades e identidades repressivas de todos os tipos.

Porém, esse programa é minado por certas categorias modernistas, que são como que sintomas de seu fracasso em lidar plenamente com o *Novum* da pós-modernidade ou em elevar-se ao nível de seus novos problemas. O principal desses sintomas modernistas é nossa velha amiga, a categoria de reflexividade, que constitui há muito tempo uma das "soluções" fundamentais do moderno: seja na visão padrão da historiografia (de que a modernidade começa com essa ou aquela forma de autoconsciência, estando esta localizada em Descartes ou em Luther ou na ciência moderna), seja na história da arte, na qual

---

8   Robert Nozick, *Anarchy, the State and Utopia* (Nova York, 1974), p. 311-312. (Robert Nozick, *Anarquia, Estado e Utopia*, tradução de Ruy Jungmann, Rio de Janeiro: Jorge Zahar Editor, 1991, p. 137-138 [N.T.].) Nozick ignora a grande solução apresentada por Fourier da harmonia das paixões ou da *combinatoire* libidinal; mais séria, porém comum a todas essas teorias políticas e culturais da Utopia, é a ausência da questão que deveria ser inevitável desde Marx e o marxismo, a saber, aquela sobre a organização econômica.

todos os modernismos, sem exceção e de qualquer tipo, são dotados de reflexividade e autodesignação. O uso feito por Nozick da fórmula do "meta" é um atalho para esse *deus ex machina* modernista, e sua noção mais substantiva de diferença estaria mais bem servida por outra linha de pensamento: crentes verdadeiros podem, em outras palavras, ser excessivamente inteligentes, historicistas e reflexivos, sem deixar de ser fanáticos. O compromisso com o absoluto é um ato de vontade nem sempre hospitaleiro à igualdade pluralista.

IV

Parece mais produtivo reformular nosso problema em termos do dualismo entre *Fancy* e Imaginação, ao qual temos frequentemente recorrido aqui: o *studium* e o *punctum*, por assim dizer, da imagem Utópica. Não seria, pois, mais apropriado caracterizar a atual produção Utópica como a substituição da Imaginação pela *Fancy* Utópica, como a submersão de certa visão Utópica abrangente ou estrutural pelo deleite com uma pletora de detalhes Utópicos individuais que corresponderia à parcelarização e tematização de várias opiniões Utópicas individuais e de fantasias pessoais ou estilos de vida? Isso não significa subestimar o valor das imensas energias da *Fancy* Utópica geradas no mundo todo hoje; elas são como fontes alternativas de combustível e trazem inventividade e engenhosidade para lidar com um emaranhado de problemas, aparentemente tão insolúveis individualmente quanto inseparáveis. A taxa Tobin é uma dessas, que pode talvez ser mais bem apreciada como uma desfamiliarização propriamente Utópica de um dilema do que como um programa político prático. Podemos também reiterar o valor da sociedade lotérica de Barbara Goodwin, em que a sorte, em vez da lógica das classes sociais, dita a distribuição contingente de vantagens e impede a cristalização da desigualdade econômica e sua perpetuação.[9] Por sua vez, o enquadramento de crise e catástrofe que estrutura vários

---

[9] Barbara Goodwin, *Justice by Lottery* (Chicago, 2001).

dos romances de Kim Stanley Robinson permite o emprego de uma imensa variedade de soluções engenhosas e frequentemente Utópicas, que merecem um estudo à parte.

Não seria, pois, aconselhável substituir essa oposição operacional por algum conceito mais unificado de mecanismo Utópico, que tanto exclua os numerosos males da globalização do capitalismo tardio atual quanto impeça a involução da Utopia e sua desintegração em um "tempo de dificuldades" anárquico? Como um exemplo de um possível mecanismo como esse, volto-me para uma proposta Utópica, negligenciada e ainda sugestiva, dos anos 1960: as *Utopies réalisables*, de Yona Friedman (1975). O conjunto de demonstrações de Friedman é particularmente abstrato, porém poderosamente defendido; nele, as várias opções Utópicas são classificadas, e suas condições de possibilidade, articuladas. Esse ascetismo analítico dá lugar à indulgência de uma visão global da Utopia, que tem algum parentesco com aquelas familiares ao período, como a cidade mundial de Buckminster Fuller, Kenneth Boulding e Lefebvre: aqui, o próprio globo oferece a clausura Utópica e suas exigências ecológicas já indicam um conjunto de limites que definem as possibilidades Utópicas.

Mas não são as características históricas dessa visão que me interessam aqui: antes, gostaria de apontar para uma distinção fundamental entre os mecanismos que Friedman irá propor e aqueles propostos por teóricos políticos. Ela reside na separação, de princípio e absoluta, entre o econômico e o político ou, em outras palavras, entre a infraestrutura e as superestruturas políticas (e outras). Essa separação corresponde à minha opinião de que o marxismo postula a primazia do econômico (e que seu descaso com a teoria política não é um acidente, mas, antes, uma feliz coincidência); ademais, ela explica aquela suspeita em relação ao político, quando não sua abolição, que parece onipresente à forma Utópica.

Podemos agora questionar a proposta de Nozick, de um pluralismo das Utopias, à luz da multiplicidade de comunidades Utópicas espalhadas pelo globo de Friedman, sobre as quais ele insiste – e no sentido contrário ao espírito da reflexividade de Nozick – que não seriam comunicativas: cada uma com sua própria cultura e política local (ou a falta dela), cada uma seguindo seu próprio Absoluto. Assim, diferentemente de tantos pensadores Utópicos do período, Friedman repudia absolutamente qualquer concepção de um Estado mundial ou de algum tipo de Nações Unidas de nível mais elevado ou de um *ekumen* que iria, de algum modo, unificar o gênero humano – e que, assim, como argumentam Sartre e Le Guin, requereria um eterno inimigo contra quem se efetivaria essa fusão da humanidade como um todo. As várias Utopias fechadas não são reunidas por meio do político, mas relacionadas pela infraestrutura, isto é, por meio do próprio planeta e de sua materialidade:

> Infraestrutura significa o apoio *material* aos vários projetos, uto-
> pias, modos de utilização, normas comportamentais etc. [...]. Se
> um Estado mundial, uma organização de arbitragem e imposição
> é irrealizável, uma organização de administração mundial é, pelo
> contrário, perfeitamente factível, contanto que esta seja limitada à
> manutenção das rotas de acesso conectando os vários territórios uns
> com os outros e possibilitando a troca de meios de subsistência.[10]

Porém, ainda não enunciamos os dois mecanismos fundamentais desse novo sistema global Utópico, seu *punctum* Utópico, por assim dizer: são o direito à migração e a abolição dos impostos. O direito à migração responde à incômoda pergunta muitas vezes rotulada de totalitária: o que fazer com as Utopias que alguém acha pessoalmente desagradáveis e sufocantes, quando não temerosas? É a questão da unanimidade ou maioria, à qual muitas distopias se prendem para refutar definitivamente toda a ideia de Utopia. Uma pluralidade de Utopias? Mas e se um grupo desorientado adota o patriarcado ou algo ainda pior? De acordo com esse princípio fundamental, você simplesmente parte e vai para outra Utopia, uma na qual é mantida a doutrina religiosa estrita, como em Genebra, ou o republicanismo secular, em imitação à República Romana, ou o simples hedonismo

---

[10] Yona Friedman, *Utopies réalisables* (Paris, 1975), p. 275. Uma resenha e crítica vigorosa de todo uma gama de Utopias antiestatistas desse período pode ser encontrada em Boris Frankel, *The Post-Industrial Utopias* (Madison, 1987).

e a libertinagem ou uma estrutura clânica tradicional (na qual você provavelmente teria de realizar um casamento cruzado ou entrar como dependente ou escravizado). A semelhança com a trilogia *Marte* é inescapável.

O que é engenhoso sobre essa proposição é que ela serve para duas funções distintas, uma das quais acabamos de expor, e tem a ver com o que costumava ser chamado de liberdade (em relação a esse ou aquele tipo de Estado ou sistema). A outra é o corolário menos óbvio de que esse princípio garantiria a existência de comunidades múltiplas, descentradas e (como coloca Friedman) não comunicantes. Se você é capaz de se mover desse modo e trocar um absoluto por outro, então, obviamente, deve haver uma variedade deles a ser oferecida, e eles devem ser relativamente autônomos e incapazes de influenciar indevidamente um ao outro. Voltaremos a isso em um instante.

Vejamos agora o outro princípio, segundo o qual o Estado é desprovido de seus impostos. Isso, é claro, é algo que já temos, uma vez que um dos mecanismos mais engenhosos da dissolução neoliberal (ou neoconservadora) do Estado de bem-estar social foi o de simplesmente reduzir os impostos sobre os ricos, a ponto de o Estado já não ser mais capaz de oferecer seus serviços sociais, além de ser colocado, pela sensibilidade do tema dos impostos, em uma posição em que não poderia fazer voltar os ponteiros do relógio político, salvo por um tipo de cataclismo universal (como uma grande crise) que levou em outro momento à sua fundação. (Parece que, hoje, nem mesmo a guerra, por mais cara que seja, constitui um cataclismo assim, pelo menos não nos Estados Unidos.)

Mas o neoconservadorismo não inclui o reverso dessa proposição, a saber, que o dinheiro normalmente obtido por meio de impostos poderia ser substituído pelo serviço público dos próprios cidadãos – algo que Rudolf Bahro vislumbrou, na mesma época, em sua visão Utópica da transformação do sistema europeu oriental (*The Alternative* [1977]): todos farão algum serviço cívico ou mesmo manual. Haverá trabalho voluntário policial, de coleta de lixo, de projetos hidráulicos, para a construção de estradas, e assim por diante.

Sistemas de trocas e escambo irão compensar esse "definhamento" dos impostos e do superávit estatal; e pouco a pouco se tornaria claro que o resultado – se quiser, sua segunda função, além da função política de reduzir o próprio Estado – seria também o de retirar a centralidade do dinheiro na economia. O ímpeto do princípio pode, talvez, ser ampliado para atingir todas as possibilidades de construção de uma "reserva permanente" de riqueza e de redução do dinheiro, novamente, à função mais limitada de meio de troca.

Por fim, deve-se notar que ambos esses princípios são anticapitalistas (sem que, por isso, sejam necessária ou abertamente socialistas): o primeiro torna o crescimento e a expansão, necessários ao capitalismo, impossíveis; o segundo afasta o meio pelo qual o capital é acumulado.

A Utopia de Friedman tem o mérito expresso de deslocar a ênfase das ideologias comunicacionais, que celebram o novo sistema global, para sua possível infraestrutura material ou econômica. Mas isso significa também um movimento da diferença à identidade e de uma pluralidade de detalhes à clausura do todo. Isto também levanta questões sobre a representabilidade dessa nova Utopia global; e representabilidade, ou a possibilidade de mapeamento, é um tema muito significativo para a política prática, como logo veremos.

Proponho, assim, uma forma mais acessível ou visualizável desse sistema global imaginado, cuja novidade, enquanto um mecanismo Utópico, consiste na incomunicabilidade ou no antagonismo inerente a suas partes componentes, uma novidade que teve por efeito imediato excluir retóricas de comunicação, de multiculturalismo e mesmo de império (no sentido recente de americanização). Nesse espírito, proponho pensar nossas Utopias autônomas e não comunicantes – que podem variar de tribos errantes a vilarejos, até grandes cidades-Estados ou ecologias regionais – como várias ilhas: um arquipélago Utópico, ilhas em rede, uma constelação de centros descontínuos, eles próprios internamente descentrados. De imediato, essa perspectiva metafórica começa a sugerir uma gama de analogias possíveis, que combinam as propriedades do isolamento com as da relação. Pois devemos compreender essa proposta como uma Utopia da relacionalidade estrutural: "diferenças sem termos positivos" foi a formulação inaugural de Saussure, que pode ser vista, de um modo mais profundo, como caracterizando todo o pensamento moderno, na medida em que ele se afasta da substância aristotélica em direção a concepções modernas de processo.

Talvez ninguém tenha pensado mais profundamente sobre ilhas do que Fernand Braudel, em sua monumental história do Mediterrâneo; e não podemos, portanto, começar por um melhor caminho do que seguindo o movimento de seu pensamento conforme ele atravessa as características geográficas do grande mar interior, que isola enclaves como vilarejos de montanha e os vales férteis que aparecem entre elas, descendo até as planícies, ingratas devido aos pântanos e à malária e, finalmente, chegando aos portos, frequentemente separados do interior do continente por uma cadeia de montanhas descendo até a costa. Assim, lentamente, a vida coletiva se volta em direção ao mar, como a imaginação do historiador.

Agora, conforme o mar invade todas essas áreas e abre ligações entre elas, Braudel salta, em pensamento, às próprias ilhas, na medida em que elas formam os pontos de parada das grandes rotas comerciais ou, como a Sardenha, vegetam em um isolamento algo estéril, ou, finalmente, formam todo um sistema em sua própria multiplicidade, como o arquipélago grego: "Vida precária, estreita, ameaçada – eis o que as ilhas têm em comum. Sua vida íntima, digamos. No entanto, sua vida exterior, o papel que desempenham no palco da história, é de uma magnitude inesperada para esses mundos essencialmente miseráveis. De fato, a grande história termina frequentemente nas ilhas".[11]

Porém, agora, pouco a pouco – fascinado pela dialética desses enclaves, objetos de colonização tanto quanto sujeitos da própria história, pelo menos durante um breve período, e tendo seus destinos

---

[11] Fernand Braudel, *The Mediterranean and the Mediterranean World in the Age of Philip II* (Nova York, 1972 [1949]), v. I, p. 154. (Fernand Braudel, *O Mediterrâneo e o mundo mediterrâneo na época de Filipe II. v. 1*, tradução de Gilson César Cardoso de Souza, São Paulo: Edusp, 2016, p. 231 [N.T.].)

marcados pela variabilidade e mutabilidade temporal fundamental que caracteriza a história do mar interior como um todo –, Braudel estende a imagem:

> As ilhas que não são rodeadas pelo mar. Nesse universo mediterrâneo excessivamente compartimentado, onde a ocupação do solo deixa grandes vazios, não contando os do mar, não haveria outras "ilhas" que não as propriamente ditas? Outros mundos estritamente isolados, quase ilhas – a palavra é evocativa – como a Grécia ou outras regiões que, encerradas em muralhas terrestres, não têm realmente outra saída senão o mar? Barrado ao norte pela espessura das montanhas que constituem seus limites com Roma, o reino de Nápoles nesse sentido não seria uma ilha? Em nossos manuais aparece a "ilha" do Mogrebe, *Djezirat el Moghrab*, ilha do Poente, entre o Oceano, o Mediterrâneo, o mar dos Sirtas e o Saara. Mundo de mudanças bruscas [...].[12]

Mas, agora, a imaginação de Braudel se desperta e é estimulada por essa nova ideia: *Il s'échauffe* – ilhas não cercadas pelo mar. "Diremos da região da Lombardia [...]. Diremos, sem quase exagerar, que toda uma série de ilhas periféricas, Portugal, Andaluzia, Valência, Catalunha [...]. Quanto à própria Espanha [...]. No outro extremo do Mediterrâneo, a leste, mais uma ilha, a Síria, junção entre mar e deserto [...] etc."[13] Agora, a cadência decrescente, o tempo de reflexão:

> Sem dúvida, estamos abusando um pouco da ideia de insularidade. Porém, ela reforça a explicação. Os países do Mediterrâneo são coleções de regiões isoladas uma das outras e que, no entanto, se procuram entre si; por isso, apesar das jornadas de marcha ou de

---

[12] *Ibidem*, p. 160-161. (Fernand Braudel, *O Mediterrâneo e o mundo mediterrâneo na época de Filipe II. v. 1*, tradução de Gilson César Cardoso de Souza, São Paulo: Edusp, 2016, p. 238 [N.T.].)

[13] *Ibidem*, p. 161. (Fernand Braudel, *O Mediterrâneo e o mundo mediterrâneo na época de Filipe II. v. 1*, tradução de Gilson César Cardoso de Souza, São Paulo: Edusp, 2016, p. 238 [N.T.].)

navegação que as separam, ocorre entre elas um vaivém propiciado pelo nomadismo dos homens. Mas o contato que estabelecem é como uma descarga elétrica, violenta e sem continuidade. A vida das ilhas, como uma imagem ampliada, vem a ser o modo de explicação mais esclarecedor da vida mediterrânea. Talvez permita compreender melhor o porquê de cada província mediterrânea ter conseguido salvaguardar uma irredutível originalidade, um aroma regional tão violento em meio a uma extraordinária mistura de raças, religiões, costumes e civilizações.[14]

Essa é, portanto, a verdade mais profunda do "local": não se trata de cidades tentando reavivar sua existência enfraquecida por meio do turismo, da gentrificação, da disneyficação ou dos jogos olímpicos; não se trata de fantasias de indústrias de alta tecnologia e de renovação da propriedade urbana por meio do poder mágico dos microchips; nem mesmo da fantasia da esquerda de desvinculação, na qual um socialismo local ou um nacionalismo progressista rompe heroicamente com as grandes redes globais e segue em frente sozinho.

De fato, o esquema da combinação estrutural é, em si, a verdade da Utopia e talvez da própria democracia: aqui, temos a rejeição final do sujeito centrado e o pleno emprego da grande máxima de que "a diferença relaciona" – uma das imagens mais vívidas do coletivo em todos os seus conflitos e conspirações e pactos internos produtivos. Essa é a grande lição de Fourier; e é também a fonte da profunda atração libidinal da propaganda do livre mercado e da figura da própria troca, é a quadratura do círculo dos antigos paradoxos do uno e do múltiplo, do autônomo e do dependente – talvez mesmo a resolução do dilema de Sartre, sobre se o verdadeiramente coletivo não requereria um inimigo externo para existir. Aqui (como, de fato, com seu próprio microgrupo em fusão), as partes do coletivo podem interiorizar suas ameaças mútuas, produzindo solidariedades efêmeras e constelações de alianças internas variáveis. Aqui também,

---

[14] *Ibidem.* (Fernand Braudel, *O Mediterrâneo e o mundo mediterrâneo na época de Filipe II. v. 1*, tradução de Gilson César Cardoso de Souza, São Paulo: Edusp, 2016, p. 238-239 [N.T.].)

o jogo dessa força social maior que é a inveja inflama relações móveis conforme gera um caloroso narcisismo (Žižek de fato descreveu o modo como a violência e os ódios étnicos das chamadas nacionalidades tomam a forma, antes, das guerras civis, das mais afetuosas piadas étnicas, de invejosos insultos e injúrias racistas que unem as pessoas no Eros freudiano, antes de suas energias serem dispersadas em Tânatos).[15]

Essa visão de relações com padrões internos variáveis permite, creio eu, responder às objeções feitas à clausura do sistema como um todo, ao mesmo tempo que garante, de modo permanente e estrutural, aquela lacuna ou *béance* interna ao sujeito que é normalmente negligenciada ou mal reconhecida e reprimida pelas ideologias comuns do sujeito como uma substância plena – pois, seja qual for o jogo de relações, estas sempre lançam centelhas entre os polos, gerando uma permanente sensação de insegurança e incompletude. Quanto à outra objeção, aquela do cerne irredutível ou do núcleo de excesso que não pode ser assimilado – como são normalmente figuradas as contingências fundamentais do social e da história –, esse elemento não assimilado presumivelmente também está dado nas lacunas entre os enclaves e a fome insaciável que os une, sem que isso os leve para fora no sentido da conquista imperial, uma vez que, no nível de globalização em que estamos agora colocando o problema político, não há o "fora" nem nada deixado para ser conquistado ou colonizado. Mas toda a função de um sistema como esse é a de compensar as diferenças ecológicas entre as regiões: a extração mineral de uma sendo compensada pela indústria especializada de outra, e a agricultura por outros tipos de produção, como no antigo ideal de um sistema federal.[16]

---

[15] Slavoj Žižek, *Revolution at the Gates* (Londres, 2002), p. 202-203.

[16] A "antiga Iugoslávia" é um excelente exemplo do processo federal assim considerado. Ver Susan Woodward, *Balkan Tragedy*, p. 36-38: "O conceito de uma nação constituinte pode ser visto como uma acomodação a essa realidade. Indivíduos mantêm seu direito nacional ao autogoverno fora da república de sua nação de origem [...]. As instituições federais estavam baseadas na ideia

De fato, se não fosse um termo tão desgastado e potencialmente enganoso, federalismo seria um excelente nome para as dimensões políticas dessa figura Utópica (até que tenhamos um melhor). Mas, para isso, é preciso que compreendamos, por um lado, que os Estados Unidos não podem ser considerados um sistema federal (pelo menos desde a ratificação da constituição americana), na medida em que o novo e inédito poder de padronização da mídia fez do super-Estado um imenso experimento de nivelamento social e ideológico (sem qualquer igualdade econômica correspondente). Seria também necessário entender o fracasso da União Soviética de um modo diferente, como o colapso, não do comunismo ou do socialismo, mas do projeto federal que ela pressupunha. Este não é o lugar para defender esse argumento aparentemente perverso, mas bastaria apontar para o exemplo daquele experimento ainda mais dramático de federalismo socialista que foi a "antiga" Iugoslávia: aqui, historiadores

---

cooperativa de governo formado por conselhos (*saveti*), em que representantes das repúblicas e províncias (no parlamento, no executivo, no banco central, na presidência coletiva do Estado, e assim por diante) eram consultados, deliberavam e tomavam decisões por consenso. O sistema de representação paritária de nações e de consenso visava a evitar que qualquer grupo nacional particular obtivesse o domínio político sobre o Estado. Foi pensado pelas nações numericamente menores (especialmente, os eslovenos e croatas), em reação explícita ao domínio político, no Entreguerras, do aparato estatal sérvio (1919-1941). Logo, toda a política federal dependia da cooperação dos líderes republicanos, que podiam vetar qualquer decisão. O país tinha uma economia mista, em que a coordenação econômica ocorria por meio de instrumentos híbridos. Preços livres regulavam os mercados de varejo, mas contratos de oferta bilateral regiam a maioria das transações entre as empresas públicas ou entre indústrias de processamento e fazendeiros privados. Negociações corporativas entre sindicatos, câmaras de negócios e governos estabeleciam regras sobre salários e benefícios para as empresas. Um plano social indicativo, similar ao sistema francês de planejamento, fornecia informações sobre as tendências futuras das preferências governamentais sobre política de crédito. O plano estava baseado em ampla consulta com empresas, localidades, repúblicas, associações de produtores, servidores públicos, e era aprovado pelo parlamento federal, não no nível da hierarquia ministerial do planejamento central. A maioria das decisões econômicas era objeto de ampla consulta, debate e participação".

têm demonstrado de modo convincente que a causa fundamental do colapso desse admirável sistema não foi a morte de Tito nem as supostas antigas inimizades raciais e étnicas dos parceiros, mas, antes, as suspeitas de sempre: a própria globalização e as políticas do FMI e do Banco Mundial, que, sistemática e deliberadamente, minaram o sistema federal.[17] Tampouco precisamos ir muito longe no mundo contemporâneo para encontrar exemplos da fragilidade do federalismo: Canadá e Espanha são, disso, emblemáticos; e todas as guerras civis e movimentos separatistas ao redor do mundo (frequentemente em áreas excessivamente pequenas para serem viáveis por si mesmas, se um julgamento desse tipo faz algum sentido após a implantação do novo sistema global) são testemunhas vivas da sensibilidade extrema do projeto federativo, que é uma tarefa para a teoria política atual mais urgente do que a própria democracia – a menos que se queira compreender o problema da democracia (que tampouco mal existe no mundo hoje) como uma alegoria e um microcosmo do federalismo, a coexistência e a relação de unidades semiautônomas e múltiplas, de modo que a tensão entre o todo e a parte nunca é dissolvida (para o bem de ambos os lados).

Podemos, sem dúvida, já pressentir a emergência desses federalismos em várias zonas do mundo contemporâneo: penso na própria Europa, uma tentativa de uma associação federal que não consegue se decidir sobre suas dimensões; penso no sudeste asiático, um conjunto de culturas e línguas muito variadas cujos Estados

---

[17] *Ibidem*, p. 61: "Quando o programa do FMI e a reforma econômica começaram a impor reformas nos bancos, nas relações econômicas externas e no sistema monetário, e quando surgiram disputas políticas sobre cortes no orçamento federal, sobre os direitos aos rendimentos com comércio exterior e sobre os controles de salários, eles mudaram para uma posição confederalista mais radical. As salvaguardas da constituição de então já não eram suficientes; sua independência econômica exigia maiores proteções políticas. Isso significava eliminar as funções políticas restantes do governo central – os tribunais federais, a polícia, o exército, as normas procedimentais e o fundo de apoio ao desenvolvimento que vinculavam as repúblicas e as províncias – em favor da soberania republicana".

se relacionam em termos comerciais e políticos. E podemos ainda encontrar traços sintomáticos dessas formas emergentes também no pensamento: a própria obra-prima de Braudel, escrita no campo de prisioneiros durante a caricatura alemã de federalismo europeu, é já uma antecipação da futura Europa (muito precisamente na passagem que citei), e seu trabalho tardio sobre tecnologia pode ser visto como um sintoma da origem da própria globalização. Por sua vez, o reavivamento da monadologia de Leibniz por Deleuze, essa imensa rede federativa de mônadas sobrepostas, é também uma antecipação dessa figura política. A possibilidade de uma nova união de Estados latino-americanos de mesma orientação ou a possibilidade de uma liderança brasileira em uma comunidade de Estados de todo o mundo, visando a estabelecer uma resistência à globalização dos Estados Unidos, seriam outras figuras possíveis da invenção de entidades coletivas para além do império ou da secessão.

V

Mas o fracasso do federalismo em tornar-se completamente Utópico reside não apenas em sua viabilidade prática – o momento em que ele se torna "apenas isso", descendo de um ideal transcendental a um conjunto contingente de arranjos empíricos. Reside, acima de tudo, em sua falta de representação, isto é, de possibilidade de um poderoso investimento libidinal. O federalismo não pode ser investido do desejo associado ao objeto perdido ou, na verdade, impossível: a flor azul, aqueles "bolinhos doces" sobre os quais o sonhador Dvanov agoniza em *Chevengur*,[18] tateando febril no escuro, murmurando para si mesmo: "Mas onde está o socialismo?". Aqui, o ideal coletivo é incorporado a um tipo de objeto, ao qual o sonhador almeja, e que fornece aos pensamentos políticos mais secos e lúcidos uma densidade passional e uma força que compele à ação e à ação coletiva. Ao federalismo parece faltar esse investimento passional que

---

[18] Jameson, *The Seeds of Time*, p. 197-198.

o nacionalismo possui preeminentemente: aquele "resto de algum *real*, um núcleo não discursivo de prazer que deve estar presente para que a Nação, enquanto entidade-efeito discursivo, atinja sua consistência ontológica".[19] De fato, seria uma questão de grande interesse político fazer um inventário dos vários objetos perdidos postulados pelas paixões nacionalistas modernas, mas também pensar sobre o que ocorre quando, como na "antiga" Iugoslávia, o federalismo funciona, pelo menos por um tempo. Muitos dos socialismos exitosos, por sua vez, uniram forças com o nacionalismo para produzir visões coletivas ainda mais fortes; tampouco está claro qual papel o nacionalismo desempenha nos movimentos políticos de massa que se identificam como religiosos e que pretendem estar acima da raça, da nação ou da *etnia*. O nacionalismo é, quando menos, o paradigma operativo mais dramático e exitoso de um grande projeto coletivo e da política e de movimentos coletivos; de modo algum isso significa endossá-lo como ideia política, mas, antes, trata-se de uma boa razão para usá-lo como instrumento de medida de outras possibilidades coletivas.

De certo ponto de vista puramente intelectual e teórico-nostálgico, o Mediterrâneo de Braudel apresenta certas analogias: o entusiasmo pela ideia mediterrânea, pelo conceito de Mediterrâneo como um objeto coletivo estrutural singular. Pois a luta por controle entre os impérios espanhol e otomano o constitui como um objeto de desejo e, de fato, o constrói enquanto tal – a energia desse sistema fluindo para fora, depois, conforme o centro do mundo é gradualmente deslocado para o Atlântico: a entropia do desejo e o desinvestimento do próprio objeto.

Aqui, pois, a clausura permanece uma característica do sistema de desejo, que constitui o objeto, não importando quão vasto ou diminuto, isolando-o dentro de um campo perceptivo no qual ele pode ser *nomeado* – decerto, a exigência primeira e fundamental de qualquer objeto do desejo, perdido ou encontrado. O mesmo vale para aquela massa incomparavelmente maior que é Marte para

---

[19] Slavoj Žižek, *Tarrying with the Negative* (Durham, NC, 1993), p. 202.

Kim Stanley Robinson: a Terra se tornando um objeto comparável de desejo apenas por meio da perda ou subtração (uma catástrofe frequentemente figurada como uma diáspora humana pelo espaço galáctico na FC), e sendo os humanismos de um único mundo geralmente muito débeis para gerarem essas energias, como o pacifismo confrontado à guerra ou a democracia diante do Líder, mesmo que essas confrontações sejam pensadas para reavivar e energizar ambos os lados.

Nossa questão, no entanto, é se a Utopia, sob qualquer forma, poderia se tornar esse objeto e despertar essas paixões que os milenarismos religiosos revelam, mas que, como uma questão histórica, apenas *Daqui a cem anos,* de Bellamy, parece ter gerado na vida social real das nações, produzindo um movimento político nos Estados Unidos (significativamente, denominado "nacionalista") e inúmeras traduções para outras línguas. Não basta dizer que Bellamy oferecia certas respostas para a situação da industrialização e sua massa de trabalhadores, bem como para seu considerável estrato médio. Seu livro é certamente uma ilustração fundamental da análise de Laclau e Mouffe do significante vazio e de seu poder político para criar alianças. Mas o enigma do desejo permanece, e não estamos mais em condições de avaliar o segredo de Bellamy.

Devemos, porém, finalizar essa linha de raciocínio com um retorno ao conceito de mecanismo Utópico, que podemos agora reavaliar à luz da oposição entre *Fancy* e Imaginação. A ideia de mecanismo parece ter demonstrado a necessidade de uma interação ou cooperação entre a divisão do trabalho desses dois poderes: por um lado, apelando fortemente para as perspicácia e engenhosidade do Utópico e, por outro, demonstrando que o que se chamou de Imaginação tinha muito mais a ver não apenas com a clausura do sistema, mas também com sua nomeabilidade, isto é, com suas possibilidades de representação (e, assim, de investimento libidinal). Ao mesmo tempo, o conceito de mecanismo, que já contém o processo ou a atividade, como método ou na prática, tende a obscurecer aquela característica estrutural fundamental da Utopia, que a define e a habilita e pela qual ela é julgada: a renúncia à agência, isto é, a obrigação da Utopia de permanecer uma fantasia irrealizável.

VI

Qual seria, hoje, a função de uma entidade tão ambígua quanto a Utopia, se não a de prever possibilidades políticas e empíricas? Poderia essa função também ser buscada e identificada formalmente, sem que se identifique esse ou aquele conteúdo local?

Em uma esplêndida interpretação da crítica ao progresso de Walter Benjamin em "Teses sobre a História", Habermas ofereceu uma impressionante caracterização dos efeitos prático-políticos que Benjamin esperava que tivesse essa crítica (deve-se notar que Habermas usa aqui a palavra "utópico" em seu antigo sentido negativo):

> O conceito de progresso serviu não apenas para a secularização de esperanças escatológicas e a abertura utópica do horizonte de expectativas, mas também para mais uma vez obstruir, com o auxílio de construções teleológicas da história, o futuro visto como *fonte* de inquietude. A polêmica de Benjamin contra o nivelamento da apreensão que o materialismo histórico faz da história, em termos de teoria da evolução social, dirige-se a uma tal degeneração da consciência de tempo da modernidade, aberta ao futuro.[20]

Podemos deixar a modernidade fora disso e notar o esclarecimento que essa leitura traz para a crítica do progresso. Este é visto, agora, como uma tentativa de colonizar o futuro, de levar o imprevisível de volta às realidades tangíveis, nas quais se pode investir e com as quais se pode contar, muito no espírito de títulos "futuros". Seria também profícuo se voltar para uma reflexão bem diferente sobre a temporalidade (igualmente inspirada pela Escola

---

[20] Jürgen Habermas, *Philosophical Discourse of Modernity* (Cambridge, MA, 1987), p. 12. (Jürgen Habermas, *O discurso filosófico da modernidade*, tradução de Luiz Sérgio Repa e Rodnei Nascimento, São Paulo: Martins Fontes, 2000, p. 19-20 [N.T.].)

de Frankfurt), a de Tafuri e Cacciari, que vê esse futuro neutralizado como uma forma de seguro e de planejamento e investimento, um tipo de nova colonização atuarial do desconhecido.[21] Não se quer, assim, apenas privar o futuro de sua explosividade, mas também o anexar como uma nova área de investimentos e colonização pelo capitalismo. Onde Benjamin observou que "nem mesmo o passado estará a salvo" dos conquistadores, podemos agora acrescentar que o futuro tampouco o está – algo comparável à uniformização promovida por especuladores e investidores imobiliários, cujas retroescavadeiras destroem todas as propriedades específicas de um terreno para limpá-lo e torná-lo fungível para qualquer tipo de investimento futuro, de modo que se pode construir nele o que quer que o mercado demande.[22] Esse é o futuro preparado pela eliminação da historicidade, sua neutralização por meio do progresso e da evolução tecnológica: é o futuro da globalização, em que nada resta em sua particularidade e tudo agora é uma jogada visando a lucros e à introdução do sistema de trabalho assalariado. Se, de fato, a globalização no espaço significa o abandono desses terrenos após um breve período de exploração pesada, presumivelmente o mesmo prospecto aguarda o futuro – amplas zonas suas já destinadas a ser entulho e esterilidade, devido à neutralização sistemática de correntes e tendências que teriam produzido, de outro modo, resultados muito diferentes.

Contudo, é crucial (na minha opinião) não confundir o ideal de Habermas do "tempo aberto ao futuro" com noções de indeterminação ou mesmo de imprevisibilidade. Sem dúvida, Benjamin tinha em mente a ideia de "inevitabilidade" da Segunda Internacional como umas das expressões de certa noção inadequada (burguesa) de progresso. Mas a formulação de Habermas é bem mais precisa e

---

[21] Ver Manfredo Tafuri, *Architecture and Utopia* (Cambridge, MA, 1976 [1973]); e também o estudo de Negri sobre Keynes (em *Insurgencies*).

[22] Uma figura usada em *Architecture and Utopia*, p. 70: "Todo trabalho de demolição serviu para preparar uma plataforma livre a partir da qual se parte para descobrir as novas 'tarefas históricas' do trabalho intelectual".

potente: o futuro como *inquietude* ou *perturbação* (*Beunruhigung*) do presente e como uma quebra radical e sistêmica até mesmo com aquele futuro previsto e colonizado que é simplesmente um prolongamento de nosso presente capitalista. Essa não seria, de fato, a fraqueza da Utopia "federativa" esboçada na última seção? Porém, este é o momento de observar que, seja lá o que a última possa ser, ela registra claramente a operação do que temos chamado *Fancy* Utópica: o arquipélago como ornamento e decoração espacial. Não apenas nosso antigo dualismo volta com força aqui – tática *versus* estratégia, socialismo *versus* comunismo –, mas seu enigma fundamental – o mistério do *Novum*, o conteúdo de uma Imaginação verdadeiramente Utópica – permanece vigente.

Essa é, de fato, a força do ponto de partida Utópico original de More e a maior de todas as rupturas efetuadas pela Imaginação Utópica: a saber, a abolição do dinheiro e da propriedade privada. De fato, esse antigo programa Utópico ainda é útil, mesmo em um capitalismo financeiro no qual a moeda perdeu importância diante de transações mais e mais abstratas. Ainda assim, os antigos anátemas contra o ouro e os ricos podem, uma vez mais, dar visibilidade àquela alienação fundamental em que consiste o dinheiro. Todas as nações do mundo atual, que experienciam, de um modo ou de outro, o impacto do capitalismo tardio – da Rússia à América Latina, da Inglaterra à Índia e da China aos próprios Estados Unidos – se queixam não apenas do fim dos valores tradicionais (poucos dos quais sobreviveram à modernidade em suas formas pretéritas), mas também do fim de todos os valores e de sua completa substituição pelo dinheiro. O que chamamos de razão cínica é simplesmente a ideologia vazia que acompanha as práticas de lucro e do fazer dinheiro e que não tem (nem precisa ter) conteúdo para se dissimular. O dinheiro, é claro, não tem qualquer conteúdo: não é um código, para usar a útil terminologia de Deleuze, mas uma axiomática; números não têm conteúdo e as antigas justificações religiosas de Weber (calvinismo, trabalho duro, poupança) já não são necessárias. A razão cínica é simplesmente esse reconhecimento; é, portanto, uma nova forma de ideologia ou, se preferir, um novo processo ideológico, em vez de uma nova ideologia enquanto tal. Não se trata de dissimulação ou racionalização, mas de transparência e reconhecimento franco; como tal, ela existe no puro presente, sem a exigência de algum grande projeto ideológico para o futuro, uma vez que fazer dinheiro não é um projeto, mas uma atividade imanente. O grande negócio, a chamada classe dominante, tem projetos e ideologias: planos políticos para mudança futura, no espírito da privatização e do livre mercado. Mas a massa de pessoas que precisam desesperadamente de dinheiro ou estão em condições de ganhar algum e investir não tem, ela mesma, de acreditar em qualquer ideologia hegemônica do sistema, mas apenas de ser convencida quanto à sua permanência.

Nessa situação, um retorno ao princípio Utópico fundacional de More – o da abolição do dinheiro (de modo algum uma solução original sua, mas que, passando por Platão, se perde nas névoas do tempo) – demonstra, paradoxalmente, a força de uma perturbação genuinamente radical, mesmo no complexo ambiente financeiro da pós-modernidade. Por sua vez, a proposta de abolir o dinheiro não apenas confere conteúdo para o projeto maior de eliminar a propriedade privada, mas também, dramaticamente, refunda o prospecto de abolição do mercado, do qual ela é uma expressão alegórica – enquanto renova e reinventa as paixões que estão na fonte de ambas essas ideias. O dinheiro não é, certamente, a mesma coisa que o capital, como Marx nos lembra incansável e vigorosamente, não sem alguma aspereza; por ora, entretanto, é o efeito ideológico e Utópico dessa visão de seu desaparecimento que nos interessa – bem como a suspeita de que tudo o que há de operacional e irreal na Utopia pode estar vinculado a esse erro representacional fundamental sobre o próprio dinheiro.

Pois, agora, as múltiplas fantasias que se reúnem em torno do dinheiro começam a se tornar visíveis e a fazer parecer desejável imaginar um mundo em que ele já não exista. Agora, de fato, as várias distopias críticas começam a aparecer, indo dos exageros satíricos quanto ao nosso mundo presente até as mais grotescas distensões e extrapolações sobre o que o futuro distante nos reserva caso o dinheiro e a mercantilização persistam.

O experimento mental Utópico, que abruptamente exclui o dinheiro, traz um alívio estético que, inesperadamente, traz para um primeiro plano todo tipo de novas relações individuais, sociais e ontológicas. É como se, de repente, a estratégia Utópica tivesse sido transformada de novo em impulso Utópico, revelando as dimensões Utópicas de atividades até então distorcidas e dissimuladas pelas abstrações do valor. De repente, enclaves não alienados aparecem em nosso ambiente até então contaminado – como os laboratórios de pesquisa de Kim Stanley Robinson (ver Capítulo 2) –, convertendo assim a representação Utópica em um método crítico e analítico, pelo qual os entraves da mercantilização, bem como os múltiplos desenvolvimentos possibilitados por sua ausência, podem ser mensurados.

Assim renovado, o impulso Utópico percorre uma gama de relações duais de todo tipo, relações a coisas tanto quanto a outras pessoas, até alcançar uma variedade insuspeita de novas combinações coletivas. E, uma vez que nossa sociedade nos inculcou a crença de que a verdadeira desalienação ou autenticidade existiria apenas no domínio privado ou individual, essa revelação de uma solidariedade coletiva talvez seja a ideia mais renovadora, surpreendente e explicitamente Utópica: na Utopia, o ardil da representação pelo qual o impulso Utópico coloniza espaços puramente privados de fantasia é, por definição, desfeito e socializado pela sua realização.

Agora, no entanto, a *Fancy* Utópica se coloca em movimento, buscando por aplicações para o novo princípio. Provavelmente, estas ainda não são fórmulas prontas nem programas políticos práticos para se livrar do dinheiro. Sua abolição é, nesse ponto, pressuposta, e o que se busca é, antes, uma série de substituições para as operações (e satisfações) que o dinheiro antes oferecia. Aqui, emergem substitutos para a relação salarial, na forma de *vouchers* e certificados de trabalho, e também para a troca mercantil e suas modalidades. Questões sobre o consumo e seus vícios, assim como sobre a satisfação no trabalho emergem para qualquer Utópico contemporâneo, e a competição entre esse princípio Utópico da abolição do dinheiro e esquemas rivais e diagnósticos alternativos começa para valer, ao mesmo tempo em que emergem receitas de ordem social, bem como esboços da fábrica-modelo e novas tentativas de substituir figuras Utópicas arcaicas de trabalho doméstico ou industrial por processos e problemas cibernéticos.

Mas nesta nova situação, em que o dinheiro, como um objeto ou mesmo como um substituto de um objeto se tornou tão volátil quanto o próprio capital financeiro, a questão que começa a ser posta é sobre se o dinheiro já não aboliu a si mesmo, pelo próprio movimento do capital, e, portanto, se o ponto de partida original da Utopia era, no fim das contas, realmente um ponto de partida historicamente viável – uma dúvida que leva a outros temas e possibilidades Utópicas e põe em movimento uma busca Utópica, inquieta e especulativa, por outros princípios fundamentais e outros conteúdos sobre os quais a Imaginação Utópica, por oposição à *Fancy* Utópica, poderia trabalhar.

Assim, o reavivamento do antigo sonho Utópico de abolir o dinheiro e de imaginar uma vida sem ele não é senão precisamente aquela dramática ruptura que evocamos. Como uma visão, ele exige um retorno a todas aquelas antigas ideologias anticapitalistas, muitas vezes religiosas, que denunciavam o dinheiro e o juro. Contudo, como, no capitalismo tardio global, nenhuma destas ainda está viva e viável, e como a busca por uma justificativa ideológica para a abolição do dinheiro se revela infrutífera, esse caminho leva a um decisionismo em que somos forçados a inventar novas ideologias Utópicas para esse programa aparentemente arcaico e em que somos lançados para ao futuro, na tentativa de inventar novas razões. A miséria viva do dinheiro, o desespero de sociedades mais pobres, os lamentáveis espetáculos midiáticos dos ricos são algo palpável a todos. É a decisão de abandonar o dinheiro, de colocar essa exigência na dianteira de um programa político, que marca a ruptura e abre um espaço no qual a Utopia pode entrar, como o Messias de Benjamin, de forma inesperada, não antecipada, tangencialmente, em um presente aleatoriamente escolhido, mas totalmente transfigurado pelo novo elemento.

É assim, de fato, que a Utopia recupera sua vocação no preciso momento em que a indesejabilidade da mudança é por toda parte dogmaticamente afirmada, como pelo alerta de Samuel Huntington, no nível político, de que a democracia genuína é ingovernável e de que, portanto, as demandas Utópicas pela liberdade política absoluta e pela "democracia radical" devem também ser evitadas. Essas posições foram tão bem-sucedidas na "luta discursiva" ideológica contemporânea, que a maioria de nós está provavelmente inconscientemente convencida desses princípios e da eternidade do sistema e incapacitados de imaginar algo diferente, algo que, de algum modo, porte uma convicção e satisfaça aquele "princípio de realidade" da fantasia que identificamos anteriormente.

A perturbação é, pois, o nome de uma nova estratégia discursiva, e a Utopia é a forma que essa ruptura necessariamente toma. E essa é, hoje, a situação temporal na qual a forma Utópica propriamente dita – a clausura radical de um sistema de diferença no tempo, a experiência da ruptura e da descontinuidade formal total – tem um papel político a desempenhar e na qual ela se torna um novo tipo de conteúdo. Pois é o próprio princípio da ruptura radical, sua possibilidade, que é reforçada pela forma Utópica, que insiste que sua diferença radical é possível, e que uma ruptura é necessária. A própria forma Utópica é a resposta à convicção ideológica universal de que nenhuma alternativa é possível, de que não há alternativa ao sistema. Mas ela afirma isso nos forçando a pensar na própria ruptura, e não oferecendo uma imagem mais tradicional de como as coisas seriam após a ruptura.[23]

---

[23] Seria preciso acrescentar que "perturbação" aqui não é um código para o assim chamado terrorismo? Evidentemente; portanto, também precisamos acrescentar três pontos sobre a violência, a fim de diferenciá-la da perturbação como o *Novum*, como a reestruturação e a abertura explosiva inesperada dos hábitos, como aquela porta lateral que, de repente, se abre para um novo mundo de seres humanos transformados. Os pontos são esses: (1) a violência é uma ideologia, construída em torno da omissão estrutural do poder estatal e da opressão física autorizada pela "lei"; (2) a violência é sempre iniciada pela direita e pela repressão conservadora ou contrarrevolucionária, à qual a violência da esquerda é uma resposta; (3) a violência política é contraproducente e dialeticamente fortalece seu opositor: assim, o expansionismo dos Estados

Paradoxalmente, portanto, essa crescente inabilidade de imaginar um futuro diferente aumenta, em vez de diminuir, o apelo e as funções da Utopia. A fragilidade política da Utopia em gerações anteriores – o fato de ela não oferecer nada parecido a uma explicação da agência nem uma imagem da transição histórica e prático-política coerente – se torna agora sua força, em uma situação em que nenhum desses problemas parece atualmente ter solução. A ruptura ou secessão radical da Utopia, tanto em relação às possibilidades políticas quanto em relação à própria realidade, reflete agora, de modo mais acurado, nosso presente estado de espírito ideológico. Lukács disse certa vez, nos anos 1960, que havíamos sido lançados de volta historicamente para um momento anterior aos socialistas Utópicos; que mesmo esses elementos de uma visão de futuro ainda estavam à nossa frente, ainda para serem reinventados, antes mesmo que pudéssemos atingir um estágio articulado de consciência e potencialidade pré-revolucionária como aquela expressa, em 1848 (imediatamente antes dessa revolução), pelo *Manifesto*.[24] Isso não seria ainda mais verdadeiro hoje, quando o capitalismo, como no período de industrialização que segue imediatamente a revolução de 1848, se expandiu tremendamente e gerou uma riqueza capaz de abafar, por um tempo, a percepção de suas falhas e incapacidades?

Hoje em dia, a Utopia expressa nossa relação com um futuro político genuíno melhor do que qualquer programa de ação – na qual estamos, por enquanto, apenas no estágio dos protestos e manifestações massivas, sem qualquer concepção de como uma transformação global possa então se efetivar. Mas, ao mesmo tempo, a Utopia também desempenha uma função política vital, hoje, que vai muito além da mera expressão ou reprodução ideológica. A falha formal – como articular a ruptura Utópica de modo que ela seja transformada em

---

Unidos gera Al-Qaeda, cujo crescimento então encoraja o desenvolvimento de um Estado policial americano, o que pode, por sua vez, suscitar novas formas de resistência.

[24] Hans Heinz Holz, Leo Kofler e Wolfgang Abendroth, *Conversations with Lukács* (Cambridge, MA, 1975), editado por Theo Pinkus.

uma transição prático-política – agora se converte em uma potência retórica e política que nos força, precisamente, a nos concentrarmos na própria ruptura: uma reflexão sobre o impossível, sobre o irrealizável em si. Entretanto, isso está muito distante de uma capitulação liberal à necessidade do capitalismo; é o oposto, na verdade: é o barulho das correntes que nos prendem e uma intensa concentração espiritual e preparação para um outro estágio que ainda não chegou.

Talvez precisemos desenvolver uma angústia quanto a perder o futuro que seja análoga à angústia de Orwell quanto à perda do passado e da memória e infância. Isso seria bem mais intenso que a retórica comum sobre "nossas crianças" (manter o meio ambiente limpo para as futuras gerações, não sobrecarregá-las com dívidas pesadas etc.), um medo que situaria a perda do futuro e da futuricidade, da própria historicidade, na dimensão existencial do tempo e em nós mesmos. Essa relação com o futuro ameaçado é dramatizada por todo lado na FC, particularmente na viagem no tempo, na qual uma escolha diferente no presente oblitera, sem mais, todo um futuro alternativo e todos que nele existirem – um genocídio comparável a varrer outro planeta ou mesmo espécies inteiras, algo que ainda parecemos demasiadamente capazes de fazer. Talvez seja nos viajantes do tempo de Marge Piercy (em *Woman on the Edge of Time*) que se possa encontrar a expressão mais forte e mais aguda desse medo, bem como das incertezas que o formam. A protagonista Connie é, de fato, psiquicamente perturbada, altamente sobressedada e diagnosticada com esquizofrenia pelo poder médico dominante: quem deve decidir se seus visitantes do futuro não seriam alucinações e satisfações de anseios de um caso preocupante e quase terminal? Certamente, porém, como mostramos, as Utopias são também satisfações de anseios e visões alucinatórias em tempos de desespero. Os visitantes Utópicos de Connie estão duplamente ameaçados: por um lado, como nas mais realistas das Utopias clássicas, sua frágil sociedade é ameaçada por todas as forças não Utópicas e antiUtópicas do mundo exterior, em uma guerra sem fim que se multiplica por todos os enclaves Utópicos, na história real e fora dela. Por outro, como no paradigma de viagem no tempo da FC, os Utópicos de Mattapoisett são também ameaçados pelo presente, do qual eles constituem uma história alternativa que, a princípio, pode nunca chegar a existir. Com em *La Jetée*, mas em um sentido muito diferente, eles acabam por engajar o presente em sua luta pela existência; mas eles só podem aparecer àqueles já necessitados de Utopia. O apelo que os personagens de Piercy fazem para Connie (e para nós) é, portanto, a mensagem secreta de todas as Utopias, presentes, passadas ou futuras:

> "Você está realmente em perigo?"
> "Sim." Sua grande cabeça concordou cordialmente.
> "Você pode falhar conosco."
> "Eu? Como?"
> "Você do seu tempo. Você individualmente pode falhar em nos entender ou em lutar em sua vida e em seu tempo. Você do seu tempo pode falhar em lutar [...]. Precisamos lutar para existir, para permanecer na existência, para ser o futuro que acontece. Por isso chegamos até você."[25]

---

[25] Marge Piercy, *Woman on the Edge of Time* (Nova York, 1976), p. 197-198.

PARTE DOIS
Até onde o pensamento alcança

1.
Fourier, ou ontologia e Utopia

O modo francês consagrado de introduzir um sujeito como Fourier (o equivalente inglês não é tão aguçado) é a fórmula "*actualité de*"; isso nos coloca em um estado de espírito mais historicista e relativista do que o croceano "o que é vivo e o que é morto em...". O enfoque na "atualidade" supõe uma concepção móvel de uma obra, que produz clarões e diferentes centelhas de tempos em tempos, enquanto o "o que é vivo" sugere uma miscelânea entre o residual e o emergente, do qual o obsoleto foi cuidadosamente extraído, peça por peça. Nenhuma dessas fórmulas se revela particularmente viável em uma situação em que a obra em questão nunca foi, para começo de conversa, inteiramente conhecida: metade não publicada, em grande parte não lida, exceto por resumos anedóticos em pesquisas, um total não clássico e provavelmente não canonizável, devido tanto às suas peculiaridades textuais quanto à sua irregularidade em termos de gênero. Mas essa é a situação de Fourier hoje e amanhã; é tentador acrescentar que não apesar da, mas também em razão da ótima biografia de Jonathan Beecher, que é um modelo de análise psicológica e sócio-histórica criteriosa e de uma introdução eloquente e persuasiva às próprias obras.[1] Devemos ser mais gratos que o normal por um estudo de rara distinção, ao mesmo tempo que entendemos

---

[1] J. Beecher, *Charles Fourier: The Visionary and His World* (Berkeley, 1986), doravante referido no texto como Beecher.

como seus próprios méritos inevitavelmente o converteram em um substituto daquelas obras, que, por isso, são ainda menos lidas em primeira mão, justamente no momento em que se tornam mais acessíveis. De todo modo, no que segue, gostaria de dizer algo sobre a "contribuição" de Fourier para um conjunto bastante limitado, porém importante, de campos: a história literária, a política de grupos e a questão aparentemente inevitável do desejo, que constituem a singular auréola dessa Utopia particular.

O tema da história literária, porém, poderia parecer alheio à questão de Fourier e um problema para os departamentos de francês mais do que para os Utópicos, seus simpatizantes e seguidores. Talvez isso não precise ser analisado exclusivamente em termos de glória nacional, no entanto, mas em termos de representatividade, quando não de classicalidade (não estou certo se a questão relacionada da canonicidades e aplica aqui da mesma forma), pois se trata de um problema peculiar ao desenvolvimento da primeira literatura europeia, que, diferentemente do desenvolvimento desigual e dos surtos históricos e das irregularidades de outras literaturas nacionais, produziu regularmente, de modo dialético, documentos culturais cruciais a cada nova geração. Não há nisso qualquer mistério particular, uma vez que a língua francesa já foi reconhecida como a *lingua franca* literária por outras tradições desde o Renascimento e desde que a cada vez mais óbvia subordinação à Inglaterra, em uma disputa de poder que começou no século XVII, determinou a reestruturação estratégia e simbólica, de ambos os lados do Canal, dessa mesma disputa, porém em termos culturais – da qual os franceses saíram vencedores em todo o tabuleiro, da gastronomia a movimentos literários, da decoração de interiores à moda e ao perfume. O mistério é, antes, a lacuna do Romantismo ou, se preferir, o que as histórias convencionais tipicamente colocam como o atraso dos trinta anos: o incompreensível lapso entre os "grandes" romantismos alemão e inglês e a "batalha de Hernani", às vésperas da revolução de 1830.

Aqui, não se trata de uma mera questão de anomalia estatística, como a falta de uma batida em um cardiograma: antes, a questão diz respeito ao momento mais verdadeiramente significativo na emergência e formação da modernidade e envolve avanços históricos singulares tanto na forma quanto na conceitualidade, na ontologia poética do inglês tanto quanto na sistematicidade absoluta dos alemães. Poucos outros momentos nos tempos modernos testemunharam uma exfoliação do *Novum* dessa magnitude, e o leitor confinado às histórias puramente literárias e intelectuais está certamente autorizado a uma perplexidade além da comum ao contemplar esse vazio – tão peremptório quanto os vazios nos mapas da África da época –, que se estende da execução de André Chénier às primeiras líricas de Lamartine, e não é "propriamente" preenchido pelas produções mais duvidosas de Chateaubriand ou de Madame de Staël, que apresentam cenas e experiências estrangeiras: um é ideologicamente frágil, enquanto a "apreciação" da outra foi, desde então, entregue a todos os caprichos e indecibilidades do "texto de gênero" [*gendered text*]. (De fato, seria possível argumentar que o "estrangeirismo" essencial a ambos esses escritores é um reconhecimento alegórico do deslocamento do centro de gravidade poético fundamental para o exterior e uma primeira forma, não muito dissimulada, de inveja cultural.)

A primazia do ontológico, no período romântico, tem algo a ver, certamente, com a abertura das cortinas da tradição e dos costumes, do sagrado e de suas convenções, para aquilo que parecia derivar seu sentido de outros espaços que não aqueles da práxis e construção humanas. Agora, por um breve período, algo como uma "janela" do ontológico se abre: o Ser, em toda a sua persistência calma e sem sentido, torna-se visível, como o fundo do oceano ou de um lago, antes que a convencionalidade burguesa e todo um novo sistema de "valores" artificiais venham a obscurecê-lo de novo. Seria possível que apenas nos países menos sociais, aqueles em que conversas e relações sociais são menos privilegiadas, em que o silêncio e a solidão não são tomados como sintomas de culpa (pensemos no comentário que determinou a ruptura entre Diderot e Rousseau!) –, seria possível que apenas nesses modos de produção menos sociáveis e socializados (um, industrial, antes do francês; o outro, "subdesenvolvido" e permanecendo significativamente para atrás) estaria permitido ao "fundamento do ser" ser brevemente vislumbrado, como a Natureza na Inglaterra e a cosmologia e o sistema, o Absoluto, nos territórios alemães? (E, em ambos, como Língua e como língua nacional ou natural: nem francês nem latim...)

Pensar nessa efêmera abertura ontológica – na Europa – significa, pois, pensar na outra razão que todos conhecemos (e que Hegel praticamente incorpora ao seu sistema), que tem a ver com a emergência da História e a libertação e o reinvestimento de energias históricas. Os franceses são muito ocupados, ou preocupados, para a literatura: difícil tocar o fundo ontológico quando a cada ano há um novo sistema político, um novo conjunto de preocupações e oportunidades. Seja lá o que a Revolução Francesa tenha sido capaz de ser para um Hölderlin ou um Wordsworth, à distância e dentro de uma Imaginação modeladora, é mais difícil conceber o poder orgânico de composição e da língua primeva em lento desenvolvimento sob um Robespierre, sob as corrupções bem diferentes do Diretório (bastante parecido como nosso período de "mercado" frenético) ou sob os imperialismos mais sublimes das grandes conquistas napoleônicas. Apenas o tédio provinciano repressivo da Restauração pôde chocar o "pássaro de sonho da narrativa" (Benjamin), e, mesmo aqui, a história de sua libertação (contada acima de tudo por Stendhal) é uma trajetória complexa, muito mais mediada do que nos grandes poetas ingleses e alemães. Repressão, sublimação, gratificação: trata-se já de uma justificativa quase freudiana a dada por Hegel para o subdesenvolvimento alemão (politicamente, eles são muito imaturos para a aventura singular dos franceses, cuja revolução põe fim a milênios e milênios de *anciens régimes* de todos os tipos), e, assim, para a sorte histórica que ele próprio tem de poder replicar a práxis concreta do outro lado do Reno: um Napoleão, o "espírito do mundo a cavalo", no espírito, como um sistema filosófico. Essa sublimação talvez também exija sentimentos políticos mistos: a excitação e o entusiasmo do companheiro de viagem revolucionário – Wordsworth, bem como Hegel ou Hölderlin – ao lado do recuo parcialmente contrarrevolucionário e as reconsiderações liberais diante do Terror, seja mantendo a fé em certo ideal revolucionário, como com o *feuillant* Hegel, ou declarando apostasia, como com a primeira geração de revolucionários ingleses.

Trata-se de uma narrativa plausível à qual devemos, no entanto, dar adeus, pois se baseia em omissões estratégicas da produção francesa, que parece vazia apenas quando se usam certos tipos de óculos ou antolhos. Decerto, Chateaubriand e Madame de Staël nasceram em 1768 e 1766, respectivamente, um ano ou dois antes de Hegel e Wordsworth (1770), para não falar de Coleridge (1772) ou do impressionantemente precoce Schelling (1775); mas, é evidente, nosso indicador cronológico parou muito cedo, deixando passar um evento crucial (que o leitor já terá adivinhado não ser outro senão o próprio nascimento do autor que é nosso tema aqui). Com efeito, falta a todas essas abordagens o surgimento de François-Marie-Charles Fourier (nascido em 1772), o equivalente francês de Hegel e Wordsworth. (A comparação com Hegel, decerto, não é uma novidade minha: Raymond Queneau a faz em vários artigos bastante sugestivos sobre a dialética e a matemática do começo do século XIX, quando, de alguma forma, as séries matemáticas de Fourier – por exemplo, 5 – 36 – 9 – 27 – 4 (= 81) – são mais complexas que qualquer coisa na *Lógica*.) Quanto à Inglaterra e à natureza, alguém poderia afirmar que a relação de Fourier com a gama de paixões, obsessões, vícios e manias humanas é pelo menos tão ontológica quanto tudo o que se pode encontrar no marxismo, sobre o qual ninguém menos que Heidegger observou que é também uma relação fundamental ao Ser e uma reflexão sobre a própria ontologia. Como Beecher também afirma de modo plausível, o lado cosmológico de Fourier (que causou embaraço em tantas gerações de potenciais leitores; ver Beecher, p. 349) é algo como a conclusão formal e ontológica de sua grande visão: ele necessariamente vem, como uma Natureza transfigurada, coroar e confirmar a grande reorganização das relações humanas da falange, atingindo e reestruturando internamente, pela práxis humana, a alteridade da própria natureza e do cosmos. (Voltarei às relações com a ontologia marxiana mais tarde.)

Quanto à literatura, no entanto, não foram apenas o poético e o ontológico que acabaram obscurecidos ou ocultados pela confusão em termos de gênero do discurso Utópico de Fourier, que os antigos modos de história literária pareciam incapazes de processar ou classificar: também o foi a Literatura em suas formas mais convencionais, onde "qualquer asno, menos um detetive" (Mark Twain) teria compreendido imediatamente a lógica de desenvolvimento da posição de Fourier no ponto médio virtual entre Molière e Balzac, isto é, entre a sátira moral e a história social. Fourier, na verdade, recapitula as grandes tabelas e tipologias de manias e obsessões de Molière (e lança a doutrina até então residual dos humores para um plano inimaginavelmente mais alto e quase psicanalítico), ao mesmo tempo em que, como um *commis voyageur* fascinado pelo comércio e sua dinâmica desigual, já apresenta muito da sabedoria popular e do conhecimento de iniciado de Balzac, tão ostensivamente alardeado a cada oportunidade pelo não menos sistêmico, ou mesmo cosmológico, inventor da *Comédie humaine*. Todo mundo já ouviu falar das cenas pastorais e das mascaradas que interrompem os textos propriamente intermináveis de Fourier, ostensivamente pensados para fornecer ilustrações de seus arranjos sociais, mas que, na verdade, visavam, tanto quanto, a satisfazer certo *avant-goût* de prazer com sua própria organização, bem como com a engenhosidade formal de sua composição e projeção. Como se sabe, Barthes comparou esses momentos às cenas e quadros rituais de Sade e às imagens visionárias, às cenas de meditação, em Loyola. A palavra *écriture,* que ele conhecidamente aplicava a todas as três curiosidades textuais, talvez já não seja mais compreensível nesse sentido desde a apropriação derridiana: ela significa construção e mesmo construtivismo, por oposição às euforias meramente verbais de algo como o estilo. Ainda assim, pode-se querer manter alguns desses momentos, saturados pela satisfação de anseios balzaquiana: a grande guerra *des petits patés*,[2] que atinge proporções rabelaisianas; o julgamento de Fakma pelo tribunal do amor (*NMA*, 174-201);

---

[2] Charles Fourier, *Nouveau Monde amoureux*, editado por S. Debout-Oleszkiewicz (Paris, 1967), p. 339 e seguintes; doravante *NMA* no texto.

alguns *emplois du temps* cotidianos, os quais talvez tenhamos chance de analisar adiante; a botanização incessante, cujas combinações, quase que por definição, transcendem as ruminações sonhadoras da solidão de Rousseau e ainda "dão frutos", na produção bastante utilitária de comestíveis específicos, ainda que extraordinariamente variados; e assim por diante. Essas passagens não são mais ilegíveis do que muito do que ascendeu aos manuais de história literária (e, às vezes, menos).

Em seu "delicioso" ensaio sobre Fourier (que pode ser encontrado no mais delicioso de todos os seus livros, *Sade, Fourier, Loyola*), Barthes põe nas costas do marxismo a grosseria de seus alunos em maio de 1968, que não estavam interessados em Fourier e em sua "ideologia burguesa". Decerto, Fourier era um contrarrevolucionário no sentido literal do termo (ele desprezada os jacobinos e deplorava a violência da Grande Revolução), sem ser monarquista ou reacionário: se, como De Gaulle gostava de dizer, os comunistas não eram nem de esquerda nem de direita, mas do leste, então Fourier estaria em certo lugar mais vertical e elevado que tudo isso; mas tampouco é correto associar o marxismo com aquela "política" que é excluída da Utopia de Fourier, da qual o Estado e o político já desapareceram. O argumento é duplo, a saber, o de que Marx tampouco é, nesse sentido, político, porém econômico (como o próprio Fourier); mas também o de que Fourier é, no fim das contas, profundamente político e que seria um entendimento fundamentalmente errôneo insistir em um Fourier do desejo no lugar de um Fourier político. (O que, sem dúvida, faz Barthes no enquadramento mais convencional de seu ensaio, embora chegue a corrigir o estereótipo do marxismo com a noção de que a relação entre Marx e Fourier "não é complementar, mas suplementar: cada um é algo como o excesso [*le trop*] do outro. O excessivo: aquilo que não pode ser engolido. Assim, do nosso ponto de vista hoje (*depois* de Marx), a política é o laxante obrigatório; e Fourier é a criança que não quer tomá-lo, que o vomita".[3])

---

[3] R. Barthes, *Sade, Fourier, Loyola* (Paris, 1971), p. 93.

Mas se política significa fazer com que um grupo de pessoas concorde com algo e aja em conjunto, se ela significa encorajar indivíduos a dizer o que pensam e que eles gostem de fazer isso, ao mesmo tempo que se encontra um modo de fazê-los silenciar sem os desencorajar, e com a confiança de que tanta discordância, praticamente ontológica, irá gerar, não obstante, ação em vez de paralisia – então Fourier é político e compreendia muito bem que a "teoria da atração" era sua maior invenção em teoria política e filosofia:

> E como as Série passionais não se compõem senão de grupos, é preciso, antes de tudo, aprender a formar grupos.
> "Ha! Ha! Grupos, é um assunto agradável esse dos grupos: grupos devem ser divertidos!"
> É assim que os bons espíritos raciocinam quando falamos de grupos: devemos primeiro afastar uma série de equívocos; mas, quer o assunto seja agradável ou não, é certo que não se sabe nada sobre grupos, nem mesmo se sabe como formar um grupo regular de três pessoas, menos ainda de umas trinta.
> No entanto, temos muitos tratados sobre o estudo do homem: que noções eles podem nos dar sobre esse assunto se negligenciam a parte elementar, a análise dos grupos? Todos as nossas relações tendem apenas a formar grupos, e eles nunca foram objeto de qualquer estudo.[4]

Precisamos tomar essa afirmação a sério, creio eu, e revisitar a longa história da filosofia política (pelo menos a ocidental) à luz de sua pressuposição fundamental, a saber, a de que o problema central de toda filosofia política (ou, mais tarde, de toda ciência política) é a constituição do grupo. Se é assim, três consequências se tornam imediatamente óbvias. Primeiro, o lema abstrato e dissimulador da "democracia" é, na verdade, a designação de um problema ou dilema travestido como um "valor" ou ideal: a democracia apenas pode significar a dinâmica do grupo, cujos dilemas ela dá por solucionados

---

[4] Charles Fourier, *Nouveau Monde Industriel* (Paris, 1973), p. 99, doravante *NMI* no texto.

antes de qualquer pesquisa empírica. Segundo, essas pesquisas estão, no entanto, na nossa época, seriamente mistificadas pela emergência de uma pseudociência que pretende subsumi-las, a saber, a assim chamada psicologia social, que, incorporando todas as informações relevantes para a dinâmica do grupo, as confisca apenas em benefício dessa ideologia antirrevolucionária que surgiu do horror à "multidão" na Revolução Francesa e que atinge um tipo de clímax com Gustav LeBon no fim do século XIX (repassado, depois, a Freud e a vários outros ideólogos contrarrevolucionários conservadores ou liberais). Esse poderoso ideologema busca documentar a pura irracionalidade de toda ação de grupo e alertar para os modos em que a identidade individual e a consciência racional são muito facilmente submetidas ao seu apelo tóxico. De fato, deve ter havido, nos tempos modernos, poucos casos como esse, em que um "cientificismo" essencial (indo a ponto de subvencionar toda uma nova disciplina acadêmica) esteja tão imediatamente identificado com um conteúdo completa e descaradamente ideológico.

Esse desenvolvimento sugere, pois, em terceiro lugar, que essas duas tendências desigualmente separadas que são a antiga "filosofia" política e a muito moderna psicologia social – preeminentemente, "duas metades que não coincidem" (Adorno) – projetam a ideia não realizada de algum pensamento mais concreto do grupo, em que as insuficiências conceituais de "valor" e dinâmica empírica – do "indivíduo" e da "sociedade" – mutuamente se anulam: esse é o espaço colonizado, com incomparável inteligência e confiança, por Fourier. Ele não tem nome; mas, a partir dele, podemos agora fazer uma reavaliação sistemática da tradição ocidental e compreender o fato novo de que a maioria das "contribuições" à ciência política, de Platão em diante, é, na verdade, o inverso ou o negativo fotográfico dele. "Soberania" é, assim, o que açoita uma coletividade indigna ou decaída para que entre na linha e para que se gere certa coesão de grupo genuína por decreto: são as violências dos guardiões de Platão ou do Príncipe de Maquiavel (residuais até no Príncipe "moderno" de Gramsci). Nada, entretanto, é mais saudável que a náusea de Fourier quanto à estrutura familiar, à qual apelaram dos sucessores "orgânicos" de Aristóteles até os étnicos ou nacionais do nosso tempo, enquanto os teóricos constitucionalistas da cidadania e da "sociedade civil" bem sabem, no fundo de seus corações, que defendem um "plano b", com o intuito principal de proteger suas receitas práticas com engenhosos mecanismos preventivos inspirados por uma angústia ideológica, quando não pelo completo medo dos grupos.

Do meu ponto de vista (e me corrijam se eu estiver errado), apenas duas outras teorias tiveram a coragem intelectual de recolocar o problema dos grupos e de sua constituição no centro mesmo do que então já não precisa ser chamado de teoria política: são a *Crítica da razão dialética*, de Sartre, por um lado, e *Hegemonia e estratégia socialista*, de Laclau e Mouffe, por outro – e a ambas será profícuo confrontar o *fons et origo* (que nenhuma delas menciona).

Ambas essas teorias são inspiradas por uma angústia muito moderna que parece estranha a Fourier, a saber, o que pode ser chamado de centralização psíquica e o que é fácil de identificar (nos dois casos) como resultado, em parte, da ressaca do partido stalinista centralizado. E, em ambos os casos, talvez seja menos uma questão de representar um ideal do que de defender a própria possibilidade de um tipo radicalmente diferente de organização que não aquela identificada ao stalinismo. Mas essas discussões ocorrem em níveis muito diferentes: a de Sartre, no nível das relações sociais concretas, e a de Laclau e Mouffe, no da cultura (isto é, sobre as bandeiras e as questões em torno das quais uma política coletiva pode melhor se cristalizar).

A discussão de Sartre é tanto sincrônica quanto diacrônica, na medida em que ele irá tanto demonstrar que uma coletividade ou dinâmica de grupo não centralizada seria possível quanto apresentar sua transformação histórica para uma forma diferente (no caso, precisamente a forma stalinista da "soberania" centralizada, que assombra sua teoria como um pesadelo). A ontologia do grupo de Sartre está baseada em um processo de formação de grupos, em vez de em uma estrutura estabelecida: um processo como esse começa, algo como um pequeno redemoinho que precede o turbilhão, dentro daquela aglomeração amorfa maior de indivíduos que ele chama de "seria-lidade" (que tem suas leis específicas, cuja formulação na *Crítica da razão dialética* não é uma de suas qualidades menos interessantes). De fato, como um modo de diferenciar serialidade e grupo, no qual o centro está onipresente, a serialidade pode ser definida como uma situação coletiva na qual o centro está sempre em outro lugar. O grupo (ou, mais propriamente, o "grupo em fusão") é um sistema em que, em virtude de uma rotação constante, cada vez um está no centro e não há posições privilegiadas, não porque as últimas foram eliminadas (por puritanismo ou inveja, por *ressentimento* ou decre-to), mas, antes, em virtude da onipresença desse "privilégio", que é passado de um participante a outro, como os objetos mágicos dos mitos e lendas. Isso reflete uma situação em que não apenas todo mundo tem o direito à fala, mas em que a declaração individual, como um presente perpétuo, é sempre influente, momentaneamente varrendo tudo o que veio antes dela (pelo menos até a próxima); por outro lado, e do mesmo modo, nenhuma ideia extrai qualquer poder persuasivo da identidade do orador, mas, antes, o contrário, o poder do orador ascende ou decai de acordo com a fidelidade com que o discurso reflete os sentimentos de todos os outros. Esse fluxo e refluxo de prestígio não é a mesma coisa, embora seja a ela comparável, que a multiplicação de títulos, escalões e privilégios de Fourier, mais própria do século XVIII, que oferece uma gratificação suplementar em uma situação em que não há correlação entre a posição e a função social. Todos podem ver, no entanto, que a descrição sartreana corresponde a um momento particularmente fluido na vida dos grupos, e, em particular, em sua emergência, por ocasião da qual há uma clara di-reção ou projeto coletivo geral, mas na qual uma liderança específica ainda não foi solidificada. O próprio processo de formação, porém, forjado de um modo mítico de acordo com os eventos iniciais e formativos da Revolução Francesa – ameaça externa, juramento do jogo de péla, terror etc. –, é cíclico e tem pouco em comum com a concepção de história de Fourier (que é formulada em termos de grandes momentos ou estágios – que podemos chamar de modos de produção –, em vez de a partir de eventos contingentes).

As figuras em operação na concepção sartreana de grupo são relativamente complexas e abstratas: podem ser caracterizadas como uma perpétua interferência entre figuras de estrutura e figuras de processo e são, assim, mais do que uma mera resposta de Sartre a Lévi-Strauss e ao estruturalismo emergente (embora esse seja um componente da *Crítica* e sua motivação) e correspondem à incorporação de conceitos estruturais visando a transcendê-los ou neutralizá-los.

A figura em operação em Laclau e Mouffe é mais facilmente identificável como estrutural, já que ela é efetivamente tomada emprestada (sem que isso seja reconhecido) da influente "definição" de Roman Jakobson da poesia como a projeção do eixo da simultaneidade sobre o eixo da contiguidade (a rima, por exemplo, seria um fenômeno constituído por uma identidade – as terminações sonoras – redistribuída no tempo sucessivo das próprias linhas). O "problema" que Laclau e Mouffe estabeleceram para si mesmos pode, em efeito, ser descrito como o da construção de uma "linha partidária" para uma aliança de grupos diferentes, em que é urgente que a linha, ou o interesse, de um grupo em particular não predomine sobre a dos outros – como, eles pensavam, havia sido o caso com a "linha partidária" da experiência stalinista. Mas esses diferentes objetivos e interesses não podem permanecer na simples autonomia ou independência uns dos outros, em uma aglomeração em que cada grupo apoia a posição do outro sem qualquer paixão ou identificação reais, simplesmente a fim de comprar apoio para suas próprias preocupações particulares. Antes, deve ser desenvolvida uma relação em que as várias bandeiras ou objetivos são, pelo menos momentaneamente, identificados uns com os outros; e isso é claramente uma relação poética, em que um significante literal para um grupo será figurativamente projetado em outro grupo e adotado, por assim dizer, em um espírito tropológico bem diferente. Logo, pode-se imaginar uma situação em que a causa literal de um grupo – por exemplo, o controle administrativo efetivo sobre sua parte da cidade – seja adotada como uma abstração figural (autonomia, democracia) por outro grupo que tenha uma concepção diferente de autonomia.

Contudo, o que aqui está limitado à sua dimensão especificamente política e cultural, como uma "causa" ou um ideal, ou mesmo uma "posição subjetiva" (embora a última pareça fixar e determinar uma política de pequenos grupos de um modo bem mais definitivo e duradouro do que Laclau e Mouffe têm em mente), é, em Fourier, uma questão de temperamento e paixão. Ele já havia identificado o fenômeno que Laclau e Mouffe caracterizam como uma projeção de um eixo sobre outro e o nomeou, sintomaticamente, de *repercussion harmonique*", na qual as paixões mantêm, por assim dizer, sobretons harmônicos em atividades bem diferentes, mas na qual também as várias formas específicas de repressão podem transformar paixões benéficas em tóxicas (*NMI*, p. 462 e seguintes).

A diferença fundamental, no entanto, permanece aquela que sugeri, entre uma concepção de cultura e uma de temperamento ou paixão: a noção mal desenvolvida de "posição de grupo do sujeito", de Laclau e Mouffe, supostamente ofereceria uma mediação entre esses dois níveis, o da linguagem e o da relação interpessoal, exceto que, como foi sugerido, uma teoria excessivamente forte da posição subjetiva individual tende a ancorar o grupo nessa ou naquela psicologia, nesse ou naquele valor ou obsessão, com uma permanência que todas essas teorias tentaram desesperadamente evitar. De fato, a concepção de Fourier da dinâmica de grupo pode, do nosso ponto de vista, ser abordada como uma síntese *avant la lettre* entre Sartre, por um lado, e Laclau e Mouffe, por outro, pois, por um lado, ele teoriza o posicionamento efetivo dos membros do grupo e suas possíveis combinações com um virtuosismo que vai para muito além dos limites da unidade de guerrilha sartreana, enquanto, por outro lado, ele desenvolve uma concepção impressionantemente fluida e móvel do conteúdo das atividades de grupo e das mudanças de padrões de interesses que os vários grupos e os vários membros de um grupo individual acabam buscando.

O que designei pela palavra *ontológico* em Fourier é, pois, precisamente essa coordenação entre a base e a superestrutura, por assim dizer; em outras palavras, os modos pelos quais as paixões individuais (culturais) assumem e organizam as figuras do próprio modo de produção (a "infraestrutura" ou o formato, o tamanho e a dinâmica dos vários grupos). A terminologia da figuração é preeminentemente apropriada para Fourier, cuja antecipação das tipologias e dos esquemas combinatórios modernos está baseada essencialmente em uma gama de figuras, como aquelas da geometria (*NMI*, p. 367: "paixões maiores: amizade – o círculo, ambição – a hipérbole; paixões menores: amor – a elipse, paternidade – parábola").

Mas Fourier é um não estruturalista (seus esquemas tendem mais para o lado sartreano das coisas), e isso a ponto de sentir a necessidade e a urgência de mecanismos que coloquem o grupo em movimento, que encorajem a proliferação de novas combinações e, assim, usem a estrutura (ou a figura) como um mero ponto de partida estático para eventos e aventuras imprevisíveis (lembrando que nos encontramos, aqui, literalmente em um fim da História hegeliano, e que esses eventos, combinações, episódios e algoritmos já não são mais históricos, isto é, já não podem trazer mudanças estruturais ou evoluções ou desenvolvimentos no próprio "modo de produção", mas são, antes, internos a ele e constituem peças do jogo de seus vários mecanismos).

Como conseguir essa combinação ideal de estrutura e evento? Claramente, isso só pode ser imaginado incorporando os eventos na própria estrutura e, novamente, é essa identificação dos dois níveis fundamentais do ser – extensão e pensamento, para Espinosa; substância e sujeito, em Hegel; ou mesmo a tensão entre Mundo e Terra, em Heidegger – que marca como ontológica a visão de Fourier. A artimanha está em incluir, entre as paixões fundamentais – ao lado das cinco primeiras, que correspondem aos cinco sentidos, e das quatro formas de atração social, listadas anteriormente como paixões maiores e menores –, outras três, cujos impulsos internos são, de um modo ou de outro, combinatórios. Essas três paixões "distributivas" ou "mecanizantes" foram frequentemente admiradas como algumas das mais sutis e inventivas concepções da genialidade particular de Fourier para a imaginação de figuras sociais e do material das relações humanas: elas são, decerto, as famosas paixões cabalística, compósita e borboleta, que, combinadas, dão um profundo impulso à criação da desejável gama de relações interpessoais e de estruturas de grupo (às vezes, estimadas em 1620, por cálculos que sou incapaz de verificar).

A natureza dessas três paixões, no entanto, destaca a diferença fundamental entre Fourier e a maioria daqueles que refletiram, de um modo ou de outro, sobre grupos (incluindo Sartre e Laclau e Mouffe); pois os últimos, recorrendo talvez às poderosas ideologias anticoletivas do fim do século XIX, tendem a pensar, apesar de si mesmos, nos grupos como forças homogêneas e homogeneizantes que tendem para a identidade e que reforçam vários tipos de unidades. O esforço deles na teorização de grupos envolve tradicionalmente a imaginação de mecanismos unificadores de grupo que permitiriam, não obstante, certa variedade mínima (ou liberdade, ou democracia ou seja lá que termo de valor se prefira), uma variedade produzida pelo próprio mecanismo de unificação de grupo (o mecanismo rotatório do grupo sartreano, a articulação e a identificação projetivas da aliança Laclau-Mouffe).

A convicção de Fourier, no entanto, exclui esse ímpeto nefasto de unificação de grupo (talvez porque ele saiba, como um intelectual isolado no primeiro período formativo da vida política francesa moderna, quão difícil é, para começo de conversa, unificar um grupo ou partido genuíno); em vez disso, ele pressupõe a necessidade, dentro de grupos em unificação ou em fusão, de dissonâncias e contradições internas fundamentais. As três paixões "pivotais" de Fourier, as três paixões às quais ele recorrerá para cementar as relações de grupo e estimular uma dinâmica interna de grupo, são todas, de um modo ou de outro, paixões antissociais, do tipo que organizadores e administradores se preocupam em neutralizar ou eliminar ("essas três paixões intituladas de vício, seja lá como cada um as idolatre, são realmente as fontes de vícios na civilização, onde só podem operar em famílias e corporações; Deus as criou para operar em séries de grupos contrastantes" [*NMI*, p. 92]).

Em nenhum outro lugar isso é tão óbvio quanto na paixão "cabalística", a paixão da intriga e da dissensão, *l'esprit de parti* e do cálculo: "Mesmo um gesto ou uma piscadela, embora ligeiro e instantâneo, tudo é calculado" (*NMI*, p. 112). A paixão cabalística pode ser vista como a substituta de Fourier do mercado na ideologia atual da livre empresa. Trata-se de uma interpretação profunda, particularmente quando se entende tudo o que a experiência de Fourier deve à iniciativa privada, primeiro como auxiliar administrativo e depois como *commis voyageur*, como um observador obcecado pelos vícios e corrupções de um mundo dos negócios que, não obstante, formou sua imaginação. Fourier chega à crítica do capitalismo nascente por meio do comércio, enquanto Engels chega à sua por meio da produção fabril. As incisivas análises do primeiro de toda uma gama de fenômenos comerciais, incluindo crises de mercado (ver a discussão de Beecher sobre a antecipação por Fourier do próprio conceito de crise financeira), foram muitas vezes admiradas; mas a relação ambígua de sua visão Utópica com a dinâmica comercial de sua época demanda esclarecimento, particularmente em nossa época, quando o mercado tem sido celebrado como um sistema autônomo e totalizante que acaba necessariamente atraindo para si todo o restante. O marxismo, com sua ênfase na produção, em vez de na distribuição e no consumo, parece estar livre das corrupções do mercado e da forma mercadoria; mas ele pagou essa liberdade com uma aparência de puritanismo e renúncia que lhe dá pouca flexibilidade para tratar das mentalidades consumistas onipresentes de um público que é, agora, praticamente mundial. Fourier está, assim, mais bem posicionado para distinguir entre as possibilidades alternativas das psicologias de mercado de sua época. Logo, a ênfase de ideólogos contemporâneos sobre as virtudes da concorrência, que eles atribuem ao mercado como um mecanismo beneficente que estaria, ademais, profundamente enraizado na natureza humana, é, na visão de Fourier, substituída – e, muito precisamente, garantida – pela paixão cabalística da intriga, que inclui a emulação, bem como invejas e ciúmes produtivos. Essa paixão – que seria melhor não caracterizar precipitadamente em termos puramente psicológicos, como veremos logo mais – pode, assim, sobreviver ao sistema de mercado capitalista (do mesmo modo que o dinheiro e as desigualdades de riqueza sobrevivem a ele e se tornam algo como o estatuto e as distinções de posição que, por sua vez, sobreviveram ao *ancien régime*, e são postos a serviço ativo da nova ordem Utópica). Por sua vez, inclusive culturalmente, estamos mais bem posicionados do que muitos dos contemporâneos de Fourier (com as óbvias exceções de Balzac e dos técnicos emergentes do romance) para compreender tudo o que há de profundamente Utópico na fofoca (tanto em Proust quanto em Joyce, a própria força motriz da sociabilidade humana e do contar histórias); embora o próprio Fourier explicitamente ressalte a função desprovincializante da intriga, que expõe uma população sonolenta a novos rumores e possibilidades e estimula uma ânsia produtiva por ação e novos projetos. Nada é mais notável, entre os múltiplos lemas que essa Utopia levanta desde seu título, do que essa posição do maquinador conspiratório no centro heroico da própria construção social, e nada ilustra melhor a indiferença sublime de Fourier diante dos julgamentos morais convencionais (e não apenas os sexuais de praxe).

A paixão compósita é algo mais obscura, quando não porque, diferentemente da anterior, ela tenta nomear algo a que não estamos convencionalmente atentos na sociedade atual e que Fourier começa por definir como uma mistura, até então ilícita, de interesses e excitações materiais e espirituais. O século XVIII conheceu essa paixão sob o nome estigmatizado de "entusiasmo", de modo que a própria nomenclatura de Fourier, sendo uma análise do entusiasmo, é também uma socialização dele. Com efeito, para usar uma terminologia ainda mais moderna, ele parece, aqui, projetar um papel, nos interesses e paixões, para o que podemos chamar de "fetichismo", isto é, para uma intelectualização indevida daquilo que, de outro modo, passaria como um prazer material inofensivo (ou vice-versa: uma paixão espiritual relativamente ordinária pode ser indevidamente associada, de modo aparentemente insalubre, a um objeto material). À paixão compósita, em Fourier, pode ser atribuído o papel filosófico da reflexividade e da autoconsciência (um vínculo bem diferente e inesperado com seus contemporâneos idealistas alemães), como uma função pela qual as atividades materiais seriam, de algum modo, duplicadas por um enfoque intelectual e espiritual, criando algo como uma paixão estereotípica que geraria a violência do entusiasmo. Para usar um

387

exemplo relativamente prosaico, seria possível contrastar os prazeres da mesa com uma versão compósita destes em que a gastronomia – Fourier chama sua versão mais elevada de gastrosofia! – absorve toda uma gama de interesses e conceitos filosóficos e se torna algo como uma paixão dominante em que o próprio cosmo está em jogo: fica claro, então, que algo tão abrangente quanto essa relação compósita (ou secundária) diante do ato de comer irá encorajar um fetichismo e um compromisso vigorosamente racionalizado que sua versão mais simples e material não envolvia (nem precisaria envolver).

Se a paixão cabalística gerava relações fora de uma dada atividade e determinava, por assim dizer, uma riqueza de conexões laterais entre sua prática pelo meu grupo e a de outros grupos, tanto quanto entre sua prática e diferentes tipos de práticas, então a paixão compósita pode ser compreendida, por assim dizer, verticalmente, como uma subsunção dentro de uma dada atividade de toda uma gama de investimentos materiais e psíquicos ou espirituais e intelectuais. Ela engrossa essas práticas e, por assim dizer, as alegoriza; pois a dívida de Fourier em relação à noção de analogia de Schelling (ver, por exemplo, *NMI*, p. 49) não é observável apenas em suas fantasias cosmológicas, mas também aqui, em sua concepção de investimento libidinal e sublimação, tão visionária quanto sua análise da repressão.

A terceira paixão – a paixão borboleta – coloca essas duas paixões anteriores em movimento e, por assim dizer, as desenvolve e enri-quece ao longo do tempo, projetando uma concepção de atividade humana mais francesa e social que a austera concepção faustiana, ao mesmo tempo em que oferece uma alternativa à objetificação e alienação hegeliana, bem diferente de tudo o que existe na tradição dialética (embora a famosa reflexão Utópica de Marx e Engels sobre pescar de manhã e fazer teoria literária à noite seja imediatamente fourierista, em espírito e inspiração).A ideia fundamental por trás da paixão borboleta é a convicção de que os seres humanos não podem realizar qualquer atividade profícua e prazerosa por muito mais do que duas horas de cada vez (mesmo dormir é drasticamente reduzido a três ou quatro horas nessa Utopia, enquanto a expectativa de vida é incomensuravelmente estendida). Está claro que, para além da variedade de atividades e da complexidade de arranjos de produção que o ritmo da borboleta necessariamente exige (pode-se lembrar do maravilhoso comentário de Raymond Williams de que o socialismo não será mais simples que o capitalismo, mas incomensuravelmente mais complexo), esse ritmo também oferece uma variedade de prazeres e gratificações que o seguinte "*parcours*" ou cronograma de gratificações pode indicar:

> Leandre acabou de conquistar a mulher que ele cortejava. Esse é um prazer compósito, tanto para os sentidos quanto para a alma. Imediatamente após isso, ela lhe deu um título de patente lucrativo que ele buscava; trata-se de um segundo prazer. Quinze minutos depois, ela o leva até o salão, onde ele encontra felizes surpresas, em particular um amigo que ele pensava tivesse morrido; terceiro prazer. Pouco depois, entra um homem famoso, Buffon ou Corneille, a quem ele sempre quis conhecer e que janta com eles; quarto prazer. Depois, uma deliciosa refeição; quinto prazer. Leandre está sentado do lado de um homem poderoso que pode ajudá-lo e promete fazê-lo; sexto prazer. Durante o jantar, uma mensagem é entregue avisando-o que ele acaba de ganhar um processo; sétimo prazer (*NMI*, p. 404-405).

Poucas passagens marcam tão claramente a diferença entre o texto Utópico e a literatura (ou, pelo menos, o que chamamos de narrativa): longe de exigir uma representação concreta do nosso anseio satisfeito, esse cronograma retrospectivo nos pede que ele seja desejado como se fosse a receita tão sonhada para nosso próprio futuro. Não a realização, mas a ressurreição do próprio anseio: essa é a alegria das imagens oníricas de Fourier, de espírito mais mozartianas e próprias ao século XVIII do que próprias às contingências do ser do romance realista do século XIX. Beecher insiste bastante na repulsa de Fourier à tragédia, sua implacável insistência no final feliz, na resolução perpétua e universal e na gratificação infinita; trata-se de um elemento que escapa às formas literárias, na medida em que transcende as categorias da comédia e do romance de Frye/White; isso tampouco pode ser pensado filosoficamente como algo tão superficial como o otimismo, uma vez que essa vontade particular de otimismo (que, nesse nível, tem algo em comum com a vontade nietzschiana), ao ter vontade da própria vontade, chega à própria natureza inorgânica, a fim de elevar tudo o que existe à sua altura. Pois, ao mesmo tempo, essa consciência particular aprendeu, inadvertidamente, o segredo mais profundo da satisfação de anseios, a saber, que ela exige, de antemão, condições de possibilidade para que seja sonhada ou fantasiada. Em Fourier, no entanto, a fantasia é tão peremptória e profunda que toda a natureza deve ser convocada como sua condição de possibilidade.

A comparação nietzschiana talvez alcance outro segredo do sucesso de Fourier: se se busca gratificação em tudo, então tudo deve ser afirmado – e é nesse ponto que a transformação Utópica pode ocorrer. Mas essa transformação deve ser total e sistêmica: não pode apenas mordiscar o real por mudanças pontuais, o que constitui o material do moralismo. De fato, a aversão de Fourier pelos moralistas e pela ética é ainda mais admirável do que sua vontade de gratificação e seu repúdio do sentido trágico da vida; e é melhor dizer isso dessa forma do que evocar sua ojeriza à moralidade ou, melhor ainda, à "moralidade burguesa", um sentimento que é banal o suficiente para que todos o compartilhem. Não, são antes aqueles que moralizam e assumem uma visão ética os suspeitos aqui, em um momento em que Fourier reincorpora as motivações mais profundas da própria dialética: o repúdio de Hegel a Kant e ao *Sollen* (ou imperativo ético) kantiano, em nome de uma totalidade quase espinosana do ser (onde "o que é, é racional" e vice-versa) – e, além disso, o conjunto de motivações complexas do próprio Marx em relação à virtualidade e à imanência (Lukács irá, ele mesmo, retornar à posição de Hegel a fim de atacar o modo kantiano e ético como a Segunda Internacional reescreveu Marx e buscou colocar o socialismo como um projeto puramente ético de mudança do mundo). Pois, uma vez mais, Marx é ontológico ao apreender as formas coletivas como já latentes no presente capitalista: elas não são apenas desejáveis (ou éticas), nem mesmo apenas possíveis, mas também – e acima de tudo – inevitáveis, sob a condição de que compreendamos a emergência dessa inevitabilidade como uma tarefa e um projeto humano coletivos. (Deve-se entender que, para Marx, o oposto da inevitabilidade, nesse sentido, é a catástrofe e a destruição universal: o socialismo pode muito bem nunca chegar a existir, mas, nesse caso, nada mais tampouco existirá como alternativa – "a ruína mútua das forças em disputa".)

É verdade que Fourier também compreende a moralização como uma forma de repressão ("*la méthode répressive dite morale*", NMI, p. 207), completando, assim, a objeção dialética ao Sollen ou à "vontade de poder" ética com uma análise freudiana ou nietzschiana. A ética, "*l'antipode de la nature*", mina as três paixões combinatórias fundamentais (ver acima), ao desaprová-las (NMI, p. 119), mas também deforma o próprio impulso Utópico como uma infiltração, por uma deflexão por onde se originam falsas Utopias de escravidão ao trabalho, como aquelas que ele denuncia em Saint-Simon e Owen. A moralização caminha lado a lado com a própria civilização (como Freud irá, com efeito, dizer em *O mal-estar na cultura*), e o desprezo de Fourier pela última pode ser lido várias vezes nas passagens satíricas, como no raro sarcasmo desta aqui: "Tivemos apenas 17 tratados morais este ano, disse um jornal de 1803, lamentando a escassez desta safra. Ele falava apenas da França: somando os outros Estados, etc., etc." (*NMI*, p. 207).

É importante entender que uma das mais significativas originalidades de Fourier foi a de ter incluído a família nessa diatribe – e nisso ele se afasta totalmente de todos aqueles de disposição reacionária ou radical que buscaram na estrutura da família um modelo para seus grupos ideais ou reinventaram um equivalente orgânico dela em maior escala. A falange não é uma família estendida ou uma propriedade ainda maior, mas antes uma antifamília (algo, como ele gostava de apontar, que tendemos a confundir com a família apenas porque vivemos em um período caído e degenerado em que mal podemos imaginar algo diferente).

O hábito ético ou moralizante é, acima de tudo, o que resiste ao grande pensamento da imanência, que anseia pelo luxo de escolher entre as coisas existentes – e essa afirmação panteísta (no nosso tempo, mais imediatamente associada com Espinosa do que com Hegel e Marx, por razões históricas) é a porta de entrada da doutrina de Fourier das paixões e da libido. Seria extraordinariamente antiquado, hoje em dia, celebrar as "extraordinárias" ideias libidinais de Fourier, que supostamente o elevariam ao nível profético de um Krafft-Ebing ou um Havelock Ellis, seja lá o que isso signifique. Nem mesmo a menção a Lacan é apropriada aqui, ao menos que seja em termos de uma noção de "cura" psicanalítica diferente daquela que se tornou popular (em particular, na América do Norte), a saber, como uma forma quase religiosa de redenção em que toda a personalidade é, de algum modo, transfigurada. O espírito da cura lacaniana (mas também provavelmente da cura clássica ou freudiana) é mais bem apresentado pela fórmula exultante de Slavoj Žižek – "Goze com seu sintoma!" –, o que implica que a mudança, se ela existe, reside não na estrutura do caráter de alguém ou nos impulsos a que se é vítima, mas, antes, na natureza da relação de si com esses impulsos, que são agora escolhidos e afirmados, em vez de resistirmos a eles em uma negação de todo modo vã e impossível (essa linguagem pode, aqui, ainda nos lembrar que uma sabedoria similar também estava presente na psicologia sartreana ou existencial).

Daí a afirmação que Fourier faz de todos os "vícios" e perversões, bem como de todos os outros impulsos legitimados e respeitáveis: o conceito de sublimação é, hoje em dia, muito limitado para lidar com o modo pelo qual um consentimento material a todos esses impulsos e uma abertura do espaço social para sua gratificação prática os transforma totalmente. Nada em Fourier foi mais citado do que a fábula da dama russa sádica (*NMA*, p. 390-392), à qual devemos acrescentar a própria afeição de Fourier pelas lésbicas, a cooptação utilitária do amor das crianças pela sujeira e o lixo nas "pequenas hordas" que se ocuparão desse trabalho particular na Utopia e, por último, porém não menos importante, as grandes competições e torneios amorosos, em que as necessidades dos feios e idosos seriam assistidas por jovens e belos "santos", cuja prostituição filantrópica é matéria de celebração pública e de distribuição de prêmios e títulos. Qualquer introdução apropriada a Fourier contém esses materiais; recordo-os, aqui, a fim de dramatizar a estrutura ontológica dessa

Utopia, em que tudo que já existe, ou praticamente existe, latente, no nível da fantasia ou do anseio semiformado ou da inclinação, constitui também o fundamento da própria estrutura social. O realismo libidinal de Fourier reside em construir a sociedade sobre o que ela já contém (do mesmo modo que a discussão de Marx visava a mostrar a emergência das relações coletivas ou protossocialistas de dentro do próprio capital).

Esse acolhimento da imanência também implicaria, como em Hegel, o fim da arte, isto é, o definhamento das várias distâncias em relação ao real (que podem ser compensatórias ou críticas, afirmativas ou antecipatórias) que a estética sempre necessariamente cultiva em relação ao seu contexto social? Até certo ponto: a ópera será, ele nos diz, uma eterna ocupação dos Utópicos (mas também se pode imaginar, como em Adorno, algo como uma mutação da função da própria música, que, ao se tornar parte da vida, deixará, de algum modo, de ser sua substituta formal). O que chamamos de charadas – incluindo os grandes torneios e competições aqui mencionados e até mesmo as orgias planejadas, tão ordenadas e simétricas, como observa Barthes, quanto as de Sade – são aqui, por todo lado, mobilizadas para transformar a vida em puro jogo: o que ela, já era de todo modo, desde a organização do trabalho na forma de uma gratificação lúdica. Por fim, há o comer em Fourier; e é claro que aquela protoestética, por meio da qual uma função natural é convertida em uma *combinatoire* de modos de gostos e cheiros quase estruturalista, torna-se algo como a própria figura ou emblema da transformação da matéria em Utopia; a gastrosofia se converte, assim, (de novo?) na forma mais elevada de arte, o que talvez diga algo sobre nossas práticas estéticas contemporâneas e sugira novas formas de reavaliá-las.

Seria deprimente concluir com a observação desiludida de Barthes de que o que haveria de profético ou antecipatório na visão de Fourier seria o esboço que ela contém de uma futura indústria do turismo, em uma escala global, sobre a qual a pós-modernidade talvez nos reserve surpresas. (Teríamos, nesse caso, de recorrer ao antídoto de Bloch, que já nos lembrou de que a indústria do turismo é também um antegosto da Utopia.) Seria melhor, talvez, concluir com o Fourier romântico – a meio caminho entre a não figuralidade de Wordsworth e os emblemas e códigos alquímicos praticamente medievais de um Philipp Otto Runge –, que ainda pode bradar:

> Sem a analogia, a natureza é apenas um vasto campo de sarças; os 73 sistemas de botânica são apenas 73 caules de cardo. Rousseau os descreveu bem como uma ciência repulsiva, que cospe grego e latim na cara das mulheres. Diga a elas, para interessá-las, que tal efeito de paixões é retratado em tal vegetal; mostre-lhes as variedades do amor em íris, na tuberosa, no cravo, no jacinto, no pêssego, no damasco, no pombo e no galo... (*NMI*, p. 526).

1994

2.

Descontinuidades genéricas na Ficção Científica: *Starship*, de Brian Aldiss

A convenção temática ou narrativa da nave-perdida-enquanto-universo oferece uma oportunidade particularmente interessante para observar as diferenças entre as chamadas velha e nova onda da FC, uma vez que *Starship* (1958), de Aldiss, foi precedida por um tratamento fino do mesmo material por Robert A. Heinlein em *Orphans of the Sky* (publicada em duas partes, em 1941, como "Universe" e "Common Sense").[1] Tomadas em conjunto, as versões dos dois escritores nos dão uma visão sinóptica da linha narrativa básica que descreve as experiências do herói conforme ele se aventura para além dos limites claustrofóbicos de seu território de origem, em direção a outros compartimentos de um mundo povoado por seres estranhos e mutantes. O herói acaba por entender que o espaço pelo qual ele se move não é o universo, mas simplesmente uma nave gigante em trânsito pela galáxia; e essa descoberta – que, pode-se dizer, tem nesse contexto todas as consequências científicas marcantes que as descobertas de Copérnico e Einstein tiveram no seu – toma a forma dupla do texto e da câmara secreta. Por um lado, o herói aprende a ler o enigmático "*Manual de circuitos elétricos da nave estelar*", um

---

[1] *Starship* (Nova York, 1958) foi intitulada *Non-Stop* na Grã-Bretanha; as páginas de referência a essa edição, bem como as da versão em livro de *Orphans of the Sky* (Nova York, 1964), são apresentadas no próprio texto.

manual de seu próprio cosmos, acrescido pelo registro, na nave, do histórico da catástrofe passada – motim e desastre natural, como a Gênese e a Queda –, que rompeu o vínculo entre as futuras gerações de habitantes da nave e todo o conhecimento de suas origens; por outro, ele consegue chegar à sala de controle da nave, há tempos desocupada, e lá toma conhecimento, pela primeira vez, da experiência devastadora do espaço profundo e do terror das estrelas. A narrativa termina com a chegada da nave – contra todas as expectativas – ao seu destino imemorial e há tempos esquecido e com o fim daquilo que algum filósofo espacial autóctone teria, sem dúvida, chamado de "pré-história" de seus habitantes.

Mas essa série de eventos constitui apenas o que se poderia chamar de dimensão horizontal do material temático em questão. Sobre sua base, uma espécie de estrutura vertical é erigida: um apanhado dos costumes e da cultura que se desenvolveram no domínio fechado da nave perdida. Tanto Heinlein quanto Aldiss têm o cuidado antropológico de indicar a peculiar religião nativa da nave, orientada por seus fundadores míticos, sua ética codificada de sobrevivência, cujos conceitos de bem e mal são derivados da tradição do grande motim enquanto certa desobediência primeva do homem, ao lado de suas figuras de linguagem e fórmulas ritualísticas características, também originadas de eventos e situações há tempos esquecidos e incompreensíveis ("Viaje!" = "Morra!"; "Por Huff!" = "Diabos!", em alusão ao líder do motim; e assim por diante). Com essa dimensão antropológica da narrativa, os dois livros, pode-se dizer, preenchem uma das funções supremas da FC como gênero, a saber, o "estranhamento", no sentido brechtiano,[2] em relação à nossa cultura e às nossas instituições – uma renovação chocante de nossa visão, de modo que, uma vez mais, mas como se fosse pela primeira vez, fossemos capazes de perceber sua historicidade e sua arbitrariedade, sua profunda dependência dos acidentes da aventura histórica do homem.

---

[2] Ver Bertolt Brecht, *Brecht on Theater*, editado e traduzido por John Willett (Estados Unidos, 1964), especialmente p. 191-193.

O que proponho é inverter a ordem tradicional das prioridades estéticas e sugerir que o tema não é senão um pretexto para o espetáculo da formação artificial de uma cultura dentro da situação fechada de uma nave perdida. Essa hipótese demanda um olhar mais detido para o papel do *artificial* nessas narrativas, que toma pelo menos duas formas distintas. Primeiro, existe a artificialidade da nave espacial, do tamanho de várias milhas, como um constructo humano a serviço de um projeto humano. Aqui, o leitor se vê oprimido pela substituição da natureza pela cultura – uma substituição dramática e inesperadamente estendida por Aldiss na virada final, sobre a qual falarei mais tarde. Acostumado à ideia de que a história e a cultura humanas obedecem a um tipo de ritmo orgânico e natural em sua evolução, emergindo lentamente dentro de uma determinada situação geográfica e climática a partir da força moldante dos eventos (invasões, invenções, desenvolvimentos econômicos) – que são, eles mesmos, percebidos como tendo alguma lógica interior ou "natural" –, o leitor sente a influência suprema do ambiente da nave como um gracejo cruel e não natural. A substituição das florestas e planícies, em que os homens evoluíram, pelos compartimentos artificias da nave espacial é, em si, apenas o símbolo externo e sufocante da decisão humana original (uma caricatura sinistra do gesto divino da criação) que mandou o homem a essa missão fatal e que está na origem dessa cultura nova e artificial. De algum modo, os momentos decisivos da história humana real (César no Rubicão, Lênin à véspera da Revolução de Outubro) não nos chegaram com essa força irrevogável, pois foram reabsorvidos em uma rede de eventos posteriores e "alienados" pela existência coletiva da sociedade como um todo. Mas o ato inaugurante dos que lançaram a nave espacial implica uma responsabilidade terrível e quase divina, com sérias conotações políticas às quais voltaremos adiante. Por ora, gostaria de sugerir que o efeito de estranhamento inerente a essa substituição da natureza pela cultura parece envolver dois impulsos aparentemente contraditórios: por um lado, ela nos faz obscuramente duvidar se nossas próprias instituições são tão naturais quando supomos e se nosso ambiente exterior "real" não seria, ele mesmo, tão confinante e restritivo quanto o mundo fechado da nave; por outro, ela traz incertezas quanto ao princípio do próprio "natural", que, como uma categoria conceitual, já não parece ser tão autojustificada nem baseada no senso comum.

O outro sentido em que o artificial desempenha um papel crucial na narrativa do universo-como-nave-espacial tem a ver com o próprio autor, que precisa, por assim dizer, reinventar a história a partir do zero e elaborar, a partir de sua imaginação individual, instituições e fenômenos culturais que na vida real surgem apenas após longos períodos e como resultado de processos coletivos. A verdade histórica é sempre mais estranha e mais imprevisível, mais inimaginável do que a ficção: seja qual for o talento do romancista, sua invenção deve sempre necessariamente nascer da extrapolação do, ou da analogia com o real, e essa lei se impõe com uma força e uma visibilidade particulares na FC, com seu vínculo, enquanto gênero, com a "história futura". Isso quer dizer que os traços culturais inventados por Aldiss e Heinlein sempre nos chegam como *signos*: eles pedem que os tomemos como equivalentes de hábitos culturais de nossas próprias vidas diárias; rogam ser julgados pela sua intenção, em vez de pelo que eles de fato realizam; e que sejam lidos com certa cumplicidade, e não pelo seu conteúdo literal empobrecido. Mas esse fracasso aparentemente inevitável da imaginação não é tão desastroso esteticamente quanto se poderia esperar; pelo contrário, ele projeta um efeito de estranhamento próprio, e nossa reação não é tanto de desapontamento diante dos lapsos imaginativos de Aldiss e Heinlein, mas, antes, de desconcerto diante dos limites da visão humana. Esses detalhes nos fazem medir a distância entre o poder criativo da mente individual e a plenitude imprevisível e inesgotável da história como aventura humana coletiva, de modo que essa inabilidade maior do escritor em criar um universo genuinamente alternativo apenas nos leva de volta a essa aventura.

Basta de semelhanças entre esses dois livros e entre as estruturas narrativas que eles compartilham. Suas diferenças começam a emergir quando observamos o modo como cada um lida com o problema estratégico principal de uma narrativa como essa, a saber, o quanto o leitor deve ser mantido, junto com o herói, em uma posição de ignorância em relação aos fatos básicos sobre a nave perdida. Agora, deve-se notar que ambos os livros revelam seu segredo já no começo – Aldiss com seu título, e Heinlein com o motivo "histórico" inicial, porém retrospectivo, que relata o desaparecimento da nave no espaço sideral. Aparentemente, portanto, lidamos em ambos os casos com uma história de aventura em que o herói descobre algo que já sabemos, em vez de com uma forma cognitiva ou de resolução de enigmas em que nós mesmos descobrimos algo novo. Mas os episódios finais dos dois livros são diferentes o suficiente para sugerirem distinções estruturais significativas entre eles. Na história de Heinlein, de fato, a nave perdida, no fim, *aterrissa*, e a identidade do destino não é tão importante quanto a finalidade da própria aterrissagem, que tem o efeito de satisfazer nossas expectativas estéticas com um ponto final. Decerto, o livro poderia ter acabado de várias outras formas: a nave poderia ter colidido, o herói poderia ter sido morto por seus inimigos, os habitantes poderiam todos terem morrido e navegado, embalsamados, pelo espaço intergaláctico como os personagens do poema de Martinson e da ópera *Aniara*, de Blomdahl. O ponto é que esses finais alternativos não colocam em xeque a categoria básica de um final ou de uma resolução de enredo; antes, eles reconfirmam a convenção da narrativa linear com seu começo (*in medias res* ou *navigationis*), meio e fim.

A guinada final do romance de Aldiss, por outro lado, vira ao avesso, como a uma luva, todo o conceito de um enredo desse tipo. Ela nos mostra que havia um mistério ou enigma a ser resolvido no fim das contas, mas não onde achávamos que ele estava; por assim dizer, um enigma de segundo grau, um mistério ao quadrado, transcendendo a questão do mundo como uma nave que nós, leitores, tomamos de barato desde o começo. A guinada final, portanto, retorna às páginas iniciais para transformar as próprias expectativas genéricas lá suscitadas. Ela, de repente, reidentifica a categoria de narrativa de um modo totalmente inesperado e nos mostra que estivemos lendo um tipo de livro muito diferente daquele com que começamos. Comparando com seja lá o que se possa encontrar na história de Heinlein, na qual todas as descobertas ocorrem *de dentro* e dependem da existência e da estabilidade do quadro narrativo, a nova informação que nos proporciona Aldiss em suas páginas finais tem consequências estruturais de um tipo mais profundo.

A noção de *expectativas genéricas*[3] pode agora servir como ferramenta primária para a nossa análise de *Starship* – ao mesmo tempo em que essa leitura irá definir e ilustrar essa noção de modo mais concreto. Suponho que o leitor que chegue a Aldiss depois de ler Heinlein fique impressionado, antes de tudo, com a densidade "fisiológica" incomparavelmente mais vívida do estilo de Aldiss. Apesar de tudo o que o título nos diz sobre o mundo ao qual estamos prestes a entrar, o leitor de *Starship*, em suas páginas iniciais, se vê explorando um mistério no qual ele está mergulhado até o limite dos seus sentidos. Em particular, ele deve encontrar alguma forma de reconciliar, em sua própria mente, os dois campos terminológicos e conceituais contraditórios que já discuti sob as rubricas de natureza e cultura :por um lado, indicações da presença de um "*deck*", com seus "compartimentos", "barricadas" e "divisórias de madeira"; e, do outro lado, o crescimento orgânico do "labirinto pônico", pelo qual a tribo lentamente encontra seu caminho como se através de uma selva, "forçando a barricada principal para frente e movendo as outras para trás, para o outro lado dos alojamentos, a uma distância correspondente" (p. 14). Uma tal interpenetração aparentemente

---

[3] Qualquer reflexão sobre o gênero hoje deve muito – às vezes inadvertidamente – a *Anatomy of Criticism* (1957), de Northrop Frye; devo ainda mencionar, na renovação desse campo de estudos, os neoaristotélicos de Chicago, representados pela antologia *Critics and Criticism* (1952), de R. S. Crane. Para um mapeamento de teorias recentes, ver Paul Hernadi, *Beyond Genre* (1972), e para a última discussão sobre "expectativas genéricas", ver *Validity in Interpretation* (1967), de E. D. Hirsch Jr. Sobre a FC como um gênero, o texto essencial é, sem dúvida, "On the Poetics of the Science Fiction Genre", *College English*, dezembro de 1972, de Darko Suvin; enquanto a pesquisa seminal sobre a relação entre gênero e experiência social permanece a de Georg Lukács (ver, por exemplo seu *Writer and Critic* [1970] e *The Historical Novel* [nova edição, 1969] ou, para uma discussão mais geral, meu "Case for Georg Lukács", em *Marxism and Form* [1972]).

inimaginável entre o natural e o artificial é ressaltada por uma frase como essa: "O trabalho mais difícil, na tarefa de limpar os pônicos, era o de quebrar a estrutura da raiz entrelaçada, que ficava como uma malha de aço sob a granalha, suas gavinhas penetrando fundo no *deck*" (p. 14). Uma frase como esta é um convite à *"rêverie"*, no sentido de Gaston Bachelard de exploração imaginativa das propriedades e elementos do espaço por meio da linguagem: ela exerce a função de poesia, como Heidegger a concebe, como uma reflexão não conceitualizada sobre os mistérios do nosso ser-no-mundo. Sua força surge, no entanto, de suas contradições internas, do conflito incompreensível entre o imaginário natural e o artificial, que desperta e estimula nossas faculdades perceptivas ao mesmo tempo em que parece bloquear seu pleno desabrochar. Podemos avaliar esse mecanismo de modo mais acurado por meio de uma justaposição com um livro posterior do próprio Aldiss, *Hothouse* (1962), em que uma Terra pós-civilizada oferece um imaginário puramente orgânico abundante e vibrante, tendo o cultural e o artificial, com poucas exceções, há tempos desaparecido.[4]

Isso não significa que o livro de Heinlein não tenha momentos análogos de mistério, mas eles são narrativos, em vez de descritivos. Penso, por exemplo, no episódio perto do começo de "Universe", em que Hugh e seu companheiro, perdidos em uma parte estranha da nave, avistam um "lavrador":

> "Ei, companheiro de nave! Onde estamos?"
> O camponês virou-se para eles lentamente, depois os direcionou, por monossílabos relutantes, à passagem principal que os levaria de volta ao seu vilarejo.
> Uma rápida caminhada de uma milha e meia por um túnel largo, moderadamente cheio de viajantes, carregadores, uma charrete aqui e ali, um cientista solene balançando em uma maca, carregado por quatro ajudantes robustos e precedido por seu mestre

---

[4] *Hothuse* (Londres, 1962), de Brian Aldiss, foi publicado nos Estados Unidos como *The Long Afternoon of Earth*.

d'armas para afastar a tripulação comum do caminho – uma milha e meia disso os levou à parte comunal de seu próprio vilarejo, um compartimento espaçoso de três *decks* de altura e talvez dez vezes mais largo (p. 12-13).

Pode-se pensar em Luciano ou no narrador de Rabelais descendo na garganta de Pantagruel e conversando com os camponeses que ali encontra plantando repolho; e deve ser dito, em defesa de Heinlein, que a intensidade puramente descritiva das páginas de Aldiss deve ser considerada um fenômeno estilisticamente tardio, que reflete o colapso do enredo e o fracasso de certo gesto genuinamente narrativo, subvertendo a função clássica dos romances de contar histórias em uma função ilícita poética que substitui eventos e ações por objetos e atmosferas. Por outro lado, é verdade que o que caracteriza um escritor como Aldiss – e, no sentido amplo, o escritor do "novo romance" em geral – é precisamente o fato de ele escrever *após* o "antigo romance", já pressupondo a existência do último. Em um sentido hegeliano, pode-se dizer que essa escrita poética inclui a antiga narrativa em si, como se fosse anulada e elevada a um novo tipo de estrutura.

Mas o que eu gostaria de enfatizar é que o material de Aldiss determina as expectativas genéricas de um modo que o episódio de Heinlein é incapaz de fazer. O último é meramente um evento a mais entre outros, enquanto as páginas de Aldiss programam o leitor para um tipo particular de leitura, para a exploração fisiológica ou bachelardiana, por meio do estilo, das propriedades de um mundo peculiar e fascinante. Que essa atenção fenomenológica seja, por enquanto, primária talvez possa ser indicado pela nossa distância em relação a Complain, o personagem principal, que nessa primeira seção do livro serve, pode-se dizer, como mero pretexto para nossas percepções desse estranho espaço novo e, na verdade, equivale, com seus injustificados anseios e raivas, a pouco mais do que qualquer outro objeto mais curioso em seu interior, que observamos de modo etnologicamente desapaixonado a partir de fora. De fato, o deslocamento de nossa distância em relação aos personagens, as transformações das próprias categorias pelas quais os percebemos está entre os indicadores mais importantes daquilo que chamamos de expectativa genérica. Talvez se possa agora ilustrar mais claramente esse conceito ao notarmos que as páginas iniciais de *Starship* (mais ou menos até o ponto onde Complain é atraído ao projeto de Marapper de explorar a nave) projetam um tipo de narrativa ou gênero que não é efetivado posteriormente. *Hothouse*, de fato, oferece uma comparação bastante profícua nesse contexto, pois ele pode ser visto como um livro que satisfaz o tipo de expectativa genérica despertada nessa primeira seção de *Starship*. *Hothouse* é, precisamente, do começo ao fim, uma narrativa bachelardiana do tipo que *Starship* deixa de ser depois que Complain deixa sua tribo e, por essa razão, é um produto mais homogêneo que *Starship*, mais pródigo em sua invenção estilística, mas, pela mesma razão, mais monótono e formalmente menos interessante.

Pois a característica formal predominante de *Starship* é o modo como cada nova seção projeta um tipo diferente de romance ou narrativa, uma nova expectativa genérica rompida, não realizada e substituída, por sua vez, por uma outra expectativa, aparentemente não relacionada. Essas divisões são, é claro, aproximativas e devem ser mapeadas por cada leitor de acordo com suas próprias respostas. Creio que, com o surgimento do plano de Marapper, o romance se transforma em um tipo de *história de aventura*, do tipo território-hostil ou exploração-da-selva, em que o herói e seus companheiros, em sua busca pela sala de controle da nave, começam a se deparar com obstáculos geográficos, tribos hostis, seres alienígenas e dissensões internas. Nessa seção, que dura cerca de vinte páginas, a atenção do leitor está no sucesso ou fracasso da expedição e nos problemas de sua organização e liderança.

Com a descoberta, no meio da noite, do imenso lago – uma vista tão impressionante, para os viajantes, quanto o primeiro vislumbre dos Europeus do Lago Victória ou da nascente do Nilo –, nosso interesse, de novo, subitamente se desloca, voltando à estrutura da própria nave, com seus *decks* numerados, pelos quais os homens lentamente encontram seu caminho. As questões e as expectativas agora despertadas parecem ser novamente de tipo *cognitivo* e sugerem que a mera certeza de se estar em uma nave espacial não resolve todos os nossos problemas e, em particular, não explica por que é que a nave, misteriosamente abandonada ao seu destino, continua a *funcionar* (por exemplo, seus geradores ainda produzem eletricidade para o sistema de iluminação).

Mas o resultado desse novo tipo de atenção ao ambiente físico é ainda outro deslocamento de tom ou convenção narrativa. Pois o aparecimento inesperado de seres até então desconhecidos – os Gigantes e o exército de ratos inteligentes que leem a mente – parece nos fazer mergulhar, por um momento, em uma história de tipo quase sobrenatural. Particularmente com os ratos, nos sentimos perigosamente próximos da transição da FC para a literatura de conto de fadas ou de fantasia em geral, entre visões do *Quebra-nozes* ou mesmo do tipo história em quadrinhos. (Esse novo deslocamento, incidentalmente, é prova da imensa distância que separa a FC da fantasia e que deve, portanto, ser também descrita em termos de expectativas genéricas.)

Com a entrada dos exploradores na civilização mais avançada da área Dianteira, o plano de Marapper se revela um fracasso e, novamente, uma nova expectativa genérica substitui a anterior: com a ampliação do foco, nos encontramos no meio de um romance de catástrofe coletiva, pois agora temos uma sociedade sitiada lutando por sua vida contra inimigos reais e imaginários: os *Outsiders*, os Gigantes, os ratos e os bárbaros inferiores dos Caminhos Mortos. Novamente, o deslocamento genérico é sinalizado por uma mudança em nosso distanciamento de Complain, que de um mero membro do time é promovido a herói romântico por meio do seu caso amoroso com Vyann, uma das líderes políticas do Estado Dianteiro. Nossas novas aproximação e identificação com Complain são reforçadas pela sua descoberta de que o cacique das forças guerrilheiras bárbaras não é ninguém menos do que seu irmão, há tempos desaparecido (uma descoberta que talvez coloque em movimento expectativas genéricas menores, lembrando os desenlaces de última hora de histórias helenísticas *à la* Heliodoro, ou reuniões familiares, em histórias de órfãos ou crianças abandonadas, como em *Tom Jones* ou *Cimbelino*).

Ao fim e ao cabo, no caos apocalíptico em que acaba o romance – os incêndios e as brigas, a invasão dos ratos, o colapso do sistema elétrico e a destruição iminente da própria nave –, chegamos à guinada final mencionada. Aqui, os elementos sobrenaturais são, por assim dizer, reabsorvidos na estrutura de enredo de FC (realista, pode-se dizer), pois descobrimos que os Gigantes e os *Outsiders* existem de fato e podem ser racionalmente explicados. O mecanismo dessa transformação genérica final é a ampliação física do contexto em que a ação ocorre: pela primeira vez, o ambiente interno da nave cessa de ser o limite exterior de nossa experiência. A nave adquire uma superfície exterior e uma posição no espaço sideral; o que, até agora, havia sido um mundo, em si, completo é então transformado em uma imensa embarcação flutuando dentro de um sistema ainda mais amplo de coordenadas estáveis e externas. Ao mesmo tempo, a própria função da nave é alterada, pois, com a impactante descoberta final, a viagem sem fim e sem objetivo pelo espaço se revela uma ilusão, e os habitantes descobrem que estão em órbita em torno da terra. Essa situação foi mantida por gerações, de modo que a descoberta incide sobre o passado para também transformá-lo e para tornar a história "trágica" da nave em uma horrível mascarada. Assim, no fim das contas, descobrimos que os personagens principais da história, os personagens com quem nos identificamos, são mutantes administrados, "para o seu próprio bem", a partir da Terra, por uma comissão científica, uma comissão cujos representantes os moradores da nave instintivamente identificaram como Gigantes ou *Outsiders*.

Deste modo, em seu avatar final, *Starship* é transformado de uma história de aventura pseudocosmológica de explorações dentro do estranho mundo da nave em uma *fábula política* sobre a manipulação do homem pelo homem. O gênero final ao qual o livro se mostra pertencer leva nossa atenção não para as imensidões do espaço interestelar, mas, antes, de volta para as intenções humanas subjacentes ao paternalismo sinistro que foi responsável pelo encarceramento dentro da nave, por tantas gerações, de descendentes da tripulação original. Se minha leitura estiver correta, a virada final não é simplesmente a solução para o enigma que se tentou resolver, sem sucesso, desde as páginas iniciais do livro; antes, o enigma no coração da obra é apenas agora, pela primeira vez, revelado ao ser já inadvertidamente resolvido.

Essa revelação tem o efeito de invalidar todos os modos anteriores de leitura ou de expectativas genéricas. Para além da história dos personagens e do destino da nave, podemos postular a existência de um segundo enredo ou linha narrativa naquele conjunto muito diferente de eventos puramente formais que orienta nossa leitura: nossos esforços tentativos e tateantes de identificar, durante a leitura, o tipo de livro que estávamos lendo e nossa solução final para o enigma, com a descoberta de seu caráter social ou político.

Uma descrição como essa não irá surpreender alguém que esteja familiarizado com a estética do modernismo e ciente do grau em que escritores modernos em geral tomaram o próprio processo artístico como seu "material temático", atribuindo a si mesmos a tarefa de trazer para primeiro plano não os objetos percebidos, não o *conteúdo* da obra, mas, antes, o próprio ato da recepção e percepção estética. Isso é obtido, no todo, pela manipulação do aparato ou enquadramento perceptivo, e a noção de descontinuidade genérica sugere que, em *Starship*, o argumento básico pode ser alterado tanto por deslocamentos em nossa posição receptiva quanto por modificações internas do conteúdo. Podemos nos lembrar do bastante conhecido experimento Kuleshov, nos primeiros dias do cinema Soviético, em que uma única tomada da face de um ator parecia expressar em certo momento alegria, em outro, ironia, em outro, fome, em outro, tristeza, a depender do contexto desenvolvido pelas tomadas com as quais ela era justaposta. De fato, a própria noção de expectativas genéricas exige que façamos uma distinção entre o sentido de sentenças individuais e nossa avaliação do todo do qual elas são parte e que dita a interpretação que fazemos delas (um processo frequentemente descrito como "círculo hermenêutico"). *Starship*, de Aldiss, confirma essa noção ao mostrar os resultados de uma variação e uma subversão sistemáticas do contexto narrativo.

Que essa estrutura não seja uma mera aberração estética, mas uma tendência dominante da experimentação literária, pode ser demonstrado por meio de uma comparação com a estrutura do *nouveau roman* francês e, particularmente, com os dispositivos estilísticos e composicionais de Alain Robbe-Grillet, cuja obra o próprio Aldiss colocava na categoria de FC: "*L'Année dernière à Marienbad*, onde o hotel dourado com seus inúmeros corredores – *énormes, sompleux, baroques, lugubres* – se apresenta mais intensamente como um símbolo do isolamento em relação às correntes da vida do que qualquer nave espacial, simplesmente em razão de ser mais assustadoramente acessível às nossas imaginações".[5]

O que Aldiss não diz é que esses símbolos são o produto final de todo um método e procedimento artístico: na narrativa de Robbe-Grillet, por exemplo, nossa leitura das palavras é minada na própria base: conforme o olhar narrativo lentamente passa pelos contornos dos objetos tão minuciosamente descritos, começamos a sentir uma profunda incerteza quanto às próprias possibilidades da descrição física por meio da linguagem.[6] De fato, o que ocorre é que as palavras permanecem as mesmas, enquanto seus referentes mudam sem alarde: os meros nomes dos objetos são insuficientes para veicular a identidade única de um tempo e um lugar singulares, e o leitor é constantemente forçado a reavaliar as coordenadas da mesa, da cadeira de balanço, do apagador em questão, do mesmo modo como, nos filmes de Resnais, os mesmos eventos parecem ocorrer de novo e de novo, mas em diferentes tempos e sob diferentes configurações. Esses efeitos são bem diferentes do que acontece na literatura de sonhos ou surrealista, na qual é o próprio objeto que é transformado diante dos nossos olhos, e o poder da linguagem de registrar as metamorfoses mais grotescas é reafirmado; assim, em Ovídio, a linguagem é demandada a expressar o quase inexprimível e

---

[5] *Best SF: 1969*, editado por Harry Harrison e Brian W. Aldiss (Nova York, 1970), p. 217.

[6] Discuti esse fenômeno de um ponto de vista diferente em "Seriality in Modern Literature", *Bucknell Review*, primavera de 1970.

a articular, em toda a sua plenitude, coisas que duvidamos que nossos olhos reais pudessem jamais ver. No *nouveau roman*, pelo contrário, e naqueles trabalhos de FC relacionados a ele (por exemplo, as cenas alucinatórias nos romances de Philip K. Dick como *Os três estigmas de Palmer Eldritch*), é a capacidade expressiva das palavras e dos nomes que é posta em questão e subvertida, e isso não de dentro, mas de fora, por deslocamentos imperceptíveis, porém cruciais, no contexto da descrição.

Porém, há um modo em que o material característico da FC goza de uma relação privilegiada com esses efeitos, que parecem comuns à literatura modernista em geral. Faríamos bem em evitar, ao estabelecer essa relação, uma repetição das desgastadas e enfadonhas controvérsias sobre o realismo literário. Talvez seja suficiente sugerir que, nas obras chamadas realistas, a referência a algum mundo exterior objetivo compartilhado ou "real" serve à função estrutural básica de unificar a obra a partir de fora. Seja qual for a heterogeneidade de seus materiais, a unidade da obra "realista" é assim garantida, *a priori*, pela unidade de seu referente. A consequência disso é que quando, como na FC, esse referente é abandonado, o problema formal fundamental posto na construção do enredo será o de encontrar algum novo princípio de unidade. Decerto, um modo como ele pode ser obtido é tomando alguma unidade formal já pronta e existente na tradição, e esse parece ser o caminho tomado pela FC chamada mítica, que encontra um conforto espúrio na unidade predeterminada do mito ou da lenda que serve como um dispositivo organizacional. (Esse procedimento remete, é claro, a *Ulysses*, de Joyce, mas tendo a defender que a grandeza incomparável desse predecessor literário advenha de seu uso *incompleto* do mito: Joyce permite que vejamos que o "mito" não é nada senão um dispositivo organizacional, e seu tema não é alguma unidade fictícia da experiência que o mito supostamente garantiria, mas, antes, a fragmentação da vida no mundo moderno que pede reunificação.)

Onde a solução mitológica é rechaçada, resta disponível à FC outro procedimento organizacional que chamo de *colagem*: o ato de trazer a uma coexistência precária elementos extraídos de fontes e contextos muito diferentes, elementos que, em sua maior parte, derivam de antigos modelos literários e que equivalem a fragmentos partidos de antigos gêneros ultrapassados ou das mais novas produções midiáticas (por exemplo, dos quadrinhos). Em seus piores momentos, a colagem resulta em um tipo de aglutinação de seja lá o que houver em mãos; nos melhores, porém, ela opera trazendo para primeiro plano antigos modelos genéricos, em um tipo de efeito de estranhamento praticado sobre nossa própria receptividade genérica. Algo do tipo é o que tenho buscado descrever em minha leitura de *Starship*.

Mas a arbitrariedade da colagem como forma resulta ainda na intensificação, e até mesmo na transformação da função estrutural do próprio autor, que agora é considerado a fonte e a origem suprema de seja lá que unidade possa ser mantida na obra. O leitor se submete, então, à autoridade do autor de um modo bem diferente do que nas convenções da narrativa realista: trata-se, se preferir, da diferença entre pedir para ser manipulado e concordar em fingir que nenhuma agência humana está presente.

Seria possível mostrar, penso eu (e aqui as obras de Philip K. Dick serviriam como provas principais), que a obsessão temática, na FC, com a manipulação como um fenômeno e um pesadelo social pode ser entendida como uma projeção da forma da FC em seu conteúdo. Isso não quer dizer que o tema da manipulação não seja, dado o tipo de mundo em que vivemos, eminentemente autoexplicativo, em termos de sua própria urgência, mas apenas que existe um tipo de relação privilegiada, uma harmonia pré-estabelecida entre esse tema e as estruturas literárias que caracterizam a FC. Para restringir nossa generalização, por enquanto, ao próprio *Starship*, não me parece coincidência que a questão social fundamental em um livro em que o autor brinca com o leitor, constantemente mudando a direção, ludibriando as suas expectativas, emitindo falsas pistas genéricas e, em geral, usando seu enredo oficial como um pretexto para a manipulação das reações do leitor seja o problema da manipulação do homem por outros homens. E, com isso, tocamos o ponto em que a forma e o conteúdo, em *Starship*, se tornam um só e em que a identidade fundamental entre a estrutura narrativa previamente analisada e o problema político levantado no final do livro é revelada.

Que Brian Aldiss seja muito consciente do caráter, em última instância, político de seu romance é evidente, não apenas por seu Prefácio, mas também por reflexões ocasionais encontradas ao longo do livro. Mas parece claro, a partir de seus comentários, que ele entende que sua fábula – que ilustra os efeitos desastrosos que decisões sociais de larga escala têm sobre a vida individual – teria um teor antiburocrático e antissocialista (a burocracia sendo o modo como o socialismo é concebido por aqueles a quem ele intimida). "Nada", ele nos diz, "a não ser o pleno florescer de uma era tecnológica, como conheceu o século XXIV, poderia ter lançado essa nave miraculosa; mas o milagre foi estéril, cruel. Apenas uma era tecnológica poderia condenar gerações ainda não nascidas a existir nela, como se o homem fosse um mero protoplasma, sem emoção ou aspiração" (p. 162). E seu Prefácio ressalta esse ponto ainda mais: "Uma ideia, que é concebida pelo homem, diferentemente da maioria da miríade de efeitos que abrangem nosso universo, raramente é equilibrada [...]. A ideia, como ocorre com as ideias, deu errado e engoliu suas vidas reais" (p. 9). Vislumbramos, aqui, os contornos familiares daquela posição contrarrevolucionária mais influente de todas, trabalhada pela primeira vez e de modo mais completo por Edmund Burke em suas *Reflexões sobre a Revolução na França*, segundo a qual a razão humana, em sua imperfeição fundamental, é incapaz de substituir o crescimento orgânico, natural da comunidade e da tradição por si mesma e pelos seus poderes. Uma ideologia como essa encontra confirmação no Terror revolucionário (ele mesmo, no geral, deve-se acrescentar, uma resposta da revolução a ameaças externas e internas), que aparece, assim, como a humilhação da *hybris* revolucionária do homem, de sua presunção, ao pretender usurpar o lugar da natureza e da autoridade tradicional.

Contudo, essa leitura que Aldiss faz de sua própria fábula não é necessariamente a única interpretação disponível para nós. Eu mesmo associaria essa obra, antes, a todo um grupo de narrativas de FC que, explícita ou implicitamente, levanta uma questão política e social de um tipo bem diferente, que pode ser caracterizado como pertencendo aos problemas éticos da utopia ou aos dilemas políticos de um futuro em que a política se tornou ética novamente. Essa questão recai necessariamente na assim chamada Diretiva Primeira; em outras palavras, no direito de civilizações ou culturas mais avançadas de intervirem em formas inferiores de vida social com as quais elas entram em contato. (As qualificações de superiores e inferiores ou avançadas e subdesenvolvidas devem, aqui, claramente ser entendidas em um sentido histórico e não em um sentido puramente qualitativo.) Esse problema tem sido, é claro, uma preocupação temática da FC desde sua origem. *A guerra dos mundos,* de H. G. Wells, testemunha isso: claramente, uma fantasia culpada por parte de um homem vitoriano que se pergunta se a brutalidade com a qual ele usou os povos coloniais (a extinção dos tasmanianos) não poderia ser usada contra ele por alguma raça mais avançada, a fim de destruí-lo. Na nossa época, no entanto, esse tema tende a ser reformulado em termos positivos, o que lhe dá uma nova originalidade. Que a destruição de sociedades menos avançadas seja errada e desumana não é mais, certamente, uma questão de debate inteligente. O que está em questão é se uma intervenção, mesmo que benigna e bem-intencionada, de culturas superiores sobre culturas inferiores pode não trazer resultados, em última instância, destrutivos. Embora as convenções da FC possam dramatizar essa questão em termos de encontros galácticos, a preocupação tem claramente uma fonte muito terrena, nas relações entre as sociedades industrializadas e as sociedades chamadas subdesenvolvidas do nosso próprio planeta.

Durante os anos 1950 e no começo dos anos 1960, um anticolonialismo liberal prudente, análogo à condenação pelos Estados Unidos dos impérios coloniais decadentes britânico e francês, parecia estar muito em voga na FC americana. Em uma de suas vertentes (*Jornada nas estrelas*), uma lei interestelar proibindo o estabelecimento de colônias em planetas já habitados por espécies inteligentes se tornou uma convenção aceita. Entretanto, as implicações plenas desse tema, com poucas exceções, como *A mão esquerda da escuridão* (1969), de Ursula Le Guin, foram exploradas apenas na FC escrita a partir de horizontes socialistas, em particular, nas obras de Stanislav Lem e em *É difícil ser um deus* (1964), dos irmãos Strugátski. Na FC ocidental, esse tema está presente especialmente como um clichê ou como uma preocupação inconsciente e se manifesta de modos peculiarmente formalizados. Assim, eu sugeriria que visões de intervenção extragaláctica como a de *O fim da infância*, de Arthur C. Clarke, pertencem a essa categoria, tanto quanto muitos dos intrincados paradoxos da viagem no tempo, nos quais o aparecimento inesperado do herói no passado distante desperta o medo de que ele possa alterar o curso da história de modo a impedir que ele mesmo nasça. Em todos esses traços da FC ocidental, é possível detectar a presença, parece-me, de um virtual *recalque* do motivo ético-político em questão, embora deva ficar claro que se trata de um recalque que a FC compartilha com a maioria das atividades culturais e artísticas realizadas no ocidente. De fato, essa ocultação inconsciente das bases socioeconômicas ou materiais subjacentes à vida, com uma concentração concomitante em atividades puramente espirituais, é a responsável por modos de pensar que a teoria marxista clássica designa por *idealismo*. Trata-se de uma recusa em vincular a experiência existencial ou pessoal, a experiência de nossa vida privada individual, com o sistema e a organização suprapessoais do capitalismo monopolista como um todo onipresente.

No caso presente – para nos limitarmos apenas a ele –, é nossa ignorância deliberada quanto à relação estrutural entre esse sistema econômico e a exploração neocolonialista do Terceiro Mundo que impede qualquer visão ou conceito realista da relação correta entre os dois agrupamentos nacionais ou sociais distintos. Assim, temos a tendência a pensar na relação entre os países em termos éticos, em termos de crueldade ou filantropia, com o resultado de que os investimentos de negócios ocidentais acabam aparecendo para nós como portadores do progresso e do "desenvolvimento" em áreas atrasadas. As questões reais (se o "progresso" é desejável e, se sim, que tipo de progresso; se um país tem o direito de optar por se excluir do circuito internacional; se um país mais avançado tem o direito de intervir, mesmo que benignamente, na evolução histórica de um país menos avançado; em suma, a relação geral entre a cultura autóctone e a industrialização) são de caráter histórico e político. Para que nossa literatura seja capaz de levantar essas questões, seria preciso que nos fizéssemos certas perguntas sobre nosso próprio sistema bem mais pertinentes e difíceis do que aparentemente estamos dispostos a fazer. Devo acrescentar que essa comparação entre as capacidades formais do ocidente e da FC soviética não visa a defender que a União Soviética tenha, em qualquer sentido, resolvido os problemas acima, mas apenas que, na União Soviética, esses problemas foram levantados em plena e explícita consciência, até de um modo agonizante, e que foi a partir da experiência desses dilemas e contradições que sua melhor literatura foi produzida.[7]

O interesse temático de *Starship* reside precisamente na abordagem desse dilema até o limiar da consciência, no modo como o tema da influência ou manipulação intercultural é levantado até a tematização quase explícita. Nesse sentido, faz pouca diferença se o leitor escolhe tomar pelo seu valor de face as interjeições políticas reacionárias do próprio Aldiss ou se prefere a interpretação histórica aqui sugerida; o fato crucial permanece o mesmo: o político reemerge nas páginas finais do livro. A impossibilidade estrutural de que esse material permaneça enterrado, sua tendência irreprimível de se revelar em seu ser histórico mais fundamental, transforma o romance, em termos de gênero, nessa fábula política que estava latente o tempo todo, sem que soubéssemos. Assim, *en route* ao espaço ou ao escapismo galáctico, nos encontramos presos ao campo de força de realidades políticas muito terrenas.

1973

---

[7]   Escrito em 1973.

3.
A redução do mundo em Le Guin

Formas amontoadas cobertas por peles, um monte de neve e rostos suados, tochas durante o dia, uma pá cerimonial e a pedra-chave
de um arco sendo içada... Essa é nossa entrada no outro mundo de
A mão esquerda da escuridão (*MEE*), um mundo que, como todos os
mundos inventados, desperta irresistíveis reminiscências do mundo
real – aqui, menos a Moscóvia de Eisenstein, talvez, do que certa Alta
Idade Média esquimó. Mas esse exotismo de superfície oculta uma
série de "descontinuidades genéricas",[1] e é possível demonstrar que o
romance é construído a partir de um grupo heterogêneo de modos
narrativos, habilidosamente sobrepostos e entrelaçados, constituindo
uma virtual antologia de diferentes tipos de correntes narrativas. Assim, encontramos aqui misturados: a narrativa de viagem (com dados
antropológicos); o pastiche do mito; o romance político (no sentido
estrito do drama de intrigas da corte); FC propriamente dita (a colonização hainiana, a nave espacial em órbita em torno do sol de Gethen);
distopia orwelliana (o aprisionamento na Fazenda Voluntária e na
Agência de Assentamento); história de aventura (a fuga pela geleira);
e, por fim, até talvez algo como uma história de amor multirracial (o
drama da comunicação entre as duas culturas e espécies).

Essas descontinuidades estruturais, ao mesmo tempo que explicam a efetividade de *MEE* em comparação a livros que podem fazer

---

[1] Ver o ensaio anterior.

apenas uma ou duas dessas coisas, também levantam a questão básica sobre a unidade do romance. No que segue, gostaria de defender a existência de uma coerência temática que tem muito pouco a ver com o próprio enredo, mas que parece lançar certa luz sobre o processo de construção de mundos em narrativas ficcionais em geral. Tematicamente, podemos distinguir quatro tipos diferentes de material no romance, sendo que o mais marcante e óbvio é o da sexualidade hermafrodita dos habitantes de Gethen. A mensagem "oficial" do livro, entretanto, parece ser diferente, envolvendo uma reflexão social e histórica sobre as instituições de Karhide e a capacidade dessa ou de qualquer outra sociedade de organizar um estado de guerra total. Em seguida, certamente gostaríamos de mencionar a peculiar ecologia que, ao lado do modo de vida que ela impõe, faz de *MEE* algo como um anti-*Dune*; e, por fim, os mitos e práticas religiosas do planeta, que dão título ao livro.

A questão agora é se podemos encontrar algo em comum a todos esses temas ou, melhor ainda, se podemos isolar certa homologia estrutural essencial entre eles. Para começar com o clima de Gethen (conhecido dos ekumênicos como Inverno), o primeiro Investigador oferece uma interpretação inicial sobre ele, em termos da resistência que esse ambiente da era do gelo representa para a vida humana:

> O clima em Inverno é tão inclemente, tão próximo ao limite do tolerável, até mesmo para eles, com todas as suas adaptações ao frio, que talvez utilizem o espírito guerreiro para guerrear contra o frio. Os povos periféricos, as raças que apenas sobrevivem, raramente são guerreiras. E, no fim, o fator dominante da vida getheniana não é o sexo ou qualquer outra coisa humana: é seu ambiente, seu mundo gelado. Aqui, o homem tem um inimigo ainda mais cruel do que ele próprio.[2]

---

[2] Ursula Le Guin, *Left Hand of Darkness* (Nova York, 1976 [1969]), p. 96. (Ursula Le Guin, *A mão esquerda da escuridão*, tradução de Susana L. de Alexandria, São Paulo: Aleph, 2005, p. 90-91 [N.T.].). Adiante, todas as referências a essa e a outras edições serão dadas no texto.

No entanto, essa não é a única conotação que o frio extremo pode ter; o motivo pode ter outro sentido simbólico dissimulado, mais profundo, que pode ser talvez mais bem ilustrado pelo simbolismo a ele relacionado dos trópicos na FC recente, particularmente nos romances de J. G. Ballard. O calor expressa aqui um tipo de dissolução do corpo no mundo exterior, uma perda daquela separação nítida em relação às roupas e aos objetos externos que lhe dá sua autonomia e lhe permite se mover livremente; uma sensação de crescente contaminação e viscosidade no contato entre seu organismo físico e a superfície em torno dele, um ar úmido em que ele se banha, as frondes que lhe tocam. É assim que a própria selva, com sua natureza não ou anti-wordsworthiana, é percebida como certo organismo imenso e estranho, no qual nossos corpos correm o risco de ser absorvidos – a mais alarmante expressão dessa angústia na FC sendo, talvez, aquela cena terrível de *Downward to Earth*, de Robert Silverberg, em que o protagonista descobre um casal humano que se tornou hospedeiro de larvas parasitas desconhecidas que se movem dentro de seus torsos ainda vivos como fetos monstruosos.

Essa perda de autonomia física – dramatizada pelo ambiente total da selva, onde o europeu se dissolve – é, então, entendida como uma figura da perda de autonomia física, da qual a completa desmoralização, o consumo colonial de whisky e a deterioração geral do herói tropical seriam os paradigmas canônicos na literatura. (Ainda mais relevante para o estudo presente é a relação entre o calor extremo e a angústia sexual – um tema particularmente visível no tratamento, fora da FC, desse tipo de material por romancistas católicos como Graham Greene e François Mauriac, para quem a identificação entre o calor e o tormento sexual adolescente motiva uma posterior dessexualização experienciada pelos seus personagens principais.)

A obra de Ballard é sugestiva pelo modo como ela traduz a dissolução tanto física quanto moral no grande mito ideológico da entropia, no qual o colapso histórico do Império Britânico é projetado como uma imensa desaceleração cósmica do próprio universo e de seus blocos moleculares.[3] Esse tipo de mensagem ideológica deixa claro que o simbolismo do calor, aqui em questão, é um simbolismo peculiarmente ocidental e etnocêntrico. *Cama de gato,* de Vonnegut, é disso testemunha, uma vez que, nesta obra, o deslocamento sistemático da ação do interior de Nova York para o Caribe, de cientistas americanos desumanizados a práticas religiosas alegres e céticas de bokononismo, sugere uma mal dissimulada reflexão sobre a relação entre o poder norte-americano e o Terceiro Mundo, entre a repressão e o conhecimento científico no mundo capitalista e uma evocação nostálgica e primitivista das possibilidades humanas mais genuínas disponíveis em uma cultura mais antiga e simples. A preocupação com o calor, o medo de suar, como se se tratasse de uma dissolução de nosso ser, seria então um equivalente de uma angústia inconsciente quanto ao trabalho no campo tropical (um simbolismo cultural análogo pode ser encontrado no eco histórico do trabalho fabril do norte, com as calças jeans e as camisas de trabalho de nossa sociedade afluente). O pesadelo dos trópicos expressa, assim, um terror dissimulado diante da ameaça inconcebível e informulável colocada pelas massas do Terceiro Mundo à nossa prosperidade e privilégios e sugere um enquadramento novo e inesperado para interpretar o clima gélido da Gethen de Le Guin.

Nessa leitura, o clima frio do planeta Inverno deve ser entendido, em primeiro lugar, não tanto como um ambiente duro, inóspito à vida humana, mas como uma afirmação simbólica da autonomia do organismo e uma fantasia de realização de certo desengajamento praticamente total do corpo em relação a seu ambiente ou ecossistema. O frio isola, e o frio de Gethen é o que revela aos seus personagens (e ao leitor) seu desprendimento físico, seu isolamento independente como indivíduos separados, o arrepio transformando a própria pele

---

[3] Entropia é, decerto, um mito burguês muito característico do fim do século XIX (por exemplo, Henry Adams, Wells, Zola). Ver, para maiores justificativas para esse tipo de interpretação, meu "In Retrospect", *Science-Fiction Studies*, v. 1, 1974, p. 272-276.

em certo invólucro externo, as temperaturas abaixo de zero do planeta forçando o organismo a recorrer a seus próprios recursos interiores e a fazer, de cada um, um tipo de alto-forno autossuficiente. Gethen representa, pois, uma tentativa de imaginar uma paisagem experimental em que nosso ser-no-mundo é simplificado ao extremo e em que nossos vínculos sensoriais com os campos perceptivos múltiplos e variáveis em torno de nós são abstraídos tão radicalmente a ponto de oferecer, talvez, um novo vislumbre quanto à natureza última da realidade humana.

Parece-me importante insistir nessa função cognitiva e experimental da narrativa, a fim de distingui-la de outras representações, mais aterrorizantes, do isolamento da consciência em relação ao mundo externo (como, por exemplo, a "meia-vida" dos mortos em *Ubik*, de Philip K. Dick). Uma das mais significativas potencialidades da FC como forma é precisamente essa capacidade de oferecer algo como uma variação experimental de nosso próprio universo empírico; e a própria Le Guin descreveu sua invenção da sexualidade getheniana como um "experimento mental" desse tipo, na tradição dos grandes físicos: "Einstein lançou um feixe de luz através de um elevador em movimento; Schrödinger coloca um gato em uma caixa. Não há elevador, gato, caixa. O experimento é realizado, a questão é posta, na mente".[4] Apenas gostaríamos de lembrar que a "alta literatura", em outro momento, também já afirmou ter esse objetivo. Por mais antiquadas que sejam as noções de hereditariedade de Zola e inocente sua fascinação com a descrição da pesquisa experimental de Claude Bernard, o conceito naturalista de romance experimental corresponde, às vésperas da emergência do modernismo, justamente a essa reafirmação da função cognitiva da literatura. Que essa afirmação já não pareça mais crível apenas sugere que nosso contexto particular – o sistema total do capitalismo monopolista tardio e da sociedade de consumo – se sente tão à vontade, e sua reificação é tão avassaladora e impenetrável, que o artista sério já não está mais

---

[4] Ursula K. Le Guin, "Is Gender Necessary?", em *Aurora: Beyond Equality*, editado por Susan J. Anderson e Vonda McIntyre (Greenwich, CT, 1976).

livre para rearranjá-lo nem para projetar variações experimentais em relação a ele.[5] As oportunidades históricas da FC como forma literária estão intimamente relacionadas com essa paralisia da chamada alta literatura. O personagem oficialmente "não sério" ou *pulp* de FC é um recurso indispensável para sua capacidade de fazer relaxar aquele "princípio de realidade" tirânico que funciona como uma censura paralisante sobre a arte elevada e para permitir que a forma "paraliterária" herde a vocação de nos oferecer versões alternativas de um mundo que, no geral, parece resistir até mesmo a uma mudança imaginária. (Essa explicação da transferência de uma das funções tradicionais mais vitais da literatura para a FC é confirmada pelos esforços crescentes da "literatura artística" atual – por exemplo, Thomas Pynchon – de reincorporar essas capacidades formais ao romance literário.)

As principais técnicas dessa experimentação narrativa – a variação sistemática, pela FC, do mundo empírico e histórico ao nosso redor – foram codificadas, muito adequadamente, sob as rubricas gêmeas da *analogia* e da *extrapolação*.[6] A leitura que propomos da ecologia experimental de Le Guin sugere, entretanto, a existência ainda de uma terceira, e bastante distinta, técnica de variação, cuja descrição será o objetivo do restante desta análise. Seria certamente possível ver o ambiente getheniano como uma extrapolação de uma de nossas estações terrestres, uma extrapolação desenvolvida de acordo com sua lógica interna e levada até suas últimas consequências – como quando Pohl e Kornbluth projetam, em uma escala planetária, em *Os mercadores do espaço*, tendências de venda que já se tornavam visíveis na nascente sociedade do consumo de 1952; ou quando Brunner, em *The Sheep Look Up*, catastroficamente acelera a poluição ambiental já em curso. Mas isso me parece

---

[5] Tentei discutir uma redução análoga das possibilidades do romance histórico em *Marxism and Form* (Princeton, 1971), p. 248-252.

[6] Ver Darko Suvin, "On the Poetics of the Science Fiction Genre", *College English*, n. 34 (1972), p. 372-382, e "Science Fiction and the Genological Jungle", *Genre*, v. 6, 1973, p. 251-273.

ser a coisa menos interessante do experimento de Le Guin, que está baseado em um princípio de exclusão sistemática, um tipo de excisão cirúrgica da realidade empírica, algo como um processo de atenuação ontológica em que a multiplicidade plena do que existe, do que chamamos de realidade, é deliberadamente desbastada por uma operação de abstração e simplificação radical que chamarei, daqui por diante, de *redução do mundo*. E, uma vez compreendida a natureza dessa técnica, seus efeitos em outras áreas temáticas do romance se tornam inelutáveis, como na ausência conspícua de outras espécies animais em Gethen. A omissão de toda uma rede de filos evolutivos pode, é claro, ser justificada pela hipótese de que a colonização de Gethen e a sexualidade anômala de seus habitantes seriam o resultado de algum experimento biológico esquecido, realizado pela civilização hainiana; isso, porém, não torna essa ausência menos inquietante: "Não há insetos sociais em Inverno. Os gethenianos não partilham sua terra, como os terráqueos, com essas sociedades mais antigas, as inúmeras cidades de pequenos operários assexuados que não têm nenhum instinto exceto o da obediência ao grupo, ao todo" (*MEE*, p. 178).[7]

Mas é no romance tardio de Le Guin, *Os despossuídos* (*OD*, 1974), que essa situação é levada às suas últimas consequências, oferecendo o espetáculo de um planeta (Anarres) em que a vida humana está praticamente sem parceiros biológicos:

> É uma situação estranha, biologicamente falando. No Velho Mundo, há dezoito filos de animais terrestres; há classes, como os insetos, que têm tantas espécies que nunca foi possível contá-las, e algumas dessas espécies têm populações de bilhões. Pense bem: para onde se olha, animais, outros seres partilhando a terra e o ar com você. A gente se sentiria muito mais uma *parte* (*OD*, p. 186).[8]

---

7 Ursula Le Guin, *A mão esquerda da escuridão*, tradução de Susana L. de Alexandria, São Paulo: Aleph, 2005, p. 159. [N.T.]

8 Ursula Le Guin, *Os despossuídos*, tradução de Danilo Lima de Aguiar, Rio de Janeiro: Nova Fronteira, 1978, p. 106. [N.T.]

Daí o espanto de Shevek quando, ao chegar a Urrás, ele é observado por um rosto que "não se assemelhava a nenhum rosto humano [...], do tamanho de seu braço e de uma brancura fantasmagórica. A respiração saía em jatos de vapor pelo que pareciam ser narinas e tinha um olho, terrível, inconfundível" (*OD*, p. 22).[9] Porém a ausência, na Anarres de *OD*, de animais maiores como o burro que aqui alarma Shevek, é o anverso negativo de uma omissão muito mais positiva, a saber, a do próprio ciclo de vida darwinista, com seus predadores e vítimas: é o sinal de que os seres humanos superaram o determinismo histórico e foram deixados sozinhos para inventar seus próprios destinos. Em *OD*, pois, o princípio da redução do mundo se tornou um instrumento para a elaboração consciente de uma utopia. Em Gethen, entretanto, seu efeito é mais trágico, e o experimento hainiano resultou na evolução inadvertida de seres de proveta, em vez de em certo laboratório social, grande e autoconsciente, da revolução e da autodeterminação coletiva:

> Sua raça está espantosamente sozinha em seu planeta. Nenhuma outra espécie mamífera. Nenhuma outra espécie ambissexual. Nenhum animal inteligente o bastante, nem mesmo para ser domesticado como bicho de estimação. Isso deve dar outra cor a suas ideias, essa singularidade [...], serem tão solitários, num mundo tão hostil. Deve afetar toda a sua perspectiva (*MEE*, p. 233).[10]

A importância mais profunda desses detalhes e o princípio construtivo neles em operação vão ficar mais claros apenas depois de observarmos padrões similares em outras áreas temáticas do romance, como na religião getheniana. De acordo com a composição antitética do livro, às duas unidades nacionais principais, Karhide e Orgoreyn, correspondem dois cultos religiosos propriamente antitéticos: o orgota de Meshe sendo algo como uma heresia ou

---

[9] *Ibidem*, p. 18. [N.T.]

[10] Ursula Le Guin, *A mão esquerda da escuridão*, tradução de Susana L. de Alexandria, São Paulo: Aleph, 2015, p. 204. [N.T.]

dissidência do handdara original de Kardihe, da mesma forma como o cristianismo advém do judaísmo. A religião de Meshe do conhecimento total reflete a experiência mística da qual ela se origina e em que todo o tempo e toda a história se tornam ofuscantemente presentes: a ênfase no saber, no entanto, sugere um viés positivista, tão apropriado à sociedade comercial de Orgoreyn, pode-se pensar, quanto o protestantismo o era para o capitalismo nascente da Europa ocidental. É, no entanto, a outra religião, a de Karhide, que é mais relevante para nossa discussão aqui: a handdara é, em antítese à última seita, precisamente uma mística da escuridão, um culto do não saber que corresponde ao drástico reducionismo do clima getheniano. O objetivo de sua prática espiritual é o de despir a mente do que lhe é inessencial e o de reduzi-la a certa função quintessencialmente simplificada:

> A disciplina de Presença da Handdara [...] é uma espécie de transe que os handdaratas, propensos a negativas, chamam de não-transe – envolvendo autoprivação (autocrescimento?) através de receptividade e consciência sensorial extrema. Embora a técnica seja exatamente o oposto da maioria das técnicas de misticismo, é uma disciplina provavelmente mística, tendendo à experiência de Imanência (*MEE*, p. 57-58).[11]

Assim, o propósito fundamental da prática ritual da vidência – dramatizada em um dos capítulos mais marcantes do romance – é, respondendo a questões respondíveis sobre o futuro, "expor a perfeita inutilidade de saber a resposta da questão errada" e, de fato, em última instância, a inutilidade de fazer perguntas em geral. O sentido real das questões erradas ou irrespondíveis tentaremos apresentar mais adiante; mas essa valorização mítica da ignorância é certamente bem diferente da impetuosa curiosidade comercial que surpreende tão positivamente o Enviado em sua chegada a Orgoreyn.

---

[11] Ursula Le Guin, *A mão esquerda da escuridão*, tradução de Susana L. de Alexandria, São Paulo: Aleph, 2015, p. 59 [N.T.].

Agora, devemos testar nossa hipótese sobre o princípio construtivo básico de *MEE* nessa imagem de uma espécie ambissexual – na verdade, de uma sociedade ambissexual – que é sua característica mais marcante e original. A óbvia desfamiliarização que essa imagem representa para o *lecteur moyen sensuel* não é exatamente aquela da tradição permissiva e contracultural da FC masculina, como em Farmer ou Sturgeon. Antes de ser um posicionamento a favor de uma tolerância maior em relação a todos os tipos de comportamento sexual, parece mais apropriado insistir (como, em outro lugar, fez a própria Le Guin) na dimensão feminista do seu romance e em sua desmistificação dos papéis sexuais. O ponto principal da sexualidade getheniana é que o papel sexual não colore tudo o mais na vida, como acontece conosco, mas é, antes, contido e difuso, reduzido ao breve período dos ciclos mensais quando, como ocorre com nossas espécies animais, os gethenianos estão "quentes" ou "kemmer". Assim, o primeiro Investigador enviado pelo Ekumen ressalta esse "efeito de estranhamento" básico de Gethen em seres "normalmente" sexuados:

> O Primeiro Móvel, se for enviado para cá, deve ser avisado de que, a menos que seja muito seguro de si ou senil, sofrerá um golpe em seu orgulho. Um homem deseja que sua virilidade seja reconhecida, uma mulher deseja que sua feminilidade seja apreciada, por mais indiretos que sejam esse reconhecimento ou essa apreciação. Em Inverno, isso não vai existir. Julga-se ou respeita-se uma pessoa apenas como ser humano. É uma experiência espantosa (*MEE*, p. 95).[12]

Que existam dificuldades com essa representação (por exemplo, a inevitável designação de gênero [*gender*] pelos pronomes em inglês), a própria autora é franca o suficiente para admitir no artigo citado.[13] Ainda assim, as falhas do leitor não são todas culpa da autora, e a

---

[12] Ursula Le Guin, *A mão esquerda da escuridão*, tradução Susana L. de Alexandria, São Paulo: Aleph, 2015, p. 90 [N.T.].

[13] Ver nota 4. Alguns problemas que Le Guin não nota – por exemplo, a sincronização do kemmer e a continuidade dos papéis sexuais entre os casais – são

tendência inveterada de estudantes de descrever os gethenianos como "sem sexo" diz algo sobre os limites impostos pelos estereótipos de gênero [*gender*] em suas imaginações. Longe de eliminar o sexo, a biologia getheniana tem como resultado eliminar a repressão sexual:

> Por ser tão estritamente limitado pela natureza, o ímpeto sexual dos gethenianos não sofre realmente muita interferência da sociedade; há menos sexo codificado, canalizado e reprimido do que em qualquer sociedade bissexual que eu conheça. Abster-se é uma decisão inteiramente voluntária; entregar-se ao prazer é um ato inteiramente aceitável. Medo e frustração sexuais são, ambos, extremamente raros (*MEE*, p. 177).[14]

A autora foi, na verdade, muito cuidadosa não apenas em dizer que essas pessoas não seriam eunucos, mas também – em um episódio particularmente assustador, o da fazenda penal com suas drogas anti-kemmer – ao mostrar, por contraste, como os eunucos pareceriam nessa sociedade.

De fato, a visão de casas-kemmer públicas (ao lado da permissividade sexual da utopia em *OD*) seria merecedora do entusiasmo dos mais fanáticos fourieristas ou libertários sexuais. Se isso não ocorre, é por que há um outro sentido, bem diferente, em que meus estudantes não estavam tão errados ao reagir como o fizeram, e no qual encontramos, novamente, o fenômeno que chamamos de redução do mundo. Pois se a Gethen de Le Guin não acaba com o sexo, pode-se sugerir que ela acabe com tudo o que há de problemático nele. Essencialmente, a fisiologia getheniana resolve o problema do sexo e isso é certamente algo que nenhum ser humano do nosso tipo foi alguma vez capaz de fazer, devido, em larga medida, à natureza não biológica do desejo humano,

---

apontados pelo incansavelmente lógico Stanislaw Lem em "Lost Opportunities", *SF Commentary*, n.º 24, p. 22-24.

[14] Ursula Le Guin, *A mão esquerda da escuridão*, tradução de Susana L. de Alexandria, São Paulo: Aleph, 2015, p. 159 [N.T.].

por oposição à necessidade animal "natural" ou instintiva. O desejo é permanentemente escandaloso precisamente porque não admite "solução" – a promiscuidade, a repressão ou o casal sendo todos igualmente intoleráveis. Apenas uma composição de tipo getheniano, com suas limitações do desejo a alguns dias do ciclo mensal, poderia possivelmente limitar o problema. Uma composição como essa sugere que o desejo sexual seja algo que poderia ser completamente removido das outras atividades humanas, permitindo-nos vê-las de um modo mais fundamental, sem misturas. Aqui, novamente, na construção dessa projeção particular do desejo que é a ambissexualidade getheniana, encontramos em operação um processo que é estruturalmente análogo àquela operação da redução do mundo ou atenuação ontológica que descrevemos acima: a produção experimental de uma situação imaginária pela excisão do real, por uma supressão radical das características da sexualidade humana que não podem ser senão portadoras de um poderoso investimento fantasmático. O sonho de certa liberdade em relação ao sexo, dificilmente imaginável, é, de fato, uma fantasia humana muito antiga, quase tão poderosa, a seu modo, quanto a da total satisfação sexual. Podemos descobrir seu significado simbólico mais geral em *MEE* apenas compreendendo sua relação com aquele outro tema maior do romance, que é a natureza dos sistemas sociais gethenianos e, em particular, suas respectivas capacidades de fazer a guerra.

Poderia parecer, à primeira vista, que o paralelismo aqui é óbvio e que, nesse nível particular, o objeto disso que temos chamado de redução do mundo só pode ser a própria guerra institucional, ainda não desenvolvida no sistema feudal de Karhide. Certamente, a obra de Le Guin como um todo é fortemente pacifista, e seu conto "Floresta é o nome do mundo" é (ao lado de *Os negros anos-luz*, de Aldiss), uma das maiores denúncias, dentro da FC, contra o genocídio americano no Vietnã. Mas sua obra permanece uma visão ética, em vez de socioeconômica, do imperialismo, e sua última linha estende a culpa pela violência até mesmo à guerra de libertação nacional, cujo triunfo ela acaba de mostrar: "'Talvez depois que eu morrer as pessoas serão como eram antes de eu nascer e de você ter vindo. Mas não acredito nisso'". Se, porém, não existe violência justa, então a longa tarde e o crepúsculo da Terra serão apenas aquela árdua distopia que escritores de FC sempre acharam que seriam.

Essa posição propriamente liberal, em vez de radical, de Le Guin parece ser ressaltada por sua predileção por heróis quietistas e por sua valorização de uma posição antipolítica e antiativista, tanto na religião de Karhide quanto nas tradições pacíficas dos "creechies" ou no próprio temperamento reflexivo de Shevek. O que torna sua posição ainda mais ambígua e mais interessante, entretanto, é o fato de as obras de Le Guin rejeitarem a institucionalização da violência, não a violência em si: nada é mais chocante, em *OD,* do que a cena em que Shevek apanha, até perder a consciência, de um homem que está irritado por causa da semelhança entre seus nomes:

> — Você é um desses aproveitadores que vão estudar só para não sujar as mãos – disse o homem. – Sempre tive vontade de pegar um de vocês com jeito. – Não me chame de aproveitador – disse Shevek, mas essa luta não era verbal. Shevet deu-lhe dois murros. Ele revidou com vários, graças a seus longos braços e à índole menos passiva do que o adversário imaginara, mas foi derrotado. Várias pessoas pararam para observar, viram que era uma briga em pé de igualdade, mas desinteressante, e seguiram em frente. Não se sentiam chocadas nem atraídas pela violência. Shevek não pediu ajuda; a briga, portanto, não era da conta de mais ninguém. Quando ele voltou a si, estava deitado de costas na terra escura, entre duas barracas (*OD,* p. 50-51).[15]

Em outras palavras, Utopia não é um lugar em que a humanidade está livre da violência, mas, antes, um lugar em que ela está livre dos múltiplos determinismos (econômico, político, social) da própria história, em que ela ajusta suas contas com os antigos

---

[15] Ursula Le Guin, *Os despossuídos,* tradução de Danilo Lima de Aguiar, Rio de Janeiro: Nova Fronteira, 1978, p. 33 [N.T.].

fatalismos coletivos, a fim de justamente estar livre para fazer o que bem entender em suas relações interpessoais – seja para a violência, o amor, o ódio, o sexo ou seja lá o que for. Tudo isso é brutal e forte e confere uma autenticidade à visão de Le Guin – como um retorno aos fundamentos, antes que algum embelezamento da existência – maior do que quaisquer das explicações dadas por *OD* sobre a organização econômica e social.

O que parece ser um liberalismo convencional de Le Guin (e que é, decerto, ainda ideologicamente dúbio, a ponto de continuar a "parecer" com o liberalismo) é, na realidade, ele mesmo um uso da tradição de Jefferson e de Thoreau contra características políticas importantes desse liberalismo imperialista que é a ideologia dominante nos Estados Unidos de hoje – como seu único romance contemporâneo, *A curva do sonho* (1971), deixa claro. Esse é certamente o sentido da oposição de temperamentos entre a passividade de tipo taoísta de Orr e a obsessão de Haber com todos os tipos de projetos reformadores ou paliativos:

> A característica da sede por poder é, precisamente, o crescimento. O êxito é sua anulação. Para existir, a sede por poder deve aumentar a cada realização, tornando essa realização apenas um passo em direção a outro. Quanto mais vasto o poder conquistado, maior o apetite por mais. Como não havia limite visível para o poder que Haber exerce através dos sonhos de Orr, não havia fim para sua determinação de melhorar o mundo (p. 128).[16]

O viés pacifista de *MEE* é, assim, parte de uma recusa mais geral em relação à dinâmica de poder orientada pelo crescimento típica do liberalismo americano atual, mesmo quando as correlações que ela sugere entre a guerra institucionalizada, a centralização e a agressão psíquica possam soar, para nós, como preocupações caracteristicamente liberais.

---

[16] Ursula Le Guin, *A curva do sonho*, tradução de Heci Regina Candiani, São Paulo: Editora Morro Branco, 2019, p. 91 [N.T.].

Parece-me, no entanto, que, por debaixo desse tema oficial da guerra, haveria detalhes espalhados aqui e ali pelo romance que sugerem a presença de certa tentativa mais fundamental de reimaginar a história. Que leitor não se impressionou – sem talvez nem saber por quê – com descrições como aquela da abertura da cerimônia da pedra-chave: "Pedreiros abaixo acionam um guincho elétrico e, enquanto o rei sobe mais alto, a pedra-chave do arco é içada, passando por ele em sua alça, erguida, encaixada e ajustada quase sem ruído, embora seja um bloco de várias toneladas, na lacuna entre as duas pilastras, tornando-as uma, uma coisa, um arco" (*MEE*, p. 4-5)?[17]Ou como aquela da primeira caravana da primavera em direção aos retiros do norte: "[...] vinte caminhões rodando sobre lagartas, corpulentos, silenciosos, semelhantes a barcaças, seguindo em fila indiana pelas vielas de Erhenrang, em meio às sombras da alvorada" (*MEE*, p. 49)?[18] Decerto, o conceito de *extrapolação* na FC nada significa caso não designe detalhes como esses, em que elementos heterogêneos ou contraditórios do mundo empírico real são justapostos e recombinados em montagens picantes. Aqui, a premissa é claramente aquela de uma cultura feudal ou medieval que conhece a eletricidade e a tecnologia da máquina. No entanto, as máquinas não produzem os mesmos resultados como em nosso mundo: "A Idade da Invenção mecânico-industrial em Karhide tem pelo menos três mil anos, e, durante esses trinta séculos, eles desenvolveram aparelhos excelentes e econômicos de aquecimento central à base de vapor, eletricidade e outros princípios; porém não os instalam em suas casas" (*MEE*, p. 28).[19] O que torna tudo isso ainda mais complicado que a projeção extrapolativa comum é, parece-me, o imenso intervalo de tempo envolvido e a grande antiguidade da ciência e da tecnologia de Karhide, o que tende a

---

[17] Ursula Le Guin, *A mão esquerda da escuridão*, tradução de Susana L. de Alexandria, São Paulo: Aleph, 2015, p. 14. [N.T.]

[18] *Ibidem*, p. 52. [N.T.]

[19] *Ibidem*, p. 35. [N.T.]

enfatizar não tanto o que ocorre quando combinamos ou amalgamamos diferentes estágios históricos de nossa própria história terrestre empírica, mas, antes, justamente *o que não ocorre*. É isso, de fato, o que há de mais significativo no exemplo de Karhide: *nada* ocorre; uma ordem social imemorável permanece exatamente como era, e a introdução da energia elétrica não tem – sem justificativa e, para nós, surpreendentemente – qualquer impacto na estabilidade de uma sociedade basicamente estática e a-histórica.

Agora, certamente, chegou o momento de discutir o papel da ciência e da tecnologia na evolução do chamado ocidente – isto é, dos países capitalistas da Europa ocidental e América do Norte. Para os marxistas, a ciência se desenvolveu como resultado, por um lado, das contradições na produção e, por outro, dos modos de pensamento quantificantes inerentes ao sistema mercantil emergente; certa historiografia antimarxista, por sua vez, enfatiza o papel fundamental desempenhado pela tecnologia e pelas invenções para aquilo que se torna, agora, estrategicamente conhecido como Revolução Industrial (em vez de capitalismo). Um debate desse tipo seria, de todo modo, inconcebível se a tecnologia e o capitalismo não estivessem tão inextricavelmente entrelaçados na nossa história. O que Le Guin fez, em sua projeção de Karhide, foi separar os dois de modo peremptório e dramático:

> Ao longo desses quatro milênios, o motor elétrico foi desenvolvido, rádios e teares elétricos, veículos elétricos, maquinário agrícola e outros equipamentos começaram a ser utilizados, e uma Idade da Máquina foi surgindo aos poucos, sem revolução industrial, sem revolução de espécie alguma (*MEE*, p. 98-99).[20]

O que isso poderia significar senão que Karhide é uma tentativa de imaginar algo como um ocidente que nunca teria conhecido o capitalismo? A existência de tecnologia moderna em meio a uma ordem essencialmente feudal é o signo dessa operação imaginativa,

---

[20] *Ibidem*, p. 93. [N.T.]

bem como a régua pela qual seu sucesso pode ser mensurado: a miraculosa presença, no meio de todas aquelas peles e *shiftgrethor* feudais, dessa tecnologia emblematicamente silenciosa, que zumbe sossegadamente, é a prova de que, em Karhide, lidamos não com mais uma espécie de FC feudal, mas, antes, precisamente, com um mundo alternativo ao nosso, um mundo em que – por qual estranho golpe do destino? – o capitalismo nunca ocorreu.

É difícil fugir da conclusão de que essa tentativa de repensar a história ocidental sem o capitalismo caminha lado a lado, em termos estruturais e no seu espírito geral, com a tentativa de imaginar a biologia humana sem o desejo, como descrevi anteriormente, pois é essencialmente a dinâmica interna do sistema de mercado que introduz no tempo sazonal, cíclico, crônico, das sociedades pré-capitalistas a febre e o fermento disso que costumamos chamar de progresso. A identificação subjacente entre o sexo, como uma complicação intolerável e quase gratuita da existência, e o capitalismo, como uma doença da mudança e como ímpeto evolucionário sem sentido, é assim ressaltada poderosamente pela mesma técnica – a da redução do mundo –, cuja missão é a exclusão utópica de ambos os fenômenos.

Karhide não é, decerto, uma Utopia, e *MEE* não é, nesse sentido, uma obra genuinamente Utópica. De fato, agora está claro que esse romance serviu como uma espécie de base de testes para as técnicas que Le Guin empregará conscientemente para a construção de uma Utopia apenas posteriormente, a partir de *OD*. É nesse romance posterior que o dispositivo da redução do mundo é transformado em uma hipótese sociopolítica sobre a inseparabilidade entre Utopia e escassez. A colonização odonista da árida Anarres oferece, assim, a aplicação literária mais profunda dessa técnica, ao mesmo tempo em que se apresenta como uma censura, poderosa e oportuna, das tentativas presentes de fazer da abundância e dos bens de consumo americanos certa visão máxima da "grande sociedade".[21]

---

[21] Na medida em que *Os despossuídos* – decerto a Utopia mais importante desde *Walden Two*, de Skinner – parece certamente desempenhar um papel significativo na reflexão política, é importante questionar a caracterização de Anarres

Não gostaria de sugerir que todas as grandes utopias históricas foram construídas a partir da operação imaginativa que chamei de redução do mundo. Parece possível, de fato, que tenha sido o ambiente massivamente mercantilizado do capitalismo tardio que tenha demandado essa estratégia literária e imaginativa, que corresponde, assim, também a um posicionamento político. Deste modo, em *Notícias de lugar nenhum,* de William Morris, o herói – um sujeito do século XIX que visita o futuro – fica atônito ao ver os traços da natureza reaparecerem por debaixo da inscrição desvanecente da metrópole industrial sombria, os antigos rios, cujos nomes foram transfigurados em gírias sinistras que evocam pradarias, encostas e ribeirões, há tempos sufocados debaixo das calçadas de edifícios e canalizados como esgoto, agora reemergindo à luz do dia:

> Londres, sobre a qual li referências como a moderna Babilônia da civilização, parece ter desaparecido [...]. Como sabemos, aqueles lugares grandes e sujos que um dia foram os centros industriais desapareceram, assim como o deserto de cimento e tijolos que foi Londres; mas como eram apenas centros industriais e não serviam a outro propósito que não o jogo do mercado, deixaram menos sinais de sua existência do que Londres [...]. Ao contrário, pouco foi destruído, embora muita coisa tenha sido reconstruída nas pequenas cidades. Os subúrbios, quando existiam, fundiram-se com o campo, e os centros tiveram aumentado o espaço vital, mas ainda existem cidades com suas ruas, praças e mercados; assim, é nessas cidades que temos uma ideia de como eram as cidades de outrora – quero dizer, como eram as melhores dentre elas.[22]

---

como uma Utopia "anarquista". Com isso, a autora sem dúvida pretende diferenciar sua organização descentralizada do modelo clássico soviético, sem levar em conta a importância do "desaparecimento do Estado" também para o marxismo – um objetivo político mais recentemente ressaltado pela Revolução Cultural, pelas comunas experimentais na China e pelos vários modelos de autogestão dos trabalhadores em outros lugares.

[22] Morris, *News from Nowhere* (Londres, 1903), p. 91, 95, 96. (William Morris, *Notícias de lugar nenhum*, tradução de Paulo Cezar Castanheira, São Paulo:

A Utopia de Morris é o protótipo mesmo de uma visão social orientada em termos estéticos e libidinais, por oposição à orientação tecnológica e típica da engenharia de *Daqui a cem anos*, de Bellamy; uma visão alinhada, portanto, com Fourier, em vez de com Saint-Simon, e mais profética dos valores da Nova Esquerda do que dos valores do centralismo soviético; uma visão em que encontramos o mesmo processo de erradicação do cenário de lixo e dejetos do capitalismo e uma gratificação artesanal com a excisão sistemática de massas de edifícios de uma geografia urbana congestionada. Uma projeção imaginativa como essa pressupõe e sustenta um posicionamento político militante? Certamente que sim, no caso de Morris; mas a questão em nossa época é, no geral, a da militância em política ecológica. Eu sugeriria que esses "não lugares" não oferecem senão um espaço de respiro, um alívio momentâneo para a presença avassaladora do capitalismo tardio. Sua doçura idílica, ainda que elegíaca, seus tons pastéis, a fuga algo patética que eles oferecem de realidades vitorianas as mais desagradáveis, parecem mais bem caracterizados pelo subtítulo que Morris deu para *Notícias de lugar nenhum*: "Uma época de tranquilidade". É como se – após uma luta imensa para nos libertarmos, até na imaginação, da contaminação de nossas mentes e valores e hábitos por um capitalismo consumista onipresente –, emergindo subitamente, e contra todas as expectativas, em um espaço narrativo radicalmente diferente, não contaminado por todas essas propriedades das vidas arcaicas e das preocupações arcaicas, o espírito pudesse apenas repousar, ofegante, em um renovado silêncio, excessivamente fraco e excessivamente novo para fazer muito mais do que olhar fixamente, pálido, para um mundo refeito.

Algo do fascínio de *MEE* – bem como a ambiguidade de sua mensagem principal – deriva, sem dúvida, do impulso subterrâneo nela existente em direção a uma "tranquilidade" utópica desse tipo, em direção a um "não lugar" de uma coletividade não atormentada

---

Expressão Popular, 2019, p. 108, 112 e 113 [N.T.].)

pelo sexo ou pela história, nem por superfluidades culturais ou por um mundo de objetos irrelevante para a vida humana. Mas não devemos concluir esta análise sem observar que, a esse respeito, o romance inclui em si também sua própria crítica.

Trata-se, de fato, de um tributo ao rigor que se imagine uma situação em que a história fatalmente retorna logo depois de ter sido expulsa; que Karhide, projetada como uma ordem social sem desenvolvimento, comece a se desenvolver no começo da própria narrativa. Esse é, parece-me, o sentido maior daquele motivo das perguntas certas e erradas já mencionado e resumido da seguinte forma: "Aprender quais perguntas são irrespondíveis e *não respondê-las*: esta habilidade é muitíssimo necessária em tempos de tensão e escuridão" (*MEE*, p. 153).[23] Não é por acaso que essa máxima segue de perto outra discussão, bem mais prática, sobre política e problemas históricos:

> De fato, se você der as costas para Mishnory e seguir na direção contrária, ainda estará no caminho para Mishnory. [...] Deve-se ir a outro lugar; deve-se ter outro objetivo; só então, trilha-se um caminho diferente. Yegey no Salão dos Trinta e Três, hoje: "Sou categoricamente contra esse bloqueio às exportações de cereais a Karhide e o espírito de competição que o norteia". Sem sombra de dúvida, mas ele não conseguirá sair de Mishnory por esse caminho. Deve oferecer uma alternativa. Orgoreyn e Karhide devem, ambos, parar de avançar no caminho em que estão, em qualquer uma das direções; devem ir a outro lugar, e romper o círculo (*MEE*, p. 153).[24]

Mas, é claro, a real alternativa para esse dilema, o único modo concebível de romper com seu círculo vicioso que é a escolha entre o feudalismo e o capitalismo é bem diferente da "solução" liberal – Ekumen como um tipo de Nações Unidas galácticas – oferecida pela

---

[23] Ursula Le Guin, *A mão esquerda da escuridão*, tradução de Susana L. de Alexandria, São Paulo: Aleph, 2015, p. 137. [N.T.].

[24] *Ibidem*. [N.T.]

autora e seus heróis. Tendemos a nos perguntar se a estratégia de *não* fazer perguntas ("A humanidade", de acordo com Marx, "sempre se coloca apenas os problemas que ela pode resolver"[25]) não seria o modo pelo qual a imaginação Utópica se protege contra um retorno fatal àquelas contradições históricas para as quais ela supostamente deveria oferecer alívio. Nesse caso, o tema mais profundo de *MEE*, de Le Guin, não seria a Utopia, mas, antes, nossa própria incapacidade de concebê-la.

1975

---

[25] Karl Marx e Friedrich Engels, *Basic Writings on Politics and Philosophy*, editado por Lewis S. Feuer (Garden City, Nova York, 1959), p. 44.

4.
Progresso *versus* Utopia, ou Podemos imaginar o futuro?

> *Então se revelará que o mundo, há tempos, tem sonhado com aquilo sobre o que bastaria apenas ter uma ideia clara para possuí-lo realmente.*
>
> Karl Marx a Arnold Ruge (1843).

> *Mas uma tempestade sopra do paraíso e prende-se em suas asas com tanta força que ele não pode mais fechá-las. Essa tempestade o impele irresistivelmente para o futuro, ao qual ele vira as costas, enquanto o amontoado de ruínas cresce até o céu. Essa tempestade é o que chamamos progresso.*
>
> Walter Benjamin, em "Sobre o conceito da História" (1939).[1]

E se a "ideia de progresso" não fosse uma ideia, mas um sintoma de algo diferente? Essa é a perspectiva sugerida não só pela análise de textos culturais, como os de FC, mas pela descoberta contemporânea do Simbólico em geral. De fato, após a emergência da psicanálise, do estruturalismo na linguística e na antropologia, da semiótica, junto com seu novo campo da "narratologia", da teoria das comunicações e mesmo de eventos como a emergência, nos anos 1960, de uma

---

[1] Walter Benjamin, "Sobre o conceito da História", em *Magia e técnica, arte e política: ensaios sobre literatura e história da cultura*, tradução de Sérgio Paulo Rouanet, São Paulo: Brasiliense, 1994, p. 226. [N.T.]

política da "mais-consciência" (Rudolf Bahro), compreendemos que ideias e conceitos abstratos não são necessariamente entidades inteligíveis por si mesmos. Esse já era, decerto, o ímpeto da descoberta de Marx da dinâmica da ideologia; e, embora os termos mais antigos nos quais essa descoberta foi tradicionalmente formulada – "falsa consciência" *versus* "ciência" – permaneçam, no geral, verdadeiros, a abordagem marxista da ideologia, ela mesma nutrida de todas as descobertas acima enumeradas, também se tornou uma forma bem mais sofisticada e não reducionista de análise do que tenderia a sugerir essa oposição clássica.

Do antigo ponto de vista de uma "história das ideias" tradicional, no entanto, a ideologia era essencialmente compreendida como várias *opiniões* veiculadas por um texto narrativo, como um romance de FC, que, como Lionel Trilling colocou certa vez, seriam escolhidas e exibidas isoladamente, como uvas passas. Por conseguinte, Verne teria "acreditado" no progresso,[2] enquanto a originalidade de Wells teria sido a de ter mantido uma relação de amor e ódio ambivalente e agonizante com esse "valor", às vezes afirmado e às vezes denunciado no curso de sua complexa trajetória artística.[3]

A descoberta do Simbólico, no entanto, sugere que – tanto para o sujeito individual quanto para os grupos, para as coletividades e para as classes sociais – a opinião abstrata não é senão um sintoma ou um indicador de certo *pensée sauvage* mais vasto sobre a própria história, pessoal ou coletiva. Pode-se dizer que esse pensamento, em que um enunciado conceitual particular, como a "ideia" de progresso, encontra sua inteligibilidade estrutural, seria de um tipo mais propriamente *narrativo*, análogo, a esse respeito, ao papel constitutivo desempenhado pelas fantasias-mestre no modelo freudiano do inconsciente.

---

[2] Ver, sobre Verne, o estimulante capítulo de Pierre Macherey em *Pour une théorie de la production littéraire* (Paris, 1966).

[3] A literatura sobre Wells é enorme; ver, para uma introdução e bibliografia selecionada: Darko Suvin, *Metamorphoses of Science Fiction* (New Haven, 1979). Esta obra é uma análise teórica e estrutural pioneira sobre o gênero, à qual devo muito.

Não obstante, a analogia é enganosa na medida em que pode despertar antigas atitudes sobre a verdade objetiva e a "projeção" subjetiva ou psicológica – atitudes explicitamente superadas e transcendidas pela noção de Simbólico. Em outras palavras, devemos resistir ao reflexo de concluir que as fantasias narrativas que uma coletividade mantém sobre seus passado e futuro seriam "meramente" míticas, arquetípicas e projetivas, por oposição a "conceitos", como os de progresso ou retorno cíclico, que poderiam, de alguma forma, ser testados em sua validade objetiva ou mesmo científica. Esse reflexo é, ele mesmo, o último sintoma dessa dissociação entre o privado e o público, o sujeito e o objeto, o pessoal e o político, que tem caracterizado a vida social do capitalismo. Uma teoria de certo *pensée sauvage* narrativo – o que em outro lugar chamei de inconsciente político[4] – irá afirmar, pelo contrário, a prioridade epistemológica dessa "fantasia" tanto na teoria quanto na práxis.

A tarefa de uma teoria como essa seria, pois, a de detectar e revelar – por detrás desses *vestígios* escritos do inconsciente político que são os textos narrativos da alta cultura ou da cultura de massas, mas também por detrás daqueles outros sintomas ou vestígios que são a opinião, a ideologia ou até mesmo os sistemas filosóficos – os contornos de certo movimento narrativo mais profundo e vasto, em que os grupos de uma dada coletividade, em certa conjuntura histórica, questionam ansiosamente seu destino e o exploram com esperança e temor. Mas a natureza desse subtexto coletivo mais vasto, com seus limites e permutações estruturais específicas, será registrada, acima de tudo, por categorias propriamente narrativas: clausura, recontenção, produção de episódios e assim por diante. Uma vez mais, pode ser útil uma analogia improvisada com a dinâmica do inconsciente individual. A reclusão de Proust no quarto hermético forrado de cortiça, por exemplo, o eclipse emblemático de suas possíveis relações com qualquer futuro pessoal ou histórico concreto, determina as inovações formais e os admiráveis

---

[4]   Ver meu *The Political Unconscious* (Ithaca, Nova York, 1981).

subterfúgios estruturais de sua produção narrativa, agora exclusi-vamente retrospectiva. Porém, essas categorias narrativas são, elas mesmas, repletas de contradições: para que a narrativa possa projetar algum sentido de totalidade da experiência no espaço e no tempo, ela deve certamente conhecer alguma clausura – uma narrativa deve ter um final, mesmo se for organizada engenhosamente em torno da repressão estrutural dos próprios finais. Ao mesmo tempo, entretanto, a clausura, ou o fim da narrativa, é a marca daquela fronteira ou limite para além da qual o pensamento não pode ir. O mérito da FC é o de dramatizar essa contradição no nível do próprio enredo, uma vez que a visão da história futura não pode ter qualquer final pontual desse tipo, e isso ao mesmo tempo em que sua expressão como romance exige esse final. Assim, Asimov recusou-se consistentemente a completar ou terminar sua série *Foundation*, enquanto os modos mais óbvios como um romance de FC pode dar um fecho à sua história – uma explosão atômica que destrói o universo ou a imagem estática de algum Estado mundial totalitário futuro – são também claramente os lugares em que nossos limites ideológicos estão mais claramente inscritos.

Já deve ter ficado claro, creio eu, que esse "texto" ou objeto de estudo principal – as grandes narrativas do inconsciente político – é um *constructo*: ele não existe em lugar algum de forma "empírica" e, portanto, deve ser reconstruído com base em "textos" empíricos de todos os tipos, de modo bastante parecido como as fantasias-mestre do inconsciente individual são reconstruídas a partir dos "textos" fragmentários e sintomáticos dos sonhos, valores, comportamentos, livre associação verbal e assim por diante. Isso significa que devemos necessariamente dar espaço para as *mediações* formais e textuais pelas quais essas narrativas mais profundas encontram uma articulação parcial. Nenhum crítico literário sério sugeriria hoje que o conteúdo – social ou psicanalítico – estaria inscrito imediata e transparentemen-te nas obras da "alta" literatura; antes, são estas que se encontram inseridas em uma dinâmica complexa e semiautônoma própria – a história das formas – que tem sua lógica própria e cuja relação com o conteúdo *per se* é necessariamente mediada, complexa e indireta (e que segue caminhos estruturais muito diferentes em diferentes momentos do desenvolvimento formal e social). Talvez seja menos aceito que as formas e os textos da cultura de massa sejam tão mediados quanto; e que, aqui também, as fantasias coletivas e políticas não encontrem uma simples expressão transparente nesse ou naquele filme ou programa de televisão. Seria um erro, em minha opinião, fazer "apologia" da FC em termos de valores específicos à "alta" literatura – tentar, em outras palavras, recuperar esse ou aquele texto maior qualificando-o como excepcional, do mesmo modo como alguns críticos literários tentaram recuperar Hammett ou Chandler os colocando na linha de Dostoiévski ou, digamos, Faulkner. A FC é um subgênero com uma história formal complexa e interessante em si, com sua dinâmica própria, que não é aquela da alta cultura, mas que mantém uma relação complementar e dialética com a alta cultura e o modernismo. Precisamos, portanto, primeiro dar uma volta pela dinâmica dessa forma específica, a fim de compreender sua emergência como um evento formal e histórico.

I

Independentemente de seus ilustres precursores, é um lugar-comum da história da FC a ideia de que ela emergiu, praticamente completa, com Jules Verne e H. G. Wells, durante a segunda metade do século XIX – um período também caracterizado pela produção de Utopias de um tipo mais clássico. Parece apropriado registrar essa emergência genérica como sintoma de uma mutação na nossa relação com o próprio tempo histórico; mas essa é uma proposição mais complexa do que parece e precisa ser discutida de um modo mais teórico.

Sugiro que o modelo para esse tipo de análise, que compreende todo um gênero como sintoma e reflexo de uma mudança histórica, possa ser encontrado no estudo clássico de Georg Lukács, *O romance histórico* (1936). Lukács começa com uma observação que não deveria ser particularmente surpreendente: não seria acidente, diz ele, que o período que conheceu o surgimento do pensamento histórico, do historicismo em seu sentido peculiarmente moderno – o fim do século XVIII e o começo do século XIX – tenha também testemunhado, na obra de Sir Walter Scott, a emergência de uma forma narrativa peculiarmente reestruturada para expressar essa nova consciência. Do mesmo modo que a consciência histórica foi precedida por outras formas de historiografia – as crônicas ou os anais –, para nós agora arcaicas, também o romance histórico, em seu sentido moderno, foi certamente precedido por obras literárias que evocavam o passado e recriavam contextos históricos de um tipo ou de outro: as peças históricas de Shakespeare ou Corneille, *La Princesse de Clèves*, e mesmo o romance arturiano. Mas todas essas obras afirmam, de diferentes modos, o passado como sendo essencialmente o mesmo que o presente e ainda não encaram a grande descoberta da sensibilidade histórica moderna: a de que o passado, os vários passados, são culturalmente originais e radicalmente distintos de nossa própria experiência do mundo objetivo presente. Essa descoberta pode agora ser vista como parte do que podemos chamar, em sentido lato, de *revolução cultural burguesa*: o processo pelo qual o estabelecimento definitivo de um modo de produção propriamente capitalista reprograma e reestrutura totalmente os valores, os ritmos de vida, os hábitos culturais e o senso de tempo dos seus sujeitos. O capitalismo exige, nesse sentido, uma experiência de temporalidade diferente daquela que era apropriada ao sistema feudal ou tribal, à *pólis* ou à cidade proibida do déspota sagrado: ele exige uma *memória* da mudança social qualitativa, uma visão concreta do passado que podemos esperar que seja completada por aquela concepção vazia e bem mais abstrata de certo *terminus* futuro que chamamos às vezes de "progresso". Pode-se ver, em retrospecto, que Sir Walter Scott se encontrava especialmente bem posicionado para a abertura criativa da forma literária e narrativa a essa nova experiência: no próprio ponto de encontro entre dois modos de produção – a atividade comercial das *Lowlands*, por um lado, e o sistema arcaico, praticamente tribal, dos *Highlanders* sobreviventes, por outro –, ele consegue ter uma visão distanciada e marginal da dinâmica emergente do capitalismo no Estado-nação vizinho, do ponto de vista privilegiado de uma experiência nacional, a escocesa, que foi, a um só tempo, a última a chegar ao capitalismo e a primeira zona semiperiférica de um capitalismo estrangeiro.[5]

O que há de original no livro de Lukács não é apenas essa compreensão do sentido histórico do surgimento desse novo gênero, mas também, e acima de tudo, uma percepção mais difícil: a da profunda historicidade do próprio gênero, sua crescente incapacidade de registrar seu conteúdo, o modo como, com *Salammbô*, de Flaubert, em meados do século XIX, ele é esvaziado de sua vitalidade e sobrevive como uma forma morta, uma peça de museu, tão "arqueológico" quanto suas matérias-primas, embora ainda resplandecendo virtuosidade técnica. Um exemplo contemporâneo pode dramatizar esse curioso destino: *Barry Lyndon*, de Stanley Kubrick, com sua notável reconstrução de todo um século XVIII desaparecido. O paradoxo, o mistério histórico da desvitalização da forma, será sentido por aqueles para quem esse filme, com suas imagens brilhantes e atuações extraordinárias, é, de algum modo, profundamente *gratuito*, um objeto flutuante no vazio, que poderia nem ter existido, com suas intensidades técnicas excessivamente grandiosas para um mero exercício formal, embora, de algum modo, profunda e perturbadoramente imotivadas. Isso não significa, de modo algum, impugnar o conteúdo do filme de Kubrick: seria fácil imaginar algumas discussões sobre a vívida imagem da guerra do século XVIII, por exemplo, ou sobre a terrível instrumentalidade das relações humanas – debates que demonstrariam a relevância e o apelo dessa narrativa para nós hoje. É, antes, a relação com o passado que está em questão, bem como o sentimento de que nenhum outro momento do passado teria se saído melhor. A percepção de que esse determinado momento da história seria, por uma necessidade orgânica, o precursor do presente desapareceu no pluralismo do Museu Imaginário: a riqueza e a variedade infinita de formas cultural e temporalmente distintas, todas elas

---

[5] Uma importante discussão do lugar singular da Escócia no desenvolvimento do capitalismo pode ser encontrada em Tom Nairn, *The Break-Up of Britain* (Londres, 1977).

agora rigorosamente equivalentes. A Cartago de Flaubert e o século XVIII de Kubrick, mas também a virada de século industrial ou os nostálgicos anos 1930 ou 1950 da experiência americana, encontram-se todos esvaziados de sua necessidade, reduzidos a pretextos para tantas imagens reluzentes. Em sua forma (pós-) contemporânea, essa substituição do histórico pelo nostálgico, essa volatilização daquilo que outrora foi um passado *nacional* no momento do surgimento dos Estados-nações e do próprio nacionalismo certamente caminha lado a lado com o desaparecimento da historicidade na sociedade de consumo atual, com sua rápida exaustão midiática dos acontecimentos de ontem e das estrelas de antes de ontem (quem foi Hitler, afinal? Quem foi Kennedy? Quem, por fim, foi Nixon?).

O momento de Flaubert, que Lukács viu como o começo desse processo em que o romance histórico, como um gênero, deixa de ser funcional, é também o momento do surgimento da FC, com os primeiros romances de Jules Verne. Estamos, portanto, em condições de completar a abordagem de Lukács do romance histórico com sua contraparte, o surgimento do novo gênero da FC, como uma forma que agora registra certa percepção nascente de futuro precisamente naquele espaço em que uma percepção do passado estava outrora inscrita. Chegou o momento de examinar mais detidamente os modos aparentemente transparentes pelos quais a FC registra as fantasias sobre o futuro.

II

Podemos chamar de *representacional* a compreensão do senso comum sobre a natureza antecipatória da FC como um gênero. Em sua maioria, essas narrativas não são, evidentemente, nem modernizantes nem reflexivas, mas autodestrutivas e desconstrutivas. Elas abordam seus temas abarrotadas de um realismo convencional, com uma única diferença: a de que a "presença" plena – os cenários e as ações que são "fornecidos" – é aquela do meramente possível e concebível no futuro próximo ou distante. Daí a defesa canônica que se faz do gênero: em um momento em que a mudança tecnológica atingiu um ritmo vertiginoso, em que o chamado "choque de futuro" é uma experiência diária, essas narrativas teriam a função social de acostumar seus leitores à inovação rápida, de preparar nossa consciência e nossos hábitos para o impacto, de resto, desmoralizante da própria mudança. Elas treinariam nossos organismos a esperar o inesperado; assim, elas nos insulariam, do mesmo modo que, para Walter Benjamin, o modernismo da grande cidade de Baudelaire oferecia um elaborado mecanismo de absorção de choques para o visitante perplexo com o novo mundo da grande cidade industrial do século XIX.

Se não posso aceitar essa abordagem da FC é, ao menos em parte, porque creio que, por todo tipo de razões, já não nutrimos mais essas visões de futuros fantásticos, propriamente "científico-ficcionais", de automação tecnológica. Essas visões são elas mesmas, hoje em dia, históricas e datadas – cidades eficientes do futuro pintadas em muros que descascam –, enquanto nossa experiência viva das nossas maiores metrópoles é de decadência urbana e flagelo. Esse futuro Utópico, em outras palavras, revelou-se ter sido apenas o futuro de um momento que é agora nosso próprio passado. Ainda assim, sendo esse o caso, isso poderia indicar uma transformação na função histórica da FC atual.

Na realidade, a relação dessa forma de representação, desse aparato narrativo específico, com seu conteúdo ostensivo – o futuro – sempre foi mais complexa que isso. Pois o realismo aparente ou a representacionalidade da FC oculta outra estrutura temporal, bem mais complexa: não aquela que nos dá "imagens" do futuro – seja lá o que essas imagens possam significar para um leitor que irá necessariamente morrer antes de sua "materialização" –, mas uma estrutura temporal que desfamiliariza e reestrutura nossa experiência de nosso próprio *presente* e que faz isso de um modo específico, distinto de todas as outras formas de desfamiliarização. Desde os grandes impérios intergalácticos de um Asimov ou da Terra devastada e estéril dos romances pós-catástrofe de um John Wyndham, até o futuro mais próximo dos bancos de órgãos e dos mineiros do espaço de um Larry Niven, ou os conapts, autofabs ou psicomalas do universo de Philip K. Dick, todas essas representações aparentemente plenas funcionam por um processo de distração e deslocamento, de repressão e renovação perceptiva lateral, que tem suas analogias com outras formas da cultura contemporânea. Proust foi apenas a expressão mais monumental dessa descoberta na "alta" literatura: a de que o presente – nesta sociedade e na dissociação física e psíquica dos sujeitos humanos que a habitam – é inacessível diretamente; está entorpecido, habituado, vazio de afeto. Estratégias elaboradas de indireção são, portanto, necessárias se quisermos de algum modo romper com nosso insulamento monádico e "experienciar", pela primeira vez realmente, esse "presente", que é, afinal, tudo o que temos. Em Proust, a ficção retrospectiva da memória e da reescrita *post factum* é mobilizada a fim de que a intensidade de um presente agora meramente rememorado seja experienciada em certa atualidade póstuma, liberada do tempo e completamente inesperada.

Em outro lugar, em referência a outro subgênero ou forma cultural de massa – a história de detetive –, tentei mostrar que, em seus momentos mais originais, em autores como Raymond Chandler, os enredos ostensivos dessa forma peculiar têm uma função análoga.[6] O que interessava a Chandler era o aqui e agora da experiência cotidiana da Los Angeles, então, histórica: as casas de estuque, as calçadas rachadas, a luz do sol embotada e os conversíveis em que espécimes curiosamente isolados, embora típicos de uma flora e uma fauna sociais inimagináveis do sul da Califórnia, dirigem à meia-luz monádica de seus painéis. O problema de Chandler era o de que seus leitores – nós – precisávamos desesperadamente não ver essa realidade: o gênero humano, como cantava o pássaro mágico de T. S. Eliot, é capaz de suportar muito pouco da experiência não mediada, não filtrada, da vida cotidiana do capitalismo. Então, por um truque dialético, Chandler mobilizou formalmente um gênero de "entretenimento" para nos distrair, em um sentido muito especial:

---

[6] Fredric Jameson, "On Raymond Chandler", *Southern Review*, v. 6 (verão de 1970), p. 624-650.

nos distrair não da vida real das preocupações privadas e públicas em geral, mas, muito precisamente, dos nossos próprios mecanismos de defesa contra essa realidade. A excitação do enredo de suspense é, pois, uma cortina, fixando nossa atenção em seus enigmas e suspenses ostensivos, porém bem triviais, de tal modo que o espaço intolerável do sul da Califórnia possa adentrar o olho lateralmente, sem ter sua intensidade diminuída.

Trata-se de uma estratégia de indireção análoga àquela que a FC faz incidir sobre o objeto último e fundamento de toda a vida humana, isto é, a própria história. Como fixar a olho nu esse presente histórico intolerável? Vimos que, no momento de surgimento do capitalismo, o presente pôde ser intensificado e preparado para a percepção individual por meio da construção de um passado histórico do qual, como um processo, esse presente parecia ter lentamente derivado, como o crescimento de um organismo. Mas, hoje, o passado está morto, transformado em um pacote de imagens reluzentes, desgastadas e já folheadas. Quanto ao futuro, que pode ainda estar vivo em certas pequenas coletividades heroicas na superfície da Terra, ele é, para nós, irrelevante ou impensável. Deixemos que as dissoluções wagnerianas e spenglerianas do mundo de J. G. Ballard ilustrem os modos como a imaginação de uma classe moribunda – nesse caso, o futuro anulado de um destino colonial e imperial desaparecido – busca se intoxicar com imagens de morte que variam da destruição do mundo por fogo, água e gelo até o prolongamento do sono ou as orgias descontroladas de altíssimos edifícios ou de rodovias rapidíssimas que se invertem em barbárie.

A obra de Ballard – tão rica e corrompida – testemunha poderosamente as contradições de uma tentativa propriamente representacional de compreender diretamente o futuro. Eu defenderia, no entanto, que a FC mais característica não tenta seriamente imaginar o futuro "real" do nosso sistema social: antes, seus múltiplos futuros simulados servem à função bem diferente de transformar nosso presente no passado de algo ainda por vir. É esse momento presente – indisponível para nós para a contemplação por si mesmo, uma vez que a absoluta imensidão quantitativa de objetos e vidas individuais que ele abrange não é totalizável e, portanto, é inimaginável, além de estar ocluído pela densidade de nossas fantasias privadas e dos estereótipos que proliferam em uma cultura midiática que penetra em cada zona remota de nossa existência – que, quando retornamos dos constructos imaginários da FC, nos é oferecido na forma de um passado remoto do mundo futuro, como se póstumo e coletivamente recordado. Não se trata apenas de um exercício de melancolia histórica: há, de fato, também algo de vagamente reconfortante e tranquilizador na percepção de que os grandes supermercados e *shoppings centers*, as estridentes redes de *fast-food* e as lojas e as fachadas de lojas cada vez mais rapidamente remodeladas do futuro próximo da agora histórica Los Angeles de Chandler, que os centros degradados das cidades pequenas do meio-oeste e mesmo o próprio Pentágono e as vastas redes subterrâneas de plataformas de lançamento de foguetes, no isolamento de cartão-postal de um esplendor "natural" outrora caracteristicamente norte-americano, ao lado da arquitetura futurista já trincada e desmoronante de recém-construídas usinas de energia atômica – que todas essas coisas, enfim, não estejam fixadas, imóveis para sempre, em um certo "fim da história", mas se movam constantemente no tempo, em direção a um certo futuro "real" inimaginável, embora inevitável. A FC, desse modo, encena e possibilita um "método" estruturalmente único de apreensão do presente como história – e isso independentemente de um "pessimismo" ou um "otimismo" em relação ao mundo futuro imaginário que é apenas o pretexto para essa desfamiliarização. O presente não é menos passado pelo fato de seu destino ser as maravilhas tecnológicas de Verne ou, pelo contrário, os autômatos maltrapilhos e estropiados do futuro próximo de P. K. Dick.

Devemos, agora, voltar à relação entre a FC e a história futura e inverter a descrição estereotípica desse gênero: o que é de fato autêntico em relação a ele, como um modo de narrativa e uma forma de conhecimento, não é, de modo algum, sua capacidade de manter vivo o futuro, ainda que em imaginação. Pelo contrário, sua vocação mais profunda é, de novo e de novo, a de demonstrar e dramatizar nossa incapacidade de imaginar o futuro; de dar corpo – por meio de representações aparentemente plenas que se revelam, a partir de um olhar mais próximo, ser estruturalmente empobrecidas – à atrofia atual daquilo que Marcuse chamou de *imaginação utópica*, isto é, a imaginação da alteridade e da diferença radical; de ter sucesso por meio do fracasso e servir como veículo inadvertido, e mesmo involuntário, para uma reflexão que, indo em direção ao desconhecido, se encontra irrevogavelmente presa ao excessivamente familiar e, assim, inesperadamente se vê transformada em uma contemplação de nossos próprios limites absolutos.

Daí, já que pronunciei a palavra, a redescoberta inesperada da natureza da Utopia enquanto gênero em nossa época.[7] O texto ou discurso abertamente Utópico tem sido considerado uma subvariedade da FC em geral. O paradoxal é que, no exato momento em que as Utopias supostamente chegaram a um fim e em que aquela asfixia do impulso Utópico aqui mencionada é por toda parte cada vez mais tangível, a FC redescobriu, em anos recentes, sua vocação Utópica e deu origem a uma série de novas obras muito potentes – a um só tempo, Utópicas e de FC –, das quais *Os despossuídos*, de Ursula Le Guin, *The Female Man*, de Joanna Russ, *Woman on the Edge of Time*, de Marge Piercy, e *Triton*, de Samuel Delany, são tão-somente os monumentos mais notáveis. Fazem-se necessários ainda, portanto, alguns comentários finais sobre o uso apropriado desses textos e sobre como suas relações com a história social devem ser interrogadas e decodificadas.

III

Depois do que foi dito sobre a FC em geral, não causará surpresa a proposição relacionada sobre a natureza e a função política do gênero Utópico, a de que sua vocação mais profunda é a de revelar,

---

[7] Uma discussão mais completa dessas proposições e certas análises mais detidas de *Utopia* de More, em particular, podem ser encontradas em minha resenha de *Utopiques,* de Louis Mann (que também indico!), "Of Islands and Trenches", *Diacritics,* v. 7 (junho de 1977), p. 2-21. Ver ainda a discussão a esta relacionada em "A redução do mundo em Le Guin", Parte Dois, Ensaio 3, anteriormente (e, é claro, ver Parte Um e, em particular, Capítulo 11).

de um modo local e determinado e com uma plenitude de detalhes concretos, nossa incapacidade constitutiva de imaginar a própria Utopia. E isso não devido a qualquer falha individual da imaginação, mas como resultado da clausura sistêmica, cultural e ideológica da qual estamos todos, de um modo ou de outro, prisioneiros. Essa proposição, entretanto, precisa agora ser demonstrada de um modo analítico mais concreto, fazendo referência aos próprios textos.

Parece oportuno que essa demonstração tome como referência não a FC estadunidense – cujas afinidades com a distopia (em vez de com a utopia), com as fantasias da regressão cíclica ou com os impérios totalitários do futuro foram até recentemente marcantes (por razões políticas óbvias) –, mas, antes, a FC soviética, cuja dignidade como um gênero literário "elevado" e cuja funcionalidade social dentro de um sistema socialista eram, por contraste, igualmente previsíveis e não menos ideológicas. A renovação das tradições soviéticas gêmeas da Utopia e da FC data muito precisamente da publicação de *A nebulosa de Andrômeda* (1958), de Efremov, e do debate público que gerou essa obra que, certamente, apesar de toda a sua ingenuidade, é uma das tentativas mais resolutas e extremas de produzir uma representação plena de uma futura sociedade Utópica sem classes, harmoniosa e mundial. Podemos medir nossa resistência ao impulso Utópico pelo tédio que o leitor estadunidense sente instintivamente diante do "aparato libidinal" culturalmente exótico de Efremov:

> Nós começamos – prosseguiu a conferencista – realizando uma completa transformação na distribuição das zonas habitáveis e industriais de nosso planeta...
> As faixas marrons que aparecem ao longo dos trinta graus de latitude norte e sul assinalam a ininterrupta cadeia de localidades urbanas, concentradas nas costas marítimas das regiões temperadas, onde não há inverno. A humanidade deixou de gastar quantidades colossais de energia no aquecimento das residências durante o inverno e na confecção de roupas de abrigo. A população mais densa se concentrou no litoral do Mediterrâneo, berço da cultura humana. A largura das zonas subtropicais triplicou, depois da fusão

artificial dos gelos polares. Ao norte da zona setentrional habitável estendem-se vastíssimas regiões de pradarias e estepes, onde pastam inúmeros rebanhos de animais domésticos [...].

Uma das principais alegrias do homem são as viagens, sua ânsia de se deslocar, entusiasmo herdado de nossos antepassados remotos, caçadores-coletores nômades, que vagavam de um lado para o outro em busca de seu modesto alimento. Agora toda a terra está cingida pela Via Espiral, que enlaça todos os continentes [...]. Pela Via Espiral circulam constantemente trens elétricos. Centenas de milhares de pessoas podem se deslocar com grande rapidez da zona habitável para as regiões das estepes, dos campos e das montanhas [...].[8]

A questão que deve ser feita a uma obra como essa – o modo de entrada analítico ao texto Utópico em geral, desde Thomas More até esse romance soviético historicamente significativo – diz respeito ao estatuto do negativo naquilo que é um esforço de imaginar um mundo sem negatividade. A repressão do negativo, o lugar dessa repressão irá então nos permitir formular a contradição essencial desses textos, que expressamos acima de um modo mais abstrato, como a reversão dialética da intenção, a inversão da representação, a "astúcia da história" pela qual o esforço em imaginar a Utopia acaba por revelar a impossibilidade de fazê-lo. O conteúdo desses "semas" de negatividade reprimidos servirá, então, como um indicador dos modos como uma contradição ou antinomia narrativa deve ser formulada e reconstruída.

O romance de Efremov está, previsivelmente, organizado em torno do dilema mais óbvio que o negativo coloca para uma visão Utópica: o fato irredutível da morte. Mas, de modo igualmente característico, a angústia da morte individual é aqui reformulada como um destino coletivo, a perda da nave estelar *Parvus*, facilmente assimilável a toda uma retórica do sacrifício coletivo a serviço do

---

[8] Ivan Efremov, *Andromeda* (Moscou, 1959), p. 54-55. (Ivan Efremov, *A nebulosa de Andrômeda*, tradução de Hugo Novotny e Ana Facundes, São Paulo: Polo Printer, 2014, p. 50-51 [N.T.].)

gênero humano. Eu sugeriria que esse *topos* superficial tem por função deslocar duas outras formas de negatividade, mais agudas e perturbadoras. Uma é a fadiga emocional e a profunda depressão psíquica do administrador Darr Veter, "curadas" por um período de trabalho manual no isolamento de um laboratório oceânico; a outra é a *hybris* e o crime do seu sucessor, Mven Mass, cujo envolvimento pessoal com um programa energético novo e ambicioso resulta em um acidente catastrófico e na perda de vidas. Mven Mass é "reabilitado" após uma estadia na "ilha do esquecimento", um tipo de Gulag cingalês idílico onde os desviantes e antissociais estão livres para buscar sua salvação do modo que bem entenderem. Diremos que esses dois episódios são os pontos nodais ou os sintomas em que as contradições mais profundas do psiquiátrico e do penal, respectivamente, interrompem a operação narrativa da Imaginação Utópica soviética. Não por acaso esses sintomas narrativos tomam uma forma espacial e geográfica. Já em Thomas More, a imaginação da Utopia é constitutivamente relacionada com a possibilidade de estabelecer certa *clausura* espacial (a escavação da grande trincheira que transforma "Utopia" em uma ilha autocontida).[9] A estação oceanográfica solitária e a ilha penal marcam, assim, o retorno de dispositivos de clausura e separação espacial que, formalmente necessários para o estabelecimento de certo espaço Utópico "puro" e positivo, tendem sempre a revelar as contradições últimas da produção de figuras e narrativas Utópicas.

Sendo a ideologia dos outros sempre mais autoevidente do que a nossa, não é difícil compreender a função ideológica desse tipo de Utopia não conflitiva em uma União Soviética na qual, de acordo com a fórmula canônica de Stálin, a luta de classes tinha supostamente, no momento do "socialismo", chegado ao fim. Seria preciso acrescentar que nenhum marxista inteligente hoje em dia poderia acreditar em uma coisa como essa e que o processo de luta de classes é, antes, exacerbado precisamente no momento da construção socialista, com sua "primazia do político"? Irei, não obstante, complicar esse

---

[9] Comparar com "Of Islands and Trenches" (ver nota 7).

diagnóstico com a sugestão de que o que é ideológico para o leitor soviético pode ser Utópico para nós. Podemos pensar na possibilidade de que, ao lado das óbvias diferenças qualitativas entre nossa cultura do Primeiro Mundo (com sua dialética entre o modernismo e a cultura de massa) e a cultura do Terceiro Mundo, seria possível reservar um lugar para uma cultura específica e original, a do Segundo Mundo, cujos artefatos (geralmente na forma de romances e filmes soviéticos e europeus orientais) produziram no leitor ou espectador ocidental, em geral, a impressão não formulada e inquietante de uma simplicidade indistinguível do sentimentalismo inocente. Uma abordagem renovada da cultura do Segundo Mundo teria de levar em conta algo que é difícil, para nós, de lembrar dentro da clausura a-histórica de nossa *société de consommation*": o estranhamento e o frescor radicais da existência humana e de seu mundo objetivo em uma atmosfera não mercantil, em um espaço no qual essa saturação pródiga de mensagens, propagandas e fantasias libidinais de todos os tipos, que caracteriza nossa experiência cotidiana, é súbita e inesperadamente detida. Recebemos essa cultura com toda a exasperação perplexa do morador da cidade condenado à insônia por causa do silêncio opressivo do campo à noite; para nós, portanto, ela pode ter a função desfamiliarizadora daquelas maravilhosas palavras que William Morris inscreveu sob o título de sua grande Utopia: "uma época de tranquilidade".

Tudo isso pode ser dito de outro modo, mostrando que, se as imagens soviéticas da Utopia são ideológicas, nossas imagens caracteristicamente ocidentais de *distopia* também o são, além de repletas de contradições igualmente virulentas.[10] A obra clássica e virtualmente inaugural desse subgênero, *1984*, de George Orwell, pode servir como um exemplo ideal para essa proposição, mesmo se deixarmos de lado suas características mais obviamente patológicas. O romance de Orwell, de fato, buscava explicitamente dramatizar

---

[10] Em outras palavras, para adaptar o provérbio favorito de Claudel, "*Le pire n'est pas toujours sûr*" ("O pior nem sempre é certo").

453

a onipotência tirânica de uma elite burocrática, com seu controle tecnológico perfeito e onipresente, embora a narrativa, buscando reforçar essa clausura já opressiva, acabe por exagerar na dose, a ponto de solapar sua proposição ideológica inicial. Isto pois, valendo-se de outro *topos* da ideologia contrarrevolucionária, Orwell busca mostrar como, sem liberdade de pensamento, nenhuma ciência ou progresso científico seria possível – uma tese fortemente reforçada por imagens de miséria e construções decadentes. A contradição reside, é claro, na impossibilidade lógica de reconciliar essas duas proposições: se a ciência é rudimentar, então o poder tecnológico da burocracia distópica desaparece junto com ela, e o "totalitarismo" deixa de ser uma distopia no sentido de Orwell. Ou o contrário: se esses senhores stalinistas dispõem de algum poder científico e tecnológico perfeito, então a genuína liberdade de pesquisa deve existir em *algum lugar* dentro do Estado (precisamente o contrário do que se queria demonstrar).

IV

A tese referente à Impossibilidade estrutural da representação utópica esboçada anteriormente sugere agora certas consequências não esperadas no domínio estético. Espero que já seja um lugar-comum a ideia de que o impulso mesmo do modernismo literário – com seu *public introuvable* e sua ruptura com as instituições culturais tradicionais, em particular, com o "contrato" social entre o escritor e o leitor – tenha tido como uma de suas consequências estruturais significativas a transformação do texto cultural em um discurso *autorreferencial*, cujo conteúdo é uma interrogação perpétua sobre suas próprias condições de possibilidade.[11] Podemos agora mostrar que esse é também o caso com o texto Utópico. De fato, à luz de tudo o que já foi dito, não será surpreendente descobrir que, à medida que a verdadeira vocação da narrativa Utópica começa a emergir à

---

[11] Ver meu *The Prison-House of Language* (Princeton, 1972), p. 203-205.

superfície – para nos confrontar com nossa incapacidade de imaginar a Utopia –, o centro de gravidade dessas narrativas se desloca em direção a uma autorreferencialidade de tipo específico, bem mais concreta: esses textos, explícita ou implicitamente, e como que contra sua própria vontade, encontram seus "temas" mais profundos na possibilidade de sua própria produção, na interrogação quanto aos dilemas envolvidos em sua emergência como textos Utópicos.

O único romance de FC "contemporâneo" de Le Guin, o subvalorizado *A curva do sonho* (1971), pode servir como prova dessa proposição mais geral. Nesse romance, que coloca a cidade natal de Le Guin, Portland, Oregon, ao lado de Berkeley e Los Angeles, como um dos espaços legendários da FC contemporânea, um jovem infeliz é atormentado pelo poder indesejado de sonhar "sonhos efetivos", sonhos que, em outras palavras, mudam a própria realidade exterior e reconstroem o passado histórico de modo que a "realidade" prévia desaparece sem deixar rastro. Ele se coloca nas mãos de um psiquiatra ambicioso, que então passa a usar seu enorme poder, agora a ele delegado, para mudar o mundo para o benefício do gênero humano. Mas a realidade é uma rede sem costuras: mude um detalhe e transformações inesperadas, às vezes monstruosas, ocorrerão em outras zonas da vida aparentemente não relacionadas, como nas histórias clássicas de viagem no tempo nas quais um artefato contemporâneo, deixado para trás por acidente em uma viagem à era jurássica, transforma a história humana como um trovão. A outra referência arquetípica é a dialética dos "desejos" nos contos de fadas, na qual uma gratificação vem acompanhada de um efeito secundário indesejado, que então, por sua vez, precisa ser desejado que desapareça – seu desaparecimento trazendo, ainda, outra consequência indesejável, e assim por diante.

O conteúdo ideológico do romance de Le Guin é bastante claro, embora sua ressonância política seja ambígua: a partir da posição central de seu taoísmo místico, o esforço de "reformar" e melhorar, de transformar a sociedade de um modo liberal ou revolucionário é visto, segundo o modelo de Edmund Burke, como uma expressão perigosa da *hybris* individual e como uma interferência destrutiva nos ritmos da "natureza". Politicamente, é claro, essa mensagem ideológica pode ser lida tanto como a angústia do liberal diante de uma transformação genuinamente revolucionária da sociedade quanto como a expressão de desconfianças mais conservadoras sobre o reformismo de tipo *New Deal* e a benevolência do Estado de bem-estar.[12]

No nível estético – que é o que nos diz respeito aqui –, entretanto, o tema mais profundo dessa obra fascinante só pode ser os perigos de imaginar a Utopia e, mais especificamente, de escrever o texto Utópico. De modo mais transparente do que a maioria das FC, esse livro é "sobre" seu próprio processo de produção, que é reconhecido como impossível: George Orr não pode sonhar a Utopia. Ainda assim, ao explorar as contradições dessa produção, a narrativa é escrita, e a "Utopia" é "produzida" no próprio movimento pelo qual nos é mostrado que uma Utopia "realizada" – uma representação plena – é uma contradição em termos. Podemos, assim, aplicar ao *A curva do sonho* aquelas palavras proféticas de Roland Barthes sobre a dinâmica do modernismo em geral: que os monumentos do último "demoram o máximo possível em um tipo de suspensão miraculosa, no limiar da própria Literatura [leia-se, nesse contexto, Utopia], nessa situação preambular em que a densidade da vida é dada e desenvolvida sem que ainda tenha sido destruída por sua consagração como um sistema [institucionalizado] de signos".[13]

Seria, entretanto, mais adequado aproximar essa discussão de outro texto de FC Utópica do Segundo Mundo, uma das mais gloriosas de todas as Utopias contemporâneas: a impressionante *Piquenique na estrada* (1977; serializado pela primeira vez em 1972), dos irmãos

---

[12] Que a autora de *Os despossuídos* também seja capaz de se entregar a um antiutopianismo dostoiévskiano e contrarrevolucionário clássico está documentado por sua desagradável fábula "The Ones Who Walk Away from Omelas", em *The Wind's Twelve Quarters* (Nova York, 1975), p. 275-284.

[13] Roland Barthes, *Writing Degree Zero*, tradução de Annette Lavers e Colin Smith (Londres, 1967), p. 39.

Strugátski.[14] Esse texto se move em um espaço que está para além das referências fáceis e obrigatórias aos dois sistemas sociais rivais, e não pode ser coerentemente decodificado como mais uma mensagem *samizdat* ou como expressão de um protesto político liberal de dissidentes soviéticos.[15] Ademais, embora seu material figural seja acessível e possa ser reescrito de um modo familiar aos leitores que vivem dentro das limitações bem diferentes de um dos dois sistemas industriais e burocráticos, ele tampouco é uma afirmação ou demonstração do que hoje é chamado de teoria da "convergência". Por fim, embora a narrativa se volte para as benesses ambíguas da tecnologia fantástica, esse romance não me parece programado pela categoria de "determinismo tecnológico" de estilo ocidental ou oriental – isto é, ele não está preso nem a uma noção ocidental de progresso industrial infinito, de tipo não político, nem à noção stalinista de socialismo como o "desenvolvimento das forças produtivas".

Pelo contrário, a Zona – um espaço geográfico em que, como resultado de algum contato alienígena inexplicável, podem ser encontrados artefatos cujos poderes transcendem as capacidades explicativas da ciência humana – é, a um só tempo, objeto da Ganância contrabandista e militar-industrial a mais perniciosa, por um lado, e, por outro, da Esperança religiosa (ou Utópica) mais pura. A "busca pela narrativa", para usar a expressão de Todorov,[16] é, aqui, muito especificamente a busca pelo Graal; e o herói desviante dos Strugátski – marginal e tão antissocial quanto se queira, o equivalente soviético dos anti-heróis do gueto ou da contracultura em nossa tradição – talvez seja uma figura humana mais empática para nós do que o inocente passivo-contemplativo e místico de Le Guin. Não menos que *A curva do sonho*, porém, *Piquenique na estrada* é também autorreferencial, estando sua produção narrativa determinada

---

[14] Arkady e Boris Strugátski, *Roadside Picnic*, tradução de A. W. Bouis (Nova York, 1977).

[15] Isso não quer dizer que os Strugátski não tenham tido a sua cota de problemas pessoais e de publicação.

[16] Tzvetan Todorov, *Poétique de la prose* (Paris, 1971).

pela impossibilidade estrutural de produzir aquele texto Utópico no qual ele, não obstante, miraculosamente se torna. Ainda assim, o que devemos apreciar nesse texto – uma colagem de documentos formalmente engenhosa, uma transversalidade enigmática entre personagens não relacionados no espaço social e temporal, uma reconfirmação desolada da relação inextricável entre a busca Utópica e o crime e o sofrimento, com seu clímax na simultaneidade entre o assassinato-vingança de um jovem idealista e inocente e a aparição do próprio Graal – é a emergência inesperada, por assim dizer, para além do "pesadelo da História", e a partir das aspirações mais arcaicas da raça humana, do impulso Utópico impossível e inefável, aqui, não obstante, brevemente vislumbrado: "Felicidade para todos!... De graça!... O quanto quiser!... Venham todos para cá!... FELICIDADE PARA TODOS, DE GRAÇA E NINGUÉM SERÁ INJUSTIÇADO!".

1982

5.
A Ficção Científica como um gênero espacial: *Exílio: a derradeira esperança*, de Vonda McIntyre

I

A FC parece particularmente adequada – ou eu deveria dizer vulnerável? – à paráfrase. Não que essa operação estigmatizada esteja totalmente ausente da crítica de outros tipos de textos literários. Decerto, temos paráfrases quando um romance aparentemente realista é lido e, portanto, escrito em termos de uma experiência psicológica, da qual os "eventos" são, então, vistos como *expressão* (de melancolia patológica e medo da morte no caso de *La Joie de vivre*, de Zola, por exemplo); o mesmo ocorre quando uma narrativa simbólica ou modernista é interpretada em termos de uma situação histórica concreta – isto é, é reescrita como realismo, como quando os romances de Kafka se tornam representações simbólicas de fenômenos relacionados à monarquia austro-húngara. Ainda assim, os resultados para as narrativas de FC parecem frequentemente bem mais desastrosos, uma vez que a operação de parafrasear tende, aqui, a colocar em xeque o próprio gênero, cujas convenções específicas se tornam, agora, decoração exterior, mera vestimenta opcional para um conteúdo cuja realidade nua e crua parece ser, de fato, muito diferente, embora não necessariamente mais nobre e elevada.

Assim, deve-se inicialmente resistir à vontade de reescrever esse esplêndido romance, *Exílio: a derradeira esperança*,[1] em termos das novelas televisivas que ele, às vezes, vagamente, lembra. Consideremos, pois, dois protagonistas que ainda não se conhecem – um, Jan, um filho bastante passivo de um pai insatisfeito (o filho é um japonês loiro, algo ainda mais perturbador para um pai rico, cuja vida de fantasia é vivida no Japão do século XII, em um simulacro da corte da Madame Murasaki); a outra, Mischa, uma garota sensível com um irmão mais velho idealizado que é um tipo de viciado, uma irmã mais nova deficiente mental e um irmão ainda mais novo, aleijado e deformado, que se perdeu durante a diáspora da família (ecos do romance bizantino ou do envio de crianças britânicas para o campo na Segunda Guerra Mundial). Essas duas figuras irão, no fim, de forma previsível, unir forças, não antes da intervenção violenta de um terceiro vetor narrativo, na pessoa de dois "pseudoirmãos" geneticamente modificados, mas temperamentalmente diferentes: Subdoise Subum, que lideram um grupo do espaço que quer invadir e conquistar o "Centro" subterrâneo da antiga Terra, que é o cenário dessa representação de FC. Os dois irmãos permanecem juntos telepaticamente em uma relação antagonista, em que Subdois, um dos protagonistas principais, representa a mágica da engenharia e da tecnologia e a responsabilidade e organização, enquanto Subum é pouco mais que um delinquente brutal e egoísta. A complexa relação dessas figuras umas com as outras (e consigo mesmas) é uma refutação tangível do estereótipo de que a FC seria desprovida de introspecção e das caracterizações mais sutis que esperamos encontrar na alta literatura. Ao mesmo tempo, a interação entre eles, que, como mostrarei logo mais, lembra os ritmos da novela televisiva (em sua forma contemporânea, se preferir), corre o risco de tomar a forma da infinitude serial, em que a aspiração por clausura é constantemente reavivada e perpetuamente frustrada. O desejo dos protagonistas principais de

---

[1] Vonda N. McIntyre, *The Exile Waiting* (Greenwich, CT, 1975): as referências (paginadas) a essa edição serão dadas, doravante, no próprio texto.

deixar a Terra de uma vez por todas, sem dúvida, nos conduz para um final, mas, como veremos, o preço que se pagará por isso será um deslocamento radical para um modo diegético completamente diferente, que caracterizaremos como espacial: uma modulação brutal da interpessoalidade para a geografia, da inter-relação para aquilo que Kenneth Burke chamaria de "cena".

Ainda assim, e como consequência daquilo que chamei de "descontinuidades genéricas", não podemos fazer justiça a um enredo de FC resumindo-o desse modo, uma vez que cada momento da narrativa tende a projetar seu próprio enquadramento genérico renovado, em um processo perpétuo de reestruturação, não diferente do modelo de leitura projetado por Stanley Fish, em que cada segmento de uma sentença em curso abre uma gama de possibilidades e incertezas, que, depois, serão reorientadas imprevisivelmente pela próxima escolha. Neste exemplo, estamos lidando com uma ficção que, considerada diacronicamente, apenas se torna um paradigma de perseguição e busca em seus momentos finais, de modo que devemos respeitar essa experiência de leitura conforme exploramos certas complexidades sincrônicas da narrativa de FC.

II

Os sinais de novela televisiva aparecem especialmente na apresentação de cada uma das figuras maiores como portadoras do que costumava ser chamado de um "problema pessoal" – um termo da psicologia popular dos anos 1950 que designava a paralisia neurótica e as "panes" que impediam as pessoas de funcionar. Essa categoria estabelece a narrativa em termos de desenvolvimento, não de moralidade: o escape físico da Terra é uma imagem da libertação da prisão da repetição neurótica. Entretanto, parece claro que o que marca os três personagens principais como protagonistas, como figuras *interessantes*, em comparação com os personagens secundários cujo sentido está decidido de antemão (a autoindulgência de Subum ou do "tirano" do planeta, Blaisse, ou a revolta dos mutantes e desajustados), tem pouco a ver com a positividade ou a negatividade: Jan é excessivamente passivo para ser um herói de verdade, e Subdois ocupa a posição do vilão, mas é obviamente recuperável. Em vez disso, como nas novelas e em certos tipos de *best-sellers*, é um "problema pessoal" muito especial que marca todos os três como matéria-prima: os dois mais fortes, Mischa e Subdois, estão específica e estrategicamente enfraquecidos por sua indesejada sensibilidade diante da figura de um irmão mais vulnerável e degenerado que é um peso para eles, como uma bola de ferro acorrentada aos seus pés, e que enfraquece ambos, sempre intervindo para complicar decisões vigorosas e independentes e desviar de seu curso a ação de cada um. Isso – algo como uma tragédia do altruísmo – talvez possa ser diferenciado da categoria anterior por meio da forma específica de desamparo que envolve: enquanto o "problema pessoal" – o "caráter é destino", de Freud – de algum modo projetava a fatalidade do *self* (da presença desse ou daquele traço de caráter irritante até o alcoolismo, a homossexualidade, a depressão suicida e assim por diante), essa forma mais recente sugere que o problema seria a fidelidade a um outro – esse *outro* sendo, então, entendido segundo a categoria anterior do "problema pessoal", de modo que há virtualmente uma progressão diacrônica nesses estereótipos, o mais recente sendo construído a partir do tipo de psicologia mais antiga e agora datada que ele acaba por englobar. Jan, com sua falta de energia e iniciativa e uma visão desapegada e estética do mundo em torno de si que chega a parecer, a seu modo, patológica, é ainda o mais próximo do modelo antigo e de certa paralisia edipiana mais clássica. Talvez seja esta a razão pela qual a autora tenha tido que variar essa figura singular de um modo particularmente impactante, incluindo sua devoção erótica à navegadora idosa, quase cega. (Ocaso amoroso do jovem com essa idosa moribunda apresenta uma interessante variante em termos de gênero [*gender*], que impressiona por ser bem diferente da educação romântico-sentimental tradicional e que, mesmo no culto da juventude de hoje em dia, pode soar como uma interessante nota transgressora.) Ainda assim, essa situação não é mais do que um motivo de contexto, que enriquece e dá mais complexidade ao motivo dominante – da devoção alienante – de um modo meramente secundário (Jan é obrigado a enterrar a poetisa-navegadora na "Terra").

462

Não quero sugerir que haja algo de especialmente errado ou corrompido com a matéria-prima humana que acabo de descrever: podemos pensar em particular na ética proibitiva heideggeriana – deixar que o outro *seja* em seu *ser* –, com sua pressuposição nietzschiana de que a caridade é uma agressão e de que uma devoção desse tipo pode ser o pior serviço possível ao amado, e especialmente ao amado! Não posso pensar que tipo de situação histórica ou social tenderia a gerar e desenvolver uma arte com essas preocupações temáticas (por exemplo, seria realmente desejável ser o cuidador do próprio irmão?), tampouco vejo por que um romance, peça ou filme sobre esse tema estaria *a priori* condenado ao sentimentalismo ou à mediocridade. Mas, embora eu possa conceber uma autêntica obra de arte lidando com esses temas, para que ela fosse de fato autêntica ela teria de desenvolver essas situações do zero e estar preocupada em ressaltar e interrogar as várias categorias (alteridade, devoção, sofrimento, "problema pessoal" etc.) por meio das quais normalmente os pensamos. *Exílio: a derradeira esperança*, entretanto – e nisso exatamente como as "novelas" –, toma essas categorias como dadas, como estruturas do mundo real, em vez de ideias historicamente determinantes sobre o mundo real; elas são tomadas como a base ou a precondição para o desenvolvimento do enredo, em vez de como seu centro e objetivo temático. Isso deveria ser suficiente para corromper o romance e carimbá-lo como um produto dissimulado cuja função – como a das formas mais degradadas da cultura de massa – estaria em jogar com nossos estereótipos psicológicos e sociais, construindo a partir deles, em vez de criticá-los e subvertê-los.

Esse, no entanto, não é o caso aqui, pelo menos não na minha opinião: as matérias-primas do romance de McIntyre compartilham certo tipo de ingenuidade com as de Le Guin (a quem ele é dedicado). Mas, como este nome sugere, a ingenuidade de um tipo sociopolítico e psicológico não é incompatível com influência, importância histórica (a reinvenção da Utopia), qualidade e valor artístico. Se esse é o caso, então o problema se inverte: devemos nos perguntar se a possibilidade formal de certo tipo de valor estético e narrativo, antes, não *pressuporia* esse conteúdo, de resto, aparentemente simplista, estando dialeticamente relacionada com ele.

Nossa pesquisa irá, aqui, não obstante, tomar outra direção: tentaremos determinar se não haveria algo na própria estrutura da FC, como gênero, que justamente "redimiria" esses estereótipos (que, como observamos, são da mesma substância que os das novelas).

III

Se, de fato, as atitudes e interpretações psicológicas, o esquematismo caracterológico aqui descrito são, antes, algo como a matéria-prima a partir da qual a forma da narrativa de FC trabalha, então devemos acrescentar que esta as transforma, por meio de seu processo singular de produção, em *outra coisa* – algo que, no caso de *Exílio*, tem um valor estético de tipo diferente daquele que poderia ser encontrado mesmo na melhor arte "psicológica". Que esse processo produtivo, essa transformação de matérias-primas caminhe junto com o jogo de figuração próprio a esse gênero é algo imediatamente evidente, uma vez que a devoção psíquica e a dependência, que tentei caracterizar por meio de uma psicologia ordinária (como se pode ver, mais "realisticamente", nas novelas), são aqui apresentadas em termos de telepatia. Estamos de imediato, portanto, para além da mera tradução de um meio em outro, já que lidamos com uma convenção com uma longa história. O processo de produção é, portanto, duplo: ele nos leva de um conteúdo psicológico, com seus termos e linguagem, a uma figura reificada, e da imediaticidade de certo tipo de experiência a um motivo histórico em que todo tratamento ou inflexão sempre será visto como uma variação dos tratamentos preexistentes dados ao mesmo tema e como um comentário implícito sobre a história desse tema.

O que precisa ser acrescentado, entretanto, é o lembrete de que, como os elementos da própria linguagem, esses "temas" têm seu próprio significado, frequentemente ocultos e sedimentados dentro deles, como certa etimologia está enterrada na estrutura da palavra ostensiva – de modo que a variação sobre o tema é também, implicitamente, um comentário sobre esse significado mais profundo. Nesse caso – do tema da telepatia –, o significante material expressa e oculta a fantasia Utópica de um conjunto de relações sociais genuinamente coletivas, em que o sujeito ou ego individual – resultado histórico do desenvolvimento do comércio e do capitalismo – vê novamente seu isolamento monádico se dissolver e volta ao seu fundamento, como um nexo de relações humanas e um ponto de transmissão de relações coletivas.

Ao colocar as coisas desse modo, percebemos o quanto esse tema coletivo é, em grande parte, reduzido, em *Exílio,* às relações de parentesco ou de consanguinidade e à família como uma unidade natural. (Mischa e seus irmãos, a tentativa de formar uma família artificial no caso dos pseudoirmãos e, finalmente, embora a telepatia não desempenhe um papel nisso, o contexto edipiano da situação de Jan – que tem o mérito pelo menos de sugerir que, aqui, o eixo parental está sendo deslocado em favor do eixo horizontal dos irmãos e irmãs.) A única exceção é o roubo de Mischa – mas as conotações sexuais do arrombamento, violação, profanação etc. já foram muitas vezes notadas.

Socialmente, essas restrições são mais plausíveis: o que resta na "Terra", em sua maior parte subterrâneo (particularmente durante os invernos inabitáveis), está em um estado de degenerescência de tipo feudal, dominado pelas Famílias, em cujo sistema se inseriu um tirano individual, sendo sua função a de controlar as "relações exteriores", isto é, as relações com as naves espaciais que, de todo modo, não podem aterrissar durante as grandes tempestades dos meses de inverno. São dessas excêntricas relações espaciais, geradas por essa situação anômala, que Subdois então se apropria; e, de todo modo, a conquista dos pseudoirmãos (algo como tribos bárbaras tomando um império em plena decadência) é, ela mesma, resultado desse ritmo sazonal: ninguém espera que uma nave espacial seja capaz de aterrissar no inverno, e a cidade e o palácio interiores estão indefesos – um pouco como Singapura durante a Segunda Guerra Mundial, quando os japoneses penetraram pelo lado da floresta da península, para onde nenhuma arma apontava.

Esse tipo de reviravolta, do futuro distante para uma Idade Média galáctica, é, decerto, bastante familiar, bem como sua causa (o holocausto nuclear); mas, nos termos da temática da família descrita anteriormente, a configuração feudal sugere agora que o dilema de Mischa deve ser interpretado como parte do processo de liquidação justamente desses laços de família e de sangue, que se tornaram quase que fisicamente opressivos (e não apenas no caso dela). Parece haver uma progressão temática a esse respeito, uma vez que o "problema" similar de Subdois já não envolve um irmão real (embora Subum seja um parente geneticamente distante), e a engenharia genética da qual ele é resultado é considerada racional, científica e muito diferente do que ainda ocorre regressivamente no Centro (a caverna central da "Terra"):

> À medida que Blaisse explicava, Subdois compreendia lentamente que ele não queria dizer "sangue", mas genética e relações biológicas e sociais. Era a maneira mais ridícula de formar alianças, embora talvez não mais ridículas do que algumas que ele tinha testemunhado. Era o modo como o Centro era regido (p. 52).[2]

Para que o romance seja lido desse modo, no entanto, sua conclusão teria de ter sido elevada e intensificada por uma representação mais dramática da explosão quase cloacal das profundezas mais baixas, da emergência dos mutantes e desajustados das cavernas mais profundas para a "luz do dia" daquilo que ainda resta de civilização (e de poder estatal) – conforme o exército mutante vencedor persegue o que resta da força de ataque dos pseudoirmãos. Se fosse uma questão de "performar" o romance por meio de certo tipo de leitura e de organizar a narrativa em certo ritmo, de traçar a lenta curva narrativa de certo tipo de desenvolvimento, então essa emergência deveria vir com a força do surgimento, na praia, do exército rebelde do filme *Queimada!* (1968), de Pontecorvo: a desorganização dos

---

2 Vonda McIntyre, *Exílio: a derradeira esperança*, tradução de Maria de Fátima Tomás, Lisboa: Publicações Europa-América, 1984, p. 44. [N.T.]

combatentes esfarrapados, a pé ou montados, com suas carroças e seguidores e, conforme eles chegam andando ou marchando, se estendendo a perder de vista. Essa expansão, entretanto, e o extraordinário prospecto de uma marcha sobre a praia, pela areia, junto ao mar (como também na súbita aparição dos combatentes montados na versão em filme de *Planeta dos macacos*, de 1968), obviamente oferece um tipo diferente de espaço do construído em *Exílio* (ver a seguir); e tenho, de todo modo, certa dúvida sobre se o romancista de FC pode planejar efeitos arquitetônicos desse tipo, como um romancista convencional – por exemplo, o Flaubert de *Salammbô* – pode fazer, construindo uma experiência de proporção e tempo cuidadosamente bloqueada pelo número de páginas, pela superexposição ao detalhe sensorial e, acima de tudo, recorrendo a certo conjunto de direções de leitura unívocas que me parece inconsistente e mesmo incompatível com o jogo de descontinuidades genéricas da FC.[3] E essa não é apenas uma questão de "descrição" *versus* "narrativa", no sentido de Lukács, mas tem a ver com nossa liberdade relativamente maior, nesses romances de FC, para reajustar os desenvolvimentos temáticos e narrativos de acordo com nossas inclinações.

Ainda assim, o que parece minimamente incontroverso é que *Exílio* substitui as relações de parentesco por formas mais essencialmente políticas de comunidade e coletividade, para não dizer de classe social. Tudo isso é lindamente apresentado particularmente pela hostilidade de Val ao Jan ferido – que, de resto, está física e psiquicamente normal e, assim, não é elegível para o companheirismo subterrâneo, de opressão e deformação e de exílio forçado, dos mutantes físicos ou psíquicos, que são expostos e banidos para os túneis que ficam para além do Centro.

A "telepatia" de Mischa é obviamente apenas uma dessas formas de mutação – embora ela não tenha sido pega e identificada como uma mutante –, mas o modo de representação dessa telepatia me

---

[3] Sobre o tema das "descontinuidades genéricas", ver meus comentários sobre *Starship*, Ensaio 2, anteriormente.

parece genericamente original e tem pouco a ver com algumas das versões mais comuns desse tema – por exemplo, em *Rebirth* (1955), de Wyndham. No caso de Subdois, o vínculo telepático interfere no desenvolvimento de relações humanas normais com outras pessoas (como na interpretação de Lévi-Strauss, em *As estruturas elementares do parentesco*, sobre o tabu do incesto: garantir a entrada na tribo de sangue novo, mas também de experiências novas e pessoas novas):

> De vez em quando, pedira a Subum para comunicar verbalmente os seus desejos, normalmente, em vez de confiar no artificial elo biomecânico entre eles. O elo já não era digno de confiança, pelo que Subdois estava satisfeito; apenas desejava que ele acabasse de morrer e se dissolvesse completamente. Algo deveria estar errado: ele e Subum deveriam ter-se libertado um do outro muito antes disto. Mas, como continuavam, estariam sempre demasiado preocupados um com o outro; continuariam a ter dificuldades em tratar com seres humanos normais, que nunca poderiam saber automaticamente o que outra pessoa estava a pensar (p. 43).[4]

Aqui está a restrição mais óbvia ao motivo da telepatia, como ele é tradicionalmente abordado – uma restrição que também se tornará visível no desenvolvimento da história de Mischa (muito embora ela supostamente seja oficialmente receptiva a *todas* as outras mentes e não apenas àquelas de sua família). Pois a sensitividade de Subdois é em relação a outra consciência particular, algo que impede que esse "dom" seja expandido como um traço de personalidade mais generalizado, como no clássico *O homem demolido* (1951), de Bester: "A essência do Pexsen [Percepção Extra-Sensorial] é sua sensibilidade. Sua personalidade é sempre influenciada pelo ambiente" (p. 31).[5] Entretanto, *Exílio* tende também a limitar o desenvolvimento do motivo da telepatia em Mischa a alguns outros personagens: ao

---

[4] Vonda McIntyre, *Exílio: a derradeira esperança*, tradução de Maria de Fátima Tomás, Lisboa: Publicações Europa-América, 1984, p. 37. [N.T.]

[5] Alfred Bester, *O homem demolido*, tradução de Haroldo Barbosa, Rio de Janeiro: Nova Fronteira, 1978, p. 15. [N.T.]

malfadado irmão mais velho, ao irmão mais novo deformado, mas, acima de tudo, à irmã mais nova, cujos apelos mentais – implacáveis e praticamente impossíveis de ignorar e desobedecer – estão entre as características mais originais da obra:

> Gemmi alastrou pela consciência de Mischa, rindo com deleite apesar de ter sido forçada a procurá-la por todo o lado. Mischa encolheu-se com medo. "Não", disse meigamente. "Agora não. Vai-te embora." Mas ela estava a falar consigo própria, não com Gemmi. Gemmi não conseguia compreender (p. 121).[6]

Essa mistura de risada transbordante e deleite pueril ou propriamente infantil, seguida por gritos que indicam recusa ou hesitação e que apunhalam o cérebro como um choque físico quase pavloviano, não diferente do mecanismo de defesa do bebê humano normal, constitui uma situação de dependência bem mais terrível do que a perpétua atenção de Subdois em relação a alguém que é um homem maduro normal e que se usa do vínculo para propósitos exploradores meramente racionais. A variação temática aqui, entretanto, parece envolver essencialmente um empréstimo ou um enxerto genérico, ou pelo menos ser reforçado por um: penso nas várias histórias clássicas de fantasmas, cujo terror resulta justamente da idiotice do assombro e da adulação nauseante e imbecil do fantasma sobre a consciência do homem certinho, vitoriano e profissional, que é dele vítima. (Ver o várias vezes antologizado "How Love Came for Professor Guildea" [1900], de Robert Hichens, e, acima de tudo, "The Beckoning Fair One" [1911], o conto clássico de Oliver Onions, muitas vezes classificado como a melhor história de fantasma já escrita.)[7]

---

[6] Vonda McIntyre, *Exílio: a derradeira esperança*, tradução de Maria de Fátima Tomás, Lisboa: Publicações Europa-América, 1984, p. 101. [N.T.]

[7] A história de Onions pode ser encontrada reimpressa em várias edições de *Great Tales of Terror and the Supernatural*, ed. Herbert A. Wise e Phyllis Fraser. Ver ainda Parte Um, Capítulo 8, nota 3, acima.

IV

Em outro lugar, fiz algumas sugestões sobre o significado social do gênero de histórias de fantasmas, pelo menos em sua forma de classe média (a manutenção do passado pela própria casa, uma possessão pela História – "*Le mort saisit le vif!*", para citar um dos ditos favoritos de Marx – que pode recuar até o pré-capitalismo e a aristocracia feudal e que conhecerá uma figuração algo diferente, irlandesa, com *Drácula* [1897], de Bram Stoker). Parece-me que o sentido peculiar de história dramatizado pela história de fantasmas é um produto compensatório, uma formação reativa desencadeada pela resistência ao desenvolvimento social mais geral de uma sociedade sem memória histórica, uma sociedade reduzida, em outras palavras, a um agregado de famílias nucleares das quais, pouco a pouco, o contar histórias do passado desaparece e para quem, portanto, a história de fantasmas do conto artístico chega como um "retorno do recalcado". A história de fantasmas seria, então, um sintoma genérico relativamente menor de um período entre o surgimento do romance histórico – a forma forte da consciência burguesa de seu passado – e o surgimento da FC – mais misturada e ambígua em suas visões da mortalidade da sociedade burguesa, mas também do futuro histórico figurado em termos de catástrofe, de fim do mundo ou de aurora de uma outra coisa. A distinção entre o sentido do gênero (como um "equivalente social") e sua função ideológica é clara nessas histórias de fantasmas vitorianas, com seu medo palpável da quebra do decoro burguês, além de parecer possível que elas também vagamente registrem os abalos do feminismo do fim do século XIX, como retratado nos escritos das próprias mulheres (em *O papel de parede amarelo* [1892], de Charlotte Perkins Gilman, por exemplo) e em romances como *The Odd Women* (1893), de Gissing. Não esperaríamos que o mesmo motivo, deslocado para a FC contemporânea (e para a FC feminista, é claro!), pudesse portar a mesma carga ideológica dessas angústias essencialmente masculinas, embora seja plausível que ele ainda veicule o mesmo sentido residual. Nesse caso, o sentido mais profundo da história de fantasmas – a contemplação de um passado não burguês, o sentido persistente de uma dinâmica histórica e de uma relação radicalmente diferentes com as gerações e com os mortos – é, em *Exílio*, permutada e estruturalmente reposicionada em termos do destino da antiga família nuclear, da morbidade patológica de sua sobrevivência protetiva como um "refúgio em um mundo sem coração" e da quase explícita justaposição dos laços psicológicos e genéticos contra a alternativa de uma política militante coletiva.

Ainda assim, seja qual for o sentido desses motivos – isto é, seja qual for o "equivalente social" que pode ser encontrado ou proposto para eles –, eles também levantam a questão da própria figuração, algo que está implícito desde o começo desta discussão. O "bônus" figurativo – a diferença entre o drama psicológico convencional e realista de altruísmo e dependência e a retomada pela FC desse material narrativo em termos de telepatia, a passagem pela figuração – será evidentemente crucial, não apenas na determinação da especificidade da FC em geral como um gênero e um meio narrativo, mas também para estimar o valor estético de textos como o agora considerado.

V

Comecemos com um modo bastante cru de formular o problema: o que pode ser dito ou mostrado na narrativa figural (de FC) que seria impossível de codificar na linguagem psicológica da narrativa realista? Haveria *eventos* especificamente figurativos que não estariam disponíveis na linguagem da narrativa psicológica (entendendo sempre que um parágrafo aparentemente abstrato de "análise psicológica" provavelmente é um tipo de micronarrativa em que as abstrações psicológicas tendem a desempenhar um papel alegórico, ainda que diegético)? Ou, pelo contrário: o que poderia ser obtido no texto realista que escapa ao registro da FC?

Um exemplo ou caso experimental particular bastará aqui, mas ele é, de muitos modos, o próprio clímax do enredo de telepatia: a "cura" de Mischa, sua libertação da possessividade nauseante ou estridente de Gemmi.

Mischa sentiu-o extrair o poder da sua fúria e estender-se... como se o seu espírito tivesse a mesma forma que o seu corpo, com garras afiadas. Arrastou-a com ele até que ela conseguiu ver Gemmi com mais nitidez do que jamais o conseguira ou quisera ver; nessa fração de segundo, Mischa conseguiu ver tudo o que Gemmi conseguia ver: um mosaico de todas as consciências do Centro. Mas nem ela nem Crab o conseguiram suportar. Recuaram, e a fusão total terminou. Mas Crab ficou perto de Gemmi; Mischa viu o que ele estava a procurar e mostrou-lho. Crab estendeu a mão. "Espera, não", disse Mischa, "aquele primeiro". Ele estendeu a mão por entre um labirinto de conexões e agarrou um fio único. A dor de Gemmi desapareceu com a sinapse destruída.

[...] Crab cortou a segunda sinapse, e Gemmi desapareceu (p. 204).[8]

Esse "vínculo" particular, cortado pelo irmão mais novo deformado (Crab), é muito precisamente um evento figurativo, no sentido de que o que é diegético nele pode ser derivado imediatamente da reativação de figuras mortas na linguagem – em termos como "vínculo" ou "corte", que são usados abstratamente nessa frase. Esse novo evento figurativo irá, depois, absorver uma massa de afetos flutuantes em relação a essas figuras neutralizadas ou mortas – por exemplo, noções de cordões ou fios, umbilicais, elétricos, ou seja lá o que for, e noções de instrumentos de disjunção, tesouras, aparadores e assim por diante. Essas figuras estão muitas vezes investidas de conotações e implicações psicanalíticas e libidinais ou corpóreas que, como um suplemento, acabam por enriquecer o próprio evento, tomado agora como um mero mecanismo de enredo ou como uma situação de contexto geral (a dependência de Gemmi em relação a Mischa e a culpa desta); este é muito mais fácil de ser parafraseado "realisticamente" ou "traduzido" do que a resolução textual, que, não obstante, se poderia imaginar como o apoio de um irmão mais novo aleijado que gradualmente afasta a irmã enferma da heroína.

---

8   Vonda McIntyre, *Exílio: a derradeira esperança*, tradução de Maria de Fátima Tomás, Lisboa: Publicações Europa-América, 1984, p. 171. [N.T.]

Mas o "evento" de FC é claramente muito mais econômico que nossa paráfrase, e isso de dois modos.

A história de Crab era um componente da apresentação que o romance faz das classes inferiores: a criança vendida a empresários-mendigos *à la* Hugo, que exploraram sua mutilação em espetáculos horríveis, quase medievais (por lucro). A mutilação explica o nome – embora a primeira aparição de Crab seja precedida por um alerta auditivo, "um suave som de estalido" etc.:

> A criatura [...]. Dificilmente era possível reconhecê-la como humana, devido à sua forma, ao seu corpo grande e chato, agachado sobre as pequenas pernas curvadas, à cabeça, que só a custo se distinguia dos ombros. Os seus olhos eram protuberantes. Ele levantou as mãos (as suas garras) e bateu dígitos calosos simultaneamente. Apenas era possível distinguir os seus polegares; todos os seus outros dedos estavam fundidos em um só. A sua pele era espessa e escamosa (p. 156).[9]

Crab é, no entanto, também um mutante psíquico (com elevados poderes telepáticos) e, assim, representa toda essa classe inferior – escravizados, mendigos deformados, mutantes enviados para mais baixo. Na tradição da FC, ademais, uma forte referência "clássica" é quase inevitável, a saber, os decápodes das páginas finais de *A máquina do tempo* (1895), os últimos seres vivos na carcaça do crepúsculo final da Terra – uma forma que não costuma ser o invólucro mais frequente do Outro ou do Alienígena na FC.

O que deve ser notado, entretanto, é que a extremidade semelhante à de um caranguejo, emblema mesmo que sela o horror dessa visão da mutilação e da exploração de crianças, é também – na segunda linha de enredo – o instrumento-chave e emblema para a libertação. O que, no sistema de imagens do corpo humano, é uma condensação poderosa de um imaginário negativo (do qual o medo de castração é a dominante óbvia), se torna, na resolução da narrativa de Gemmi, um instrumento ativo e positivo – a materialização

---

[9] *Ibidem*, p. 131. [N.T.]

figurativa do "corte do nó", mas também um instrumento de engenharia quase maquinal, cuja operação (chegando ao emaranhado de fios e encontrando o fio correto) evoca uma mecânica caseira e a construção ou o conserto de eletrodomésticos – em resumo, todo um sistema de codificação do trabalho, da práxis e de artifícios e conhecimentos humanos muito distintos da perturbadora natureza imaginária suborgânica dos crustáceos. Ambos são "condensados" elegantemente na figura de Crab, e o evento figurativo ocorre na coincidência dos dois caminhos narrativos em questão (o da classe inferior e o "problema" de Mischa).

Também deveríamos acrescentar que a visão final, intolerável, de uma mistura total ("um mosaico de todas as consciências do Centro") sugere uma leitura bem diferente, mas não menos ideológica, desse tema particular de *Exílio*, vinculando-o a conotações mais familiares da suspeita presente em relação ao conceito de "totalidade". A unidade familiar (por parentesco ou modificação genética) é apresentada como sendo muito pequena e asfixiante; a revolta coletiva dos mutantes parece oferecer uma forma maior e mais viável de comunidade, a do oprimido; enquanto o prospecto de alguma coletividade mais vasta, que possa incluir todo ser humano vivo, gera novamente angústias e novas dúvidas.

VI

Ainda assim, como um modo de traduzir uma característica ou traço conceitual em algo visualmente representável e, além disso, como base para a formação e a encarnação de um novo tipo de *evento*, essas formas pontuais de figuração parecem relativamente distintas de toda uma outra área ou elemento de figurabilidade – refiro-me ao uso e à representação, em praticamente todos os tipos de FC, do *espaço*, cuja relação profundamente constitutiva com esse gênero ainda precisa ser trabalhada. A representação espacial torna possível (e serve de pretexto para) as figuras, os dispositivos e as artimanhas mais pontuais acima mencionados; mas ela também, de certa forma, transcende, de um modo significativamente mais geral, o interesse do enredo de FC. A hipótese é, pois, a de que, seja qual for nosso interesse narrativo imediato *neste* enredo de FC em particular, bem como em suas resoluções, também obtemos, como leitores, uma gratificação com o desenvolvimento, nesses mundos da FC, do espaço – uma gratificação, em geral, aparentemente não solapada pelas dificuldades em lidar com o próprio enredo. (De fato, podemos considerar a possibilidade de que esses dois níveis de interesse de leitura sejam, de algum modo e em última instância, incompatíveis, e que a atenção à representação espacial na FC possa – praticamente *a priori* – impedir a realização de enredos bem formados, do tipo a que escritores em outros gêneros e mídias aspiram e, às vezes, realizam.[10])

Embora exista um mundo na superfície em *Exílio: a derradeira esperança*, ele é virtualmente impenetrável durante os meses de inverno, e o espaço dominante da ficção é, portanto, o espaço interior subterrâneo, com suas enormes praças escavadas, os quartos dentro dos quartos de seus edifícios internos e, por fim, as cavernas e grutas artificiais e naturais ainda mais abaixo. *Há* um exterior, ou um de-fora, aqui, mas ele está na memória de Jan e em outro planeta – sua terra natal de Koen, parecida com o Japão, com suas florestas e jardins escarlates. Estamos, portanto, em *Exílio*, explicitamente condenados a certa experiência do espaço fechado, talvez mesmo claustrofóbico, que seria interessante ser comparada com a da nave espacial hermética em *Starship*, de Aldiss (ver Ensaio 2). Aquele espaço fechado, entretanto, era um projétil indo para algum lugar (mesmo que não possamos ver o destino para além das janelas vedadas); já o de *Exílio* é o espaço da exploração, cuja *scène à faire* será, segundo o paradigma de *Viagem ao centro da Terra* (1864), de Verne, ou de *Os primeiros homens na Lua* (1901), de Wells, a descoberta inesperada de três câmaras internas tóxicas nas profundezas da "Terra", que envolvem a mesma simbiose curiosa entre o orgânico e o artificial que encontramos no ambiente interior de Aldiss, mas

---

[10] Ver, para uma versão diferente desse problema, meu ensaio "On Raymond Chandler", *Southern Review*, v. 6 (1970), p. 624-650.

que, em McIntyre, levanta questões ecológicas, e não de exploração e controle político.[11]

Nossa primeira exposição a esse espaço interior é, entretanto, o espaço do próprio Centro (ou da cidade), o da praça diante do palácio, mas também o dos barracos que o rodeiam:

> Tubos de luz espalhavam-se através do teto como as lâminas dos cogumelos. A impressão instantânea era a de caos, de minúsculas projeções cinzentas subindo umas sobre as outras para alcançar o teto, manchando aqui e ali com cor ou movimento. Mischa conhecia a cidade suficientemente bem para ver a ordem subjacente: cinco rampas em espiral paralelas subindo as paredes com pequeno declive, dando acesso às habitações empilhadas. As espirais estavam quase obliteradas por anos de construção sobreposta, uso e negligência. As paredes da caverna, apinhadas com casas em forma de caixa e feitas de uma única unidade, empilhadas contra a pedra, pareciam colmeias destruídas. À esquerda de Mischa e abaixo dela, o Palácio de Pedra era uma mancha vazia de nua rocha cinzenta no mural de desordem (p. 18).[12]

Sejam quais forem as mensagens conceituais e as conotações de uma passagem como essa (urbanismo, leis fajutas de zoneamento etc.), parece-me que a operação mental demandada pela descrição em si tem um sentido bem diferente. Há, aqui, algo de casa de bonecas, que tem a ver com a completa redução ou miniaturização – nenhum vilarejo ou cidade humana pode ser "tomado" de um relance apenas, como aqui. Isso tem a ver também com a representação histórica, a noção de reconstrução pós-catástrofe, a ausência de profundidade (talvez falsa) dos artefatos humanos que aparentemente cresceram com o tempo e que, assim, de algum modo, instintivamente são tomados como "naturais". Mas, como

---

[11] Conferir meus comentários sobre *Starship*, de Aldiss; e ver, sobre essa tradição, *Subterranean Worlds*, editado por Peter Fitting (Middletown, CT, 2004).

[12] Vonda McIntyre, *Exílio: a derradeira esperança*, tradução de Maria de Fátima Tomás, Lisboa: Publicações Europa-América, 1984, p. 16. [N.T.]

Brecht nos ensinou, tudo que foi *construído* imediatamente perde o prestígio fascinante (e devastador) do natural: ele pode ser modificado. Muitas paisagens urbanas e Utopias de FC parecem tomar parte nesse curioso paradoxo, o que indica a natureza construída, inventada, artificial da FC como um gênero – o fato palpável de que um autor ou uma autora se esforçou para que sua invenção idealizasse certa cidade do futuro próximo ou distante (e que ela fosse, de algum modo, diferente das cidades dos rivais ou predecessores) –, essa própria falta, para o leitor, de densidade ontológica, justamente essa artificialidade e essa falta de credibilidade que seriam, certamente, desastrosas para maioria dos romances, são aqui uma fonte inesperada de força, que nutre os efeitos de estranhamento mais tradicionais da FC de um modo curiosamente formal, reflexivo e sobredeterminado. Brecht estava acostumado a associar o entendimento à práxis (como Vico) e a usar ambos como armas poderosas, agressivas e não viconianas contra a mistificação ideológica do "natural" ou da naturalidade (um neologismo explicitamente brechtiano de Roland Barthes). Em outras palavras, se você pode consertá-la e desmontá-la como se fosse um aparelho de rádio ou um motor de carro, você está livre de todas as paralisias da natureza e do ser e no domínio da práxis política e da mudança (simbólica, pelo menos). As qualidades caseiras e amadoras de certas construções de FC têm, penso eu, efeitos similares, que suplementam seja lá o que elas se proponham a fazer no nível do conteúdo quanto às instituições humanas existentes. Já disse isso negativamente, em relação às Utopias contemporâneas: sua superficialidade não é um indicador de seu fracasso imaginativo, mas, antes, muito precisamente, de sua função política no nível formal – a saber, a de fazer o leitor se confrontar com a atrofia da imaginação Utópica e da visão política em nossa própria sociedade.[13] No sentido inverso, a visão particular de McIntyre de um conjunto de barracos, em

---

[13] Ver, ademais, minha discussão em "Of Islands and Trenches" (em *Ideologies of Theory*) e "Progresso *versus* Utopia, ou Podemos imaginar o futuro?", Ensaio 4, anteriormente.

forma de colmeia, colocado, pela imaginação da escritora, como um torrão, em uma enorme caverna de pedra, talvez recupere algo do poder ativo da práxis humana.

Em termos de gênero, esse efeito maior – algo como o conteúdo da forma ou o sentido ideológico ou o equivalente social das operações mentais específicas determinadas por essa característica formal – pode ser contrastado com os efeitos de estranhamento mais locais e pontuais no nível do próprio conteúdo. Um exemplo do último é o mal-estar de Subdois com as irregularidades orgânicas do espaço interior das moradias subterrâneas: "Nada neste lugar era composto por linhas retas. As cortinas caíam em pregas ondulantes. Os quartos eram redondos ou irregulares ou, o que era ainda pior, *quase* quadrados. Os ângulos eram ligeiramente deformados, as linhas, ligeiramente quebradas, os pisos, ligeiramente irregulares" (p. 56).[14] Esse sentimento talvez esteja vinculado ao horror de Subdois diante do desperdício em arranjos humanos e, mais particularmente, com a instituição da escravidão. Por outro lado, como uma reação espacial e emocional, é também muito claramente um indicador da visão de mundo tecnocrática e cientificista de Subdois. O fato de que, dentro dessa desordem e proliferação de tipo Gaudí, ele possa construir um refúgio de ordem quase geométrica *à la* Bauhaus ("As linhas eram direitas e os ângulos retos [...], agradáveis formas e volumes retangulares [...]. As proporções eram geométrica e esteticamente perfeitas" [p. 69][15]) demonstra que se pode ativamente *modificar* esse espaço ou, ainda melhor, produzir espaços radicalmente novos. O que há de dialético no choque entre a regressão feudal e a manipulação científica e tecnológica é que, diferentemente de perspectivas como a encontrada em *É difícil ser um deus* (1964), dos irmãos Strugátski, nenhum desses espaços é valorizado, e ambos são ideológica e emocionalmente falhos.

---

[14] Vonda McIntyre, *Exílio: a derradeira esperança*, tradução de Maria de Fátima Tomás, Lisboa: Publicações Europa-América, 1984, p. 48. [N.T.]

[15] *Ibidem*, p. 58. [N.T.]

VII

Ambas as experiências de espaço, em *Exílio,* contrastam fortemente com a fuga para o centro da "Terra" e com as experiências
mais "naturais" que lá esperam os protagonistas – experiências às
quais Subdois responde previsivelmente com horror e asco. Mas
valeria a pena, antes, se debruçar por um momento sobre a inserção
na narrativa de dois episódios curiosos que se mostram emblemáticos como alegorias condensadas de dominantes espaciais projetadas
por esse romance em particular. De fato, sem uma interpretação
desse tipo, episódios como esses ficam parecendo um pouco como
os ratos telepáticos de Aldiss, como se fossem intrusões de alguma
outra convenção de gênero, quando não meros sinais ou reflexos
antimiméticos ou antirrealistas sem maior interesse. Nesse caso, no
entanto, o conteúdo espacial de cada um desses detalhes é sugestivo.
No primeiro episódio, Mischa está presa pelo que parece ser uma
nova e mais elaborada versão de algemas ou de uma camisa de força:

> Os seus olhos estavam fechados, e ela não os conseguia abrir.
> A escuridão era a cor escarlate do calor do seu corpo, raiado de
> imagens capilares nas suas sobrancelhas, não contendo nada a não
> ser nevoeiro para além delas. Flutuava num meio ambiente a que
> faltava gravidade, pressão e luz, rodeada por algo que ensopava
> tudo o que podia ouvir, ver, tocar ou cheirar [...]. A ponta dos seus
> dedos tocou numa minúscula irregularidade do molde que a ligava
> [...]. Sondou a imperfeição, desejando poder agarrá-la ou rasgá-la.
> A sua unha deslizou sob ela [...], o defeito cresceu [...] (p. 36-37).[16]

O motivo da submersão total, que gerou muito interesse em
uma época em que experimentos de privação sensorial estavam em
voga e eram desenvolvidos figurativamente de vários modos (em
Ballard, em Paddy Chayefsky e em *Viagens alucinantes* [1978], de
Ken Russell, entre outros), foi talvez mais raramente usado como

---

[16] *Ibidem,* p. 31-32. [N.T.]

paradigma para a camisa de força. Esse motivo, em *Exílio*, condiciona de modo bem efetivo nossa percepção da dialética entre o interior e o exterior, reduzindo essa dialética (que também poderia significar calor e proteção, digamos, ou pequenos confortos após o horror dos espaços infinitos) a uma condição asfixiada da qual se deve escapar a todo custo. Eu defenderia que a função desse tipo de episódio é precisamente a de infletir nossa leitura do espaço e a de nos programar (ou nos preparar) para o sistema de reações desejado – nesse caso, a emergência ao espaço aberto é positiva, enquanto a lógica do fechado ou do interior implica em encolhimento (psicológico), contração e restrição. Pressuponho, assim, que não existem reações "naturais" ao espaço nem avaliações "naturais" dele; não é a natureza, mas a cultura e a história que determinam a leitura da dialética do dentro/fora em certo momento – mas essa é a razão pela qual, em uma cultura histórica complexa e sedimentada como a nossa, o escritor tem de ter uma liberdade formal para nos direcionar para um lado ou para o outro.

A outra versão desse mesmo motivo – e o episódio é, de resto, tão gratuito que exige uma explicação estrutural nos termos desse primeiro – parece envolver um movimento de reviravolta e inversão. Enquanto a experiência de Mischa passou do trancamento à liberação do espaço aberto por meio do pequeno arranhão feito com sua unha do dedinho, a morte de seu irmão Chris literalmente oferece o espetáculo de um corpo que é gradualmente fechado e vedado, por meio de uma misteriosa esfera negra que, se estilhaçando, libera um "fluido negro" que "se espalhou lentamente pelo peito de Chris, correndo primeiro sobre a ferida e depois sob as ligaduras": "A concha preta cresceu, sugando calor dele, do ar, de Mischa [...]. O plástico negro formava um elmo no cabelo de Chris [...], selou-se sobre os olhos de Chris [...]. Chris jazia amortalhado no escuro, e ela não podia fazer mais nada" (p. 146-148).[17] Deve-se entender que o filme plástico tem qualidades anestésicas,

---

[17] *Ibidem*, p. 124-127. [N.T.]

e que esse processo aparentemente horrível é, na verdade, uma eutanásia, uma dádiva pensada para reduzir os sofrimentos de Chris e acelerar o inevitável. O que há de negativo na imagem do invólucro precisa, portanto, ser temperado por essa característica positiva; o movimento é, de resto, bastante compatível simbolicamente com o episódio anterior.

Decerto, esse invólucro claustrofóbico é, ele mesmo, uma concentração da claustrofobia do espaço fechado do romance como um todo e um prolongamento de suas dimensões cada vez mais contraídas, conforme o subterrâneo sob essa cidade subterrânea é sondado pelos protagonistas em fuga, por túneis que encolhem perigosamente conforme eles descem. Haveria muito mais a ser dito sobre o modo como essa angústia particularmente espacial de contração e sufocamento oferece seu próprio *gozo* e mesmo uma possibilidade de investimento Utópico: é uma figura que convida a leituras tanto corporais quanto semióticas, devolvendo aos habitantes "civilizados" do Centro sua verdade iniludível de criaturas vivendo em uma toca (trata-se, na verdade, de uma antiga zona subterrânea para lançamento de mísseis de uma Terra agora inabitada).

O que devemos, agora, ainda considerar é uma dimensão adicional de referência simbólica que caracterizarei rapidamente – e, talvez, de modo excessivamente dogmático – em função da própria leitura. Suspeito que a maioria dos textos – e, em particular, aqueles da cultura de massa – inclua em si não apenas direcionamentos sobre o processo de leitura e o modo como essas operações devem ser efetivadas, mas também referências simbólicas a esse próprio processo. Seria excessivamente ambicioso tentar documentar essa hipótese em detalhes; apenas lembrarei ao leitor de histórias de detetive dos momentos de calma em que o detetive ou policial acossado volta à sua casa e relaxa lendo um livro (normalmente, é claro, uma história de detetive). O apartamento, a sala, como retiro, como retraimento, como solidão – essa figura carregada é, creio eu, muitas vezes o modo como certa ideologia de leitura é passada aos leitores e neles desenvolvida. (Deve-se entender que esse tipo de simbolismo é peculiar à situação e ao texto: a "sala" não é certa representação eterna jungiana do processo de leitura, se não por outra razão porque este é, ele mesmo, um fenômeno histórico.)

Os chamados subgêneros da paraliteratura estão, entretanto, bem longe de se equivalerem em termos de sua função social. Logo, não podemos esperar que os sinais bem diretos das histórias de detetive fossem reproduzidos do mesmo modo na FC, para não dizer no tipo de FC tardia, sofisticada e autorreferente, como a aqui discutida. O que chama a atenção quanto a essas figuras do processo de leitura (se estou correto em assim identificá-las) é a associação implícita entre a leitura de um livro sozinho em uma sala e a asfixia física e uma gama de associações geralmente consideradas privativas ou negativas. Ao mesmo tempo, devemos também ressaltar a implicação estrutural de *Exílio*: a de que a leitura (como um escape do fechamento corporal ou, pelo contrário, ser envolvido nele) é justamente um processo – que envolve acúmulos, transformações dialéticas etc. – e não qualquer ato estático de contemplação. Tendo, portanto, a ver a concepção de "descontinuidades genéricas" inscrita aqui no próprio símbolo do processo de leitura – e inscrita com certa angústia, certa ambivalência, como se o resultado fosse incerto ou mesmo desconhecido, como se o leitor hesitasse no momento de entregar seu corpo leitor a esse experimento dialético imprevisível.

VIII

Voltando agora à viagem final às entranhas da "Terra" de McIntyre – isto é, literalmente, ao "dentro" do que já nos foi dado como um "dentro" –, podemos ver que os termos sêmicos para a nova experiência são realizados e figurados de modos distintos da antiga estética espacial do "redondo" *versus* "quadrado" que tanto angustiava Subdois. Agora, o conteúdo dessa oposição se torna bem mais claramente especificado como orgânico *versus* inorgânico. De fato, os protagonistas fazem duas grandes descobertas: primeiro, uma floresta traiçoeira de estilhaços de cristal (em que Jan é ferido) e, segundo, o destino final dos rituais fúnebres do planeta, um poço de corpos apodrecendo e matéria orgânica em decomposição. Sejam quais forem as possíveis analogias entre essa e a oposição redondo/ quadrado, essa nova oposição marca um elevado envolvimento dos sentidos corporais (e de seus modos de avaliação – agradável, repugnante e assim por diante) em comparação com a distância estética, relativamente visual, das experiências anteriores. Ainda assim, nesse caso, os dois tipos distintos de conteúdo – a fragilidade do cristal, a repugnante esponjosidade do lago – são semicamente marcados como sendo o mesmo: os cristais são venenosos e resultam de séculos de dejetos tóxicos e degradação nuclear na superfície exterior da "Terra". O que essa identificação faz, no nível mais imediato do enredo, é não apenas direcionar os personagens de volta para a "superfície" (isto é, para o Centro), mas também, ao desacreditar todas as formas de espaço fechado, expulsá-los totalmente para fora da "Terra" (no que, assim, se transforma em um final feliz).

Contudo, além de evidentemente não resolver o problema da figuração com o qual começamos, essa interpretação nos apresenta um problema novo: o da clausura na FC em geral. Não apenas o futuro é, por definição, aberto: não se pode esperar que narrativas coletivas – as da FC em geral – tenham finais, e finais felizes em particular, do mesmo tipo que narrativas individuais. O formato do romance de FC "clássico" (brochura de 180 páginas) deixa isso claro. Todo mundo conhece o "sentimento formal" peculiar ao final de um romance de Dick, digamos, em que nada pode ser considerado concluído: tendo estabelecido o essencial e o apresentado a nós, agora o autor, como Molière ou Shakespeare, se preocupa em encerrar sua produção tão expeditamente quanto possível. A ação, em outras palavras, dificilmente pode ser considerada completa no sentido aristotélico; mas o livro, de algum modo, terminou. O formato mais recente de séries longas de quatro ou cinco volumes (nem todas de fantasia, como testemunha a nova e ambiciosa série *Helliconia*, de Aldiss, mas todas elas incorporando modificações históricas do antigo formato de FC) apenas confirma essa proposição, ao eliminar o gesto formal da finalização técnica e ao assimilar a ação completa, sempre que necessário, à história global, à história das espécies.

Segundo minha leitura, é a experiência espacial que permite a McIntyre dar ao desfecho de seus fios narrativos uma força e definição que ele não teria de outro modo – uma proposição que também sugere uma resposta hipotética e provisória para a pergunta inicial levantada aqui, a da tradutibilidade da FC em outras narrativas mais "realistas" (e, às vezes, mais dissimuladas). Aqui, também gostaria de sugerir que, em um livro como *Exílio*, podemos observar um deslocamento significativo de nosso interesse de leitura, da narrativa nesse sentido, com sua causalidade linear, para uma experiência espacial enquanto tal. De fato, os processos de figuração aqui discutidos (em que o conteúdo "psicológico" é transformado em emblemas corporais) estão, a um só tempo, cobertos e subsumidos por esse deslocamento maior, e são por meio dele legitimados. Se, como acredito, toda FC do tipo mais "clássico" é "sobre" contenção, clausura, a dialética do dentro e fora, então a distinção genérica entre esses textos e aqueles outros que passaram a ser chamados de "fantasia" (por exemplo, o próprio *Dreamsnake* [1978], de McIntyre) também será espacial, e estes últimos são textos de vários tipos sobre espaços abertos. Por sua vez, o movimento mais deliberado que podemos testemunhar por toda a parte no gênero hoje, da FC "individual" às grandes histórias épicas de FC, é menos uma questão de extrapolação das formas do destino individual em história coletiva (em que "povos" ou "raças" ou "espécies" também conhecem o sucesso ou o fracasso etc.) do que de mediação do próprio espaço; por conseguinte, a aventura coletiva se torna menos a de um personagem (individual ou coletivo) e mais a de um planeta, um clima, uma atmosfera e um sistema de paisagens – em resumo, de um mapa. Precisamos, portanto, explorar a proposição de que a distintividade da FC enquanto gênero tem menos a ver com o tempo (história, passado, futuro) do que com o espaço.

1987

6.
O espaço da Ficção Científica:
a narrativa em Van Vogt

Gostaria de contar para vocês sobre a primeira história de Ficção Científica que li na vida – ou pelo menos que me lembro de ter lido –, quando era um pré-adolescente. Era a história de um monstro parecido com uma pantera, de inteligência e força sobrenaturais, descoberto entre as ruínas de uma civilização alienígena há tempos extinta. O monstro vivia de uma substância descrita como "id orgânico", enquanto seus adversários humanos lutavam entre si quanto às estratégias apropriadas. Fiquei muito orgulhoso, naquela época e com aquela idade, de ter produzido o que pensava ser uma poderosa interpretação, na forma de uma alegoria das funções psíquicas – uma alegoria mais junguiana que freudiana, no fim das contas –, não percebendo que o próprio autor muito crua e grosseiramente oferecia essas pistas, tendo um interesse explícito e didático exatamente nessas teorias da divisão psíquica do trabalho e de como superá-la. Minha interpretação, portanto, consistia simplesmente em revelar as intenções do autor, exatamente como ele queria que eu fizesse. A interpretação que gostaria de oferecer a vocês hoje será, espero, de um tipo "sintomático" diferente.

Minha descoberta, por meio dessa história, dos poderes peculiares da Ficção Científica como um gênero foi, na verdade, mais do que um mero acaso de minha história pessoal. De fato, essa história, intitulada "Black Destroyer" e publicada na edição de julho de 1939 de *Astounding Science Fiction*, foi não apenas a primeira publicação de A. E. Van Vogt, como caiu como uma bomba no então ainda pouco articulado campo das *pulps* de Ficção Científica; ou, como colocaríamos hoje, constituiu uma intervenção narrativa que, praticamente sozinha, reestruturou os paradigmas dominantes do gênero. "Black Destroyer", de uma só tacada, estabeleceu seu autor como um dos líderes de um pequeno grupo de escritores mais jovens – do qual faziam parte Robert Heinlein e Isaac Asimov – que estava a ponto de criar o que depois ficou conhecida como a Idade de Ouro da Ficção Científica: um tremendo surto de produção narrativa e inovação paradigmática, geralmente considerado como indo do fim dos anos 1930 até o começo dos anos 1950. De fato, alguns foram ainda mais longe e viram em "Black Destroyer" a própria inauguração da Idade de Ouro. Essas observações históricas teriam, então, de ser complementadas pela recordação do papel singular que John Campbell teve como o editor de *Astounding* e como crítico e, às vezes, colaborador virtual de todos os escritores dessa geração mais jovem: a Idade de Ouro é sinônimo de *Astounding* e seus impulsos são incompreensíveis se o papel de Campbell não é reconhecido. Há poucos equivalentes a esse papel na alta literatura, embora a atividade do líder que produz manifestos vanguardistas – Breton e os surrealistas, por exemplo – ofereça certa analogia distante.

Há, ainda, certas analogias com a alta literatura na carreira posterior do autor de "Black Destroyer". Nos cerca de dez anos seguintes, ele conhecerá um pródigo período de criatividade, publicando 900 mil palavras em *Astounding,* na forma de uma série de histórias e romances desde então clássicos. A propósito, seria também adequado lembrá-los de que A. E. Van Vogt, uma das duas ou três estrelas da Idade de Ouro americana, era um canadense, criado em Manitoba, que escreveu suas maiores obras lá e em Ottawa, antes de se mudar, como muitos outros, para o sul da Califórnia. Seria também apropriado mencionar que, de acordo com um consenso geral de críticos e leitores, algo ocorre com a qualidade de sua produção após o fim dos anos 1940: Van Vogt continuou a publicar muito, talvez excessivamente, nos trinta anos seguintes, mas pouco dessa produção traz a empolgação eletrizante da produção do primeiro período ou estilo. Uma explicação que tem sido muitas vezes apresentada para a queda na qualidade e na inventividade desse autor também será familiar aos estudantes de história literária (e eu a apresento sem endossá-la ou repudiá-la): lá pelo fim dos anos 1940, Van Vogt descobriu a Verdade, na forma da Dianética (posteriormente renomeada Cientologia), a invenção de outro escritor de Ficção Científica, L. Ron Hubbard. Graças a Deus, disse Gide em algum lugar, Balzac nunca descobriu a verdade nem o sistema que ele procurou por toda a sua vida! Van Vogt descobriu a verdade, o sistema: é, na realidade, um sistema com o qual podemos ter alguma simpatia distante hoje, uma vez que defende uma desconstrução da lógica aristotélica e ocidental milenar de "senso comum" em nome de padrões de pensamento Utópicos novos e, eu arriscaria dizer, dialéticos (algo muito em voga naquele período e também visível, bem diferentemente, em Asimov). Por outro lado, a noção de que a conceitualidade, em geral, e a adoção de sistemas filosóficos, em particular, seriam danosos ao trabalho do gênio, à criatividade e a inspiração – essa noção me soa como um cliché romântico ou do alto modernismo, sobre o qual faríamos bem em manter certa suspeita consciente. De todo modo, não teria muito mais a dizer aqui sobre a Dianética ou sobre o Van Vogt tardio, por mais interessantes que esses problemas possam ser em termos teóricos. Apenas trarei uma informação adicional a esse esboço histórico-literário sobre a situação desse gênero chamado Ficção Científica: a obra de Van Vogt claramente prepara o caminho para aquele que é o maior de todos os escritores de Ficção Científica, Philip K. Dick, cujos romances e histórias extraordinárias são inconcebíveis sem a abertura a esse jogo de materiais inconscientes e essa dinâmica fantástica proporcionada por Van Vogt e de espírito muito diferente das ideologias estéticas mais próprias às ciências duras de seus contemporâneos (de Campbell a Heinlein).

Esta última observação, no entanto, sugere outra ressalva básica, antes que comecemos a sério nosso trabalho. Gostaria muitíssimo que os textos dos quais vou tratar não fossem simplesmente assimilados aos paradigmas da alta cultura ou da instituição literária. (A prática crítica e interpretativa corre o risco de fatalmente ter esse efeito, parecido ao enquadramento de um filme: o foco no texto, seu desmantelamento crítico e analítico, parece automaticamente conferir certa dignidade de alta literatura ao objeto.) Essas histórias, no entanto, emergem do mundo das *pulps* e da cultura comercial, cujas convenções permanecem intimamente vinculadas à sua inteligibilidade narrativa. Elas não podem ser lidas como Literatura: não apenas porque incluem muito lixo e aquilo que Adorno chamaria de leitura fácil, mas, acima de tudo, porque seus efeitos mais fortes são distintos daqueles da alta literatura, sendo específicos a esse gênero e, por fim, apenas possíveis justamente em razão dessas convenções subliterárias do gênero que não são assimiláveis à alta cultura. Não se pode, em outras palavras, selecionar alguns efeitos "literários" intensos e canonizá-los, uma vez que suas condições de possibilidade são, muito precisamente, convenções da *pulp*. Algo análogo poderia ser dito em relação aos efeitos frequentemente estranhos e fascinantes do cinema de não autor, toda aquela subclasse comercial de filmes B.

No caso de Van Vogt, entretanto, podemos apurar esse alerta e esse dilema de um modo muito preciso e concreto. Os hábitos de trabalho desse autor, de fato, apresentam certas analogias surpreendentes com procedimentos há muito empregados em livros da alta cultura. Esse é o modo como Van Vogt descreve seus métodos, em sua autobiografia:

> Sonho com minhas ideias de histórias enquanto durmo. Não digo que obtenho todas as minhas ideias sonhando, mas é como eu obtenho aspectos delas. Estou escrevendo uma história, por exemplo, e de repente percebo que não sei o que virá em seguida – vejam: não tenho finais para minhas histórias quando as inicio [...], apenas um pensamento e algo que me anima. Obtenho alguma imagem que seja muito interessante e a escrevo. Mas não sei aonde ela irá em seguida. Então durmo sobre ela e acordo várias vezes pensando: "Bem, agora preciso dar uma melhorada aqui". Depois durmo de novo com aquele pensamento na minha cabeça. Então acordo de novo e repito isso, volto ao pensamento. Se não consigo fazer isso, se durmo por toda a noite, no dia seguinte apenas perambulo com ideias. Em geral, em um sonho ou por volta das dez da manhã

– bum! –, uma ideia chega e ela será em certo sentido um *non sequitur*, mas, ainda assim, algo que cresceu da história. Obtive minhas histórias mais originais desse modo; essas ideias davam à história uma direção diferente a cada dez páginas.[1]

Em outro lugar, ele confessa que, na verdade, acordava, ou alguém o acordava, a cada noventa minutos ao longo da noite.

"*Le poète travaille.*" O paralelo com procedimentos surrealistas é inescapável; e pode-se imaginar que tipo de Ficção Científica teria emergido da frase surrealista inaugural: "*Un homme coupé en deux par la fenêtre*". A paixão de Breton por filmes B e pelos tipos mais vulgares e gritantes de porcaria cultural e paraliteratura é também da maior relevância aqui. Meu ponto, no entanto, é que não devemos ler Van Vogt como um escritor surrealista, apesar da extraordinária lógica de fantasia dos seus contos, que, como ele mesmo aponta, ricocheteiam em surpreendentes e inesperadas novas direções a cada dez páginas. A ironia histórica, deslumbrante e deprimente, do movimento surrealista foi a de que esse movimento de vanguarda preeminentemente antiestético, que desprezava a literatura e visava à transformação radical da própria vida cotidiana, se tornou o próprio paradigma de Literatura e produção literária na tradição da alta cultura ocidental dominante. Compreender o movimento da narrativa de Van Vogt como um sonho, como a lógica da fantasia, como livre associação e projeção inconscientes, como pura subjetividade, significa, em outras palavras, "confinar" essas narrativas e reduzi-las a uma operação literária administrável, já de antemão classificada e catalogada. Nesse sentido, a própria categoria de "irracional" ou de "inconsciente-subjetivo" é uma categoria a serviço da própria razão instrumental e um modo de neutralizar e marginalizar fenômenos culturais, de resto, aberrantes, perigosos e subversivos. Gostaria de sugerir que nossa resistência às convenções *pulp* desses escritores é uma forma privilegiada de censura e é, ela mesma, sintoma maior de toda uma gama de defesas culturais e psicológicas.

---

[1] *Reflections of A. E. Van Vogt* (Lakemont, Geórgia, 1975), p. 78-79.

Findas essas considerações preliminares, gostaria de abordar brevemente três características da obra de Van Vogt, três peculiaridades formais de suas narrativas, que talvez possam ser inicialmente mencionadas sob as rubricas de espaço, sujeito e Outro. Esta discussão será introdutória, não apenas por causa dos limites de tempo, mas também porque, como logo veremos, ela sugere todo um projeto de pesquisa e análise.

No que diz respeito ao espaço, é bem claro que as histórias e romances de Van Vogt têm todos algo daquele sentido especial de lugar que também caracteriza seus contemporâneos da tradição de histórias de detetive (Chandler, acima de tudo) e de *film noir*: certo espaço urbano degradado, impessoal tanto quanto ameaçador, que não é incompatível com a experiência específica, mas historicamente determinante, do campo, por onde, de tempos em tempos, os moradores da cidade se aventuram. Será bastante difícil passar essa ideia sucintamente; mas talvez a descrição, a seguir, do voo inicial do herói de *Slan*, seu primeiro romance, dará alguma ideia da paisagem urbana de Van Vogt:

> Ele se encontrava, então, em um terreno baldio, atrás do qual subia uma longa fila de edifícios de tijolos negros e concreto, o começo do distrito industrial e seus galpões [...]. Ele subiu alguns degraus até a entrada aberta, que dava para um armazém grande, mal iluminado [...], um mundo de luz opaca com caixas em formato ameaçador que se estendiam até uma semiescuridão distante [...]. Ele parou e espreitou pela porta. Viu uma rua muito diferente da Avenida do Capitólio. Era uma rua suja, com calçadas quebradas; do lado oposto, casas construídas com plástico há uns cem anos (ou mais). Feitas de materiais praticamente inquebráveis, suas cores imperecíveis basicamente tão novas e brilhantes como no dia de sua construção, elas, não obstante, apresentavam as marcas do tempo. Poeira e fuligem grudavam nas partes brilhantes, como sanguessugas. Os gramados estavam mal aparados e pilhas de detritos estavam espalhadas por toda parte.[2]

---

[2]   A. E. Van Vogt, *Slan* (Nova York, 1982 [1940]), p. 9-10.

Apenas o detalhe final – as casas de plástico do futuro, coloridas e brilhantes, intactas, inquebráveis, mas ao mesmo tempo desgastadas – diferencia essa descrição de uma paisagem urbana de Chandler; e enfatizo esse ponto, em certa medida, porque gostaria de propor que incluamos em nosso *corpus* maior uma gama de diferentes subgêneros e produções midiáticas desse período, que vai dos anos que imediatamente antecedem a Segunda Guerra Mundial até o começo da Guerra Fria.

Neste momento, no entanto, devemos considerar tipos menos familiares de relações espaciais: as portas, em particular, são bastante alarmantes nesse mundo. Uma mulher é ferida em sua própria cama; ela acorda em um estranho laboratório; subindo uma escada, ela abre uma porta de metal que dá para uma trilha em uma selva:

> Um sol brilhante iluminava o clarão do cume de uma colina a alguns metros dali. Ela escalou, chegou até ele e permaneceu por um momento paralisada pelo que viu [...]. Ela estava em uma ilha, um atol verde de selva cercado por um oceano azul que se estendia por todos os lados, até aonde podiam enxergar seus olhos [...]. Desorientada, ela se virou para ver a porta da qual tinha saído. Ela esperava ver um edifício, mas não havia nada. Um mato rasteiro se espalhava em um espesso emaranhado lá onde o edifício deveria estar. Mesmo a porta aberta estava metade oculta pelos líquens que se entrelaçavam habilmente por toda a face exposta da porta.[3]

Nessa história, essa disjunção espacial é ainda minimamente explicável de acordo com as convenções da Ficção Científica, isto é, a partir de poderes atribuídos explicitamente aos personagens – não poderes mágicos, decerto, que nos colocariam no domínio da fantasia, mas o que podemos chamar de poderes "hipercientíficos". Diria que explicações como essa são um tipo de contenção, já que – sempre dentro das convenções do gênero – elas ainda tendem a explicar o efeito ou a racionalizá-lo, atenuando sua força. Devo acrescentar

---

[3] A. E. Van Vogt, *The Worlds of A. E. Van Vogt* (Nova York, 1974), "The Purpose" (1945), p. 61-62.

que nunca encontraremos em Van Vogt aquela forte convenção da FC, racionalizada e muitas vezes usada nessas justaposições de diferentes espaços, a saber, o teletransporte, que é certamente uma forma praticamente "realista" de contenção.

Ocorre que muitas vezes a explicação, a estratégia de contenção, se dissipa a ponto de permitir que essas passagens espaciais possam emergir com toda sua força e escândalo originais. Em uma das histórias mais famosas de Van Vogt, por exemplo, "The Weapons Shop", temos o surgimento, da noite para o dia, de um edifício novo em folha no quintal de alguém, o empório do título: trata-se de uma inversão do efeito que estamos considerando, a súbita intrusão, no espaço cotidiano normal, de um novo objeto, cujo volume interior parece distinto do mundo exterior, mas ainda não de um modo totalmente anormal. No clímax da história, o protagonista é convidado a deixar a loja pela porta lateral:

> Ele podia ver flores pela abertura; sem dizer uma palavra, ele saiu em direção a elas. Quase antes de perceber, ele estava do lado de fora [...]. Ele se virou para a esquerda para ir para a frente da loja de armas. A indefinição se transformou em um som chocante, espantoso. Pois ele não estava em Glay e a loja de armas não estava onde havia estado. Em seu lugar [...], uma dúzia de homens passaram empurrando Fara para que se juntasse a uma longa fila de homens adiante [...]. Mas todo ser de Fara estava concentrado na máquina que se encontrava onde a loja de armas estaria. Uma máquina, oh, uma máquina [...]. Seu cérebro se exaltou, esforçando-se para compreender o assombro da imensidão de metal opaco, aqui espalhado sob um sol de verão, sob um céu tão azul quanto um mar distante do sul. A máquina se erguia até o céu, cinco grandes camadas de metal, cada uma de cem pés de altura [...].[4]

Um último exemplo, de outra de suas grandes histórias, chamada "The Search": uma narrativa excessivamente intricada para

---

4 "The Weapons Shop", *Famous Science-Fiction Stories*, editado por Raymond J. Healy e J. Francis McComas (Nova York, 1957), p. 768.

ser aqui resumida, mas que inclui interessantes paisagens rurais. O protagonista é forçado a entrar no carro, a certa altura, por um de seus adversários enigmáticos, porém cósmicos, mas em vez de se encontrar dentro de um "carro longo e reluzente",

> ele estava deitado de costas no chão duro. Drake abriu os olhos e por um momento ficou olhando para o teto abobadado duzentos pés acima dele [...]. Por um momento, sua mente não aceitaria o que seus olhos viam. Aquele corredor não tinha fim. Ele se estendia até se tornar um borrão de mármore e luz cinzentos.[5]

Ao longo das paredes havia várias portas, atrás das quais Drake encontra escritórios suntuosos, porém vazios. À distância, no meio do corredor, há uma porta de um tipo muito diferente:

> A princípio, havia apenas uma claridade. Ela foi tomando contornos reluzentes e se tornou um enorme conjunto de vidrais no formato de janelas multicoloridas. A porta tinha facilmente cinquenta pés de altura. Quando espreitou através de seus vidros transparentes, pôde ver grandes degraus brancos descendo para uma névoa que se adensava depois de cerca de vinte pés, de modo que os degraus mais baixos não eram visíveis.[6]

Os degraus, como vocês podem imaginar, eram infinitos, se estendendo para baixo em direção ao vazio eterno.

Basta de exemplos marcantes – portas que literalmente se abrem para outros mundos, que conectam tipos radicalmente diferentes de espaço, mundanos ou extramundanos. Agora, caso aceitemos o valor de face do verbo "conectar", tendemos a descrever tudo isso em termos de certa relação sintática não usual: uma sintaxe espacial, em que dois substantivos espaciais distintos são articulados por meio daquele verbo espacial que é a porta. Ainda assim, na forma mais forte desses efeitos, os dois espaços não estão de verdade relacionados; nem

---

5   A. E. Van Vogt, *Destination: Universe* (Nova York, 1952), p. 147.

6   *Ibidem*, p. 148.

estão justapostos, de modo inerte, em sua diferença radical, como em uma colagem. A passagem através dessas portas é certamente um ato ou um evento, porém um ato ou um evento impensável e, assim, pode-se supor, inefável, e que, de algum modo, nos coloca nos limites do que a linguagem articulada pode fazer.

O campo da linguística é, de fato, em última instância, constituído pela própria sentença como objeto de estudo (as formulações alternativas – a proposição ou o ato de fala – me parecem variações desse objeto mais fundamental). A consequência lógica disso parece ter sido, historicamente, o entendimento de que a linguística é incapaz de romper com os limites da sentença. Cito Leonard Bloomfield: "Cada sentença é uma forma linguística independente, não incluída, por causa de alguma construção gramatical, em uma forma linguística maior. Seja qual for a conexão prática que exista entre [as várias sentenças que formam algum enunciado maior], não há arranjo gramatical que as una em uma forma maior [...]".[7] Esse ponto é, para mim, confirmado, em vez de refutado, pelos esforços de vários gramáticos em propor unidades maiores que subsumiriam as sentenças separadas e individuais. Embora esses esforços tenham sido estimulantes e sugestivos, não creio, em última instância, que eles convençam ou tenham logrado realizar o programa ou projeto que, muitas vezes eloquentemente, se propunham.

Voltando agora para o espaço, ou seja, para a arquitetura, a questão é sobre se haveria algo nessa linguagem em particular que corresponderia à forma da sentença no discurso (ou na linguística). Esse algo, certamente, não pode ser o edifício, isto é, o texto arquitetônico total. Mas me chama a atenção um fenômeno curioso: em toda a riqueza extraordinária de inovação arquitetônica e formal daquilo que hoje às vezes se chama de pós-modernismo, há uma forma básica que não parece ter mudado, que resiste à inovação e que, às vezes, condena esses esforços a uma inconsequência peculiar e a uma esterilidade social e esteticamente decepcionante:

---

7 Leonard Bloomfield, *Language* (Chicago, 1961), p. 170.

ninguém foi capaz de inventar uma forma nova, radicalmente nova, para o que chamaremos de *cômodo* [*room*]. É como se o próprio cômodo, a unidade interior básica, o próprio espaço de habitação tivesse persistido, com pouquíssima modificação, desde tempos pré-históricos. Vivemos dentro de suas paredes, sejam quatro ou muitas, e seja qual for seu formato. A objeção mais poderosa a essa proposição certamente vem das inovações do modernismo, segundo o qual o assim chamado plano livre de Le Corbusier visa exatamente a uma quebra radical com a tradição e seus cômodos e separações convencionais. Ainda assim, me pergunto se essa inovação não poderia ser comparada a certas formas historicamente novas da sentença, em particular, ao chamado *estilo indireto livre*, que Ann Banfield chamou de "sentença inefável".[8] A sentença é ali, de fato, mantida, mas transformada e refuncionalizada do modo mais curioso e original. Porém, caso se considere que o plano livre foi bem-sucedido, talvez esse sucesso signifique simplesmente que esse espaço foi novamente assimilado à antiga categoria de cômodo. Quando, porém, não é bem-sucedido, ele deixa de ser percebido como uma forma e cai para o nível do espaço institucional vazio morto, tão onipresente em nossos maiores edifícios contemporâneos; isso quer dizer que sua sintaxe fracassa e que, em vez de produzir uma sentença, o arquiteto apenas logrou murmurar coisas sem sentido, fragmentos e um discurso esquizofrênico.

De todo modo, esse paralelo peculiar entre a sentença e o cômodo lança certa luz sobre o efeito espacial de Van Vogt anteriormente considerado. Van Vogt, pois, também se aparenta a uma gramática: não uma teoria, mas um mistério. Seus dois espaços distintos são como a justaposição de duas sentenças formuladas a partir de enunciados absolutamente distintos e heterogêneos. A porta misteriosa (que obviamente tem seus análogos anteriores em contos de fadas e na literatura mágica de todos os tipos) é, pois, o puro operador dessa justaposição e o signo impensável da própria operação. Ainda assim,

---

[8] Ann Banfield, *Unspeakable Sentences* (Londres, 1982).

nesse ponto a análise permanece descritiva e não nos traz pistas sobre uma possível interpretação desse processo.

Passo agora, portanto, ao meu segundo tópico, a fim de ver se ele poderia, retrospectivamente, oferecer quaisquer pistas interpretativas: um efeito peculiar de o tema ser encontrado aqui e ali no *corpus* de Van Vogt. Uma das linhas narrativas mais características de Van Vogt segue mais ou menos assim: um protagonista, operando dentro de uma paisagem urbana de *filme noir* "realista" hoje clássica, sobre a qual já comentamos, de repente se encontra interceptado por seres sobrenaturais com corpos humanos. Na maioria das vezes, esses alienígenas disfarçados são parte de uma vasta rede ou conspiração em curso naquele ambiente "realista" familiar; às vezes, de fato, o protagonista, perplexo, lentamente compreende que ele está na presença de duas dessas redes em competição ou em luta – um mundo subterrâneo alienígena benevolente e outro malevolente – uma situação que, como vocês podem imaginar, forma o enredo, cuja complexidade não é resumível. No clímax da história, no entanto – e essa é a característica sobre a qual quero refletir –, o herói perde suas identidade e consciência humanas reconhecíveis e percebe que é, ele mesmo, um desses alienígenas (do tipo benevolente, é claro). A fim de cumprir sua função na conspiração, entretanto, ele teve de se submeter a uma amnésia e assumir uma consciência humana – uma operação executada tão exitosamente que até ele mesmo acredita nela durante as partes iniciais da história – daí sua (ou nossa) confusão. Creio que um enredo desse tipo deva ser compreendido como o que chamarei de um ideologema histórico: uma unidade narrativa específica que, em si e para si – em sua própria linguagem formal –, transmite uma mensagem ou um sentido histórico ou social. Trata-se de uma proposição que pode ser "comprovada" ao encontrarmos o mesmo ideologema em operação em outros gêneros e mídias do mesmo período. Se, portanto, formos capazes de detectar a presença dessa unidade narrativa em operação por debaixo das diferentes narrativas e convenções formais de alguns dos outros subgêneros, então podemos nos achar em um solo mais firme para seguir a hipótese de que esse motivo narrativo tem certa autonomia e conhece certa independência em relação a qualquer um dos textos individuais em que ele pode ser encontrado.

Sugerirei, portanto, que a transformação de identidade concebida na Ficção Científica de Van Vogt pode também ser encontrada, em manifestações ou realizações narrativas bem diferentes, nas histórias de detetive do período, bem como no *filme noir*. Aqui, porém, não se deve pensar em Chandler, mas, antes, em um dos escritores de suspense mais bem-sucedidos desse período (que vai do final dos anos 1930 até o final dos anos 1940), um escritor desde então em grande medida esquecido, mas que parece recentemente gozar de um interesse reavivado: refiro-me a Cornell Woolrich, que também escreveu com o nome de William Irish. (Se o nome não lhes for familiar, vocês reconhecerão pelo menos duas versões cinematográficas clássicas de sua obra: *A noiva estava de preto*, de Truffaut, e *Janela indiscreta*, de Hitchcock.) Tampouco descartaria a possibilidade de localizar esse ideologema na alta literatura, ou literatura séria – embora, aqui, tivéssemos de estabelecer algumas categorias genéricas muito mais complicadas antes de seguir em frente: o exemplo que aqui me vem à mente é o romance estranho e pouco característico de Richard Wright, *Savage Holiday*. Mas é no *filme noir* que encontramos o desenvolvimento mais "realista" da unidade narrativa em questão, um desenvolvimento que oferece algumas pistas úteis para seu sentido ou conteúdo histórico maior: penso, por exemplo, no grande filme de Bogart, *Confissão* (John Cromwell, 1947), no qual o protagonista, um veterano voltando da guerra, se encontra em um ambiente familiar que passou por modificações desconcertantes e incompreensíveis, não menos surpreendentes do que as da Ficção Científica de Van Vogt. Que a narrativa encontre aqui sua organização mais satisfatória, em torno da figura do veterano retornando da Segunda Guerra Mundial, é para mim a primeira pista essencial: meu ponto de partida para uma eventual interpretação, isto é, para uma decodificação do conteúdo social e histórico do ideologema, seria então a própria situação da guerra, com seus importantes deslocamentos e realocações, primeiro com o recrutamento e a migração continental para as novas indústrias de guerra, e, posteriormente, com o retorno de homens que traziam em suas cabeças a memória de outros continentes e de outros mundos e que não conseguiam reconhecer suas cidades natais, famílias, esposas e amigos. Gostaria de enfatizar o óbvio, a saber, que essa hipótese é apenas um ponto de partida e que não deve ser excluída a análise de uma ampla variedade de outros sentidos possíveis; ao passo que toda a questão da causalidade e da expressão (é a situação vivida que causa a emergência do novo paradigma ou é este que preexiste a ela e articula o existencial?) é um problema teórico do maior interesse. Se, no entanto, essa hipótese carrega alguma convicção ou pode ter qualquer plausibilidade, podemos transferir algo de sua força de volta para nosso primeiro efeito narrativo, onde a porta entre os dois mundos pode agora ser interpretada como uma virtual alegoria dos deslocamentos mundiais, brutais e abruptos, de americanos durante a guerra. (Podemos ainda supor que os próprios deslocamentos biográficos de Van Vogt, do oeste do Canadá até sua capital e de lá até Los Angeles, o sensibilizou de antemão para esse tipo de lógica da pura justaposição.)

Chego agora à minha observação final sobre a obra de Van Vogt, referente ao estatuto narrativo do Outro – uma categoria convencionalmente figurada na Ficção Científica no motivo consagrado do alienígena. Vocês devem saber que foi apenas quando a FC chegou à maturidade intelectual, nos anos 1960, que o foco inicial das narrativas da Idade de Ouro e da pré-Idade de Ouro nas aventuras espaciais e na tecnologia ou na ciência foi substituído por uma preocupação mais abrangente, com questões sociológicas e antropológicas. Isso é bem visível na história do motivo do alienígena, que no período anterior (e na grande Ficção Científica B e nos filmes de terror dos anos 1950) não era senão um monstro isolado, um tipo de vida aberrante. Não foi antes do fim dos anos 1960 que a representação do alienígena passou a incluir uma ambição muito mais interessante: a tentativa de representar culturas ou sociedades alienígenas inteiras, de representar como pareceria uma forma totalmente alternativa de vida coletiva. É a diferença e a distância entre os *pods* (comedores de cérebros) e plantas carnívoras, por um lado, e as visões antropológicas de uma Le Guin ou do romance clássico de Niven e Pournelle, *The Mote in God's Eye* (1974), por outro.

Os alienígenas e monstros de Van Vogt pertencem, é claro, ao primeiro desses períodos, mas com uma peculiar guinada que me parece da maior significância. Voltemos por um momento a Coeurl, o nefasto felino sobrenatural da história inaugural, "Black Destroyer". Coeurl é bem mais inteligente e *sympathique* que sua variedade vulgar *pod*, embora, não obstante, ainda pertença claramente àquele tipo geral das espécies de monstro. Ainda assim, vocês se lembrarão de que esse formidável alienígena foi encontrado durante a exploração, por uma expedição humana interplanetária, das ruínas de uma cultura alienígena. Uma reflexão sobre esse fato me levou a uma importante descoberta, que outra obra de Van Vogt confirma amplamente, que é a seguinte: "Black Destroyer" não é, na verdade, uma narrativa alienígena convencional, embora tudo nela seja organizado para deixar o leitor com essa impressão. De fato, trata-se de um para-digma narrativo bem distinto, que se pode chamar de "situação de dois alienígenas". O ponto é que Coeurl não é descendente da raça alienígena extinta que construiu a cidade que está sendo explorada: ele é de uma espécie alienígena diferente e de um lugar diferente da galáxia (ou de fora dela). Temos, portanto, um monstro vivo e terrível sobreposto aos vestígios e restos arqueológicos do que podemos ape-nas supor terem sido monstros muito diferentes tanto dele, Coeurl, quanto do *Homo sapiens*. Trata-se de uma situação curiosa, dado que, do ponto de vista prático da narrativa, gratuito: o enredo não seria materialmente alterado caso os exploradores espaciais tivessem encontrado Coeurl em um planeta vazio.

Ou assim parece; mas é precisamente a presença desses detalhes aparentemente gratuitos que dá o charme e o mistério dos textos narrativos desse tipo ou, para falar em uma linguagem diferente, que demanda uma análise semiótica que poderia explicar a efetividade significante dessas características que não são, tecnicamente, unidades narrativas. A objeção óbvia seria a de que temos de lidar aqui com o que deveria ser considerado em termos de cena, cenário e descrição. Mas essa cena aparente – a cidade arruinada – é, na verdade, o vestígio de um personagem ausente, um personagem que não desempenha qualquer papel na narrativa.

Havia dito que a situação de dois alienígenas pode ser encontrada por toda parte na obra de Van Vogt, embora eu hesite em atribuir a ele sua invenção. Parece-me profícuo, entretanto, apresentar esse mesmo paradigma narrativo em operação em um filme recente e muito popular, de um dos mais interessantes diretores contemporâneos, a saber, *Alien* (1979), de Ridley Scott.

Embora ele tenha certa semelhança – levando-se em conta a vasta diferença entre os anos 1950 e 1970 – com os filmes de monstro hoje fora de moda (o monstro de Scott é mais feroz e assustador que qualquer coisa que os filmes B dos anos 1950 foram capazes de realizar tecnicamente), trata-se, na verdade, de um artefato bem mais complicado, sofisticado e interessante. Mais significativo ainda para os nossos propósitos é o fato de que *Alien*, como as histórias de Van Vogt, não deriva de modo algum do paradigma do monstro, mas, antes, daquela forma distinta que tenho chamado de situação de dois alienígenas.[9] Vocês devem se lembrar de como o monstro eclode de um conjunto de ovos medonhos e endurecidos, parecidos com cogumelos, descobertos em um planeta distante pela tripulação do rebocador espacial Nostromo. Essa nave espacial industrial, entretanto, foi atraída ao planeta por um sinal misterioso, que na verdade era um sinal de alerta. O que a tripulação descobre são, na verdade, os escombros de uma nave espacial alienígena, junto com um único corpo mumificado de um de seus tripulantes. Descobre-se, então, que os ovos foram depositados em seu paiol e que a múmia do navegador alienígena foi horrivelmente mutilada, com sua caixa torácica tendo praticamente explodido de dentro para fora. O espectador que pensar nesses detalhes no fim do filme chegará à conclusão óbvia: o personagem epônimo, o monstro do título do filme, é diferente dos alienígenas que outrora tripularam

---

[9] Quanto a esse ponto, sou grato a Peter Fitting. Ver sua contribuição a "Symposium on *Alien*", em *Science-Fiction Studies*, n. 22 (v. 7, pt. 3), novembro de 1980.

a nave alienígena. Entretanto, eventos posteriores deixarão claro que a nave do alienígena e sua tripulação devem ter tido o mesmo destino que a tripulação do Nostromo – a saber, morte e destruição nas mãos do monstro que muda de forma. Além disso, como com os construtores da cidade arruinada de Van Vogt, não sabemos nada mais sobre esses alienígenas secundários, a não ser que eles tinham um grau avançado de civilização e haviam sido extintos muito antes do começo da narrativa, não tendo qualquer função nela, a não ser a de atrair novos tripulantes (ou presas humanas) para seu terrível planeta. *Alien* é, assim, praticamente uma versão cinematográfica ou uma tradução de "Black Destroyer". (Van Vogt não recebeu os créditos e, no fim, processou os produtores do filme por plágio; um acordo foi feito fora dos tribunais.)

Pois bem: seria isso uma mera curiosidade narrativa ou a situação de dois alienígenas oculta algum significado de interesse mais amplo? Antes de tudo, eu assinalaria que essa situação se sobrepõe muito precisamente aos dois tipos de representação de alienígenas que mencionei antes, em um contexto mais histórico. O monstro é o antigo alienígena biológico, a forma aberrante e onívora de uma energia vital praticamente animalista e que, não importando quão numerosas sejam essas criaturas, parece levar uma existência isolada e puramente individual. O segundo alienígena, por outro lado, testemunha, com sua ausência, toda uma cultura e uma sociedade alternativas que deixou os vestígios de relações sociais alienígenas – uma cidade e uma tecnologia sofisticadas, todas elas pressupondo a linguagem.

Creio que temos aqui um caso muito especial do que Freud chamou de cisão; vocês se lembrarão de que esse conceito é introduzido em um conhecido ensaio sobre a história de Hoffman, *O homem da areia*, e designa um modo de lidar com a ambivalência da relação edipiana. O pai é objeto do amor socialmente obrigatório e também de profundas e inconscientes hostilidade e agressividade; ele pode tomar a forma, portanto, tanto da benevolência paternal e protetiva quanto do terror e da ameaça do monstro. O herói neurótico de *O homem da areia* faz uma cisão dessa figura ambivalente em duas, de modo que, ao lado do pai gentil, porém inefetivo, também nos deparamos com o pai diabólico, o demônio, a malignidade. Está bastante claro que nossos dois alienígenas caem nessa polarização ética geral entre o bem e o mal, o nefasto e o benigno; poderíamos ir ainda mais além ao transferir a operação da cisão do quadro freudiano ou edipiano à categoria do Outro em geral?

Gostaria de, já concluindo, lançar um olhar de volta ao texto inaugural da antropologia moderna, uma vez que a antropologia pode ser considerada uma disciplina orientada *par excellence* pela categoria do Outro e que explicitamente toma o Outro como seu objeto de estudo. (Meu interesse nesse texto é também por causa do lugar especial que ele ocupa na tradição marxista.) Refiro-me ao livro clássico de Lewis Henry Morgan, *A sociedade antiga*, de 1877, cuja estrutura conceitual se organiza em torno de uma classificação tripartite das sociedades, que parece derivar da arqueologia dinamarquesa do século XVIII, mas cuja difusão devemos essencialmente a Morgan, a saber, a distinção entre selvageria, barbárie e civilização. Embora os diferenciais de Morgan sejam primariamente tecnológicos (incluindo a tecnologia da escrita), a classificação é avaliativa e de juízo. Assim, a civilização, que começa com a escrita, é aqui assimilada ao que se tornará o capitalismo e ocupa, portanto, uma posição negativa. A palavra *barbárie*, por outro lado, longe de carregar o estigma comum, designa o que é para Morgan a forma mais gloriosa de organização social humana, como a realizada na *gens* – seu exemplo central sendo a Confederação Iroquesa, da qual ele mesmo era um membro honorário.

Temos aqui, novamente, o rousseauísmo do nobre primitivo e a nostalgia por uma forma de organização social humana na escala da vida humana como ela deveria ser vivida. Mas esse é um esquema tripartite e não dual, o que levanta a interessante questão sobre o que significa o conceito de "selvageria" para Morgan. O que descobrimos é que há pouco a ser dito sobre essa forma social mais antiga, uma vez que o que dá a uma ordem social suas legitimidade e articulação (entre outras coisas, alguém poderia hoje ressaltar o papel do tabu do incesto) ainda não existe ali: "No nível mais baixo da selvageria, a comunidade de esposos e esposas, dentro de limites prescritos, era o principal centro do sistema social".[10] Em outro lugar, esse sistema é sempre designado pelos fatídicos termos "esse estupendo sistema de promiscuidade", nos quais o adjetivo deve obviamente ser tomado como aquilo que atinge a mente com estupor e incredulidade. Claramente, pois, na própria noite do tempo, a primeira formação social da história humana é também considerada negativamente, como a mais recente, embora por razões muito diversas.

Creio que o esquema tripartite de Morgan possa ser compreendido como ainda outra versão, talvez uma versão mais fundamental, da narrativa dos dois alienígenas, uma vez que a terceira forma, a "civilização", é nosso ponto de vista como leitores. A civilização conhece, assim, não um, mas dois contrários: uma forma "estupenda" e assustadora ou tabu, a da horda primeva e da promiscuidade dos selvagens originais; e uma forma gloriosa e heroica, dotada de todas as regras de parentesco, mas na escala própria à vida humana, a ponto de Morgan apelar, no clímax de sua obra, à restauração da *gens* (e a uma abolição da civilização ou do capitalismo), muito no espírito do próprio Marx:

> A dissolução da sociedade deve ser o término de um percurso do qual a propriedade é o fim e o objetivo, uma vez que esse percurso contém os elementos de autodestruição. Democracia no governo, fraternidade na sociedade, igualdade nos direitos e privilégios e educação universal prenunciam o próximo nível mais elevado de sociedade, para onde a experiência, a inteligência e o conhecimento tendem consistentemente. Será um reavivamento, em uma forma mais elevada, de liberdade, igualdade e fraternidade das gentes antigas.[11]

O caso de Morgan, porém, nos traz alguns elementos para uma possível explicação e interpretação de nosso estranho paradigma, em que uma forma alienígena malévola – sem sociabilidade, mas investida das formas mais assustadoras de desejo – é justaposta a uma forma alienígena benévola, em que os delineamentos de uma organização

---

[10] Lewis Henry Morgan, *Ancient Society* (Palo Alto, 1975 [1877]), p. 49.

[11] *Ibidem*, p. 552.

social alternativa se tornam visíveis. Lewis Henry Morgan era um indivíduo complexo e contraditório, em quem a fascinação apaixonada pelas formas de vida dos indígenas americanos se mistura com a carreira de um dos fundadores do Partido Republicano e de um advogado dos trustes de madeira, além de pontuada pelo entusiasmo apaixonado pela breve Comuna de Paris de 1871. Mas Morgan era também um cavalheiro vitoriano, com uma esposa vitoriana arquetípica (e futura *veuve abusive*, como as esposas de Mark Twain ou Richard Burton), sendo seu melhor amigo um respeitado ministro presbiteriano da Universidade de Princeton. Ele precisava, portanto, de algum modo, administrar certo primitivismo passional e libidinal que poderia ser perigoso no contexto vitoriano; e, é claro, ele faz isso realizando um ato de cisão freudiana *avant la lettre*. Características sexualmente tabus serão, assim, dissociadas e reorganizadas na figura independente do selvagem, isto é, a abominação da promiscuidade, enquanto o segundo alienígena emerge em toda a sua glória, como uma forma heroica de existência que pode agora ser, em si e para si, com segurança, celebrada em público. Não devemos nos contentar, entretanto, com um diagnóstico meramente psicanalítico dessa operação, como se fosse um puro trabalho do fantasma; seu mistério reside no resultado: o ato de cisão também serve para fundar uma análise "científica" do capitalismo moderno, que não é, ela própria, mero fantasma, mas um trabalho sobre o Real.

De fato, se lembrarmos que o esquema, na verdade, postula não três, mas quatro termos — selvageria, barbárie, civilização e aquele do "próximo nível mais elevado de sociedade" que é o futuro e que, longe de marcar um mero retorno cíclico da *gens* e da "barbárie", prenuncia uma forma Utópica totalmente nova —, podemos compreender a narrativa dos dois alienígenas como um novo instrumento para a geração do futuro. Os dois termos negativos que ele emprega — contradição *versus* contrariedade — são intensificados por essa porta sintática que se abre para a alteridade ofuscante de um novo mundo e de um novo *self*. Trata-se de uma porta que Van Vogt, por um momento, logrou abrir.

1984

7.

A longevidade como luta de classes

O tema deste ensaio e desta obra é também motivo de certa gratificação pessoal, porque me dá a oportunidade de conversar sobre um dos meus livros favoritos há muito tempo – uma oportunidade que nunca teria aparecido de outro modo, pelo menos na duração normal de nossas vidas hoje em dia. *Volta a Matusalém*, de George Bernard Shaw, foi publicado em 1921, mais ou menos no mesmo momento que o não relacionado *O caso Makropulos*, de Karel Čapek. Por sua vez, um personagem de Shaw observa, de passagem, que H. G. Wells "me emprestou cinco libras que eu nunca lhe paguei, e isso ainda hoje me perturba a consciência".[1] Estamos, com Shaw, e talvez mesmo com o "assincronicamente sincrônico" Čapek, ainda na agitação do fim da era vitoriana, em que a ciência, a dúvida e a filosofia vitalista se encontraram para produzir a primeira Ficção Científica moderna; e, devo dizer, como alguém que sempre falou contra a legitimação de subgêneros populares pela respeitabilidade da alta literatura (isto é, Dashiell Hammett comparado com Dostoiévski), que, por outro lado, há prazeres genuinamente de Ficção Científica fluindo pelo texto épico de Shaw, "Pentateuco Metabiológico", que alguém bem poderia querer identificar ao cânone.

---

[1] George Bernard Shaw, *Back to Methuselah* (Nova York, 1921), p. 131. (Bernard Shaw, *Volta a Matusalém*, tradução de João Távora, São Paulo: Melhoramentos, 1953, p. 181 [N.T.].) Posteriores referências no texto, precedidas por *BM*, se referem a essa edição.

É questionável, entretanto, se o cânone ainda está pronto para voltar a Shaw, ou se os imensos esforços biográficos de Michael Holroyd ou o presente reavivamento irlandês – mais especificamente, o reavivamento de Oscar Wilde – ou mesmo a virada heliotrópica da imaginação coletiva de volta à *belle époque* e à época da Segunda Internacional são suficientes para tornar a arte de Shaw novamente disponível para nós. Isso quer dizer que ainda podemos manter certas dúvidas ou hesitações mais profundas quanto ao reavivamento criogênico dessa figura, do mesmo modo que as mantemos em relação a Robert A. Heinlein, cuja longevidade prolixa e didática tem tanto em comum com a do dramaturgo socialista. Reconhecer Shaw como nosso Bertold Brecht (embora, para o drama poético, é antes W. H. Auden que deveria ser reconhecido como a aproximação, em língua inglesa, de Brecht) é, pois, considerar, no sentido inverso, a possibilidade de que, após Brecht, talvez não precisemos mais de um Shaw. Ainda assim, na singular atmosfera apolítica da literatura anglo-saxã (em que o outro rival para algum papel genuinamente brechtiano de intelectual e artística-ativista seria o próprio T. S. Eliot), é sempre instrutivo examinar a prática extraordinariamente rica de um dos poucos grandes artistas políticos dos tempos modernos. Já foi dito, de fato, que poucas coisas contribuíram tão fundamentalmente para a preparação cultural da vitória do Partido Trabalhista em 1945 do que a incansável propaganda de Shaw pelo socialismo, que tomou a forma de figuras secundárias nas grandes peças cujas tiradas gradualmente domesticaram, tornaram respeitáveis e legitimaram, para as classes médias britânicas, aquela assustadora ideologia.

Volta a Matusalém, no entanto, deixa claro que a crítica implacável à hipocrisia da classe média, em geral, e do caráter nacional inglês, em particular (algo que um anglo-irlandês estava particularmente bem posicionado para articular), era também um ato cultural e político fundamental – algo que talvez possamos apreciar ainda mais no super-Estado de hoje em dia, do qual foram triunfantemente expurgadas todas as abordagens incômodas e insistentes de algum autoconhecimento sobre os vícios do caráter nacional norte-americano, para não falar de seu pecado original. Devemos também apreciar a fábula pela qual os últimos resquícios genuínos de verdadeira consciência étnica ou de grupo – a irlandesa e a judaica – são abolidos, enquanto culturas, no devastador contato com sujeitos longevos, cujas proximidade e existência – esse é um dos temas fundamentais da peça – inspiram um "desencorajamento" quase fatal em sujeitos de vida curta como nós. Mas esse comentário da política corrente – que inclui, em grande medida, comentários sobre o sistema parlamentar britânico, que já não são necessariamente do nosso interesse, bem como certos desenvolvimentos notáveis sobre a guerra e a agressividade, de Caim a Osymandias até os Napoleões do futuro distante – pode servir de exemplo das peculiaridades formais e estruturais da peça de Shaw, na qual muita coisa de natureza aparentemente alheia e digressiva pode ser acrescentada de passagem e a impressionante experiência da conversa solta pode lateralmente, por assim dizer, trazer vários temas adicionais à consciência do espectador, para além do tema oficial da peça. "Deve haver algo para comer e beber a cada página", disse certa vez Flaubert, ao caracterizar o impulso por heterogeneidade que ele sentia em operação em sua vontade de estilo.

Por sua vez, a natureza abrangente dos monumentos do alto modernismo – sua vocação para se converterem no Livro do Mundo – parece também ecoar, embora idiossincraticamente, no método de Shaw, que parece consistir em afirmar toda uma lista de suas próprias idiossincrasias, das quais o espectador ideal de Shaw espera – ou melhor, exige – uma recapitulação a cada nova peça.

Não estamos interessados nessas idiossincrasias hoje (infelizmente!), mas valeria a pena ressaltar um momento extraordinário em *Volta a Matusalém*, que Brecht poderia ter chamado de um *gestus* – a moldagem de um ato ou evento de uma forma gestual que fala na sua própria língua nova –, antes de recorrer a essa fantasia sobre a longevidade ou a imortalidade para aferir e realçar as especificidades e diferenças daquelas outras versões, mais modernas, com as quais lidaremos adiante. Como todos sabemos, *Volta a Matusalém* começa no Jardim do Éden. De lá, quatro peças inteiras adicionais (um ciclo que evidentemente deve algo a Wagner) nos levam à condição Utópica de uma "tarde de verão no ano de 31920 d.C." ou, seguindo o título dessa peça final do ciclo, "Até onde o pensamento alcança". A sugestão de recorrência implícita no uso dos mesmos atores para diferentes papéis é um dos aspectos mais fascinantes de sua dramaturgia – às vezes, o ciclo é efetivamente performado –, de modo que a primeira família do Éden reaparece na não conformista sala de estar britânica dos anos 1920; no ainda excessivamente britânico governo mundial do século XXII; no mundo de 3000 d.C., dominado por sujeitos longevos poderosos e misteriosos que segregaram os de vida curta em outras partes do mundo e servem como seus oráculos; e em certo Estado Utópico final, em que as relações sexuais acabaram e os humanos nascem já crescidos de ovos e com apenas três ou quatro anos para viver uma vida "infantil" normal, antes de se conformarem com o isolamento desprovido de amor e a sabedoria da condição de Anciãos, que só querem se livrar de seus corpos e obter a imortalidade do puro pensamento. Pode-se, a propósito, achar que o puritanismo físico de Shaw não seria mais repulsivo que o hedonismo entusiasta e obrigatório de Heinlein; talvez nenhum desses valores tenha muito a ver com sexo, no fim das contas. De fato, defendo que, como regra geral, pelo menos nessas obras, os temas oficiais mascararam temas menos óbvios, porém mais profundos, que é tarefa da crítica e do processo interpretativo revelar.

Shaw tem o que se poderia chamar de uma atitude Cientista Cristã em relação à biologia e talvez até mesmo em relação à política e à metafísica: nestas áreas, seria fácil diagnosticar sua atitude como a expressão de um tipo de idealismo fabiano[2] ou social-democrata, que refletiria uma superestimação característica da razão e da persuasão e uma subestimação igualmente característica da ideologia, do impulso inconsciente e do poder da violência na história humana. Esse é exatamente o tipo de idealismo que se esperaria encontrar como a ideologia e a legitimação da prática de um dos grandes oradores políticos do século XX; mas, em Shaw, não se trata, de modo

---

[2] O Fabianismo constituiu uma corrente política socialista conhecida por sua concepção gradualista do processo de mudança histórica (por oposição à visão revolucionária de Marx) e pela ênfase dada à relevância da difusão de ideias nesse processo. [N.T.]

algum, de um idealismo unidimensional, como essa abordagem poderia sugerir. De fato, sua visão se adequa bem aos requisitos de uma estética teatral (com sua ênfase estrutural posta no discurso em meio ao diálogo) e abre uma dimensão mediadora entre a base e a superestrutura de um tipo mais distintivo e singular.

Pois Adam "decide" viver por mil anos no momento em que as palavras e os conceitos estão sendo inventados pela primeira vez: sua liberdade de escolher sua própria longevidade é parte desse primeiro frescor inominado do universo e incidentalmente coordena o tema da longevidade com o da linguagem e da figuração, como veremos adiante. Mas é no segundo momento do processo que estamos mais interessados aqui. Pois, como é bem característico a Shaw, essa primeira peça ou momento do pentateuco, no Jardim do Éden antes da Queda e vários séculos depois, é sucedida por um novo momento, encenado na quintessencial sala de estar britânica, em Hampstead Heath, habitada pelos dois birutas do título ("O Evangelho dos Irmãos Barnabé"), por suas famílias e vários políticos britânicos típicos do período Entreguerras. Os irmãos, de fato, estão convictos de que a política, sendo esta ainda exercida não obstante suas consequências desastrosas para a Grande Guerra de alguns anos antes, pode ser reformada apenas pela biologia, e uma biologia de tipo incomum: "O nosso programa é apenas que o termo da vida humana deve ser estendido para 300 anos" e "nosso grito eleitoral", acrescenta sua melindrosa porta-voz, "é Volta a Matusalém!" (*BM*, p. 77).[3]

Diante dessa possibilidade, os políticos rearranjam suas plataformas e estratégias eleitorais e a cortina se fecha. É sobre a noite seguinte que gostaria de falar antes de tudo e com certo propósito. Essa peça, ou subpeça, é significativamente intitulada "A coisa acontece": uma descrição que leva o motivo representacional imediato – nesse caso, se as pessoas viverão mais tempo ou para sempre – a um nível mais elevado de abstração simbólica. No que diz

---

[3] Bernard Shaw, *Volta a Matusalém*, tradução de João Távora, São Paulo: Melhoramentos, 1953, p. 138. [N.T.]

respeito ao motivo da longevidade, ele sempre envolve um dilema representacional básico: como mostrar que as pessoas começaram a viver mais? Em que ponto da narrativa a longevidade pode se tornar visível? Seria interessante darmos uma olhada na longa vida de Lazarus Long. Desde o começo, praticamente por definição, sabemos que a "coisa" aconteceu com ele. Mas nós e o escritor estamos mais frequentemente na infeliz posição do Imperador Rodolfo II da Boêmia, que, depois de testar o segredo de Makropulos na filha do inventor, em 1600, enlouquece. "Como", ela coloca três séculos depois, já no cenário moderno, "ele poderia estar certo de que eu viveria por 300 anos? Então ele coloca meu pai em uma torre, como uma fraude, e eu fujo com tudo o que ele escreveu para a Hungria ou Turquia, não me lembro para onde exatamente".[4]

De fato: como? Como você constrói um evento a partir de uma situação como essa, cujas características consistem em, de repente, um dia começar a se perguntar por que, depois de tantos anos, um amigo ou conhecido não parece nem mesmo começar a mudar ou envelhecer? É comparando notícias de afogamentos de pessoas famosas que os sujeitos de vida curta de Shaw descobrem sua assustadora similaridade física, como se nós descobríssemos que Alexandre, o Grande, Christopher Marlowe e, digamos, James Dean suspeitosamente parecessem todos a mesma pessoa. Isso, quando menos, tenderia a converter o drama de imortalidade ou longevidade em um tipo de história de detetive – algo que notadamente ocorre na peça de Čapek. Adiante, gostaria de traçar as consequências desse problema ou dilema representacional em duas direções diferentes: por um lado, a razão pela qual os sujeitos longevos sentem a necessidade de dissimular seus destinos incomuns; e, de outro, a questão do próprio tempo – não apenas como se poderia representar uma expansão do tempo humano dessa magnitude, mas como ela seria sentida existencialmente e em que medida a experiência interior dos longevos poderia ser imaginada

---

4 Karel Čapek, *The Makropoulos Secret* (Boston, 1975 [1922]), p. 81.

como radical e qualitativamente diferente da experiência dos normalmente mortais. Haveria, por exemplo, mais volumes cheios de *madalenas* e *memórias involuntárias* proustianas?

Mas esse problema representacional particular – a dificuldade palpável de encontrar um correlato objetivo ou uma figuração narrativa para a revelação da longevidade ou da imortalidade – sugere certa lição interpretativa e hermenêutica mais fundamental. Nas páginas que seguem, agirei metodologicamente como se existisse um princípio segundo o qual o conteúdo ostensivo, o assunto manifesto ou tema, sempre mascara outro mais profundo, de natureza inteiramente diferente. Provavelmente, um princípio como esse está sempre em operação no processo hermenêutico, uma vez que não seria necessária a interpretação se a obra sempre dissesse exatamente o que queria dizer. A interpretação parece necessária no caso presente devido à persistente suspeita de que o motivo da longevidade pode ser um disfarce para outra coisa.

Esse ponto pode ser exemplificado, por outro caminho, pelo tema da morte e, mais especificamente, por reflexões sobre seu sentido: Simone de Beauvoir (mas também Ernst Bloch, creio, em um contexto filosófico muito diferente do existencialismo sartreano) defendia que, uma vez que a morte é de antemão desprovida de sentido, essas reflexões, apesar de sua evidente carga afetiva, não devem levar a lugar nenhum; são divagações no vazio que, na verdade, captam e expressam sentimentos e angústias de um tipo muito diferente (não existencial). Essa hipótese interpretativa sugeriria, pois, que o tema da morte – pensar nisso, experienciar a angústia da morte – serve invariavelmente como uma coberta e um veículo para deslocar o medo de outra coisa (para Beauvoir, o medo de ter desperdiçado a própria vida, o arrependimento por não ter vivido).

O que devemos agora conjecturar é se algo parecido poderia ser dito em relação ao enredo de imortalidade ou longevidade; se suas angústias também poderiam ser, na consciência, substitutos para alguma preocupação ou algum medo mais concreto e fundamental – alguma contradição mais profunda – presente no inconsciente. Com a possibilidade dessa inversão hermenêutica, volto ao desenvolvimento mais incrível da narrativa de Shaw. Em "A coisa acontece", ambientada em 2170 d.C., no escritório do presidente do sistema mundial, que está localizado nas Ilhas Britânicas, membros desse governo – alguns dos quais suspeitosamente se parecem com os políticos do sistema de governo do século XX e são, de fato, seus descendentes – descobrem, aos poucos, que dois deles, o Arcebispo de York e a Ministra do Interior, Madame Lutestring, são, na verdade, muito diferentes deles e já teriam vivido mais de duzentos anos. Quem são essas duas pessoas? Eles não são, evidentemente, os líderes políticos (cujos descendentes vemos aqui, ainda no comando do governo, após tantas gerações), nem mesmo os bisnetos dos "inventores" originais, caso se queira colocar nesses termos. Eles são, na verdade, a criada de quarto da casa e o jovem clérigo fátuo, jogador de tênis, que lembramos ter cortejado a filha (ou sobrinha) dos Irmãos Barnabé – exemplares particularmente puros de uma classe ociosa e idiota, em suas manifestações mais marginais e secundárias. O raio cai sobre eles, e não sobre os protagonistas, os personagens principais. Eles apenas ouviram, por acaso, as boas novas, que eram dirigidas para um público mais importante. Quando se pergunta a Madame Lutestring qual sua opinião sobre a nova ideia de longevidade, ela responde:

> O livro de Conrad Barnabé. Sua esposa disse-me que era mais maravilhoso do que o Livro do Destino de Napoleão e do que o Almanaque de Old Moore, que eu e a cozinheira costumávamos ler. Eu era muito ignorante: o fenômeno não me parecia tão impossível como para uma pessoa instruída. Assim mesmo, esqueci o assunto, casei e labutei como esposa de um homem pobre, criei filhos e parecia vinte anos mais velha do que realmente era, até que um dia, muito depois de meu marido haver falecido e de meus filhos andarem pelo mundo vivendo à sua custa, notei que eu parecia vinte anos mais moça do que realmente era. A verdade me apareceu num relance (*BM*, p. 135-136).[5]

5   Bernard Shaw, *Volta a Matusalém*, tradução de João Távora, São Paulo: Melhoramentos, 1953, p. 184-185. [N.T.]

E apesar da instrumentalidade mozartiana de Shaw, seu *pathos* mais delicado do que qualquer coisa em Čapek ou Heinlein, há também uma breve expressão de arrependimento, em uma peça em que a indiferença implacável diante da morte está à altura de seu idealismo: "Eu tive uma filha que era a menina dos meus olhos. Alguns anos depois do meu primeiro afogamento, soube que perdera a vista. Fui visitá-la. Era uma velha de 96 anos, cega. Pediu-me que me sentasse e falasse com ela porque a minha voz era igual à da sua falecida mãe" (*BM*, p. 135).[6]

Cadeias radicais, o elo mais fraco, os mansos hão de herdar a terra – esses são alguns dos estereótipos culturais mais antigos que vêm à mente diante desse notável desenvolvimento, tão insuspeito a ponto de nos oferecer a própria figura da pura imprevisibilidade em si. Usarei o *gestus* dessa guinada de dois modos: o primeiro deles tem a ver com a natureza da causalidade que aqui nos é proposta. Deve estar claro que, em Shaw, como já foi observado, um tipo de "força vital" própria à Ciência Cristã substitui a maquinaria tecnológica moderna e pós-contemporânea de "rejuvenescimento". O que ocorre quando tudo isso é lançado de volta às narrativas contemporâneas de FC é algo que veremos adiante; mas não parece satisfatório atribuir esse novo desenvolvimento a um mero voluntarismo ou a uma crença ilimitada, própria ao Esclarecimento, no poder da consciência ou da Razão. Pelo contrário, Shaw nos oferece, aqui, uma visão infinitamente mais flexível e sutil do inconsciente – talvez até mesmo do inconsciente coletivo – do que aquela com a qual estamos acostumados a lidar. De fato, se tomarmos toda a cena da segunda parte (em que o "evangelho" dos Irmãos Barnabé é promulgado) como uma representação alegórica dessa psique, temos uma vontade consciente – os irmãos – transmitindo sinceramente sua mensagem a ouvintes corruptos, excessivamente ávidos por explorar suas possibilidades, enquanto, do outro lado da sala de estar, mentes secundárias distraídas ouvem de passagem trechos da longa e pesada exposição e uma serviçal entra e sai de cena, carregando

---

[6] *Ibidem*, p. 184. [N.T.]

uma bandeja de chá e ocupada com seus afazeres, guardando trechos da conversa para uso futuro. Há aqui uma semelhança familiar com a memória involuntária de Proust, que encontra pouca serventia nos atos abertamente conscientes da vontade atenta, mas que aproveita essa experiência lateralmente e *a posteriori*, por assim dizer; de fato, Proust também promete um tipo de aumento de vida, mas acrescentando ao período de vida consciente todas aquelas vidas secundárias que não tivemos tempo de notar que estávamos vivendo simultaneamente à primeira, a vida oficial. A noção de distração de Walter Benjamin e a ideia de Brecht de uma distância reflexiva por parte do criterioso e fumante público de seus dramas pedagógicos (dos quais Benjamin desenvolve sua ideia) também merecem ser aqui mencionadas, para futura comparação. O mesmo ocorre com as reflexões neopragmáticas atuais sobre a crença e o nível peculiar em que ela opera: um substituto pós-moderno para os papeis desempenhados pelas mais modernistas noções freudiana de inconsciente e marxista de ideologia.

Outra figura dos anos 1920, no entanto, parece mais próxima da intrincada conjunção entre o imprevisível e o inevitável de Shaw, e ela nos levará para o segundo comentário que gostaria de fazer sobre esse episódio. Trata-se da famosa imagem, que devemos a Victor Shklovsky, do "gambito do cavalo", o movimento não linear do cavalo pelo tabuleiro de xadrez que parece estranhamente censurar, de um modo vagamente premonitório ou Utópico, os movimentos mais tradicionalmente elegantes, embora prosaicos, das outras peças. Sendo o mais inventivo dos formalistas russos, Shklovsky queria, com essa figura, dramatizar uma ideia querida a todos eles e que tinha a ver essencialmente com a história literária – a saber, que esta última não segue de pai para filho (nem, supõe-se, de mãe para filha), mas, antes, de tio para sobrinho. O desenvolvimento de formas e gêneros seria, assim, descontínuo e teleológico, a um só tempo: quando um desses é levado ao pleno desenvolvimento (e, por definição, é exauri-do), o que toma seu lugar não é o sucessor ou o epígono, mas, antes, uma forma marginalizada e até então popular que assume seu lugar como um espaço novo para o desenvolvimento e a evolução formais e artísticos. O mesmo ocorre com os personagens de Shaw: não é a classe dominante ou seus políticos, mas os pobres, ignorantes e subdesenvolvidos que são os destinatários da nova mensagem. "Eu era muito ignorante para entender que a coisa era impossível", nos diz a antiga criada de quarto. E, de modo semelhante, Georg Lukács, também em *História e consciência de classes* (mas seguindo os primeiros artigos publicados do próprio Marx), postula o potencial humano, intelectual e cultural mais rico de pessoas que foram desprovidas de tudo, que não herdaram a cultura padrão nem foram submetidas à formação educacional padrão – de fato, que se tornaram pouco mais que as próprias mercadorias, reduzidas à venda de sua força de trabalho.

Menciono esses paralelos a fim de completar o segundo movimento exigido por esse processo interpretativo, que é o de sugerir, pelo menos nesse caso, que o drama da longevidade não é "realmente" sobre longevidade, mas, antes, sobre outra coisa, que pode ser prontamente identificada como a História. É a História enquanto tal (não apenas a história literária), cujo *telos* se move de acordo com o gambito do cavalo; e o poder da peça de Shaw é o de ter dado corpo a isso dentro dos confins extraordinariamente limitados e bem-educados do drama burguês e da sala de estar burguesa. O título desse episódio, "A coisa acontece", já de antemão coloca todo o drama da longevidade inesperada em um plano mais alto de abstração, onde ele representa o próprio Evento, o Evento da história coletiva, aquele ato radical que frequentemente, na falta de um termo melhor, chamamos de revolução – um repentino movimento coletivo das pessoas que nunca pode ser previsto, que atinge o lugar e os agentes e atores coletivos mais improváveis, que não pode ser preparado por arranjos da vontade consciente, mas que é certamente preparado de outros modos subterrâneos, quando não inconscientes. Benjamim buscou outro tipo de figuração para esse Evento maior da nossa vida social coletiva, esse mistério maior, quando recorreu à linguagem messiânica, tentando assim transmitir – contra noções lineares de acúmulo e progresso histórico (que ele atribuía às Segunda e Terceira Internacionais tanto quanto ao pensamento burguês) – o modo como o Messias chegaria no momento mais inesperado, por alguma pequena porta lateral do presente histórico. Trata-se de um evento supremo que nada tem a ver com algo que já ocorreu ou com algo que se anunciava nos segundos imediatamente anteriores à súbita aparição dessa realidade totalmente nova. Em Shaw, a ruptura é menos absoluta. Há preparação de tipo cultural e intelectual; sementes são semeadas, mas a coisa acontece em aparente independência em relação a tudo isso. Gostaria de explorar a possibilidade de que o enredo de longevidade seja sempre uma figura e um disfarce para um enredo diferente de mudança histórica, de mutações radicais na sociedade e na própria vida coletiva.

Quanto ao porquê disso (por que tudo tem de significar outra coisa?), nesse caso em particular, o princípio hermenêutico – pois é ele que está, em última instância, em questão na interpretação alegórica – pode ser defendido localmente em termos da própria experiência de longevidade, sobre a qual nossos livros nos dizem uniformemente que não há nada a ser dito. Esse esvaziamento da própria figura da vida longa, a ausência de conteúdo no âmago das narrativas que estamos examinando pode, se vocês me permitem uma referência filosófica algo diferente, exemplificar a doutrina nietzschiana fundamental da irredutibilidade do presente. Deixaremos Heinlein falar sobre isso, com a descoberta feita por Dora, uma mulher de vida curta, que é, se houver uma, a principal protagonista mulher de *Amor sem limites*:

> Há muito tempo, três ou quatro anos, pelo menos, pouco depois de eu ter desconfiado de que você era um Howard, imaginei também que os Howards não viviam realmente muito mais do que nós, os comuns [...]. Nós todos temos o passado, o presente e o futuro. O passado é apenas memória, e não posso lembrar-me de quando comecei, não posso lembrar-me de quando eu não existia [...]. Então somos iguais nisso. Suponho que suas lembranças sejam mais ricas; você é mais velho do que eu. Mas isso passou. O futuro? Não aconteceu ainda, e ninguém sabe. Você pode sobreviver a mim... ou eu posso sobreviver a você. Ou pode acontecer de sermos mortos ao mesmo tempo. Não podemos saber isso, e eu não quero saber. O que ambos temos é o *agora*.[7]

---

[7] Robert A. Heinlein, *Time Enough for Love* (Nova York, 1973), p. 283. Robert Heinlein, *Amor sem limites*, tradução de Marina Leão Teixeira Viriato de

É uma descoberta que, mais tarde, Lazarus Long irá resumir da seguinte forma: "Cada indivíduo vive sua vida no *presente*, independentemente de como os outros possam medir essa vida em anos" (*TEL*, p. 398).[8] Pode-se querer matizar essa abordagem e indicar que, em uma típica posição filosófica burguesa, Dora superestima o passado e subestima o futuro, algo que fica claro na próxima noite (ou subpeça) de Shaw ("Tragédia dum senhor idoso"): "Mas o que nos torna cautelosos, responsáveis e decididos a descobrir a verdade a respeito de tudo", Zoo diz ao senhor idoso em questão (um sujeito comum ou de vida curta), "não é o número de anos que deixamos para trás, mas os que ainda temos pela frente" (*BM*, p. 183).[9] E, de fato, Shaw insiste várias vezes na ideia de que não é o acúmulo de memórias e experiências do passado, mas, antes, a perspectiva de ter de viver por mais várias centenas de anos que faz a diferença e constitui a "sabedoria" dos sujeitos de vida longa. Voltaremos a essa diferença quando levantarmos a questão do psicológico e, em particular, a do tédio *versus* o "desencorajamento".

Por ora, no entanto, são as consequências narrativas do tema que gostaria de ressaltar; pois, se Dora está certa, então, de um ponto de vista existencial, não pode haver diferença essencial entre a experiência dos sujeitos de vida curta e a dos longevos, e o Imperador Rodolfo estava certo em ficar louco, como um espectador que é avisado de que deve esperar mais trinta anos para que a peça acabe. Essa é a razão pela qual a pura experiência do presente – que Heinlein descobre e reinventa nas passagens que citei – não desempenha qualquer papel em seu romance, no qual ela ocupa menos de uma página de suas seiscentas. A longevidade é, pois, como estou tentando sugerir, um pretexto para fazer outra coisa: no caso de Heinlein, entre

---

Medeiros, Rio de Janeiro: Record, 1973, p. 177. [N.T.].) Referências posteriores no texto, precedidas por *TEL*, são a essa edição.

8 Robert Heinlein, *Amor sem limites*, tradução de Marina Leão Teixeira Viriato de Medeiros, Rio de Janeiro: Record, 1973, p. 245. [N.T.]

9 Bernard Shaw, *Volta a Matusalém*, tradução de João Távora, São Paulo: Melhoramentos, 1953, p. 223. [N.T.]

outras coisas, ela serve, antes, como um enquadramento estrutural para histórias intercaladas – do mesmo modo como os formalistas russos interpretavam, há alguns anos, *Dom Quixote*. Dom Quixote, defende Shklovsky, não é um personagem, mas a "motivação de um dispositivo", o pretexto para juntar um conjunto de histórias, contos e anedotas intercaladas – em cujo processo esse pretexto é reificado e transformado em um personagem de direito próprio. O mesmo vale para Lazarus Long, que pode assim ser visto de duas perspectivas diferentes. Por um lado, de fato, esse projeto pode ser visto como o equivalente modernista para Heinlein. Isso significa, e sejam lá quais forem as diferenças, que esse projeto maior visa a ser abrangente e interminável no sentido mais literal possível e que ele, assim, preenche os requisitos e as funções existenciais dos projetos modernistas arquetípicos de Mallarmé ou Joyce ou Proust; que eles absorvam completamente tudo o que há de contingente na existência humana, que nos deem algo para fazer pelo resto de nossas vidas e, assim, transformem cada acidente e cada momento perdido dessa sequência de dias e anos, de resto irregular e injustificável, em algo extremamente significativo, por causa do projeto ao qual eles podem ser incorporados (não necessariamente de um modo autobiográfico). O tema do tédio, que já antecipei – o tédio da Utopia, o tédio ou a acídia dos longevos –, agora adquire uma ressonância bem diferente e inesperada, como algo que ameaça o projeto modernista e arrisca sair dele para se colocar como uma injustificabilidade aleatória que o projeto não pode redimir ou transformar. A forma banal disso é, pois, a possibilidade de que Heinlein preencha um livro depois do outro com histórias de Lazarus Long.

O conteúdo dessas histórias, no entanto, nos leva para um aspecto diferente do problema, que é a veia pedagógica que Heinlein compartilha com Shaw, mas que no americano está mais fundamentalmente relacionada com um tipo de culto da experiência – enquanto, em Shaw, ela está baseada na presunção impertinente de sua diferença e pura genialidade. Como no caso dos realistas mais velhos da tradição, muito do contar histórias em Heinlein (ou pelo menos muito de seu contar histórias tardio) parece estar baseado no prazer do puro *know-how*, de onde fluem os prazeres múltiplos da pura explicação – como montar acampamento em território selvagem, como ser mais esperto que seus inimigos, como investir em ações galácticas, como ser um comerciante interplanetário, como formar uma família e assim por diante. Tudo isso talvez possa ser resumido na noção de assumir a função paternal – ou, melhor ainda, de combinar essa função com o narcisismo primário. Isso explica a razão pela qual, se a parábola de Shaw é realmente sobre a História, a de Heinlein é sobre a Família – e não pretendo negar o vínculo que ele estabelece entre o rejuvenescimento e a formação de múltiplas famílias novas.

Mas tudo isso, por sua vez, está baseado naquilo que Jean-Paul Sartre, há tempos, em *A náusea*, denunciou como a "ideologia da experiência", a ideia de que aprendemos do passado e de que quanto mais velhos ficamos e mais experiências supostamente temos, mais conhecemos e mais aptos nos tornamos para ocupar uma função paternal que consistiria em explicar coisas interminavelmente e em mostrar nosso infinito *know-how*. O Heinlein tardio, pois, nos confronta com a interessante questão sobre o que a narrativa realmente seria: não tanto o que o contar histórias realmente é, mas o que a história que é contada deve ou não ser. Quando mostro para alguém como consertar um motor de carro ou armar uma barraca, isso é uma história ou o material para uma história? A resposta deve ser que uma aula só se torna uma história quando sou capaz, antes de tudo, de apresentar a mim mesmo no ato de dar aula. A longevidade é, pois, o pretexto não para um monte de aulas, mas para um monte de histórias sobre aulas.

Mas o jovem Heinlein era mais preciso quanto a outra consequência do enredo de longevidade, que já encontramos em Shaw, no fim de "A coisa acontece" e, depois, de modo algo invertido, com toda a força no próximo drama do pentateuco, em "Tragédia dum senhor idoso", ao qual já me referi. O motivo da longevidade ou da imortalidade, já sugeri, deve sempre necessariamente significar outra coisa para que adquira um conteúdo narrativo; mas há um segundo conjunto de consequências que advém da escolha do motivo que funciona como cobertura. Esse novo conjunto de consequências narrativas tem a ver com a coexistência de personagens longevos com personagens de vida curta mais velhos, de modo que a história nova, semiautônoma e independente que essa coexistência começa a contar (em todas as versões consultadas sob a rubrica de imortalidade ou longevidade) é uma histórica que não pode ser senão de luta de classes.

O que ocorre com Shaw, por exemplo, é que, ao descobrirem os longevos em seu meio, os políticos do Estado mundial planejam matá-los todos. *Os filhos de Matusalém* (1958), de Heinlein, é, então, a história clássica dessa perseguição. Nele, o medo e a inveja do grupo transcendem a dinâmica que geralmente associamos à reação contra marcadores de raça, gênero [*gender*] ou etnia e tomam proporções de um tipo de pânico existencial similar ao próprio pânico de classe. Pois, agora, não é apenas que o *gozo* do grupo estrangeiro – sua coesão coletiva, a intensidade da gratificação libidinal que essa coesão produz – pareça ser bem maior que o meu e suscite em mim o tipo de inveja que, como mostrou Slavoj Žižek,[10] subjaz às várias formações reativas. Agora, no caso da longevidade, a minha existência como indivíduo e grupo é posta em questão, do que resulta uma mobilização política de um tipo necessariamente mais cínico ou lúcido, uma mobilização que não pode ser dissimulada, legitimada ou mitificada por fantasias sobre raça ou gênero [*gender*]. Esse desenvolvimento pode ser visto, se vocês preferirem, como a emergência à superfície daquele conteúdo histórico mais profundo que já postulamos: se o enredo de longevidade é realmente sobre a mudança social radical, então sua realização deve necessariamente envolver a violência e a convulsão coletivas dessas lutas que começamos a encontrar aqui inscritas nesse segundo momento. Os desenvolvimentos modernos do gênero mostram, pois, as consequências e as possibilidades narrativas desse conteúdo, como veremos.

---

[10] Ver Slavoj Žižek, *For They Know Not What They Do* (Londres, 1991).

Mas talvez valha a pena concluir com Shaw, usando algumas observações finais sobre *Volta a Matusalém* para desenvolver outro motivo, até agora negligenciado: a questão do tédio da eternidade. *Amor sem limites* de fato começa com a depressão quase terminal de Lazarus ao pensar que, como ele já havia feito tudo o que se pode conceber (em um período de vida de cerca de dois mil anos), não haveria razão para viver mais tempo. Trata-se de algo que o romance tenta, então, vigorosamente anular – narrativamente, por meio do motivo da fronteira; formalmente, por meio de um compêndio como o de *As mil e uma noites*; e, libidinalmente, por fantasias sobre clones (e, provavelmente, sobre a bissexualidade). A idade avançada do próprio Shaw, que, assombrado pelos Struldbruggs, de Jonathan Swift, queria morrer tão passionalmente quanto a Sibila de Cumas, de T. S. Eliot, parece documentar a plausibilidade da queixa. Entretanto, não devemos endossar essa sabedoria estereotípica e sim, antes, insistir que o tédio, como o medo da morte, é sempre expressão dissimulada de outra coisa. Isso se torna evidente quando ajustamos as valências do individual para o coletivo, e a reclamação sobre o tédio das Utopias pode claramente ser vista como propaganda da empolgação produzida pela competição de mercado.

O que é mais interessante na peça de Shaw é o deslocamento ou a inflexão do motivo do tédio para o que ele chama de desencorajamento: o sentimento, mórbido e suicidário, quase físico, que os sujeitos de vida curta experienciam na presença dos longevos, que já teriam se tornado, na quarta peça do pentateuco, praticamente uma espécie diferente e que, na última peça ou Utopia maior ("Até onde o pensamento alcança"), são transformados em uma forma de vida ovípara que perde a maior parte de seus interesses corporais, formalmente humanos, após o quarto ano – o "tédio" sendo agora remotivado como um tipo de infantilismo. O desencorajamento, entretanto, marca um tipo de inversão das relações de poder, não diferente do grande "experimento mental" de *A guerra dos mundos* (1898), de H. G. Wells, em que os genocídios de povos coloniais são redirecionados para a própria Europa, de modo que os "civilizados" podem sentir, para variar, como é estar nesse lugar. Aqui também, os sujeitos de vida curta – nossa própria espécie, como os neandertais – perderam a luta de classes contra a outra sociedade e contra os outros seres Utópicos; e a inveja cultural das classes dominantes tradicionais deu lugar à experiência de derrota e à dor dos vencidos. Trata-se do anverso da imagem de Shaw da conversão lateral ou pré-consciente; aqui também, o desencorajamento é tanto físico quanto uma questão de atenção e convicção pré-conscientes mais profundas, que tem pouquíssimo a ver com a consciência. Trata-se de um impressionante mérito da FC como forma ter podido reconquistar, do puramente psicológico ou subjetivo, esses poderes expressivos da patologia – depressão, melancolia, paixão mórbida – e ter colocado esse material a serviço do drama coletivo; mas talvez seja importante insistir, para os não iniciados na FC: as possibilidades particularmente novas desse discurso representacional – que veio a ocupar algo das funções que o romance histórico tinha no começo da era burguesa – são sociais, políticas e históricas muito mais do que tecnológicas ou estritamente científicas.

Ainda assim, é na direção da ciência e da tecnologia que o enredo da longevidade nos leva, e concluirei com alguns comentários sobre a especificidade dos últimos desenvolvimentos do gênero – pós-Heinlein –, uma caracterização que eu não gostaria que fosse entendida em termos puramente cronológicos, uma vez que livros como *A conquista da imortalidade* (1958), de Robert Sheckley, e *Why Call Them Back from Heaven?* (1967), de Clifford D. Simak, e *To Live Again* (1969), de Robert Silverberg – todos dos anos 1950 e 1960 – precedem *Amor sem limites* no tempo linear, ao mesmo tempo que, em larga medida, antecipam e prenunciam um romance como *Buying Time* (1989), de Joe Haldeman, que tomo como característico de obras contemporâneas ou pós-contemporâneas dessa forma particular.

Paradoxalmente, a nova mutação narrativa está agora muito mais bem equipada para navegar pelo problema da representação da longevidade como um evento, pelo modo como a tecnologia contemporânea apropriada é convocada como um representante ou substituto da própria coisa. Assim, em Haldeman, o próprio processo de rejuvenescimento, que, como se poderia esperar, recorreria à bateria mais cafona de medicamentos e maquinarias fantasiosas da FC tradicional, é deslocado por duas inovações: ele precisa ser renovado com certa frequência e, a cada nova renovação, toda a fortuna de cada um deve ser dada à corporação – um desenvolvimento do qual emerge um interessante subenredo em torno da questão do investimento. A ausência de detalhes médicos e tecnológicos é motivada, entretanto, como já o era em Heinlein (cujo deleite com explicações de vilarejo não mentia a esse respeito), desse modo: a coisa toda é tão agonizantemente dolorosa que o sujeito reprime toda memória dela. Suponho que o modo mais ilustrativo de lidar com esse momento propriamente tecnológico é a ideia de troca de corpos, como em Sheckley (ou mesmo, secundariamente, em Silverberg); mas isso nos coloca mais próximos da fantasia e do oculto, como também a sobrevivência da categoria dos zumbis, *poltergeists* e similares no romance de Sheckley (em um comentário praticamente autorreferencial). A representação mais arrepiante do tema é, portanto, uma em que a câmera garante um tipo de objetividade documental: refiro-me ao grande filme *O segundo rosto* (1966), de John Frankenheimer, em que questões políticas constrangedoras – De onde vêm os novos corpos? Como a própria organização é estruturada? – recebem as respostas mais sinistras. Mas não pode haver dúvida de que o maior deslocamento é aquele em que a longevidade e a imortalidade são representadas por seus opostos, e a ideia praticamente não narrativa da vida eterna se torna uma história que se pode contar pelo profundo congelamento que a precede – sono ou suspensão que agora toma o lugar, como um evento narrativo, do viver. Restou a *Ubik* (1969), de Philip K. Dick, produzir antecipadamente algo como uma metanarrativa dessa narrativa agora convencional e levantar questões viscerais sobre nossa vulnerabilidade durante essa meia-vida, questões estas que são, elas próprias, como veremos, questões políticas deslocadas.

Pois, no fim, são as conotações políticas que salvam o novo paradigma de regressar a certa parafernália de FC ciência-e-tecnologia mais antiga, do tipo obsoleto da Idade de Ouro. A ideia de que, durante o crescente conservadorismo dos anos Reagan e depois, a

FC se voltou mais exclusivamente a interesses científicos (ou, melhor ainda, que, em um tipo de dissociação dasensibilidade como a de Eliot, suas energias foram divididas entre esse retorno à ciência, por um lado, e a rendição à produção multivolumes de fantasia, por outro) parece uma afirmação plausível, mas que precisa, não obstante, ser nuançada. Pois penso que a fascinação contemporânea pelas ciências exatas tende a ser tanto sociológica quanto epistemológica, e isso em decorrência da forte cooptação da ciência pura, nos Estados Unidos, por todos os tipos de negócios e pesquisas em defesa. Mas isso significa que, se estamos interessados na ciência contemporânea, não estamos interessados apenas em suas teorias, mas também nos próprios mecanismos de experimentação, nos procedimentos de financiamento e nos *lobbies* pelos quais são subsidiados os laboratórios de que ela necessita (que podem variar de um telescópio celeste gigante até caros campos subterrâneos para emissão de elétrons raros). E isso nos leva, por fim, a um interesse (ainda sociológico) pela psicologia dos cientistas mais novos que começaram, talvez desde *The Double Helix*, a substituir os artistas tradicionais como os disfarces caracterológicos e as expressões distorcidas da representação de como deveria ser o trabalho Utópico, não alienado. Porém, claramente, no momento em que ficamos interessados na atividade científica como uma questão coletiva ou corporativa, em termos de profissionalismo e de disposições e aptidões psicológicas socialmente determinadas – em outras palavras, na ciência *yuppie*, se posso colocar dessa forma –, nesse momento, não estamos longe do reaparecimento convulsivo da política geral.

Como poderia ser diferente em uma situação em que os problemas psicológicos mais íntimos de cuidado geriátrico e medicina contraceptivas são, em meio a questões ainda excessivamente físicas – como a da pessoa em situação de rua e da indicação massiva e sistemática de drogas a idosos e pacientes psiquiátricos –, preocupações cotidianas da mídia? Em que os salários dos que são eufemisticamente chamados de provedores da saúde são discutidos com tanta aspereza quanto o são os bônus anuais de grandes executivos? Em que a privatização dos hospitais se torna uma questão de lucro e negócios e são demandados investimentos para a assim chamada indústria da saúde como um todo? Nesse ambiente, não apenas as organizações de todas as corporações profissionais, incluindo a dos cientistas, são instantaneamente levadas para uma micropolítica, mas os privilégios políticos especificamente vinculados aos serviços de saúde só crescem, a ponto de gerar pânico quanto à possibilidade de que alguns sejam selecionados para viver para sempre, presumivelmente a partir de certo pagamento em dinheiro.

Já foi dito que uma das revoluções políticas mais notáveis, um dos grandes momentos da história da liberdade humana, ocorreu naquele dia da Quinta Dinastia Egípcia (no terceiro milênio a.C.), quando a vida eterna, até então um privilégio da elite, foi estendida à população egípcia como um todo. Se esse é até hoje um fantasma, então também o será para uma fantasia científica em que a representação de uma vida longa para poucos está fadada a levantar a inevitável questão – muito constrangedora ideologicamente, mas uma questão feliz, bem-vinda e produtiva no nível da construção narrativa e do contar histórias – sobre a atitude dos outros em relação a essa forma máxima de privilégio. A ideologia do livre mercado nos Estados Unidos sempre foi estimulada pela fantasia de que, sob as regras do jogo, você (ou suas crianças) teria a remota chance de conseguir ficar rico; mas a nova fantasia da vida estendida já não pode ser usada desse modo. Ela serve, agora, à função ideológica divisiva de exclusão das populações anônimas dos excessivamente mortais.

Pois a fantasia é também uma educadora severa e tem seu próprio princípio de realidade implacável. Não se pode satisfatoriamente devanear sobre viver para sempre sem primeiro resolver a questão prática de como serão tratados aqueles que não viverão para sempre: a fantasia demanda certo realismo, a fim de ganhar um crédito libidinal e estético, mesmo que provisório e efêmero, e esse é de fato o mecanismo-verdade mais profundo da narrativa (e a origem do adágio sobre acreditar em um conto, antes de naquele que conta e em sua ideologia pessoal). Embora uma história possa se originar da satisfação de anseios privados, ela deve, no fim das contas, dissimular sua subjetividade privada e consertar toda maquinaria que não funcione,[11] construindo um vilarejo por trás da fachada do Potemkin, lidando com as contradições puramente lógicas que o inconsciente, na pressa, deixou para trás – em suma, deslocar a atenção do espectador estético da gratificação do anseio para suas pré-condições menos atraentes no Real e, assim, se transformar, durante o processo, de expressão de uma ideologia em sua crítica implícita.

No caso da longevidade ou da imortalidade, não gostaria que essa crítica fosse tomada em um sentido moralizante. Fico espantado e surpreso como o grau de moralismo residual ainda inerente a esse tema. Isso certamente tem certa relação com o motivo antiUtópico tradicional do tédio a que me referi, embora a sua motivação mal velada seja política e, portanto, seja um pouco menos complicada do que a insistência de tantos escritores no tema de que seria maléfico viver para sempre, que a verdadeira existência humana exigiria uma aceitação da mortalidade, quando menos para dar lugar às crianças das nossas crianças; que essa *hybris* e esse egoísmo deveriam ser denunciados como elementos primordiais de uma fantasia de propriedade privada suprema, não apenas a de ter um *self*, mas a de tê-lo vivo para sempre. Tudo isso pode ser verdade, mas não me sinto à vontade de defender isso desse modo, e há certamente um cheiro de *ressentimento* ou amargura nesse puritanismo extraordinário, que pode refletir simplesmente a maior facilidade com que os autores lidam com paradigmas religiosos e éticos, por oposição à tarefa mais extenuante de imaginar o social.

Concluo sugerindo dois níveis do político nos paradigmas de longevidade da FC recente: no nível mais global, trata-se de um claro reflexo do aumento da polarização de classe nos países mais avançados do capitalismo tardio – nos Estados Unidos, dizem-nos, 1% da população tem 80% da riqueza. Nesse nível, não parece inoportuno defender que o motivo de certo privilégio especial de uma

---

[11] A análise clássica continua sendo "Creative Writers and Day-Dreaming" (1908), *Standard Edition*, v. IX, p. 141-153, de Sigmund Freud. (Ver ainda Parte Um, Capítulo 4.)

vida longa ofereça uma expressão simbólica dramática e concentrada da disparidade de classe e um modo de expressar convenientemente as paixões que ela necessariamente desperta. Mas, aqui, poderíamos acrescentar algo que diz respeito à história da forma e sugerir que o novo paradigma indica uma modificação dos antigos paradigmas da superpopulação, do desastre ecológico e assim por diante, bem familiares e próximos. O romance de longevidade representaria, assim, uma ampliação das possibilidades do subgênero do futuro próximo, recorrendo à tentativa de imaginar tecnologias futuras a serviço da expressão de medos e ansiedades mais profundas e obscuras.

O modelo hermenêutico que propus aqui – um sentido mais profundo oculto no texto, por detrás, abaixo da superfície, como um "inconsciente" do texto que precisa ser interpretado – já não é mais tão popular nesta época de superfícies e consciência descentrada e textualizada. Outro modelo também poderia ser, portanto, sugerido, a saber, o da alegoria: uma estrutura em que uma cadeia mais obscura de pensamentos se vincula parasitariamente a uma segunda linha de figuração (*allos/agoreuein*), através da qual ela tenta pensar seu próprio pensamento impossível, ainda vagamente figurado. Teria sido então por meio da angústia existencial e de morte, bem como pela fantasia de viver para sempre, que a peça de Shaw tentou pensar seu conteúdo imperial, no exato momento de agonia do Império Britânico; foi por meio de um conteúdo afetivo similar, mas em outro momento e em outro lugar, que Heinlein evocou fantasias de desaparecimento da família e de desaparecimento da fronteira e tentou produzir, como formas viáveis de ambas, imagens de alta tecnologia e do futuro distante. Nos textos de FC mais recentes sobre longevidade, entretanto, são as crescentes institucionalização e coletivização da vida social pós-moderna, ou moderna tardia, que parecem ser a linha de reflexão e de intelecção alegórica secundária mais profunda, materializada principalmente na grande corporação transnacional, maior que muitos governos e praticamente impossível de modificar ou controlar politicamente.

Nesse material, pelo menos por enquanto, o dilema político caminha junto com o dilema representacional: o problema de colocar as grandes corporações sob controle político é o mesmo que o de mapear sua presença na nossa vida cotidiana, de percebê-las, de dar a elas expressão e articulação, de um tipo tanto narrativo quanto cognitivo. Em períodos anteriores da FC (para nos limitarmos a esse aparato de registro presciente), as grandes corporações coexistiam com os pequenos negócios e seu *ethos* mais humano, como em Philip K. Dick, por exemplo, ou então suscitavam contra elas, em revoltas clássicas de estilo populista, rebeldes e heróis individualistas, com em *Os mercadores do espaço* (1953), de Frederik Pohl e C. M. Kornbluth. Em nosso subgênero particular da longevidade, é certamente o notável *Bug Jack Barron* (1969), de Norman Spinrad, o ponto alto de certo *ethos* narrativo dos anos 1960 ainda cheio de surpreendente vitalidade, que marca a exaustão do paradigma da revolta heroica, para além do qual se expande a longevidade anônima e sem face da corporação multinacional ou transnacional do presente, conforme esta começou a emergir após o abrandamento da Guerra do Vietná (no golpe contra Allende, por exemplo).

Mas é precisamente esse anonimato que coloca questões não apenas para a narrativa – problemas de agência e de *actant*, de antropomorfismo e personificação, de evento e mudança diegética –, mas também para a práxis política. As estruturas transnacionais encontraram, é claro, um tipo diferente de expressão nos puros delírio e euforia do *cyberpunk*, em que suas redes cibernéticas são afirmadas com toda a empolgação da produção elevada e incessante de uma nova linguagem e de uma nova figuração. Talvez não seja inadequado, pois, para fechar, ver a nova narrativa da longevidade como a outra face disso tudo, a *bad trip*, a depressão obscura e profunda diante de um futuro incerto, em que a função da imortalidade é apenas a de reavivar imagens de eternidades transnacionais.

1996

8.
Philip K. Dick, *In Memoriam*

Philip K. Dick, que morreu em março aos 53 anos, foi o Shakespeare da Ficção Científica. Uns trinta romances em uns trinta anos tornaram seu nome tão familiar para os entusiastas da FC quanto desconhecido em Departamentos de Inglês, embora ele tenha se tornado uma figura *cult* entre intelectuais franceses. O modo mais inefetivo de defender a grandeza de Dick, entretanto, é tomar seus livros por alta literatura – como quando entusiastas consideram Hammett ou Chandler, digamos, um Dostoiévski. Um subgênero da cultura de massas como a FC tem leis diferentes (e mais estritas) que a alta cultura e pode, às vezes, expressar realidades e dimensões que escapam à alta literatura.

Consideremos a capacidade de Dick de apresentar uma história. A sociedade consumista, a sociedade midiática, a "sociedade do espetáculo", o capitalismo tardio – seja lá como se queira chamar este momento – impressiona pela perda de um sentido de passado e de futuros históricos. Essa incapacidade de imaginar a diferença histórica – o que Marcuse chamava de atrofia da imaginação Utópica – é um sintoma patológico bem mais significativo do capitalismo tardio do que traços como o "narcisismo". A "arte nostálgica", do *American Graffiti* aos romances de Doctorow (de resto, bons), testemunha não um interesse pelo passado, mas, antes, sua transformação em meros estereótipos. Mesmo as lições da teoria e da prática revolucionárias mais antigas são muitas vezes distorcidas pela nostalgia histórica (*Reds* é também um filme nostálgico, infelizmente!).

A Ficção Científica é geralmente compreendida como a tentativa de imaginar futuros inimagináveis. Mas seu tema mais profundo pode ser, na verdade, nosso próprio presente histórico. O futuro dos romances de Dick torna histórico nosso presente ao fazer dele o passado de um futuro fantasiado, como nos episódios mais eletrizantes de seus livros. Em um dos seus melhores e mais sombrios romances, *Ubik*, o infeliz protagonista Joe Chip tenta desesperadamente chegar a Des Moines e precisa viajar por uma paisagem cujos objetos estão rapidamente decaindo com o tempo. Em uma primeira nota ameaçadora, ele descobre que a geladeira a moedas do seu ano presente de 1992 começa a recusar moedas, que voltaram a ser aquelas que haviam sido cunhadas em 1970.

Os grandes aeroportos também estão supostamente regredindo (Haveria ainda um "aeroporto de Nova York" no fim dos anos trinta?, ele se pergunta), enquanto mesmo o transporte terrestre que o levaria à ilha começa a se tornar obsoleto, os helicópteros do seu presente, substituídos por uma peça de museu clássica, um LaSalle 1939. Quando ele finalmente consegue alugar um bimotor Curtiss-Wright teoricamente capaz de chegar a Des Moines no dia seguinte à tarde (o LaSalle regrediu nesse meio tempo a um Ford Modelo A 1929), não há garantias de que o processo não regredirá para antes da própria era da aviação.

Em *Espere agora pelo ano passado*, essa busca por um passado impossível toma a forma de um complexo que um magnata senil constrói em seu asteroide privado, um complexo que reproduz com afetiva autenticidade a Washington, DC, do ano de 1935 de sua infância, 120 anos antes. Os empregados fazem hora extra na busca de artefatos do período que forneçam essa simulação do passado, desenterrando esses tesouros sem preço, como um velho pacote de Lucky Strike verde, uma gravação de rádio da novela *Betty and Bob* ou de "Town Crier", de Alexander Woolcolt.

Em seu romance mais famoso, *O homem do castelo alto*, Dick desenvolve uma história alternativa em que os alemães e os japoneses venceram a Segunda Guerra Mundial e ocupam e administram, entre eles, as duas metades dos Estados Unidos continental. Mas enquanto os nazistas (Hitler havia morrido há tempos, de paresia sifilítica, sendo sucedido por Baldur von Schirach) completam o genocídio da África e estão a caminho de colonizar a lua, os japoneses, mais brandos e estéticos, acabam se apaixonando por artefatos americanos genuínos do pré-guerra.

Kipple e Biltong

O futuro de Dick não é menos peculiar que seus passados colecionáveis: um mundo burocrático em que balões a jato contratados por credores humilham devedores infelizes ao voarem por cima deles e exporem estridentemente sua situação financeira para o público em volta, em que a porta amoeda de seu próprio apartamento não deixa você sair quando (como com Joe Chip) você não tem dinheiro trocado com você, e os táxis automatizados fazem comentários e dão conselhos mais exasperadamente que qualquer taxista de hoje em dia.

Em alguns desses futuros próximos, um fenômeno ainda mais sinistro aparece: o *kipple*. Essa é a visão pessoal de Dick da entropia, em que objetos perdem sua forma e "se misturam até se tornarem sem face e idênticos, meros *kipples*, como um pudim, amontoados até o teto de cada apartamento" (de *Androides sonham com ovelhas elétricas?*, filmado como *Blade Runner*). Esse mundo-objeto do fim do século XX (diferente dos futuros tecnológicos reluzentes de Verne ou Wells) tende a se desintegrar por ímpeto próprio, soltando películas de poeira por todas as suas superfícies, que ficam esponjosas e rasgam como roupa velha ou se tornam tão inseguras quanto uma tábua que se parte ao ser pisada.

Daí o tema compensatório obsessivo da reprodução. Em uma de suas fábulas mais alarmantes, "Pay for the Printer", Dick imagina um universo pós-atômico em contínua deterioração, momentaneamente resgatado pela chegada de uma curiosa espécie parecida a uma bolha, os *Biltong*, que aparecem "nos últimos dias da Guerra, atraídos pelos *flashes* da Bomba H" – a obra de Dick inclui muitos grupos de alienígenas benevolentes e amigáveis. Os *Biltong* podem reproduzir perfeitamente qualquer item ou objeto colocado diante de si. Mas, com a idade e a exaustão, suas impressões começam a borrar e perder definição – o uísque começa a ter gosto de anticongelante, as portas dos carros caem, as casas colapsam. No longo prazo, uma população que esqueceu como produzir qualquer coisa lincha seus moribundos benfeitores.

Essa perspectiva pós-catástrofe pode explicar por que nos romances de Dick, como em outros tipos de populismo, habilidades manuais (especialmente a cerâmica) se tornam uma forma privilegiada de trabalho produtivo. Mas é o tema relacionado da reprodução e da produção de cópias que faz da obra de Dick uma das expressões mais poderosas da sociedade do espetáculo e do pseudo evento, em que "a imagem é a forma final da reificação da mercadoria", como Guy Debord coloca em *A sociedade do espetáculo*. Pois Dick foi também o poeta épico das drogas e da esquizofrenia da contracultura dos anos 1960 – sem excluir o misticismo agnóstico que ele propôs insistentemente em seus últimos anos, após a renúncia da cultura das drogas em *O homem duplo*, de 1977.

Esse é o Dick de *Os três estigmas de Palmer Eldritch* (um comentário sardônico sobre as idílicas *Martian Chronicles*, de Bradbury), onde colonos conscritos em uma Marte árida buscam distração de seus vegetais deformados com um ritual coletivo de consumo de drogas, em que eles se transubstanciam em figuras tipo boneca Barbie, gozando os prazeres indiretos de uma classe alta terrestre que desapareceu, pilotando naves Jaguar XXB por praias californianas ainda intocadas e fazendo amor imaginário entre si enquanto seus corpos permanecem em barracos marcianos.

Fim do individualismo

Mas Dick era mais do que a encarnação de temas da contracultura dos anos 1960. Ele representa também, por exemplo, uma literatura sobre os negócios e, em particular, sobre o setor da produção de imagens e ilusões. Seus "heróis comuns" – um tipo de empregado mais velho, popular, *à la* Capra, como vendedores de discos, mecânicos e pequenos burocratas – acabam envolvidos nas lutas convulsivas das corporações monopolistas e de multinacionais agora galácticas e intergalácticas, em vez de nas batalhas feudais e imperiais de *Guerra nas estrelas*.

É uma literatura em que o coletivo reaparece de modo irregular e inquietante, muitas vezes como uma comunidade paralisada de mortos ou acometidos, cujos cérebros estão conectados em uma tentativa assustadora de saber por que seu mundo familiar de cidade pequena carece de profundidade ou solidez, para descobrir, então, que eles estão, "na realidade", todos juntos imobilizados em certa meia-vida criogênica.

Trata-se, finalmente, de uma literatura da chamada "morte do sujeito", de um fim tão absoluto do individualismo a ponto de pôr em xeque as últimas centelhas do ego, como quando, em uma das histórias mais arrepiantes de Dick, um executivo em uma empresa de produção de androides faz a chocante descoberta de que é, ele próprio, um androide. "Não queríamos que você soubesse", gentilmente o consolam seus colegas de trabalho, "não queríamos contar para você".

Talvez sejam as próprias convencionalidade, inautenticidade, estereotipia formal da Ficção Científica que dão a ela uma vantagem significativa sobre a alta literatura modernista. Esta pode nos mostrar tudo sobre a psique individual e suas experiência e alienação subjetivas, menos o essencial – a lógica dos estereótipos, das reproduções e da despersonificação à qual o indivíduo do nosso tempo está preso, "como um pássaro apanhado em uma teia de aranha" (*Ubik*). A obra de Dick faz isso. É praticamente uma "arte da fuga" do contar histórias, uma pirotecnia narrativa que se desvenda pelo delírio e pode ser tomada como uma crítica da própria representação.

1982

9.
Após o Armagedom: sistemas de personagens em *Dr. Bloodmoney*

A volumosa obra de Dick pode ser dividida em vários grupos ou ciclo temáticos distintos:[1] há, por exemplo, o ciclo inicial vogtiano dos jogos, o ciclo nazista (como *O homem do castelo alto* e *O espaço eletrônico*), um ciclo jungiano relativamente menor (do qual a melhor tentativa é, sem dúvida, *Galactic Pot-Healer*) e, é claro, o ciclo "metafísico" tardio, que inclui seus romances mais marcantes, *Ubik* e *Os três estigmas de Palmer Eldritch*. Desse ponto de vista, *Dr. Bloodmoney* (1965) pode ser associado a um grupo do meio, pequeno, porém crucial, de romances escatológicos, ao lado de seu companheiro menos exitoso, *O tempo dos simulacros* (1964). Nestas duas obras, pela primeira vez, emerge aquela estrutura de enredo desconcertante e caleidoscópica que associamos à produção madura de Dick. Ao mesmo tempo, esse ciclo nos ajuda a entender as origens e a função daquela proliferação súbita e alarmante de subenredos, personagens menores e digressões exuberantemente episódicas, pois as duas obras dramatizam a purgação Utópica de um mundo caído e historicamente corrupto por algum dilúvio climático final, certa explosão definitiva a partir da qual emergem os contornos de uma ordem social nova e mais simples. Mas, em cada um dos dois casos, a "codificação" do mal, bem como seu exorcismo, é diferente: em

---

[1] Para uma cronologia, ver nota 1 do próximo ensaio.

O tempo dos simulacros, ela é política e econômica e é a elite das grandes corporações, mas também da indústria do entretenimento, que é purgada, enquanto, em *Dr. Bloodmoney*, a crise histórica é expressa em termos da familiar denúncia da contracultura contra uma ciência má e pervertida (comparemos com Vonnegut em *Cama de gato*), emblematicamente exposta pela invenção da bomba atômica.

Nesse livro em particular, de fato, pela primeira e última vez no cânone de Dick, podemos testemunhar um evento que serve, de um modo ou de outro, como a precondição e a premissa dos outros livros, mas que já fica no passado no momento em que os outros eventos começam: o cataclismo atômico, a Terceira Guerra Mundial, o holocausto do qual todos os peculiares futuros de Dick surgem e no qual eles encontram sua sustentação histórica. Apenas aqui podemos ver as bombas efetivamente caindo, e os edifícios tombando; de fato, um *flashback* atípico isola o próprio momento e chama nossa atenção para ele com uma intensidade alucinante. Poderíamos, então, nos perguntar, para começo de conversa, por que uma visão como essa da catástrofe, que outros escritores de FC não mostraram a mesma relutância em apresentar, foi tão raramente representada por um escritor não conhecido, de resto, por seu comedimento? Ou, para inverter a ordem das prioridades, o que, na construção de *Dr. Bloodmoney,* permitiu-lhe apresentar essa visão?

No mundo de Dick, para sua estética e aquela linha narrativa que é tão inquestionavelmente sua, a matéria-prima da destruição atômica apresenta problemas artísticos distintos de qualquer outro: delicados problemas estratégicos, que envolvem os próprios andaimes da construção dos seus romances. Em nenhuma outra parte, de fato, a ambivalência fundamental de sua imaginação é revelada tão claramente, uma ambivalência que é, entretanto, em outros lugares, a própria fonte de sua força e o mecanismo formativo de sua invenção. Pois o ponto quanto ao cataclismo atômico em *Dr. Bloodmoney* é não apenas que Bluthgeld o encara como uma projeção de seus próprios poderes psíquicos, mas que, conforme avança o livro, ficamos nós mesmos cada vez menos capazes de distinguir entre as explosões que sou forçado a chamar de "reais" e aquelas que ocorrem dentro da psique. Qualquer leitor de Dick está familiarizado com sua assustadora incerteza, essa flutuação da realidade, às vezes explicada pelas drogas, às vezes pela esquizofrenia e às vezes por novos poderes de FC, em que o mundo psíquico, por assim dizer, se exterioriza e reaparece na forma de simulacros ou de alguma reprodução fotograficamente astuta do mundo exterior. Em geral, o efeito dessas passagens, em que a linha narrativa se descola de seu referente e começa a gozar de uma autonomia desconcertante, como uma fita de Moebius temporal, é o de apagar qualquer fronteira entre o real e o alucinatório e o de invalidar a questão posta pelo leitor, de resto inevitável, quanto a quais eventos testemunhados deveriam ser considerados "verdadeiros".

Nesses momentos, a obra de Dick transcende a oposição entre o subjetivo e o objetivo e, assim, se depara com o dilema que, de um modo ou de outro, caracteriza toda a literatura moderna relevante: a escolha intolerável, embora inevitável, entre uma literatura do *self* e uma linguagem de certa exterioridade impessoal, entre o subjetivismo das linguagens privadas e das histórias casuísticas e aquela nostalgia do objetivo que nos leva para fora do domínio da experiência individual ou existencial, para certo lugar tranquilizadoramente estável do senso comum e da estatística. A força de Dick reside no esforço em manter a posse e o uso de ambos os sistemas de explicação, subjetivo e objetivo, embora aparentemente contraditórios e mutuamente excludentes. Logo, a atribuição causal das experiências alucinatórias às drogas, à esquizofrenia ou à meia-vida é menos uma concessão feita às exigências de leitura ou explicação de tipo mais antigo e mais uma recusa da primeira solução, agora arcaica, do simbolismo e do modernismo: a pura fantasia e a narrativa onírica. Atribuir seus pesadelos às drogas, à esquizofrenia ou à meia-vida é, portanto, um modo de afirmar sua realidade e evitar que suas intoleráveis experiências sejam neutralizadas como um surrealismo inofensivo. Trata-se de um modo de preservar a resistência e a densidade do momento subjetivo, de enfatizar o compromisso de sua obra com essa alternância enquanto seu conteúdo fundamental. E essa descontinuidade coincide com nossa existência fragmentada sob o capitalismo; ela dramatiza nossa presença simultânea nos compartimentos separados dos mundos privado e público, nossa condenação dupla tanto à história quanto à psicologia em escandalosa concorrência.

Agora, entretanto, fica evidente o que é singular à explosão atômica, como um evento literário, em um mundo como esse, pois, com ela, a questão sobre o referente, sobre o valor de verdade da narrativa, volta com toda a força. Torna-se impossível, para Dick, fazer o que ele faz em outros lugares: evitar o restabelecimento do princípio de realidade e a reconstituição da experiência nos domínios gêmeos herméticos do objetivo e do subjetivo. Isto pois, diferentemente das distorções e dobras do tempo, das alucinações e das miragens em quatro dimensões dos outros livros, o holocausto atômico é um evento coletivo sobre cuja realidade o leitor precisa se decidir. A ambiguidade narrativa de Dick pode acomodar a experiência individual, mas corre grandes riscos quando evoca materiais da história mundial – o sim ou não direto e reto da nuvem de cogumelo. E, por trás dessa dificuldade, talvez resida a impressão de que a própria América e suas instituições estão tão maciçamente estabelecidas, tão inabaláveis, tão imodificáveis (a não ser pela destruição total) que a modificação parcial disponível na vida privada por meio das drogas e dispositivos análogos seria aqui inconvincente e inefetivo. Como, então, *Dr. Bloodmoney* consegue assimilar algo que, aparentemente por definição, estaria fora da gama de possibilidades estéticas de Dick?

O enredo geral do romance é bem convencional: seguimos alguns sobreviventes da explosão em suas várias aventuras pós-atômicas, que parecem alcançar certo clímax com a morte de Bluthgeld (o Dr. Bloodmoney do título, supostamente se referindo a Edward Teller) e que têm todas um tipo de coda com o retorno a Berkeley como um ressurgimento gradual da civilização. Mas me parece que o conteúdo das aventuras individuais e os detalhes do romance não podem ser realmente compreendidos até que tomemos consciência da operação, nele, de certos sistemas dos quais os eventos superficiais podem ser vistos como combinações e articulações.

O principal entre eles, como é tantas vezes o caso em narrativas não realistas, não dependentes de pressupostos do senso comum e de percepções habituais, é aquele formado por toda uma constelação de personagens peculiares. A revelação – feita de passagem, sem pena nem glória – de que a figura do ponto de vista inicial (Stuart) é, na verdade, negra tem a função de preparar a aparição da primeira figura realmente incomum – Hoppy Harrington, o *cul-de-jatte* talidomida ou focomélico –, na perspectiva ainda bastante "realista" e cotidiana do estigma social: ambos trabalham para um homem de negócios que se orgulha de oferecer empregos para pessoas de outro modo excluídas da sociedade estadunidense branca normal com a qual todos estamos familiarizados. É apenas mais tarde, após a explosão da bomba, que os verdadeiros mutantes começam a aparecer; mas me parece que essas páginas de abertura têm por função começar lentamente a nos afastar da nossa caracterologia ordinária e a nos desprogramar de nossas reações tipológicas, nos preparando para um espaço narrativo em que sistemas novos e não familiares de classificação de personagens podem operar a todo vapor, livres de pressupostos culturais e pessoais por parte do leitor.

Uma primeira indicação de que esses vários personagens não existem como meras curiosidades isoladas, como monstros de vários tipos não relacionados, é dada pelo destino do "primeiro homem em Marte": preso para sempre em órbita por causa do início da guerra e circundando a Terra desde então como um tipo de DJ celestial vagamente esquerdista cuja tarefa é a de ser um retransmissor para as comunicações entre as áreas atingidas pelas quais ele passa ou, então, a de tocar, por horas e horas, música gravada e ler em voz alta os poucos textos – *Servidão humana*, de Somerset Maugham, por exemplo – que restam do patrimônio cultural na aurora dessa nova idade das trevas. Dangerfield é, decerto, um ser humano mais ou menos ordinário, embora aspectos de sua situação comecem lentamente – e inesperadamente – a impor uma analogia com a de Hoppy. Considere, por exemplo, a reflexão de Stuart sobre o último: "Agora, é claro, veem-se muitos focomélicos e quase todos eles em seus 'transportes', exatamente como Hoppy, cada um no exato centro de seu pequeno universo, como um deus sem braços e pernas".[2] Essa imagem poderia também caracterizar o isolamento sagrado de Dangerfield, conforme ele circunda a terra; mas uma memória de infância de Hoppy reforça o paralelo: "'Certa vez um carneiro me deu uma chifrada e voei pelos ares. Como uma bola'. [...] Todos riram, ele próprio e Fergesson e os dois técnicos; eles imaginavam como tinha sido: Hoppy Harrington, com 7 anos, sem braços nem pernas, apenas um torso e uma cabeça, rolando pelo chão, uivando com medo e dor – mas era engraçado; ele o sabia" (p. 18-19). Esse poder de Hoppy de lançar corpos no ar, como bolas de futebol, posteriormente se tornará letal (com a morte de Bluthgeld), mas também sugere uma afinidade cinestésica com o destino de Dangerfield – o ser vivo hospedado em uma unidade cilíndrica rodando pelo espaço vazio. E quando se lembra de que essa linha narrativa atinge seu clímax com a tentativa de Hoppy de substituir o debilitado Dangerfield, por meio de sua voz e de sua capacidade de mímica, a analogia entre as duas posições parece incontestável.

Não obstante, elas não são exatamente simétricas. Eventos posteriores e a introdução de personagens mais novos e até mais estranhos parecem confirmar que Hoppy é, quando muito, insuficientemente parecido com Dangerfield. Nesse estágio, de fato, na crescente prosperidade pós-atômica do coletivo de West Marin, é como se Hoppy, com suas complicadas próteses e suas notáveis habilidades para consertar e inventar coisas, tivesse se tornado excessivamente ativo para manter a analogia com o DJ prisioneiro. O mecanismo de produção de episódios do romance gera, então, um novo ser, uma réplica mais monstruosa e adequada, na forma do homúnculo Bill, carregado por todo lado dentro do corpo de sua irmã e emitindo mensagens para ela e outros do lado de fora, mas tão decisivamente insulado do mundo quanto o próprio Dangerfield.

De fato, pode-se sugerir que toda a ação do romance está organizada em torno desse súbito deslocamento nas relações, essa súbita

---

[2] P. K. Dick, *Dr. Bloodmoney, or How We Got Along After the Bomb* (Nova York, 1965), p. 96. Doravante, todas as referências à obra serão dadas no texto.

rotação do eixo do sistema caracterológico do livro, com a introdução do novo ser. Podemos descrever isso como um problema de substituições: o erro de Hoppy é o de acreditar que ele é o homólogo de Dangerfield e que, enquanto tal, estaria destinado, de algum modo, a substituí-lo. Entretanto, sua missão no enredo é bem diferente, pois ele é convocado para eliminar o nefasto Bluthgeld, que ainda não figurou em nossa abordagem e cuja anomalia (paranoia esquizofrênica) não parece ser uma deficiência física do tipo exemplificado por Hoppy ou Bill ou, por extensão metafórica, pelo próprio Dangerfield.

Mas, antes de tentar integrar Bluthgeld em nosso esquema, enumeraremos rapidamente as outras aberrações ou seres anômalos que povoam essa extravagante obra. Omitimos, por uma razão, o reino dos mortos, ao qual Bill tem acesso especial – "trilhões e trilhões deles e eles são todos diferentes [...]. Enterrados no chão" (p. 136). Aqui, pois, o mundo meia-vida de *Ubik* já começa a tomar forma; mas, como entidades, os mortos são bem distintos de Bill e de Dangerfield pelo fato de que, igualmente isolados, eles não têm um modo de ação ou influência sobre o mundo exterior e nem podem, como os primeiros, emitir mensagens: "Após certo ponto, os mortos lá embaixo não eram muito interessantes porque nunca faziam nada, apenas vagavam esperando. Alguns deles, como Mr. Blaine, pensava o tempo todo em matar, e outros apenas deliravam como vegetais" (p. 155).

Por fim, em meio à extrema variedade da fauna mutante na paisagem pós-atômica, não devemos nos esquecer de mencionar os assim chamados "animais brilhantes", criaturas com fala e habilidade organizacional, como o cachorro falante de Bluthgeld ou os comoventes sujeitos das seguintes anedotas: "'Escute, meu amigo', disse o veterano, 'tenho um rato de estimação que vive sob o empilhamento comigo. Ele é esperto; ele sabe tocar flauta, não estou lhe iludindo; é verdade. Fiz uma pequena flauta de madeira e ele a toca com seu nariz' [...]. 'Deixe-me lhe contar sobre um rato que vi certa vez em um feito heroico', começou o veterano, mas Stuart o cortou" (p. 98-99). Eram esses animais dotados de talentos, de fato, que garantiam o sustento de Stuart: a venda de Armadilhas Homeostáticas para Pragas de Hardy, aparelhos mecânicos apenas um pouco menos inteligentes que a presa que eles deveriam capturar – e que podem, portanto, pleitear o direito de ser igualmente considerados outra variedade de nova criatura.

Gostaria de sugerir que todos esses seres, tomados em conjunto, se organizam em permutações sistemáticas de um complexo bastante limitado de ideias ou características que gira em torno da noção de *organismo e órgãos*, de aparatos mecânicos e (no caso dos focomélicos) de próteses. Mas os resultados dessas combinações são bem mais complicados do que uma simples oposição entre o orgânico e o mecânico, e o retângulo semântico de A. J. Greimas[3] nos permite mapear as várias possibilidades inerentes ao sistema, como mostrado no diagrama.

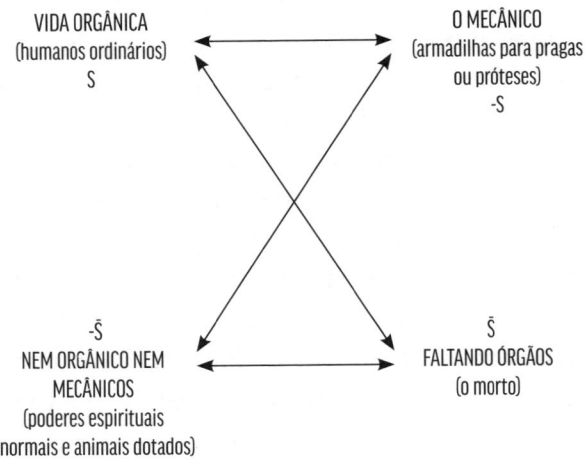

---

3   Esse aparato aparentemente ameaçador está baseado na ideia de que os conceitos não existem em isolamento, mas são definidos por oposição um ao outro, em agregados relativamente organizados, e no refinamento adicional de que há uma distinção básica entre o oposto (ou contrário) e um contraditório de um termo S. Assim, se S é o Bem, então -S é o Mal, enquanto S̄ é aquela categoria algo diferente de coisas "não boas" em geral. A determinação do negativo de -S é mais complicada, como demonstro no texto; e, como também se demonstrará adiante, há ainda a possibilidade de termos mais complicados que unem esses termos simples de vários modos. Ver, para uma maior discussão sobre esse esquema, A. J. Greimas, "The Interaction of Semiotic Constraints", *Yale French Studies*, n. 41, 1968; e ainda meu *Prison-House of Language* (Princeton, 1972), p. 162-168, bem como minha Introdução a Greimas, *On Meaning* (Minneapolis, 1987).

Os quatro termos autogerados do diagrama representam os átomos mais simples do sistema caracterológico de *Dr. Bloodmoney*. Mas deve-se notar que, com a possível exceção do próprio S (ou, em outras palavras, de todas os personagens humanos *normais* do livro), todos formam, em outro sentido, apenas parte do contexto da obra, oferecendo um tipo de ambiente de vida novo e estranho para a ação e marcando as coordenadas de vida desse universo pós-atômico, fixando os limites dentro dos quais o enredo se desenvolve, sem que eles realmente participem dele. Em particular, terá ficado claro que nenhum dos personagens realmente aberrantes acima descritos pode ser simplesmente acomodado em qualquer um dos quatro termos básicos apresentados.

Não obstante, a capacidade generativa do retângulo semântico não se exaure com esses quatro elementos primários. Pelo contrário, seu modo específico de produção conceitual se dá pela construção de um conjunto de entidades complexas extraídas das várias novas combinações lógicas que podem ser obtidas entre os termos simples. Esses conceitos sintéticos novos e mais complicados correspondem aos vários lados do retângulo semântico, de modo que o termo complexo designa uma ideia ou um fenômeno capaz de unir em si ambos os termos da oposição inicial, S e -S, enquanto o termo neutro correspondente governa os negativos de ambos, uma síntese dos termos inferiores – $\bar{S}$ e $\bar{S}$. As respectivas combinações dos lados esquerdo e direito do retângulo são tecnicamente conhecidas como as implicações positivas e negativas, respectivamente, enquanto as diagonais são designadas como os eixos dêiticos. Um pouco de experimentação nos mostrará agora que essas quatro combinações correspondem aos quatro personagens ou atores anômalos do livro.

O termo complexo, por exemplo, um ser que uniria um corpo humano normal (S) com uma prótese mecânica (-S), só pode ser o próprio Dangerfield, na medida em que ele circunda a Terra para sempre, unido ao seu satélite. A implicação negativa que emerge da união de uma prótese com um ser aleijado (S + $\bar{S}$ sem órgãos) é, decerto, Hoppy Harrington, o focomélico. O neutro apresenta talvez maiores problemas, na medida em que envolve a quarta posição enigmática, -$\bar{S}$ + $\bar{S}$, ela própria a negação de uma negação e, portanto, aparentemente desprovida de qualquer conteúdo positivo. Ainda assim, se interpretarmos esse termo particular, que não é nem um organismo nem uma máquina, como algo da ordem de uma prótese *espiritual*, um tipo de suplemento da existência orgânica ou mecânica que é qualitativamente diferente de ambas, então temos uma ideia da presença daquele domínio tão familiar às obras de Dick, em que são possíveis, sob o estímulo de drogas ou da esquizofrenia, a visão, a segunda visão, a pré-cognição, a alucinação. Se essa leitura é aceitável, então o termo neutro seria compreendido como uma combinação entre essa prótese espiritual, ou poder suplementar, e um ser desprovido de órgãos, e fica claro, assim, que quem é designado aqui só pode ser o homúnculo Bill, com seu acesso ao domínio dos mortos, mas ausente do mundo da existência física. Nosso esquema tem a vantagem adicional de nos permitir agora integrar o próprio Bluthgeld em um sistema mais generalizado de personagens anômalos. Na medida em que nossas características básicas estavam limitadas à oposição entre o orgânico e o mecânico, o sistema não parecia ter qualquer relevância para a figura de Bluthgeld. Com a ideia de poderes espirituais, sua posição em relação a outros personagens é agora mais facilmente definida, e parece apropriado atribuir a ele a função ainda não preenchida da chamada implicação positiva ou, em outras palavras, a síntese de S (humano ordinário) e -$\bar{S}$ (prótese espiritual). Agora, sua relação privilegiada com Hoppy Harrington também se torna compreensível: apenas ao focomélico caberá o poder de destruir Bluthgeld, porque Hoppy é o inverso do último ou sua imagem-espelho. De fato, sua relação é ainda mais complicada que essa, pois, na aparência, Hoppy é uma criatura de Bluthgeld, e os outros personagens acreditam que ele seja o resultado genético da conhecida catástrofe de 1972, pela qual o cientista foi responsável. Na verdade, ele é um talidomida de nascença, de um período anterior – 1964 –, e não deve nada a Bluthgeld, estando livre para aniquilá-lo.

Podemos, agora, articular esse novo sistema de combinações diagramaticamente. Esse esquema nos permite não apenas explicar a construção dos personagens principais de *Dr. Bloodmoney* e entender a relação de um com o outro, como também nos oferece material para compreender seu valor simbólico e, assim, possivelmente uma interpretação dos eventos bizarros que o romance relata. O arranjo sistemático aqui proposto, por exemplo, sugere que os quatro personagens seriam diferenciados por funções ou domínios de atividade e competência distintos. Se, por exemplo, tomamos o *conhecimento* como um tema e examinamos as várias posições de acordo com isso, descobrimos que cada um corresponde a um tipo diferente e específico de poder cognitivo: Hoppy possui, assim, um conhecimento do futuro, bem como um conhecimento prático cinestésico e um controle da matéria inorgânica; Bill, o homúnculo, possui um conhecimento (verbal) sobre os mortos e um conhecimento/ controle cinestésico da matéria orgânica. A psicanálise à distância do debilitado Dangerfield no final do romance sugere, por sua vez, que o tipo particular de conhecimento associado a ele é o conhecimento (verbal ou teórico) do passado e que ele é, decerto, o guardião de uma cultura terráquea quase aniquilada. Quanto a Bluthgeld, sua província é certamente a do Conhecimento em geral, os segredos teóricos da matéria inorgânica (e o controle cinestésico dela), isto é, do próprio universo.

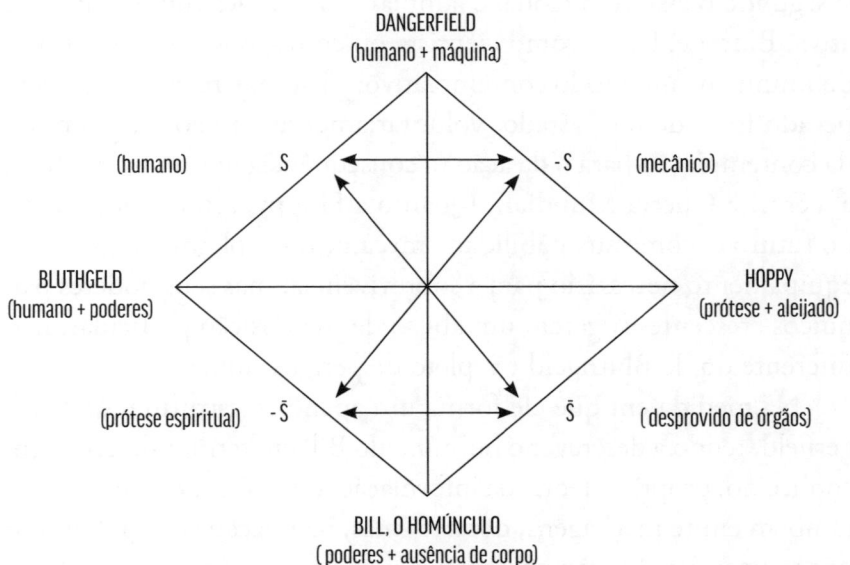

545

Mas, à medida que enriquecemos o conteúdo temático das quatro posições, parece possível caracterizá-las de um modo mais geral, um modo que poderia, em última instância, nos permitir vê-las em função de certa oposição temática básica predominante. Assim, a cada posição ou combinação parece corresponder também um tipo particular de atividade profissional: Dangerfield é, pois, como já notamos, um tipo de DJ celestial, uma versão entre muitas da celebridade de entretenimento característica de Dick, cuja encarnação mais recente é o Jason de *Fluam, minhas lágrimas, disse o policial.* Oposto a essa valorização da palavra, Hoppy assume seu lugar como a encarnação da outra forma de atividade criativa presente no mundo de Dick, a saber, o faz-tudo prático ou o artesão-inventor. As duas outras figuras não parecem, à primeira vista, se encaixar muito bem nesse esquema: Bluthgeld é, decerto, o cientista maluco prototípico e, mais diretamente, no decurso da ação do livro, o psicótico e visionário; enquanto Bill seria – a julgar pelas infinitas conversas entre ele e sua irmã Edie, para desgosto de seus velhos – mais bem descrito como sendo um amigo imaginário.

Essas aproximações, por sua vez, sugerem certas oposições temáticas maiores: em certo sentido, Hoppy e Bluthgeld, ambos, têm como seu objeto privilegiado o mundo das coisas, que eles dividem entre si segundo o eixo tradicional e familiar das atitudes contemplativa e ativa. Bluthgeld, seja como cientista ou como louco, vê a estrutura do mundo de um modo contemplativo; e isso sugere que seu grande pecado foi o de ter passado, voluntariamente ou não, do domínio da contemplação para o da ação (a consequência dos testes de 1972, a Terceira Guerra Mundial). Quanto a Hoppy, seu conhecimento do futuro é, como sua habilidade mecânica, simplesmente parte do equipamento necessário para a sobrevivência; mas seus poderes psíquicos crescentes sugerem um abuso de sua posição particular, não diferente do de Bluthgeld e repleto de perigos similares.

Na medida em que ele forma um apêndice estrutural de Dangerfield, tendo a descrever o homúnculo Bill em termos do eixo bem conhecido, próprio à teoria da informação, do emissor e receptor. Bill também emite mensagens, decerto, mas, na relação com o domínio dos mortos, sua função principal é certamente a de recebê-las, a do ouvinte ausente de conversas imaginárias, aquele vão aberto que é a função do interlocutor em todo discurso, mesmo no da solidão absoluta. É, portanto, em torno do personagem de Bill que toda a sintaxe comunicacional de relações interpessoais é articulada, de modo que, nesse ponto, o eixo vertical, que inclui as posições tanto de Bill quanto de Dangerfield, parece, por sua ênfase linguística, claramente distinto do outro eixo que governa o mundo dos objetos (ver diagrama a seguir).

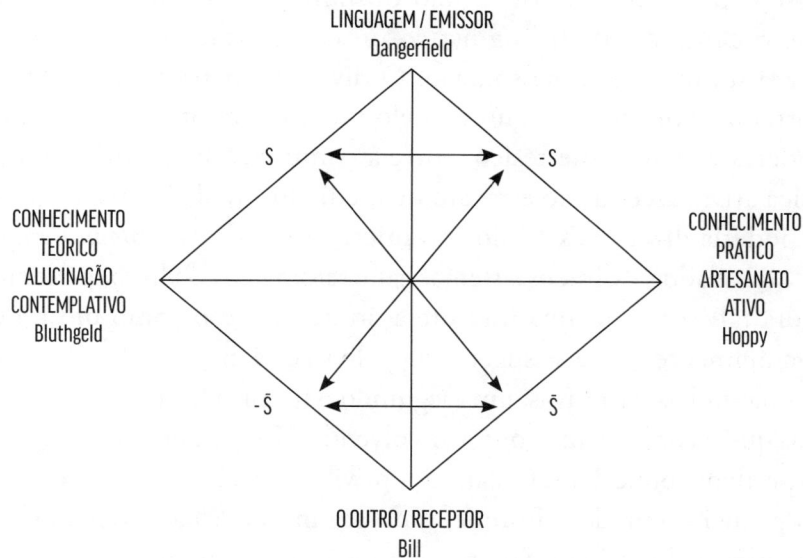

O eixo verbal, que inclui as posições de Bill e Dangerfield, é agora visto como um eixo primariamente linguístico e claramente distinto do eixo horizontal, que inclui as posições de Bluthgeld e Hoppy e que diz respeito à física. Ademais, o eixo vertical Bill-Dangerfield é o do uso do conhecimento para o bem-estar da comunidade (prefigurado no assassinato "justo", pelo bem da comunidade), enquanto o eixo horizontal Bluthgeld-Hoppy é o da perversão do conhecimento ou de sua manipulação (até mesmo literalmente, como no caso da "manipulação" à distância de Hoppy), que ameaça destruir a comunidade humana. O eixo orgânico ou comunicacional Bill-Dangerfield, ao colocar juntos o passado e o presente, os vivos e os mortos, é, assim, o lócus e o portador das atividades de valorização da vida no romance, enquanto o eixo inorgânico Bluthgeld-Hoppy é o lócus da loucura individualista que, caso incontida, certamente escravizaria e muito provavelmente destruiria a vida humana na Terra. Claramente, a solução de Dick para os problemas político-existenciais fundamentais que se apresentam à humanidade se inclina, aqui, em direção à arte e à linguagem, não a um diagnóstico científico explícito, que enfrentasse o problema político. Não obstante, Dick parece perceber que o campo verbal, linguístico ou comunicacional não pode, por si só, oferecer uma solução. O divertido personagem de Bill, portanto, por ser uma síntese, pelo menos aproximativa, entre os poderes verbal e cinestésico, entre a comunicação e a intervenção física ativa, ascende ao estatuto de mediador final, árbitro e, quase se poderia dizer, de salvador no microcosmo de *Dr. Bloodmoney*.

Revelados, assim, os sistemas caracterológicos do livro, podemos agora talvez tentar uma interpretação de sua ação como um todo. Sucintamente, pode-se sugerir que o livro está organizado em torno de duas linhas narrativas, uma seguindo o próprio Bluthgeld e as pessoas que o conheciam, a outra envolvendo Hoppy Harrington e seus respectivos conhecidos. O narrador privilegiado ou o "ponto de vista" do primeiro enredo é Bonnie, o do segundo é Stuart McConchie. Por isso, a chegada de Stuart à comunidade do Condado de West Marin, onde Bonnie vive e Bluthgeld se esconde, serve como gatilho para a interação explosiva entre as duas linhas de enredo, o encontro fatal entre Hoppy e Bluthgeld e o *dénouement* final.

O fim ou o objeto do desenvolvimento da ação é evidentemente a neutralização do perigoso e sinistro Bluthgeld e sua retirada da cena humana em geral; a complexidade da trama resulta da dificuldade de realizar isso. Pois Bluthgeld é, no fim das contas, visto como a causa, em pessoa, da Terceira Guerra Mundial; porém, essa visão personalista e maniqueísta da história nos enreda em certas antinomias conceituais curiosas, e a narrativa pode ser vista como uma tentativa simbólica de resolvê-las. Parece apropriado, pois, seguir aqui o exemplo de Lévi-Strauss,[4] em sua análise do mito como uma construção narrativa de mediações ou sínteses simbólicas cujo propósito é a resolução, na forma de uma história, de uma contradição que a cultura em questão é incapaz de resolver na realidade. No contexto presente, essa contradição pode ser formulada da seguinte forma: como seria possível eliminar a causa de algo tão devastador como uma guerra atômica quando – a fim de funcionar como sua causa em primeiro lugar – a causa determinante deve ser todo-poderosa e assim, por definição, impossível de ser eliminada? Para colocar isso nos termos do enredo, o único modo de um indivíduo isolado como Bluthgeld poder ser imaginado como a "causa" da Terceira Guerra Mundial é dotando-o de um poder tão imenso que passaria, então, a ser impossível imaginar qualquer outro poder capaz de fazer frente a ele. Se preferirem, a contradição é própria mais ao pensamento liberal do que à realidade: se a política mundial é vista não como a expressão da dinâmica político-econômica nacional e de classes, com sua lógica própria, mas, antes, como resultante das decisões de agentes conscientes livres, alguns dos quais seriam bons (nós) enquanto outros seriam maus (o inimigo, seja lá quem for), então fica claro que o problema das origens do poder do adversário mau retorna, de novo e de novo, com uma persistência agonizante e incompreensível. Sendo um bom "esquerdista" norte-americano, Dick, é claro, vê a poderosa elite americana como o inimigo e, em particular, seus físicos nucleares; esse ponto de vista, porém, embora possa ser atrativo, permanece prisioneiro das mesmas contradições básicas que a ideologia liberal, à qual ele imagina se opor.

No romance, a solução reside no desenvolvimento de uma contraforça, um adversário poderoso o suficiente para neutralizar a magia de Bluthgeld e, assim, destruí-lo. Esse é o papel de Hoppy Harrington, e o focomélico ganha poder conforme o livro avança – objetivamente, porque as necessidades da nova comunidade

---

4 Ver Claude Lévi-Strauss, "The Structural Study of Myth", em *Structural Anthropology* (Nova York, 1967), p. 202-228.

pós-atômica encorajam o crescimento e a diversificação de seus talentos especiais e, subjetivamente, na medida em que sua auto-confiança acompanha a imensa gama de novos aparelhos e armas que ele foi capaz de desenvolver (alguns deles, psíquicos). Ao lado dessa nova autoconfiança, entretanto, seu ressentimento também se intensificou. No momento da confrontação com Bluthgeld, Hoppy já é uma figura perigosamente paranoica, potencialmente tão danosa à comunidade quanto o homem que ele é agora capaz de destruir. Logo, está em operação aqui um tipo de regressão interminável, em que qualquer adversário poderoso o suficiente para destruir o mal pela raiz se torna, então, suficientemente perigoso a ponto de preci-sar de uma nêmesis própria, e assim sucessivamente (ver o romance mais antigo de Dick, *A máquina de governar*). A contradição básica, em outras palavras, não foi de modo algum resolvida, mas apenas deslocada para o mecanismo concebido para eliminá-la – de modo que ela continua a operar sem qualquer horizonte de resolução.

A elegância da solução de Dick para esse dilema aparentemente insolúvel torna seu romance um tipo de guia ilustrado desse mecanis-mo que o estruturalismo tomou como seu objeto privilegiado e que parece evidenciar um paralelismo básico entre o funcionamento dos sistemas de parentesco e os de linguagem, entre as regras que regem os dons em sociedades primitivas e aqueles em operação no mercado, entre os mecanismos de desenvolvimento político e histórico e os de enredo. Esse é o fenômeno da *troca*, e em parte alguma o clarão entre os polos contrários é tão dramático quanto no momento em que, em *Dr. Bloodmoney*, o círculo se torna quadrado e a mente do homúnculo substitui a do malévolo Hoppy, que estava a ponto de tomar o mundo: "'Sou o mesmo; sou Bill Keller', disse o focomé-lico. 'Não Hoppy Harrington.' Com seu extensor manual direito, ele apontou: 'Lá está Hoppy. Esse é ele de agora em diante'. – No canto estava um objeto murcho e enrolado de algumas polegadas, sua boca, aberta em um vazio congelante. Havia algo de humano naquilo e Stockstill foi lá pegá-lo" (p. 211-212). O que torna a troca possível é o estatuto peculiar do corpo do homúnculo, tanto dentro quanto fora do mundo; Bill está vinculado a algo real, um corpo fetal que morreu rapidamente ao se expor à atmosfera; mas, em outro sentido, ele era o único dos quatro personagens que estava *fora* de um corpo e que, portanto, seria capaz de trocar de lugares sem o desenvolvimento de uma contraforça elaborada que poderia depois – como na regressão infinita descrita acima – se tornar uma ameaça por si só. Hoppy luta contra Bluthgeld, em outras palavras, nos próprios termos deste, enquanto a substituição de Hoppy por Bill equivale a uma substituição desse sistema por um sistema novo; e isso só é possível pela própria violação de Hoppy de seu sistema e poderes particulares. Pois ele quis substituir Dangerfield por mímica, isto é, pelo uso de uma habilidade verbal e linguística bem diferente da habilidade cinestésica com a qual ele derrotara Bluthgeld. Mas, nesse momento, ele fica vulnerável ao uso superior do mesmo poder puramente verbal por Bill, que o intimida e o desmoraliza com seu uso das vozes dos mortos e, depois, acaba com ele com uma transferência completa de personalidade – combinando o poder verbal e o cinestésico.

Estamos agora em condições de entender o deslocamento básico em questão: uma substituição de um eixo por outro, o de Bluthgeld e Hoppy pelo de Dangerfield e o homúnculo, o da existência – seja prática ou contemplativa – no mundo dos objetos pela linguagem. Aquele primeiro eixo – o eixo horizontal em nossa representação esquemática anterior – está, decerto, marcado negativamente, sendo ambos os seus extremos maus ou malévolos, nos termos da narrativa. Daí não decorre, entretanto, que o outro eixo seja, por contraste, completamente positivo: de fato, na maior parte do romance, tanto Bill quanto Dangerfield estão imobilizados ou paralisados. Mesmo no fim, ambos permanecem sob uma restrição deprimente de mobilidade e potencialidades humanas em geral, o que serve para privar a resolução do romance de tonalidades que poderiam, de outro modo, ser complacentes ou inaceitavelmente estetizantes.

Pois parece claro que o evento fundamental visado por *Dr. Bloodmoney* é a substituição do domínio das coisas pelo domínio da linguagem, a substituição do mundo da atividade empírica, mais antigo e comprometido, do trabalho cotidiano capitalista e do conhecimento científico, por aquele mundo mais novo da comunicação e das mensagens de todos os tipos, com o qual estamos bem familiarizados nesta era do consumo e dos serviços. Na verdade, esse deslocamento me parece conter muitos elementos negativos e duvidosos e acolher incondicionalmente desenvolvimentos que não são necessariamente uma bênção. É, decerto, a própria distinção entre esses dois eixos – ela própria baseada no "fato" da guerra atômica – que permite que essa troca em *Dr. Bloodmoney* ocorra de um modo tão impactante e exemplar. Mas, mesmo nesse romance, há um indício de fusão, em Bill, de uma preocupação com a linguagem e de uma preocupação com os objetos, de modo que a solução da troca é apenas provisória e relativamente instável. Gostaria, neste momento, de voltar a outras obras de Dick, a fim de determinar se a prioridade da linguagem sobre os objetos é nelas mantida. Parece, por exemplo, que em algumas dessas outras obras (*Galactic Pot-Healer*, por exemplo, ou, mais recentemente, *Fluam, minhas lágrimas, disse o policial*), artesanatos e particularmente a cerâmica seriam entendidos como um tipo diferente de síntese entre arte e trabalho, desenvolvendo mais explicitamente a tendência desse livro.

Nossa análise, de todo modo, não estaria completa até que retornemos desse nível de narrativa, por assim dizer, sobre-humano – nível das interações entre os vários termos sintéticos e complexos do sistema caracterológico – para a realidade mais pedestre dos personagens humanos ordinários, como Bonnie ou Stuart, que constituem, como sugeri anteriormente, apenas um termo simples entre outros no sistema original. Agora, pode-se afirmar com segurança, parece-me, que o que valia para os outros termos simples (as máquinas, os mortos, os animais) também vale para os humanos de *Dr. Bloodmoney*, a saber, que eles oferecem o contexto e os espectadores e observadores para um drama cuja significância, em grande medida, os transcende. Logo, o romance revela um parentesco formal com obras anteriores de Dick, como a merecidamente esquecida *Marionetas cósmicas*, em que humanos comuns são os brinquedinhos de forças cósmicas de certo tipo mitológico – a diferença sendo que, aqui, essas forças não são teológicas ou jungianas em seu conteúdo, mas correspondem à própria realidade da história moderna: técnica científica, por um lado, e rede comunicacional, por outro.

No que diz respeito aos personagens humanos comuns do livro, pois, o drama encenado (não tanto por cima deles, mas em meio a eles) é o de uma purificação da sociedade e de seu restabelecimento, do renascimento de certa Berkeley nova e Utópica sobre as ruínas da velha, em cujas ruas ameaçadores Bluthgelds podiam, de tempos em tempos, ser vistos. (E, certamente, a escolha do local do *Free Speech Berkeley* de 1963 – esse ensaio para maio de 1968 –, que ocorreu dois anos antes da publicação do romance de Dick, não foi por acaso, e isso tem implicações históricas que, em larga medida, transcendem seja lá qual motivo autobiográfico possa também estar presente aqui.) Dizer que a forma social à qual a obra de Dick corresponde é a cidade pequena seria algo anacrônico no contexto social presente; ou, de todo modo, poderíamos acrescentar que ela deve ser entendida como a cidade universitária que nunca conheceu o provincianismo nem a claustrofobia das avenidas principais clássicas do meio-oeste americano. Tampouco a pastoral de Dick é puramente agrícola, como aquela alcançada em um tipo de euforia desesperada pelos sobreviventes dos vários cataclismos universais de John Wyndham. Diferentemente do último, ou da cidade pequena pastoral das melhores obras de Ray Bradbury e Clifford Simak, trata-se de um mundo artesanal diante de cuja escassez as diversas mercadorias recuperam, uma vez mais, seu verdadeiro gosto e reafirmam um valor de uso para o qual as sensibilidades estafadas da sociedade afluente, submetidas à lavagem cerebral da propaganda, se tornaram insensíveis – de modo que, agora, há algo de precioso no cigarro individual feito de tabaco verdadeiro e no copo de verdadeiro uísque do pré-guerra, enquanto mesmo a linguagem de Somerset Maugham se torna algo como um tesouro. A visão de uma renovação de nosso universo caduco e caído, de uma revitalização utópica dos bens e serviços desgastados em torno de nós, sua projeção em certa comunidade genuinamente jeffersoniana livre da bomba é a recompensa final de todas essas intrincadas lutas e trocas que descrevemos; e elas chegam a compensar o que veríamos, de outro modo, como um desequilíbrio ideológico na obra de Dick em geral: uma defesa de *status* por parte do artista e uma excessiva ênfase idealista na linguagem e na arte, em vez de na ação política. A hostilidade tipicamente norte-americana e "liberal" diante da política é compensada, parece-me, por esses vislumbres de uma coletividade restabelecida, vislumbres estes que, no coração de todos os finais felizes obrigatórios de Dick, o marcam como um anti-Vonnegut, como o porta-voz extemporâneo de uma consciência histórica (e Utópica) distinta e superior àquela visão distópica limitada e apocalíptica tão na moda na FC ocidental de hoje em dia.

1975

10.
História e salvação em Philip K. Dick

Gostaria de propor dois princípios para lidar com um escritor como Philip K. Dick; eles me parecem ter o mérito de afastar ou deslocar falsos problemas tradicionais e muito arraigados. O primeiro desses princípios sugere que reagrupemos sua volumosa obra em ciclos. Deixando de lado as obras ruins e feitas por encomenda, proponho três ciclos: os romances chamados *mainstream*, de 1955 a 1960 (sete romances); o período da Ficção Científica, de 1961 a 1968 (na qual incluo dez romances, de *O homem do castelo alto* a *Labirinto da morte*; poderíamos discutir isso e também estabelecer as datas um pouco antes ou depois[1]); e, por fim, os romances religiosos, de 1973 a 1981 (umas cinco obras). Uma das coisas que espero poder alcançar (sem acreditar muito que irei) é, como vocês

---

[1] A seguir, uma lista de romances e edições utilizadas (as referências são dadas no texto), que traz a data tanto da publicação quanto da composição (seguindo a cronologia de Lawrence Surin, em *Divine Invasions*, Nova York, 1989, p. 290-312): 1961: *The Man in the High Castle* (Nova York, 1985, orig. 1962); 1962: *We Can Build You* (Nova York, 1994, orig. 1972); 1962: *Martian Time-Slip* (Nova York, 1964);1963: *Dr. Bloodmoney* (Nova York, 1965);1963: *Now Wait for Last Year* (Nova York, 1981, orig. 1966);1963-1964: *Clans of the Alphane Moon* (Nova York, 1984, orig. 1964); 1964: *The Three Stigmata of Palmer Eldritch* (Nova York, 1977, orig. 1965); 1966: *Do Androids Dream of Electric Sheep?* (Nova York, 1984, orig. 1968); 1966: *Ubik* (Nova York, 1991, orig. 1969); 1968: *A Maze of Death* (Nova York, 1971). As páginas mencionadas no texto referem-se a essas edições.

já podem ter adivinhado, desvincular a temática religiosa de suas primeiras obras.[2]

Mas passemos para o segundo princípio, que é o de tratar todas as obras de um dado ciclo como se elas fossem variantes de uma única obra e tentar produzir o que chamo de uma leitura "sinóptica" delas. Os evangelhos sinópticos, vocês lembrarão, são aquelas narrativas reconstruídas e recombinadas que cortam os quatro evangelhos em episódios e tentam colá-los todos juntos em um único livro. Às vezes, os episódios se sobrepõem e são colados um sobre o outro, apenas com pequenas variações. Às vezes, aparece um episódio que não figura nos outros evangelhos. Às vezes, as abordagens diferem radicalmente e temos duas (ou mesmo quatro) abordagens distintas do que ocorreu. Esse método me pareceu útil para analisar os romances de Raymond Chandler: sua base material, como com Dick, reside no mundo das *pulps*, em que algo que surgiu inicialmente como um conto é depois expandido em um romance completo ou reduzido a um episódio de um romance.[3]

Há outra razão para esse procedimento, que reside na premissa de que os romances são combinações de tipos heterogêneos de matérias-primas. O romance é uma forma *omnibus,* em que vários gêneros de discurso estão amalgamados, cujas costuras ou camadas geológicas são depois apagadas no ato da síntese tentativa que se propõe a unificar o genericamente díspar e, no mais das vezes, serve pelo menos para ocultar a variedade de fontes do romance. Decerto, pode-se também insistir no poder criativo desse ato de unificação, mesmo quando ele não é exitoso. Penso que Macherey nos ensinou que a significância mais profunda de uma dada obra reside precisamente na contradição entre os vários tipos de matérias-primas genéricas que ela utiliza.[4]

---

[2] Ver ainda, para uma tentativa de integrar os últimos romances ao *corpus* anterior, Kim Stanley Robinson, *The Novels of Philip K. Dick* (Nova York, 1984).

[3] Ver meu "On Raymond Chandler", em *Southern Review*, n.º 6 (1970), p. 624-650; e o texto que o acompanha, "The Synoptic Chandler", em *Shades of Noir*, editado por Joan Copjec (Londres, 1993).

[4] Ver Pierre Macherey, *A Theory of Literary Production* (Londres, 1978).

De todo modo, o método "sinóptico" pode servir como um começo para esse movimento interpretativo, na medida em que visa a classificar as várias substâncias narrativas. Isso produzirá continuidades em alguns casos e desidentificações radicais em outros; daí o paradigma do casamento infeliz, que domina os romances *mainstream*, deixar seus rastros na forma da mulher ameaçadora ou agressiva (muitas vezes com nomes recorrentes), cujos seios pontiagudos tão frequentemente miram o protagonista infeliz como mísseis (*sic*). Por outro lado, o que é muitas vezes, de modo frouxo, chamado de religião, aqui parece envolver uma variedade de diferentes motivos e realidades: a obsessão com a conversão que domina o último ciclo (ou ciclo tardio) – entendendo que, para Dick, obsessão e conversão são uma mesma coisa, de modo que seria igualmente significativo falar da conversão à obsessão – não é, de modo algum, a mesmo coisa que a consolação de Mercer ascendendo do mundo da tumba em *Androides sonham com ovelhas elétricas?*. Entretanto, as preocupações teológicas de *Ubik* são ainda outra coisa: dilemas representacionais, que encenam a impossível dialética entre a letra e o espírito e seus intermináveis paradoxos – dos quais a tradição teológica oferece uma das explorações mais ricas. Todos esses elementos – ou substâncias – narrativos precisam ser separados uns dos outros, e a gama e variedade de matérias-primas precisa ser avaliada e inventariada, antes que possamos levar a cabo qualquer ato interpretativo apressado e prematuro, necessariamente especulativo.

Continuemos com o tema do que é englobado como religião, pois alguns desses motivos constituem uma das quatro categorias gerais de que precisamos, de modo algo preliminar, para classificar a obra de Dick. Esses motivos não irão necessariamente exaurir o assunto da obra tardia, que excluí da discussão presente, mas que retorna como um incitamento aos críticos para relerem os romances centrais a partir da *gnosis* da espiritualidade *new age* e das teologias exóticas, em suma, para buscarem a "atualidade" de Dick em termos de modos pseudorreligiosos presentes. Decerto, seria mais importante tentar compreender a virada "mística" posterior em termos puramente formais e narrativos, como uma tentativa de resolver problemas de conteúdo com os quais a matriz da Ficção Científica já não podia lidar. (Do mesmo modo que seria importante compreender o deslocamento do período do "romance *mainstream*" nos mesmos termos formais e formalizantes.) Um formalismo absoluto, de fato, é o único meio realmente satisfatório de abordar os conteúdos social e psíquico concreto do escritor, ao apresentar suas exigências representativas singulares e singularmente históricas. Não podemos ir tão longe aqui, como eu disse; mas a abordagem formalista de seja lá que motivos que em nosso *corpus* apresentem uma aparência religiosa ou associações religiosas – isto é, uma abordagem desses motivos como soluções para os problemas de representação inerentes a seus conteúdos – seria produtiva de diversos modos.

Primeiramente, ela pode nos ajudar a desacreditar a palavra fácil "tema", que parece, a um só tempo, metodologicamente inevitável e excessivamente humanista ou antropomórfica: o "tema", em outras palavras, parece prometer um sentido e oferecer uma categoria geral que poderia abranger de imagens a ideias. (Apresso-me a acrescentar que o termo *motivo*, usado acima, não é muito melhor, mas, pelo menos, enfatiza a natureza puramente formal da entidade, em vez de seus supostos significados.)

"Empatia" é um desses motivos, e ela se encontra inscrita em muitos dos primeiros romances do nosso ciclo como uma parte constituinte do enredo (os testes de empatia, que certificam se alguém é um androide ou um esquizofrênico), sempre parecendo oferecer um tipo de conceito filosófico, nos dizendo algo sobre o calor ou a frieza humanos nas relações interpessoais e, às vezes (como em *Androides sonham com ovelhas elétricas?*), se apresentando até mesmo como um tipo de chave privilegiada para o sentido ou a mensagem do romance. Mas é precisamente essa noção de um sentido ou uma mensagem que eu gostaria (na esteira de grande parte da teoria moderna, desde os formalistas) de questionar aqui, e isso por meio de dois comentários.

O primeiro é uma simples recordação de algo que muitos críticos desde Shklovsky têm defendido, a saber, que os "sentidos" de uma obra, suas ideias, seu conteúdo conceitual, tudo isso deve ser visto como parte da matéria-prima da obra tanto quanto as coisas mais tangíveis (ambientação, traços psicológicos dos personagens etc.). Um formalismo absoluto exige uma suspensão de julgamento tão radical quanto a da fenomenologia de Husserl, após o que os vários tipos de conteúdo conceitual, como justamente essa noção popular psicológica ou psicanalítica de "empatia" de Dick, podem ser vistos como blocos de construção específicos. Da perspectiva de um "pôr entre parênteses" formalista, pois, a obra não tem qualquer sentido humanista (independentemente do que o próprio Dick pôde ter pensado). Decerto, ela tem um tipo totalmente diferente de sentido, como um sintoma histórico e uma estrutura representacional socialmente simbólica. Mas, nesse caso, "ideias" como empatia são apenas elementos desse sintoma ou estrutura. Elas documentam o envolvimento intelectual (embora inocente) de Dicknos debates pop-culturais do período – algo que a pesquisa de Anthony Wolk proficuamente enfatiza quanto às leituras de Dick da literatura psiquiátrica.

Contudo, isso nos leva a um segundo comentário parentético, que pode ser chamado de dilema de Angenot: de fato, em *1889*, bem como em um conjunto de outras pesquisas fundamentais em arquivos históricos, Marc Angenot demonstrou como a obtenção de informações sobre o contexto de uma obra está em relação inversa com a avaliação de seu valor.[5] O "contexto" é, nesse sentido, mais uma questão de moda jornalística do que função dessa coisa mais nobre e mais democrática chamada esfera pública ou sociedade civil: ele consiste em fazer um inventário de tudo o que as "pessoas" estavam falando na mídia e de seus comentários na vida real (na cozinha, no barbeiro, em bares e tavernas) em determinado momento. Angenot nos mostra como mesmo as obras mais célebres podem ser decompostas em alusões, fofocas, "problemas" e pensamentos correntes quando o contexto informacional é restabelecido com certo grau de abundância e complexidade. Seu exemplo é Zola, mas bem que

---

[5]   Marc Angenot, *1889: Un état du discours social* (Montreal, 1989). Ver ainda meu ensaio "Marc Angenot, Literary History, and the Study of Culture in the Nineteenth Century", *Yale Journal of Criticism*, v. XVII, n. 2 (2004), p. 233-253.

poderia ser Shakespeare; e podemos esperar que futuras pesquisas gerem um volume de informações sobre os eventos correntes dos anos 1950 e começo dos 1960 nos Estados Unidos que ameacem nossa apreciação da inventividade e do "pensamento" de Dick de modo bastante similar, convertendo o "comprometimento" em mera menção de nomes e dando uma nova torção de sentido à noção clássica do artista como uma "antena da raça" (Pound).

Quanto às contradições filosóficas desse "conceito", veremos que suas dificuldades, ainda mais fundamentais na noção central de identificação do que na de empatia ou simpatia, e obviamente girando em torno do problema de pensar a relação entre o outro e a consciência, se encontram, de fato, registradas na obra de Dick, mas em lugares inesperados e como dilemas representacionais, em vez de na forma de uma teorização pseudopsicológica.

De fato, devemos admirar o modo como a imaginação de Dick discute todo o tema vazio da empatia convertendo-a em uma nova religião, ou em mais um desvario religioso californiano, a saber, a consolação do mercerismo, complementada por uma história de vida do humilde salvador, o mecanismo pelo qual ela é revelada (a "negra caixa de empatia", com suas alças duplas, um tipo de primo da máquina de ânimo de Penfield ou, em outro avatar, da pasta do Dr. Smile), o ritual da "imitação", a concepção do valor salvífico do sofrimento e do sacrifício e mesmo o surgimento de um tipo de "crítica mais elevada" (a revelação de que "Mercer" seria, na verdade, um ator fracassado chamado Al Jarry). Também devemos notar o caráter da teologia merceriana: a convicção budista ou niilista de que "não há salvação", o propósito do ritual sendo o "de mostrar que você não está sozinho"; ao que se soma uma moral *Bhagavad Gita*, bastante adequada aos dilemas éticos desse caçador de recompensas da classe média: "Vá e cumpra sua tarefa, mesmo que você saiba que está errado". Penso que seria precipitado caracterizar isso, especial-mente em seus estágios posteriores, como certo tipo de paródia da religião, pois os elementos paródicos são absorvidos lateralmente pelas convenções e enquadramentos da FC, enquanto a relação do mercerismo com o sofrimento e a desolação da paisagem pós-atômica impede qualquer possível gracejo, dando a ele certa ambiguidade ou desatino assustadores, característica preponderante da indecibilidade ontológica e avaliativa de Dick (da qual falaremos mais adiante).

O ponto crucial sobre a "empatia", entretanto, é que no mercerismo ela é realizada na forma de uma "fusão" com o outro ou, antes, com a imagem televisual do outro. Filosoficamente, em outras palavras, pareceu impossível imaginar qualquer identificação com o outro que não fosse pela unificação de duas subjetividades. Mas isso abre novas perspectivas ou possibilidades representacionais.

Em primeiro lugar, a fusão com Mercer é compreendida em termos de uma paisagem:

> A imagem ficou nítida; viu de imediato a famosa paisagem, a velha, marrom e estéril subida, com tufos de secas e ossudas ervas, inclinadas na direção de um pálido e nublado céu. Uma figura solitária, de forma mais ou menos humana, pelejava em subir a colina [...]. John Isidore gradualmente experimentava um minguar da sala em que estava; a mobília dilapidada e as paredes vazaram e ele deixou inteiramente de vê-las. Descobriu-se como sempre antes, entrando naquela paisagem de desbotada colina, desbotado céu (p. 18).[6]

Não é apenas que a paisagem seja o instrumento de fusão com Mercer; também se pode falar de um tipo de identificação metafórica, um deslize metafórico entre a desolação da cidade de São Francisco pós-Guerra Mundial, despovoada e radioativa, e essa paisagem montanhosa árida e desolada, que, não obstante, não é de modo algum visualmente similar à cidade destruída. Os mistérios da substituição e do sacrifício permanecem, portanto, apenas transpostos para as duas paisagens, continuando obscuros como a desolação de uma poderia, de algum modo, aliviar a desolação da outra.

Vale a pena notar que essa "fusão" borra a distinção entre o individual e o coletivo de um modo diferente, bem distinto da

---

6 Philip K. Dick, *Androides sonham com ovelhas elétricas?*, tradução de Ronaldo Bressane, São Paulo: Aleph, 2015, p. 23-24. [N.T.].

relação dual com Mercer; mas isso é algo mais bem observado em uma situação muito diferente, a saber, aquela dos colonos de Marte e de seu passatempo, o Ambiente Pat Insolente (em *Os três estigmas de Palmer Eldritch*). Aqui, uma paisagem ainda menos promissora parece exigir imperiosamente alguma forma de escape, como fica claro com a chegada de Barney Mayerson:

> A draga de areia havia terminado sua tarefa autônoma. Seus pertences formavam uma pilha parca, e a areia solta já passava por eles em ondas. Se não fossem levados para baixo, seriam encobertos pela poeira, e rápido. [...] Os outros membros do abrigo juntaram-se para ajudá-lo, passando a mala de mão em mão até a esteira rolante que ia até a cabana abaixo da superfície. Mesmo se ele não estivesse interessado em preservar seus antigos pertences, eles estavam. Tinham um conhecimento superior ao dele. [...] E não o havia perturbado tanto ver os jardins meio abandonados, equipamentos completamente desprezados, os grandes montes de suprimentos apodrecendo. Ele sabia, pelas fitas-edu, que a fronteira era sempre assim, mesmo na Terra. O Alasca tinha sido assim até recentemente, e assim era, exceto pelas atuais cidades de férias, a Antártida agora (p. 140 e150).[7]

Embora esteja bastante claro que nem o próprio Barney estava muito seguro dessa denegação final, provavelmente precisamos analisar a euforia do próprio Dick com essas cenas: o *"kipple"* da São Francisco pós-atômica de *Androides sonham com ovelhas elétricas?* (o termo designando o modo como tudo que é sólido se dissipa em pó) e a areia da Marte ainda incompletamente colonizada não podem, nenhum dos dois, ser tomados como visões definitivas do horror – diferentemente, por exemplo, do mundo das tumbas de Mercer ou da ameaça de Jory, em *Ubik*. De outro modo, essas cenas parecem coincidir com a América dos anos 1950 dos romances *mainstream*, dos quais o menos que se pode dizer é que eles reinventaram a noção de exílio provincial para a

---

[7] Philip K. Dick, *Os três estigmas de Palmer Eldritch*, tradução de Ludimila Hashimoto, São Paulo: Aleph, 2013, p. 125 e 134. [N.T.]

tradição moderna norte-americana. Talvez não seja de todo inepto, em termos psicológicos, arriscar um diagnóstico: se as catástrofes da FC são frequentemente um mero pretexto para a reinvenção da pequena comunidade Utópica do futuro, pode-se talvez arriscar o palpite de que, aqui, é o próprio mal-estar subjetivo de Dick que se encontra objetivamente (bem como coletivamente) motivado. Não apenas ele é pior que qualquer depressão subjetiva passageira, mas tem de ser compartilhado e experienciado também por todo mundo.

Seja como for, parece haver semelhanças suficientes entre as agonias da "Via Crúcis" da identificação com Mercer e a satisfação de anseios, parecido com os filmes de praia de Frankie Avalon, disponível aos colonos em Marte pela Ambientes Pat Insolente:

> Ele era Walt. Tinha uma nave esporte Jaguar XXB com velocidade máxima de vinte e quatro mil quilômetros por hora. Suas camisas vinham da Itália, e os sapatos eram feitos na Inglaterra [...]. Walt desligou a TV, levantou-se e foi descalço até a janela. Puxou a persiana, viu a rua do início de manhã radiante e quente de São Francisco, as colinas e as casas brancas. Era manhã de sábado, e ele não tinha que ir trabalhar em Palo Alto, na Ampex SA. Em vez disso – e a ideia soava muito bem na sua cabeça – tinha um encontro com sua garota, Pat Christensen, que tinha um apartamento pequeno e moderno em Potrero Hill. Era sempre sábado (p. 44-45).[8]

Nessa fantasia participativa, induzida por drogas, as complicações metafísicas da "fusão" são algo mais cômicas, dado que alguns homens podem compartilhar a figura de Walt e algumas mulheres a de Pat. A referência histórica não é menos confusa: os acessórios interativos da boneca Barbie (ela foi lançada em 1959), bem como o próprio estilo das cenas de praia evocam fortemente os anos 1950, enquanto o equipamento futurista dá à sequência os adereços de certa fantasia de FC de um futuro capital-financeiro do Vale do Silício. E, diferentemente de outros romancistas de FC ou históricos,

---

[8] *Ibidem*, p. 43. [N.T.]

as aparentes liberdades de Dick com a história não são nunca sem significância. Podemos, por exemplo, apresentar a hipótese de que os elementos futuristas seriam precisamente aqueles essenciais em uma fantasia sonhada nos anos 1950; ou, ainda, podemos imaginar que, em *Palmer Eldritch*, o presente do romance (embora distante do nosso próprio futuro) seja de algum modo homólogo aos nossos anos 1950 históricos.

Na realidade, a verdade está em outro lugar, e devemos notar que precisamente esses elementos futuristas – notavelmente as naves esportivas – vêm acompanhados por uma infiltração mais alarmante do mundo exterior. Trata-se de uma fantasia já maculada pelo princípio de realidade; e a praia em que Walt e Pat planejam nadar nesse fim de semana eterno não pode ser visitada à tarde, em decorrência dos efeitos do aquecimento global. Satisfações de anseios, como Freud e os Utópicos nos ensinaram, não serão alcançadas tão facilmente, pela mera apresentação do anseio; elas têm suas próprias exigências e limitações formais específicas, que revelam as realidades de seu contexto mais efetivamente que a inversão do conteúdo. Assim, como com as pedras com que Mercer é perseguido e ferido, um mundo distópico e entrópico constantemente ameaça o tecido tênue da identificação projetiva. Mas isso envolve um curioso paradoxo, pois, no pesadelo característico de Dick, sobre o qual o leitor sempre assumiu que se trataria de uma degradação da realidade (como, fisicamente, com o próprio *kipple*), ocorre, pelo contrário, que é o mundo dos sonhos ou o estado alucinatório que é degradado e se vê progressivamente infectado pela própria realidade.

E esse é justamente o caso com Chew-Z, com os efeitos bem mais nefastos da operação que Palmer Eldritch executa para eliminar o monopólio rival de Pat Insolente e Can-D. Decerto, a transformação de tudo no "mundo" em Palmer Eldritch – anunciado pelos "estigmas" do título – é uma experiência mais sinistra do que qualquer coisa que os ambientes podem oferecer:

> A porta do escritório abriu-se. A srta. Gleason, com os papéis de requisição da nave em mãos, entrou. A mão que segurava os papéis

era artificial. Ele distinguiu o lampejo do metal inconfundível e, de imediato, ergueu a cabeça para examinar o rosto dela, o resto dela. Dentes neandertais, pensou. É o que esses molares de aço gigantescos parecem. Uma reversão, a duzentos mil anos atrás. Revoltante. E o luxvid, ou vidlux, ou o que quer que fossem os olhos dele, sem pupilas, somente fendas. Produto dos Laboratórios Jensen de Chicago, fossem o que fossem. – Eldritch, seu desgraçado – ele disse. – Sou seu piloto também – disse Eldritch, de dentro da forma da srta. Gleason. – E estava pensando em lhe dar as boas-vindas quando pousar. Mas isso é demais, é cedo (p. 199).[9]

Gostaria de sugerir que o pesadelo aqui é o solipsismo, o aprisionamento dentro da própria consciência individual, sem contato com a alteridade ou a realidade exterior. Mas a aparição de Palmer Eldritch restaura essa realidade e se apresenta como uma forma do que os românticos tecnicamente chamavam de Ironia, a saber, o modo como o Criador se revela através de sua criação, esta se tornando tênue e transparente. Não se deve, porém, pensar que Eldritch seja exclusiva e implacavelmente uma força má (seja lá que tipo de alienígena ele seja por trás de seu disfarce humano): de fato, como o oceano senciente de Stanislaw Lem em *Solaris*, ele gostaria de fazer algo de bom para os seres humanos – acontece apenas que ele não entende o que seria esse algo nem como realizá-lo.

Essas referências, entretanto, e os "estigmas" em questão – olhos vidlux, mão protética, dentes de aço inoxidável – parecem nos fazer voltar inescapavelmente para a conceitualidade da teologia, quando não, de fato, da própria religião. Mas é precisamente essa dimensão que precisamos analisar neste momento. Isso porque ela estabelece a consonância mais profunda e algo surpreende entre o mercerismo – uma terapia de consolação quase religiosa – e o recurso visivelmente frívolo e escapista à Pat Insolente, como testemunha o relato do colono Sam Regan, um consumidor habitual de Can-D:

---

[9] *Ibidem*, p. 176. [N.T.]

Ele acreditava. Afirmava o milagre da tradução – o momento quase sagrado em que os artefatos em miniatura do ambiente deixavam de simplesmente representar a Terra, mas se *transformavam* na Terra. E ele e os outros, unidos na fusão habitação-boneca por meio da Can-D, eram transportados para fora do tempo e do espaço local (p. 38).[10]

A paródia tem sua justificativa mais profunda na própria natureza da especulação teológica. Pois, do mesmo modo que a história da filosofia e de seu discurso consiste, de *Parmênides* até a *Lógica* de Hegel, em uma longa reflexão sobre a natureza das próprias categorias conceituais, também a teologia oferece uma reflexão levemente dissimulada dos impasses da representação, em que a relação irrepresentável entre a letra e o espírito é dramatizada enquanto uma encarnação, quando não como uma relação entre corpo e alma, como na reunião mística com Pat Insolente e Walt. Logo, as afinidades eletivas entre a escrita de Dick e as figuras e figurações teológicas mais tradicionais não precisam ser interpretadas de um modo convencionalmente religioso, a não ser que a própria religião não seja mais que apenas uma obsessão estética e formal com a representação enquanto tal.

Mas, agora, precisamos avançar um passo a mais, uma vez que a teologia não oferece, para nossa interpretação, uma determinação em última instância. O que negligenciamos até agora foi, por assim dizer, o aparato material pelo qual essas experiências de participação mística são transmitidas: uma geração anterior de leitores de Dick (incluindo eu) assumiu que a mediação tomava a forma das drogas e da esquizofrenia; mas parece ser o momento de propor uma leitura diferente para o que certamente são constantes temáticas na obra de Dick. Afinal, aqui, tanto no mercerismo quanto nos ambientes de Pat Insolente estamos diante de um espetáculo televisual essencialmente interativo (e a onipresença dessa tecnologia comunicacional hoje em dia talvez justifique um lembrete quanto ao seu caráter inovador nos

---

[10] *Ibidem*, p. 38. [N.T.]

anos 1950 de Dick, bem como dos medos e preocupações culturais que ela inevitavelmente inspirava, e ainda inspira). Logo, podemos sugerir que esses episódios incluem, em larga medida, uma reflexão sobre a cultura de massa, uma hipótese reforçada pela insistência de Cornel West de que a religião também seria uma forma de cultura de massa americana (cuja ausência dos atuais *Cultural Studies* ele lamenta). As drogas são também, talvez, uma forma de cultura de massa estadunidense; e, certamente, o que se teme em todas essas instâncias é precisamente certa "fusão" com o meio e uma perda de autonomia individual. A televisão é, em todo caso, outra referência desses temas e eventos contextuais dos anos 1950 que, como observamos, estão muito presentes na obra de Dick (como com a dramatização das então novas bonecas Barbie); e pode-se sugerir que, em Dick, as drogas e a esquizofrenia são más não porque provocam alucinações, mas porque essas alucinações estão relacionadas, de modo excessivamente próximo, à televisão.

Este é, entretanto, o momento de observar que as posições éticas de Dick – em outras palavras, os julgamentos em termos da ética binária do bem e do mal – são sistematicamente alteradas, de um modo que não apenas o coloca "para além do bem e do mal", mas também explica algo da densidade realista e não ideológica de sua obra. (Talvez possamos ainda arriscar o palpite de que o que distingue suas obras tardias, religiosas, seja precisamente o declínio dessa alternância ética e sua decisão de assumir, de uma vez por todas, um lado.)

Trata-se de uma comutação sistemática que encontraremos em operação em cada um dos quatro grupos de matérias-primas (ou narremas), dos quais essa categoria de cultura de massa é apenas a primeira. Claramente negativo, por exemplo, é o vício alucinatório evidentemente tóxico à droga JJ180 de Kathy Sweetscent (em *Espere agora pelo ano passado*) – também, por acaso, um daqueles muitos momentos em que Dick aproveita a oportunidade para redobrar sua estrutura de enredo com o tema "*mainstream*" obsessivo do casamento ruim e da fêmea "castradora" (outro tema característico dos anos 1950, pelo menos nos Estados Unidos).

A droga em questão, em consonância com o registro temático do romance, induz à viagem no tempo, bem como a uma proliferação de linhas do tempo e futuros alternativos. Mas, quanto a isso, vale a pena lembrar que a posição profissional de Kathy na Companhia Tijuana Fur & Dye consiste em garimpar antiguidades autênticas para seu proprietário, Virgil Ackerman. A busca nostálgica por objetos metonímicos do passado parece então constituir a versão positiva das variantes claramente negativas do futuro, de modo que o romance pode ser visto como um intricado processo de comutação em que a temporalidade se alterna entre um registro nefasto e outro salvífico. Pois, embora seja importante não superestimar prematuramente o papel da nostalgia em um sistema narrativo que ainda não exploramos completamente, a criação do Wash-35 de Virgil Ackerman – uma "reconstrução meticulosamente elaborada do universo específico de infância que Virgil viera a conhecer, constantemente aperfeiçoado e melhorado, em matéria de autenticidade, pela sua pesquisadora de antiguidades" (p. 21)[11] – é certamente, para muitos de nós, uma das invenções mais sublimes de Dick (lembrando que foram nesses mesmos anos que Dick teve sua experiência infantil naquela cidade):

> A alguns quarteirões de distância [do "edifício de alvenaria com cinco andares em que Virgil havia morado quando garoto"] ficava a Connecticut Avenue, ao longo da qual estavam várias lojas de que Virgil se lembrava. Havia ali a Gammage's, uma loja onde ele havia comprado quadrinhos Tip Top e doces baratos. Junto dela, Eric avistou a fachada familiar da People's Drugstore; na infância, o velho havia entrado ali para comprar um isqueiro, assim como compostos químicos para o seu estojo de química Gilbert n. 5. "Que filme está passando no Uptown Theater nesta semana?" (p. 27).[12]

---

[11] Philip K. Dick, *Espere agora pelo ano passado*, tradução de Braulio Tavares, Rio de Janeiro: Suma, 2018, p. 21. [N.T]

[12] *Ibidem*, p. 27. [N.T.]

Aqui, pois, temos a ressurreição em carne e osso, se não dos mortos, pelo menos do passado, gradualmente preenchido com objetos autênticos e povoado por robôs semelhantes aos vivos da infância de Virgil; e, a esse respeito, podemos também lembrar dos colecionáveis de *O homem do castelo alto* e da mediação de objetos materiais – os discos LP das várias lojas de discos clássicas recriadas – no coração da relação de Dick com a música.

Porém, algo para além da psicologia padrão (ou psicopatologia) do colecionador parece estar em jogo aqui, pois os objetos parecem estabelecer o que Kenneth Burke teria chamado de categoria da "cena": lugares pensados e compostos com carinho para uma atividade humana que desapareceu, como hospedeiros desaparecem ao longo do processo geracional, deixando suas carapaças e moradias para trás. Colecionar, nesse sentido, sugere então uma repetição desesperada, que, ao reconstruir a cena, luta para restaurar os atos humanos e os eventos interpessoais que outrora ela abrigou. Mas uma análise como essa também esclarece de uma vez nosso material temático anterior, pois o ambiente não é senão uma dessas cenas, e a fusão com Mercer substitui, em certo sentido, a novidade da ação e do evento pleno com um tipo de eterno retorno da imagem televisual. Nesse aglomerado sêmico particular, pois, um mundo-objeto historicamente marcado coincide com o fenômeno da mídia dos anos 1950 para produzir o espaço e a categoria da cena vazia; e esta é algo como uma forma pura, que pode ser declinada de um modo negativo ou positivo e acomodada a um conteúdo tanto maligno quanto redentor.

É momento agora de delinear a estratégia do restante deste ensaio, que se propõe a construir mais três desses aglomerados sêmicos, na ordem e segundo o modelo das variantes relacionadas a esse primeiro aglomerado "cênico" (embora, decerto, não com tantos detalhes). Em um segundo momento, a relação desses quatro aglomerados sêmicos uns com os outros será organizada de acordo com suas várias oposições, o que, envolvendo a clássica distinção lógica entre o contrário e o contraditório, tomará a forma do retângulo semiótico de Greimas (a seguir).

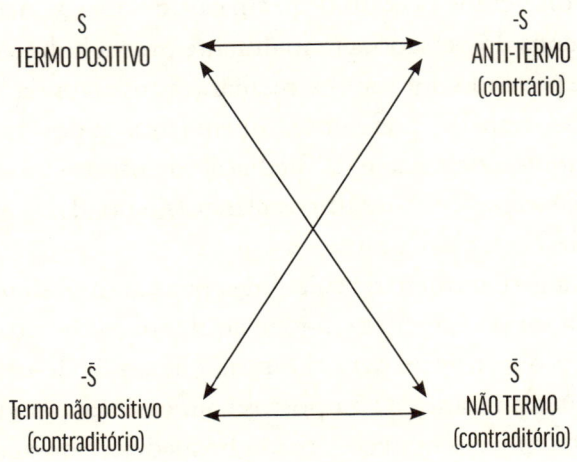

S
TERMO POSITIVO

-S
ANTI-TERMO
(contrário)

-S̄
Termo não positivo
(contraditório)

S̄
NÃO TERMO
(contraditório)

A utilidade desse exercício (que poderia surpreender o leitor como mecânico ou antiestético) reside não apenas em sua demonstração da relação mais profunda entre os vários aglomerados temáticos, mas também no modo como ele abre a possibilidade de um ato interpretativo ainda mais ambicioso (ainda que especulativo). Pois cada lado do retângulo oferece também a oportunidade para a projeção de um tipo de síntese impossível, em que os contrários ou as contradições encontram certa solução ideal – a hipótese sendo a de que é nesse nível apenas que seremos capazes de descobrir algo da energia e do impulso da própria obra.

Seja como for, parece agora apropriado colocar a "empatia" junto a Mercer (cujas intricadas associações já examinamos com alguma profundidade) em justaposição estrutural com uma função narrativa explicitamente distinta, tanto em termos narrativos quanto temáticos, a saber, a ausência de "empatia" dos próprios androides, supostamente desprovidos de todo calor humano e simpatia de acordo com os quocientes mensuráveis que se apresentam no teste Voigt-Kampff. (Que segue o modelo, como mostrou Anthony Wolk, dos vários questionários psiquiátricos dos anos 1950, formulados para detectar a esquizofrenia, e que provavelmente guarda relações com a psiquiatria soviética e a teoria da linguagem que ainda precisam ser exploradas pelos estudiosos de Dick.) Roy Baty está claramente destinado, em sua malignidade implacável, a dramatizar essa diferenciação testável em relação ao humano, que, entretanto, o próprio romance refuta, ao mostrar a comunidade muito real de interesses e sentimentos entre os androides rebeldes e sua palpável consternação diante do extermínio dos seus companheiros.

Não obstante, a questão da empatia surge especialmente como uma tentativa de distinguir os androides dos humanos; e esse deslocamento da robótica de Asimov, com sua ênfase no trabalho e, poderíamos dizer, nas leis e práticas trabalhistas, para esse mimetismo (que levanta questões mais proximamente relacionadas às questões atuais sobre a clonagem) parece ter sido a realização pessoal de Dick (embora algo da atualidade do termo *androide* se deva à versão em filme do romance em questão: *Blade Runner*, Ridley Scott, 1982). Creio, portanto, que o foco de Dick seja bem mais cartesiano que ético ou próprio à psicologia popular – uma impressão reforçada pela recordação das ambiguidades do dualismo de Descartes, que faz dele o pai tanto do materialismo moderno quanto do idealismo moderno. Os animais são máquinas, e como realmente sei que outras pessoas também não são autômatos? Mas Dick reativa o problema cartesiano de um modo peculiarmente virulento e moderno, e desperta novamente a dúvida cartesiana de um modo ainda mais ameaçador e abrangente que a hipótese do "gênio maligno". Pois em histórias cruciais como "O impostor" ou "A formiga elétrica", as questões agora identificadas como envolvendo a Inteligência Artificial penetram e infectam toda experiência do domínio do pensamento ou da consciência de Descartes e já não é mais apenas o androide que tem de se fazer essas questões autorreferenciais. O que emerge, no fim, é o que chamarei de "cogito androide": penso, logo sou um androide. Isso inverte a questão externa da verificação em uma clivagem permanente dentro da própria autoconsciência, e é sintomático que os debates sobre *Blade Runner* (do qual o episódio Phil Resch, que dramatiza o cogito androide, foi excluído) evoluíram lentamente para discussões sobre se Rick Deckard (inquestionavelmente um humano no romance) não seria ele próprio um androide.

Porém, e dando uma forma final para esse aglomerado temático particular – paradoxalmente organizado em torno dos problemas filosóficos levantados pela consciência individual, que é, entretanto (de um modo que lembra a agressividade do estágio do espelho de Lacan), dramatizada como inimiga dos humanos, em vez de como seu alter ego –, não podemos deixar de acrescentar algumas outras características ligadas aos androides, mas também, pelo menos metonimicamente, ao próprio aglomerado.

Uma delas é certamente o sema do tecnológico, que imediatamente evolui na imaginação política de Dick para o sema das grandes corporações, com seu monopólio sobre as técnicas reprodutivas e seu poder social. (A preocupação com o "homem organizacional" e com as estruturas de negócios anônimas e impessoais relacionadas – monopolistas, mas ainda não globalizadas – já havia se tornado um tema popular na cultura dos anos 1950.) Ao mesmo tempo, devemos preservar toda a ambivalência de sentido que Dick dá a essa tecnologia, na maioria das vezes mecânica, mas ocasionalmente lançando imagens orgânicas formidáveis, como em "Pay for the Printer", em que os alienígenas Biltong reproduzem fielmente qualquer objeto colocado na frente deles – uma situação sinistramente formulada para o capitalismo em *Espere agora pelo ano passado*, onde se consegue que seja preservada a capacidade da "ameba impressora marciana" de imitar peles de animais: "A solução foi desenvolvida ao longo de um período de vários meses e consistiu em matar a ameba quando seu mimetismo estava perfeito e depois submeter seu cadáver a um banho de agentes químicos fixadores, com a capacidade de estabilizar sua forma final" (p. 14).[13]

Em "Pay for the Printer", é certo, a tecnologia orgânica reprodutiva ou mimética é um tipo de assistência alienígena em uma situação pós-guerra em que a tecnologia humana "real" foi em grande parte

---

[13] *Ibidem*, p. 13. [N.T.]

destruída. Mas a emergência do tema como uma característica de certa devastação pós-guerra futura (como a emergência, mais convencional, de uma maquinaria autônoma e letal na paisagem tipo *Exterminador do futuro* de "Second Variety", filmado como *Assassinos cibernéticos* [Christian Dugay, 1995]) ressalta uma associação algo paradoxal, a saber, a relação entre esse complexo de temáticas e a ideia mesma de futuro. Por que a noção de futuro deveria seria paradoxal em um gênero muito frequentemente definido, de antemão, em termos de extrapolação e antecipação sistemática? Mas acho que não devemos tomar o interesse de Dick pelo futuro como um dado; de fato, logo adiante descobriremos que seu senso de história é inesperadamente complicado e mais original que um mero exercício futurista.

De todo modo, a realização desse aglomerado, em que a subjetividade individual e o cogito androide estão vinculados a uma perspectiva sobre o futuro, bem como à tecnologia em sua forma mais tradicional (ainda não cibernética, porém levando o reprodutivo e o mimético ao limite), pode agora, por um tipo de uma inversão temática, nos remeter a ainda outro complexo crucial de temas. Mencionamos a Associação Rosen de *Androides sonham com ovelhas elétricas?* como uma transnacional gigante, cujas práticas de negócio (provendo força de trabalho androide para as fábricas fora do mundo) são reminiscências das organizações de trabalho escravo nazistas de *O homem do castelo alto*. Mas ainda não comentamos que a organização Rosen é, ela mesma, resultado, no futuro distante, daquele pequeno negócio familiar cujos problemas estão no centro do enredo de *We Can Build You* (escrito cerca de quatro anos antes). É, de fato, em *We Can Build You* que a própria invenção do androide, ou pelo menos o surgimento do androide dickiano, com todas as suas ricas associações, pode ser observada.

Pois esses primeiros androides surpreendem como seres de espírito muito diferente daquele ameaçador grupo de predadores de Roy Baty; e, de fato, tendo a dizer que a invenção de Lincoln e Stanton por Dick está entre as realizações mais sublimes de sua obra. No começo, decerto, eles eram pensados como partes de uma grandiosa versão comercial de algo parecido à Wash-35, de Virgil Ackerman;

ocorre, no entanto, como descreve Maury, que esse projeto visa a nada menos que

> [...] o centenário, daqui a dez anos, da Guerra Civil dos Estados Unidos, e o que faremos é: a fábrica Rosen fornece a todos os participantes *simulacra* – assim no plural, é uma palavra latina – de *todos*. De Lincoln, Stanton, Jeff Davis, Robert E. Lee, Longstreet e de cerca de três milhões de pessoas mais simples, como soldados, que manteremos disponíveis todo o tempo. E teremos essas batalhas sendo disputadas com os participantes realmente morrendo, esses *simulacra* feitos por demanda explodindo em pedaços – em vez de ser um filme B, com um bando de estudantes interpretando Shakespeare (p. 20).

Trata-se da ressurreição, com toda a força, do passado e dos mortos, visando a nada menos que uma segunda morte realista de todos os reavivados. O projeto (estamos, afinal, a apenas sete anos do lançamento da Disneyland, em 1955) parece querer, desesperada e estruturalmente, seguindo nosso formato aqui, oferecer à categoria vazia de Cena um Evento e, de fato, um Evento do tipo mais marcante e histórico-mundial possível. Mas o evento é, ele próprio, um *simulacrum*: sua escolha e seu conteúdo são totalmente contingentes (Dick escreveu o romance durante o centenário da Guerra Civil); e, por fim, ele é excessivamente caro e o governo não irá, de todo modo, patrociná-lo.

O que ocorre é algo bem diferente e, longe de serem os atores centrais ou os protagonistas de um drama, esses dois primeiros androides se revelam como espécimes daquela categoria peculiar e distinta que Vladimir Propp, em *Morphology of the Folktale*, nomeia de *adjuvantes* ou *ajudantes*. Note-se imediatamente que a categoria de adjuvante não é do mesmo tipo que a categoria de protagonista (ou o vilão, se quiser): não é um mero personagem secundário (personagens planos por oposição a personagens redondos ou um papel para um ator de personagens, em vez de para uma estrela). A natureza do adjuvante não pode ser identificada de antemão (com a exceção, talvez, nos materiais originais do conto maravilhoso de

Propp, com suas forças mágicas e sua organização maniqueísta); apenas a sua função pode ser descrita: um agente da salvação, seja lá de que origem e com que intenção.

É assim que Lincoln se torna o conselheiro legal da nova empresa Rosen e Stanton se torna seu primeiro presidente de conselho; ambos planejam a estratégia da organização em sua disputa com a rival Barrows Corporation; e, de fato, é o termo profissional que nos dá a melhor pista para a função do adjuvante nessa obra particular (e em Dick em geral), a saber, a de *dar conselhos*. E esse é o caso seja quando lidamos com algo tão mecânico quanto a maleta contendo o psiquiatra Dr. Smile (em *Palmer Eldritch*) ou com alguém tão ambíguo quanto o alienígena telepático Lord Running Clam (em *Clãs da lua alfa*) ou com alguém tão devotada e confiável quanto a falecida Ella Runciter (em *Ubik*), consultada regularmente em sua meia-vida pelo seu marido empresário.

O que caracteriza todas essas figuras é seu altruísmo essencial, algo imediatamente compreensível por sua condição: ou máquina ou morto. Ainda assim, isso não significa que eles não tenham, particularmente nos casos de Lincoln e Stanton, seu modo de existência interior. Enquanto um estereótipo, Lincoln representa o sofrimento em geral (não apenas dos anos de guerra, mas também na sua relação amorosa com Ann Rutledge, para a qual Dick recorreu enormemente à sentimental biografia em quatro volumes de Carl Sandburg); mas esse despertar da consciência androide senciente reescreve a primeira piscada da existência de Frankenstein como certo surgimento de um horror quase existencial da própria existência:

> [...] os olhos pretos, opacos, viravam, focando e ainda assim não focando, vendo tudo e em certo sentido não se fixando em nada. Como se estivesse antes de tudo em suspensão, esperando com infinita reserva que eu pudesse vislumbrar assim o terrível medo que sentia, um medo tão grande que não poderia ser chamado de uma emoção. Era o medo como existência absoluta: o fundamento de sua vida. Ele foi separado, arrancado de alguma fusão que não podíamos experienciar – pelo menos, não agora. Talvez outrora todos nós repousemos nessa fusão. Para nós, a ruptura estava no

passado distante; para Lincoln, havia acabado de ocorrer – estava acontecendo agora (p. 72-73).

Devemos também conceder a Stanton, por sua vez, sua existência e individualidade singulares, mesmo se de um tipo muito diferente, a saber, como aquela exasperação com outras pessoas que também caracteriza o mundo interpessoal de Dick e do qual o casamento infeliz caracteristicamente dickiano (com sua fêmea castradora) deve ser tomado apenas como um subgrupo e não como sua forma primária. Pois o que distingue Dick dos outros escritores da alta literatura do seu período é que seus protagonistas já foram lançados em um mundo humano e coletivo, distintamente norte-americano; não podem começar no subjetivismo e no isolamento radical, como é tão frequentemente o caso nos paradigmas do alto modernismo, embora eles possam certamente regressar a esse estado – o que, no universo de Dick, é identificado à "esquizofrenia". Mas a exasperação de Stanton é de um tipo histórico:

> O rosto redondo, enrugado, se fechou. "Mr. Lincoln está morto [...]. Você quer dizer que vão trazê-lo de volta? [...] Senhor, já ouviu falar de Artemus Ward?" "Não", admiti.
> "Se o Mr. Lincoln for reanimado, o senhor será submetido a intermináveis seleções humorísticas de escritos do Mr. Ward." Desconfiado, Stanton pegou seu livro e leu de novo. Sua face estava vermelha e suas mãos tremiam (p. 57).

Proponho, em todo caso, estabelecer um vínculo entre a função de dar conselhos e o fenômeno da esquizofrenia, que é tão frequentemente seu pretexto, e que podemos observar aqui (em *We Can Build You*) migrar dos romances *mainstream* para assumir um valor de FC caracteristicamente dickiano. A esquizofrenia não é apenas a inversão da individualidade ou do individualismo do cogito android; é também o pretexto (o que os formalistas russos teriam chamado de "motivação do dispositivo") para dar conselhos, o lugar e o apelo ao adjuvante, o desamparo essencial do ser humano individual deixado de fora das grandes coletividades dos negócios e corporações de Dick.

Mas esses motivos conhecem uma significativa variação, e com essa possibilidade de reconstruir coletividades chegamos ao nosso quarto, e final, aglomerado temático. Já mencionamos o "mundo interpessoal" de Dick e a tonalidade peculiar de exasperação do qual ele parece imbuído (como com uma grande família – a de *We Can Build You*, por exemplo – em que seus vários membros, com suas excentricidades indeléveis, começam a se desentender uns com os outros sem parar). Resta mostrar como um mundo como esse fornece suas características para uma visão específica de pequenas coletividades em Dick: coletividades que não saltem, de modo descontínuo, como frequentemente ocorre no imaginário Utópico ou revolucionário, da má sociedade do presente, para uma sociedade radicalmente diferente, mas que, diferentemente do alto modernismo, também conservem a sociabilidade apesar de sua suposta inautenticidade e *Gerede* (o falatório vazio de Heidegger sobre o *das Man* ou a multidão anônima).

Na maioria das vezes, essas pequenas coletividades – sem dúvida herdadas, de algum modo, de "romances *mainstream*" – são o resultado e o bônus inesperados da catástrofe nuclear, como, paradigmaticamente, em *Dr. Bloodmoney*, com seu assentamento de refugiados rurais no Condado de West Marin, que se reúnem na escola para ouvir as transmissões de Walt Dangerfield durante o sobrevoo do satélite.[14] Mas creio que essas características aparentemente negativas ou destrutivas do conteúdo manifesto tenham muitas vezes uma função completamente diferente em sua fonte latente. Freud dizia algo parecido sobre a morte e cadáveres nos sonhos (que, de todo modo, podem não ter nada a ver com essas realidades): na FC, sou muitas vezes surpreendido – os romances de John Wyndham me vêm à mente – pelo modo como o cataclisma global serve tão frequentemente como um mero pretexto para o sonho de uma satisfação de anseios Utópicos bem mais positivo:

---

[14] Ver meu "Após o Armagedom: sistemas de personagens em *Dr. Bloodmoney*", Ensaio 9.

tanto em Dick quanto em Wyndham, o surgimento de uma pequena comunidade para além da grande cidade ou da nação. Essa estrutura poderia acomodar, assim, outros tipos de catástrofe, mais generalizados, como notavelmente na Marte de *O tempo em Marte*, com suas várias comunidades especializadas – baseadas em sindicatos, por exemplo, ou sionistas – em que a solidariedade coletiva caminha lado a lado com certo impulso secessionista.

Porém, precisamos isolar e ressaltar um traço que persistentemente caracteriza essas comunidades (e que pode também estar relacionado à catástrofe como seu pretexto): trata-se das necessidade e onipresença decisivas do artesanato e de técnicos que consertam coisas. De fato, o coletivo de West Marin – com o técnico Hoppy Harrington em seu centro – pode ser visto praticamente como uma exfoliação e institucionalização da loja de assistência técnica de televisores da Berkeley pré-nuclear, de onde o próprio Hoppy emigrou. O conserto nos leva, assim, metonimicamente, de volta ao pequeno negócio em geral em Dick: as lojas de discos e de antiguidades; Berkeley, Califórnia!.

Estes são especialmente marcados como lugares em que a produção não ocorre; por outro lado, a eles não cabe o opróbrio da categoria inferior de mera distribuição, e lhes é dada uma dimensão positiva e quase Utópica. A atividade de consertar aparelhos oferece, portanto, a síntese entre a valorização do pequeno negócio, por um lado, e as tentativas imperfeitas e exasperantes de manter vivas as pequenas comunidades; e, sem dúvida, ela extrai sua força Utópica da nostalgia do próprio artesanato. Se os fãs de Pat Insolente (ou do próprio Mercer, na medida do possível) são os consumidores do universo de Dick, então esses técnicos são seus homólogos e mantêm a maquinaria funcionando, mesmo quando (diferentemente da Associação Rosen) não foram eles que a produziram.

Agora estamos em condições de colocar esses quatro complexos sêmicos um em relação com o outro, de acordo com a estrutura do retângulo de Greimas. A melhor forma de fazer isso é concentrando os traços de cada grupo ao correlacioná-los com os outros. Assim, parece bastante lógico que a "consciência individual" – como o marcador sêmico do grupo androide – esteja em forte oposição, como um contrário, ao sema das coletividades. Por sua vez, o aglomerado sêmico que combina adjuvantes e a esquizofrenia parece oferecer uma negação bastante geral do agrupamento androide, enquanto a cena vazia dos ambientes e da cultura de massa oferece uma negação igualmente global das coletividades e de pequenos grupos sociais do aglomerado da reparação pós-atômica. Esse nível mais baixo dos contraditórios permite, pois, uma revisão das temáticas dickianas tradicionais das drogas e da esquizofrenia, em que a cultura de massa passa a estar em certa oposição aos adjuvantes:

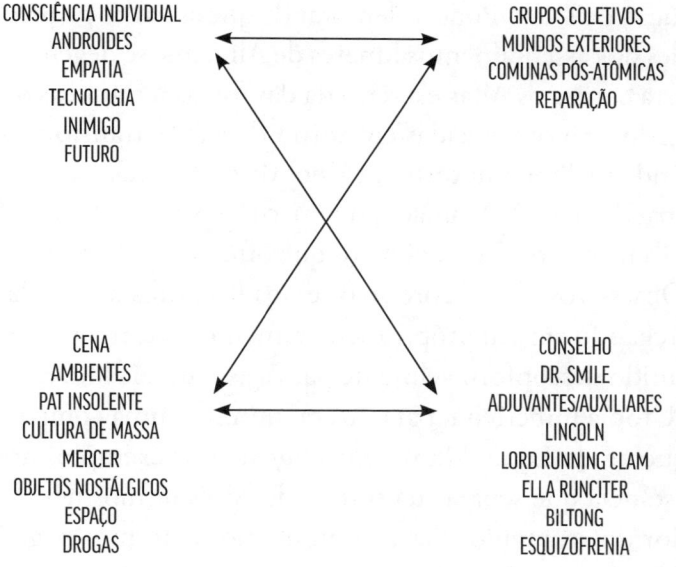

CONSCIÊNCIA INDIVIDUAL
ANDROIDES
EMPATIA
TECNOLOGIA
INIMIGO
FUTURO

GRUPOS COLETIVOS
MUNDOS EXTERIORES
COMUNAS PÓS-ATÔMICAS
REPARAÇÃO

CENA
AMBIENTES
PAT INSOLENTE
CULTURA DE MASSA
MERCER
OBJETOS NOSTÁLGICOS
ESPAÇO
DROGAS

CONSELHO
DR. SMILE
ADJUVANTES/AUXILIARES
LINCOLN
LORD RUNNING CLAM
ELLA RUNCITER
BILTONG
ESQUIZOFRENIA

Mas, dessa forma, o exercício é ainda relativamente ocioso e arbitrário: seu verdadeiro interesse interpretativo reside nas possibilidades de sínteses que ele propõe, pois são essas sínteses que nos colocarão no caminho daqueles "verdadeiros sapos de jardins imaginários" que são o objeto de qualquer crítica que busca o momento de verdade de uma obra. "Soluções imaginárias para contradições reais", poderíamos também dizer, seguindo aqui Lévi-Strauss em sua leitura dos mitos, o que também permite uma perspectiva propriamente marxista sobre a relação entre arte e sociedade, na medida em que os poderes da arte só podem se estender à articulação das tensões sociais e contradições estruturais reais por meio da produção imaginária de sucessivas sínteses narrativas (até que suas possibilidades se exauram), em vez de pela intervenção ativa e prática no campo social enquanto tal.

Quatro dessas soluções imaginárias parecem estar implícitas em nosso esquema, como sínteses de cada um dos cantos contíguos do retângulo. Do lado das negações duplas (o contrário e o contraditório) das coletividades e terapias, há pouca dúvida de que o espaço dessa síntese particular seja ocupado por todo um romance, a saber, *Clãs da lua alfa*, que sem mais assume também a posição do termo Utópico na produção de Dick. Pode-se lembrar de que as várias pequenas coletividades dos assentamentos lunares de Alfa, que se degeneraram após a guerra contra os Alfas e a retirada das forças terráqueas desse posto avançado, são organizadas em torno de vários transtornos mentais ou, ainda melhor, em torno de tipos de caráter relacionados a várias psicopatologias. Os Maníacos (maníaco-depressivos), os Hebetizados (hebefrênicos), os Esquizoides (esquizofrênicos), os Paranoicos, além dos Obsessivos, dos Depressivos e dos Infantilistas – cada grupo se congregando em seu próprio assentamento, e de tempos em tempos se reunido desconfortavelmente para a assembleia lunar. Trata-se de uma Utopia imperfeita, para dizer o mínimo: uma comparação com o esquema de Louis Mann, em *Utopics*, por exemplo, nos recorda da distância que separa sua síntese dos dois termos neutros (o lado inferior do retângulo) dessa combinação de termos negativos. Entretanto, o exemplo de Fourier está aí para nos oferecer um método radicalmente diferente de combinação de tipos de caráter psicológico (e mesmo psicopatológico). Pois, em Fourier, estes são unidos para complementar um ao outro, a cada tipo sendo atribuída uma tarefa a ele apropriada e que um tipo diferente acharia repugnante – é uma combinação de habilidades e manias que *Clãs da lua alfa* logra obter apenas no momento máximo da crise. De todo modo, no nível da narrativa, a identificação da dinâmica do clã com o problemático (e caracteristicamente dickiano) casamento Rittersdorf deixa essa Utopia em um espaço muito incerto e precário.

Muitas vezes se observa, de modo estereotípico, que o oposto da Utopia seria a história; este, de todo modo, parece ser o caso de acordo com nosso esquema da estrutura da obra de Dick, no qual é o lado esquerdo do retângulo ou, em outras palavras, a síntese dos termos positivo e não negativo que indica a unificação do futuro (os androides) e do passado (os objetos nostálgicos e as coleções). Na verdade, não apenas este é o lugar da história, mas é também o espaço do método histórico e o de uma das mais marcantes inovações de Dick: o que em outro lugar chamei de "nostalgia do presente".[15] Essa ideia (se é que é uma ideia) não é um conceito, mas antes um pensar por meio da forma, um pensar na e através da narrativa, no sentido em que Deleuze atribuía um tipo de filosofar não conceitual a cineastas ou pintores. Do mesmo modo, a perspectiva histórico-temporal de Dick constitui aqui todo um novo modo de pensar o tempo e a história e um tipo de método ou órganon para abordar esses fenômenos que as condições atmosféricas da pós-modernidade parecem crescentemente ocluir e tornar intangíveis e inutilizáveis.

Pois a premissa desse novo encontro com o tempo é muito precisamente aquela ausência do presente que, para Ernst Bloch, seria o fundamento de toda uma nova teoria do Utópico e, para Proust, a condição para a fundação de toda uma nova estética. Mas o eterno e nostálgico retorno de Dick ao passado é tudo menos proustiano, já que ocorre a partir do horizonte rebaixado de um futuro de FC. Em Dick, nem o passado nem o futuro pode se tornar autônomo; e essa é a razão pela qual defendi que, seja lá qual for a situação pós-atômica ou pós-catastrófica do mundo de Dick em determinado romance, essas condições não devem ser consideradas, nem mesmo em *Dr. Bloodmoney*, como distópicas. E isso por uma razão: o antiUtópico genuíno é sempre guiado pelo desejo passional de refutar a Utopia, algo completamente ausente aqui. Outra razão é que qualquer leitor inveterado gradualmente chega à conclusão de que Dick se diverte

---

[15] Ver meu *Postmodernism, or, the Cultural Logic of Late Capitalism*, Capítulo 9, "Nostalgia for the Present", especialmente p. 279-287.

com a miséria e o empobrecimento dessas paisagens (como, no limite, também o próprio leitor).

Nem o passado é autônomo: a visão de Wash-35, a recuperação ou a ressurreição do universo da infância, não é realmente o objeto do desejo. O que Dick anseia é, antes, o objeto perdido enquanto tal ou, em outras palavras, a nostalgia pelo presente, algo que só pode ser alcançado quando o presente é transformado em um passado distante por uma perspectiva futura cuja verdadeira função e razão de ser é justamente a de ser a operadora desse deslocamento de perspectivas temporais. Dick nos oferece, assim, um instrumento perverso e oportuno para compreender o presente como história, em uma situação em que, bem mais que seu autor, sofremos com o vazio do nosso presente ou com o que Mallarmé chamou de ausência de contemporaneidade.

Precisamos agora identificar rapidamente os últimos lados do quadrado semiótico. A união dos termos neutros, o lado inferior do retângulo, em que o espaço vazio dos ambientes encontra o domínio da esquizofrenia, incluindo também aquela meia-vida na qual Joe Chip, como uma alma cristã em um mundo caído, está desde então condenado a fazer boas obras e a buscar a salvação de seus companheiros mortos – esse lugar, entregue ao vício televisual e às terapias, só pode ser os próprios Estados Unidos e, em particular, a América dos anos 1950, na qual a imaginação de Dick está fixada como em uma cápsula do tempo (como os viajantes condenados de *Labirinto da morte*).

Qualquer leitura da síntese maior, o termo complexo, em que ocorre um encontro impossível entre os extremos da oposição ou contradição fundamental (aqui, entre a consciência individual e a coletiva), deve necessariamente permanecer provisória e aberta a uma variedade de leituras e hipóteses. Ainda assim, se é uma questão de salto evolutivo – a combinação de certa tecnologia androide futura e os esforços artesanais do técnico quintessencial de Dick –, ao menos um episódio insiste em vir à mente: ele ocorre perto do começo de *Espere agora pelo ano passado* e é desencadeado pela relutância de um dos trabalhadores de Ackerman (Bruce Himmel) em abandonar uma mônada de orientação de foguete defeituosa (o chamado Lazy Brown Dog).

– Não a derreta – disse Himmel. Seu corpo de aparência desagradável se retorceu de constrangimento; os braços se agitaram, com os dedos longos e nodosos se abrindo e se fechando. [...] – Eu... eu não faço mais isso. [...] Numa atitude defensiva, o rosto sombrio de ressentimento, e tendo no rosto os traços corrosivos e as rugas profundas da ansiedade fóbica, ele ficou de lado para lhes dar passagem. No aposento – claramente um depósito –, carrinhos se deslocavam em rodinhas do tamanho de uma moeda de um dólar; vinte ou mais deles, evitando com destreza se chocarem uns com os outros em sua frenética atividade. Em cada um deles, Eric viu um Lazy Brown Dog devidamente instalado, ligado e controlando os movimentos do carrinho (p. 15).[16]

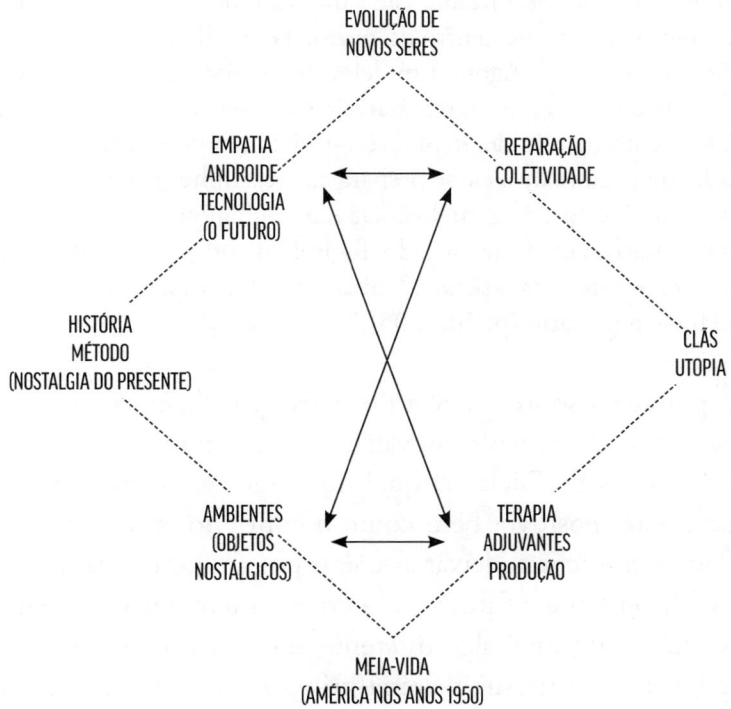

[16] Philip K. Dick, *Espere agora pelo ano passado*, tradução de Braulio Tavares, Rio de Janeiro: Suma, 2018, p. 14-15. [N.T.]

Há algo de comovente sobre esse exercício de caridade cristã diante de uma máquina defeituosa e algo de um salvacionismo muito modesto nessa emergência de novos tipos de seres mecânicos a partir de uma paisagem muito imperfeita. Mas essa deve ser considerada a solução mais frágil e provisória; e o realismo essencial de Dick deve ser aferido pela continuação, no final do romance, quando Eric testemunha o futuro evolutivo e darwiniano desses seres mecânicos, que agora lutam ferozmente entre si:

> O carrinho estava sendo perseguido por outro do mesmo tipo. Os dois se confrontaram, por entre jornais velhos e garrafas vazias, e as pilhas de lixo começaram a tremer e pedaços a voar em todas as direções enquanto os dois carrinhos combatiam, chocando-se com força, bem de frente, cada um tentando atingir a unidade cefálica instalada no centro do outro. Tentando nocautear o Lazy Brown Dog. [...]. Agora, um deles tinha feito saltar para longe o Lazy Brown Dog do outro; parecia estar vencendo. Deu marcha à ré e, como um bode, manobrou posicionando-se para a arremetida final. Enquanto ele se preparava, o carrinho danificado, num derradeiro esforço de inteligência nata, refugiou-se no interior de um balde de zinco galvanizado, fugindo da briga. Protegido, ficou inerte, pronto para esperar as coisas esfriarem, esperar para sempre se fosse necessário (p. 202-205).[17]

Essa potencial sobrevivência do mais apto ilustra novamente a variação e o deslocamento de valências que caracterizam a mais potente das obras de Dick, na qual um dado termo pode mudar de negativo para positivo, bem como o contrário, sem pena nem glória. Poderíamos então deixar as coisas por aqui, nessa suspensão evolucionária, em que o futuro está permanentemente em dúvida.

Mas prefiro um final algo diferente, em que o instinto de salvação de Dick encontra sua matéria-prima e seu alimento na mais deprimente de todas as suas "realidades" romanescas, os assentamentos marcianos de *O tempo em Marte*. Nesse episódio, o episódio

---

[17] *Ibidem*, p. 224. [N.T.]

culminante, é como se todos os cantos de nosso retângulo semiótico, todos os aglomerados sêmicos se unissem em uma apoteose final. Aqui, encontramos um ser protético tipo androide, consertado várias vezes, encontramos adjuvantes e terapia e esquizofrenia, mas também aquela mistura de passado e futuro que, desta vez, atravessa o véu televisual de ilusão em direção a uma realidade historicamente diferente. É o destino de Manfred, uma criança praticamente autista, cuja participação em seu presente infantil se vê bloqueada pela realidade de sua velhice acamada (em um dos edifícios mais emblematicamente terríveis de Dick), da qual ele é inesperadamente resgatado pelo "deslizamento do tempo" do título original (*Martian Time-Slip*):

> A sala estava cheia de bleeks. E no meio deles, ela viu parte de uma criatura viva, um homem velho, só da altura do peito para cima. O restante dele se tornara um emaranhado de bombas, mangueiras e mostradores, todo um maquinário que ficava dando seus cliques, incessantemente ativo. Ela percebeu num instante que aquilo mantinha o homem velho vivo. A parte dele que faltava tinha sido substituída por aquele aparato. Meu Deus, pensou ela. Quem ou o que era aquilo que estava sentado lá com um sorriso em sua cara murcha? Agora a coisa estava falando com eles.
> – Jack Bohlen – a coisa foi pigarreando, e sua voz saía de um alto-falante mecânico, no meio daquelas máquinas, e não de sua boca –, vim até aqui para dizer adeus à minha mãe (p. 218-219).[18]

Aqui está o comunismo primitivo, coletivo, dos aborígenes, que se tornaram também os ajudantes e os socorristas do esquizofrênico Manfred, ele próprio agora um novo tipo de ser protético, surgido do futuro de seu próprio passado, imobilizado em meio a resíduos e a ponto de escapar, com seus amigos em volta o carregando, todos os canos e mangueiras ficando para trás, em direção ao tempo onírico alternativo de outra História e outro presente.

2000

---

[18] Philip K. Dick, *O tempo em Marte*, tradução de Daniel Lühmann, São Paulo: Aleph, 2020, p. 247. [N.T.]

11.
Medo e ódio na globalização

O autor de *Neuromancer* realmente "mudou seu estilo"? Será que ele até parou de escrever Ficção Científica, como afirmaram certos críticos antiquados, pensando que assim o elogiavam? Talvez, pelo contrário, ele estaria se movendo para mais perto daquele "*cyberpunk*", com o qual ele é frequentemente associado, mas que parece mais caracteristicamente desenvolvido na obra de seu colaborador ocasional Bruce Sterling? Em todo caso, o aparato representacional de Ficção Científica, aqui refinado e transistorizado de um modo novo e produtivo, emite informações mais confiáveis sobre o mundo contemporâneo do que um realismo hoje já exaurido (ou um modernismo igualmente exaurido).

William Gibson, agora também autor de *Reconhecimento de padrões*, certamente tem ilustrado com maior frequência essa outra invenção, o "ciberespaço" e suas redes internas de comunicação e informação global, do que o mundo-objeto da mercantilização tardia pelo qual seu último romance cuidadosamente tenta encontrar seu caminho. Decerto, Sterling homenageia os *hackers*, os piratas heroicos do ciberespaço, mas, sem a intensidade trágica de Gibson, como os excêntricos e marginais das novas fronteiras por vir; e a velocidade e a euforia de seus livros, algo estranhas para o mais tranquilo Gibson, sempre me pareceram derivar do empreendedorismo global e da excitação do fazer dinheiro tanto quanto da paranoia.

Mas essa empolgação também expressa a verdade da globalização emergente, e Sterling merece mais que um mero parágrafo ou parênteses aqui. Seus romances são frequentemente episódicos, mas histórias como aquelas apresentadas em *A Good Old-Fashioned Future* (Nova York, 1999) são autênticos artefatos da pós-modernidade e pequenas obras de arte em si mesmas, oferecendo um guia rápido para os novos pontos de passagem globais e picantes dissonâncias entre viajantes pitorescos e as cidades futuras em que eles de repente se encontram: Tóquio, certamente (Tóquio hoje e para sempre!), em que um procurador federal nipo-americano de Providence, Rhode Island, se vê envolvido em uma conspiração feita com gatos de cerâmica; mas também a Califórnia dos inventores desajustados, em que um novo processo de manufatura de águas-vivas artificiais (e aéreas) ameaça converter todo o óleo restante no solo do Texas em uma inútil *Urschleim* – lugar que depois se torna um terreno de caça propício, de modo pouco surpreendente, para encontros entre velhos terroristas estilo anos 1960 e antigos agentes da KGB, bem como de nacionalistas jovens e implacavelmente ecológicos, veteranos espiões industriais internacionais e um finlandês idoso, escritor de livros infantis imensamente populares no Japão. Enquanto isso, atores de Bollywood, fugindo do sistema fiscal indiano, tiveram a grande sorte de cair na maior vala comum da história, em Bolton, numa Inglaterra dizimada pela praga e boa agora apenas como locação para filmes baratos; enquanto, na Alemanha, em Düsseldorf, a nova instituição do *Wende* é explorada, e nela observados de tempos em tempos, por um vendedor de "spex" de Chattanooga, todos os movimentos coletivos destrutivos do momento, dos *hooligans* do futebol às maiorias moralistas antimodernas, que se juntam em um ritual de "turbulência". De fato, é Chattanooga, com a megaestrutura futurista do seu centro esgotada, agora um ninho de ratos invasores, que serve como o palco para um encontro mais complexo e característico: entre um bicicleteiro dessexuado (novos movimentos de gênero [*gender*] proliferaram nesse futuro, incluindo o da Deliberação Sexual, que artificialmente erradica o impulso sexual) e a polícia privada de um antigo congressista importante e agora senil, cuja substituição artificial de identidade (o chamado *mook*) corre o risco de ser desmascarada por um pacote indesejado enviado pelo correio. Por fim, a Ficção Científica retorna com a descoberta, por caçadores de recompensa do século XXI, de uma enorme caverna subterrânea artificial em um deserto centro-asiático, no qual a Zona (a última forma futura da antiga Esfera de Coprosperidade do Leste Asiático, agora comandada, é claro, pela China) hospedou três comunidades humanas isoladas, de tamanho planetário, como um experimento para testar a viabilidade de voos espaciais de 400 anos de duração. Mencionei apenas incidentalmente algumas das tecnologias desvairadas de FC tomadas de barato nesses contos: são mais significativas as prioridades do *cyberpunk* global, em que a especulação e a fantasia tecnológica do velho tipo Toeffler ficam em segundo plano, dando lugar a uma vocação literária historicamente mais original de um mapeamento do novo Imaginário geopolítico.

Essa é a razão pela qual esse turismo global *à la* Hunter Thompson tem um valor epistemológico real: o *cyberpunk* constitui um tipo de experimento de laboratório por meio do qual o espectro de luz e a largura de banda geográfico-cultural do novo sistema são registrados. Trata-se de uma literatura dos novos estereótipos lançados por um sistema em plena expansão que, como a explosão de uma nova, emite uma variedade de sinais e signos inexplorados de novas comunidades e de novas *etnias* artificialmente diferenciadas. Estereótipos são preeminentemente os veículos pelos quais nos relacionamos com outras coletividades (ninguém jamais se deparou com uma coletividade sem sua mediação); são caricaturas alegóricas que já não expressam o desprezo racista do antigo imperialismo, mas podem muitas vezes funcionar – como Žižek observa no caso das piadas racistas populares na antiga Iugoslávia – como formas afetuosas de inclusão e solidariedade.

De fato, uma análise dessa literatura já nos oferece um primeiro inventário desse novo sistema mundial: em primeiro lugar, o imenso papel – especialmente nas evocações de Gibson (até *Reconhecimento de padrões*) – do Japão como a combinação semiótica monitora entre a ciência e a tecnologia do Primeiro Mundo e uma explosão populacional própria ao Terceiro Mundo. A Rússia também surge aqui, mas, antes de tudo, na forma de suas várias máfias (de todas as suas antigas repúblicas), que nos remetem à anarquia e à violência (bem como às redes conspiratórias e aos futuros sem emprego) que se espreitam sob a superfície do capitalismo. Ela também oferece um vertiginoso drama mais contemporâneo sobre o retrocesso de um país que já tinha alcançado paridade com o Primeiro Mundo. A ambiguidade da imagem da Europa, um tipo de museu elegante ou um parque turístico que é também uma via sem saída evolucionária e econômica, é instrutiva; e a ausência do Islã é uma alívio bem-vindo, em um momento em que é a própria realidade, em vez da cultura ou da literatura, que atua com base nesse estereótipo particular.

Esse novo material geopolítico marca uma diferença histórica significativa entre essas histórias de aventura comercial e o igualmente cínico jornalismo *gonzo* do período anterior. (De fato, valeria a pena explorar com maior profundidade as afinidades e distinções entre os produtos culturais dos anos 1960 e 1970 e aqueles dos anos 1990 e 2000.) Igualmente significativo é o fato de que esses protagonistas – ocupados em encontrar produtos raros, garantir o segredo de invenções novas, superar rivais e fazer comércio com os nativos – não precisem particularmente do estímulo de drogas (uma presença ainda preponderante, ou diríamos mesmo metafísica, em uma expressão histórico-mundial recente como *Graça infinita*, de 1996, de David Foster Wallace).

Mas é por meio do estilo que podemos melhor mensurar essas diferenças e posicionar a nova literatura em certo tipo de contínuo temporal; e, aqui, podemos finalmente retornar ao principal, que é certamente a peculiaridade de *Reconhecimento de padrões*, obra na qual esse estilo alcançou um tipo de perfeição clássica. Definirei esse estilo como um tipo de menção de nomes badalados, sendo um indicador confiável dele a descrição das roupas escolhidas pela protagonista (Cayce Pollard) para seu primeiro dia em Londres: "[...] uma nova camiseta Fruit of the Loom, sua Buzz Rickson MA-1 preta, uma anônima saia preta de um brechó de Tulsa, os leggings pretos que ela havia usado para praticar Pilates, sapatos pretos de estudante de Harajuku. Seu equivalente de bolsa é um envelope de plástico laminado preto da Alemanha Oriental, comprado no eBay –

se não for material original da Stasi, pelo menos convence".[1] Não tenho como saber se todos esses itens de fato existem; mas o eBay é certamente a palavra certa para nosso inconsciente coletivo presente, e está claro que as referências funcionam, tanto você sabendo que os produtos são reais quanto que eles foram criados por Gibson – nenhum destes sendo o meu caso. O que também fica claro é que os nomes mencionados são nomes de marcas, nomes cuja própria dinâmica expressa tanto uma obsolescência instantânea quanto uma proveniência global e o neoexotismo do mercado mundial no tempo e no espaço de hoje em dia.

Há mais um ponto: pouco a pouco, no universo presente, tudo está sendo lentamente nomeado; mas isso não tem nada a ver com os antigos universais aristotélicos, em que a ideia de uma cadeira subsome todas as suas manifestações individuais. Aqui, a "cadeira de espaldar alto da estação de trabalho" (p. 4)[2] é quase de uma espécie diferente que o assento no BA 747, "que a faz pensar num barquinho, um barquinho de couro ancestral só que feito de Hexcel e laminado com acabamento de teca" (p. 122). [3]Mas há também cadeiras de exercício, chamadas ou nomeadas de "*reformers*": "[...] muito comprida e muito baixa, ligeiramente sombria e com cara de móvel tipo República de Weimar" (p. 6),[4] que também pode ser traduzida para outra linguagem, na qual ela se torna "uma interpretação clássica fake japonesa em madeira preta laqueada, estofada com alguma coisa que parece couro de tubarão" (p. 178).[5] Cada um desses itens está a caminho do destino final de ter um nome próprio; mas não

---

[1] William Gibson, *Pattern Recognition* (Nova York, 2003), p. 8. Todas as referências a essa edição serão dadas, doravante, no próprio texto. (William Gibson, *Reconhecimento de padrões*, tradução de Fábio Fernandes, São Paulo: Aleph, 2015, p. 17 [N.T.].)

[2] William Gibson, *Reconhecimento de padrões*, tradução de Fábio Fernandes, São Paulo: Aleph, 2015, p. 11 [N.T.].

[3] *Ibidem*, p. 170. [N.T.]

[4] *Ibidem*, p. 14. [N.T.]

[5] *Ibidem*, p. 239. [N.T.]

do tipo com o qual estamos familiarizados quando falamos de uma "cadeira Mies" ou uma "cadeira Barcelona"; não é a origem, mas antes a imagem nomeada que está em questão, de modo que uma "cadeira elétrica Andy Warhol" seria uma referência mais apropriada.

Nesse nominalismo pós-moderno, no entanto, o nome deve também incluir o novo e o que está na moda. O que está desgastado e fora de moda é útil apenas como um marcador cultural: "[...] banquetas de cromo vazias do tipo que giram em frente a balcões de bar, mas muito baixas, em frente a um bar igualmente baixo" (p. 152)[6] – onde é o "baixo", o "muito baixo", que conota o Japão. E, em Moscou, a mesa "ladeada por duas enormes poltronas de orelha vazias" (p. 294)[7] apenas representa o atraso. Provavelmente, é por isso que o episódio russo de Gibson seja menos interessante: ele traz uma mentalidade residual da Guerra Fria para esse espaço construído, "como se tudo fosse projetado por alguém que andara olhando uma foto de algum quarto de hotel ocidental dos anos 1980, mas sem ter jamais visto um exemplo do original" (p. 282).[8] A arte nostálgica soviética e do leste europeu atual (*Ostalgie,* em alemão) é bem mais vibrante e excitante que isso e reflete a situação de um universo alternativo no qual todo um conjunto de produtos da indústria de massa, de assentos de banheiro a vidros para janelas, de chuveiros a automóveis, foi inventado do zero, totalmente diferente do inventário ocidental atualmente existente. É como se os astecas tivessem derrotado Cortéz e sobrevivido para inventar suas próprias rádio e televisão asteca, seus veículos astecas, seus gêneros cinematográficos e cultura popular astecas.

De todo modo, a premissa aqui é a de que a Rússia não tem nada de novo a nos oferecer (a estética de Sterling oferece oportunidades bem melhores de apreciar o que há de genuinamente novo, inovador, em termos histórico-mundiais na arte nostálgica do leste); e a

---

6   *Ibidem*, p. 207. [N.T.]

7   *Ibidem*, p. 388. [N.T.]

8   *Ibidem*, p. 374. [N.T.]

conclusão a ser tirada é a de que a menção a nomes é também uma questão de conhecimento e de familiaridade enciclopédica com as modas do espaço mundial, conforme estas fluem para as butiques ou para os mercados de pulgas do ocidente. O que tenho chamado de menção a nomes deve, portanto, também ser compreendido como um estilo interno ao grupo: as marcas são também a piscadela da familiaridade para o leitor que está por dentro. Mesmo o cinismo (tomando o termo de Sloterdijk, em vez de no sentido pós-Watergate) é um alegre distintivo de adesão ao grupo, o riso dissimulado como uma forma de gargalhada, o *status* de classe como uma questão de estar por dentro mais do que de ter dinheiro e poder. O estilo próprio a um grupo foi, creio eu, a invenção (ou, melhor ainda, a descoberta) de Thomas Pynchon já em *V* (1963), muito embora Ian Fleming também mereça referência ("Obrigada, Comandante Bond", murmura Cayce, conforme ela cola um fio de cabelo do lado de fora da porta do apartamento (p. 73).[9] Mas, do mesmo modo como já não precisamos de drogas, tampouco precisamos dos elementos de paranoia e conspiração de Pynchon para juntar tudo, uma vez que o capitalismo global está aí para fazer isso de um modo ainda mais eficiente – ou, pelo menos, é o que nos dizem.

Não obstante, *O leilão do lote 49* permanece como um paradigma fundamental; e, como vimos com Hunter Thompson, as diferenças são, de fato, historicamente muito instrutivas. Isto pois os *posthorns* e outros grafites reveladores foram aqui substituídos por algo como uma "obra de arte"; os indícios apontam não para alguma realidade inimaginável no mundo social, mas para uma estética (ainda) inimaginável. Trata-se de um filme não identificado de certo tipo, que ficou conhecido (entre os iniciados) como "o filme" e cujos fotogramas e clipes aparecem nos lugares mais improváveis (*outdoors*, propagandas de televisão, revistas, internet), em "cento e trinta e quatro fragmentos descobertos anteriormente [...], infinitamente cotejados, quebrados, remontados, por exércitos inteiros dos investigadores mais

---

[9] *Ibidem*, p. 107. [N.T.]

fanáticos".[10] De fato, como se poderia esperar, todo um novo grupo foi formado em torno dos mistérios do filme; experienciamos, observa um dos personagens, o "nascimento de uma nova subcultura"; surge uma fraternidade mundial, comprometida com esse novo objeto e passionalmente trocando e defendendo teorias contraditórias sobre ele. O filme transforma, assim, *Reconhecimento de padrões* em algo como a concepção de Bloch do romance do artista, que traz dentro de si a obra de arte desconhecida e não realizada como um buraco negro, o presente vazio de uma indeterminação futura, a ausência sublime dentro do real cotidiano:

> Luz e sombra. Rostos de amantes no prelúdio de um abraço. Cayce estremece.
> Tanto tempo agora, e ninguém ainda os viu se tocarem.
> Ao redor deles, a escuridão absoluta é aliviada pela textura. Concreto?
> Estão vestidos como sempre estiveram, em roupas sobre as quais Cayce publicou intermináveis posts, fascinada por sua atemporalidade, uma coisa que ela conhece e da qual entende.
> A dificuldade de definir isso. E os penteados também.
> Ele poderia ser um marinheiro, saindo de dentro de um submarino em 1914, ou um músico de jazz entrando numa casa noturna em 1957. Há uma ausência de evidências, uma ausência de pistas estilísticas, que Cayce compreende como sendo uma coisa profundamente primorosa. O casaco preto dele é normalmente lido como sendo de couro, embora pudesse ser vinil fosco, ou borracha. Ele o veste com a gola virada para cima.
> A garota veste um casaco mais longo, igualmente escuro, mas aparentemente de tecido; as ombreiras são o assunto de centenas de posts. A arquitetura das ombreiras num casaco de mulher deveria determinar períodos possíveis, décadas específicas, mas não se chegou a nenhuma concordância, apenas controvérsia.
> Ela não usa chapéu, o que foi considerado como o mais evidente dos sinais de que isto não é um filme de época, ou simplesmente uma indicação de que ela é um espírito livre, sem se deixar prender até

---

[10] *Ibidem*, p. 39-40. [N.T.]

mesmo pelas convenções mais simples de sua época. Seus cabelos foram tema de um escrutínio semelhante, mas jamais se chegou a alguma conclusão definitiva.

Os cento e trinta e quatro fragmentos descobertos anteriormente, depois de terem sido infinitamente cotejados, quebrados, remontados, por exércitos inteiros dos investigadores mais fanáticos, não revelaram nenhum período e nenhuma direção narrativa em especial.

Zapeada para dentro de dimensões surreais da mais pura especulação, narrativas fantasmas emergiram e assumiram vidas próprias sombrias, porém determinadas, mas Cayce as conhece todas, e se afasta delas.

E ali, no flat de Damien, vendo os lábios deles se moverem, ela só sabe que nada sabe, mas não quer nada além de ver o filme do qual aquilo deve ser uma parte. Deve ser.[11]

O problema para o grupo formado em torno desse artefato, como de fato para toda formação de grupo, é o da contradição entre a universalidade – nesse caso, a universalidade do gosto – e a particularidade desse valor singular que nos distancia de todos os outros e nos define em nossa especificidade coletiva. Uma seita política (como parece que chamamos agora essas coisas) anseia afirmar a relevância universal de sua estratégia e de seus objetivos finais enquanto, ao mesmo tempo, quer mantê-los para si, excluir os de fora e os atrasados e aqueles que podem ser suspeitos de compromisso, paixão ou crença insuficientes. A angústia mais profunda dos membros ativos da página na internet e da sala de bate-papo do "filme" é, em outras palavras, simplesmente a de que o filme se torne público; a de que a CNN descubra esse interessante assunto; que o filme, ou o filme completo, a obra de arte identificada e reconstruída, se torne, como eles dizem, patrimônio da humanidade ou, em outras palavras, apenas outra mercadoria. No fim das contas, esse medo é bastante justificado; mas omito os detalhes, uma vez que odeio quem conta o fim de uma história, exceto para expressar meus sentimentos mistos

---

[11] *Ibidem*, p. 38-40. [N.T.]

de que talvez a solução de Pynchon tenha sido de fato a melhor, a saber, a de interromper *Lote 49* no limiar da revelação a ser feita, quando Édipa está prestes a entrar na sala de leilão.

Depois de tudo isso, pode parecer surpreendente que o filme não seja a questão central desse romance, mesmo que forneça seu enquadramento narrativo. Mas já deve estar claro que existe uma contradição notória e dramática entre o estilo, como o descrevemos, e o próprio filme, cuja "ausência de indícios estilísticos" sugere uma verdadeira "escrita branca" barthesiana. De fato, é antes essa contradição mesma que é o tema mais profundo de *Reconhecimento de padrões*, que projeta a antecipação Utópica de uma nova arte que tenha como premissa a "neutralidade semiótica" e a anulação sistemática de nomes, datas, modas e da própria história, em um contexto irremediavelmente corrompido por todas essas coisas. A menção a nomes da linguagem de grupo do romance se deleita, assim, com tudo o que o filme busca neutralizar; a obra se torna um tipo de areia movediça, nos chafurdando cada vez mais naquilo contra o que lutamos para nos livrar. Mas esta não é meramente uma interpretação abstrata nem mesmo estética: é também a realidade existencial da própria protagonista e a origem do "dom" que dá forma à sua profissão.

O talento de Cayce Pollard, que está a meio caminho entre a telepatia e a sensibilidade estética antiquada, é, na verdade, o que mantém o romance de Gibson suspenso entre a Ficção Científica e o realismo e dá a ele uma ressonância extraordinária. Mas, para colocar em termos mais simples (como ela o faz), o negócio de Cayce é o de "caçar tendências", ou, em outras palavras, o de vagar pelas massas de consumidores do presente e do futuro, pelas massas jovens, pela "cruzada das crianças" que enche a High Street de Camden nos fins de semana, pelas multidões fervilhantes de Roppongi e Shinjuku, pelas aglomerações de cidade grande comuns em todo o mundo, a fim de, mentalmente, detectar os primeiros movimentos de qualquer coisa que possa se tornar uma tendência ou uma nova moda. Ela, de fato, consegue realizar algumas proezas impressionantes – entre as quais, a minha favorita, que lembra DeLillo, é a identificação da primeira pessoa no mundo a vestir seu boné de baseball com a aba para trás. Contudo, esses "futuros" são, antes de tudo, uma proposição de negócios, e Cayce é algo como uma espiã industrial dos tempos por virem. "Consultoria em design [...]. Os fabricantes me usam para saber como anda a moda das ruas" (p. 87);[12] essas fórmulas modestas são um pouco secas demais e subestimam a pura fisicalidade desse dom, que a permite identificar um "padrão" e então "indicar como transformá-lo em mercadoria". Existe aqui, sem dúvida, algo da formação especializada do autenticador de pinturas e do colecionador de móveis antigos; mas sua direção temporal incomum condena Cayce irremediavelmente, apesar de seu visual sistematicamente preto e sem estilo, à categoria maior dos videntes e adivinhos (e também ocasionalmente a coloca em perigo físico real).

Esse novo *métier* leva nosso mundo, sem que se perceba, para um mundo futuro de Ficção Científica, pelo menos em suas fronteiras, no qual outros detalhes tampouco coincidem – como o trabalho pago de outros personagens para darem início a rumores, para lançaram os nomes de produtos e itens culturais entusiasticamente em um bar atrás do outro, a fim de se colocar em movimento o que, em Pynchon, teria sido uma conspiração, mas que aqui é apenas outra moda ou mania.

Mas o dom de Cayce retorna ao nosso mundo real (ou realista) pelo próprio corpo; pois ela deve pagar por esse dom com náuseas e ataques de angústia, a bulimia da mercadoria, o preço inevitável de sua sensibilidade premonitória. É como se a outra face das "próximas atrações", sua reificação e o produto morto final daquilo que foi outrora um processo ativo de consumo e desejo, não fosse nada mais que o logotipo. A mediação entre esses dois extremos do *ergon* e *energeia*, produto e processo, reside sem dúvida no próprio nome, sobre o qual já dissemos que, no nominalismo comercial do pós-moderno, tudo de único e interessante tende ao nome próprio. De fato, dentro do nome da marca, toda a dialética contraditória

---

[12] *Ibidem*, p. 123-124. [N.T.]

entre a universalidade e a particularidade é jogada como um cabo de guerra entre o reconhecimento visual e aquilo que podemos chamar de trabalho do consumo (como Freud falava do trabalho do luto). E, ainda assim, para parafrasear Empson, o nome permanece, o nome permanece e mata; e o logotipo em que o nome da marca gradualmente se petrifica absorve sua toxidade e retém seu veneno.

O corpo todo de Cayce é uma caixa de ressonância desses logotipos onipresentes, que são, não obstante, mais estridentes e opressivos em certos espaços (e lugares) que em outros. A busca por um item incomum em Harvey Nichols, por exemplo, é uma atividade peculiarmente periculosa:

> Mas ali embaixo, ao lado de um display da Tommy Hilfiger, tudo começou a despencar sobre ela, aquela coisa da marca registrada. Uma aura de alerta menor que o normal. Algumas pessoas ingerem um único amendoim e a cabeça incha como uma bola de basquete. Com Cayce, o problema está na psique. Tommy Hilfiger faz isso sempre, embora àquela altura ela já se considerasse a salvo. Diziam que o auge dele fora em Nova York. Assim como a Benetton, o nome estaria circulando por aí, mas o veneno de verdade, para ela, já teria sido extraído [...]. Esse negócio é o simulacro do simulacro do simulacro. Uma tintura diluída de Ralph Lauren, que por sua vez já era uma diluição dos dias de glória da Brooks Brothers, que haviam invadido os produtos da Jermyn Street e de Savile Row, dando à moda *ready-to-wear* deles doses generosas de polo e listras de uniformes militares. Mas Tommy certamente é o ponto nulo, o buraco negro. Deve existir algum horizonte de eventos da Tommy Hilfiger, além do qual é impossível ser mais derivativo, mais afastado da fonte, mais vazio de alma (p. 17-18).[13]

Essas náuseas são parte do navegador de bordo de Cayce e remontam a alguns dos logotipos mais velhos ainda existentes, como seu pior pesadelo, Bibendum, o Boneco da Michelin, que é como aquela fenda por onde o Real lacaniano faz sua aparição catastrófica.

---

[13] *Ibidem*, p. 30-31. [N.T.]

"Ícones nacionais", por outro lado, "são sempre neutros para ela, com a exceção da Alemanha nazista, [...] um excesso apavorante de talento para o design".[14]

Agora, fica um pouco mais fácil de ver o sentido mais profundo do filme para Cayce: sua total falta de estilo é um alívio ontológico, como um filme em preto e branco após orgias convencionais de Technicolor ruim, como o silêncio da solidão para o telepata cuja mente está saturada de vozes barulhentas o dia todo. O filme é uma época de tranquilidade, um escape das próprias mercadorias barulhentas, que acabam se tornando, como Marx sempre pensou que se tornariam, entidades viventes rapinando os humanos que têm de coexistir com elas. Diferentemente do filme, entretanto, o romance de Gibson nos dá uma homeopatia em vez de um antídoto.

Não parece ser um anticlímax voltar ao futuro e a tudo que há de autorreferencial nesse romance, cuja personagem principal tem a mesma sonoridade do nome do protagonista de *Neuromancer*, apesar de sua grafia (ou gênero [*gender*]). Seria possível que as premonições de Cayce sobre as novidades futuras possam também representar uma alegoria de algum "novo romance gibsoniano" emergente? *Reconhecimento de padrões*, de todo modo, parece, sim, constituir um tipo de reconhecimento de padrões também para Gibson e, de fato, para a Ficção Científica em geral.

2003

---

[14] *Ibidem*, p. 363. [N.T.]

12.

"Se eu encontrar uma cidade justa, pouparei o homem": realismo e Utopia na trilogia *Marte*, de Kim Stanley Robinson

Em termos estritos, a Utopia não é um gênero em si, mas antes o subgênero sociopolítico da Ficção Científica.
Darko Suvin[1]

Para aqueles que ainda pensam que a Ficção Científica é sobre ciência, a trilogia *Marte* certamente se qualificará como uma. Não apenas cientistas e engenheiros estão entre seus personagens principais: páginas e mais páginas oferecem reflexões de bolso sobre um conjunto de temas das ciências chamadas duras, a maioria deles relacionados à terraformação – a bioquímica das rochas e sólidos; a dinâmica dos gases e a composição da atmosfera; aquíferos e a liberação de água e outros líquidos; microrganismos geneticamente modificados e DNA geneticamente reconstruído; radiação, luz e calor; cadeia alimentar; a estrutura do solo; meteorologia e a dinâmica dos ventos e do clima; sistemas botânicos e sua classificação; "teoria das cordas" e a teoria do campo unificado na física; a mecânica da velocidade em situações astronômicas e militares. Robinson consegue manter o interesse e a atenção do leitor não científico durante essas breves, porém lúdicas, discussões, a ponto de que se poderia

---

[1] *Metamorphoses of Science Fiction* (New Haven, 1979), p. 61.

querer escutar as opiniões de cientistas ou consultar um conjunto de ensaios de especialistas quanto ao seu tratamento dessas questões especializadas, que eu tomo por uma mistura de conceitualização no estado da arte e "especulação", convencional ou não. É verdade que o crítico literário poderia aqui interpor o lembrete de que o romance oferece uma mimésis da ciência e da atividade científica e não a coisa mesma. Trata-se de uma resposta estética, que sempre visou a separar a literatura e o "imaginativo" do referencial (a ciência "real", os textos científicos "reais" e assim por diante), mas que, no contexto presente, tem a desvantagem de colocar entre parêntesis o "cognitivo". Ainda assim, mesmo a "verossimilhança" da imitação necessariamente tem algo a ver com esses fatores externos e, em particular, com as configurações rapidamente cambiantes desses vários campos científicos no mundo real.

Mais pertinente, penso eu, é o modo como esses fatos e descobertas, pressuposições e atividades científicas são, eles próprios, apresentados: como dados e matéria-prima para a solução de problemas, em vez de como características abstratas e contemplativas de uma epistemologia ou de uma imagem do mundo científico. Não apenas os problemas – crises, dilemas, catástrofes (Sax pensou sobre o que faria se Burroughs fosse inundada?) – são mais dramáticos do que as questões clássicas não resolvidas da ciência teórica; mas eles também, potencialmente, dão corda para um tipo diferente de imaginação e um conjunto mais extravagante de proposições e soluções de enigmas. Minha favorita é a proposta de Art Randolph de solução para o problema da explosão populacional: "Daria a cada ser vivo um direito de nascimento que o permitiria gerar três quartos de uma criança". Ele explica que cada casal de pais teria assim o direito de ter uma criança e meia; após ter uma, eles poderiam vender o direito da outra meia criança ou comprar uma meia de um outro casal etc.[2] Há, assim, uma energia e uma

2   Kim Stanley Robinson, *Green Mars* (Nova York, 1994), p. 69. Doravante, todas as referências à trilogia – incluindo *Red Mars* (Nova York, 1993) e *Blue*

invenção adicionais que devem ser admiradas nessas soluções, acima e para além das meramente "científicas" (ao menos que, de fato, as científicas já sejam, elas mesmas, esteticamente o resultado dessa engenhosidade, algo que os não cientistas, com seu respeito reificado pela ciência como um absoluto, normalmente estão menos dispostos a aceitar). De todo modo, esse tipo de solução de problemas especulativos é obviamente bem diferente do que se encontra em uma Ficção Científica que oferece uma descrição desse ou daquele tipo de anatomia alienígena, uma premissa sobre o mecanismo dessa ou daquela viagem espacial mais rápida que a luz ou uma visualização dos acontecimentos no universo daqui a bilhões de anos. De fato, os motivos específicos à FC são aqui poucos e dispersos e, em larga medida, estão na área da percepção:

> Ao leste ficavam alguns dos veículos de aterrissagem de foguetes, cada um com uma forma e um tamanho diferentes, com o topo dos maiores aparecendo no horizonte. Todos eles tinham uma crosta do mesmo tom vermelho-alaranjado do solo: era uma visão estranha, eletrizante, como se eles tivessem chegado a um porto espacial alienígena há tempos abandonado (*R*, p. 89).

Mas, mesmo aqui, a próxima frase nos coloca no rastro de uma idiossincrasia (particularmente quando lembramos que é um membro russo dos Primeiros Cem quem faz a observação): "Partes de Baikonur parecerão assim daqui a milhões de anos". Deixando de lado alguns maravilhosos excessos stapledonianos (a terraformação de Vênus e, no último volume, a cidade-trem *Terminator* em Mercúrio), o que se assemelha aqui a elementos próprios à FC são, em sua maioria, inversões temporais, partes da Marte antiga parecendo velhas como peças de museu, a grande metrópole de Burroughs inundada no último volume, alusões invertidas à história antiga da Terra – em particular, à Creta –, que reaparecem

---

Mars (Nova York, 1996) – serão dadas no próprio texto com as abreviações *G, Re B.*

em Marte como um "retorno do recalcado". Isso significa, então, dizer que a trilogia *Marte* seria um tipo mais realista de Ficção Científica do que aquela que normalmente associamos a viagens e migrações espaciais? Talvez; não é, porém, essa noção de realismo que quero discutir aqui.

Uma coisa a mais, porém, precisa ser dita sobre a ciência que encontramos nesse romance: ela está relacionada com o problema global da terraformação em Marte, sem dúvida, mas traz também implicações mais gerais. Temas secundários indicam qual o segredo da "solução de problemas" aqui: a gozação sobre a "monocauso-taxofilia" de Sax (ou, por exemplo, "o amor pelas causas únicas que explicam tudo"). Mas o próprio Sax está perplexo quanto às predições – "[...] as intervenções que funcionaram, as intervenções que saíram pela culatra – os efeitos inesperados, imprevistos, que passaram despercebidos" –, particularmente quanto ao clima de Marte: "[...] impossível de prever, mesmo quando se controlam as variáveis e se faz de conta que a terraformação se estabilizou, o que certamente não era o caso. De novo e de novo, Sax assistia a mil anos de clima, alterando variáveis nos modelos, e cada vez ocorria um milênio completamente diferente" (*B*, p. 336).

Essas imprevisibilidades estruturais, baseadas na teoria do caos, foram muitas vezes tomadas como argumento contra o determinismo histórico e assimiladas ao arsenal antimarxiano (em nome de certa "liberdade" e criatividade que operaria no próprio âmago da natureza). Mas penso que a "previsibilidade" enquanto tal nunca esteve em xeque aqui, e que estamos diante daquela estrutura mais fundamental de solução de problemas da trilogia *Marte*, que não deve ser caracterizada tanto em termos de *indeterminação*, mas, antes, em termos de *sobredeterminação*. Esse conceito althusseriano[3] foi especificamente concebido para nomear o que, no limite, não é pensável em conjunturas históricas desse tipo.

---

[3] Ver Louis Althusser, *For Marx* (Londres, 1977), tradução de Ben Brewster, especialmente capítulos 3 ("Contradiction and Overdetermination") e 6 ("On the Materialist Dialectic").

Em outras palavras, se toda a Marte é um laboratório gigante (e, de certa maneira, ela é, e também deveremos pensar os romances a partir dessa perspectiva), trata-se então de um laboratório singular em que as variáveis jamais podem ser isoladas como se faz normalmente, mas sempre coexistem em uma multiplicidade que dificilmente pode ser dominada por equações, para não dizer pelo computador. Isso significa que, seja lá qual for o tema científico enfrentado – botânica, biologia, geologia, física, química, astronomia –, a solução projetada para o problema imaginário envolverá sempre um tipo específico de pensamento ao qual não estamos normalmente acostumados, a saber, o enfrentamento daquilo que Althusser chama de "situações concretas complexas sobredeterminadas",[4] que ele, também muito especificamente, associa à história e, sobretudo, à política. Portanto, não seria apenas sobre a construção de uma "comunidade biótica" na superfície que alguém tenderia a exclamar (como exclama Nadia) "Meu Deus, é como tentar fazer esse governo funcionar" (*B*, p. 269): todos os problemas científicos descritos no romance, sem exceção, oferecem uma alegoria, por meio da forma da sobredeterminação, de problemas sociais, políticos e históricos também enfrentados pelos habitantes de Marte.

Esse é, pois, o sentido em que a ciência e a política não são (ou não são apenas) dois temas separados na trilogia *Marte*, que se alternariam de um capítulo a outro da história do desenvolvimento do planeta; tampouco se trata apenas de uma questão quanto às dimensões inevitavelmente científicas de qualquer política em Marte, nem mesmo do fato crescentemente óbvio de que a pesquisa científica de hoje em dia é, ela própria, uma forma especializada de política institucional, para além de suas implicações sociais e políticas mais gerais. Para além de tudo isso, precisamos insistir no modo como qualquer primeira leitura científica da trilogia *Marte* deve posteriormente evoluir para uma segunda leitura alegórica,

---

[4] *Ibidem*, p. 217: um "desnível (na dominância) do todo complexo desde sempre pré-dado".

em que o conteúdo de FC "dura" se revela como sociopolítico, ou seja, como Utópico.

Temos de lidar, em outras palavras, com os registros de leitura e de interpretação e com o modo como um deslocamento entre esses dois níveis fundamentais da natureza e das coletividades humanas tende a problematizar um de cada vez, bem como nos remeter ao outro. E essa alternância interpretativa também explica as alternâncias mais horizontais do próprio texto, suas heterogeneidades e sequências desiguais de grandes camadas de material – agora a exploração da paisagem, depois o embate com os problemas políticos da Terra (a ONU, os Estados-nações, as multinacionais), depois as brilhantes peças já esperadas (o assassinato de John Boone – "o primeiro homem em Marte" –, as duas revoluções, a queda do elevador espacial que se enrola duas vezes em torno do planeta, grandes inundações e incêndios nas cidades de acampamento, a vida de Sax disfarçado e, depois, seu resgate da nova cidade de segurança, a procura por Hiroko, as curas dramáticas e as mortes dramáticas)... – tantas temporalidades de leitura distintas, cuidadosamente justapostas, em um tipo de eco distante das heterogeneidades narrativas das utopias clássicas, a descoberta no espaço ou tempo, os encontros e, depois, as visitas guiadas e as explicações, às quais correspondem aqui as inúmeras visitas a diferentes comunidades e assentamentos por todo o novo planeta. A própria duração, o próprio tempo de leitura é crucial aqui, a fim de desenvolver um *analogon* do tempo histórico, conforme suas sobredeterminações lentamente evoluem durante os anos marcianos mais longos, o que o dispositivo do tratamento de longevidade impede que se transformem em gerações. (Ou, talvez, na melhor das hipóteses, apenas três gerações, cujo tempo é desarranjado de um modo politicamente problemático, se desenvolvem – uma instabilidade Bénard? – pela imigração irregular de moradores da Terra). Trata-se de algo como um experimento de laboratório científico de direito próprio, pois a história coletiva humana conhece um ritmo e uma lógica radicalmente distintos da duração normal da vida biológica, e seus paradoxos e incognoscibilidades provêm tanto dessa incomensurabilidade quanto daquela outra que opõe indivíduos biológicos a grandes multiplicidades. A trilogia *Marte* estende, pois, experimentalmente, as vidas de seus espectadores e participantes, a fim de torná-los coetâneos de sua própria história, ao mesmo tempo que projeta uma coletividade original – os primeiros colonos, os chamados "Primeiros Cem" – como um protagonista coletivo ou sujeito múltiplo dessa história; e este é também o momento de observar que os três livros formam uma única narrativa e constituem um único romance, em vez de uma trilogia genuína (como os livros *Orange County*, de Robinson) ou, menos ainda, uma série como as de fantasia. As mudanças de adjetivos dos títulos correspondem a estágios no desenvolvimento do próprio planeta – primeiro, rocha avermelhada, depois coberta por vida vegetal verde e, por fim, banhada por água e envolta definitivamente pelos grandes oceanos marcianos.(Veremos adiante o que as cores representam, bem como suas implicações políticas.) Por sua vez, o tema dos problemas de memória dos sobreviventes e a relação da memória com a estrutura do cérebro são um tipo de projeção decorativa do dispositivo estrutural ou narrativo – o que iremos logo mais chamar de sua inscrição autorreferente – e é como que a característica modernista estrutural da trilogia *Marte*.

Mas categorias como "modernismo" ou "realismo" nunca pareceram particularmente compatíveis com um gênero tão peculiar como o da Utopia (ou discurso Utópico, o texto Utópico), e precisamos esclarecê-las antes que possamos retornar à questão mais central da relação entre Ficção Científica e Utopia que a trilogia *Marte* tão insistentemente levanta. Pode-se, de fato, pensar que a agenda oculta por trás de distinções tão sem propósito e acadêmicas como essas entre Utopias realistas e Utopias modernistas teria mais a ver com a questão da possibilidade de uma Utopia "pós-moderna", isto é, com a possibilidade de Utopias hoje em dia, do que com uma teoria do gênero literário. De todo modo, as categorias classificatórias em questão parecem, elas mesmas, singularmente "modernas" e não muito relevantes a More ou Cyrano, para não dizer ao fantástico em geral.

Em vez de colocar em ordem as várias concepções tradicionais ou *a priori* de realismo, seria melhor começar com a própria resposta da trilogia *Marte* a essa questão, que certamente pode ser vislumbrada na reflexão de Sax sobre o modo como ele pensa a ciência:

> Tento entender. Presto atenção nas coisas, veja você, muito de perto. Tão de perto quanto posso. Concentro-me na especificidade de cada momento. E quero entender por que acontece do modo que acontece. Sou curioso. E penso que tudo acontece por uma razão. Tudo. Devemos então ser capazes de deslindar essas razões. Quando não podemos... Bem, não gosto disso.
> Isso me irrita. Às vezes, chamo isso... de o grande inexplicável (*G*, p. 12).

O que é importante nessa declaração divagante é menos a questão da causalidade (sobre a qual a questão das causas singulares *versus* causas múltiplas será crucial em um contexto diferente, como já vimos) e mais a evocação da resistência: a realidade externa se organiza em um problema ou, quando menos, em um evento cuja natureza coloca um problema na medida em que levanta de antemão a questão sobre sua própria origem, sobre o porquê de seu acontecimento. Esse problema, em nome da realidade exterior ou do próprio mundo, recusa uma resposta e elude uma solução; e sugiro que é justamente esse tipo de "resistência" do fenômeno apresentado como externo e independente o que define também a situação dos realismos literários e o que constitui seu efeito quando eles logram se tornar um realismo.

Trata-se de uma "definição" que tem a vantagem de se adaptar a uma variedade de conteúdos e situações históricas, incluindo as tradicionais, a saber, que o realismo tem algo a ver com a observação, com a documentação social, com o surgimento do jornalismo e a "construção" do efêmero ou da atualidade, e assim por diante. Ela também nos afasta da noção comum à história das ideias quanto ao papel central que teria tido nesse processo o surgimento da ciência moderna; e isso talvez seja menos paradoxal do que pareça à primeira vista, uma vez que a própria observação sobre a ciência com a qual começamos já era uma tentativa de descrever a ciência em termos de toda uma gama de outras atividades ou, em outras palavras, de assimilar a ciência à atividade não científica e à vida cotidiana. A ciência se torna, assim, um dos subprodutos dessa "resistência" cada vez mais específica da realidade, e não propriamente o agente primeiro de um processo que descreveríamos melhor em termos de secularização.

Pois é a secularização que impede as respostas mais fáceis, teológicas ou tradicionais, do simbólico ou do mítico; a ausência destas confirma a autonomia do objeto problemático e explica a frustração criativa das questões colocadas sobre ele. Ao mesmo tempo, esse momento inicial de secularização também impede o desenvolvimento e a mobilização da subjetividade e dos intrincados dilemas da projeção e do antropomorfismo, as confusões que aparecem quando começamos a nos perguntar sobre as origens mesmas das respostas; a marca de uma humanização e de uma socialização tão extensas que Ann comenta: "[...] iremos nos questionar [...] por que quando olhamos para a paisagem não podemos ver senão nossos próprios rostos" (*R*, p. 142).

Isso quer dizer que o momento realista portaria sempre certa ingenuidade, certa falta de reflexividade, uma atenção ao objeto excessivamente fascinada para ser capaz de registrar a operação de nossas próprias categorias mentais nesse processo? Nesse caso, ou pelo menos é assim que a abordagem canônica segue, o modernismo que dá continuidade ao realismo irá datar justamente o surgimento dessas novas reflexividade e consciência categorial. Trata-se de uma censura (ou pelo menos de um diagnóstico histórico) que supostamente também deveria ser estendida à própria linguagem, a fim de aferir a extensão da situação precária e da fragilidade do momento realista em geral. Pois o inexplicável, no sentido de Sax, a evocação dessas entidades problemáticas fora de nós, cuja densidade resiste às nossas questões, o evento ou a ocasião crucial do mistério insolúvel – estas são todas construções da linguagem realista e, supostamente, em especial quando lidamos com um romance, representam artefatos humanos construídos de antemão, segundo o modelo do romancista de mistério clássico, que de início concebe uma sequência de eventos pensada para ser provisoriamente a mais ininteligível possível. Nesse caso, o realismo literário é um truque e uma fraude que deve colapsar tão logo o leitor desperte para a ideia de ficção. O inexplicado, supostamente, tem de estar fora da linguagem, mesmo se a própria ilusão do inexplicado e do inexplicável seja produzida pela linguagem. E isso é ainda mais evidente quando chegamos nas ficções mais filosoficamente ambiciosas: a raiz da árvore, por exemplo, em *Náusea*,[5] de Sartre, que supostamente representa o Não-eu absoluto e que, resistindo a eles, revela a fraqueza dos adjetivos com os quais tentamos tomá-la e evocá-la. A narrativa existencial seria, então, ainda um realismo? Penso que sim, mas ela chega em um momento em que os vários realismos iniciais se converteram em ontologia; é um realismo ontológico, como veremos adiante.

O que hoje ameaça nossa crença no realismo e talvez estimule formas mais novas e ainda mais desesperadas de realismo é a nossa convicção generalizada (que se deve tanto a Sartre quanto a qualquer outra pessoa) sobre a "construtividade" da realidade enquanto tal – a construtividade do fato científico tanto quanto a das instituições sociais, do gênero [*gender*] e do subjetivo tanto quanto das categorias objetivas pelas quais intuímos o mundo supostamente ainda real. Nesse caso, tudo é humano, e o antes inexplicável, o antes contingente e resistente, regride uniformemente diante do horizonte de uma humanização e de uma socialização completas, da consciência da onipresença da práxis e da produção na aparente autonomia do que reside fora de nós.

Assim, até mesmo a raiz da árvore deve esmorecer e se esvanecer em seu Ser quando incorporamos a visão histórica mais longa às nossas relações com a natureza: em particular, um conhecimento da invenção e da produção histórica da vida vegetal pela sociedade humana emergente. Nesse ponto, então, presumivelmente, tudo o que até agora consideramos natural e orgânico se torna tão manufaturado quanto a própria paisagem urbana; e essa é certamente a desfamiliarização radical que grande parte da Ficção Científica tentou

---

[5] Jean-Paul Sartre, *La Nausée*, em *Œuvres romanesques* (Paris, 1981 [1938], p. 150-160 (entrada no diário começando por "*Six heures du soir*").

transmitir. Se as árvores e suas raízes não são resultado dessa antiga domesticação, como os cachorros da vida vegetal, então essa forma tende a se destacar, não como um mensageiro de certo Ser incognoscível, mas, antes, meramente como um tipo de símbolo arcaico:

> A árvore mediterrânea, a árvore dos gregos [...]. Cada árvore era como um animal com sua plumagem no vento, suas pernas cheias de nós enfiadas no solo. Um monte de plumas cintilando sob a investida do vento, sob suas rajadas e batidas flutuantes e sua inesperada quietude, tudo perfeitamente revelado pelas folhas plumadas (*B*, p. 187).

Por outro lado, pode-se evocar uma construção mais dialética, uma produção pelo negativo, como quando o mundo selvagem – o "deserto", em seu sentido arcaico de um vazio de pessoas –, a terra inculta, o radicalmente não humano da natureza da terra, surge, ele próprio, pela emergência, em seu seio, do fato do humano – o jarro na colina:

> Fez-se o mundo selvagem
> Cercar aquela colina.[6]

Esse foi o grande lembrete de Marx a Feuerbach, quando ele o convidou para dar uma olhada na Planície de Roma:

> E de tal modo é essa atividade, esse contínuo trabalhar e criar sensíveis, essa produção, a base de todo o mundo sensível, tal como ele existe agora, que, se ela fosse interrompida mesmo por um ano apenas, Feuerbach não só encontraria uma enorme mudança no mundo natural, como também sentiria falta de todo o mundo dos homens e de seu próprio dom contemplativo, e até mesmo de sua própria existência.[7]

---

[6] Wallace Stevens, "Anecdote of the Jar", em *The Palm at the End of the Mind* (Nova York, 1967), editado por Holly Stevens, p. 46.

[7] Marx and Engels, *The German Ideology* (Moscou, 1976 [1845-1846]), p. 46. (Karl Marx e Friedrich Engels, *A ideologia alemã*, tradução de Rubens Enderle,

Por trás da teoria da construção social, portanto, residem a práxis e a produção humanas, que zombam das histórias de mistério do realismo, seu espanto fictício ao se deparar com a "resistência" de uma realidade que ele próprio cozinhou em outro avatar. Esse pensamento atravessa então o espírito, como a nuvem proverbial que no horizonte não é maior que uma mão, e, na forma do que é ainda uma perplexidade meramente especulativa – seja justamente essa produção e sua história a própria construção da alteridade, a história da práxis e as resistências que ela, por sua vez, deve transformar, sejam aquelas narrativas de segundo grau ou, melhor ainda, no nível das precondições –, ele pode ensejar um realismo de direito próprio, comparável, embora diferente, aos realismos mais familiares cujos segredos temos tentado surpreender. A produção, a práxis e mesmo a construção requerem, na verdade, a resistência de certa matéria-prima inicial, difusa na situação e que toma forma apenas sob a picareta do projeto original; trata-se de uma fórmula que combina ambos os condicionantes: o da confrontação com um conjunto inflexível de elementos, que devem ser inventariados e descritos, e o da pressão humana, que gradualmente dará a eles nomes e aparências, quando não os de uma cidade, pelo menos os de uma pedra fundamental, um imenso canteiro de obra cuja vista futura é ainda desconhecida.

Esse é, em todo caso, o espaço ambíguo em que a trilogia *Marte* está singularmente posicionada, enclavada entre o momento da alteridade e o da produção, entre a geologia e a biologia, rocha e planta, cratera de impacto e vilarejo de tendas. O tempo está inscrito, nesse romance espacial, como o marcador de "propriedades emergentes" (*B*, p. 343), do radicalmente inesperado e imprevisível, em outras palavras, da contingência e da resistência ontológica no domínio da temporalidade e da própria mudança; de modo que descrições até então estáticas do mundo exterior são, assim, já secretamente históricas:

Nélio Schneider e Luciano Cavini Martonaro, São Paulo: Boitempo, 2007, p. 31 [N.T].)

As flores estavam em pequenos tapetes musgosos ou flósculos ou metidas entre folhas peludas. Todas as plantas abraçavam o solo escuro, que era marcadamente mais quente que o ar sobre ele; nada, a não ser folhas de grama, despontava mais do que alguns centímetros do solo. Ele andou cuidadosamente na ponta dos pés, de pedra em pedra, não querendo pisar em nem uma única planta. Ele se ajoelhou sobre o cascalho para checar alguns dos brotos, com as lentes de aumento em sua face em sua potência máxima. Crescendo vividamente à luz da manhã estavam os organismos clássicos das encostas: o musgo campion, com seus anéis de florezinhas rosas sobre tapetes verdes escuros; um tapete de flox; raminhos de cinco centímetros de poa, reluzentes como vidros à noite, usando as raízes da flox para assentar suas próprias raízes delicadas [...]; havia uma prímula magenta, com seu botão amarelo e suas folhas verdes escuras, que formavam calhas estreitas canalizando a água para a roseta. Muitas das folhas dessas plantas eram peludas. Havia não-me-esqueças de azul intenso, as pétalas tão banhadas de antocianinas cálidas que eram quase roxas – a cor que o céu de Marte atingiria a cerca de 230 milibares, de acordo com os cálculos de Sax a caminho da Arena. Era surpreendente que não houvesse nome para aquela cor, que era tão diferenciada. Talvez fosse azul ciano (*G*, p. 150).

Aqui, as próprias cores são eventos em si, o botão amarelo da prímula "lhe olha de volta" (Rimbaud), o azul sem nome quase lhe fala, como uma palavra na ponta da língua. A cor já está, aqui em Marte, desfamiliarizada e se tornou estranha, pré-preparada para novos dramas de sentido, como veremos. Vários traços, por sua vez, pairam sobre a falha sísmica estratégica entre o simbólico e o contingente, entre o sentido e o ser, ocupando um espaço de indecibilidade que é inesperadamente narrativo:

Então ele mergulhou de novo no estudo das plantas. Ele descobriu que muitos dos organismos de encosta tinham folhas peludas e superfícies grossas, o que ajudava a proteger as plantas da severa radiação UV da luz solar marciana. Essas adaptações podiam ser exemplos de homologias [...] ou podiam ser exemplos de convergência [...]. E, hoje em dia, podiam ser simplesmente o resultado da bioengenharia [...]. Havia um laboratório de biótica em Elysium, comandado por um tal de Harry Whitebrook, concebendo muitas das mais bem-sucedidas plantas de superfície, especialmente junças e gramas, e uma olhada no catálogo Whitebrook mostrava que muitas vezes havia o dedo dele nessas plantas, casos nos quais as similaridades eram frequentemente uma questão de convergência artificial – Whitebrook inseria características como folhas peludas em quase todas as plantas que criava (*G*, p. 160).

Arte, pois, em vez de natureza: as folhas peludas são como os traços de estilo de um pintor peculiar, que garantem a autenticidade dessa ou daquela tela duvidosa. Agora, repentinamente, a alteridade desaparece e temos de lidar com a mediação de artefatos humanos, a serem escrutinados não pelas leis da natureza ou por processos evolutivos, mas, antes, pela intenção e pela responsabilidade forense. Mais tarde, tudo isso surge inesperadamente de um modo diferente, quando Harry Whitebrook entra em cena em pessoa, em carne e osso, por assim dizer (*B*, p. 214); ele passou para a experimentação com a vida animal – de grande porte – e Ann pensa em assassiná-lo, por tomá-lo como um dos grandes criminosos da terraformação. Mas essa aparição tem um efeito bem diferente daquele de uma história de mistério: um pouco como naqueles raros momentos de um romance em que Deus, ou o Autor, faz sua aparição em pessoa – a visita ao escritório corporativo no fim de *The Octopus*, de Frank Norris, ou a aparição desesperada no escritório do escritor de um dos personagens condenados de *Névoa*, de Miguel Unamuno –, mais do que apenas uma figura entre outras, está em jogo aqui uma espécie de última chance de serem feitas as questões definitivas, de se desvendar a fábrica do universo puxando o fio irresistivelmente solto da meada. É o que os românticos chamavam de Ironia, no senso mais elevado ou sublime do eu por trás do não-eu – a lanterna vagando através da floresta em direção à cabana em que os personagens aterrorizados de C. D. Grabbe (em *Scherz, Satire, Ironie, und tiefere Bedeutung*) tentam se esconder, alertando o público, conforme as cortinas estão prestes a se fechar, de que o recém-chegado é, na verdade, o próprio Grabbe, "o autor desta peça maldita!". Mas essa Ironia romântica é raramente entendida como o resultado lógico de um realismo realmente consequente; aqui, creio que sua presença fantasmática seja, antes, uma marca da falha sísmica entre o realismo e alguma outra coisa, que chamarei de ontologia, na qual o inventário da alteridade e da resistência pode se desenvolver logicamente, quando o realismo é concebido de um modo religioso ou metafísico. Trata-se de algo que não surpreenderá os estudantes de teoria do cinema, em que as correntes ontológicas tanto de Bazin quanto de Kracauer guardam uma solenidade religiosa e prometem uma "redenção da realidade física".[8]

Essa alternativa ontológica é mais difícil de projetar e de alcançar na literatura narrativa, na qual uma abordagem do visível e do tátil é mediada pela linguagem e deve geralmente ser codificada por sinais interpretativos (logo, os exemplos de Heidegger são, em sua maioria, da poesia lírica).[9] Na trilogia *Marte*, entretanto, e na Ficção Científica em geral, é a possibilidade de separação dos elementos do trabalho humano das condições subjacentes do próprio Ser que torna ambas as dimensões passíveis de celebração. Assim, já se observou sobre *Robinson Crusoé* que seu estatuto mítico de uma origem, de um novo começo absoluto e de um estado filosófico em branco da cultura e das civilizações humanas dependia de certa prestidigitação inicial: não apenas a ilha é ocasionalmente visitada por outras pessoas e culturas, mas, acima de tudo, o próprio Crusoé consegue salvar muita coisa da Europa do naufrágio e estocar em sua ilha-refúgio uma variedade de ferramentas e materiais, em outras palavras, estocar trabalho humano. Mas esse inventário não é apenas óbvio, mas é ressaltado na trilogia *Marte*, onde à lista whitemanesca – "[...] um conjunto de chaves inglesas, alguns alicates, uma furadeira elétrica, várias braçadeiras, algumas serrinhas, um conjunto de chaves de impacto, um rolo de elásticos resistentes ao frio, etc., etc." (*R*, p. 96) – se acrescenta uma apresentação totalmente diferente, uma

---

8   André Bazin, "The Ontology of the Photographic Image", em Bazin, *What Is Cinema?* trad. H. Gray (Berkeley, 1967), pp. 9-16; e Siegfried Kracauer, *Theory of Film: The Redemption of Physical Reality* (Nova York, 1960).

9   Martin Heidegger, *Unterwegs zur Sprache* (Pfullingen, 1959).

perspectiva sintetizante: "'Você sabe o que é isso', disse Nadia a Sax Russell certa noite dando uma olhada em seu armazém, 'é uma *cidade inteira* desmontada em pedaços'" (*R*, p. 96). O individualismo atomizado de Crusoé torna difícil para ele sentir em relação ao seu navio carregado, porém condenado, o que o desmontar de *Ares* sugere para seus colonos passageiros: "[...] como desmontar uma cidade e colocar as casas em diferentes direções" (*R*, p. 78). Crusoé deve produzir sua própria divisão interna do trabalho; *Ares* traz consigo uma divisão coletiva, e a própria Marte gera todo um novo conjunto de tarefas, competências, *métiers* e profissões (minha favorita é a nova arte de "abrir trilhas em penhascos", que Nirgal encontra durante suas corridas e errâncias pelo planeta [*B*, p. 368]). A "terraformação", retroativamente, inclui todos esses utensílios, todos esses receptáculos de valor humano, e se torna a linha divisória fundamental entre o realismo, enquanto narrativa da práxis humana, e a ontologia, enquanto as características do próprio Ser – duas possibilidades formais ou genéricas, que assim reforçam uma à outra, uma vez que a produção requer algum ser preexistente sobre o qual ela possa trabalhar, enquanto o próprio Ser pode ser detectado apenas nos espaços que a práxis humana deixa vago, no acaso evanescente da origem que o tempo e a história inexoravelmente apagam.

É, portanto, pouco surpreendente que a trilogia inscreva essa sua condição de possibilidade estrutural na própria narrativa: é algo como a característica modernista desse texto "realista", em outras palavras, seu modo de autorreferencialidade, de designar seu próprio processo de produção singular e de reproduzir a forma do texto em seus temas. De forma parecida, já observamos o modo como o tema do tratamento de longevidade autoriza, por assim dizer, a extensão da própria trilogia e substitui a temporalidade desta, dentro de sua narrativa, sob a forma da memória, do esquecimento e da estrutura do cérebro. A terraformação encontra seu marcador interno e, por assim dizer, seu intérprete e seus órgãos de ressonância na alegorização de duas personagens específicas, Ann e Hiroko, que se tornam os símbolos dos prós e contras desse novo processo produtivo. É verdade que todos os personagens centrais gradualmente se tornam alegorizados de modo similar – "[...] nas discussões sobre a Terra, muitas pessoas começam a usar os nomes dos colonos como referência para as várias posições" (*R*, p. 151) – de modo que suas relações coletivas projetam as intrincadas constelações políticas e as múltiplas oposições da obra, enquanto, individualmente, elas sobrevivem e se multiplicam ao longo da narrativa, se tornando sua lenda ou – o que talvez seja ainda mais significativo em uma obra em que a comunicação de longa distância é também bastante significativa – suas imagens midiáticas. Mas talvez devêssemos, aqui, dizer uma palavra a mais sobre os talentos e as "especialidades" desse escritor particular, cujo gosto pelos esportes individuais, como o esqui, é também evidente em outras obras e tem influência na verdadeira antologia dos modos físicos de apropriação do planeta aqui em jogo. O que ainda deve ser mencionado a esse respeito é a sociabilidade narrativa singular que ele compartilha com Pynchon e Delany: sua preferência, no lugar da introspecção (embora não, como vimos, da percepção) individual, pela trivialidade coletiva e pela interação maníaca de um conjunto de personagens diferentes, cuja gama vai da festa tarde da noite até a própria revolução.

De todo modo, fica claro que a tensão entre os personagens é uma pré-condição para esses momentos de euforia coletiva e de dom de línguas.[10] Liberais multiculturais (como John Boone) se opõem a operadores maquiavélicos (como Frank Chalmers, para quem a política "não é senão controle de danos" [*G*, p. 442]), ambos se opondo a mediadores profissionais (como Art Randolph, responsável pela declaração original de Dorsa Brevia e, depois, pela primeira constituição), todas as suas forças e posições depois redistribuídas pelas personagens mulheres, a primeira presidenta e a primeira engenheira de Marte: Nadia Cherneshevsky (seu nome trazendo uma autorreferencialidade propriamente Utópica, como também ocorre com o nome de seu parceiro eventual, o anarquista Arkady

---

[10] Mas também devo notar o oposto, no congelamento e no caos que resultam das primeiras inundações: "A própria paisagem falava agora uma espécie de glossolalia" (*R*, p. 495).

Bogdanov), e a primeira líder real da expedição, Maya Toitovna, cujas intervenções públicas ao longo dos duzentos primeiros anos oferecem um quadro da febre política que agita a história marciana. Os "retângulos semióticos"[11] com os quais Michel de tempos em tempos tenta classificar os "temperamentos" de seus pacientes entre os Primeiros Cem talvez não sejam complexos o suficiente para fazer justiça às múltiplas interações entre eles e às evolução e reorganização constantes dessas relações em níveis mais elevados – um processo que não apenas reconfirma a doutrina das "propriedades emergentes", mas que talvez, a seu modo, também oferece cortes abstratos de "sobredeterminação" em estágios determinados de sua trajetória.

Os personagens também podem ser tipificados e alegorizados porque suas especificações são necessárias para a heterogeneidade do romance, passando pelas várias ciências (Sax Russell) até a construção arquitetônica e urbana (Nadia) e a política (Maya ou Frank). Mas a alegoria estrutural principal se desenvolve em torno de duas figuras centrais que são, a um só tempo, marginais ao movimento histórico central e indispensáveis para a disputa de sentido que é também parte desse movimento. Ambas são, nesse sentido, forças da negatividade: Ann Clayborne porque personifica implacavelmente a recusa e a oposição; Hiroko porque sua última encarnação e avatar parece ter se tornado a própria ausência – ela nega a realidade empírica em nome de um ideal, enquanto Ann busca minar essa realidade por meio do ativismo político contra o ativismo e por uma tentativa de acabar com a própria história de um modo diferente, pondo um fim à mudança e ao "progresso".

Pois a terraformação deveria constituir o momento Utópico *par excellence* dessa grande aventura histórica, um equivalente global daquela "árvore florescendo" que assinalava a passagem do inverno à primavera em *Notícias de lugar nenhum*, de Morris,[12] quando seu protagonista

---

11 Ver A. J. Greimas, *On Meaning* (Minneapolis, 1987).

12 "Pois era inverno quando eu tinha ido dormir à noite, e agora, como o testemunhavam as árvores à beira do rio, era verão, uma linda e clara manhã, ao que parece do início de junho" (William Morris, *News from Nowhere* (London,

acordava do sono de sua Londres "histórica" miserável. Mas mesmo que essa inspeção da vida vegetal seja um dos eventos mais intensos dessa trilogia, a celebração da chegada da vida não é unânime. Ann representa essa grande recusa, que precisa ser compreendida também como uma afirmação e como o próprio espaço da alternativa ou mesmo da ontologia original. "Uma máscara de raiva", ela é também uma figura do luto e do silêncio desesperado; sua miséria e sua infelicidade persistem durante suas atividades superficiais como geóloga e como chefe *de facto* de partido: são a expressão mais tangível da irreversível perda que é também a colonização de Marte. E, sem dúvida, é essa persistência de uma dor que não pode ser resolvida que faz dela algo mais do que uma alegoria da melancolia, em seu sentido freudiano mais mórbido; sua face esquelética e inquietante sugere que ela seria acossada e orientada pelo íncubo de um defeito caracterológico que os outros gostariam de explicar psicologicamente: "Penso que é uma negação da vida. Voltar-se à pedra como algo que ela pode confiar. Ela foi maltratada quando garota, você sabia?" (*B*, p. 44). De fato, ela acaba por representar a morte, da qual escapa por mero acidente – "o longo desvio" (*G*, p. 100); o tratamento forçado de longevidade (*B*, p. 83); a saída incólume da guerra civil desesperada (*B*, p. 27). Mas isso talvez signifique confundir a irrevogabilidade da morte com um tipo bem diferente de irreversibilidade histórica – o fato de que Marte esteja desde então maculada e não possa jamais voltar a qualquer estado prístino, independentemente de movimentos conservacionistas que possam surgir como alternativa na esteira de Ann.

De fato, a impressão que se tem é a de que o planeta "original" fala com menor frequência diretamente a seus colonos do que os projetos futuros que estes têm para ele; para ser visto, ele deve vir como uma pausa e um choque:

> [...] paredes verdadeiramente gigantes o ladeavam de ambos os lados, placas marrons escuras destroçadas por uma infinidade

---

1970 [1890]), p. 3. (William Morris, *Notícias de lugar nenhum*, tradução de Paulo Cezar Castanheira, São Paulo: Expressão Popular, 2019, p. 29 [N.T.].)

fractal de barrancos e canteiros. Ao pé das paredes havia enormes restos antigos de pedras caídas ou o terraço quebrado de praias fósseis. Nessa lacuna, a estrada suíça era uma linha de *transponders* verdes, serpenteando mesas e arroios, de modo que parecia como se o Monument Valley tivesse sido realocado no fundo de um câ-nion duas vezes mais fundo e cinco vezes mais largo que o Grand Canyon. A vista era assombrosa demais para que John pudesse se concentrar em qualquer outra coisa e, pela primeira vez em sua viagem, ele dirigiu por todo o dia com Pauline [o computador] desligada (*R*, p. 236).

Esse assombro não confirmaria a suspeita de Ann de que os Primeiros Colonos "nunca nem viram Marte" (*R*, p. 160), mas apenas seus próprios rostos, suas próprias projeções, inclusive sob o disfarce de formas de vida modificadas e implantadas por seres humanos? "O erro" de Ann "foi, antes de tudo, o de ter vindo a Marte e depois o de se apaixonar por ela. Apaixonar-se por um lugar que todo mundo quer destruir" (*R*, p. 490). Seria errado, porém, pensar sua relação com esse planeta como algo puramente estético ou contemplativo: pois ela é, de certo modo, sua historiadora e a estudiosa de seu palimpsesto arcaico: "Ver a paisagem em sua história, lê-la como um texto escrito por seu longo passado: essa era a visão de Ann, obtida depois de um século de observação e estudo cuidadosos e por seu dom inato, seu amor por ela" (*B*, p. 79). Também aqui o romantismo da causalidade e a história da produção transformam curiosidades visuais e naturais em tempo profundo:

As fantásticas pressões produzidas pelo impacto resultaram em todo tipo de metamorfoses bizarras, sendo as mais comuns os cones de estilhaçamento gigantes, que eram rochedos cônicos fraturados por toda parte pelo impacto, de modo que alguns tinham fraturas que você poderia atravessar com um carro, enquanto outros eram simplesmente rochas cônicas no solo, com falhas microscópicas que cobriam cada centímetro de suas superfícies, como uma porcelana antiga [...]; cones de estilhaçamento que caíram em seus locais e lá ficaram equilibrados; outros que tiveram o material mais macio embaixo erodido, até que se tornaram imensos dólmens; fileiras gigantes como de dentes caninos; altas colunas lingam protegidas, como a chamada Ereção do Grande Homem; camadas absurdamente empilhadas, a mais proeminente delas chamada Pratos na Pia; grandes paredes de basalto colunar, com formas de hexágonos; outras paredes tão lisas e reluzentes quanto blocos imensos de jaspe (*G*, p. 421).

Penso que o debate filosófico estaria mal colocado se o apresentássemos em termos de desejo de morte ou de "uma tentativa desesperada de evitar o momento presente; de evitar a história" (*B*, p. 79), já que a leitura do registro histórico está inscrita nessa reflexão ontológica e até mesmo a contemplação da superfície prístina de Marte oferece, nesse sentido, materiais para "um poema que inclui a história", como Pound gostava de colocar. Heidegger está aí, entretanto, para mostrar que a "abertura para o Ser" não precisa estar restrita ao inorgânico ou às superfícies rochosas; embora seja preciso justapor suas explicações à poesia augusta posterior de McDiarmid:

> Tudo é litogênese – ou lóquio,
> Fóssil da fruta da árvore proibida,
> Pedras mais negras do que qualquer outra na Caaba,
> Pedras de Caen de cor creme, peças *chatoyant*,
> *Céladon* e *corbeau*, *bistre* e *beige*,
> Glauco, gélido, fulgurante, ciatiforme...
> Devo começar com essas pedras como começou o mundo.[13]

Parece-me que o único modo de fazer justiça a esse componente filosófico significativo da trilogia é compreendendo o anti-humanismo inerente a toda ontologia, das ontologias religiosas até as seculares, como a de Heidegger. Ainda não concluímos os grandes debates sobre o humanismo que foram conduzidos nos anos 1960, embora esses temas oficiais pareçam ter retrocedido para os arquivos

---

[13] Hugh McDiarmid, "On a Raised Beach", em *The Faber Book of Twentieth-Century Scottish Poetry*, editado por Douglas Dunn, (Londres, 1992), p. 56-57.

da moda. Mas não podemos avaliar essa ontologia anti-humanista até que abordemos sua grande alternativa, a "areofania" de Hiroko, que representa o verdor – *viriditas* – e a vida, e cujo vitalismo parece se opõe à vontade de morte de Ann em todos os aspectos: "A vida é espírito, costumava dizer Hiroko. Era um negócio muito estranho, o vigor das coisas crescendo, a tendência de proliferarem, o que Hiroko chamava de seu surto verde, sua *viriditas*" (*G*, p. 153). Mas mesmo essa identificação com o orgânico e o biológico é, de algum modo, invalidade antemão pela presença da engenharia genética – tanto quanto a reivindicação de Ser das rochas o era por sua história.

Contudo, do mesmo modo como a vida simplesmente não corre em paralelo ao orgânico e à matéria morta, também a história de Hiroko não é simétrica à de Ann; e se a última se torna um símbolo político (e quase uma alegoria), a transmutação de Hiroko em uma quase deusa (Marte) é tanto comparável quanto distinta. Nem sua modesta primeira aparição como uma especialista em botânica japonesa algo introvertida nem a exuberância de sua fazenda espacial (ou os rumores sobre seu "harém masculino": uma coleção de supostas doações de esperma de membros da tripulação) pressagiam a surpresa de seu desaparecimento, junto com todo um grupo de seguidores dissidentes, incluindo um passageiro clandestino da Terra (o legendário aspirante a Coiote). Mas a significância dessa secessão aumenta pela evidência de ela resultar de um planejamento longo e cuidadoso: provisões armazenadas por toda a superfície de Marte e indetectáveis a partir do ar e os maravilhosos santuários sob o gelo, em que estruturas de bambu se aninham entre estufas ("[...] o mundo verde dentro do branco", como pensa Nirgal [*G*, p. 7]), lentamente projetam a imagem de um mundo alternativo genuíno ("[...] eles provavelmente queriam se livrar da gente. Fazer algo novo. O que você e Arkady dizem que querem, eles realmente queriam" [*R*, p. 226]) e geram uma Utopia dentro da Utopia da colônia de Marte. Eles também investem Hiroko de uma autoridade não muito distante da superstição, de modo que suas reaparições nos momentos de crise na história do planeta são politicamente influentes tanto quanto dramáticas:

Uma fila de três dirigíveis cor de areia flutuava sobre a encosta do vulcão. Eles eram pequenos e antiquados e não respondiam a contatos por rádio [...].

Quando suas gôndolas se abriram e cerca de vinte figuras com andadores saíram, fez-se silêncio. "É Hiroko", disse Nadia, de repente, na frequência comum (*R*, p. 332).

Hiroko é, pois, a líder de uma seita social e política, mas também uma figura de autoridade do movimento Verde mais amplo; seu estatuto quase legendário deve, entretanto, ser entendido também como parte de uma política cultural, como quando ela sistematicamente desenvolve e encoraja um tipo de ritual marciano durante os grandes congressos organizadores: "Hiroko [...] parece uma consciência estrangeira, com sentidos totalmente diferentes para as palavras e, apesar de seu brilhantismo na concepção do ecossistema, não realmente uma cientista, mas, antes, certo tipo de profeta" (*G*, p. 115). Mas não está em jogo aqui qualquer ambição pessoal (várias vezes se menciona sua relação impessoal com seus seguidores e suas crianças, sua relativa indiferença em relação aos indivíduos), mas, antes, a sensação, consciente ou inconsciente, de que a coesão social está cementada, como sugere o termo, pela *re-ligio* e, portanto, de que a singular relação que os colonos precisam desenvolver com Marte deve ser selada e fortalecida por um ritual de vinculação ao planeta do tipo que certos grupos ecológicos e feministas na Terra tentaram desenvolver em torno da entidade mítica de Gaia. (A aparição de uma comunidade "feroz" de caçadores intencionalmente primitivos em Marte lembra também a inclusão por Ernest Callenbach, em *Ecotopia*, de um ritual arcaico de rivalidade e violência física como uma válvula de escape coletiva: na trilogia *Marte*, entretanto, a ferocidade apenas designa uma possibilidade alternativa entre outras, como, de fato, a "nova religião" de Hiroko.) Tudo isso é certamente intensificado pelo mistério de seu desaparecimento e sua suposta morte na tempestade de fogo em Sabishii – após o que sua reaparição, para resgatar Sax na tempestade de neve (*B*, p. 57), é apenas a primeira de muitas aparições que se comentam na Terra, em Marte e mesmo nos planetas e satélites externos.

Mas é obviamente como a líder espiritual dos Verdes que a figura de Hiroko toma um sentido ideológico comparável ao de Ann. Sem dúvida, precisamos polir esses termos políticos, com cujos sentidos terráqueos tradicionais a trilogia *Marte* joga. Pois se os movimentos ecológicos da Terra são designados como Verdes, basta alguma reflexão para entender que o movimento de conservação similar em Marte será chamado de Vermelho; e que é a posição extrema e radical de Ann, de que a Marte original seja mantida em sua forma prístina, sem atmosfera respirável ou vida vegetal, a ideologia política verdadeiramente "ecológica". Em Marte, pois, os "Verdes" são o partido do progresso e, por assim dizer, do desenvolvimento em seu sentido ruim, industrial; eles representam a "terraformação" do planeta e a perda, por assim dizer e como vimos anteriormente, de seu antigo Ser e significado. Pouco importa no momento que haja toda uma gama de tecnologias disponíveis para isso e, logo, toda uma gama de ideologias Verdes e versões Verdes de "respeito pelo planeta" (sendo o compromisso mais frequentemente mencionado, inaceitável para a própria Ann – até o final? –, a proposta de limitar a atmosfera respirável a apenas certa distância, de modo que acima desse nível a paisagem marciana mantenha sua desolação e formações de impacto originais). A noção de Hiroko de "*viriditas*" pode assim ser vista como um tipo de compensação ideológica: a construção de uma imagem da vida marciana que poderia ganhar o mesmo tipo de adesão e lealdade ecológica que o apelo mais óbvio e literal de Ann àquilo que já existiu. (Porém, deve-se notar que, posteriormente, a própria Ann sente a necessidade política e ideológica de inventar uma versão Vermelha da "*viriditas*", uma *viriditas* da pedra (*B*, p. 558), um conceito paradoxal que parece fisicamente realizado de antemão pelo brilho verde de Urano [*B*, p. 434].)

Ainda assim, os "Vermelhos" de Ann são um grupo violento, cuja defesa da "luta armada" certamente sugere analogias terráqueas, enquanto os "Verdes" de Hiroko permanecem tão vitalistas quanto qualquer um daqueles assim designados na Terra. Creio que não devemos exagerar na tentação narrativa de reconciliar essas posições em certo "final feliz" ideológico; é verdade que algo do tipo é encenado naquele nível simbólico da cor, como comentamos, em uma das descrições mais impressionantes do romance:

> Bem do lado do tanque, havia manchas de folhas de suculentas verdes escuras, vermelhas escuras em suas pontas. Onde o verde se transformava em vermelho era uma cor que ele não podia nomear, um marrom escuro lustroso repleto, de algum modo, de ambas as suas cores constituintes. Ele teria de apelar para um quadro de cores logo, pareceu; mais tarde, quando ao ar livre, ele percebeu que um quadro de cores lhe seria útil a cada minuto. Flores quase brancas cerosas estavam metidas sob algumas dessas folhas bicolores. Mais adiante, havia alguns emaranhados, de talo vermelho, pontas verdes, como algas marinhas em miniatura. Novamente, aquela mistura de vermelho e verde, bem ali na natureza, o encarando (*B*, p. 54).

Mas o nome dessa cor inominável é Utopia, que da trilogia *Marte* nos encara de volta insistentemente, como encara Sax.[14] Não se deve esperar que o texto utópico produza essa síntese completamente sozinho ou a represente: essa é uma questão para a história humana e para a práxis coletiva. Ele deve produzir apenas os requisitos da síntese, abrir o espaço no qual ela possa ser imaginada. E esse é o espírito a partir do qual também devem ser avaliadas as várias "soluções" políticas da trilogia *Marte*: que elas sejam numerosas e contraditórias e mesmo irreconciliáveis é, creio eu, uma vantagem e uma conquista em uma Utopia contemporânea, que também deve, como apontou Darko Suvin, apresentar um debate implícito com as objeções e preconceitos ideológicos e políticos de seus leitores.

De fato, a originalidade de Suvin, como teórico, a um só tempo, tanto da FC quanto das utopias, é (entre outras coisas) não apenas a de ter vinculado as duas em termos de gênero, mas também a de ter unido a FC e a tradição crítica Utópica com a tradição brechtiana,

---

[14] "'Mas onde está o socialismo?', lembrou Dvanov, e espreitou o breu da sala, procurando por sua coisa" (Andrei Platonov, *Chevengur* [Ann Arbor, 1978 (1928-1929)], p. 79); ver também a discussão em meu *The Seeds of Time* (Nova York, 1994), p. 73-128.

se centrando na noção de estranhamento (o chamado efeito V),e a de ter insistido não apenas na função da FC e da Utopia de "causar estranhamento", para produzir no leitor um efeito V em relação a uma realidade senso comum "cotidiana" normal, mas também o de fazê-lo "cognitivamente" (um componente não menos brechtiano da definição). A reafirmação do cognitivo significa, como dissemos no começo, uma recusa em permitir que o estatuto estético e artístico (óbvio) da FC ou da obra Utópica neutralize suas implicações realistas e referenciais – de modo que queremos, sim, pensar sobre a ciência "real" quando lemos essas páginas (e não apenas sobre a "mimésis" da ciência no sentido depreciativo que Platão dava ao termo) e, do mesmo modo, queremos ser capazes de pensar sobre a política "real" aqui e não apenas sobre sua "representação" convincente ou não nesses episódios, que dramatizam nossas objeções e resistências ideológicas diante da Utopia tanto quanto satisfazem nossos impulsos em sua direção. Diferentemente das utopias "monológicas" da tradição, que precisavam dramatizar fortemente uma única possibilidade utópica, recalcada da história da Terra e de suas possibilidades políticas, esta Utopia mais "polifônica" inclui a luta entre diversas alternativas Utópicas, sobre a qual ela deliberadamente deixa de tomar partido por uma ou outra.

Se a trilogia *Marte* é "realista", por causa de sua reinvenção interna da produção, e "modernista", na medida em que sistematicamente faz referência a esse processo de produção, devemos também insistir que sua estrutura propriamente Utópica é um tipo de "redução do mundo", em que não apenas a atmosfera respirável, mas os costumes, as relações humanas e, por fim, as escolhas políticas são reduzidas ao essencial e representadas em um tipo de grau zero. Trata-se de um argumento que pode ser representado negativamente pela análise de uma das grandes peças genéricas dessa narrativa de mundos coexistentes – uma passagem que, de forma genuinamente modernista, designa o gênero Utópico pelo seu exercício mesmo: refiro-me à viagem turística obrigatória de volta à Terra (que pode ser comparada à viagem mais central de *Os despossuídos*, de Le Guin, e também ao equivalente na trilogia bem diferente e não Utópica

Helliconia, de Brian Aldiss). Aqui, de fato, encontramos efeitos de estranhamento dentro dos efeitos de estranhamento e, por assim dizer, em um *mise en abyme* que, de acordo com a fórmula de Gide, inverte a temática da obra circundante com um tipo de precisão telescópica. Aqui, a "terraformação" – isto é, a existência de uma camada de atmosfera respirável – ainda é central, embora seu equivalente terráqueo repentinamente se torne mais importante que o problema, não insignificante, da gravidade (ao qual os colonos de Marte lentamente parecem se voltar):

> O ar era salobro, quente, estrondoso, pesado [...]. Havia uma porta de entrada reluzente. Levemente tonto por conta esforço, [Nirgal] saiu para um brilho ofuscante. Pura branquidão. Fedia a sal, peixe, folhas, alcatrão, merda, especiarias: como uma estufa enlouquecida (*B*, p. 139).

Uma aterrissagem no Caribe é evidentemente pensada para intensificar os sentidos em geral, atacando-os com as máscaras e as vestimentas de carnaval e o som de bandas de tambor de aço, além da exuberância da vegetação verde; mas o mais "corporal" de todos os sentidos parece o mais estrategicamente simbólico por sua predominância:

> O fedor foi repentinamente cortado pelo cheiro de alcatrão no vento [...]. O aroma doce [de um colar de flores] se chocava com a bruma salobra. Perfume e incenso, perseguidos pelo vento vegetal cálido, alcatroado e apimentado [...]. O fedor era o de uma estufa que deu errado, de coisas apodrecendo, uma pressão de ar quente e úmida e tudo flamejando em uma luz branca (*B*, p. 140).

Esse *sensorium* encena a coexistência de multiplicidades e intensifica o choque existencial e a conjunção de simultaneidades que, no ar mais rarefeito e pobre de Marte, são cuidadosamente separadas umas das outras: como uma figura da crise populacional da terra, também produz uma imagem Utópica de certa solução marciana. De todo modo, não surpreende, nem estética nem politicamente, que seja justamente para esse paralelismo estrutural que Nirgal aponte em seu primeiro discurso aos terráqueos que lhe dão boas-vindas:

> "Marte é um espelho", disse no microfone, "em que a Terra vê sua própria essência. A viagem para Marte foi uma viagem purificadora, nos livrando de tudo que é menos importante. O que ocorreu, no fim, foi totalmente terráqueo [...]; a melhor forma de ajudarmos nosso planeta de origem é servindo como um modo de vocês se verem. Como um modo de mapear uma imensidão inimaginável" (*B*, p. 141).

Deve-se acrescentar que essa posição não é de modo algum compartilhada por todos os partidos em Marte; e também que o tema da "imensidão" é, ele próprio, uma desfamiliarização, uma vez que muito do que há em Marte – "Olympus Mons, a montanha mais alta do sistema solar (*R*, p. 86) ou os cânions que, já vimos, fazem parecer pequeno nosso Grand Canyon – é evocado com gigantismo (bem como as mitologias do Homem Grande e de Paul Bunyan e, no sentido contrário, as "pequenas pessoas vermelhas"). Agora, entretanto, inesperadamente, Nirgal, nos Alpes, chega "ao repentino conhecimento de que a Terra era tão vasta em sua variedade que teria regiões que seriam mais marcianas que a própria Marte – que, dentre todos os modos sem que ela era maior, *ela era maior até em ser marciana*" (*B*, p. 159). Esses paradoxos espaciais e dimensionais são também, penso eu, pistas sobre os métodos de leitura específicos que precisamos desenvolver a fim de navegar pelas peculiaridades estruturais do estranhamento Utópico, que deve nos separar decisivamente da Terra antes de nos levar de volta a ela.

De fato, sendo um pouco sabichão, podemos sugerir que a outra preocupação política fundamental da obra é, a esse respeito, bastante autorreferencial. Pois é importante entender que o debate sobre a terraformação e a oposição simbólica entre Ann e Hiroko é apenas um dos eixos políticos ao longo do qual o drama social e revolucionário do livro é disputado; o outro tem a ver com a independência de Marte em relação à Terra, um tema heinleiniano ou da FC que insiste,[15] e que é aprofundado aqui pela consideração mais Utópica de toda uma mudança do *self* e do surgimento de um "Novo Marciano" de tipo "Novo Homem Soviético" – a questão, em outras palavras, de uma revolução cultural tanto quanto política.

Devemos, aqui, lembrar a precondição estrutural daquele "quadro em branco" no qual as Utopias tradicionais escreveram seus textos: a separação radical entre a Utopia e a realidade histórica, seja pela "grande trincheira" cavada por Utopus de More, seja pela sangrenta revolução antiga, agora esquecida, que acabou com o capitalismo bem antes do começo de *Notícias de lugar nenhum,* de Morris, ou mesmo pela fuga planetária, em algumas naves espaciais dilapidadas, dos seguidores de Odo ao pouco promissor planeta gêmeo de Anarres. Mas, na trilogia *Marte,* esse gesto permanece suspenso e incompleto: e o elevador espacial – destruído em um dos episódios revolucionários mais espetaculares (ele se enrola duas vezes em torno do planeta como um colar quebrado) e, depois, perpetuamente reconstruído, na resposta de Robinson ao Mundo Anel, de Niven, e a tantas outras "ilhas flutuantes" – é o emblema persistente da ameaça da política e de uma intervenção terráquea e dos dilemas da autonomia e da "desvinculação" de Marte. Na Utopia tradicional, era a trincheira emblemática que "colocava um fim à história"; aqui, é a tentativa repetida de começar a história de novo o que constitui o próprio tema da obra e a outra questão sobre a qual os vários partidos e movimentos políticos (cerca de vinte são listados em *B,* p. 100) devem necessariamente se posicionar. Há, portanto, material aqui para várias combinações, de modo que, no conjunto, o retângulo de Greimas parece ser mais adequado, no fim das contas, do que os dualismos do tipo Vermelho/Verde ou mesmo a distinção verde/branco de Nirgal: "[...] nas terminologias arquetípicas, devemos chamar de verde e branco o Místico e o Cientista [...], mas o que precisamos, se você me perguntar,

---

[15] Como, classicamente, em Robert A. Heinlein, *The Moon Is a Harsh Mistress* (Nova York, 1966).

é de uma combinação dos dois, que chamamos de *o Alquimista*" (*G*, p. 13). O que complica todos esses esquemas de combinação e permutação logicamente possíveis é o movimento da própria história, que lentamente modifica as situações e crises fundamentais. Por outro lado, as questões em torno da terraformação são, elas próprias, transformadas quando uma atmosfera mínima é obtida e uma biosfera botânica é instalada (e também quando as primeiras grandes cidades são estabelecidas): a ideia de retorno às condições planetárias "originais" passa a parecer não apenas conservadora, mas também irrealizável, já que o degelo dos aquíferos e o desencadeamento dramático das grandes inundações predizem a emergência definitiva de uma Marte irreversivelmente azul. Quanto ao outro eixo, que relaciona os colonos à Terra e às suas estruturas de poder, duas mudanças, de ambos os lados, o modificam sem cessar. Marte se torna povoada e urbana, e suas gerações mais jovens tomam por óbvia a premissa da independência marciana, de modo que, após a segunda revolução para esse fim – oficialmente mais bem-sucedida –, o debate político gira em torno da permissão para a emigração, mesmo que simbólica, e dos muitos dilemas da Terra publicamente reconhecidos. Mas a própria natureza do poder na Terra também evoluiu e foi reestruturado durante esse período: uma supervisão inicial das Nações Unidas é minada pelo desenvolvimento das corporações multinacionais em transnacionais e, depois, finalmente, em metanacionais, restando apenas alguns poucos grupos enormes, eles próprios divididos entre os capitalistas-gananciosos tradicionais e um tipo novo, mais experimental, de poder corporativo mais dependente da Corte Mundial (o grupo Práxis). Ao mesmo tempo, o estatuto do Estado-nação começa perigosamente a oscilar entre os países só de nome que alugam suas bandeiras e os poucos gigantes econômicos, mais tarde substituídos pelos Estados superpovoados, particularmente China e Índia, que apoiam a independência marciana ao mesmo tempo que sua superpopulação a ameaça. As complexidades desses eventos são depois intensificadas pela tríplice crise da fome, do tratamento de longevidade e suas consequências sociais e, por fim, da ruptura da placa de gelo da Antártica Ocidental e a elevação catastrófica no nível do mar da Terra. Contudo, a trilogia *Marte* não narra essa série sinistra de crises insolúveis de uma forma direta ou como uma crônica; antes, aprendemos a lê-la indiretamente a partir dos próprios acontecimentos em Marte e a deduzir os deslocamentos na estrutura de poder da Terra a partir das modificações das constelações políticas que resultam desses deslocamentos em Marte. É um sistema que permite uma nova disposição do Utópico e do distópico, se preferir: o último é reservado para a aparentemente inevitável degradação das condições terráqueas; o primeiro, para a invenção de uma gama de posições políticas nesse "reino da liberdade" que é a esfera pública marciana.

Não seria possível elencar a imensa proliferação de grupos e movimentos sem distinguir entre os níveis político, social e econômico; e, de fato, de início fica claro que podem surgir grupos em torno de preocupações referentes a qualquer uma dessas três áreas. Os grupos políticos têm maior probabilidade de surgir em resposta às crises geopolíticas aqui delineadas, enquanto os grupos sociais têm maior probabilidade de se organizarem em torno do que, na pós-modernidade, é chamado de questões de "estilo de vida". E, certamente, uma das vocações da trilogia *Marte* é a de ter projetado um "quadro em branco" tão imenso que uma variedade inimaginável desses microssistemas sociais pode ser nela acolhida; é o nível descritivo ou botânico da alegoria que nos dá a chave aqui:

> Quanto mais de perto ele olhava, mais ele via; e, depois, em uma bacia alta, parecia haver plantas metidas em todo lugar [...]. A paleta multicolor do conjunto de líquens; o verde escuro das pontas dos pinheiros, pinheiros Hokkaido, pinheiros *foxtail*, juníperos *Sierra*. As cores da vida. Era como andar de uma grande sala a céu aberto para outra, saltando por muros de pedra: uma pequena praça; um tipo de galeria sinuosa; um vasto salão; várias câmaras pequenas interligadas; uma sala de estar. Algumas salas têm bonsais *krummholz* ao lado de seus muros mais baixos, árvores não maiores que seus recantos, retorcidas pelo vento, cortadas no nível da neve. Cada espécie, cada planta, cada sala aberta, moldada como um bonsai – embora sem esforço (*G*, p. 71).

Os nichos correspondem às variedades da vida social; eles nos pedem para completá-los e que ampliemos a própria imaginação Utópica para sua especificação tangível. Pode-se lembrar aqui de como Deleuze celebrava os nichos de formas de vida em Fellini: "Daí a apresentação em forma de alvéolos, as imagens emparedadas, os compartimentos, os nichos, camarotes e janelas".[16] Por outro lado, de certa perspectiva pós-moderna centrada nos "novos movimentos sociais" ou na micropolítica, a experimentação social não conhece aqui as frenéticas formações barrocas que se pode encontrar, extensivamente, em *Schismatrix,* de Bruce Sterling, ou, intensamente, em *Trouble on Triton,* de Delany. (Olaf Stapledon, o grande precursor a esse respeito, estava talvez reagindo a ideologias racistas, mais do que antecipando esse espírito mais próprio aos anos 1960.) Ao lado dessas objeções Utópicas, pois, a trilogia *Marte* também recorre a uma variedade de objeções culturais: após a divisão inicial de poder entre os "super-Estados", do tipo Guerra Fria, em *Ares*, observamos uma variedade de "culturas" terráqueas, no sentido nacional e antropológico, dos árabes aos suíços, japoneses e sul-africanos (com interlúdios sufis e elementos cretenses): de fato, poucos romances poderiam ter projetado uma pós-colonialidade global com tamanha amplitude, em um espírito bem distante do paroquialismo e do universalismo mercadológicos dos Estados Unidos.

Quanto ao econômico, voltar nossa atenção a ele significa, em primeiro lugar, lembrar certo desconcerto inicial causado pela linguagem (na definição do gênero que temos adotado como lema) de Darko Suvin: "subgênero sociopolítico"... Mas por que não um subgênero socioeconômico? Ele queria dizer que o "econômico" é um modo tardio de pensamento e interpretação no pensamento humano social e político e, portanto, também no pensamento Utópico? Mas as Utopias, de Platão a More, apresentavam a ausência de propriedade privada como uma de suas características definidoras.

---

[16] Gilles Deleuze, *Cinema*, II (Minnesota, 1989 [1985]), p. 89. (Gilles Deleuze, *Cinema 2 – A imagem-tempo*, tradução de Eloisa de Araújo Ribeiro, São Paulo: Brasiliense, 2005, p. 111 [N.T.].)

Ou Suvin queria dizer que certa cegueira estrutural da Utopia em relação à economia revelaria a limitação fundamental dessa forma? Ou revelaria a limitação fundamental da própria narrativa?

Mas não há falta, na trilogia *Marte*, de alternativas e ideologias socialistas e cooperativistas, entre as quais o anarquismo e o bogdanovismo têm lugar de destaque, bem como as cooperativas de Mondragon, na Espanha. Novos sistemas econômicos são tentados, como a chamada "ecoeconomia" – um cálculo complexo do valor em termos de calorias (*R*, p. 268-270; *G*, p. 316-317; *B*, p. 117-118 e 240),ou economias mais rudimentares da dádiva ou do escambo ("[...] é uma coisa de duas vias, onde ainda se pode dar tudo o qu se quer, mas atribuímos valores às necessidades e as coisas são dis tribuídas proporcionalmente a elas" [*G*, p. 34]). Antigamente, o reavivamento desses vários esquemas e suas autoridades ideológicas era frequentemente interpretado como uma estratégia antimarxista e um recurso ao "socialismo Utópico", no espírito exato da crítica de Marx a ele. Hoje, parece mais provável que sirva como um tipo de anamnese coletiva da esquerda e um reflorescimento, para ela, de tradições e alternativas elaboradas e variadas, historicamente não desenvolvidas (devido, inclusive, à hegemonia do próprio marxismo).

O leninismo não é, de fato, tão importante aqui, embora nos seja revelada a existência de comunas paleomarxistas e grupos fragmentados; mas penso que isso tem mais a ver com as estratégias revolucionárias do que com a economia marxista; e, de fato, o debate sobre a natureza da própria revolução é, sem surpresa, um dos temas centrais dessa trilogia, que conta a história de várias delas. A esse respeito, a palavra parece, sim, estar confinada a um sentido muito estreito quando personagens significativos repetidamente nos dizem que a revolução está ultrapassada e que seria, na verdade, um conceito terráqueo ("[...] nunca funcionou nem mesmo na Terra, na verdade" [*R*, p. 315]) e são oferecidos vários substitutos a ela, como a noção de "mudança de fase" oriunda da física (*G*, p. 497). O partido revolucionário leninista parece, entretanto, ser o principal alvo aqui, uma vez que os movimentos políticos em Marte são compreendidos em termos da dinâmica das manifestações de massa, como na Revolução

Iraniana, na qual uma porcentagem tão alta da população sai às ruas (*B*, p. 598) que a única alternativa para a estrutura de poder seria, como Brecht conhecidamente colocou, "dissolver o povo e eleger um outro". Mas essa política do movimento de massa gera imagens eisensteinianas esplêndidas, como a imensa fila de pessoas, com o céu ao fundo, partindo da cidade submersa e "deixando para trás" (*G*, p. 523), simbolicamente, o antigo sistema, o antigo modo de vida.

Não obstante, o que identifica a trilogia *Marte* como uma Utopia, em vez de um romance político sobre a recorrência da revolução, é sua premissa não problematizada, que, no texto Utópico tradicional, pode ser encontrada na grande trincheira: a separação, como dissemos aqui, em relação à realidade cotidiana terráquea. A economia política de Marte é, aqui e por toda a obra, essencialmente anticapitalista, embora seja preciso notar que é dada uma atenção mais simpática do que mereceria à ideologia corporativista liberal da metanacional Práxis. Porém, a propriedade privada já desapareceu do ambiente marciano ou, antes, nunca foi implementada por lá. Esse é, pois, o sentido do chamado *Werteswandel*: "[...] bem aqui em Marte vimos o fim tanto do patriarcado quanto da propriedade. É uma das maiores realizações da história humana" (*B*, p. 346). Mas é uma conquista que precisa ser constantemente renovada, uma vez que um dos problemas políticos mais recentes é a onda de imigrantes terráqueos que não podem ser assimilados porque não absorveram essas mudanças (a questão de certa revolução propriamente cultural). Trata-se também de um pressuposto estrutural dessa Utopia, uma vez que nunca testemunhamos sua evolução como um evento narrativo; o que, de fato, talvez não poderíamos fazer. Contudo, a Utopia como forma não é a representação de alternativas radicais: é, antes, simplesmente, o imperativo de imaginá-las.

Posfácio

Das muitas outras coisas que poderiam ser ditas sobre a trilogia *Marte*, gostaria apenas de acrescentar esta que responde, como sempre se deve fazer, ao teste de Robert C. Elliott sobre as qualidades imaginativas de um dado texto Utópico, a saber, sua capacidade de imaginar obras de arte propriamente Utópicas.[17] Gosto dessa misteriosa cidade de Medusa, em que blocos sólidos de rocha esbranquiçada são rodeados por estátuas: "[...] pequenas figuras brancas imóveis entre os edifícios, em praças brancas cercadas por árvores brancas" (*G*, p. 265). Mas essa é uma nota relativamente não característica nessa Utopia, sobretudo, "realista". Prefiro, logo, submeter esta aqui:

> Mangalavid mostrava o lançamento de uma eólia construída por um grupo em Noctis Labyrinthus. A eólia era no fim uma pequena construção, cortada por aberturas que apitavam ou piavam ou rangiam, a depender do ângulo e da força do vento que as atingia. Para a estreia, o vento diário descendente de Noctis foi aumentado por algumas rajadas ferozes catabáticas de tempestade, e a música flutuava como uma composição musical, lúgubre, irritada e dissonante ou, em repentinos trechos, harmônica: parecia a obra de uma mente, uma mente alienígena talvez, mas certamente algo mais que o puro acaso. A eólia quase aleatória, como disse um comentador (*R*, p. 293).

2000

---

17 Robert C. Elliott, *The Shape of Utopia* (Chicago, 1970).

Agradecimentos

O autor e os editores gostariam de agradecer às revistas e aos editores abaixo listados pela permissão de reproduzir os ensaios reunidos na Parte Dois. Detalhes das publicações originais a seguir:

1 "Ontology and Utopia," *L'Esprit Créateur*, v. XXXIV, n. 4, p. 46-64, 1994.

2 "Generic Discontinuities in Science Fiction: Brian Aldiss' *Starship*," *Science Fiction Studies*, v. 2, p. 57-68, 1973.

3 "World Reduction in Le Guin: The Emergence of Utopian Narrative", *Science Fiction Studies*, v. 2, n. iii, p. 221-230, 1975.

4 "Progress *versus* Utopia; or, Can We Imagine the Future?", *Science Fiction Studies*, v. 27, p. 147-158, 1982.

5 "Science-Fiction as a Spatial Genre – Generic Discontinuities and the Problem of Figuration in Vonda McIntyre's *The Exile Waiting*", *Science Fiction Studies*, v. 14, p. 44-59, 1987.

6 "The Space of Science Fiction: Narrative in A. E. Van Vogt", *Polygraph*, v. 2/3, p. 52-65, 1989.

7 "Longevity as Class Struggle", em *Immortal Engines: Life Extension and Immortality in Science Fiction and Fantasy*, editado por G. Slusser, G. Westfahl e E. Rabkin, University of Georgia Press, 1996, p. 24-42.

8 "Futuristic Visions that Tell us About Right Now" (sobre P. K. Dick), *In These Times*, v. VI, n. 23, p. 5-11, 17 maio 1982.

9 "After Armageddon: Character Systems in P. K. Brian Aldiss' S", *Science Fiction Studies*, v. 2, n.i,p. 31-42, 1975.

10 "History and Salvation in P. K. Dick", não publicado previamente.

11 "Fear and Loathing in Globalization", *New Left Review*, v. 23, p. 105, 2003.

12 "'If I Find One Good City I'll Spare the Man': Realism and Utopia in Kim Stanley Robinson's *Mars Trilogy*", em *Learning from Other Worlds: Estrangement, Cognition and the Politics of Science Fiction and Utopia*, editado por Patrick Parrinder, Liverpool University Press, 2000.

Uma versão do Capítulo 3 da Parte Um apareceu originalmente como: "Morus: The Generic Window", em *New Literary History*, v. 34, n. 3, p. 431-451, 2003.

Índice remissivo

Este livro foi composto com tipografia Adobe Garamond Pro
e impresso em papel Off-White 70 g/m² na Formato Artes Gráficas.